DOROTHEE KIMMICH

EPIKUREISCHE AUFKLÄRUNGEN

DOROTHEE KIMMICH

# EPIKUREISCHE AUFKLÄRUNGEN

## Philosophische und poetische Konzepte der Selbstsorge

WISSENSCHAFTLICHE BUCHGESELLSCHAFT
DARMSTADT

Einbandgestaltung: Neil McBeath, Stuttgart.

Copyright der Einbandabbildung: Herzog August Bibliothek Wolfenbüttel.
Der Abdruck erfolgt mit freundlicher Genehmigung der Bibliothek.

Die Deutsche Bibliothek – CIP-Einheitsaufnahme

**Kimmich, Dorothee:**
Epikureische Aufklärungen: philosophische und poetische Konzepte der Selbstsorge / Dorothee Kimmich. – Darmstadt: Wiss. Buchges., 1993.
ISBN 3-534-12175-9

Bestellnummer 12175-9


Gedruckt auf säurefreiem und alterungsbeständigem Offsetpapier
Satz: Setzerei Gutowski, Weiterstadt
Druck und Einband: Wissenschaftliche Buchgesellschaft, Darmstadt
Printed in Germany
Schrift: Linotype Times, 9.5/11

ISBN 3-534-12175-9

Die Arbeit wurde durch ein Stipendium
der Studienstiftung des deutschen Volkes gefördert.
Sie wurde mit dem Hermann-Paul-Preis der Universität Freiburg
ausgezeichnet.

Mein besonderer Dank gilt Herrn Prof. Jochen Schmidt.

# Inhalt

## V. Epikureismus und der Widerstand gegen die Dialektik der Aufklärung



## VI. Ausblick

# Vorbemerkung

Alle Epikuräer priesen die Vernunft als Pfadfinderin.

(Ludwig Marcuse[1])

„Hat man auch nichts Ganzes erreicht, so kamen doch zusammenhängende Strecken zum Vorschein ..."[2] Eine Arbeit über die Tradition epikureischen Denkens kann Vollständigkeit nicht erreichen und soll Ganzheit nicht anstreben. Das Thema erlaubt es nicht, und zudem kann dies überhaupt heute auch kein Paradigma von Geschichtsschreibung im allgemeinen oder Literaturgeschichtsschreibung im besonderen mehr sein. Vielmehr ist es notwendig, durch sinnvolle Selektion die „zusammenhängenden Strecken" aufzuweisen bzw. diese Strecken und Beziehungen erst herzustellen.

Die Kriterien einer solchen notwendigen Auswahl zu bestimmen und zu begründen, ist nicht in allen Fällen einfach. Immer ist dabei ein gewisses Moment von Willkür, von Subjektivem beteiligt, immer steht eine Idee, ein Erkenntnisinteresse dahinter.[3] Im Idealfall entstammen die Ordnungsparameter in gleicher Weise dem zu ordnenden Material und der ordnenden Idee, die Ausdruck eines Bedürfnisses, eines Willens zum Wissen sein sollte. Die Selektion kann sich nicht auf irgendwelche in der Geschichte, der Kulturgeschichte oder der Literaturgeschichte objektiv vorhandenen Ordnungen berufen; die Beweislast liegt ausschließlich im Diskurs, im Resultat selbst.[4]

Dieser Diskurs muß sich als plausibel und sinnvoll erweisen. Es geht darum, zwischen Texten bestimmte Beziehungen herzustellen, sie unter einer gewissen Perspektive zu sammeln und zu ordnen. Solche Ordnungen sind künstlich und daher veränderbar. Selektion und Ordnen bedeutet daher nicht, andere Selektionsmöglichkeiten und Ordnungskriterien zu verwerfen, sondern heißt vielmehr nur, diese im Rahmen einer gewissen Fragestellung zu suspendieren, zu ignorieren. Es handelt sich also um eine Strategie der Verringerung von Auswahlmöglichkeiten, der Reduktion von Komplexität.[5]

Dadurch wird nicht ein „Ganzes" erreicht, sondern nur *eine* „zusammenhängende Strecke" hergestellt, die wiederum mit anderen „Strecken" zusammenhängt bzw. verbunden werden muß. Eine solche Strecke, den

„Pfad" epikureischen Denkens finden zu wollen, kann also nicht meinen, in alter ideengeschichtlicher Tradition bestimmte Motive nur aufzuspüren, zu isolieren und ausschließlich die Ähnlichkeiten zu konstatieren.[6] Es kommt darauf an, neben der Betonung der *Ähnlichkeit* des Wiedergefundenen gerade auch das *Unähnliche* im Ähnlichen hervorzuheben. Gerade die Verwandlung, Umgestaltung und Adaption der Philosopheme ist das Charakteristische der jeweiligen Rezeption: Das Unähnliche in einem solchen motivgeschichtlichen Strang verweist auf die konkrete historische Situation; hier zeigt sich die jeweils spezifische *Funktion* eines Diskurses.[7]

Epikureisches Philosophieren oder die Diskussion von Philosophemen aus der epikureischen Tradition ist also in Beziehung zu setzen zur historischen Situation, den sozialen, wirtschaftlichen und kulturellen Umständen. Dies kann jeweils nur in ganz beschränktem Umfang geleistet werden, da die Menge an Daten, Informationen und Interpretationen unüberschaubar ist.[8] Trotzdem bleibt es unerläßlich, zu untersuchen, auf welche Fragen epikureisches Denken antwortet, welche Bedürfnisse sich hierin äußern. Dabei sollte im Auge behalten werden, daß es sich hier nicht um eine mentalitätsgeschichtliche Untersuchung handelt.[9] Mentalitäten sind „unterhalb" des philosophisch-literarischen Diskurses zu finden bzw. umfassen ihn und beziehen dann noch eine große Menge anderer kultureller Repräsentationen mit ein. Mentalitäten werden insbesondere auch mit Hilfe quantitativer Verfahren ermittelt, eine durch sozial- und funktionsgeschichtliche Fragestellungen erweiterte „Ideengeschichte" dagegen, die sich versteht als Rekonstruktion und Beschreibung eines bestimmten Diskurses, verfährt zuordnend und deutend.[10]

Denken ist wesentlich kritisch und polemisch.[11] Dies bedeutet, daß die Geschichte eines Denkens nicht nur als Antwort auf bestimmte *realhistorische* Fragen, nicht nur als spezifische Artikulation gewisser Bedürfnisse gelesen werden muß, sondern daß auch ein Bezug zu *anderen* Formen der Bedürfnisartikulation, zu *anderen* Antworten herzustellen ist, d. h. eine Verknüpfung mit dem philosophischen und künstlerischen Diskurs ist ebenso notwendig wie der Bezug zur Sozial- oder „Ereignis"geschichte. Die polemische Abgrenzung gegenüber anderen Orientierungsangeboten und Sinnentwürfen – seien es vorzeitige und anachronistisch gewordene, seien es gleichzeitig konkurrierende oder zu erwartende unsichere – ist konstitutiv für jedes Denken. Solche Polemik und Kritik ist dort am heftigsten, wo Veränderungen stattfinden, d. h. wo Tradition an Plausibilität und Legitimation verliert und gleichzeitig eine Vielzahl neuer konkurrierender Angebote auf den Plan tritt: Am interessantesten sind Philosophien in Krisenzeiten. Krise meint hier nicht notwendigerweise eine allumfassende ökonomische, soziale und ökologische Krisensituation, sondern vielmehr die – nicht moralisch zu bewertende! – Krise von Orientierungsmustern, die Sinnkrise. An Stellen, wo bislang Sinnvolles sinnlos wird und dadurch die Notwendigkeit entsteht, sich auf andere Kriterien und Entwürfe zu besinnen, sind die Anknüpfungspunkte für die Erhellung eines „ideengeschichtlichen" Stranges zu suchen.

Ein solcher Ansatz bietet sich insbesondere für eine Untersuchung epikureischen Denkens an, da es sich speziell hierbei um eine Philosophie handelt, die in hohem Maße gerade die Kompetenz für „Krisenmanagement" zu verleihen scheint; außerdem auch besonders die Polemik pflegt gegenüber obsolet gewordenen Traditionen, gegenüber Vorurteilen, anderen Irrationalismen und gegenüber heteronomen Mächten, die nicht zu einem gelingenden Leben beitragen können.[12]

Es bot sich daher an, genau diese Funktionen epikureischen Denkens zu verfolgen. Die Kritik der Götterfurcht, die Polemik gegen jegliche Abhängigkeit von falschen Werten wie Ehre, Geld und Ansehen und vor allem die ständige Mahnung, sich von einer falsch verstandenen Todesfurcht zu befreien, machen hier den emanzipatorischen Gestus aus, der alles aufklärerische Denken auszeichnet. Neben die Befreiung von unbegründeter Furcht, von heterogener Macht und von nutzlosen Bedürfnissen etc. tritt im Epikureismus die Anleitung zu einer positiven Lebensgestaltung. Radikal antimetaphysisch, innerweltlich und ausschließlich auf das autonome, sinnliche und rationale Individuum zielend, bietet der Epikureismus ein Konzept der Subjektkonstitution, das sich wesentlich an ästhetischen Kriterien orientiert. Gelingendes, glückliches Leben besteht demnach nicht in der Erfüllung von bestimmten Pflichten und auch nicht in der Befolgung beliebig verallgemeinerbarer Regeln, sondern bedeutet vielmehr ein auf Selbstwahrnehmung basierendes Ordnen und „Stilisieren" des Verhaltens. Ethik und Ästhetik sind aufeinander verwiesen und stehen hier in einem Zusammenhang, der für aufklärerisches Denken bisher als eher untypisch gilt.[13]

Das Charakteristische dieser für den Epikureismus konstitutiven Verbindung ist die Betonung der Sinnlichkeit bzw. der vernünftig-sinnlichen Ganzheit des Menschen. Sinnlichkeit ist unhintergehbar. Alle Wahrnehmung ist sinnlich – und damit beschränkt, aber ausreichend, um dem Menschen das notwendige Wissen zu vermitteln. Erkenntnisskepsis einerseits und Zuversichtlichkeit, was die Machbarkeit des Glücks angeht, andererseits kennzeichnen gleichermaßen das epikureische Denken. Nicht nur Wahrnehmung allein, auch das Glück selbst ist wesentlich – wenn auch nicht ausschließlich – eine Sache der Sinne. Vernunft ist notwendiges Korrektiv, unerläßliches Instrument für das entscheidende, richtige „Kalkül" des Glücks; sie ist aber weder allgemeines Prinzip noch Naturgesetz oder in sonst irgendeiner Form außerhalb menschlicher Handlungen zu finden. Darum lassen sich Kriterien für angemessenes und richtiges Handeln auch ausschließlich in diesem selbst, im Gelingen menschlichen Lebens finden. Dieses Gelingen und die Empfindung von Glück orientieren sich an den „aisthetischen" Fähigkeiten des Menschen, an den Kriterien der Ästhetik. Hierin ist auch eine mögliche Erklärung der Affinität von epikureischem Denken und künstlerischem Ausdruck zu sehen. Systematischem philosophischem Diskurs sich eher verweigernd, findet sich Epikureisches häufig in poetischen Texten, in Dialogen, Briefen und Aphorismensammlungen.

Epikureische Vernünftigkeit ist also nicht rationalistisches Verfügungswissen und auch nicht instrumentelle, auf Herrschaft zielende Vernunft. Weder die Beherrschung der Natur noch die Beherrschung anderer Menschen kommt dem Epikureer in den Sinn. „Ökologischer" Umgang mit der Natur – an deren Angeboten sich die eigenen Bedürfnisse auszurichten haben – und freundschaftlicher Umgang mit den Menschen prägen dieses Weltbild. „Arbeit" – für moderne Charakterisierungen von Vernunft und Naturverhältnis offenbar unverzichtbar – spielt für Epikureer praktisch und theoretisch keine Rolle, will man nicht die Sorge um das Selbst, die Askesis, die Subjektkonstitution als – wenn auch nicht im üblichen Sinne produktive – Arbeit verstehen.

Eine umfassende Geschichte epikureischen Denkens in der europäischen Geistesgeschichte ist ein Forschungsdesiderat[14] – und bleibt es, da angemessene Berücksichtigung und adäquate Verarbeitung sämtlicher Aspekte dieses komplexen Zusammenhangs nur in einem größeren Rahmen, als ihn die vorliegende Arbeit erlaubt, möglich wären. Beschränkung war notwendig. Die Untersuchung konzentriert sich auf die Ethik und Weisheitslehre der Epikureer. Die naturphilosophischen und theologischen Grundlagen dieser Ethik wurden dort berücksichtigt und reflektiert, wo es das Verständnis und die Einsicht in die Zusammenhänge erforderlich machen.[15] Französische und englische Literatur in eine solche Untersuchung mit einzubeziehen, ist unerläßlich, auch wenn dies kaum in einer dem Umfang und der Bedeutung angemessenen Weise erfolgen kann. Insbesondere soll epikureisches Denken in seinen Bezügen zu traditionellen und jeweils zeitgenössischen Philosophien gezeigt und auf die jeweils spezifischen Funktionen im historischen Kontext hingewiesen werden.

Befreiung von Furcht, emanzipatorische Kritik von Irrationalismen, asketische Sorge um das Selbst[16] als ästhetische Stilisierung und lustvolle Selbstermächtigung in der Erfahrung gelingenden Lebens sind diejenigen Themen epikureischen Denkens und epikureischer Praxis, die hier in erster Linie zum Thema gemacht werden sollen.

Dies entspringt einem Interesse an der – auch im Zeitalter der Postmoderne – nicht erlahmenden Debatte um Aufklärung. Die Fragen nach dem Subjekt, nach einer angstfreien Existenz und nach gelingendem Leben sind aktuell. Defizitär bleiben die Angebote der Epikureer dabei in den Bereichen von Politik und Gesellschaft, interessant und brisant dagegen ist ihre Verknüpfung einer radikalen Autonomie menschlichen Handelns mit dem Genuß und der Ästhetik. *Quo mihi fortunam si non conceditur uti?* – „Was hälfe mir mein Glück, wenn's zu genießen mir verboten wäre?"[17]

# I. Ursprung und Evolution: Der antike Epikureismus

## 1. Der griechische Epikureismus

### a) Einleitung: Zum Hellenismusbegriff

„Es ist erst jetzt die Zeit gekommen, in der man die Systeme der Epikureer, Stoiker und Skeptiker verstehen wird. Es sind die Philosophen des Selbstbewußtseins."[1] Was Marx mit seiner Doktorarbeit im 19. Jahrhundert für die Philosophiegeschichte zu leisten gedenkt, läßt sich nicht auf die Geschichtswissenschaft übertragen. Eine differenziertere Betrachtung und Rehabilitation der griechisch-makedonischen Nachklassik ließ dort bis in die zweite Hälfte des 20. Jahrhunderts auf sich warten. Der Hellenismusbegriff definierte sich bis dahin weitgehend negativ gegenüber der vorhergegangenen klassischen Epoche griechischer Geschichte.

Daß der von Droysen geprägte Hellenismusbegriff auf das Mißverständnis einer Bibelstelle zurückgeht, ist heute längst bekannt.[2] Seine Interpretation dieser Zeit als einer Epoche griechisch-orientalischer Mischkultur ist nicht mehr gültig.[3] Einige andere, sich daraus ergebende Thesen werden allerdings immer noch mit dem Begriff des Hellenismus verbunden.[4] In der neueren historischen Forschung ist man sich nun dahingehend einig, im Hellenismus, d. h. in der Zeitspanne vom Tod Alexanders des Großen bis zur römischen Machtübernahme, eine politisch-kulturelle Überlagerung des gesamten Mittelmeerraumes bis zum Iran durch das Griechentum zu sehen, die aber nicht zu einer Verschmelzung, sondern zu einem je nach Region unterschiedlich organisierten Nebeneinander führte.

Die sprichwörtlich gewordenen Diadochenkämpfe nach dem Tod Alexanders brachten Jahrzehnte politischer und wirtschaftlicher Wirren und Krisen. Erst in den 70er Jahren des 3. Jahrhunderts trat eine gewisse Beruhigung ein. Nicht zutreffend wäre es aber, in diesen Unruhen strukturelle Wandlungen von Politik und Gesellschaft zu vermuten. Das hellenistische Zeitalter war eine ausgesprochen konservative Phase der Geschichte und zeichnet sich eher durch Ausdehnung und Belebung traditioneller Strukturen aus als durch fundamentalen Strukturwandel.[5]

Die Eroberungen Alexanders boten Griechen und Makedonen die dringend benötigten neuen Ansiedlungsgebiete. Sie bildeten eine in den Städten lebende, sehr geschlossene und relativ mobile Oberschicht, die «fonde son autarcie – antique programme de la cité – sur le travail qu'elle exige du paysan barbare»[6]. Nur ein verschwindend geringer Teil der einheimischen Elite nahm durch Anpassung an die griechische Kultur an diesem Stadtleben teil.

Anders als häufig angenommen, kann von einem Untergang der Polis nicht die Rede sein: „In weiten Teilen der Mittelmeerwelt ging das Polisleben mit unverminderter Intensität weiter."[7] Bis hin zu kriegerischen Auseinandersetzungen führten die griechischen Städte sogar eine eigenständige Außenpolitik innerhalb der hellenistischen Monarchien. „Man muß im Gegenteil unterstreichen, daß die Errichtung und Verstärkung dieser umfassenden Großstrukturen die lokale politische Aktivität nicht erstickt hat. Das Leben der Städte mit seinen institutionellen Regeln, seinen Einsätzen, seinen Kämpfen verschwindet nicht infolge der Erweiterung des Rahmens, in dem es sich abspielt, oder in Rückwirkung auf das Entstehen einer Macht monarchischen Typs."[8] Dies gilt nicht nur für die Zeit direkt nach Alexanders Tod; noch der römische Imperialismus konnte sich während seiner Expansion im östlichen Mittelmeerraum auf mehr oder weniger intakte Polisstrukturen stützen: «Plus puissante et plus riche que les villes, la royauté n'a pas obnubilé le message de celles-ci. Rome en détruisant les rois a trouvé bien vivant le substrat urbain qu'élle reveillera et qui sera la cellule de son empire.»[9]

Auch innerhalb der Städte bleibt der Aufbau strukturell der gleiche wie in klassischer Zeit: Die wohlhabende Oberschicht verwaltet eine mehr oder weniger demokratische Bürokratie auf ehrenamtlicher Basis. Da aber die soziale Gemeinschaft der Polis durch eine ständig zunehmende Mobilität[10] immer mehr an Geschlossenheit und Homogenität verliert, ist die Ausdifferenzierung einer «classe politique» die Folge.[11] Es wird nun wichtiger, Grieche zu sein – in Abgrenzung zu den Barbaren – als „Bürger". Griechische Erziehung und Kultur gewinnen für die Identität der Polis gegenüber der aktiven Politik an Gewicht. Der Mittelpunkt der Stadt verschiebt sich von der Agora zum Gymnasium, dort pflegen die Griechen und Makedonen ihre Hellenentum.[12] Die Gymnasien sind die Zentren und «foyers de la vie sociale masculine grecque«[13].

Auch im Bereich der Wirtschaft lassen sich eher graduelle als strukturelle Veränderungen feststellen.[14] Die Struktur von Produktionsverhältnissen und Produktivkräften bleibt dieselbe wie in klassischer Zeit. Es gibt sowohl Zeugnisse einer außergewöhnlichen Prosperität und des Luxus als auch solche großer Armut und Not.[15] Der Hellenismus war kein armes Zeitalter: Das fundamentale Problem der wirtschaftlichen Entwicklung im Hellenismus «est celui de la repartition de la richesse et de la pauvreté»[16]. Sowohl an den Höfen – im Rahmen der orientalischen Tradition – als auch in den

Städten – allerdings auch in privater Hand – ist eine zum Teil beachtliche Akkumulation von Reichtum zu beobachten. Auf der anderen Seite weisen Unruhen in den Städten, Aufstände in Bergwerken und die häufig erhobenen Forderungen nach Schuldenerlaß auf eine zunehmende Verarmung breiter Bevölkerungsschichten hin.[17] Die wachsenden Spannungen führten zwar nie zu einer echten Veränderung der Verhältnisse, lösten aber zuletzt das Eingreifen Roms und damit auch die Ablösung der politischen Machtverhältnisse aus.

Die Ansammlung von Reichtum an den Höfen der hellenistischen Monarchen begünstigte kulturelles Mäzenatentum. Eindrucksvolle Beispiele sind die Bibliotheken und das Museion von Alexandria sowie die Bibliothek von Pergamon.[18] Ebenso wie sich für den politischen und wirtschaftlichen Bereich Ausdifferenzierungen feststellen lassen, tauchen nun auch im Bereich von Kunst und Wissenschaften Institutionen und Spezialisten auf. Die entsprechende Polemik fehlte nicht: Timon von Phlious nennt sie „wohlgenährte(n) Papyrusstengel, die endlos im Käfig der Musen streiten (Athenaios 1 p. 22 d)“[19].

Das Zentrum der Philosophie blieb Athen, trotz der Anziehungskraft internationaler Großstädte wie Alexandria und Antiocheia am Orontes. Die Akademie und der Peripatos bestanden weiter, und die neuen Schulen der hellenistischen Philosophie, die Stoa, der Epikureismus und die Skeptiker siedelten sich ebenfalls in Athen an.

Die religiösen Verhältnisse im Hellenismus sind außerordentlich verwirrend und auch die Forschungsmeinungen widersprüchlich. Während z. T. die These vertreten wird, daß bereits die sophistische Kritik den olympischen Göttern ihren Einfluß größtenteils genommen habe, wird andererseits behauptet, erst der Kontakt mit orientalischen Kulturen und ihren Göttern, allen voran Isis und Osiris, habe die alten griechischen Götter verdrängt. Sicherlich kann man festhalten, daß in Zeiten politischer Wirren und ständig wechselnder Machtverhältnisse das Vertrauen zu den einzelnen Stadtgöttern abnahm.[20] Obwohl Athen keineswegs entmachtet, ja sowohl von Philipp als auch von Alexander im Hinblick auf seine traditionsreiche Stellung verschont worden war, hat doch der Verlust an Achtung, den die Stadt hinnehmen mußte, auch den Göttern der Panathenäen, eben den Olympiern, geschadet. Häufig verkommen die Götteranrufungen zu rein rhetorischen Floskeln. Religionen, die individuelle oder auch gemeinsame Heilung und Erlösung versprechen, haben dagegen nun großen Zulauf: die Kulte des Asklepios und der Kybele, die des Osiris, der Isis und auch der Dionysos-Kult. Diese Religionen bieten individuelle, häufig sinnlich betonte Erlösungserfahrungen. Daß Götterferne schmerzlich empfunden und nach Ersatz gesucht wurde, zeigt ein Hymnus, den die Athener auf Demetrios Poliorketes dichteten: „Oh Sohn des allmächtigen Gottes Poseidon und der

Aphrodite, heil Dir! Denn andere Götter sind entweder weit fort oder sie haben kein Gehör oder es gibt sie gar nicht oder sie beachten uns überhaupt nicht, dich aber können wir sehen in voller Gegenwart, nicht in Holz und nicht in Stein, sondern in Wahrheit. Und so preisen wir dich ... (Athenaios 6 p. 253 e)"[21]. Neben einem zunehmenden Zulauf zu Mysterienkulten, Erlösungsreligionen und Initiationsriten zeichnet sich gleichzeitig eine Tendenz zur Abstraktion ab. „Gerechtigkeit", „Gesetz" und „Glück" treten in gottähnlichen Funktionen auf. Den wichtigsten Typ abstrakter Gottheit stellt „Tyche" dar. Nicht zu verwechseln mit dem determinierten Schicksal, stellt diese Göttin die Wechselfälle des Glücks dar, ist ein «symbole du désordre et de l'irrationnel ... Moins qu'un réveil du mysticisme, c'est la faillite du panthéon olympien qu'annonce le culte de Tychè.»[22] Im einzigen, wenigstens teilweise erhaltenen hellenistischen Geschichtswerk, das der Achäer und Romverehrer Polybios verfaßte, spielt Tyche eine herausragende Rolle.[23] Keineswegs dem Irrationalismus verfallen, sondern der kritisch-pragmatischen Tradition des Sophismus verpflichtet, ruft Polybios Tyche immer dann zu Hilfe, wenn sich historische Ereignisse auf andere Weise, d. h. kausal, rational nicht mehr erklären lassen. „Tyche ist also das X der Geschichte, das Unbekannte, das dem Denker immer vor Augen steht, der das Geschehen rationalisieren und vollständig erklärt vor sich sehen will und der verächtlich das Unsichere und Unbestimmte eines wunderbaren Eingreifens beiseite schiebt."[24] Tyche ist nicht Vorsehung, sondern widersinniges Geschehen; sie ist weder notwendig noch fatalistisch, sondern läßt dem Menschen durchaus die Möglichkeit, durch Einsatz seiner Fähigkeiten den weiteren Verlauf zu bestimmen, aber sie ist ein fremdes Element, das sich dem menschlichen Willen, alles zu beherrschen, entgegenstellt. Bei Polybios leiten sich aus dieser Erkenntnis die Mahnung zur Bescheidenheit und die Warnung vor zu großem Vertrauen in das Glück ab. Die gute Tyche begleitet nur den, der maßvoll und bescheiden handelt und ausdauernde und beständige Vorsorge für alle Zufälle des Lebens trifft. Auch bei Aristoteles war Mäßigkeit ein ethisches Postulat, allerdings von allgemeingültiger Abstraktheit. Bei Polybios hingegen wird eine Lebensweisheit abgeleitet aus individueller und im Geschichtswerk dargestellter Lebenserfahrung. Die Aufwertung der Tyche ist eine Reaktion auf das Versagen der olympischen Götterwelt ebenso, wie sie eine – durchaus nicht mystische, sondern ganz pragmatische – Antwort auf die Anforderungen einer krisenhaften historischen Entwicklung darstellt.

Die hellenistischen Philosophien versuchten – vergeblich –, Tyche zu stürzen. Weder in der epikureischen Eudaimonia, für die der Weise selbst zuständig ist, noch im stoischen Weltbild, das von Nomos und Logos geregelt ist, hat Tyche Platz. Und doch sind das philosophische und das „theologische" Antwortmodell miteinander vergleichbar. Die Fragen der Zeit sind jeweils die gleichen, und zumindest wird der Ansatz zur Lösung im Bereich individueller Lebenspraxis und Weisheitslehre gesucht.

Ausweitung und Verbreitung der griechisch-makedonischen Kultur bei gleichzeitiger Ausdifferenzierung von politischen und sozialen Funktionen nach innen; zunehmende Mobilität der Oberschicht und gleichzeitig eine starke ideelle Geschlossenheit in Abgrenzung gegenüber den „Barbaren" – den arbeitenden Einheimischen; wirtschaftliche Prosperität, die allerdings nur einem kleinen Teil, eben der griechischen Oberschicht, zugute kommt und damit die sozialen Spannungen eher verschärft als mildert; eine Stimmung individueller und sozialer, metaphysischer und politischer Unsicherheit, die Antworten sucht in Erlösungsversprechen oder pragmatischer Weltweisheit: Dies sind nur einige Stichworte, die die unüberschaubaren und nicht selten widersprüchlichen Entwicklungen im kulturellen, wirtschaftlichen, sozialen und politischen Bereich kennzeichnen, wie sie für den Hellenismus charakteristisch sind.

„Hellenismus" bedeutet nicht nur Auflösung des alten Griechenland, kennzeichnet nicht den gänzlichen Zusammenbruch der Polisstrukturen. Sinnvoller wäre es, von einer Verlagerung des Selbstbewußtseins der Griechen und einer Verschiebung der bürgerlichen Aktivitäten zu sprechen. Nicht primär Bürger zu sein aus einer bestimmten Stadt, sondern *koinē*-sprechender Hellene – dies scheint die Grundlage einer neuen griechischen Identität gewesen zu sein. Dieses Selbstbewußtsein des „Hellenen" darf keineswegs unterschätzt werden. Allerdings bezieht es sich eben auf die viel abstrakteren Werte der allgemeinen Kultur und nicht auf die politischer Aktivität, nicht auf militärische Erfolge oder territoriale Abstammung.

Die Eigentümlichkeiten der hellenistischen Philosophie sind nur zu verstehen, wenn man auch sie im Rahmen dieser Entwicklungen sieht. Nur dann ist auch die seit E. Zeller so gängige Abwertung der hellenistischen Philosophie gegenüber den Systemen des Platon und Aristoteles in sinnvoller Weise zu korrigieren.[25]

Dem Zeitalter des Hellenismus – das hat dieser freilich nur skizzierte Überblick über die Epoche gezeigt – wird man jedenfalls nicht gerecht, wenn man es nur als Periode der Dekadenz und Verwirrung zu charakterisieren versucht. „Anstelle einer Verödung oder Vernichtung der politischen Aktivitäten durch die Auswirkungen eines zentralisierten Imperialismus muß man sich die Organisation eines komplexen Raumes denken: viel ausgedehnter, viel weniger zusammenhängend, viel weniger abgeschlossen, als es der Raum der kleinen Stadtstaaten sein konnte, zugleich viel geschmeidiger, viel differenzierter, weniger streng hierarchisiert, als es später das autoritäre und bürokratische Imperium sein wird, das man nach der großen Krise des 3. Jahrhunderts zu organisieren versucht."[26]

An dieser Stelle wird deutlich, wie problematisch die Ausweisung einer bestimmten Entwicklung als „krisenhaft“ sein kann. Offenbar werden sowohl Stagnation und Zerfall als auch interne Differenzierung bei äußerer Konstanz und starke Expansion bei gleichzeitiger Instabilität als Merkmale einer Krise politischer Systeme akzeptiert. Inwieweit das zeitgenössische Bewußtsein, in einer Krisenzeit zu leben, die wissenschaftliche Meinungsbildung beeinflußt, scheint zudem in vielen Fällen nicht geklärt. Endzeitstimmung gibt es auch ohne Apokalypse. Die Konstruktion von typologischen Ähnlichkeiten zwischen jeweils verschiedenen „Klassiken“ und Krisen- bzw. Verfallszeiten hat dabei z. T. weniger zur Klärung der Fragen beigetragen als vielmehr den Blick auf die notwendigen Differenzierungen verstellt; gar kausale Beziehungen allgemeingültig oder auch nur im Einzelfall eindeutig angeben zu wollen, ist sowohl methodisch problematisch als auch in vielen Fällen durch die Quellenlage fast unmöglich gemacht. Wenn hier von „Krise“ die Rede ist, dann ist damit das in politischen, philosophischen und künstlerischen Diskursen geäußerte Empfinden eines Verlustes an Sicherheit und Stabilität auf der einen Seite und die Gewißheit notwendiger Neuorientierung auf der anderen Seite gemeint. Inwieweit und auf welche Weise solche Diskurse mit realhistorischen Abläufen korrelieren, kann in diesem Zusammenhang jeweils nur angedeutet werden.

Die lange Zeit vorwiegend negative Charakterisierung des Hellenismus bestimmte nicht nur die Erforschung dieser Epoche im Rahmen historischer Untersuchungen, sondern insbesondere auch die Beschäftigung mit der hellenistischen Philosophie: Die Philosophien der hellenistischen Zeit seien im wesentlichen Philosophien der Flucht, und das Hauptmittel dieser Flucht bestehe darin, die Autonomie zu kultivieren.[27] Nach den geheimnisvollen und radikalen Vorsokratikern, die über die Vermittlung von Nietzsche und Heidegger einen enormen Einfluß auf die Philosophie des 20. Jahrhunderts gewonnen haben, sind es Sokrates, Plato und Aristoteles, die in der Philosophiegeschichte und in der gesamten abendländischen Tradition eindeutig dominieren. Vom „Stoischen“, „Epikureischen“ und „Skeptischen“ scheinen dagegen kaum mehr als die Schlagworte überlebt zu haben.

Analog zur allgemeinen Geschichte soll zunächst gezeigt werden, daß auch im Bereich des philosophischen Denkens des Hellenismus es sich weder um bloßen Verfall noch um einen radikalen Neuansatz handelt, sondern daß auch hier deutliche kulturelle Kontinuitäten sowie vielfältige Verbindungen zur Tradition auszumachen sind, sei es nun in Form von polemischer Abgrenzung oder weiterführender Rezeption. Andererseits dürfen aber die spezifischen Akzentverlagerungen in den neuen Philosophien nicht übersehen werden, und es bleibt dann die Frage zu beantworten, welche Funktion und Bedeutung diese Verschiebungen haben können.

In einem ersten Schritt soll nun der Epikureismus unter den Aspekten „Atomismus“ und Naturphilosophie, dem Stichwort „Lust“ und dem Begriff der „Selbstsorge“ bzw. „Selbstliebe“ in einen Bezug zur griechischen Philosophiegeschichte gestellt werden. Ein Vergleich mit dem Stoizismus wird Gemeinsamkeiten und Unterschiede der beiden Schulen genauer beleuchten können, so daß, aufgrund einer so gewonnenen Charakterisierung der spezifischen Merkmale epikureischen Denkens, dem Fortwirken des Epikureismus in seinen verschiedenen Formen – zunächst in der Antike und dann in Renaissance und Neuzeit – nachgegangen werden kann.

### b) Atomismus: Demokrit und die vorsokratische Philosophie

Angeblich war Epikur als 14jähriger Schüler auf Samos mit seinem Lehrer, dem nicht weiter bekannten Platoniker Pamphilos nicht zufrieden, weil der ihm den Hesiodschen Begriff des Chaos nicht plausibel erklären konnte.[28] Befriedigender und von längerer Dauer war der Unterricht des Demokriteers Nausiphanes in der kleinasiatischen Stadt Teos. Hier also lernte Epikur spätestens die ionische Naturphilosophie kennen, die seine eigenen Vorstellungen so deutlich prägen sollte. “It is indeed not true to say that Epicurus borrowed his physical theory wholesale from Democritus, for in many fundamental points he differed from him”[29], und doch läßt sich für seine Naturphilosophie sagen, daß “his debt, unacknowledged and even violently denied, is to Leucippus and Democritus“[30].

Es wird häufig und durchaus zu Recht darauf hingewiesen, daß in der hellenistischen Philosophie die Ethik eine zentrale Rolle spielt; es sollte dabei allerdings nicht übersehen werden, daß die miserable Quellenlage für den gesamten Hellenismus schnell auch ein verzerrtes Bild entstehen lassen kann. Immerhin ist bekannt, daß Epikur 37 Bücher ›Über die Natur‹ geschrieben hat, von denen uns heute nur noch Fragmente auf den Papyri von Herkulaneum erhalten sind.[31] Ebensowenig wie die Naturphilosophie nur ein Anhängsel der Ethik ist, darf auch die Bedeutung gerade des atomistischen Weltbildes für die Epikureische Philosophie nicht unterschätzt werden.

D. Furley[32] unterscheidet in der abendländischen Naturphilosophie bzw. Kosmologie zwei Weltbilder: das christlich-jüdische, das eine Verbindung mit dem aristotelischen Entwurf eingeht, und dasjenige, das im Laufe der Jahrhunderte seit Kopernikus über Darwin und bis zur Urknall-These der 80er Jahre des 20. Jahrhunderts das christliche Weltbild langsam ablöste. Das jüdisch-christlich-aristotelische Modell der “closed world”[33] ist seit der Antike und das gesamte Mittelalter hindurch sehr viel besser dokumentiert und tradiert worden als die präsokratischen Thesen eines “infinite Universe”[34] der vielen Welten, die ebenso wie Epikurs Naturlehre jahrhundertelang fast vollständig vergessen waren.

Bei den Modellen der "closed world" und des "infinite Universe" stehen sich Permanenz der Form und Evolutionsgedanke, Teleologie und Mechanismus, die Vorstellung von Kosmos als Organismus und der Atmomismus, theologische Pneumologie und psychologischer Materialismus und oft rigide Lustfeindlichkeit und expliziter Hedonismus gegenüber; einmal ist der Mensch Ziel und Zweck der Schöpfung, im Modell des "infinite Universe" dagegen nur ein Glied in der „großen Kette der Lebewesen“[35].

Sowohl der präsokratische Atomismus als auch seine hellenistische Ausprägung bei Epikur sind dem Weltbild des "infinite Universe" zuzuordnen. Der Atomismus als Lehre von der bewegten Materie impliziert notwendiges bzw. automatisches Entstehen und Vergehen der Formen, schließt daher Teleologie und Providenz aus; die Existenz eines oder mehrerer aktiv ins Weltgeschehen eingreifender Götter anzunehmen, ist nicht notwendig. In einer solchermaßen mehr oder weniger ausschließlich von der Notwendigkeit regierten, nicht teleologischen Natur ist auch der Mensch nicht wesentlich, sondern nur graduell von anderen Lebewesen unterschieden. Eine atomistische Welterklärung hat also offensichtlich weitreichende weltanschauliche Folgen im Bereich der Theologie, der Metaphysik, der Psychologie und der Ethik.

„Um die Vielheit und Veränderlichkeit der empirischen Dinge realistisch interpretieren zu können, ersetzen Leukipp und Demokrit die eleatische These der Einzigkeit des wahrhaft Seienden durch die Annahme einer Vielheit unteilbar Seiender oder Atome.“[36] Diese Elementarteilchen sind unteilbar, unentstanden und unvergänglich und (anders als bei Empedokles und Anaxagoras) qualitätslos; sie können nur nach Größe und Lage bestimmt werden.

„Die Qualitäten der Farbe, Temperatur, des Geschmacks, der Töne usw. entstehen erst im Prozeß der Wahrnehmung aufgrund der Reize, die von den Atomen bzw. Atomkomplexen ausgehen“[37], oder anders ausgedrückt: "The atoms have body, or resistance ..., but without any difference in the *kind* of the body."[38] Alle Veränderungen im Bereich der Erfahrungsgegenstände kommen durch Veränderungen der Atomanordnungen zustande. Bewegung und Veränderung der Atome lassen sich nur dann annehmen, wenn es neben dem Seienden auch noch ein Nicht-Seiendes gibt. Dem Vakuum kommt damit auch der paradoxe Status des Seienden zu (vgl. das demokriteische Wortspiel vom „Ichts“[39]). Die Atome selbst sind nur insofern bewegt, als sie Druck oder Stoß von anderen Atomen ausgesetzt sind. Die Frage nach dem „Anfang“ der Bewegung wird durch den Hinweis auf die Unendlichkeit umgangen. Innerhalb dieses Modells kommen für alle Phänomene des Physikalischen, Biologischen und Psychologischen nur mechanistische Erklärungen in Frage.

So ist in der Psychologie der Seelenstoff der Grund der Bewegung des Körpers, des Lebens und des Denkens. Die Seele selbst besteht natürlich auch aus Atomen und ist deshalb nicht unsterblich, sondern löst sich nach dem Tode in ihre Elementarteilchen auf. Auch die Kosmogonie von Demokrit beruht auf der mechanistischen Annahme, die Welt sei aufgrund eines Zusammenpralls zusammengeballter Atome aus einem Wirbel entstanden. Ebenso basiert die Wahrnehmungstheorie auf dem Prinzip von Druck und Stoß, die die Atome aufeinander ausüben. Die größten Schwierigkeiten bietet dieses Modell für die Erklärung visueller Wahrnehmung. Darum wurde ein kompliziertes System konstruiert, das annimmt, daß sich jeweils von den Objekten ablösende Bilder *(eidola)* mit Bildern des Wahrnehmenden treffen. Auf diese Weise wird dem Wahrnehmungsvorgang eine subjektive Komponente zugeschrieben. Da nun aber notwendigerweise für die Atomisten alle Verstandestätigkeit von der Wahrnehmung abhängt, bekommt bereits die aus Demokrits wahrnehmungstheoretischen Überlegungen resultierende Skepsis gegenüber der Wahrheit sinnlicher Erkenntnis einen vernunftkritischen Aspekt: „Und erkennen muß der Mensch mit Hilfe der vorliegenden Regel, daß er von der Wirlichkeit (Wahrheit) entfernt ist.“[40] Und weiter: „Auch diese Darlegung macht ja klar, daß wir in Wirklichkeit von nichts irgend etwas wissen, sondern Zustrom (der Atome oder Wahrnehmungsbilder) ist allen einzelnen Menschen ihr Meinen.“[41] Die prägnanteste Formulierung lautet: „Und doch wird es klar sein, daß, wie in Wirklichkeit ein jedes ist, zu erkennen nicht zugänglich ist.“[42] Attribute sind also auch keine Realitäten, sondern basieren auf Konvention. Daraufhin läßt Demokrit die Sinne gegen den Verstand sprechen: „Armer Verstand, von uns nahmst Du die Beweisstücke und willst uns damit niederwerfen? Ein Fall wird dir der Niederwurf.“[43] Demokrit mußte die Abhängigkeit der Verstandeserkenntnis von der Wahrnehmung postulieren. Aristoteles hält ihn darum für einen „Phänomenalisten“, während Sextus hier den Skeptiker zu erkennen glaubt.

“Difficult and subtle” nennt C. Bailey diese Wahrnehmungstheorie, sie sei “an unsecure basis for a worldsystem“.[44] Das hartnäckig verteidigte Festhalten an der Wahrheit des Wahrgenommenen bei Epikur läßt sich sicherlich besser verstehen, wenn man sich die Schwierigkeiten des demokriteischen Systems vor Augen führt und auch die aristotelische Kritik daran mitbedenkt.

Die Echtheit der demokriteischen Fragmente zur Ethik ist umstritten, darum muß sich eine Darstellung auf einige gesicherte Kernsätze konzentrieren. Aus dem atomistischen Weltmodell ergibt es sich, daß Vorstellungen von „Gut“ und „Böse“ oder andere normative Aussagen aus der Natur selbst nicht gewonnen werden können. “Nature ist ‘necessity’, not ‘justice’; neither good nor evil in itself; not intelligent, though intelligible ... The good is not given to man; it is not ‘chance’. It must be created by man; it is ‘art’.”[45]

Die Kunst besteht darin, das für den Menschen Zuträgliche zu erkennen. Die Gefühle von Lust und Unlust gelten dafür nur als Indikatoren, nicht als Selbstzweck: „Denn Lust und Unlust ist die Grenze ‹des Zuträglichen und Abträglichen›."[46] Das Zuträgliche wird auf ein oberstes Ziel hin bestimmt: die Euthymia. Es ist Aufgabe der Vernunft, sowohl die Mittel zur Erreichung dieses Ziels festzustellen, als auch das *summum bonum* selbst zu bestimmen. „Demokrit hat also der Vernunft nicht nur die Aufgabe der zweckrationalen Orientierung des Handelns zugewiesen, sondern zugleich die Aufgabe der Erkenntnis des letzten Zwecks, in bezug auf den Dinge als zuträglich oder abträglich zu beurteilen sind."[47] G. Vlastos weist nun darauf hin, daß es sich bei diesem *summum bonum* nicht um ein rein subjektives Wohlbefinden handelt, sondern daß "nearly all the normative terms of Democritean ethics ... are also used by the medical writers to express the conduciveness of any process or act ... to the state of health"[48]. Der Zustand der Ausgeglichenheit der Seele entspricht dem der objektiven Gesundheit des Körpers und in weiterem Sinne – nach Demokrits Mikrokosmos-Makrokosmos-Vorstellungen – der Ordnung des Universums. Mit Hilfe der Philosophie läßt sich dieser Zustand seelischer Gesundheit erreichen: "Arzneikunst heilt des Leibes Krankheiten, Weisheit befreit die Seele von Leidenschaften."[49] Bei Epikur heißt es im selben Sinne: „Leer ist die Rede jenes Philosophen, durch die keine menschliche Leidenschaft geheilt wird. Wie nämlich die Medizin nichts nützt, wenn sie nicht die Krankheiten aus dem Körper treibt, so nützt auch die Philosophie nichts, wenn sie nicht die Leidenschaften aus der Seele vertreibt."[50]

Der enge Zusammenhang zwischen Ethik und einer Naturerklärung, die zwar in der Natur selbst keine normativen Grundlagen finden kann, aber mit Hilfe der Vorstellung vom Menschen als einem Wesen, das in der Ordnung der Natur aufgehoben ist, Handlungsanweisungen für ein glückliches und damit ethisch richtiges Leben geben kann, ist hier ganz offensichtlich. Die atomistische Naturerklärung bietet keine Möglichkeit, normative Aussagen aus der Ordnung der Natur direkt abzuleiten; und doch ist eine Ethik insofern möglich, als dem Menschen – einem Wesen innerhalb der nicht teleologischen Naturordnung – Ratschläge für eine nach dem Modell der Natur geformten, harmonischen und damit ethisch guten und glücklichen Lebensweise gegeben werden können.

In einigen entscheidenden Punkten ändert Epikur das demokriteische Modell, wahrscheinlich als Reaktion auf die aristotelische Kritik: Im Bereich der Wahrnehmungstheorie vertritt er einen strikten Sensualismus, und für die Frage nach Grund bzw. Art und Weise der Materiebewegung versucht er durch die Einführung einer zufälligen bzw. freien Atomdeklination dem absoluten Determinismus demokriteischer Prägung zu entgehen. „Die Atomhypothese Leukipps und Demokrits war offenbar nicht bis zur letzten

Widerspruchsfreiheit ausgearbeitet und blieb bis zu einem gewissen Grade korrektur- und erweiterungsbedürftig."[51] Daneben bleiben die Probleme des Nebeneinanders verschiedener Atomgrößen einerseits und der theoretischen Unteilbarkeit eines jeden Atoms ebenfalls offen. Weiter nennt H. Krämer auch das epikureische Bewegungssystem der Minima als eine Erweiterung der demokriteischen Lehre, die als Antwort auf die aristotelische Kritik zu verstehen ist.[52]

Kam es hier nun zunächst einmal darauf an, einige Aspekte atomistischer Naturerklärung, die später für Epikurs Weltbild wichtig werden, zu skizzieren, so sollte doch auch schon darauf hingewiesen werden, daß es vor allem im Bereich der Ethik erhebliche Differenzen zwischen den frühen Naturphilosophen und Epikur gibt. Wenn auch beide Philosophen in Ziel und Funktion ihrer praktischen Philosophie übereinstimmen – wie ja die Eudaimonie für die gesamte griechische Philosophie, explizit oder nicht, das selbstverständlich oberste Ziel aller praktischen Philosophie ist –, so ist doch die Art und Weise, wie der Mensch zu diesem Ziel kommen kann und soll, bei Demokrit und Epikur sehr unterschiedlich aufgefaßt. Sind bei Demokrit Lust und Unlust nur Indikatoren für den richtigen bzw. verfehlten Weg zur „Euthymia", so stellt die Lust das oberste Ziel epikureischen Philosophierens dar.

### c) Hedonē: Die Debatte um die Lust

Lust, *voluptas*, volupté, pleasure: alles Begriffe, die kaum dazu geeignet sind, das auszudrücken, was griechisch Hedonē meint,[53] und doch sind dies diejenigen Schlagwörter unter denen der Epikureismus vor allen anderen verbreitet wurde. Die Philosophie der Hedonē bildete den Hauptangriffspunkt aller antiepikureischen Polemik von den Stoikern über die Kirchenväter das gesamte Mittelalter hindurch bis in die Neuzeit. Dies ist eigentlich um so erstaunlicher, als ja bekanntermaßen weder Epikur selbst noch seine Schüler einen „ausschweifenden" Lebenswandel pflegten und die Mäßigkeit des Philosophen von denen, die ihn besser kannten, auch häufig gelobt worden war. Weit davon entfernt, üppige Zecherei und Fresserei zu empfehlen, rät er vom Liebesgenuß sogar – außer in dringenden Fällen – ganz ab: „Denn die Liebesdinge haben noch niemals genützt; man muß zufrieden sein, wenn sie nicht geschadet haben."[54] Erstaunlich ist die Verdammung speziell Epikurs als Lüstling aber auch deshalb, weil er in der Antike keineswegs der einzige Autor war, der sich ausgiebig und wohlwollend mit der Lust auseinandersetzte. Neben dem Kyrenaiker Aristipp, der an erster Stelle zu nennen ist, müssen Eudoxos von Knidos, Aristoteles und sogar Platon selbst erwähnt werden. Einige knappe Hinweise auf deren Äußerungen sollen zeigen, daß Epikur keineswegs der „Entdecker" der Lust in der Philosophie ist.

Epikur stützt sich in einigen Punkten auf die Aristippsche Lustphilosophie, bringt aber auch hier, wie im Fall seiner Rezeption demokriteischer Positionen, entscheidende Korrekturen an. Dabei handelt es sich um Veränderungen, die offensichtlich auf die Kritik von platonischer und aristotelischer Seite antworten. Die entscheidenden Konsequenzen aus der Wendung, die Epikur dem klassischen Erbe gab, sind auf dem Gebiet einer Anleitung zur existentiell-praktischen Lebensführung zu finden. Die gelungene Aktualisierung bekannter Entwürfe situiert sich in einem Spannungsfeld von Tradition, Kritik und bedürfnisorientierter Innovation.

Die Fragen nach Hedonē und Phronesis, welche Art der Hedonē die richtige sei und ob Hedonē ein höchstes Gut sein könne, spielten nicht nur in den Kreisen der Akademie eine große Rolle. Nach Demokrit sind uns zwar heute nur noch der Sokratesschüler Aristipp und der Mathematiker Eudoxos von Knidos als Hedonisten bekannt; wenn aber Aristoteles in der Nikomachischen Ethik[55] allein drei verschiedene Gruppen von Lustgegnern nennt und deren Argumente detailliert darlegt, darf man annehmen, daß auch die Gegenposition mehr als nur zwei Verteidiger gefunden hat.

Aristipp – dies zeigt bereits ein Blick auf seine antike Wirkungsgeschichte – hat man sich als einen klugen, weitgereisten und lebensgewandten Menschen vorzustellen. Die bei Diogenes Laertius[56] überlieferten Aphorismen und Sprüche sind zum Teil „haarscharf auf der Grenze zwischen philosophischer Souveränität und weltmännischem Zynismus“[57]. Die erkenntnistheoretische Skepsis Aristipps geht davon aus, daß das, worauf der Mensch sich allein irrtumsfrei beziehen kann, seine *eigenen* Empfindungen sind. Normen basieren also auf Konventionen.[58] Es ist nun interessant zu sehen, daß dieser erkenntnisskeptische Ansatz eines schon um 435 geborenen Philosophen (also fast 100 Jahre *vor* Epikur und dem so oft beschworenen Einbruch des Individualismus im Hellenismus) „ein außerordentlich starkes Moment teleologischer Individualethik birgt und ... eine faktische Berücksichtigung der Interessen anderer Menschen geradezu auszuschließen scheint“[59].

Der Mensch tut vernünftigerweise, was seine (eigene) Lust fördert und Schmerz verhindert.[60] Für die Kyrenaiker steht fest, daß die Lust etwas Positives und nicht nur mit der Freiheit von Schmerz gleichzusetzen ist.[61] Aristipp und seine Schüler kennen ein Zwischengebiet zwischen Lust und Schmerz, das mit beiden nichts zu tun hat.[62] Nach dieser Vorstellung läßt sich Lust – ebenso wie Schmerz – beliebig steigern, vermehren, verlängern, d. h. sie hat keine natürliche Grenze. Dies und die Tatsache, daß es sich um ein Bewegtes, eine ständig sich verändernde Befindlichkeit handelt[63], werden die Hauptstreitpunkte in der Akademie und bei Aristoteles ausmachen und als Reaktion auf deren Kritik wiederum Epikurs eigene Lustdefinition beeinflussen.

Auf die Lustdiskussion geht Platon am ausführlichsten in seinem Altersdialog ›Philebos‹ ein. Die Platonforschung hat gezeigt, daß die Verteidiger des Hedonismus nicht Kyrenaiker sind, sondern daß es sich vielmehr um die Argumente des Eudoxos von Knidos handelt.[64]

Für Aristoteles dürfte diese Auseinandersetzung zwischen Platon und Eudoxos wesentlich zu seiner eigenen sehr positiven Beurteilung der Lust in der Nikomachischen Ethik beigetragen haben.[65] Aristoteles nimmt damit eine Mittlerposition zwischen dem akademischen Antihedonismus und der epikureischen Lustlehre ein.[66] „Epikurs katastematische Lust, die mit Schmerzfreiheit identisch sein soll, steht gewiß in einer vielfältigen Tradition, zu der Demokrits Euthymie und Athambie ebenso gehört wie die Aktaplexie des Nausiphanes ... und – mit Abstand – die gleichfalls Demokrit verpflichtete Ataraxie Pyrrhons ... Von allen diesen Vorgängern ... unterscheidet sich Epikur jedoch durch die ... Ausgestaltung des Hedonismus, die sich aus der Konfrontation mit der Kritik der platonischen Akademie ergab."[67] Die akademische Kritik der Lust als höchstem Gut ist im Grunde eine ontologische Kritik auf der Basis der platonischen Elementenlehre. „La più importante tra le argomentazioni ... contro l'edonismo ... era quella ... del piacere ... come un movimento, una kinesis, donde la condanna platonica del piacere quale divenire perenne, una ansiosa tendenza all'essere ... che non potrà mai ragiungere l'essenza ... la piena realtà di bene."[68] Für Sokrates/Platon entsteht Lust, wenn ein als schmerzlich empfundener Mangelzustand ausgeglichen wird, um den „heilen" Naturzustand wieder herzustellen: „Ich sage also, daß, wenn die Zusammenstimmung in den Lebendigen (Lebewesen) aufgelöst wird, zugleich auch eine Auflösung der Natur und eine Erzeugung von Schmerz alsdann erfolge ... Wird sie aber wiederum gestimmt und geht in ihre eigentümliche Natur zurück, da, müssen wir sagen, entsteht Lust ..."[69] So ist Lust also ein Werden und kein Sein und darin *zusammen* mit dem Schmerz dem mittleren Zustand der statischen Indifferenz entgegengesetzt. Sowohl Schmerz als auch Lust sind also für Sokrates/Platon Störungen des natürlichen Gleichgewichtszustandes. Wird die Lust aber dem Werden, der Kinesis, der Genesis zugeschrieben, dann muß es noch ein Höheres geben, um dessentwillen diese Bewegung geschieht. Die Lust selbst kann nicht Telos, Ziel des Lebens sein. Das Werden geschieht um des Seins willen und nicht umgekehrt. Der Seins-Charakter des dritten Zustandes, des Indifferenzzustandes, ist wesentlich als Ruhe und Ausgeglichenheit, Beständnis, *stabilitas* gekennzeichnet. Die Verbindungen mit Epikurs Ataraxia sind augenfällig. Diese Ausgeglichenheit des Naturzustandes ist bei Platon eine „Weise der Einheit, des Eins-seins, und hat als solche an der Ureinheit des Grundprinzips und Urelements Anteil"[70]. Ein Eudaimoniebegriff, der auf diesem Begriff der mittleren Ausgeglichenheit aufbaut, kann zurückgeführt werden „auf das Ur-Eine des platonisch-akademischen Erkenntnissystems, ist also innerhalb des Platonismus ontologisch begründet ..."[71]. Selbstverständlich kann innerhalb dieses Systems der Lust keinerlei ethische Relevanz zukommen. Diese Argumentation mußte also unterlaufen werden, um der Lust eine auch ontologisch haltbare Funktion in der Moraldebatte zu sichern. Es war für Epikur nach diesen Diskussionen und der akademischen Kritik nicht mehr möglich, auf den Aristippschen kinetisch-positiven Lustbegriff zurückzugreifen. Neben dem Versuch des Aristoteles, die Lust nach und trotz Platon zu rehabilitieren, war für Epikur also sicherlich auch die direkte Auseinandersetzung mit dieser Kritik von großer Bedeutung.

Neben V. Brochard[72] und O. Gigon[73] hat vor allem E. Bignone[74] bereits 1936 die These vertreten, die epikureische Ethik habe sich wesentlich in polemischer Abgrenzung zur klassischen Moralphilosophie herausgebildet. Mittlerweile kann man davon ausgehen, daß Epikur nicht nur – wie Bignone glaubte – Aristoteles' Dialoge kannte, sondern auch mit der Nikomachischen Ethik vertraut war.[75] Auch wenn im einzelnen nicht auf die komplexe Problematik der aristotelischen Argumentation hier eingegangen werden kann, ist es doch notwendig, die Grundzüge der aristotelischen Kritik kurz zu skizzieren.[76]

Wie gezeigt wurde, ist eine positive ontologische Bewertung der Lust – im Rahmen der akademischen Philosophie – nur möglich, wenn ihr Kinesis-Charakter widerlegt werden kann. So sagt Aristoteles: Die Lust „ist ein Ganzes, und es läßt sich in keinem Zeitmoment eine Lust aufweisen, deren Form durch die Verlängerung ihrer Dauer erst vollendet würde. Eben deshalb ist sie auch keine Bewegung. Jede Bewegung geschieht in einer Zeit und hat ein Ziel."[77] Und weiter heißt es dort: „Dagegen ist die Art und somit auch die Form der Lust jederzeit vollendet, und so wird klar, daß sie von der Bewegung verschieden und ein Ganzes und Vollendetes ist."[78]

Die Zeitenthobenheit der Lust ist das Argument, das es Aristoteles ermöglicht, der Lust eine positive ontologische Bestimmung zuzuschreiben, d.h. nicht nur eine Bewegung um eines anderen Telos willen zu sein, sondern selbst als Ganzes und Vollendetes Telos-Charakter zu haben.[79] Mit der ontologischen Rehabilitation der Lust gegenüber Platons Kritik ist die Diskussion der Hedonē bei Aristoteles allerdings noch nicht beendet. H. Schmitz weist zurecht darauf hin, daß ein wichtiges Indiz für die Identifikation des Eudoxos im ›Philebos‹ die theologischen Wendungen sind, die im Laufe der Erörterung auftauchen.[80] Es kommt zu einer regelrechten Vergöttlichung der Lust.[81] Die Götter des Aristoteles befinden sich in einer tätigen Ruhe, haben eine Existenz des sich selbst denkenden Denkens; dieser Vollzug des *bios theoretikos* ist von höchster Lust begleitet. Die Hedonē der Götter entspringt unmittelbar ihrer reinen Denktätigkeit und garantiert die höchste, für den Menschen nicht erreichbare Eudaimonie.[82] Der Mensch kommt diesem Zustand am nächsten in der *vita contemplativa*, die darum,

d. h. wegen ihrer „Gottähnlichkeit", auch allen anderen Lebensformen vorzuziehen ist: „Denn es gibt nicht nur eine Tätigkeit in der Bewegung, sondern auch eine solche in der Freiheit von Bewegung, und die Lust findet sich mehr in der Ruhe als in der Bewegung."[83] Aufgrund der ontologischen Bestimmung der Lust als eines abgeschlossenen Ganzen, der daraus folgenden ethischen Bedeutung als eines erstrebenswerten Ziels und der metaphysischen Bestimmung der Götter als Hedonē genießende „unbewegte Beweger" läßt sich nun auch für menschliches Verhalten Lust als Vollendung von Tätigkeit im Rahmen der *vita contemplativa* fassen. Der *bios theoretikos* nämlich wird gerade deshalb zur höchsten Lebensform, weil er die größtmögliche Annäherung an die göttliche Seinsweise bietet.[84]

Fassen wir nun die Entwicklungen noch einmal im Hinblick auf Epikurs katastematischen Lustbegriff zusammen. Vom Hedonismus des Aristipp bleibt wenig übrig, außer einer mehr im Lebensstil des Kyrenaikers verkörperten positiven Haltung zu sinnlichen Genüssen, die ja auch Epikur – solange mäßig gehalten – nicht ablehnte. Der kinetische Lustbegriff des Aristipp allerdings wurde nach den kritischen Debatten in der Akademie, wie sie der ›Philebos‹ darstellt, und nach den Argumenten des Aristoteles im 7. und 10. Buch der Nikomachischen Ethik obsolet. Der Begriff eines mittleren Indifferenz-Zustandes zwischen Lust und Schmerz, der als anti-hedonistisches Argument gegen Eudoxos von Knidos gerichtet war, dient Epikur dann seinerseits als Modell für einen katastematischen Lustbegriff, mit dem er versucht, die akademisch-aristotelische Kritik zu entkräften. Die Ähnlichkeiten zum akademischen Indifferenzzustand bestehen einmal in der Vorstellung der Begrenztheit der Lust, die in der Abwesenheit von Schmerz ihre Erfüllung findet, und dann in der Unmöglichkeit, Lust schlechthin oder in der Zeit zu steigern; nicht zuletzt sind auch die Charakterisierungen des Zustandes als ruhevoll, statisch und ausgeglichen und die Bilder der Wind- und Meeresstille des Gemüts vergleichbar.

Sämtliche Ähnlichkeiten des epikureischen Denkens mit den philosophischen Systemen Platons und Aristoteles' enden dort, wo es um Fragen der Metaphysik geht. Der metaphysische Überbau des Platonismus ist vollständig verschwunden; und auch wenn die „unbewegten Beweger" des Aristoteles mit den uninteressierten Bewohnern der epikureischen Intermundien ein Leben als „müßige Götter"[85] zu teilen scheinen, ist doch die Funktion der Theologie innerhalb des jeweiligen philosophischen Systems nicht vergleichbar. Obwohl Aristoteles' Götter eine völlig in sich gekehrte Existenz haben, ist der Mensch in seinem Streben doch wesentlich auf die Götter hin ausgerichtet, und die Bewegung des Kosmos geht auf deren Tätigkeit zurück. Epikurs Götter dagegen haben keinerlei Einfluß auf die Menschen, die ihrerseits die Beziehung zu den Göttern *ausschließlich* nach ihren – richtigen oder falschen – Vorstellungen gestalten. Zweck epikureischer

Theologie ist es, den angeblichen göttlichen Einfluß auf die Welt als menschliche Projektion zu entlarven und so ein von Götterfurcht freies Leben zu ermöglichen.[86]

Es hat sich nun also gezeigt, daß der epikureische Hedonismus sich durchaus im Rahmen einer zeitgenössischen Debatte lokalisieren läßt und der „Lüstling" Epikur keineswegs eine spektakuläre Außenseiterrolle vertritt. Dabei sind die Verbindungen zu Aristipp geringer, als man häufig annimmt. Die Beziehungen zu Platon und Aristoteles sind differenziert. Auch wenn insgesamt polemische Abgrenzung überwiegt, darf dabei nicht übersehen werden, daß Epikur gerade damit auch „Werbung" für eine neue Philosophie machte und vieles weniger originell war, als es auf den ersten Blick erscheinen mag. Die entscheidende Wende, die Epikur der Debatte um die Lust gibt, liegt nicht so sehr in einer Innovation begrifflicher oder systematischer Momente, sondern in der Neubestimmung der Funktion des Lustbegriffes hin auf eine praktische Verwertbarkeit im Rahmen subjektiver und individueller Lebensgestaltung. Dies wird auch in der späteren Rezeption des Epikureismus eine wichtige Rolle spielen. Es handelt sich um eine Philosophie, die eklektizistischem Vorgehen viele Anknüpfungspunkte bietet und dadurch, gerade was ihre Moral betrifft, in vielfältigen, historisch unterschiedlichen Kombinationen, Variationen und Funktionen einsetzbar ist. Konstant wiedererkennbar sind dabei die polemisch-aufklärerische Haltung und der strikte Vorrang individualethischer Eudaimonielehre vor gesellschaftlich orientierter Pflichtethik.[87] Besonders profiliert ist die Individualethik im epikureischen Konzept der Selbstsorge *(Epimeleia heautou)*. Während die stoische „Selbsterhaltung", die *conservatio sui*, relativ große Popularität auch über die Antike hinaus genoß, findet das Programm der Selbstsorge, wie es sich in unterschiedlichster Form von Demokrit bis Seneca durch die antike Literatur zieht, explizit kaum mehr Beachtung. Die epikureische Philosophie hat hier eine interessante und „unterirdisch" auch sehr wirksame Lehre entwickelt.

### d) Selbstsorge: Ein hellenistisches Konzept

Die Vorstellung, daß der Mensch sich um sich selbst zu kümmern habe, daß er für sich selbst zu sorgen habe, ist ein Topos der gesamten griechisch-römischen Geistestradition. Bei Sokrates und Platon, Xenophon und in bestimmter Weise auch bei Aristoteles zu finden, spielt sie in der hellenistischen Philosophie eine große Rolle und gewinnt im Stoizismus und Epikureismus der römischen Kaiserzeit zentrale Bedeutung. „In der griechisch-römischen Welt ist die Selbstsorge die Art und Weise gewesen, in der die individuelle Freiheit – oder bis zu einem gewissen Punkt die bürgerliche Freiheit – sich als

Ethik reflektiert hat ... das Thema der Selbstsorge (hat) wirklich das ganze moralische Denken durchzogen ...“[88]

Selbstsorge ist nicht nur das berühmte *gnothi seauton*, ist also nicht identisch mit Selbsterkenntnis,[89] sondern umfaßt einen weiten Bereich von Prinzipien und Lebenspraktiken, Verhaltensregeln und Lebensformen. Unbestreitbar hat das „Erkenne Dich selbst“ im Laufe der abendländischen Geschichte den Imperativ des „Kümmre Dich um Dich“ verdrängt. Das *denkende* Subjekt hat in der okzidentalen Philosophie nicht erst seit Descartes ein so deutliches Übergewicht, daß andere Formen von Welterschließung und andere Formen der Moral kaum mehr in den Blick geraten sind. Im griechischen Denken dagegen ist das „Erkenne Dich selbst“ ohne das praktische „Sorge für Dich“, als notwendige Anweisung für die Umsetzung, gar nicht vorstellbar. Es handelt sich um eine lange Entwicklung der „Lebens-Kunst“ im Zeichen der Sorge um sich. Eines der wichtigsten Beispiele für die Bedeutung und Funktion der Epimeleia läßt sich bei Platon finden. Der Dialog ›Alkibiades I‹[90] und die Apologie des Sokrates thematisieren beide die Selbstsorge ausführlich. Alkibiades kommt am Ende des Dialogs zu dem Schluß, daß er eine verantwortliche Rolle im Staat nur dann übernehmen könne, wenn er gelernt habe, Sorgfalt auf sich zu verwenden.[91] Dazu muß er zunächst erkennen, wie dieses Selbst beschaffen ist und auf welche Weise man dafür zu sorgen hat. Unerläßlich dafür ist im Rahmen der sokratischen Erziehungskonzeption der Dialog mit dem Lehrer. Darum sieht sich Sokrates in der Apologie[92] als ein Diener am Staat, wenn er den jungen Menschen beibringt, wie sie durch Ausbildung ihrer selbst zu verantwortlichen und guten Staatsmännern werden können. Eine Polis, in der sich jeder auf die richtige Weise um sich selbst kümmern würde, wäre eine gut funktionierende Polis. Diese Mission ist ihm von den Göttern übertragen, und Sokrates nimmt darum auch kein Geld für seine Leistungen.

In der platonischen Tradition findet die Selbstsorge ihre Form und ihre Vollendung in der Selbsterkenntnis, der wenn auch nicht einzigen, so doch höchsten Form der Selbstsorge. Dies wird sich im Hellenismus ändern. Neben dem auf sich selbst gewendeten Blick sind es jetzt zusätzlich bestimmte Praktiken und Übungen, die einen gewissen Stil des Lebens charakterisieren, und neben der rationalen Seite der Selbstsorge wird die körperlich-seelische Komponente in den Vordergrund gerückt. Das Tetrapharmakos[93] der Epikureer ist eines der besten Beispiele dafür. Die dort gegebenen Verhaltensregeln sind als verläßliche und immer wirksame Hilfe in allen Lagen des Lebens zu verstehen.

Ein Konzept der Selbstsorge nach platonischem Muster gibt es bei Aristoteles nicht. Es findet sich allerdings der Begriff der Selbst*liebe*. Hatte Platon in den Gesetzen die Selbstliebe als das größte aller Übel und als „Ursache aller Fehltritte“[94] bezeichnet, ja geradezu als das blindmachende Gegenteil der zur Selbsterkenntnis führenden Epimeleia charakterisiert, findet sich die Selbstliebe bei Aristoteles in einem wesentlich positiveren Zusammenhang. Er spricht über Charakter und Wert der Freundschaft für den guten Menschen und stellt dann fest: „Denn es ward schon bemerkt, daß aus dem Verhalten gegen sich selbst jede anderweitige Freundschaftsbetätigung erst abgeleitet wird ... Denn dieses alles gilt am meisten von dem Verhältnis zu sich selbst. Jeder ist sich selbst der beste Freund, und darum soll man auch sich selbst am meisten lieben."[95] Dies gilt nicht nur für eine Vervollkommnung der individuellen Aretē, sondern auch sozialer Nutzen wird daraus resultieren: „Daher soll der Gute die Selbstliebe besitzen, da es ihm selbst und anderen nützen wird, wenn er, von dieser Liebe getrieben, das sittlich Schöne vollbringt."[96]

Im Unterschied zur platonischen Konzeption der Selbstsorge als Erziehung zum guten Menschen setzt das aristotelische Modell der Selbstliebe den guten Menschen bereits voraus. Der gute Mensch ist der Maßstab für gelingende Selbstliebe. Der schlechte Mensch wird nichts Liebenswertes in sich finden und darum auch zu einer echten Selbstliebe unfähig sein.[97] Der gute Mensch dagegen liebt den besten Teil seines Selbst, das was ihn wesentlich ausmacht. Dies ist bei Aristoteles der denkende Teil des Menschen. Selbstliebe heißt also Selbstverwirklichung als vernünftiges Wesen.[98]

Auf den ersten Blick scheint Aristoteles hier die Epimeleia des Sokrates zu meinen. Der entscheidende Unterschied, neben dem fehlenden pädagogischen Impetus, liegt allerdings in der Frage der metaphysischen Einbindung. Die Selbsterkenntnis der Seele bei Platon ist ohne die Hilfe der Götter nicht zu leisten, ja sie ist göttliches Gesetz. Bei Aristoteles dagegen handelt es sich um die Entwicklung der Wesensformen des Menschen. Wesensformen sind in der Natur, in der Realität der natürlichen Dinge gegeben, es handelt sich nicht um irgendwelche in der Transzendenz vorhandenen Werte. Die Natur enthält gewissermaßen das regulative Prinzip. Die Verbindung zum Göttlichen stellt sich nur dadurch her, daß Gott von Aristoteles definiert wird als das reine Denken, das sich selbst denkt, und somit dort, wo der Mensch seine denkende Existenz am besten verwirklicht, die größtmögliche Annäherung an das Göttliche geleistet wird. Die aristotelische Selbstliebe, die das Denken selbst liebt, ist von allen direkten metaphysischen Bezügen gelöst und in eine – selbst allerdings wieder göttliche Züge tragende – Naturordnung eingeholt. Das ethische Denken ist hier grundsätzlich auf die Ebene des Menschlichen beschränkt. Der sich selbst denkende Gott ist ein sehr ferner Gott und nicht mehr für die Prinzipien einer Ethik zuständig.[99]

Selbstliebe ist bei Aristoteles sehr viel mehr ein ontologisches als ein ethisches Konzept und ist zugleich immanent, während bei Platon/Sokrates der pädagogisch-politisch-ethische Aspekt im Vordergrund steht, abgesichert durch eine Verankerung im Metaphysischen.

In der europäischen Geistesgeschichte wurde Selbstliebe, z. B. in der französischen Moralistik oder in der deutschen Aufklärung, immer wieder zum Gegenstand heftiger Auseinandersetzungen.[100] Dabei wird meist zwischen guter, gemäßigter und schlechter, übertriebener und eitler Selbstliebe unterschieden. Selbstsorge taucht als Begriff dagegen nicht mehr auf, und doch ist es gerade das Programm eines kontrollierten Umgangs mit sich selbst, einer Lebenskunst im Sinne einer Stilisierung der Lebensführung, was die große Anziehungskraft stoischer und epikureischer Ethik in späteren Jahrhunderten ausgemacht hat. Von besonderer Bedeutung ist dies auch in der Auseinandersetzung mit der christlichen Ethik. Während das Christentum die Askese als Auslöschung des weltlichen Ich in der Vorbereitung für ein Leben nach dem Tode einsetzt, sind in der griechisch-hellenistischen Philosophie Selbsterkenntnis, Selbstbeobachtung, Einschränkung und Askese Mittel, sich in der Welt des Hier und Jetzt so angemessen und gut wie irgend möglich einzurichten. Selbstbeobachtung, wie sie sich z. B. in den literarischen Formen des Tagebuchs und der Autobiographie niederschlägt, steht durchaus nicht nur in der christlichen Tradition der augustinischen ›Confessiones‹, sondern kennt auch eine antike Praxis, die ihre Vorbilder in den epikureischen Lehrbriefen, den Briefen eines Seneca oder Marc Aurel findet. Sowohl Montaigne als auch Rousseau sind ihre Erben.

Zurück zur Entwicklung der Epimeleia-Problematik in der nachklassischen Zeit: “In the Hellenistic and imperial periods, the Socratic notion of ‘taking care of oneself’ was accepted by Epicurus and his followers, by the Cynics, and by Stoics as Seneca, Rufus, and Galen. The Phythagoreans gave attention to the notion of an ordered life in common. This theme of taking care of oneself was not abstract advice but a widespread activity, a network of obligations and services to the soul.”[101] Auffällig ist zunächst, daß im Hellenismus die Selbsterkenntnis neben der Selbstsorge an Bedeutung verliert. Introspektion, kritische Selbstbeobachtung sind weniger wichtig als die sorgfältige Befolgung der Verhaltensregeln und Vorschriften, die in der jeweiligen Schule propagiert werden. Außerdem handelt es sich auch nicht um eine begrenzte Lehrzeit während der Jugend, sondern vielmehr um eine das ganze Leben ausfüllende Praxis, ein ständiges Training, das zur Lebensform wird. Dies bedeutet nun, daß die Praxis der Selbstsorge in einem gewissen Sinn zum Selbstzweck wird. Anders als bei Platon und Sokrates ist sie nicht mehr ein Erziehungs- und Lebensprinzip, das den einzelnen wesentlich als soziales und politisches Subjekt konstituiert, sondern eine Praxis, die ihr Ziel in sich selbst findet. Foucault spricht in diesem Zusammenhang einmal von der „Autofinalisierung“ der Selbstsorge im Hellenismus.[102] Man sollte allerdings auch hier wieder vermeiden, diese Entwicklung allzu schnell unter die Schlagworte vom Rückzug ins Private und von typisch hellenistischem Individualismus zu subsumieren. Was bei einer solchen Rubrizierung unter „Individualismus“ genau verstanden wird, bleibt nämlich meist ungeklärt. Daß es sich nicht um eine „Aussteigerkultur“ der Individualisten handelt, dürfte zwar offensichtlich sein, aber auch ein Rückzug ins Private, wie man ihn z. B. beim biedermeierlichen Familienleben des Bürgers im 19. Jahrhundert erlebt, ist erst recht nicht zu konstatieren.[103] Ein Individualismus, verstanden als Intensivierung der Selbstbeziehungen allerdings, d. h. eine zunehmende Beschäftigung mit dem Ich als Objekt von Erkenntnis und Raum von Erfahrungen und Handlungen, dürfte den Verhältnissen im Hellenismus am ehesten gerecht werden. Damit einher geht die wachsende Tendenz zu einer Thematisierung der Differenz von Individuum und Gesellschaft. Ein so verstandener Individualismus muß nun keineswegs einfach als eine resignative Reaktion auf Enttäuschung und Autoritätsverlust verstanden werden. Eher scheint sich damit eine Möglichkeit der Rücknahme und Besinnung zu ergeben, die in einem Zeitalter der Krise auf Neuorientierung innerhalb der vielfältigen Risiken *und* Möglichkeiten abzielt. „Und will man das Interesse verstehen, das diese Eliten der persönlichen Ethik, der Moral des alltäglichen Verhaltens, des Privatlebens und der Lüste entgegengebracht haben, braucht man nicht so sehr von Dekadenz, Frustration und verdrossenem Rückzug zu sprechen; vielmehr muß man darin die Suche nach einer neuen Weise sehen, die rechte Beziehung zu seinem Stand, seinen Funktionen, seinen Tätigkeiten und Pflichten zu bedenken.“[104] Wäre das Angebot, das die hellenistischen Philosophien dem sich selbst als ethischen Subjekt problematisch werdenden Ich machen können, nur eine Flucht vor diesen Problemen gewesen, wäre das jahrhundertelange Überleben und Funktionieren dieser Lehren nicht zu erklären und auch das Interesse späterer Epochen an der Ethik des Hellenismus kaum verständlich.

Die hellenistische Form der Selbstsorge, die die Sorge um das Ich gegenüber der Sorge um das Gemeinwohl in den Vordergrund stellt, ist also nicht nur eine resignative *Reaktion* auf die turbulenten Zeitläufe, ist nicht nur durch die Wirkung des historischen Geschehens auf die Menschen hervorgerufen, sondern ist die therapeutische *Antwort* auf diese Fragen und Probleme und hat damit nicht nur eine kompensatorische Funktion, sondern die, den Menschen Orientierungen für angemessenes Handeln im privaten, religiösen, beruflichen und politischen Leben zu bieten. Es geht nicht primär darum, sich aus der Öffentlichkeit zurückzuziehen – auch wenn das durchaus eine Option sein kann –, sondern vielmehr darum, die Möglichkeiten des Handelns in der Öffentlichkeit aus dem Rückzug auf das Selbst neu aufzubauen, da die alten Modelle, Regeln, Normen und Zugehörigkeiten in einem veränderten sozialen Rahmen keine Gültigkeit mehr beanspruchen können. Es wurde nicht versucht, „einen allgemeinen Niedergang der politischen Tätigkeit in eine Moral der Umkehr zu übersetzen. Es ging darum, eine Ethik zu erarbeiten, die es erlaubte, sich selbst im Verhältnis zu diesen gesellschaftlichen, bürgerlichen und politischen Tätigkeiten, welche verschiedenen Formen sie auch annahmen und in welchem Abstand man sich davon halten möchte, als Moralsubjekt zu konstituieren."[105]

Handelt es sich dabei um Schwierigkeiten, die den Menschen ganz fundamental in seiner Konstituierung als ethisches Subjekt betreffen, ist auch verständlich, warum es nicht mehr ausreicht, einem Schüler über die zeitweiligen Probleme des Erwachsenwerdens hinwegzuhelfen.[106] Das pädagogische Modell wird durch das der immerwährenden medizinisch-vorbeugenden Sorge ersetzt. Hatte schon Demokrit einmal die Philosophie mit der Medizin verglichen,[107] wird dieser Vergleich im Hellenismus immer populärer und besonders Epikur hat ihn geschätzt.[108] Gleichzeitig läßt sich eine eigenartige und intensive Beschäftigung mit dem eigenen Körper beobachten. Essen und Trinken, Diät und Verdauung, Schlaf und Sport, Wärme und Kälte, Sexualität und Enthaltsamkeit werden zu breit diskutierten Themen.[109] Bedürfnisse, vor allem physische Bedürfnisse, werden genauer Untersuchung unterzogen und einer strengen Kontrolle unterworfen. Es ging allerdings keineswegs darum, zusätzliche Bedürfnisse ausfindig zu machen, sie zu äußern und sie dann zu befriedigen, wie dies in vielen modernen „Seelentechniken" der Fall ist, sondern im Gegenteil darum, auszuprobieren, wie stark sich Bedürfnisse reduzieren lassen, damit sie jederzeit und in allen erdenklichen (Not-)Lagen zu befriedigen sind und damit das Leiden, der Schmerz, der die angestrebte Ataraxia verhindert, ausgeschaltet werden kann.[110] Diese Form der Bedürfnisminimierung ist ein alle hellenistischen Philosophien verbindendes Merkmal. Nicht nur als theoretischer Anspruch formuliert, wurde sie in den Gruppen und Zirkeln der Stoiker und Epikureer im Rahmen „asketischer" Übungen der Selbstsorge „trainiert". Der Unterschied der speziell hellenistischen Selbstsorgepraktiken zu Platons ›Alkibiades I‹, wo diskursiv auf die Notwendigkeit der Selbsterkenntnis verwiesen wird und ein Teil dieser Selbsterkenntnis im Dialog schon geleistet wird, dürfte deutlich sein.

Wie bei Aristoteles ist im Hellenismus die Sorge um sich ein lebenslang andauernder Prozeß der Perfektionierung – im Epikureismus natürlich ohne jede Teleologie. Ganz anders allerdings als bei Aristoteles – und darin wieder eher der sokratischen Konzeption verwandt – geht es hier aber um die problematische Konstituierung des ethischen Subjekts. Da sich diese Bemühungen aber nicht auf die Phase der Adoleszenz beschränken, ist man wohl berechtigt, von einer allgemeinen Krise der Subjektkonstitution zu sprechen. Es geht also um „Schwierigkeiten in der Art und Weise, wie das Individuum sich als moralisches Subjekt seiner Verhaltensweisen konstituieren kann"[111], und um „Anstrengungen, um in der Wendung auf sich das zu finden, was es ihm erlaubt, sich Regeln zu unterwerfen und seiner Existenz Ziele zu geben"[112]. Diese Schwierigkeiten prägen die gesamte Selbstsorgepraxis und unterscheiden die Intention der hellenistischen Philosophie fundamental von den Philosophien des klassischen Zeitalters. Eine tief empfundene Unsicherheit und das Bewußtsein der Verletzlichkeit prägen den Hellenismus. Allerdings handelt es sich eben nicht nur um eine reaktive Widerspiegelung der geschichtlichen Ereignisse, sondern die Philosophien sind Ergebnisse der Bemühungen, die Auswirkungen der entstandenen Defizite aufzufangen und insbesondere das Verhältnis von Individuum und Gemeinschaft neu zu definieren. Der hellenistische Individualismus steht im Dienste des ethischen Subjekts und ist nicht der Verzicht darauf.

Mit Hilfe der Stichworte Atomistik bzw. Naturphilosophie, Hedonē und Selbstsorge wurden in knappen Zügen Entwicklungslinien skizziert, die es erlauben, die hellenistische Philosophie und insbesondere den Epikureismus im philosophiegeschichtlichen Kontext zu situieren. In jedem der drei Bereiche konnte gezeigt werden, daß der Epikureismus sich in ein Netz von Frage und Antwort, Kritik und Gegenkritik zwischen den einzelnen philosophischen Lehren einbinden läßt. Dabei darf man sich von der Polemik Epikurs nicht irreleiten lassen. Seine Abgrenzungsstrategien sind zuweilen eher propagandistisch zu verstehen: Werbung für die Neuheiten, die der Kepos dem Leser und Schüler bieten sollte.

Im folgenden sollen die Grundzüge und Besonderheiten der epikureischen Lehre skizzenhaft vorgestellt werden. Um die weit in die Moderne hineinreichenden Traditionslinien angemessen darstellen zu können, ist es nicht nur der Vollständigkeit halber notwendig, anschließend kurz auch auf den Stoizismus einzugehen. So deutlich nämlich die Differenzen der beiden Schulen in einzelnen Punkten sind, ist es doch erstaunlich, wie sehr durch die scharfen Auseinandersetzungen der jeweiligen Anhänger verdeckt wurde, daß in weiten Bereichen die Frage- und Problemstellungen der beiden Schulen große Übereinstimmungen aufweisen.[113] Besonders in der römischen Philosophie, aber auch in der Neuzeit lassen sich darum auch immer wieder stoisch-epikureische Mischformen in der Philosophie finden. Seneca z. B. gilt als Stoiker und doch zeigt sich gerade in seinen Schriften viel Epikureisches.

### e) Epikurs Philosophie

Wenn bisher die Kontinuität einiger Fragestellungen und Themen von der Philosophie der griechischen Klassik zum Hellenismus betont wurde, so soll damit keineswegs geleugnet werden, daß es sich beim Übergang von der Klassik zum Hellenismus um einen bedeutsamen Einschnitt mit weitreichenden Konsequenzen handelt.

Epikur verteidigt den Atomismus gegen Aristoteles und den Hedonismus gegen Platon, dies allein aber kann kein Grund für den Erfolg seiner Lehre gewesen sein. Erst die Verbindung, die Hedonismus und Atomismus mit einer neuen Theologie[114], neuen Formen der Selbstsorgepraxis und einem reduktionistischen, individuell gewendeten Eudaimonismus eingehen, macht die besondere Attraktivität der neuen Lehre aus. Neben Stoizismus und Skeptizismus hat die Philosophie ganz offensichtlich den Bedürfnissen des hellenistischen Zeitalters in besonderem Maße entsprochen. Eine der auffälligsten Gemeinsamkeiten der drei Schulen ist der Vorrang der praktischen Philosophie vor der theoretischen. Entsprechend nimmt die Moralphilosophie als wichtigste der drei Disziplinen Logik/Kanonik, Physik und Ethik den bedeutendsten Platz ein. Physik und Logik sind ihr systematisch untergeordnet und in vielen Fällen nur dazu vorgesehen, die ethischen Prinzipien abzusichern. Naturphilosophie oder Erkenntnistheorie um ihrer selbst willen gibt es im Hellenismus – anders als in der Vorsokratik oder der Klassik – praktisch nicht mehr. Der Mensch und zwar als Individuum – nicht als Bürger einer Polis – rückt ins Zentrum des Interesses aller philosophischen Erörterungen.[115]

Wie alle griechische Ethik ist auch die hellenistische keine Theorie der Moral, die die Frage, wie der Mensch sich *richtig* verhalten soll, zu beantworten sucht; sondern sie ist vielmehr eine Theorie des Glücks. Die Eudaimonia ist und bleibt das selbstverständliche, und darum manchmal nicht einmal mehr explizit genannte Ziel aller ethischen Diskussion. Eudaimonie, was sich nur unzureichend mit „Glück", „Glückseligkeit" oder „gelingendes Leben" umschreiben läßt, wird negativ als Freiheit von inneren und äußeren Störungen der subjektiven Befindlichkeit, d.h. des physischen und psychischen Gleichgewichts, beschrieben. Wie bereits angedeutet, ist darunter nicht an die Weltabkehr des Enttäuschten, den „Ausstieg" aus der Zivilisation in alternative Lebensformen oder exotische Träume gedacht und auch nicht Entsagung im Hinblick auf jenseitiges Glück gemeint. Die Rückwendung auf das Ich geschieht im Rahmen einer notwendig gewordenen Veränderung der Subjektkonstituierung. Soziale und religiöse Bindungen haben sich gewandelt, gelockert, vervielfältigt und verlangen Auswahl, d.h. sie setzen ein Subjekt bereits voraus, statt es wie früher zu bilden. Die „distanzierte Gelassenheit des Unbetroffenen"[116] ist die Haltung des philosophisch Gebildeten angesichts der Unsicherheit und Vielgestaltigkeit der hellenistischen Welt, d.h. angesichts größer und vielfältiger werdender Selektionsmöglichkeiten. Darin sind sich alle drei Schulen einig. Es liegt hier ein durchaus historisch zu lokalisierender Sachverhalt vor, den die moderne Systemtheorie mit dem Begriff der „Angstbewältigung" belegt hat. „Die gesellschaftliche Ausgrenzung des Unbestimmbaren ändert die Formen der Angstbewältigung und damit auch die moralische Qualität der Gesellschaft ... Die moralische Gewißheit guten Handelns versagt als Angstdämpfung, wo hohe, nahezu beliebige Komplexität der Welt und der Gesellschaft institutionalisiert sind. Dann wird Sicherheit zum Problem und zum Thema – Sicherheit im Sinne eines Schutzes vor gesellschaftlich gebilligten Selektionen anderer."[117]

Die Wendung vom Spekulativen zum Praktischen, wie sie für den Übergang von der Klassik zum Hellenismus charakteristisch ist, zeigt sich auch in der Form der philosophischen Texte selbst. Von Epikur sind drei Briefe, Spruchsammlungen und Fragmente erhalten.[118] Der praktische Aspekt der „Seelenführung" ist darin so deutlich, daß seine Korrespondenz, z.B. mit neutestamentlicher Briefliteratur verglichen wurde. Die erhaltenen Lehrsätze und Sprüche sind Zusammenstellungen praktischer Lebensweisheiten, die durch ständiges Memorieren präsent sein sollen und durch gemeinsame Einübung (Askesis) möglichst in Anwesenheit und unter Aufsicht des Meisters die Lebensführung bestimmen. Es finden sich bei Epikur zahlreiche Stellen, wo auf die Notwendigkeit des Einübens und Memorierens der Grundsätze hingewiesen wird,[119] besonders die vier Hauptlehren des sogenannten Tetrapharmakos sind ständig „griffbereit" zu halten: „Immer u(nd) überall soll der Tetraph(armakos) zur Hand sein: Vor Gott braucht man sich nicht zu fürchten; dem Tod soll man nicht mit argwöhnischer Angst gegenüberstehen; das Gute ist leicht zu beschaffen, das Schlimme jedoch leicht zu ertragen."[120] Auch die Beichtpraxis scheint, nach den Zeugnissen des Philodem, eine wichtige Rolle gespielt zu haben. „Das für die epikureische Techne der Seelsorge aus Philodem zu gewinnende Material zeigt, daß E(pikur) jene Äußerungen einer umfassenden Seelenbeichte in seinem Kreise geradezu begünstigte; das wird man nicht nur damit erklären, daß sie geeignet erscheinen, ein enges Band zwischen Meister und Jünger zu knüpfen, sondern vor allem mit den Möglichkeiten, die sie für die bessere Aufrichtung (...) des Irrenden eröffneten."[121] Möglicherweise sind Begriff und Praxis der Gewissenserforschung eine epikureische Erfindung und erst im Zuge der Annäherung der älteren Stoa an den Epikureismus auch dort zu einem Gemeingut geworden. Dafür spräche unter anderem, daß gerade der dem Epikureismus wohlgesonnene Seneca auf die Erforschung des Gewissens um der Seelenruhe willen besonderen Wert legte.[122]

Askesis, Einüben und Memorieren, Beichtpraxis und die damit verbundene „Therapie" des Irrenden sind als „Diät" und „Training" für die Seele zu verstehen. Die Parallelisierung von Philosophie und Medizin, die Epikur so schätzte, wird gerade in diesen Praktiken besonders augenfällig: Anleitung zu Selbstsorge und Lebensglück als philosophische Therapie. „Die Gemeinsamkeit der den Hellenismus prägenden Idee von Philosophie, die sich als therapeutische Auffassung bezeichnen läßt ..."[123], sieht H. Blumenberg als Technik zur Beseitigung der Hindernisse des Lebensglücks.[124]

Die oben bereits erwähnten Charakteristika hellenistischer Selbstsorge treffen sämtlich auf Epikurs Anweisungen zu: immerwährende Sorge statt pädagogischem Konzept. „Wer jung ist, soll nicht zögern zu philosophieren, und wer alt ist, soll nicht müde werden im Philosophieren. Denn für keinen ist es zu früh und für keinen zu spät, sich um die Gesundheit der Seele zu kümmern ... Wir müssen uns also kümmern um das, was die Glückseligkeit schafft: wenn sie da ist, so besitzen wir alles, wenn sie aber nicht da ist, dann tun wir alles, um sie zu besitzen."[125] Die epikureische Seelenführung ist nicht ein maieutischer Prozeß der Selbsterkenntnis wie bei Sokrates, sondern eine von außen auferlegte und gelenkte Prozedur der Selbstgestaltung: *sic fac omnia, tamquam spectet Epicurus.*[126] Die beispielhafte Lebensführung des Meisters begründet seine Autorität, verlangt Gehorsam und kann letztendlich bis zu einer Verehrung führen, die derjenigen für die Götter nicht unähnlich ist.[127]

Von besonderer Bedeutung ist nun die Frage, inwieweit die Verbindungen von individueller Sorge für sich und den Belangen der Gemeinschaft, der Polis, des Staates etc. berücksichtigt werden. Es ist immer wieder darauf hingewiesen worden, daß Epikurs Maxime „Vom Leben im Verborgenen"[128] nicht als dogmatische Regel angesehen werden dürfe. Dies ist sicherlich richtig. Schließlich handelt es sich beim Garten Epikurs wahrlich nicht um ein Kloster. Trotzdem ist hier ohne Frage eine deutliche Interessenverschiebung seit Sokrates, Plato und Aristoteles zu sehen. Das Individuum *als Bürger* ist für den Epikureer uninteressant. Nicht zuletzt deshalb war es Epikur möglich, in seinen Garten auch Sklaven und Frauen aufzunehmen. Deutlicher als an der Maxime vom Leben im Verborgenen läßt sich die Einstellung Epikurs zur politischen Gemeinschaft wohl an seinen Vorstellungen von Recht und Gesetzen erkennen. Epikur war Konventionalist. Die Gültigkeit von Gesetzen basiert für ihn auf der Zustimmung derjenigen, die von ihren Regelungen betroffen sind. Ebensowenig wie es ein von Natur aus gegebenes, für alle Menschen immer geltendes Recht gibt, gibt es einen Idealstaat. Gesellschaftliche Utopien oder politische Reformideen sind kein Thema für Epikur.[129] Staat und Recht haben die Funktion, den einzelnen vor Schädigung zu schützen und dafür zu sorgen, daß er das ihm „Zuträgliche" bekommt.[130] In jedem Fall veranlaßt den Einzelnen nur sein wohlverstandenes Eigeninteresse dazu, eine Rechtsverbindlichkeit einzugehen und sich auch daran zu halten. Gesellschaft wird hier als ein „Summationsphänomen von Individuen"[131] bzw. deren Interessen charakterisiert: Ein „sozialer Atomismus"[132] ist zu erkennen, wie er im Utilitarismus des 18. Jahrhunderts wiederbegegnet. Dem Staat, auf seine Funktion als Schutzmacht reduziert, wird so jegliche soziale Dimension genommen; er ist nicht von Gottes Gnaden, sondern nur ein Geschäftsverband und ein Nachtwächterstaat. Engagement im emphatischen Sinne oder Heldentum, gar im Namen irgendwelcher Sozialutopien oder Reformideen sind für Epikur unvorstellbar. Nur wenn es nötig sein sollte, eigene Interessen zu wahren, ist politisches

Handeln vertretbar. Der Staat garantiert die Unversehrtheit des Individuums, hat aber keinen Einfluß auf die Ausbildung einer irgendwie gearteten sozialen Identität. Diese entsteht ausschließlich im Umgang mit sich selbst und den Freunden im Kepos. Es ist also weniger wichtig zu fragen, ob politische Tätigkeit *erlaubt* ist, als festzustellen, daß sie nicht *notwendig* ist für das Leben des Philosophen. Genau dies besagt die These von einer Abkoppelung der Sorge um sich von der Sorge um andere. Autarkia, als hellenistisches Schlagwort, bedeutet Unabhängigkeit von allem, was man nicht selbst bestimmen kann, und dazu gehört auch der andere.

Eine Sonderstellung im Rahmen des utilitaristischen Kalküls der Lebenskunst im Sinne einer auf Eudaimonie zielenden Selbstsorgepraxis nimmt die Freundschaft ein. Freundschaften sollen und müssen im Hinblick auf ihre Nützlichkeit geschlossen werden, können aber auch ein Ziel in sich selbst sein. Dies geht so weit, daß sogar die Möglichkeit des Opfertodes für den Freund miteinbezogen wird.[133] Es ist wichtig, auf diese besondere Position der Freundschaft innerhalb der epikureischen Philosophie hinzuweisen; immer wieder hat sie den Historikern Schwierigkeiten bereitet, und nicht selten wurde einer der beiden Aspekte zugunsten des anderen vernachlässigt oder ganz übersehen.[134] Wichtig ist die Thematik, weil hier das im Staate, in der Polis verlorengegangene Moment der Intersubjektivität zurückgewonnen werden soll. Werden alle übrigen Handlungen nur auf eine individuelle Selbstkonstitution als glückliches Subjekt bezogen (auch das Lehrer-Schüler-Verhältnis als ein therapeutisches, ein beispielgebendes ist davon nicht ausgenommen), ist hier der einzige Fall zu sehen, wo von einem möglichen Selbstverlust (Opfertod) und von Mitleid die Rede ist. Nicht zu Unrecht spricht A.-J. Festugière davon, daß «Epicure savait fonder une nouvelle famille» und meint, daß darin vielleicht «le secrèt de son longue prestige»[135] gelegen habe. An einem Punkt wird der rigorose Individualismus aufgebrochen und die familienähnliche Atmosphäre des Kepos nimmt der sonst doch sehr asketischen Lehre ihre Strenge.[136]

Bestehen nun die Texte Epikurs weitgehend aus Lebensregeln, die den Umgang mit dem eigenen Körper, der eigenen Seele, das Verhältnis zum Lehrer, zum Freund, zum Staat festlegen, so heißt das nicht, daß diese Ethik kein System habe und sich in Spruchweisheiten erschöpfte. Die praktischen Anweisungen zur Erlangung des Lebensglücks basieren auf einigen grundsätzlichen Annahmen, von denen die weiteren konkreten Vorschriften abgeleitet werden. Das höchste Gut ist die Lust, die Hedonē. Die Empfindungen von Lust und Unlust sind irrational und unhintergehbar. Alle Lebewesen streben von Natur aus nach Lust. Ein philosophischer Hedonismus soll Anleitungen dazu geben, welche Lust die richtige ist und wie sie erreicht werden kann. Epikur unterscheidet zwischen kinetischer und katastematischer Lust; einer Lust „in Bewegung“, d.h. einem Gefühl, das entsteht, wenn Schmerz, Unlust, Unruhe beseitigt werden, und einer Lust „in Ruhe", die den Zustand der vollständigen Schmerz- und Beschwerdelosigkeit des Körpers oder die Unterschütterlichkeit und Furchtlosigkeit der Seele bezeichnet. Die katastematische ist der kinetischen als dauerhafte, als Zustand, als die reinere Form der Lust vorzuziehen.[137] Mit dieser Aufteilung und der Höherbewertung der Zustandslust gelingt es Epikur, die platonische Kritik an einer Lust, die als Werdendes nie Ziel sein könne, zu unterlaufen.

Da Epikur davon ausgeht, daß die Sinnlichkeit das eigentliche und einzige Gewisse sei, wird dieser Bereich im Gegensatz zum Geistig-Rationalen aufgewertet. Das spezifisch Menschliche ist für Epikur weder allein das Denken noch allein die Moralität, noch allein der Anteil am Göttlichen: Der Mensch ist *als Ganzes* Teil der Natur.[138]

Trotzdem bedeutet die Aufwertung der Sinnlichkeit in der unhintergehbaren Empfindung von Lust und Unlust nicht, daß Epikur den Unterschied zwischen Mensch und Tier leugnen würde. Der Mensch allein kann erst mit Hilfe seiner Rationalität sich das Glück *verfügbar* machen; und gerade darauf, auf das Verfügbarmachen, kommt es dieser Philosophie der Angstbewältigung und Selbstsicherung an. Nur der Logos nämlich kann dem Menschen zur Einsicht verhelfen, daß Lust nicht über das Gefühl der Freiheit von Störungen, d. h. Schmerz oder Furcht, hinaus gesteigert werden kann. Weiter verhilft dann ein rationales Kalkül aller Möglichkeiten, Notwendigkeiten und Bedingungen von Glück dazu, die Bedürfnisse immer den Möglichkeiten der Befriedigung so anzupassen, daß keine Wünsche offen bleiben. Ist die sinnlich erfahrbare Lust zwar Grundlage und Voraussetzung der geistigen, so gewinnt diese doch einen Vorzug, weil sie durch Rückschau in die Vergangenheit und Voraussicht in die Zukunft auch noch genießen kann: Glückliche Erinnerung kann augenblickliches Unglück kompensieren, augenblickliches Glück für die Zukunft ein Reservoir sein. Außerdem kann es darum notwendig sein, auf ein kurzes angebliches Glück zu verzichten, wenn mit negativen Folgen zu rechnen ist.[139] Die hier angesprochene Zeitdimension des Planens und Kalkulierens transzendiert allerdings nie innerweltliche Erfahrungen und hat keinen eschatologischen Charakter. Ausgangs- und Endpunkt der Überlegungen bleibt immer die Unmittelbarkeit des Genusses, nicht unter quantitativem, sondern unter qualitativem Aspekt.

Ein exaktes Kalkül soll eine Lebensführung ermöglichen, die weitgehend unabhängig von äußeren Umständen ein glückliches Leben garantiert. Der Glaube an die Möglichkeiten eines solchen – erlernbaren – Kalküls zeigt, daß Epikur darin „ganz optimistischer Rationalist und Aufklärer (ist), der das Glück nicht nur für wünschbar, sondern auch für machbar hält"[140].

Machbar ist dieses Glück allerdings nur für den je einzelnen, eine Verwirklichung des Glücks der Masse ist kein Gedanke, der Epikur je in den Sinn käme. Auch wenn Epikur Sklaven und Frauen in seinen Garten einlud und immer wieder behauptete, Sklaven könnten in ihren Bedingungen genauso glücklich werden wie ihre Herrn, dachte er dabei nicht an eine Bekehrung der Menge, an Volkserziehung. Die Gartenphilosophie war ebenso exklusiv wie alle anderen Schulen des Hellenismus auch. War Sokrates als Philosoph tatsächlich öffentlichkeitswirksam gewesen, sind Stoiker und Epikureer höchstens noch Berater von Kaisern und Königen. Das Volk hält sich an die Religion. Gegen diese Volksreligion hatte der so oft als Atheist verteufelte Epikur selbst nichts einzuwenden. Er empfahl im Gegenteil sogar, regelmäßig an religiösen Festen teilzunehmen und zu beten.[141] Mehr als eine freudige Kontemplation der in ewiger Glückseligkeit lebenden Götter kann ein solches Gebet allerdings nicht sein. Es ist falsch und unsinnig, die Götter um ein irgendwie geartetes Eingreifen in menschliche Belange zu bitten. Die Götter leben vollständig uninteressiert an menschlichen Dingen in Intermundien – wäre dies nicht so, dann wären sie keine Götter.[142] Es ist entscheidend, daß der Mensch dies erkennt. Er muß, um glücklich leben zu können, von aller Furcht vor übermenschlichen Mächten befreit sein.

Die Entmystifizierung und Entmythisierung der Welt gelingt Epikur zum einen, indem er vorführt, daß Götterfurcht überflüssig ist, da die Götter sich ihrem Wesen nach gar nicht um das Weltgeschehen kümmern können, und zum anderen, indem er darlegt, daß alle Phänomene im Himmel, auf der Erde, in der Natur und im Menschen sich nur mit Hilfe der Physik und ohne Religion erklären lassen. Gerade in diesem Bemühen werden sich die Naturwissenschaftler und Aufklärer der beginnenden Neuzeit mit ihm treffen: La Fontaine, Pierre Bayle, Fontenelle und viele andere schreiben gegen die allgemein grassierende Kometenfurcht und pseudowissenschaftliche Sternengläubigkeit ihrer Zeitgenossen an.

Zu diesem Zweck benützt der Hedonismus Epikurs eine strikt sensualistische Wahrnehmungstheorie und eine mechanistische Welterklärung, wie sie der Atomismus bietet.[143] Die atomistische Lehre ist hier nicht Selbstzweck, sondern dient dazu, den Menschen zu einer Selbstmächtigkeit der Lebensführung freizusetzen. Darum könnte Epikur genausowenig, wie er die unberechenbare Tyche akzeptieren konnte, einen vollständigen Determinismus nach stoischer Prägung vertreten. Er versucht darum, beides zu verbinden und meint, durch die Einführung von zufälligen Abweichungen der Atome von ihren Fallrouten der menschlichen Freiheit einen Platz im mechanistischen Determinismus eingeräumt zu haben. Dieser Konstruktion und der Ablehnung des Schöpfungsgedankens verdankt sich der immer wieder erhobene Vorwurf, Epikur habe die Welt und den Menschen dem Zufall und völliger Beliebigkeit ausgeliefert.

Den aufklärerischen Impetus einer radikalen Absage an die Teleologie durch dieses Argument kann erst Marx wieder im vollen Umfang seiner systematischen Bedeutung erkennen. Entscheidend ist, daß die Natur auf der Eigengesetzlichkeit der Materie aufgebaut und deshalb nicht abhängig ist von göttlicher Willkür. Die Verläßlichkeit der Naturgesetze, die so in ein richtig verstandenes Lebenskalkül ohne Risiko mit einbezogen werden können, ersetzt dem Weisen die Sicherheit der Religion.

Die Aufwertung von Sinnlichkeit, Materie und Natur läßt komplexe Zusammenhänge erkennen, wie sie in Philosophie und Literatur des 17. und 18. Jahrhunderts wieder zu finden sind; dann wenn mit Hilfe der neu entstehenden Naturwissenschaften, vor allem der Biologie, der Mensch als Teil der Natur eine andere Stellung im Kosmos bekommt, in die „Kette der Lebewesen" eingereiht und die Natur selbst zum Gegenstand empirischer Erforschung wird. Die Versuche, in der Materie selbst das Prinzip des Lebens zu finden, werden dann immer zahlreicher. Dann gelingt es auch, einen dynamischen Materiebegriff zu entwicklen, der mit Epikur allerdings kaum mehr etwas zu tun hat.

Auch wenn Epikur in seiner Kanonik eine empiristische Methodologie und Wahrnehmungstheorie entwirft, um seine Atomtheorie auf sensualistischer Basis zu rechtfertigen, hat er seine Hypothesen nie experimentell falsifiziert.[144] Daß das All aus Körpern und Leerem besteht, ist für Epikur einmal durch sinnliche Gewißheit verbürgt, dann aus der inneren Unwidersprüchlichkeit der Theorie zu folgern: Körper können sich nur bewegen, wenn es Leere gibt; da sich Körper offensichtlich bewegen, muß es Leere geben. Wie Demokrit geht Epikur von der Existenz unendlich vieler, sich im leeren Raum bewegender Atome aus. Neben der bereits erwähnten Abweichung einzelner Atome in ihrem freien Fall von „oben" nach „unten" führt Epikur eine weitere Modifikation am demokriteischen Atomismus ein. Außer den physikalisch unteilbaren Atomen gibt es noch die theoretisch unteilbaren kleinsten Teilchen, die sogenannten Minima. Warum Epikur sie in sein System einbaut, ist nicht ganz geklärt. Am plausibelsten scheint es, daß er sich so mit Aristoteles' Frage nach einer unendlichen Teilbarkeit der Atome auseinandersetzte und gleichzeitig die unterschiedliche Form und das unterschiedliche Gewicht der Atome begründete.[145] Gleichzeitg lieferte die Annahme von den Minima auch ein Argument für Epikurs berühmte These, daß die Fallgeschwindigkeit eines Körpers im leeren Raum von seinem Gewicht unabhängig sei. Er mußte dies annehmen, um eine konstante Atombewegung vertreten zu können. Atome werden durch Zusammenstoß nur abgelenkt, nicht verlangsamt. Körper werden verlangsamt durch gegensätzliche Atombewegungen, die kleinsten Teilchen innerhalb der Atome bewegen sich aber nicht.

Zusammenfassend läßt sich sagen, daß die Notwendigkeit einer Korrektur altatomistischer Positionen von der aristotelischen Kritik ausging. In einigen Fällen konnte gezeigt werden, daß Epikur dabei auf platonisches Gedankengut zurückgreift. Die Veränderungen, die er vornimmt, sind typisch hellenistisch, d. h. sie gehen auf eine Höherbewertung des Empirismus und Sensualismus zurück. Deutlich zu bemerken ist immer die Intention, die rationale Überschaubarkeit und Verläßlichkeit des Naturgeschehens zu wahren. Dies geschieht ganz im Dienst der praktischen Philosophie: als Anweisung zu einem Leben in machbarem Glück.

Die epikureische Philosophie scheint mehr als alle anderen antiken Lehren eine große Anziehungskraft auf Dichter gehabt zu haben. Weder Stoa noch Skepsis haben in vergleichbarem Maß Eingang in dichterische Texte gefunden. Ob dies mit der Aufwertung von sinnlicher Wahrnehmung, der Sinnlichkeit allgemein, mit der Verehrung von Natur oder gar direkt mit der im Kepos beispielhaft gelebten „Idylle“ zu tun haben mag: Es kann als sicher gelten, daß epikureische Philosopheme und epikureisches Lebensgefühl in entscheidender Weise durch die poetische Verarbeitung bei Vergil, Horaz, Petronius und vor allem bei Lukrez an die nachfolgenden Jahrhunderte vermittelt wurden. Gerade in der Renaissance beeindruckte auch Senecas rhetorische Brillanz, der – obwohl Stoiker – sehr viel von Epikur übernahm und speziell im Bereich der Pädagogik und Psychagogik einer der wichtigsten Vertreter epikureischer Positionen wurde.

Epikureisches findet sich häufig in Texten, in denen Philosophie und Literatur sich überschneiden, wo Gattungsgrenzen unklar werden: sei es in Lehrgedichten, fiktiven oder echten Briefen, Traktaten, Dialogen und Gesprächen. In der Traditionslinie großer philosophischer Entwürfe dagegen hat der Epikureismus als System kaum je eine wichtige Rolle gespielt; es wurden eher eklektizistisch Anregungen für die Neukonzeption des Materiebegriffs aus dem Atomismus, Überlegungen zur Wahrnehmungstheorie oder Aspekte der Ethik rezipiert. Eine ideengeschichtlich orientierte Untersuchung eines solchen Diskurses, solcher „Denkmotive“ und ihrer Funktionen bewegt sich also notwendigerweise auf der Grenze zwischen den wissenschaftlichen Disziplinen. Damit setzt sie sich der Gefahr allzu großzügiger Verallgemeinerungen aus; außerdem ist im Zuge der zunehmenden Ausdifferenzierung der Einzeldisziplinen der Vorwurf dilettantischen Vorgehens naheliegend. Womöglich aber kann „Ideengeschichte einen Protest“[146] darstellen gegen die Folgen, die aus einer allzu rigorosen und auch willkürlichen Aufteilung des Materials nach Disziplinen und Nationalliteraturen entstanden sind. Ideengeschichte hieße dann aber auch nicht nur, daß bestimmte Motive aufgespürt und isoliert werden, sondern daß gerade auf die je spezifischen Funktionen eines solchen Diskurses in den verschiedenen Kontexten reflektiert und zu diesem Zweck Ausdruck, Form und Darstellung der Motive berücksichtigt werden. Ästhetische *Form* ist für den Epikureismus nicht nur schmückendes Beiwerk, sondern wesentlicher Ausdruck einer Verbindung von Wahrheit, Genuß und Glück des Menschen.

### f) Die Stoa: Ähnlichkeiten und Differenzen

„Die Erkenntnis von der Natur und dem Wert der Individualität hat sich langsam in der europäischen Menschheit ausgebildet. Sokrates zuerst erhebt sich zu der Bewußtheit über den sittlichen Vorgang in ihm, welche erst die Durchbildung der einheitlichen Person ermöglicht ... Den nächsten großen Fortschritt machte die Stoa in dem Ideal des Weisen. In diesem Ideal erhob sich die autonome, in sich geschlossene Person über den Horizont des philosophischen Bewußtseins. Die Betonung des Willens im Denken, die Richtung auf die Ausbildung einer Überzeugung, welche dem Handeln Einheit und Zielbewußtheit zu geben vermag, die Abschließung der Person nach außen durch die Überwindung der Macht äußerer Schmerzen und Vergnügungen, das so entstehende Ideal des Weisen, welcher eben durch die bewußte Macht der gedankenmäßigen Gestaltung einer in sich geschlossenen Persönlichkeit seinen Schwerpunkt in sich selber hat ...: all dies sind die Züge des stoischen Lebens und Denkens, welche den Wert der abgeschlossenen einheitlichen Person unermeßlich gesteigert und ihren Begriff aufgeklärt haben."[147] Geradezu emphatisch beschreibt W. Dilthey hier die stoische Lehre als die Entdeckung der Individualität, die durch Christentum und Renaissance eine nahezu ungebrochene Tradition bis Moritz, Schiller und Goethe erkennen lassen soll.

Das sokratische „Erkenne dich selbst", die vollkommene Autarkie von allen äußeren Einflüssen und eine totale Kontrolle der Affekte durch die Vernunft sollen das Anliegen, eine harmonische individuelle Existenz zu führen, verwirklichen. Da ähnlich wie im Epikureismus und in anderen hellenistischen Philosophien auch für die Stoa ein existentielles Engagement prägend ist und die Ethik innerhalb des Systems einen prominenten Platz einnimmt, empfiehlt es sich, auch bei einer kurzen orientierenden Darstellung des Stoizismus mit der Moralphilosophie zu beginnen. Entscheidend wird dabei sein, auf die Unterschiede zur epikureischen Ethik hinzuweisen. Diese Unterschiede lassen sich weniger in den Anweisungen zur praktischen Lebensgestaltung finden, wo sich Epikureismus und Stoizismus nicht nur, was die Vorstellung von Bedürfnisminimierung, sondern auch was Askese und Subjektkonstitution angeht, sehr nahe kommen, sondern sie sind in den erkenntnistheoretischen, ontologischen und naturphilosophischen Grundlagen der Ethik zu suchen.[148]

Die stoische Philosophie versucht, eine systematische Einheit von Logik, Physik und Ethik zu präsentieren. Die Logik hat dabei nicht nur instrumentellen Charakter, sondern ist integraler Bestandteil der Philosophie. Da ein Logos als fundamentales und alles durchdringendes Ordnungsprinzip aufgefaßt wird, sind Ethik, Physik und Logik nur als je verschiedene Aspekte von Wirken, Gebrauch und Sein des Logos in der Welt zu untersuchen.[149]

Der Gedanke der Einheit von Ontologie und Ethik ist platonisch; in der Prinzipienlehre wendet sich die Stoa auf die Vorsokratiker, vor allem auf Heraklit zurück. Der sokratisch-kynische Einfluß wird dort deutlich, wo die absolute Selbständigkeit und Unabhängigkeit der sittlichen Person durch die vernünftige Herrschaft über die Affekte vertreten wird.[150]

Die Freiheit von Leidenschaften, von „Pathos", von Affekten entspricht dem stoischen Ziel der Apatheia, eben der Affektfreiheit. Glückseligkeit, das Ziel der Lebensführung, besteht also darin, diese Apatheia zu erreichen und zu stabilisieren. Dafür bietet die sokratische Tradition das Modell des tugendhaften Lebens, in dem die Vernunft über die Affekte herrscht. Hat ein Mensch eine Vorstellung, so erweckt sie in ihm einen Trieb zur Handlung; ob diese dann ausgeführt wird, ist abhängig von Zustimmung oder Ablehnung der Vernunft. Da die Vernunft von Natur aus gesund und richtig ist, garantiert ihr richtiger Gebrauch ein von allen Affekten ungestörtes glückliches Dasein. An diesem Punkt wird die für den Hellenismus so zentrale Frage der Willensfreiheit relevant. Nach welchen Kriterien bzw. auf welche Zwecke hin entscheidet die Vernunft, ob ein Handlungstrieb zur Ausführung kommen soll oder nicht? Offenbar ist der Freiheitsbegriff der Stoa ganz in den Termini der Innerlichkeit formuliert; Freiheit ist ein Zustand der Gesinnung, des Gemüts und der inneren Haltung und nicht primär ein objektiver Weltzustand, Rechtszustand oder eine Qualität des Handelns in der Welt.[151] Am deutlichsten wird dies in einem Bild, das wohl von Zenon stammt: Ein Hund, der an einen Wagen gebunden freiwillig mitläuft, hat das in seiner Macht Stehende mit dem Schicksal versöhnt und bleibt „frei", anders, als würde er sich weigern und wäre dann tatsächlich gezwungen.[152]

Hier begegnet wieder der für die hellenistische Philosophie typische Versuch einer Entwertung alles Unerreichbaren. „Zum Affekt gehört stets das Bewußtsein der eigenen Machtlosigkeit und Abhängigkeit von Unbeeinflußbarem. Man kann ihn also nur ausrotten, wenn man ausschließlich das Verfügbare als Wert erkennt und begehrt."[153] Die Herrschaft der Vernunft über den Trieb, die ihm nur Erreichbares gestattet, ist Tugend. Da auf diese Weise innerer Friede und Glück garantiert werden, ist Tugend identisch mit Glück. Auch für die Epikureer waren Tugend und Glückseligkeit keine getrennten Begriffe; ein glückseliges Leben zu führen, war für den Epikureer gleichbedeutend mit höchster Tugend. Allerdings wird die Bedingtheit des einen durch das andere jeweils anders interpretiert, wie Kant dies prägnant formuliert: „Der Begriff der Tugend lag nach dem Epikureer schon in der Maxime, seine eigene Glückseligkeit zu befördern, das Gefühl der Glückseligkeit war dagegen nach dem Stoiker schon im Bewußtsein seiner Tugend enthalten."[154]

Selbstverständlich kann auch der Stoiker nicht leugnen, Lust- und Unlustgefühle zu empfinden; auch der von Dilthey so gepriesene Weise hat Hunger und Durst, friert und leidet unter Schmerzen. Anders als bei den Epikureern durften diese Empfindungen aber gerade *nicht* als Wertungen, nicht als handlungsleitendes Moment betrachtet werden. Der Weise nimmt das Körpergeschehen zwar wahr, aber es läßt ihn gleichgültig. Dieses Ideal zu erfüllen, gelang in den Augen der Stoiker allerdings nicht einmal ihren großen Meistern, so daß es den stoischen Weisen eigentlich nie wirklich gab.[155] Daß der allem Körperlichen vollständig gleichgültig gegenüberstehende Stoiker eine Zielscheibe des Spotts und ein häufiges Opfer der Karikaturisten ist, läßt sich durch die Antike, die Renaissance und bis ins 18. Jahrhundert hinein verfolgen. Im Umgang mit Lust und Unlust, mit Köperlichkeit und Gefühlen liegt wohl der eigentliche Schwachpunkt der stoischen Ethik.[156] Nicht umsonst hat die spätere Stoa versucht, hier einen anderen Standpunkt zu finden, der dem der epikureischen Schule näher kommt. Insbesondere im römischen Stoizismus bei Seneca lassen sich deutliche Spuren epikureichen Einflusses ausmachen.

Sind nun Lust- und Unlustgefühle auf keinen Fall handlungsmotivierend, d. h. wertend, so muß der Antrieb zum Handeln auf eine andere Weise erklärt werden. Dazu dient die stoische Oikeiosis-Lehre. Der Mensch ist von Natur aus weder gut noch böse und wird als *tabula rasa* geboren, erst im Laufe seiner Entwicklung setzt vernünftiges Urteilen ein; was ursprünglich alles Handeln aber bestimmt und den obersten Zweck darstellt, ist die Selbsterhaltung. „Die Theorie der Oikeiosis nun hat offensichtlich die systematische Funktion, vormoralisches Verhalten mit vernünftigem Handeln zu vermitteln."[157] Das Lebewesen ist durch seinen Trieb nicht auf Lustgewinn, sondern auf Selbsterhaltung[158], auf die Wahrung und Entfaltung des eigenen Seins ausgerichtet. Diese These antwortet genau auf die Annahme der Epikureer, Lust und Freude sei der erste und letzte Gegenstand des Strebens und das Prinzip allen Tätigseins. Die durch die Oikeiosis begründete naturale Selbstliebe stellt den Menschen zunächst auf eine Stufe, die der der Tiere vergleichbar ist. Die primär animalischen Triebe werden allmählich von einem Vernunftinteresse überlagert. Wie sich im einzelnen die Spontaneität der Selbsterhaltung zu einer Reflexion des Guten und Richtigen verhält, ist schwierig auszumachen. Das unreflektierte Vorwissen, das dem Lebewesen naturgemäß anhaftet und später durch differenziertes, begründetes Wissen ersetzt wird, läßt sich vergleichen mit den Vorstellungen des Aristoteles, wo von einer unmittelbar gelebten und durch Gewohnheit vermittelten Polissittlichkeit die Rede ist, die als Vorgabe die Basis der reflektierten Sittlichkeit einer ausgebildeten Vernunft bildet.

Gerade wenn man nun annimmt, daß der Stoizismus ebenso wie der Epikureismus eine Antwort auf den Zerfall der Normativität innerhalb der Polissittlichkeit ist, verwundert nicht, daß nun das unbestimmte, universale Wissen um das Angemessene nicht mehr Polisinstitutionen überantwortet werden kann, sondern als eine Leistung der logisch organisierten und göttlich durchwalteten Natur angesehen wird: „Die universale Genesis sittlicher Vorstellungen wird teleologisch als Leistung der göttlichen Universalnatur interpretiert.“[159]

Die Sinnstiftung des durch die Universalnatur abgesicherten Selbsterhaltungstriebes muß durch die Physik geschehen.[160] Natur bedeutet im Stoizismus immer ein organisch strukturiertes Weltganzes, das, vom Logos durchdrungen und regiert, identisch ist mit Gott. In diesem Sinn kann Natur auch die Basis aller Wertungen sein. Höchstes und aktives Prinzip der Natur ist die Vernunft. Zweck und Ziel der Vernunft kann nur wiederum ihre Selbsterhaltung sein. Der Mensch als vernunftbegabtes Wesen hat an diesem wirkenden Prinzip der Natur teil, als selbsttätige Vernunft ist sie in ihm individualisiert und erfährt ihre beste Ausformung, wenn sie ihrem Wesen nach um ihrer Selbsterhaltung willen gelebt wird. Dies meint die stoische Formel *homologoumenos zen*, vom „zusammenstimmend Leben“. Darin eingeschlossen ist die Unabhängigkeit von allen äußeren Umständen. Alles nämlich, was seinem begrenzten Logos nicht erreichbar ist, kann in vernünftiger und freier Willensentscheidung als ein Walten der Universalnatur akzeptiert werden und führt damit zu der zweiten Lebensmaxime des *homologoumenos te physei zen*, einer Lebensführung gemäß den Prinzipien der Natur.

Sind Ziel und Zweck der Natur die Selbsterhaltung der Vernunft, die im göttlichen Logos vorhanden ist und im menschlichen Wesen individualisiert in Erscheinung tritt[161], so ist damit der Mensch innerhalb der Natur selbst zum Zweck geworden: „... die Welt (ist) um der vernünftigen Wesen, der Götter und Menschen, willen da, und zu ihrem Besten ist alles eingerichtet.“[162]

Obwohl in der Stoa Transzendenz keine Rolle spielt und man also von einer materialistischen Physik sprechen kann, ist die dynamisch-teleologische Struktur dieser Naturerklärung den mechanistischen Vorstellungen der Epikureer diametral entgegengesetzt.[163]

Beide eudaimonistischen Ethiken mit ihren Leitbildern der Apatheia und Ataraxia, dem inneren Frieden und des persönlichen Glücks, streben vergleichbare Ziele an – ja sogar die praktischen Anweisungen und auch die eminente Rolle, die vernünftige Selbstkontrolle dabei spielt, gleichen sich; allerdings sind die ontologischen und naturphilosophischen Begründungen fundamental voneinander unterschieden. Für Epikur ist der Logos nicht das Prinzip der Natur, sondern nur ein Instrument des Menschen in einer an sich irrationalen Welt. So läßt es sich auch erklären, daß der Gebrauch der Vernunft im Epikureismus nie einen totalitären Anspruch auf Erkenntnis des Ganzen vertritt, sondern immer einen kritischen, ja im engeren Sinn erkenntniskritischen Aspekt beinhaltet. Der Mensch ist nicht dank seiner Vernunft ein Teil der Natur, sondern seine Rolle als vernunftbegabtes Wesen stellt ihn vor die Aufgabe, sich seinen Platz in der Natur selbst zu finden. Da die Vernunft kein universales Prinzip ist, kann sie auch nicht als alleinige Basis von Wertungen dienen. Hier ist der Mensch letztlich auf sein Empfinden, auf seine Lust- und Unlustgefühle verwiesen, die trotz aller Kategorisierungen und Systematisierungen letztlich ihre Subjektivität und Individualität nicht verleugnen können.

Während der Stoizismus dem Verlust einer normativen Basis in den Polisstrukturen zu begegnen versucht, indem er dem Individuum im weiten Rahmen der Natur zu einer neuen Orientierung verhilft, radikalisiert der Epikureismus das Gefühl der Vereinzelung und sieht allein in dem Versuch, das Subjekt als ein Zusammenspiel von Körper und Geist zu konstituieren, in der Absage an Teleologie und Vorsehung, in der Kritik an überkommenen Traditionen und Vorurteilen eine Chance, auf die Fragen der politischen und sozialen Krise zu antworten.

Die stoische Kritik am Epikureismus, wie sie sich im Laufe der weiteren Entwicklung beider Schulen herausbildete, prägte für lange Zeit die Urteile und Vorurteile über die Philosophie des Gartens. Epikur und seine Schüler seien lüsterne Vielfraße, Trunkenbolde und führten ein sittlich verdorbenes Leben, taumelten von Exzess zu Exzess, leugneten die Götter, seien überhaupt Atheisten und Gotteslästerer, glaubten nicht an eine natürliche Ordnung und hielten den ganzen Kosmos für eine Ausgeburt des Zufalls. Diese gängigen Vorwürfe einer lasterhaften Lebensführung – Epikur bekam als Markenzeichen das Schwein – tauchten auch dort auf, wo von einer philosophischen Auseinandersetzung nicht die Rede sein kann und wurden für die Rezeptionsgeschichte des Epikureismus auf diese Weise vielfach bedeutsam. Gefährlicher noch als der Vorwurf sittlicher Verfehlungen waren für die Anhänger des Kepos allerdings die Attribute Atheismus und Gotteslästerung. In der gesamten christlichen Tradition, die auf die antiken Topoi zurückgreift, gilt Epikur als der Erzfeind, der sämtliche offenbarten Wahrheiten bestreitet und mit seiner Ablehnung des Schöpfungsgedankens und eines Glaubens an ein Weiterleben nach dem Tod nicht nur das Fundament der christlichen Sündentheologie, sondern auch die Basis ihrer politisch-gesellschaftlichen Macht bedroht. Die Kirchenväter, Autoritäten, die durch ihre Schriften die gesamte Kultur des Abendlandes in unvergleichlicher Weise prägten, sorgten dafür, daß Epikur geradezu ein Inbegriff für Verwirrung stiftende, Verderben bringende Philosophie und lasterhafte Lebenspraxis wurde.[164]

## 2. Der römische Epikureismus

### a) Einleitung: Politische, sozial- und ideengeschichtliche Voraussetzungen

Während in der Zeit vom 3. Jahrhundert bis zum 1. Jahrhundert v. Chr. sich weder inhaltlich noch formal große Veränderungen in der Lehre des Kepos zeigen und im Gegensatz zur Stoa eine orthodoxe Befolgung der Regeln des Meisters zu beobachten ist, setzt im 1. Jahrhundert v. Chr. im römischen Bereich eine neue Welle der Rezeption und der Adaptation ein. Bemerkenswert ist dies nun insbesondere deshalb, weil es sich bei diesem Zeitraum um eine Phase der krisenhaften Umgestaltung des römischen Reiches handelt: Der Übergang von der römischen Republik zum Caesarismus, die Expansion Roms im Mittelmeeraum, der soziale Druck innerhalb der Stadt selbst, Bürgerkrieg und Aufstände charakterisieren dieses Jahrhundert. Charakteristisch für die neue Phase der Epikur-Rezeption ist es, daß epikureisches Gedankengut nun nicht mehr nur in rein philosophischen, sondern auch in poetischen und rhetorischen Texten zu finden ist; ja es scheint sogar für kurze Zeit einen gewissen politischen Einfluß gewonnen zu haben. Philodem, Piso, Caesar, Lukrez, Horaz und Vergil waren alle – zumindest zeitweise – Anhänger des Epikureismus mit ganz unterschiedlichen Intentionen, auch mit unterschiedlichen Interpretationen. Schließlich ist auch Cicero zu erwähnen, der zwar selbst ein Gegner des Epikureismus war, sich jedoch ausführlich mit dieser Lehre beschäftigt hat und so zu einer der wichtigsten Quellen für die Bedeutung des zeitgenössischen Epikureismus wird. Auch Seneca – eigentlich Anhänger der Stoa – steht in vielem dem Epikureismus nahe und hat für dessen Rezeptionsgeschichte gerade wegen seiner philosophischen „Integrität“ besondere Bedeutung.

Wenn Luca Canali behauptet, „in nessun altro ambiente che in quello della Roma del I secolo a. C., questa dottrina materialistica, cosmologica e morale ... avrebbe potuto affermarsi e propagarsi con cosí grande rapidità ...[165], dann meint sie damit eine Zeit, in der durch Schwierigkeiten mit den Bundesgenossen in Rom selbst sich eine politische und soziale Krise manifestiert. Anders als bei den Veränderungen, die die griechischen Polisstaaten im Hellenismus durchmachten, wird dadurch der gesamte Mittelmeerraum betroffen. Die Expansion des römischen Stadtstaates war der Grund für den ungeheuren Zufluß an Reichtum, die rapide Zunahme von Sklaven und die Vergrößerung der fremden Populationen in Rom. Die Kriege, die Rom überall führte, boten einzelnen Feldherrn Gelegenheit zu persönlicher Profilierung und Klientelbildung. Was ursprünglich als Dienst an der Civitas Romana gesehen worden war, führte nun zu ständig zunehmenden Spannungen sowohl zwischen einzelnen Familien und politischen Fraktionen als auch zu einer immer offensichtlicher werdenden Trennung der sozialen Klassen: „Besonders auffällig ist die Vermögensakkumulation innerhalb der römischen Führungsschicht."[166] Allerdings bedeutete der Kontakt mit den anderen Kulturen des Mittelmeerraumes für Rom nicht nur eine materielle Bereicherung. Die Begegnung mit fremden Religionen und Philosophen, besonders die Hellenisierung des römischen Erziehungswesens eröffneten gleichzeitig mit den aufbrechenden sozialen und politischen Problemen neue Horizonte möglicher Lösungsansätze und Antworten auf die Krise.[167] Es ist also nicht allein der griechische Einfluß auf römisches Geistesleben, der den römischen Epikureismus hervorruft – einen solchen Einfluß gab es nämlich bereits lange vor dem 1. Jahrhundert v. Chr. –, sondern vielmehr die Tatsache, daß es sich diesmal nicht nur um ein Eindringen *griechischer* Ideen allein, sondern gleichzeitig um eine Expansion der *römischen* Lebensform handelte. Ähnlich wie im Zeitalter des Hellenismus, als sich die griechische Polis öffnet, die Kommunikation zunimmt, der Handel erweitert wird und damit die internen politischen Strukturen an Stabilität verlieren *und gleichzeitig* die Vielfalt kultureller und religiöser Angebote zunimmt, kann griechisch-hellenistischer Einfluß in Rom nur darum eine so große Bedeutung gewinnen, weil in einem Moment des Wertezerfalls und des Wertevakuums – durch die imperialistische Politik Roms selbst hervorgerufen – die Suche nach möglichen politischen und moralischen Neuorientierungen so brisant wurde.

„L'epicureismo romano, in queste condizioni, si presenta come una filosofia nel suo complesso dotata di una forte carica rivoluzinaria, die grandi facoltà dissolvitrici, di una indubbia capacità formatrice di conscienze scettiche, iconoclaste nei confronti dei valori tradizionali, sensibili alle idee spregiudicate e novatrici."[168] Die Umformung der alten *urbs Romana* in eine „Metropolis" nach hellenistischem Muster verlangte die Verabschiedung der alten Sitten: Der *mos maiorum* verliert seine Bedeutung. Wertvorstellungen und Identität sind nicht länger sozial vermittelt, sondern werden zunehmend individualisiert. Dieser Prozeß führt zu einer fortschreitenden Trennung von Öffentlichem und Privatem, von Politik und Person, und "replicate[s] in a Roman context the desingrative and deracinatory experience of the old Hellenic polities"[169]. Die besondere Anziehungskraft, die der Epikureismus für die Intellektuellen des 1. Jahrhundert v. Chr. gehabt haben muß, ist nicht schwer nachzuvollziehen. Der Gründer der Schule hatte die griechische Polis in Zeiten ähnlicher Umbrüche erlebt, wie sie nun in Rom stattfanden. Er hatte dem Anachronismus der Polisgemeinschaft als Lebensform den Garten, die Freundschaft und die Stilisierung des Ich entgegengesetzt. Auch die Ablehnung einer allzu luxuriösen Lebensweise und die durchaus strenge Lebenspraxis mußten den römischen Intellektuellen zusagen. In besonderem Maße war aber die Polemik gegen eine überkommene Religion, die als Stadtreligion in der neuen Zeit nicht mehr tauglich war, ein Grund für römische Denker, Dichter und Politiker, sich dem Epikureismus anzuschließen. Die Polemik gegen religiöse und moralische Traditionen und ihre emanzipatorische Kraft bewirkten den Erfolg im intellektuellen Milieu der ausgehenden römischen Republik. Es ist diese „ikonoklastische" Polemik, die dem Epikureismus in Krisenzeiten eine andere Rolle zuweist als dem Stoizismus. Der Gedanke der Selbsterhaltung im Rahmen eines naturphilosophisch geprägten Weltbild im Stoizismus führt eher zu einer verantwortungsvollen Übernahme derjenigen Aufgaben, die dem Einzelnen zugetragen werden – auch im politischen Geschäft. So kommt dem Stoizismus in Zeiten krisenhafter Entwicklungen ein eher stabilisierendes und konservatives Moment zu; anders dem Epikureismus, der die Befreiung von alten und unterdrückenden, furchterregenden Autoritäten – d.h. vor allem von der Religion – als Voraussetzung für individuelles Glück auf seine Fahnen geschrieben hat.[170] Allerdings fehlt dem Epikureismus, der fundamental unpolitisch ist und nur das persönliche Wohlergehen im Auge hat, eine Perspektive, die im sozialen Bereich über die kritische Funktion hinausgehen könnte.[171] Dieser grundsätzliche Individualismus ist auch der Grund, warum der Epikureismus nie zu einer politischen Bewegung wurde, und es wäre eine Fehleinschätzung, würde man mit dem emanzipatorischen und aufklärerischen Impetus des Epikureismus die Vorstellung verbinden, es könne sich dabei um eine Massenbewegung, womöglich sogar der unterprivilegierten Gruppen in Rom gehandelt haben. A. Momigliano konstatiert zwar einen "sudden outburst of political interest among the Epicureans of the Ciceronian period". Er bemerkt aber richtig: "This has nothing to do with the mass movement of lower-class people ... It is an aristocratic movement clearly connected with the main political currents of that age."[172] So eindeutig, wie A. Momigliano meinte, lassen sich die politisch aktiv werdenden Epikureer allerdings nicht einer bestimmten Fraktion zuordnen. Caesar war Epikureer, viele seiner Anhänger ebenfalls. Epikureer war er aber nur insoweit, als er die Lehre dazu benutzen konnte, überkommene Strukturen anzugreifen; andere Maximen, vor allem die vom Leben im Verborgenen, warf er ohne Skrupel über Bord. Neben der antirepublikanischen, antitraditionalistischen Epikureer-Fraktion um Caesar gab es dann aber auch diejenigen, die mit dem wachsenden Einfluß des Caesarismus den republikanischen Idealen verpflichtet blieben.[173]

Ebenso bedeutsam wie die Frage nach Situierung und Funktion des Epikureismus im politischen und kulturellen Raum des 1. Jahrhunderts v. Chr. ist die Frage nach den literarischen Gattungen, in denen epikureische Gedanken nun auftauchen. Caesar war kein Philosoph und Denker im eigentlichen Sinn, er war ein guter Redner und hervorragender Stilist. Aber auch unter den anderen Namen, die im Zusammenhang mit dem römischen Epikureismus bereits erwähnt wurden, findet sich kein Philosoph.

Vergil und Horaz waren Dichter. Philodem ist eher ein Annalist epikureischer Gedanken als ein selbst innovativ denkender Philosoph, sicher bekannter für seine Gedichte als für seine Philosophie. Ein Dichter und kein Philosoph war auch Lukrez. Allerdings wird hier die Problematik einer Trennung von Philosophie und Dichtung am deutlichsten. Gerade damit hat nämlich die christliche Tradition versucht, einen vom Epikureismus „gereinigten" Poeten Lukrez akzeptabel zu machen. Lukrez als Dichter zu sehen, kann also gerade nicht heißen, ihm sein philosophisches Anliegen abzusprechen, sondern sollte der Tatsache gerecht werden, daß er eine bestimmte Ausdrucksform seiner Gedanken wählte, die darum vielleicht unsystematischer und weniger abstrakt, aber nicht weniger bedeutsam oder gar unwichtig werden. Es zeigen nämlich die, „welche die Geschichte der Philosophie erforschen oder lehren, manchmal wenig Interesse an Gedanken, welche nicht in vollem philosophischem Ornat oder in voller Kriegsbemalung auftreten, und übersehen gern ihre Wirkung außerhalb der Philosophie"[174]. Die fatalen Auswirkungen einer solchen Trennung von Form und Inhalt zeigen sich gerade an der Rezeptionsgeschichte von Lukrez' ›De rerum natura‹ besonders deutlich.

### b) Epikureische Dichter: Philodem, Vergil und Horaz

Philodem von Gadara war zu jener Zeit wohl der bekannteste Vertreter des Epikureismus. Trotzdem schätzte ihn Cicero, der prononcierte Gegner epikureischer Gedanken, und nannte ihn und Siron – Leiter des neopolitanischen Epikureerkreises und Lehrer Vergils – *familiares nostros, ... cum optimos viros, tum homines doctissimos*[175]. Nicht einmal seine zum Teil recht leichtfertigen und seichten Gedichte machte ihm der sonst so kritische und epikureerfeindliche Cicero zum Vorwurf. Von Philodem sind Epigramme, Gedichte, philosophische Schriften zur Logik und Physik und eine größere Anzahl von Diatriben, d.h. Traktaten zu ethischen Fragen überliefert, das meiste davon auf den Papyri von Herkulaneum. Darunter ist eine kleine Schrift über die Parrhesia, die «liberté de la parole», die Freiheit des Sprechers, die in letzter Zeit wieder besondere Beachtung erfuhr. M. Foucault widmete ihr bzw. dem darin ausgeführten Begriff eine seiner letzten Vorlesungen.[176] „Parrhesia" steht in der altepikureischen Tradition psychagogischer Methoden der Seelenleitung. Eine Art säkularisierter Beichtpraxis soll es dem Schüler erleichtern, von seinem Lehrer geprüft und angeleitet, ein sorgen- und furchtfreies Leben zu führen. «La parrhesia est ... une pratique éthique qui conduit de façon variée ... à la conquête de l'éducation morale, une téchnique qui, partant de la claire vision philosophique de ce qui est utile à la vie, peut être exercée par le sage éducateur épicurien à l'égard des jeunes gens.»[177] Die Parrhesia zielt neben dem Aspekt individueller Selbstsorge auch auf die soziale Komponente des Miteinander von Lehrer und Schüler im Kepos. Diese soziale Praxis ist es auch, die M. Foucault besonders betont. «Liberté de parole», „Wahrsprechen" ist für ihn eine Aufgabe, die der Philosoph – auch öffentlich gegenüber politischer Macht – ausübt. Seine Kenntnis befähigt den Philosophen dazu und sein moralisch-politisches Verantwortungsgefühl zwingt ihn dazu, dem Herrscher gegenüber Stellung zu beziehen und – auch unter Lebensgefahr – Kritik zu üben. Weniger die Anleitung und Beratung ist also die Aufgabe des Philosophen und Intellektuellen in der Politik, sondern die Kritik. Allerdings nicht eine, die sich aus allem politischem Geschäft fernhält und unbeteiligt und ungefährdet aus dem Elfenbeinturm kommt, sondern diejenige, die ihrer Verpflichtung zur Wahrheit die persönliche Sicherheit opfert.

Obwohl hier durchaus Ansätze zu finden sind, die individualistische Praxis der Selbstsorge mit dem Gedanken einer konstitutiven Intersubjektivität zu verbinden, läßt sich bei Foucault aus diesen nur in Andeutungen bekannten Vorstellungen weder die Grundlage einer Ethik noch im Rückgriff auf die früheren machttheoretischen Schriften die einer Gesellschaftskritik erkennen. Trotzdem scheint es hier wichtig, darauf hinzuweisen, daß Ideen und Praktiken aus der epikureischen Tradition ganz direkt in der modernsten Diskussion wieder Relevanz bekommen haben. Das Problem der sozialen Vermittlung individualethisch-hedonistischer Programme begleitet die Diskussion um den Epikureismus durch alle Phasen seiner Rezeption und ist auch mit Foucaults Parrhesia-Modell nicht gelöst.[178]

In Herkulaneum hatte Piso, der Schwiegervater Caesars, ein Landhaus, das eine wertvolle Bibliothek enthielt. Philodem war wohl bereits kurz nach seiner Ankunft in Italien Pisos „Hausphilosoph" geworden. Neben dem epikureischen Zirkel in Neapel wurde Pisos Haus zu einem der wichtigsten Zentren des italienischen Epikureismus. Dort fanden auch die Tischgespräche statt, die durch Philodem überliefert sind. Anders als Epikur fand es Philodem keineswegs unangemessen, daß sich diese philosophischen Gespräche auch um Dichtung, Musik, Rhetorik und Poetik drehten. Philodem ist Epikureer und Dichter, er ist als *erster* griechische Epikureer zugleich Philosoph und Poet.[179] Auch in Philodems philosophischen Schriften selbst nimmt die Ästhetik einen prominenten Platz ein. Sonst, z. B. in dem Bereich der Logik, der Physik, aber auch der Ethik, wenig innovativ und stets darauf bedacht, die epikureische Schule in Athen gegen antiepikureische oder auch innerepikureische Kritik zu verteidigen, sind besonders seine Überlegungen zur Ästhetik interessant. Obwohl er genau wie Epikur den Mythenglauben der alten Dichter kritisiert, bewertet er das Werk Homers positiv und kann darin sogar Ansätze zu einer nützlichen Anleitung in alltäglichen Fragen praktischer Sittlichkeit erkennen. Wird hier also moralische Wirksamkeit von Kunst anders als bei früheren Epikureern nicht mehr ausgeschlossen, so ist dies jedoch für Philodem keinesfalls Ziel und Zweck künstlerischen Schaffens.[180] Musik und Dichtung können nicht nach Regeln produziert werden, ja Regeln und Theorien sind ohnehin überflüssig, da Kunst reine Gefühlssache ist. Der Zweck von Kunst ist daher eine ästhetische Lust, die allerdings moralischen Nutzen nicht ausschließt. Kritik oder Zensur von Kunstwerken aufgrund moralischer Kriterien ist für Philodem unmöglich. Außerdem dürfen Inhalt und Form nicht getrennt gesehen werden, und wenn ein Kunstwerk Erholung und Erheiterung verschafft, hat es seinen Zweck erfüllt. Wie es ähnlich für fast alle Schriften Philodems gilt, sind auch seine Abhandlungen zur Ästhetik sehr polemisch. Nicht nur – in alter epikureischer Tradition – gegen Platoniker und Peripatetiker gerichtet, zielt die Kritik nun vermehrt auf stoische Positionen ebenso wie auf die der östlichen Epikureerschulen von Rhodos und Kos, die weiter an einer globalen Ablehnung der Kunst festhalten.

Auch wenn Horaz in seiner ›Ars poetica‹ bereits wieder deutlich von Philodems Position abrückt, darf der Einfluß, den Philodems Überlegungen in Kreisen der römischen Intellektuellen hatten, nicht unterschätzt werden. Wird bei Philodem Kunst zwar noch nicht unter dem Aspekt des *Zwecks* von „*prodesse* und *delectare*" verhandelt, so wird ihr doch die *Möglichkeit* einer solchen Wirkung nicht mehr abgesprochen. Ästhetisches Vergnügen leistet seinen spezifischen Beitrag zum allgemeinen Wohlbefinden und damit zur Eudaimonia, d.h. es kann im Rahmen eines hedonistischen Lebensentwurfs in die Nähe der ethischen Fragen einer richtigen Lebensführung gerückt werden. Das Spezifische ästhetischer Erfahrung scheint Philodem durchaus reflektiert zu haben, da er die Form nicht als ein reines „Transportmittel" für philosophische Inhalte würdigt, sondern Stilfragen z.T. sogar Vorrang über den Inhalt zu geben scheint.

Während unter den griechischen Anhängern des Epikureismus außer Philodem kein weiterer Dichter bekannt ist, sind neben römischen Privatmännern und Politikern gerade drei der berühmtesten Dichter des 1. Jahrhunderts zumindest zeitweilig Epikureer gewesen: Vergil, Horaz und Lukrez.

Auch wenn die Beziehungen Vergils zum Epikureismus noch nicht ganz geklärt scheinen, ist doch gesichert, daß er in seiner Jugend bei Siron in Neapel studierte und von diesem sogar ein Landhaus geschenkt bekam, um dort in Ruhe dichten zu können. «D'une manière générale nous pouvons affirmer que les Anciens admettaient sans hésiter que Virgile, durant un certain temps au moins, avait admis la secte épicurienne.»[181] Etwas genauer untersucht ist der Einfluß von Lukrez auf Vergil: "Virgil draws from him to create a didactic appearance of his poem."[182] Damit ist aber bereits auch deutlich gemacht, daß die Bedeutung des ›De rerum natura‹ für Vergil eher auf formalem als auf philosophischem Gebiet zu suchen ist.[183] Sicherlich war der religiöse Vergil kein orthodoxer Epikureer, und die Übereinstimmungen mit Lukrez haben häufig eklektizistischen Charakter. „I rapporti di Virgile con i circoli epicurei della campagnia sono costruiti combinando elementi disparati, il cui valore documentario dev'essere ponderato di volta in volta."[184] Nicht der Atomismus als Lehre, sondern eher die daraus resultierende Naturverehrung hat Vergil von Lukrez übernommen.[185]

Auf andere Weise öffnete sich Horaz dem Epikureismus.[186] Auch er führte ein beschauliches Dichter-Landleben ganz nach epikureischem Muster. Allerdings erst nachdem er, dort eingeführt durch Vergil, von Maecenas die nötigen Mittel dafür erhielt; vor dieser Zeit hatte er sich in den politischen Auseinandersetzungen für die Republik eingesetzt und stand auf Seiten der Caesargegner. Erst als mit der Schlacht bei Philippi die Möglichkeit einer Wiederherstellung der alten *res publica* verschwunden war, begann er in Rom mit ersten Schreibversuchen. Auch wenn er dann selbst nicht mehr politisch aktiv wurde, beobachtete Horaz die Geschehnisse in Rom genau und kommentierte sie zum Teil recht bissig. Horaz ist der Lebenskünstler unter den römischen Dichtern. Er genoß sei ruhiges Landleben ganz epikureisch: nicht zu üppig, aber zufrieden und ausgeglichen. Die Ratschläge, die er seinen Freunden zu geben weiß, entsprechen ganz der Tradition epikureischer Erziehungs- und Selbsterziehungspraxis.

Trotzdem ist Horaz alles andere als ein dogmatischer Epikureer.[187] An metaphysischen, theologischen oder naturwissenschaftlichen Spekulationen hatte er kein Interesse. Obwohl er Lukrez kannte, machte er sich die atomistische Naturerklärung des Lukrezschen Mechanismus nicht zu eigen. Die Götter des Horaz sind nicht die friedlichen Gestalten der Intermundien, sondern die aktiven und unberechenbaren der griechischen Mythologie.[188] Tyche-Fortuna regiert die Welt. Es ist also gerade nicht die Unabhängigkeit von göttlicher Willkür und die Sicherheit einer kalkulierbaren Natur, die den Menschen zu eigenständigem Handeln freisetzt, sondern es ist die für den Menschen undurchsichtige Beliebigkeit des Schicksals, die ihn dazu zwingt, sein Leben so einzurichten, daß er auch unter diesen Bedingungen noch Glück erfährt. Dazu gehört der Verzicht auf einen Lebensplan, der auf Hoffnung baut und zukünftiges Glück erwartet. Stoische Abhärtung gegenüber allen möglichen Schicksalsschlägen ist für Horaz aber auch keine Lösung, dies scheint ihm hybrid und lächerlich. Es geht darum, zu lernen, sich mit dem Augenblick zu bescheiden.[189] Intensität und Qualität des Glücks sind nicht von ihrer Dauer abhängig. Das *carpe diem* und *frui paratis* des Horaz ist nicht nur als philosopisches Heilmittel gegen Todesangst gedacht, sondern entspricht dem menschlichen Ausgeliefertsein an das ungewisse Schicksal.

Erneut ganz in epikureischem Sinne erklärt Horaz in den ›Sermones‹, aber auch in den ›Carmina‹, daß das Gegenwärtige zugleich das sei, was genug ist.[190] Die Bedürfnisse des Menschen sind nicht unbegrenzt, und wenn er sich mit dem Nötigen zufriedenstellt, wird er es in der Natur finden können. Horaz hatte „kein Interesse an der epikureischen Wissenschaft, weder um ihrer selbst willen noch wegen ihrer Anwendung auf die Frage des Todes; er war kein Lukrez. Nur die Ethik erregte seine Anteilnahme."[191] Dies allerdings findet sich in allen seinen Werken, in den ›Sermones‹, den ›Carmina‹ und am deutlichsten wohl in den ›Epistulae‹.

Der Ton der ›Epistulae‹ erinnert an manchen Stellen an Epikurs eigene Briefe. Einfühlsam, aber ohne ein Blatt vor den Mund zu nehmen, nennt er die Dinge beim Namen.[192] Reichtum, Ruhm und politischer Erfolg sind nebensächliche und oberflächliche Glückserfahrungen. Auch die Liebe rettet nicht vor der Unbeständigkeit der Welt, sondern kann nur genossen werden, wenn sie nicht mit der Hoffnung auf immerwährende Harmonie verbunden wird. Furcht vor Verlust entsteht nur durch ein fehlgeleitetes Streben, durch falsche Bedürfnisse. Dem kann mit Bescheidenheit abgeholfen werden. Diesen Rat verbindet Horaz mit dem Hinweis, daß eine solche Lebensphilosophie bei ihm selbst aufs beste angeschlagen habe: *me pinguem et nitidum bene curata cute vises, / cum ridere voles, Epicuri de grege porcum.*[193]

Bescheidenheit und Rückzug ins Landleben bedeutet nicht, daß Horaz ein bäuerlich-frugales Leben propagiert: *Quo mihi fortunam, si non conceditur uti?*[194] Selbsterziehung und -prüfung anhand der Prinzipien epikureischer Ethik verhelfen ihm zum Ideal einer „Stilisierung des Lebens". Hedonismus und Ästhetik liegen in der Lebensführung dieses römischen Dichters und Moralisten sehr nahe beieinander. Für die Tradition epikureischer Philosophie stellt die „Vermittlung" durch die Dichtungen des Horaz eine nicht zu vernachlässigende Komponente dar; insbesondere gilt das für die Literatur des Rokoko und das Werk Christoph Martin Wielands.

Anders als bei seinem Freund Vergil, der – viel mehr an Naturbetrachtung interessiert – von Lukrez hauptsächlich Formales übernimmt, anders auch als sein Bekannter Philodem, der ästhetische Reflexion und poetische Praxis nicht zu vereinbaren weiß, ist die mühsame und disziplinierte Arbeit an seinen Gedichten ein Teil der Arbeit an seinem Leben selbst, sind die Gedichte untrennbar mit seiner Lebenserfahrung, seiner politischen und moralischen Weltanschauung verbunden, und doch sind sie nie Propaganda für ein philosophisches System. Die ›Epistulae‹ sind sowohl an den Adressaten, an den Freund gerichtet als auch für den fremden und anonymen Leser geschrieben. Dichtung wird in den ›Epistulae‹ im Austausch mit dem Freund und dem Leser zu einem Moment der Lebensführung selbst. Dichten und Schreiben ist als Selbstreflexion und Sorge um andere *ein* Bereich der Lebensstilisierung, die sich nach den ästhetischen Idealen der Harmonie und

Ausgeglichenheit richtet. Anders als sonst ist diese Form der Sorge um sich aber nicht nur allein auf das eigene Ich gerichtet, sondern hat den Leser, Freund und Fremden gleichzeitig im Blick. Dichtung entspringt aus einem starken Gefühl für das Ich und weist gleichzeitig darüber hinaus.

Es ist nicht unproblematisch für die Antike, von „Ich"-Gefühl und „Individuum" zu sprechen. Sicherlich darf man die moderne, durch die christliche Religion geprägte und durch Aufklärung und Idealismus veränderte Begrifflichkeit nicht einfach über Renaissance und Mittelalter hinaus ins Altertum verlängern. Trotzdem weisen bestimmte Veränderungen in Sozialstruktur und Kultur der Stadtstaaten darauf hin, daß hier bereits ein bestimmter Begriff von Individuum im Entstehen war. J. P. Vernant führt als Beispiele die Rechtssphäre – das Verschwinden der Blutrache –, das Auftauchen testamentarischer Verfügungen und die ersten Tagebücher an. Weiter – und dies ist in diesem Zusammenhang von Bedeutung – betont er den engen Zusammenhang von subjektiver und lyrischer Aussageform: «Affirmée, chantée, exaltée, la subjectivité du poète met en cause les normes établies, les valeurs socialement reconnues. Elle s'impose comme pierre de touche de ce qui, pour l'individu est le beau et le laid, le bien et le mal, le bonheur et le malheur.»[195] Individuelle Erfahrung und subjektive Wahrnehmung werden zum Maßstab von literarischer Produktion und Rezeption: «C'est au sujet, à l'individu dans ce qu'il éprouve personellement et qui fait la matière de son chant qu'échoit au dernier ressort le rôle de critère de valeurs.»[196] Daß subjektive Wahrnehmung nicht hintergehbar ist und so den einzigen Bewertungsmaßstab darstellt, ist eine der zentralen Thesen des Epikureismus. Wenn nun gerade in der Lyrik subjektives Empfinden und Ausdruck des Individuums Motiv und Ziel darstellen, ist die Affinität vieler Dichter zum Epikureismus wohl damit zum Teil erklärbar. Erst in Rom allerdings hatte die Dichtung gegenüber der Philosophie so weit an Reputation gewonnen, daß eine solche Kongruenz erkannt und genutzt werden konnte. Die altepikureische Selbstsorge wird hier kombiniert mit ästhetischer Lebensstilisierung.

### c) Lektüremodell des epikureischen Lehrgedichts: Lukrez

„Es ist ein seltsames Verhängnis, daß dieses ungemeine, an ursprünglicher poetischer Begabung den meisten, wo nicht allen seinen Vorgängern weit überlegenes Talent in eine Zeit gefallen war, in der es selbst sich fremd und verwaist fühlt und infolgedessen in der wunderlichsten Weise sich im Stoffe vergriffen hat. Epikuros' System ... war wohl etwas weniger albern als die Mythenhistorisierung wie Euhemeros und nach ihm Ennius sie versucht hatten; aber ein geistreiches und frisches System war es nicht, und die Aufgabe nun gar, diese mechanische Weltanschauung poetisch zu entwickeln, war von der Art, daß wohl nie ein Dichter an einen undankbareren Stoff Leben und Kunst verschwendet hat."[197] – So urteilt Theodor Mommsen über Lukrez, und damit steht er keineswegs allein: Die Trennung des Dichters vom Philosophen, von Dichtung und Ideologie, von Form und Inhalt ist ein seit den Kirchenvätern bekannter Topos der Lukrezrezeption.[198] Das über lange Passagen recht trockene Lehrgedicht bietet sich für eine solche Trennung – wie auch viele andere Gedichte dieser Gattung – zwar durchaus an, trotzdem hat diese Behandlung hier noch eine besondere Funktion. Wie E. Bielowski, M. Bollack, G. R. Hocke und M. Lehnert[199] gezeigt haben, wäre eine Wiederentdeckung des Lukrez in der Renaissance kaum möglich gewesen, hätte man neue Editionen nicht zunächst mit dem ausschließlichen Interesse an der *poetischen* Leistung begründen können. Noch im Jahr 1675 verteidigt Lucy Hutchinson ihre Lukrez-Übersetzung mit diesem Argument.[200] Auch Goethe hat trotz aller Bewunderung Schwierigkeiten mit dem Lukrezschen Materialismus und widmet sich lieber den Passagen, die Anregungen für eine moderne Naturdichtung versprechen.[201] Die Fragen nach der Verbindung, dem Zusammenhang und der jeweiligen Verwiesenheit von poetischer Form und dichterischem Inhalt beschäftigen auch noch die moderne Forschung.[202]

Auch das andere von Mommsen erwähnte Problem der „Fremdheit" von Lukrez in seinem Zeitalter wird noch immer diskutiert. Über Quellenfragen und möglichen Verbindungen zu italienischen epikureischen Zirkeln[203] ist ebenso ausführlich geforscht und geschrieben worden wie über die Frage, gegen wen genau sich Lukrez' Polemik wendet und ob sich daraus ein Bild der zeitgenössischen Philosophie-Diskussion gewinnen ließe.[204]

Von Lukrez' Leben ist wenig bekannt, und was berichtet wurde, so z. B. von seinem zerrütteten Geisteszustand und von Selbstmord, scheint meist auf böswilligen Erfindungen zu beruhen.[205] Ob Lukrez zu epikureischen Zirkeln Kontakt hatte, ist ungeklärt. Allerdings kann man wohl davon ausgehen, daß er außer Texten Epikurs selbst auch solche seiner Nachfolger und Schüler kannte. Er nimmt die polemischen Formeln der Epikureer gegen die Platoniker, Peripatetiker und die Vorsokratiker auf und wendet sie wohl auch als Kritik an stoischem Denken an; allerdings ist das Interesse an einer Verteidigung der eigenen Lehre gegenüber den Stoikern wesentlich geringer als das an einer fundierten Kritik der klassischen Tradition.[206] Es wird also schwer sein, aus Lukrez' Polemik gegen andere Philosophen eine genaue Beschreibung der intellektuellen Diskussion im 1. Jahrhundert v. Chr. zu gewinnen. Daß das Gedicht aber als ein Reflex auf die außergewöhnlichen historischen Umstände gelesen werden kann, ist heute unbestritten. Lukrez antwortet ganz direkt auf das durch den Zusammenbruch der Republik, den Autoritätsverlust der Religion, die langsam verschwindende Verbindlichkeit von Tradition und römischem *mos maiorum* entstandene „Vakuum" an Religion, Weltanschauung und Moral.[207] Lukrez' Charakterisierung seines Zeitalters ist düster: Habsucht, Neid, Verschwendungssucht und Ehrgeiz prägen das Bild. Ähnliches läßt sich in den Beschreibungen Ciceros und Sallusts wiederfinden. Die Ausbreitung orientalischer Religionen, vor allem der Isis- und Sarapis-Kulte nimmt stark zu. Lukrez kämpft mit aufklärerischem Enthusiasmus und einem unterschütterlichen Vertrauen in die Fähigkeiten der Ratio gegen die *religio*. Die *religio* ist der Kern der *civitas Romana*, und mit ihrem historischen Versagen haben sich die Römer nicht nur von einer beliebigen Religion entfremdet, sondern überhaupt die Möglichkeit verloren, Identität und Moralität aus dem Bereich des sozialen Lebens zu gewinnen. Die moderne Forschung stimmt hier durchaus mit der Diagnose von Lukrez überein: „L'individuo si sentiva profondamente alienato alla società ... La moralità tradizionale era dissolta."[208]

Lukrez' Angebot ist nun keine Quasireligion als Ersatz für verlorene Bindungen, sondern eine Aufforderung, eine Herausforderung des Individuums, sich als freies, denkendes Subjekt in der Natur zu sehen und zu konstituieren. ›De rerum natura‹ enthält keinerlei soziale oder politische „Botschaft", sondern setzt streng individualistisch auf die Erkenntniskraft, den Intellekt des Einzelnen. Auf der Grundlage von Sinneswahrnehmungen interpretiert die Ratio die Welt. Wahrheit wird nicht sozial vermittelt, ist nicht ideologisch abgesichert, sondern wird individuell wahrgenommen und interpretiert.[209] So erklärt sich auch die Bedeutung, die eine mechanistische Naturerklärung in diesem System hat. Weder den Göttern noch Tyche ausgeliefert, ist dem Menschen die Welt erkennbar, und die richtige Orientierung in und anhand der Natur ist die einzig verläßliche. Dies erkannt und erklärt zu haben, ist nach Lukrez das Verdienst Epikurs, der mit seiner prometheischen Tat den Menschen zu vernunftgemäßem, damit menschlichem und letztlich glücklichem Leben freigesetzt hat. ›De rerum natura‹ enthält keine soziale Utopie. Häufig ist in der Forschung deshalb sogar von einem pessimistischen Ton des Gedichts die Rede; vor allem im Zusammenhang mit der Kulturentstehungslehre[210] ist immer wieder aufs neue untersucht worden, ob es sich dabei um eine optimistische oder eine pessimistische Sicht auf die Entwicklung der Menschen handle. Vielleicht wird man Lukrez am ehesten dann gerecht, wenn man mit Antonio Gramsci von einem „pessimismo dell'intelligenza" spricht, der ständig von einem „ottimismo della volontà" korrigiert wird.[211] Die verschiedenen Stufen der Entwicklung von Zivilisation stellen keine Fortschritt im *moralischen* Sinne dar. Die wilden Urmenschen waren Mängelwesen, die, obwohl physisch viel stärker und gesünder als die Menschen in historischer Zeit, doch in ständiger Sorge und Angst lebten. Ein goldenes Zeitalter kann es für die streng antiteleologische Lehre des Lukrez nicht geben. Allerdings ist die Natur, mit der die Wilden konfrontiert sind, auch nicht so unfreundlich wie bei Demokrit, der eine reine Aszendenzlehre vertreten hatte. Die Natur versorgt den Menschen mit dem, was er braucht. Nur allmählicher Wandel der Bedürfnisstrukturen zwang den Menschen dazu, neue Wege der Bedürfnisbefriedigung zu suchen. Im Laufe dieses Zivilisationsprozesses werden neben notwendigen Erleichterungen aber eben auch Institutionen und Strukturen geschaffen, die wiederum selbst Angst erzeugen. Besonders die Religion ist hier zu erwähnen. Die Kulturentwicklung ist dargestellt als ein ständiger Kampf des Menschen um Ataraxia, um Eudaimonia. Diesen Kampf führt er nicht *gegen* die Natur, im Gegenteil: Die Natur kann ihm als Vorbild dienen, wenn er sie *richtig*, d.h. mechanistisch, antiteleologisch, gesetzmäßig, atomistisch und untheologisch interpretiert. "The good Epicurean *interprets* the message of nature. There is no clash of motives between nature and Epicurus, but nature needed the life and work of Epicurus to make its message clear."[212] Eine nicht-teleologische Kulturentstehungslehre wird immer optimistisch und pessimistisch zugleich zu lesen sein.

Lukrez ist nun für die Erforschung des Epikureismus nicht nur deshalb von Bedeutung, weil sich in seinem Lehrgedicht eine Menge sonst verlorengegangener Gedanken Epikurs finden lassen; insbesondere gilt das für Epikurs Physik, von deren 37 Büchern nur Bruchstücke überliefert sind. Entscheidend ist nämlich, daß Lukrez keinen philosophischen Traktat verfaßt, sondern ein Gedicht, ein Lehrgedicht schreibt. Diese Tatsache sollte die gesamte Tradition des Epikureismus prägen. Wie wohl kaum eine andere Philosophie hat der Epikureismus seine Spuren hinterlassen in den Bereichen, wo sich Literatur und Philosophie überschneiden: in Lehrgedichten, in der Briefliteratur z.B. bei Horaz und Seneca, später auch im französischen 17. Jahrhundert, in der Dialog-Literatur der Renaissance und des frühen 18. Jahrhunderts, in der Zeitschriftenliteratur, in der Moralistik und im philosophischen Roman von Petronius[213] bis Christoph Martin Wieland. Lukrez ist der erste «poète philosophe», und trotz aller Versuche, Poesie von der Dichtung zu trennen, um eines der beiden zu „retten", ist die Wirkungsgeschichte von ›De rerum natura‹ nicht zu verstehen, wenn man diese „Randständigkeit" zu beiden Disziplinen nicht mitberücksichtigt. Ist nicht der ästhetische Genuß beim Lesen eines Gedichtes bereits ein erster Schritt, das hedonistische Programm einzulösen, wo *voluptas* zum *dux vitae* werden soll? Honig schmeckt besser als Medizin, deshalb muß dem Patienten mit der angenehmen Süße über die bittere Nützlichkeit hinweggeholfen werden.[214] Diese Lukrezsche Formel stellt keine originelle Poetik dar, sondern stammt aus dem rhetorischen Repertoire. Im 18. Jahrhundert wird sie noch von Gottsched als Legitimation der „schönen Künste" verwendet.

„Selbst wenn wir untersuchen, welche formalen Mittel für die Dichter einer bestimmten Epoche typisch sind, so entdecken wir damit noch nicht die Demarkationslinie der Poesie. Dieselben Alliterationen und die übrigen euphonischen Mittel werden zu gleicher Zeit auch von der Rhetorik verwendet, und nicht nur dies: auch die alltägliche Umgangssprache macht sie sich zunutze."[215] Weder inhaltlich noch formal läßt sich Poesie eindeutig und historisch unabhängig definieren. Poetische Texte können auch nicht auf *eine* Funktion, therapeutische, aufklärerische, dokumentarische oder auch rein ästhetische, festgelegt werden.[216] Die spezifische Form von Wahrheitserschließung liegt in ihrer Multifunktionalität, die in je verschiedenen Rezeptionssituationen verschieden erschlossen wird. Entscheidend ist, daß sich an poetischen Texten Erfahrungen machen lassen und zwar spezifisch ästhetische Erfahrung. Es handelt sich dabei um Erfahrung, die wie alle Erfahrung Verhaltensänderungen bewirkt, sich aber an ästhetischen Objekten festmacht und damit einen über die Wirklichkeit hinausgehenden Möglichkeitsraum eröffnet.[217]

Anders als in Prosatexten kommt bei poetischen Texten den Zeichen, d. h. Worten in ihrer gebundenen, rhythmischen oder reimhaften Gestaltung noch eine spezifische Funktion zu. Die Bewegung zwischen Begriff und Zeichen ist nicht eindeutig. Der Verwiesenheit der Zeichen untereinander kommt größere Bedeutung zu. Inhalte werden nie nur dargestellt, auch nicht durch Bilder illustriert, sondern in ihrer spezifischen Sprachlichkeit aufgehoben vermittelt. Hier scheint auch die besondere Problematik des Lehrgedichts zu liegen. Die Vollkommenheit der sprachlichen Gestaltung in sich muß mit der Vollkommenheit des Inhalts übereinstimmen. Die untrennbare kausale Verknüpfung von Naturphilosophie und Ethik, Theorie und Glück, Wahrheit und Genuß ist die Bedingung der Möglichkeit für die Gattung Lehrgedicht. Es muß gelten, „daß das vermittelte Glück rückwirkend die Wahrheit des vermittelten Gehalts bestätigt; das ist für den antiken Fundierungszusammenhang von Theorie und Eudaimonie ganz plausibel."[218] Für das Jahrhundert der Aufklärung bleibt dies zwar ein Wunschtraum, die Realisierung wird allerdings mit der sich verändernden Funktion der Naturwissenschaft und Naturerklärung zunehmend schwieriger und spätestens im 19. Jahrhundert unmöglich. Für Lukrez und seine Leser ist der bei der Lektüre empfundene Genuß noch der Bürge für die Richtigkeit und Wahrheit des Textes. Über H. Blumenberg hinausgehend muß betont werden, daß diese Verbindung nicht für alle eudaimonistischen Philosophien der Antike in gleichem Maße gilt, sondern im Epikureismus in besonderer Weise durch die Verwiesenheit nicht nur von Theorie auf Eudaimonie, sondern auch durch diejenige von Lustempfindung auf Wahrheit eine besondere Rolle spielt.

Epikureer interpretieren die Natur. Das erfährt der Leser bei Lukrez. Er lernt dabei die Natur so kennen, daß sie als Rahmen für das von Epikur gelehrte Kalkül der Lüste dienen kann: Lektüre als Einübung in die Interpretationstechnik. Das dabei empfundene Vergnügen dient als Indikator für den Wahrheitsgehalt des Textes und wird so notwendigerweise eine entsprechende Veränderung des Verhaltens zur Folge haben. Kunstgenuß ist somit immer eine Erfahrung, d.h. er führt zu einer Verhaltensänderung und kann gar nie *nur* kontemplativ, *nur* unterhaltsam, *nur* vergnüglich sein. Für einen Epikureer gilt, daß zwar nicht alles, was nützt, unbedingt gefallen muß – denn im Kalkül der Lüste und der Selbstsorgetechniken sind bekanntlich auch kurzfristige „Entbehrungen" um eines langdauernden Nutzens willen zu akzeptieren. Aber richtig verstandene „Voluptas" und „Hedonē" sind *immer* mit dem Nützlichen verknüpft, d.h. sind die Anhaltspunkte für einen richtigen Weg zur Eudaimonia.

Sollte jemand an mythischen Fabulieren Gefallen finden, ist für den Epikureer klar, daß er seine Ratio falsch, d.h. unaufgeklärt oder gar nicht einsetzt. Die Lektüre von ›De rerum natura‹ dagegen wird dem aufgeklärten, epikureischen Leser Vergnügen bereiten, ihn dadurch belehren, d.h. durch weitere Einübung der richtigen Interpretationspraxis Verhaltensänderungen herbeiführen. Diese Funktion erfüllen zu können, garantiert dem Text gleichzeitig seinen Wahrheitsgehalt, denn nur was wahr ist, kann wirklich gefallen; alles andere wird vom kritischen Blick des Lesers als Ideologie, Religion, Verfälschung und Lüge entlarvt werden. Auf diese Weise ist der in der Antike seit Platon ständig präsente Streit zwischen Poesie und Philosophie, der ja um die Wahrheits- und Nützlichkeitsfrage der Poesie entbrannt war, auf ebenso grundsätzliche wie elegante Weise entschärft. Für den Epikureer ist Erfahrung immer „aisthetisch" und somit Ästhetisches nicht mit Anschauung, sondern mit Weltanschauung, nicht mit Kontemplation, sondern eben mit Erfahrung und Leben verbunden.

Ähnlich wie in der Diskussion um den guten Geschmack im 18. Jahrhundert stellt sich hier nun die Frage, wie ein Maßstab für das Richtige gefunden werden kann, d.h. „richtiges" Lustempfinden von „falschem" geschieden werden kann. Obwohl physische Lust bzw. Unlust ja eindeutig ist, ist doch auch hier zu lernen und auf längere Sicht zu planen, welche Art von Lust und Bedürfnisbefriedigung dauerhafte Ataraxia verbürgt; schon dies also verlangt bestimmte „asketische" Übungen und kann keineswegs spontan sein. Ähnliches gilt mehr noch als für körperliches für geistiges Vergnügen. Grundvoraussetzung ist natürlich das Bekenntnis zur epikureischen Lehre. Weiter wird das richtige Interpretieren, Urteilen und Verhalten eingeübt durch bestimmte Techniken des Memorierens, durch Auswendiglernen von Maximen, durch ständiges Training und durch parrhesiastische „Schulung". In ›De rerum natura‹ werden diese Techniken nicht expliziert, sondern sie sind im Stil aufgehoben. Häufige Wiederholungen z.B. sind immer wieder als charakteristisches Stilmerkmal von ›De rerum natura‹ genannt worden. Die Memoration dient als pädagogisches Mittel. «Dans le poème didactique de Lucrèce on trouve quelques expressions qui montrent que le poète considère l'assimilation de la doctrine comme un processus physiologique.»[219] Auch der Atomismus wird nicht nur explizit dargestellt, sondern ist stilistisch umgesetzt. Wie die Welt aus Atomen, so besteht die Schrift aus Buchstaben. Wort- bzw. „Buchstaben"spiele dienen dazu, auf einfache, nicht argumentative Weise den Leser direkt von der Richtigkeit der atomistischen Lehre zu überzeugen. Wortspiele sind eingesetzt, um Parallelen zwischen Sprach- und Weltstruktur zu illustrieren. Auch auf dieser Ebene läßt sich wieder eine "inseparability of philosophy and poetry"[220] konstatieren. Theoretische Einsicht wird praktisch, d.h. sinnlich-ästhetisch vermittelt und gewinnt überhaupt erst durch eine solche Vermittlung Wahrheitscharakter. Sieht man die Funktion des Gedichts nun nicht nur in seinem „Informationswert" über epikureische Philosophie, sondern zugleich als eine sich bereits in der Lektüre vollziehende Einübung in die Lehre, läßt sich so auch die Schlußpassage über die Pest in Athen verstehen. Mit diesem Erklärungsversuch wäre es dann möglich, in diesen Versen tatsächlich einen von Lukrez geplanten Schluß zu sehen – was in der Forschung manchmal angezweifelt wird –, und auch die unbefriedigende Lösung, hierin nur ein pessimistisches Gemälde und Menetekel zu erkennen (was ja nicht zum Ton des Gedichts paßt), könnte dann aufgegeben werden.

Schlüssiger wäre es nämlich jetzt, dieses Bild als eine Art Prüfungsaufgabe für den Leser zu verstehen.[221] Er sollte bis dahin gelernt haben, auch in solchen schrecklichen Ereignissen keine Strafe der Götter mehr zu sehen, keine irgendwie regierte, gute oder böse Natur anzunehmen. Die Natur ist an sich indifferent, weder vernünftig noch unvernünftig, und nur die Haltung des Menschen zu ihr ist entscheidend. Eine tödliche Krankheit wie die Pest kann keine Strafe sein, da es niemanden gibt, der straft, und der Tod außerdem keine Strafe ist, da er weder empfunden wird noch den Menschen angeht. Der Leser kann an diesem Schlußbild überprüfen, ob er sein „Lernziel" erreicht hat: Befreiung von Todesangst und von der Angst vor Göttern. Frei von Fremdbestimmung wäre er frei für eine ganz auf das Individuum gestellte Subjektkonstitution. Weltorientierung bieten nicht Mythos, Religion oder Ideologie, sondern das durch Einübung, Askese und Selbstkontrolle verläßlich gemachte Kalkül der subjektiven Lust- und Unlustempfindungen.

### d) Seneca: Zwischen Stoa und Epikureismus

Eine besonders wichtige Rolle für die Tradition epikureischen Gedankenguts, speziell für die epikureische Ethik, spielt Seneca. „Subkutan" wurde im eklektizistischen Werk des Stoikers Epikureisches transportiert. „In Seneca selbst ist mehr Brast und Bombast moralischer Reflexion als wahrhafte Gediegenheit"[222]: Hegel war von der griechisch-römischen Tradition moralischer Seelenleitung nicht zu beeindrucken. Wenig systematisch, kaum an den „großen“ Fragen der Philosophie interessiert, konzentriert sich auch Seneca ganz dieser Tradition verpflichtet fast ausschließlich auf Fragen der praktischen Anwendbarkeit der stoischen Lebenslehre. Er sieht sich dabei selbst als eher unorthodoxen Vertreter dieser Philosophie, der nach dem Beispiel der Bienen[223] eklektizistisch vorgehend, überall das Beste zu finden und zu verwenden weiß.

Aus diesen Gründen ist Seneca wohl auch in der Philosophiegeschichte kaum berücksichtigt worden, obwohl er in der gesamten europäischen Geistesgeschichte eine kaum zu überschätzende Rolle gespielt hat. Nicht nur seine im hellenistischen Diatribenstil geschriebenen ›Dialogi‹, sondern auch seine ›Briefe an Lucilius‹ und seine Dramen[224] wurden dank der Verknüpfung von Rhetorik und Philosophie, durch den einprägsamen und brillanten Stil zu den wichtigsten Texten innerhalb der Rezeption antiker Philosophie und Dichtung. Zur Popularisierung des Stoizismus hat Seneca einen wichtigen Beitrag geleistet. „Man könnte Seneka's Manier karakterisieren als ‚Moral mit witzigen Einfällen‘ oder ‚witzige Reden moralischen Gehalts‘, in dieser Hinsicht sie vergleichen der in Bonbons verhüllten Hipekaquana, die man gegen schweren Husten giebt“[225]: Senecas Stoizismus ist wesentlich weniger rigoristisch als der der frühen Stoiker und offener für den „therapeutischen“ Ansatz der Epikureer. Besonders der Einfluß epikureischer Schriften scheint die Strenge der frühen Lehre gemildert zu haben. Seneca hatte erkannt, daß es Epikur nicht um Lustmaximierung ging, sondern daß viel eher eine Einschränkung der Bedürfnisse gefordert wird. Er beschreibt Epikur wohlwollend und lobt ihn für seine persönliche Tugendhaftigkeit, Mäßigung und Nüchternheit.[226] Besonders auch die psychagogischen Züge des Epikureismus konnte er mit eigenen Vorstellungen von Erziehung verbinden. Darum sind auch die ersten 33 der ›Briefe an Lucilius‹ stark von epikureischem Einfluß geprägt. Sie greifen jeweils eine Sentenz Epikurs auf, die dann im weiteren erörtert wird.[227] Neben dem pädagogischen und psychagogischen Konzept der Briefe darf nicht übersehen werden, daß sie für Seneca ein entscheidendes Moment in den Bemühungen um eine für sich selbst nun zu gewinnende *tranquillitas animi* darstellen: Nach dem Ende seiner politischen Laufbahn[228] mit dem drohenden Alter konfrontiert, gelingt ihm mit Hilfe des freundschaftlichen Briefwechsels eine selbsttherapeutische Stabilisierung.[229]

Epikurs Sentenzen werden bei Seneca eklektisch verwendet.[230] Nicht der Epikureismus als systematischer Entwurf einer hedonistischen Ethik mit naturphilosophischer und theologischer Begründung interessiert Seneca, sondern nur die weisheitlichen Sprüche, die den Menschen als Ganzes, als Körper und Seele zugleich, in den Blick kommen lassen. Die epikureische Form der Selbstsorge, die eine allseitige, sinn- und planvolle Beobachtung und Entwicklung aller Bedürfnisse und Fähigkeiten der purgatorischen Askese der Stoiker entgegenstellt, liegt dem Humanisten Seneca näher. Trotzdem bleibt natürlich in Senecas Augen Epikurs Philosophie fundamental falsch, und so erhält sein Schüler Lucilius, nachdem er eine „vorbereitende“ Phase epikureischer Erziehung genossen hat, bei den systematischen und grundsätzlichen Fragen der Philosophie nicht mehr die epikureischen, sondern die stoischen Antworten.[231] Die Tatsache, daß Seneca im Mittelalter weniger als alle anderen antiken Philosophen der christlichen Polemik ausgesetzt war, ja zum Teil sogar geradezu als ein Christ malgré lui interpretiert wurde, sicherte seinen Werken eine ungebrochene Kontinuität, wie sie sonst nur noch Vergil aufzuweisen hat. Man schrieb ihm sogar magische Fähigkeiten zu. Seneca war im Mittelalter z. T. eher eine legendäre als eine historische Figur. Als Folge davon wurde ihm auch eine Anzahl unechter Werke zugeschrieben, so z. B. ein Briefwechsel mit Paulus.[232] Dies änderte sich mit den sorgfältigen philologischen Forschungen der Humanisten. Zwar konnte in dieser Zeit Cicero Seneca an Popularität noch übertreffen, aber eine eindeutige Vorliebe der Humanisten für den Moralisten Seneca ist deutlich zu erkennen. In den Beständen der berühmten Humanistenbibliotheken ist die Anzahl seiner Werke meist die zweithöchste nach der der Werke Ciceros. Petrarca kannte Seneca gut, auch Leonardo Bruni und Poliziano beziehen sich auf ihn. Im 15. Jahrhundert entstehen einige Seneca-Biographien. Eine erste Ausgabe der philosophischen Schriften erscheint 1475 in Neapel. 1515 erscheint die erste von Erasmus bearbeitete textkritische Ausgabe in Basel, es folgen weitere von Muret (1587) und Justus Lipsius (1605). So unterschiedliche Denker wie Zwingli, Calvin, Montaigne, Descartes und Rousseau berufen sich auf Seneca.

Senecas Werke sind auch in jener „Grauzone“ zwischen Philosophie und Literatur anzusiedeln, die mit humanistischer Literatur oder „Moralistik“ bezeichnet im Rahmen der einzelnen Fachdisziplinen einen – angesichts der enormen Wirkung – erstaunlich geringen Stellenwert einnehmen. Die Wirkungsgeschichte des Epikureismus ist ganz wesentlich geprägt von den Darstellungen Senecas. Die Betonung der Vorbildlichkeit des Lebenswandels Epikurs und die Präferenz für die pädagogisch-psychologischen Thesen Epikurs haben eine Vorauswahl aus dem Gesamtkomplex epikureischer Philosophie getroffen, der in der gesamten Rezeption innerhalb des Humanismus, der europäischen Moralistik und der Literatur große Bedeutung hat.

Die Philosophie des Kepos scheint besondere Anziehungskraft zu haben, wenn gesellschaftliche und soziale Ordnungskriterien instabil werden, wenn der Selektionsdruck größer und die Abgrenzung gegenüber dem anderen schwieriger wird. Offenbar setzt dann einerseits die für den Epikureismus typische, polemische Ablehnung überkommener Traditionen und die Kritik an

Vorurteilen den Menschen frei zu selbstbestimmtem Handeln; auf der anderen Seite ist aber auch die dann notwendig werdende Selbstvergewisserung ein zentrales Thema und Ziel der epikureischen Philosophie. Die Form der Selbstbezüglichkeit orientiert sich hier an ästhetischen Kriterien. Neben politischen, sozialen und philosophisch-spekulativen Bestimmungen des Selbst zeigt sich damit ein anderes, auf die notwendige Einheit von Körperlichkeit und Geist zielendes Konzept der Ethik und der Subjektkonstitution.

# II. Kontinuität und Diskontinuität: Epikureismus in der Renaissance

## 1. Einleitung: Zum Epochencharakter der Renaissance

Lange Zeit war er unangefochten gültig, der „Mythos" von der Wiedergeburt der antiken Kultur: Auf das finstere Mittelalter folgt das Licht der Renaissance, aus den *tenebrae* steigt ein neues Zeitaler, in dem die antike Tradition in Kunst und Wissenschaft wiederaufblüht, müßigen scholastischen Spekulationen ein Ende gesetzt wird, der Mensch sich seiner Freiheit und Kreativität besinnt und diesseitsgewandt, individualistisch, sinnlich und glücklich zum typischen „Renaissancemenschen" wird. Die neue Zeit beginnt im 14. Jahrhundert in Italien mit Petrarca und breitet sich über Frankreich, dann auch in England und Deutschland aus.

Dieser "nineteenth-century myth of Renaissance"[1] entstand mit den im Wortsinn „epoche-machenden" Werken von Jakob Burckhardt und Jules Michelet.[2] Daß er bis weit ins 20. Jahrhundert hinein wirksam war, zeigt die Einführung Ernst Blochs in die Renaissancephilosophie: „Unser Stoff ist ein Morgen, wie die Weltgeschichte ihn noch selten gesehen hat, mit der Frische einer aufsteigenden Klasse, kurz: Renaissance. Das war nicht einfach Wiedergeburt in dem Sinn, daß ein Altes wieder erschienen wäre, etwa die Antike, wie das gewöhnlich gedeutet wird, sondern es war eine Neugeburt von etwas, was noch nie in des Menschen Sinn gekommen war, ein Durchbruch von Gestalten, wie sie noch nie auf der Erde gesehen worden waren."[3]

In zunehmendem Maße wird nun in letzter Zeit der Epochenbegriff als solcher und speziell der der Renaissance in Frage gestellt.[4] Scharfe Abgrenzungen zwischen einzelnen historischen Perioden anzusetzen, ist bereits seit den frühen Arbeiten der französischen Annales-Schule aus den 40er Jahren kaum mehr diskutabel.[5] Dagegen scheint sich der Begriff der Epochenschwelle immer mehr durchzusetzen. Dabei ist sowohl das Moment des Übergangs gegenüber dem der Abgrenzung stärker gewahrt als auch die Möglichkeit enthalten, diese Übergänge innerhalb verschiedener historischer „Niveaus" über einen längeren Zeitraum ausgedehnt anzunehmen. Außerdem wird zunehmend der Faktor „Bewußtsein" als wichtiges, epochegenerierendes Moment hervorgehoben. Die Bewertung und Interpretation des Epochenbewußtseins auf dem Hintergrund historischer Ereignisse scheint die beste Annäherungsmöglichkeit an einen brauchbaren Epochenbegriff zu gewährleisten.

Der ebensoviel bewunderte wie kritisierte Jakob Burckhardt hat in ›Kunst und Kultur der Renaissance‹ einige Äußerungen und Topoi des Selbstverständnisses von Renaissancephilosophen und -künstlern unkritisch übernommen und zu einem Begriff stilisiert, der z. T. bis heute bei Laien und Wissenschaftlern das Bild der Renaissance als eines lichtumglänzten Ausbruchs an Kulturaktivität und eines kraftvollen Beginns der Neuzeit prägt. Mittlerweile hat die „stille Revolte der Mediävisten“[6] dazu geführt, die Cellarius-Dreiteilung weitgehend aufzugeben, „Renaissance“ als kategorialen Begriff zu verwenden und solche Renaissancen auch für das 8./9. Jahrhundert und das 12. Jahrhundert anzunehmen, d. h. eine mehr oder weniger kontinuierliche Auseinandersetzung mit der Antike seit dem frühen Mittelalter zu postulieren. „Ein Geflecht von Traditionen überspannt die epochalen Zäsuren in einem solchen Maße, daß die traditionelle Dreiteilung jede Berechtigung verloren zu haben scheint.“[7] Eine Analyse von Einzeltraditionen in ihren je unterschiedlichen Verflechtungen scheint also dem Anspruch, historischen Wandel zu erfassen, eher gerecht werden zu können. Von epochalen Zäsuren zu sprechen, wäre dann gerechtfertigt, wenn innerhalb eines überschaubaren Zeitabschnittes gleichzeitig in vielen Einzeltraditionen Diskontinuitäten entstehen und dadurch bislang relativ stabil funktionierende Systeme umstrukturiert bzw. durch neue Systemgefüge ersetzt werden. Eine hohe Dichte an Umbruchspunkten entspräche dann einer Epochengrenze. Sich wandelndes bzw. überhaupt erst entstehendes Epochenbewußtsein ist dabei dann als *eine* Traditionslinie innerhalb des gesamten Systemkomplexes zu sehen und – wenn auch besonders wichtig – kein allein gültiges Kriterium. So ist Petrarcas Abgrenzung gegenüber den *tenebrae* zwar ein Zeichen für ein neu entstehendes Selbst- und Epochenbewußtsein[8], ändert aber nichts daran, daß gerade Petrarcas Bindung an mittelalterliche Traditionen wesentlich größer war, als er selbst sehen konnte und wollte.[9]

Epochales und individuelles Selbstbewußtsein[10] in Verbindung mit einer zunehmenden Beobachtung und Selbstbeobachtung scheint nun für *die* Renaissance, die im Italien des 14. Jahrhunderts einsetzt, zentrale Bedeutung zu haben. Neben der gelehrten Auseinandersetzung mit antiken philosophischen, politischen und künstlerischen Traditionen, die diese Renaissance mit denen des 8./9. und des 12. Jahrhunderts verbindet, ist der spezifische Charakter der Antike-Rezeption in der anderen Funktion zu sehen, die diese Aufarbeitung für die Konzeption individuellen und sozialen Selbstverständnisses hier gewinnt.

In einer Zeit sozialer Umgruppierungen, des Niedergangs der ritterlich-feudalen Adelsgesellschaft und der noch ausstehenden Herausbildung einer höfisch-absolutistischen Gesellschaft ist allgemeine, weltanschauliche und soziale Orientierung zunehmend problematisch geworden.[11] Ähnlich wie im 18. Jahrhundert bekommt für kurze Zeit eine weltlich-bürgerliche Intelligenzschicht die Chance, ein Konzept der Selbstlegitimierung durch Begriffe wie „Kultur" und „Bildung" zu entwerfen. „Die verstärkte Neigung der Menschen, sich und andere zu beobachten, ist eines der Anzeichen dafür, wie nun die ganze Frage des Verhaltens einen anderen Charakter erhält: Die Menschen formen sich und andere mit größerer Bewußtheit als im Mittelalter."[12]

Die Auflösung sozialer Verbände und der damit verbundene Verlust an Gültigkeit traditioneller normativer und metaphysischer Begründungen von Verhalten setzen auf der einen Seite die Möglichkeit individueller, innovativer Strategien frei, zwingen auf der anderen Seite aber gleichzeitig zu einer ständigen Überprüfung und Kontrolle dieser Entwürfe, die ja noch nicht durch Traditionen oder Institutionalisierung legitimiert sind, sondern ihre Legitimation zunächst nur aus der Bewährung in der Praxis beziehen können. So erklärt sich auch der häufig unsystematische und experimentelle Charakter humanistischer Ethik.[13] „Der Einzelne wird gezwungen, sein Verhalten immer differenzierter, immer gleichmäßiger und stabiler zu regulieren."[14] Die Wendung zum Menschen, zum Diesseits, der Primat von Anthropologie und Ethik, die Betonung des Individuellen und die Hochschätzung künstlerischen Schaffens hat ein Doppelgesicht. Die Notwendigkeit zur Neuorientierung durch den Legitimations- und Plausibilitätsverlust überkommener metaphysischer und sozialer Ordnungsstrukturen hinterläßt ein Vakuum und zwingt die Menschen in der Renaissance dazu, praktikable Lösungen in kleinen Schritten zu suchen. Die Skepsis gegenüber großen systematischen Spekulationen ist hier aber nicht als Vorspiel der Resignation zu verstehen, sondern wendet sich polemisch gegen anachronistische Dogmen, gegen Scholastik und Ideologie. Skepsis auch angesichts der Unzulänglichkeit menschlichen Erkenntnisvermögens geht einher mit dem selbstbewußten und selbstsicheren Eingeständnis dieser Schwächen, die keine Einschränkungen bedeuten müssen, sondern eigentlich erst die Grenzen des wirklich Möglichen aufzeigen und so wahrhaft menschliches Handeln erst sinnvoll werden lassen. Den Menschen in den Mittelpunkt des Denkens zu stellen, bedeutet Reduktion und Aufwertung, Verlust und Gewinn zugleich. „Nur so ist die Paradoxie zu erklären, daß der Status des Menschen gerade zu einer Zeit seinen Höhepunkt erreicht, als der Mensch aus dem Zentrum des Universums verjagt wird."[15]

Neben der humanistischen Bewegung ist es besonders die europäische Moralistik, die als „Gegenkraft gegen die teleologische Fixierung der metaphysischen Philosophie ... von Anfang an den Menschen selbst umfänglich thematisiert und seiner differenzierten Wirklichkeit die Freiheit der Erfahrung zuerkannt."[16] Der Philosoph als Seelenarzt, Philosophie als Therapeutik, die Ablehnung von Systemen, die Wendung zur Empirie, Vorliebe für rhetorische Darbietung und alle Formen der Breviloquenz sind charakteristische Züge der Moralistik, die aus den ethischen Konzepten des Hellenismus und Roms bereits bekannt sind. Das Denken der Moralistik zielt – in Ablehnung metaphysischer Spekulation – auf Seiendes und nicht auf Sein. Damit verbunden ist eine Aufwertung aller Formen empirischen Wissens: Das enzyklopädische Sammeln und Bereitstellen von Wissen zum Zwecke praktischer Anwendung ist eine Folge davon, ebenso wie die allmähliche Ausdifferenzierung eines spezifisch „naturwissenschaftlichen" Diskurses, der von „Historien" und „Romanen" unterschieden sein will. Mit der Hinwendung zum Seienden, Konkreten und Erfahrbaren bekommen die Natur, speziell die Natur des Menschen, dessen Sinnlichkeit und Körperlichkeit einen neuen Stellenwert innerhalb ethischer Reflexion.

Wenden sich die Renaissance-Denker mit der These, der Mensch sei Natur, zunächst gegen die Theologie, gegen das christliche Bemühen, Sinnlichkeit als animalisch zu denunzieren, so ergibt sich als Folge dieser allmählichen Emanzipation von christlichen Wertvorstellungen die Notwendigkeit, neue normative Grundlagen zu schaffen. Dafür bietet sich einmal das Konzept einer „guten Natur" an, die gleichsam als Inbegriff aller Normen das entstandene Vakuum zu füllen vermag. Aber sofort lassen sich auch hier gleichzeitig mit dem Naturenthusiasmus skeptische Stimmen hören, die den Menschen nicht nur als einen Teil im Ganzen der Natur begreifen, sondern ihn auch als Herrscher über die Natur – auch seiner eigenen – sehen und damit die normative Dimension einer allumfassenden Natur wieder in Frage stellen.

Mit der Abkehr von Gott und der Hinwendung zur Natur wird dem Menschen Natur und besonders seine eigene Natur zum Problem – zu einem Problem, das sich nicht mehr durch Unterdrückung und Denunziation der Sinnlichkeit verschieben läßt, sondern nur angehen im Rahmen eines integrativen Konzepts vom Menschen als einem ganzheitlichen Wesen, das seine Vervollkommnung nicht durch radikale und einseitige Ausbildung und Entwicklung der intellektuellen Fähigkeiten und der Pflege der Seele zu erreichen vermag. Vielmehr wird stattdessen eine ausgleichende, alle Sinne und Fähigkeiten, Körper, Seele und Geist miteinschließende Bildung[17] und „Selbstsorge"[18] gefordert. Maßstab für diesen neuen Menschen kann weder ein Gott noch die Natur sein; die spezifische *condicio humana* findet sich nur im Menschen selbst, und zwar in jedem einzelnen ganz.[19] Analytische Selbstbeobachtung und experimentierende Selbsterfahrung, Selbstkontrolle und Selbstsorge sollen es möglich machen, diesem Prinzip des Menschlichen näher zu kommen.

War bereits die Rede von der Doppelgesichtigkeit des neuen Menschenbildes in der Renaissance, darf auch jetzt nicht diejenige Seite, die vom Mittelalter weg in die Neuzeit schaut, bzw. die, die sich von der Metaphysik ab- und dem Diesseits zuwendet, zuungunsten der anderen Seite überzeichnet werden. „Der sinnenfrohe, diesseitsorientierte und selbstbewußt glückliche Humanist ist eine Erfindung des 19. Jahrhunderts“[20] ebenso wie die Vorstellung einer schnellen und umfassenden Säkularisation der gesamten Gesellschaft.

Besonders gut läßt sich dieser Irrtum an der herkömmlichen Einschätzung der Portraitmalerei in der Renaissance erkennen. Bislang fast ausschließlich als Zeugnisse des selbstbewußten Renaissancemenschen verstanden, vermögen neuere Interpretationen, die die komplizierte Symbolik der Bilder sorgfältig aufschlüsseln, andere Dimensionen dieser Werke zu erhellen. Bevorzugtes Objekt der Malerei ist der Mensch, aber eben auch und gerade wegen seiner Gottähnlichkeit. Der Mensch ist Gottes lebendes Selbstbildnis. Albrecht Dürer stellt sich in seinem berühmten Selbstportrait als Gelehrten dar und stilisiert sich gleichzeitig als Christusfigur. Nur vermöge seiner göttlichen Gaben, d.h. der geistigen, kann der Mensch zum Bildner bzw. Abbildner seiner selbst werden. Das sich in der Pupille widerspiegelnde Kreuz steht für die Passion Christi, für das Fensterkreuz – Auge wie Fenster lassen das göttliche Licht der Erkenntnis ein –, und es steht auch für das Gitter, hinter dem die Seele im Körper gefangen ist. Die je individuelle Ausprägung der Gottesebenbildlichkeit ist an den Menschen verwiesen, Lebensführung und Seelenheil liegen in der Verantwortung des Einzelnen. Die Spannung zwischen dem Bewußtsein der Sterblichkeit, der *miseria hominis*, und der von Gott verliehenen Würde, der *dignitas hominis*, läßt sich zugunsten einer der beiden Pole lösen – so war im Mittelalter die *miseria* im Vordergrund gestanden. Im Denken der Renaissance wird diese Spannung nicht aufgehoben; und wenn nun allerdings in der Renaissance die *dignitas* des Menschen mehr betont wird, so sollte nicht vergessen werden, daß dies auf dem Hintergrund einer oft skeptischen und illusionslosen, häufig stark religiös geprägten Einsicht in die *miseria*, die Hinfälligkeit und Sterblichkeit des Menschen geschieht.[21]

Gerade der Dichter Petrarca, der wie kaum ein anderer zum Prototyp des Renaissancemenschen stilisiert wurde, macht die Grunderfahrung der Sterblichkeit zum hermeneutischen Prinzip seines Werkes, wenn er von einer *meditatio mortalis* spricht und vom Menschen als *mortalis homuncio*.[22] Vom sterblichen Menschlein ist in der Einleitung des berühmten ›Brief an die Nachwelt‹ die Rede. Dieser unvollendet gebliebene Brief, der nach den antiken Vorformen häufig als erste Autobiographie bezeichnet wird und damit im Rahmen der neuzeitlichen Selbstthematisierung des Menschen einen prominenten Platz innerhalb der Literaturgeschichte erhielt, variiert mit dem Satz *vestro de grege fui autem, mortalis homuncio*[23] die bekannte

Äußerung von Horaz, wo dieser sich als *Epicuri de grege porcus*[24] bezeichnet. Die Variation ist nicht nur das gelehrte Zitatenspiel eines *poeta eruditus*, sondern signalisiert ein gewandeltes Bewußtsein. Die heitere Horazsche Gelassenheit ist einem Gefühl des Ausgeliefertseins an die Vergänglichkeit gewichen. „Verflogen ist jener antike Optimismus, daß die Einheit von Moralität und Glück ... tatsächlich auf Dauer realisiert werden kann, verflogen ist das Vertrauen, daß der Mensch, wenn er sich nur richtig verhält, in der Ordnung der Natur aufgehoben werden kann."[25]

Hatte schon die hellenistische Philosophie gefordert, daß um eines glücklichen Lebens willen das Wollen dem Können angepaßt werden müsse und nicht umgekehrt, so entspricht dies zwar durchaus den Vorstellungen des Petrarca, der seinen Lesern einen Ausgleich zwischen individueller *voluntas* und der mächtigen *fortuna* empfiehlt; trotzdem bleibt es für den Menschen in der Renaissance fraglich, ob angesichts der unausweichlichen Tatsache der Sterblichkeit aller Menschen und der Launen des Glücks das Programm eines reduktionistischen Eudaimonismus nicht notwendig Illusion bleiben muß.

Über tausend Jahre Christentum haben das Denken nachhaltig geprägt, und auch wenn nun eine neue Welle der Antike-Rezeption, insbesondere auch der praktischen Lebensweisheit hellenistischen Philosophierens einsetzt, ist dies immer im Kontext christlichen Denkens zu sehen, gleichgültig ob es sich dabei um radikale Ablehnung oder um begeisterten Zuspruch handelt.

Die Wendung zur Natur, zur Sinnlichkeit des Menschen, die Polemik gegen eine bestimmte Form der scholastischen, religiösen Spekulation, der Primat der praktischen Philosophie und die Vorliebe für weisheitliches Denken[26] erklärt das neu aufkommende Interesse speziell an epikureischer Philosophie, das sich gegen die bei weitem überwiegenden Stimmen harscher Ablehnung und pauschaler Verdammung nach den von den Kirchenvätern geprägten Mustern zu behaupten versuchte. Wenn D.C. Allen[27] von einer „Rehabilitation" Epikurs spricht, überschätzt er damit wohl das Gewicht der Epikureer in der Renaissance und unterschätzt womöglich die noch kaum erforschte spätantike und mittelalterliche Tradition epikureischen Denkens. Mit Sicherheit aber läßt sich behaupten, daß sowohl die philologische und editorische Arbeit vor allem im 15. und 16. Jahrhundert und die Verarbeitung epikureischen Gedankenguts in der Philosophie und in der Traktatliteratur sowie in der Poesie und sogar in der Malerei entscheidend zu der großen Epikur-Renaissance im 17. Jahrhundert beigetragen haben.[28]

Humanismus, Moralistik, Eudaimonismus, Individualismus, Aufwertung von Sinnlichkeit und Natur sind im hellenistischen Griechenland, in Rom und dann wieder in der Renaissance eine spezifische Verbindung eingegangen, die dem epikureischen Denken einen fruchtbaren Boden bereitet.

Daß Epikureismus gleichzeitig noch spezifisch ikonoklastische und polemische – speziell religionskritische – Funktionen hat, scheint sich auch hier wieder zu bestätigen, hat aber einen wesentlich geringeren Stellenwert als zu anderen Zeiten. Die Tendenz zum Ausgleich scheint sehr stark: Nicht nur Lorenzo Valla und Erasmus von Rotterdam, sondern auch Thomas Morus und sogar Montaigne versuchen – gegen eine mächtige Tradition –, christliches Denken und Eudaimonismus epikureischer Prägung in Einklang zu bringen.

## 2. Epikur und das Schwein: Bedeutung und Wirkung der christlichen Verdammung epikureischer Philosophie

Die Überlieferungsgeschichte epikureischer Philosophie und epikureischer Texte von der Spätantike und den Kirchenvätern durch das gesamte Mittelalter hindurch bis in die Renaissance genau nachzuzeichnen, ist hier nicht möglich. Es fehlen zu diesem Zeitraum bisher auch detaillierte Einzeluntersuchungen. Da man davon ausgehen kann, daß nach der Polemik der frühen christlichen Schriftsteller Lektüre und Erwähnung Epikurs problematisch, wenn nicht gefährlich war, muß man annehmen, daß positive Hinweise auf Epikur eher versteckt und ohne explizite Nennung des Philosophen existieren, negative Erwähnungen sehr verstreut sind, wohl aber beides – was erste Nachprüfungen ergaben – häufiger ist als bisher angenommen.[29]

Die gängige christliche Ablehnung des Epikureismus richtete sich gegen den Atomismus, den angeblichen Atheismus ebenso wie gegen die Lehre von der Sterblichkeit der Seele, die Leugnung der Vorsehung und eine falsch verstandene epikureische Wollust.[30] Das Schwein war endgültig zum Markenzeichen Epikurs geworden.[31]

Der afrikanische Rhetor Arnobius schrieb nach seiner Bekehrung um 300 ein großes Werk ›Adversus nationes‹, in dem er die heidnischen Religionen zu bekämpfen versucht. Arnobius kennt das Christentum, das er vertritt, nur schlecht. Jupiter spielt in seinem Werk eine fast ebenso wichtige Rolle wie Christus, und die Beeinflussung durch antike Philosophie ist ganz deutlich. Seine Kritik am Epikureismus ist hart, und stilistische Anleihen bei Lukrez lassen sich nicht als Sympathie für den Epikureismus interpretieren.[32] So muß man auch die viel zitierte Stelle verstehen, wo Arnobius die Lukrezsche Hymne an Epikur auf Christus überträgt.[33] Dies ist sicherlich kein Beweis für versteckten Epikureismus, sondern entspricht der damals gängigen Praxis, stilistisch ansprechende Passagen aus antiken Texte mit einer anderen Szenerie, d. h. mit der christlichen „Wahrheit" auszustatten.[34]

Philosophisch und theologisch versierter als Arnobius war sein ebenfalls aus Nordafrika stammender Schüler Laktanz. Nach Cicero und Vergil ist Lukrez der in seinem Werk meistgenannte antike Autor. Die Schrift ›De ira Dei‹ ist direkt gegen epikureische Argumente geschrieben ebenso wie fast das gesamte 12. Kapitel des 7. Buches seiner Hauptschrift ›Divinae institutiones‹. Sein Wissen scheint er haupstächlich aus Lukrez zu beziehen, weswegen ihn auch die epikureische Physik und Theologie sehr beschäftigt, kaum dagegen die Ethik. Der Epikureismus wird bei Laktanz geradezu zum Paradigma heidnischen und antiken Denkens.[35] Mit christlichen Argumenten setzt er sich für Teleologie und Vorsehung ein. Heftigsten Widerspruch äußert er gegenüber der Seelenlehre der Epikureer und gegenüber der Atomtheorie. Die Auseinandersetzung mit diesen Thesen erreicht allerdings nie das Niveau, das sie in der antiken Diskussion hatte. Laktanz gelingt es nicht einmal ansatzweise, eine nicht providentiell organisierte Welt vorzustellen. Meist führt er populäre und wenig treffende Argumente an, die letztlich immer auf die notwendige Existenz des *einen* Gottes zurückgreifen. Aber auch Laktanz konnte nich umhin, die sprachliche Gewandtheit des Lukrez zu bewundern und übernahm einige Passagen aus seinem Lehrgedicht. “It was Lukretius’ fate to be used more intensely by adversaries than by adherants: The poem of Nature that left no room for Divine Providence and should deliver mankind from the fear of gods became the main object of attack to propagandists of a new God and a new faith.”[36]

Dies gilt nicht nur für Arnobius und Laktanz, sondern in gleichem Maße auch für Hieronymus[37], Augustinus und Isidor von Sevilla[38], um nur einige der Kirchenschriftsteller zu nennen, die sich mit dem Epikureismus beschäftigen. Überall zeigt sich der grundsätzliche Antagonismus zwischen Vorsehung und Seelensterblichkeit, zwischen Lustfeindlichkeit und Hedonismus, zwischen Gehorsamsethik und Selbststilisierung.

Von besonderem Interesse wäre eine Untersuchung der Auseinandersetzung Augustinus’ mit der epikureischen Philosophie bzw. dem Hedonismus. In den ›Confessiones‹ gesteht er, während seiner Jugendjahre ein Anhänger des epikureischen Hedonismus gewesen zu sein. Nur die Angst vor dem Tod, dem Weiterleben nach dem Tod und dem Jüngsten Gericht habe ihn davon abgehalten, „dem Epikur die Palme (zu) reichen“[39]. Die Gemütsverfassung, in der er sich zu dieser Zeit befand, beschreibt er als „Überschwang aller Lust des Fleisches“[40]. Das Bekehrungserlebnis brachte ihm zwar die Gewißheit auf dem falschen Weg gewesen zu sein, aber trotzdem ist der „neue“ Augustinus weit davon entfernt, mit der vernünftigen Einsicht auch die praktische Realisierung eines asketischen Lebens bereits erreicht zu haben. Ganz im Gegenteil beschreibt er mit eindrücklichen Formulierungen den inneren Zwiespalt, in dem er sich befindet. Im Schlaf entgleite er der vernünftigen Kontrolle und spüre dabei einen Unterschied „zwischen mir und mir"[41], der ihn zu fragen veranlasse, ob dieses „andere" denn überhaupt zu seinem Ich zu rechnen sei: „Und doch ist jener Unterschied [zwischen mir und mir] so groß, daß, wenn es eben anders kam, wir beim Erwachen zurückfinden zur Ruhe des Gewissens und dank gerade jener Ungleichheit erkennen, daß wir es nicht getan, was da immerhin als irgendwie an uns Geschehenes uns traurig macht."[42] „Yetser hara" oder der „Trieb zum Bösen" stehen solchen Argumenten sehr nahe, und Augustinus' frühe Begeisterung für den Manichäismus hat hier wohl ihre Spuren hinterlassen. Der späte Augustinus freilich hat dann mit seiner Erfindung der Erbsünde und seiner Konstruktion einer Gnadenwahl ein völlig neues Erklärungsmodell für dieses Fremde im eigenen Ich gefunden. Sexuelle Lust ist am wenigsten dem Willen unterworfen und gefährdet daher am meisten die Ruhe und den Frieden des Menschen. Sie steht exemplarisch für die Erhebung des Niedrigen gegen das Hohe, für den Kampf der Sinnlichkeit gegen die Vernunft und den Aufstand des Knechts gegen den Herrn. Das Ausgeliefertsein des Menschen an seinen eigenen inneren, schrecklichen Unfrieden, an rastlose Begierde und wilde Lust kann nach Augustinus nur als Strafe, und zwar als Strafe für die Sünde Adams und Evas gedeutet werden; und so gilt ihm alles fleischlich gezeugte Leben als in der Sünde geboren. Obwohl die Ehe gottgewollt ist, bleibt der Beischlaf eine Sünde. „Dies hatte für die Ideen- und Kulturgeschichte weittragende Folgen. Es hat die Lebensgeschichte vieler einzelner bis in die Gegenwart mit quälenden Spannungen belastet."[43] Die Diagnose eines dem Zugriff des freien Willens entzogenen Teils der menschlichen Psyche stellt gegenüber der antiken Vorstellung, man schaffe sich seine Eudaimonie selbst und unabhängig, eine außerordentliche Veränderung der menschlichen Selbstbezüglichkeit dar. Daß zugleich mit dieser „Entdeckung" einer inneren *terra incognita* (die dies auch bleibt) ihre unnachsichtige Verteufelung einhergeht, ist von besonderer Tragweite für die Entwicklung der abendländischen Kultur. Warum die spezifische Zuspitzung der christlichen Affektdebatte durch Augustinus ein so ungeheures Maß an Erfolg hatte – trotz aller Einwände und späterer Korrekturen – scheint bis heute ungeklärt zu sein.[44] „Die Gnadenlehre des Augustinus ist logisch inkonsistent ... und sie ist moralisch unzumutbar."[45] Trotzdem scheint sie gerade dadurch, daß sie das Augenmerk auf das von der Vernunft (noch) nicht Erhellte lenkt, eine besondere Anziehungskraft besessen zu haben.

In die Verurteilung der Begierde, speziell der sexuellen Begierde wurden im Laufe der christlich-mittelalterlichen Entwicklung weitere Bereiche miteinbezogen. Die Wißbegierde, die *curiositas*, war – durchaus in Übereinstimmung mit einer entsprechenden Genesisinterpretation – ebenso verwerflich; auch sie galt als ein Aufstand gegen die höchste Autorität, gegen Gott. Allenfalls mit Hilfe des Teufels war *curiositas* ins Werk zu setzen: Dies tat Doktor Faustus. „Lust, Sinn und Begierlichkeit"[46] nach immer mehr Wissen treiben den abschreckenden Anti-Helden des spätmittelalterlichen Volksbuchs in sein selbstgewähltes Verderben. Unersättlich und skrupellos ist Faustus aber eben nicht nur auf dem Gebiet der Wissenschaft, sondern auch in Sinnendingen: Völlerei und Sauferei nicht abgeneigt, wird er vor allem seines Triebs nicht Herr und braucht Huren aus allen Ländern Europas, da ihm Heirat – die gottgefällige Form der Sexualität – von seinem teuflischen Meister versagt wird: „Doktor Faustus lebt also ein epikurisch Leben Tag und Nacht, glaubet nit, daß ein Gott, Hell' oder Teufel wäre, vermeinet Leib und Seele stürbe miteinander, und stach ihn seine Aphrodisia Tag und Nacht ..."[47] Dem Verlust jeglicher individueller oder gesellschaftlicher Normen ausgesetzt, ist der epikureisch Infizierte vielfältigen Begierden hilflos ausgeliefert. „Vernunft, Mutwill, Vermessenheit und freier Will"[48] haben ihn in diese schreckliche, autoritätslose und gottverlassene Situation gebracht. Entsprechend erfährt er auch von seinem dienstbaren Geist auf die Frage nach dem Ursprung der Welt: „Die Welt, mein Fauste, ist unerboren und unsterblich. So ist das menschliche Geschlecht von Ewigkeit hero gewest und hat anfangs kein Ursprung gehabt."[49] Die Teufel sind Anhänger der Lehre des *nihil ex nihilo fit* und leugnen mit dem Schöpfungsgedanken natürlich auch die Idee von Sündenfall und Paradies. Weder *curiositas* noch *cupiditas*, so erfährt Faustus, sei Sünde.[50] Ein solcher Glauben kann nicht ungestraft bleiben; aber selbst der grausige show-down mit spritzendem Hirn und knakkenden Knochen kann wohl den Leser des 15. Jahrhunderts nicht mehr davon abhalten zu sehen, daß an den epikureischen Thesen der Teufel doch etwas Wahres sein könnte! An diese Ahnung knüpfen alle Aufklärer an und versuchen, zunächst mit einer Rehabilitation der Vernunft – als „Renaissance" der antiken Idee – diese Spur zu verfolgen, d. h. die Emanzipation von Götterfurcht und Sündenstrafe voranzutreiben. Die augustinische Entdeckung der „Nachtseite" des Ich muß auf ihre „Renaissance" sehr viel länger warten.

Für eine genauere Untersuchung des Verhältnisses zwischen Epikureismus und Christentum wäre auch zu fragen, ob hellenistisches bzw. epikureisches Denken tatsächlich auf allen Ebenen unvereinbar ist mit dem christlichen Glauben. Die explizite und polemische Ablehnung schließt nicht grundsätzlich aus, daß die christlichen Schriftsteller den von ihnen bekämpften Lehren mehr verdanken, als bei einer ersten Lektüre erkennbar ist.[51] In der Renaissance wird ja dann ganz offen über eine mögliche Versöhnung von Epikureismus und Christentum nachgedacht[52]. Wollte man nach Kontinuitäten hellenistischer Philosophie im christlichen Denken suchen, wäre wohl an erster Stelle zu prüfen, inwieweit antike Praktiken der Askese, der Psychagogik, Selbstsorge und Seelsorge in die neue Lehre Eingang gefunden haben. Neu scheinen hier nämlich weniger die Praktiken selbst zu sein, vielmehr ist es eine spezifische Form der Innerlichkeit, die nun entsteht und die die Antike nicht kannte.[53] Der optimistische Glaube an mögliche Selbsterkenntnis und die Machbarkeit des Glücks ist durch die Betonung der Heteronomie des Bösen – in der Sündenfallthese – und der grundsätzlichen Schuldigkeit des Menschen – in der Erbsündentheorie – unmöglich geworden. Teile des Ich sind der Verfügbarkeit entzogen: Mit der größeren Differenziertheit dieser Vorstellung wächst zugleich die Intensität der Bemühungen um das Ich und das Bewußtsein der innerweltlichen Aussichtslosigkeit, die ihre Kompensation erst im Jenseits erfährt. Diese Innerlichkeit, die ein spezielles Verhältnis zwischen dem Individuum und seinem Gott voraussetzt und thematisiert, kann jahrhundertelang auch nur im Hinblick auf Gott gedacht werden. Erst die Aufklärung entdeckt die Innerlichkeit außerhalb des theologischen Diskurses.[54] Zunächst ist es die prononciert vorgetragene Idee *autonomer* Subjektkonstitution im Epikureismus, die die Polemik der christlichen Autoren provoziert.

Weiter wäre auch genauer zu prüfen, ob die Überlieferung von Lukrez einen anderen Weg genommen hat als die der Texte und Lehren von Epikur selbst. Dafür scheint einiges zu sprechen.[55] Während für Lukrez' ›De rerum natura‹ sich seit dem 9. Jahrhundert keine Hinweise mehr finden lassen, kann man für Diogenes Laertius ›Vitae philosophorum‹ und damit für die im 10. Buch enthaltenen Texte bzw. die Biographie Epikurs eine weit größere Kontinuität annehmen. Dies ist um so interessanter, als die Beschreibung des Diogenes Laertius ja ausgesprochen wohlwollend ist und Epikur im Gegensatz zu dem Zerrbild, das seine Gegner von ihm entwarfen, als einen äußerst frugal lebenden und achtenswerten Mann darstellt. Cicero und Seneca, die beiden antiken Autoren, die sowohl im Mittelalter als auch dann besonders in der Renaissance am meisten geschätzt wurden, waren zwar beide keineswegs Epikureer, aber sie gaben ein wenn auch nicht unkritisches, so doch wenigstens nicht verzerrtes Bild epikureischen Denkens und lobten besonders die persönlichen Qualitäten Epikurs. So ist es durchaus wahrscheinlich, daß neben dem durch frühchristliche Polemik geprägten vulgären Epikur-Bild sich eine Traditionslinie erhalten hatte, die dem epikureischen Hedonismus gewisse Sympathien entgegenbrachte. Während des gesamten Mittelalters scheint es mehr oder weniger kontinuierlich zwei divergierende Epikurbilder gegeben zu haben: „Le fonti latine, classice o cristiane affidavano al Medioevo una duplice imagine di Epicuro: una storica, che isolava Epicuro nella sua realtà etica personale, l'altra volgare, che condeceva l'idea d'Epicuro a una seria di reazioni sul corpo delle morali non edonistiche."[56] So erklärt es sich wohl auch, daß Petrarca, Dante und auch Boccaccio weniger ein „ausgewogenes" Urteil über Epikur hatten, sondern vielmehr ohne sehr viel weitergehende Reflexion die Klischees vom guten Menschen Epikur und dem gefährlichen, verderbten Philosophen übernahmen. Ein wirklicher Ansatz zu einer neuen Theorie des Hedonismus läßt sich hier auf jeden Fall noch nicht erkennen. Produktive Rezeptionsleistungen werden erst im 1. Drittel des 15. Jahrhunderts sichtbar, d.h. nach der Wiederentdeckung von ›De rerum natura‹ durch Poggio Bracciolini 1417 und nach der knapp zehn Jahre später fertiggestellten lateinischen Übersetzung des Diogenes Laertius.

Auch wenn diese beiden Tatsachen sicherlich den entscheidenden Anstoß für eine Ausbreitung epikureischen Denkens darstellen, soll doch eine Adaptation von Diogenes' ›Vitae philosophorum‹ ungefähr ein Jahrhundert vor der Übersetzung durch Ambrogio Traversari noch erwähnt werden. Das ›Liber de Vita et Moribus Philosophorum‹ des Walter Burleigh[57], eines Schülers von Duns Scotus, war sowohl auf lateinisch als auch in einigen volkssprachlichen Versionen im frühen 14. Jahrhundert in Europa bekannt und verbreitete so ein relativ positives Epikurbild. Natürlich werden auch hier die Thesen von der Sterblichkeit der Seele und vom Fehlen göttlicher Vorsehung abgelehnt, andererseits aber die asketische Lebensweise des Philosophen gelobt und ihm interessanterweise einige Sentenzen des angesehenen Stoikers Seneca zugeschrieben. Es scheint also einiges dafür zu sprechen, daß gerade die moralistische, weisheitliche Komponente des Epikureismus eine andere und positivere Rezeptionsgeschichte aufzuweisen hat als das mehr naturphilosophisches Denken illustrierende ›De rerum natura‹: “There is sporadic evidence of some reasonable balanced and objective medieval thought about Epicurus; by contrast all recorded medieval comment on Lucretius dates from the early Middle Ages only – non of this shows a comprehensive appreciation of the De rerum natura as philosophic and poetic whole.“[58] Die Bedeutung von Burleighs Werk sollte allerdings nicht überschätzt werden. Epikur wird auf nur wenigen Seiten abgehandelt, und auch dort kann von einer philosophischen Durchdringung seiner Lehre nicht die Rede sein. Außerdem ist bekannt, daß die Exemplare der ›Vita philosophorum‹ aus Konstantinopel nach Florenz zu Traversari gebracht werden mußten. Es kann also wohl – abgesehen von wenigen Ausnahmen – höchstens von einer dünnen und oberflächlichen Rezeption gesprochen werden.

Vor dem Quattrocento waren die Gelehrten und Dichter darum hauptsächlich auf die Zeugnisse von Cicero und Seneca verwiesen. Der Einfluß Ciceros auf das Denken der Renaissance ist wohl kaum zu überschätzen. Die Aufwertung der Sprache und damit der Rhetorik sichert ihm den ersten Platz unter allen antiken Autoren: „Gut reden lernen ist gleichbedeutend mit gut denken lernen, ja noch mehr mit gut leben lernen.“[59] In der Rhetorik wird die gesamte Problematik von Sprache und Welt reflektiert. Es fand geradezu eine Literarisierung von Welt statt, wozu auch die nun mögliche massenhafte Verbreitung von Gedrucktem beitrug.“[60] Das erste Buch, das in Venedig 1468 erschien, waren bezeichnenderweise Ciceros ›Epistolae ad Familiares‹.[61] Mit der Erfindung des Buchdrucks hing das Aufkommen von Privatbibliotheken zusammen. Petrarca soll eine der größten besessen haben, in der nach Ciceros Werken die von Seneca, Vergil, Lucian, Statius, Horaz, Ovid und Juvenal am stärksten vertreten waren.

Seneca war für die Renaissance der wichtigste der römischen Moralisten; obwohl in der Philosophiegeschichte häufig als epigonaler Literat aus Stoiker-Kreisen und als Eklektiker mißachtet, ist seine Wirkung durch das gesamte Mittelalter hindurch in die Renaissance ganz außerordentlich. Sogar Tertullian konnte sagen: *Seneca, saepe noster*[62], und sicherte ihm so einen Platz in der christlichen Tradition. Ganz deutlich ist z. B. der Einfluß Senecas bei Petrarca zu sehen.

Jedesmal, wenn Petrarca positiv auf Epikur zu sprechen kommt, steht diese Äußerung im Zusammenhang mit dem pädagogisch-psychagogischen Programm von Senecas Lucilius-Briefen. An einer Stelle gelingt Petrarca dabei eine ebenso knappe wie exakte Darstellung des Kerngedankens hellenistischer, speziell epikureischer Ethik: „Cioè che la concupiscenza non si estingue con il possesso, ma con il possesso si accende; ed ottimo è veramente il consiglio di Epircuro che dice, per diventar ricco, non bisogna aumentare le richezze ma diminuire i desideri."[63] Ein solches Lob hindert ihn freilich nicht daran, auch zu erklären, daß dieser „Epicuro ritenuto communemente filosofo malfamato, ma grande dagli antichi"[64] irre, wenn er glaube, daß es überhaupt unter der Sonne wahren Reichtum gäbe. Der strenge Immanentismus Epikurs ist auch der Grund von Petrarcas Kritik im ›Trionfo della Fama‹[65], wo Epikur die alten Vorwürfe des Materialismus und des Unglaubens gemacht werden.

Eine ähnliche ambivalente Haltung zeigt sich auch bei Dante, der zwar in seinem philosophischen Spätwerk, dem ›Convivio‹, Epikur zu loben weiß, ihn aber dann in der ›Commedia‹ doch mit anderen Ketzern in den sechsten Kreis der Hölle verbannt, weil Epikur nicht an die Unsterblichkeit der Seele glaubt. Die Einschätzung des Epikureismus im ›Convivio‹ läßt deutlich die Einflüsse einer Lektüre von Ciceros ›De finibus‹ erkennen. Die *voluptas* der Epikureer wird dort nicht als ausschweifende Lust verstanden, sondern „non era altro che ‚non dolore' ..."[66] Dagegen heißt es im Inferno 10. Gesang: „Suo cimitero da questa parte hanno / con Epicuro tutti suoi segnaci / che l'anima col corpore morta fanno."[67] Es muß sich dabei nicht um einen abrupten Meinungswandel[68] handeln, sondern diese Haltung paßt sehr gut in das Bild einer zweigleisigen Epikurrezeption, die zwar seine Lebensführung und Weisheitslehren akzeptiert und schätzt, sie im Kontext von Cicero und Seneca sehr eklektisch verwendet, zugleich aber die theologischen und ontologischen Konsequenzen bzw. Voraussetzungen der Lehre heftig ablehnt.

Boccaccio teilt in seinem Kommentar der ›Commedia‹ nicht ganz die schlechte Meinung, die dort über Epikur geäußert wird. „Epicuro fu solemmissimo filosofo e molto morale e venerabile uomo ...“[69], bemerkt er, schränkt die positive Beurteilung von Epikurs Person allerdings gleich wieder ein, da man sagen müsse, er habe „alcuni perverse e detestabili opinioni“[70] gehabt. Trotzdem betont er noch einmal, daß es keinen anderen Philosophen gegeben habe, der „piu sobrio“[71] gewesen sei.

Die Einschätzung der epikureischen Lehre durch Petrarca, Dante und Boccaccio steht weitgehend noch unter dem Einfluß mittelalterlichen Denkens. Sie stellt die oft oberflächliche Aneignung der Äußerungen Senecas und Ciceros dar, ohne die Konsequenzen aus Epikurs radikalem Hedonismus und seiner absoluten Innerweltlichkeit zu reflektieren. Es fehlt „il fondamento teorico per una comprensione nuova dell’edonismo epicureo, che recuperi il genuino senso della ‚voluptas‘ superando la tradizionale interpretazione in chiave di basso sensualismo“[72].

Dies ändert sich mit den Werken von Cosma Raimondi, Lorenzo Valla, mit den Äußerungen von Francesco Filelfo, Cristoforo Landino und Marsilio Ficino, nicht zuletzt auch mit dem Epikureer-Dialog des Erasmus von Rotterdam, den Reflexionen über “Pleasure” in Thomas Morus’ ›Utopia‹, Rabelais’ ›Gargantua et Pantagruel‹ und Montaignes ›Essais‹.

## 3. Die christlichen Epikureer: Valla, Erasmus von Rotterdam, Thomas Morus, Rabelais und Montaigne

In Lorenzo Vallas Dialog ›De voluptate‹[73], der in späteren Auflagen den Titel ›De vero falsoque bono‹[74] trug, kommt epikureischer Hedonismus zum erstenmal seit der Antike ausführlich und im Zusammenhang zu Wort. Freilich sind sich die Wissenschaftler nicht einig über die Bewertung und Interpretation von Vallas Epikureismus. Einige vertreten die Meinung, es handle sich bei der langen, schwungvollen und rhetorisch glänzenden Rede des Epikureers um die Meinung Vallas selbst, und die im anschließenden 3. Buch vorgetragene Position einer Synthese von Hedonismus und Christentum diene nur der Absicherung gegenüber Kritik aus christlichen und kirchlichen Kreisen.[75] Andere wieder sehen gerade und ausschließlich in diesem 3. Buch Vallas eigene Überzeugung dargelegt und halten ihn für einen radikalen Verteidiger christlicher Philosophie.[76]

Aber ebensowenig wie Valla ein atheistischer Freidenker und orthodoxer Epikureer war, war er ein Anhänger rigoristischer christlicher Moralvorstellungen. Das Problem einer Interpretation des Vallaschen Epikureismus entsteht hauptsächlich dadurch, daß häufig übersehen wird, daß es sich hierbei keineswegs um eine textgetreue Darstellung des antiken Epikureismus handelt; im Gegenteil werden die Thesen Epikurs ganz willkürlich interpretiert und variiert. Der Epikureer bei Valla glaubt sogar an ein Weiterleben der Seele nach dem Tode und hat damit einen der wichtigsten Aspekte christlicher Kritik und zugleich einen der wichtigsten Punkte des antiken Epikureismus eliminiert.

Das Lob der Welt, der Natur, der Kreatürlichkeit, das Plädoyer für den Genuß von Kunstwerken und kulinarischen Vergnügen ist immer ein Lob der Dinge, die *Gott* zum Besten des Menschen geschaffen hat.[77] So ist auch die sogenannte „Jungfrauenrede" zu verstehen: Sie verteidigt menschliche, speziell weibliche Natur und Natürlichkeit gegen die Unmenschlichkeit und Widernatürlichkeit, die die Regeln des Klosterlebens durch Unterdrückung von Sinnlichkeit und Körperlichkeit darstellen. Vergnügen, *voluptas*, ist für Valla ein wichtiges Moment christlichen Glaubens und verweist gerade in seiner innerweltlichen Realisierung auf das höchste und ewige Glück, das es allerdings *nur* im Jenseits geben kann. „E proprio questa valorizzazione dell'elemento edonistico all'interno dal cristianesimo, conduce il Valla ad una revisione storico-filosofica dell'epicureismo."[78] *voluptas* ist nach Valla die innere Harmonie von Körper und Geist im Einklang mit der Natur.[79] Der Mensch zeichnet sich vor allen anderen Lebewesen dadurch aus, daß Empfindungen Vergnügen machen können, und zwar körperliches und geistiges.[80] Diese spezifische Form der „Aisthesis" soll den Menschen zu einem „ästhetischen" Lebenswandel befähigen und anleiten. Vergnügen bereitet das Empfinden der Schönheit der Natur, der Kunst, aber auch der des Körpers. Wer sich so *voluptas* als *dux vitae* wählt, wird als würdiges Abbild Gottes im Einklang mit sich und der Natur, d.h. Gottes Schöpfung, das höchste auf Erden mögliche Glück genießen und damit die bestmögliche Vorbereitung auf himmlische Freuden erfahren. Die ästhetische Stilisierung des Lebens auf Erden im Bewußtsein seiner Begrenztheit, Bewußtsein dessen, daß es nur vorläufige und beschränkte Handlungen dieses im Diesseits autonom und eigenverantwortlich auftretenden Individuums sind, ist nicht nur eine Empfehlung, die der Epikureer in Vallas Dialog formuliert und ausspricht und die von seinem christlichen Dialogpartner aufgenommen wird, sondern diese Idealvorstellung ist auch aufgehoben in der dialogischen Form des Textes selbst.

Nachdem der Vertreter des Stoizismus seine recht menschenfeindlichen Thesen – auch hier wieder Verzerrungen der antiken Lehre – vorgetragen hat, geht der Epikureer zunächst einmal lachend auf dessen Ausführungen ein. Er hatte offensichtlich Vergnügen an dem Vortrag und verspricht seinen Zuhörern, sich zu bemühen, ihnen auch wieder Vergnügen zu bereiten.[81] Nicht nur die Ratio soll seine Rede ansprechen, sondern auch das ästhetische Empfinden seines Publikums. Wer gut spricht, denkt auch gut und lebt gut. Die Rhetorik ist die wichtigste aller Künste und auch die menschlichste aller Künste, weil sie den Menschen in umfassender Weise thematisiert.[82]

Der Epikureer ist demnach auch nicht nur ein Fachmann in Fragen des Epikureismus, sondern auch und vor allem Spezialist fürs Dialogisieren, für Dialogführung. Er hört genau zu, erwidert freundlich, bezieht die Zuhörer ein, ist offen für Kritik, möchte sich selbst gerne überzeugen lassen und – er vergißt neben den intellektuellen Freuden nicht die der Tafel: Nach seiner Rede lädt er alle zum Essen ein und trägt mit dieser versöhnlichen Geste noch einen weiteren Sieg über den Stoiker davon.

Dialogisieren macht – genau wie Essen – Vergnügen, aber es ist auch wie Essen nicht mit Spiel zu verwechseln. Der Dialog ist nicht Spiel, sondern Stil; Stil einer ganzen Epoche.[83] Der humanistische Dialog kann sich zwar auf die antike Platon-Tradition und die Dialektik des 12. Jahrhunderts stützen, nimmt aber im 15. Jahrhundert andere Formen und Funktionen an. Die Grundlage der mittelalterlichen Dialektik ist der Disput in der Philosophenschule, nicht das Gespräch im Freundeskreis. Die Erörterungen stehen im Dienste der Theologie, es wird weniger um verschiedene Weltanschauungen als um Formulierungen und Auslegungen der *einen* Weltanschauung diskutiert. Auch der platonisch-sokratische Dialog besitzt keine eigentlich agonale Struktur. Der Standpunkt des Autors ist klar, er wird druch Sokrates zum Ausdruck gebracht; andere Meinungen tragen nur dazu bei, die Gedanken des Sokrates zu entwickeln. Die Struktur dieser „Dialoge" ist monologisch und in ihrem Stil dem des Essais in der Neuzeit näher verwandt als dem Dialog im modernen Sinne.[84]

Im humanistischen Dialog hingegen treten historische Personen auf – nicht wie im 12. Jahrhundert *der* Jude, *der* Christ etc. Der meist streng gehandhabte Formalismus der Rahmenhandlung läßt den Dialog als ein Fragment, als ein „Kapitel" aus einem ständig andauernden, auf alle Themen und Gebiete ausgreifenden Gespräch erscheinen. Gestritten wird meist über ethische und politische Fragen. Es ist keine Darbietung formaler Geistesgymnastik, sondern der Versuch, divergierende Meinungen, verschiedene Weltanschauungen nebeneinanderzustellen, stehen zu lassen, abzuwägen und Annäherungen an eine Wahrheit zu finden. Wie kein anderes Zeitalter zuvor ist die Renaissance mit den Problemen der Interpretation, der Perspektivik, des subjektiven Blicks und der Geschichte konfrontiert.[85] Jedes Individuum hat seine Welt und doch gibt es nur einen Gott.

Nicht nur untereinander in Gesprächen und Briefen tauschten die Gelehrten Meinungen aus, sondern sogar mit den antiken Autoren traten sie in fiktiven Briefwechsel. Petrarca schreibt Briefe an Sokrates, Caesar und Cicero und einen ›Brief an die Nachwelt‹.[86] Das gebildete Gespräch der Renaissance umfaßt Zeit und Raum (ein Raum, der – wie bei Boccaccio – oft ein epikureischer Garten ist[87]). Humanistisches Denken hat dialogischen

Charakter. Im dialogischen Prinzip findet sich das Spezifische des Kulturtyps dieser Schwellenzeit. Im Dialog manifestiert sich der Denkstil der Epoche, ebenso wie zugleich humanistische Lebensweise eine Stilisierung nach dem literarischen Modell des Dialogs ist.[88]

Die Frage nach der Haltung des Autors in Vallas ›De voluptate‹ ist darum wohl so schwer zu beantworten, weil es nicht nur ein Problem der Argumente ist, sondern der Kunst des Argumentierens. Wieviel antiker Epikureismus oder wieviel orthodoxes Christentum letztlich im einzelnen in eine Weltanschauung eingegangen ist, scheint weniger bedeutsam. Entscheidend und überzeugend ist nicht die Gläubigkeit des Schlußredners, sondern seine weise Haltung gegenüber den unterschiedlichen Positionen, seine wohlüberlegte Art, undogmatisch Verschiedenes zu einem neuen Ganzen zusammenzubinden. Er hört alle anderen Meinungen, wählt aus und entscheidet sich, eklektisch, erstaunlich flexibel in vielem, in anderen Fragen dagegen rigoros. Seine Rede ist gewandt, aber nicht witzig wie die des Epikureers, genau, aber nicht trocken wie die des Stoikers, sie ist souverän und menschlich, humanistisch. Wenn Valla Partei ergreift, so scheint es, dann nicht für den Stoiker, Epikureer oder Christen, sondern für den guten Redner.

So wie die Zentralperspektive als eine dominante Struktur den Kunstwerken der Renaissance zugrunde liegt, ja man beinahe sagen könnte, die Bilder wirkten geradezu als Ausgestaltung, als Illustration dieses Rasters, so ist auch das eigentliche „Thema" aller humanistischen Dialoge die Perspektive, die Interpretation selbst. Über Sieg und Niederlage in den Diskussionen entscheidet nicht nur das richtige, sondern auch das „schöne" Argument. Rationales und ästhetisches Vermögen sind auf eine Weise ineinander verschränkt, wie sie heute schwer nachvollziehbar ist.[89] Die andere Bewertung des Ästhetischen, des Sensitiven, damit auch des Körperlichen im Rahmen eines Ideals von ganzheitlicher und individueller Stilisierung von Lebensformen lassen Berührungspunkte mit dem Epikureismus erkennen. Die Affinität zwischen dem Humanismus der Renaissance und dem Denken Epikurs besteht in einer Aufwertung von Natur, menschlicher Natur, d.h. Körper und Vergnügen bereitender Empfindung, einer Ästhetik also, ohne daß dabei Abstriche bei der rationalen Selbsterkenntnis und Selbstkontrolle gemacht würden. Die Widersprüche zwischen Epikureismus, d.h. einem, der nicht eklektisch, sondern als System rezipiert würde, und der christlichen Theologie sind allerdings so bedeutend, daß es kaum verwunderlich ist, daß der Epikureismus trotz allem in der Renaissance eine Randerscheinung blieb.

Epikur und Epikureismus standen im allgemeinen für grob sinnliche Ausschweifungen, Gottlosigkeit und Libertinismus. In Ben Jonsons ›The Alchemist‹ drückt Sir Epicure Mammon wohl am besten aus, was man damals gängig für epikureische Lebensweise hielt: "For I do mean / To have a list of wives and concubines / Equal with Salomon ... / My meat shall all come in Indian shells ... / Of a fat pregnant sow, newly cut off / Dressed with an exquisite and pignant sauce ..."[90] Trotz der Übertreibungen, die Sir Epicure Mammon als Karikatur des Epikureers, als Narren lächerlich machen, spürt man in seinen Reden doch auch wieder die ungeheure Energie und Lebenslust, die die Menschen in der Renaissance zu ihren Entdeckungen und Erfindungen animierte. Wenn er davon spricht, wie er durch die Aufdeckung aller Geheimnisse der Natur, durch die Herstellung von Gold die Welt von Armut und Finsternis befreien wird, weiß man nicht mehr genau, was für ein Kopf sich unter der Narrenkappe versteckt. Wissenschaft, Alchemie und Magie waren ja auch für Männer wie Pico della Mirandola, Paracelsus, Bruno, Ficino, Cornelius Agrippa, die alle die Bücher des Hermes Trismegistus und die Kabbala gut kannten, viel weniger streng voneinander geschieden, als sie dies für modernes wissenschaftliches Denken sind.

Narren wie Epicurus Mammon sollen dem Leser zeigen, wieviel Wahres im Falschen steckt, wieviel Ernst im Gelächter und wieviel Lächerliches in allem Ernsthaften. Der Narr Epicurus Mammon ist kein Einzelgänger; überall in der Literatur der Renaissance sind die Narren unterwegs: Pantagruel und Panurg, Falstaff, Erasmus' Stultitia, Sancho Pansa, auch Sebastian Brants Narrenschiff, der Eulenspiegel und Peter Breughels Dulle Griet sind nur einige Beispiele.[91]

Hier ist es interessant, daß sie – oft mit derben Zoten, schmutzigen Witzen, obszönen Geschichten – die Körperlichkeit des Menschen einklagen. Häufig mischt sich hier die Tradition mittelalterlicher Volkskultur, zu der kollektives Körperverständnis gehörte und eine „schamlose" Selbstverständlichkeit, mit der alle körperlichen Bedürfnisse öffentlich befriedigt wurden, mit dem Bewußtsein einer zunehmend problematisch werdenden Beziehung zum Körper in der Renaissance. Körper ist nicht mehr „Volkskörper", nicht mehr selbstverständlich in kollektive und soziale Erfahrung eingebunden, sondern isoliert, individualisiert und stilisiert. Die Schamgrenzen sind angehoben, die Distanz vergrößert, und doch wird gegen die christliche Tradition einer körperfeindlichen Unterdrückung der Sinnlichkeit eine neue Körperlichkeit gefordert. Oft sind es die Narren, die diesen Forderungen Ausdruck verleihen. Sie kehren das Oberste zuunterst, die „niedrigen Bedürfnisse" werden aufgewertet, die höheren karikiert, maßlose Übertreibungen und groteske Verdrehungen machen den Leser und Hörer lachen (der moderne Leser kann schon nicht mehr bei allen Späßen mitlachen!) und verlachen selbst die Welt. Zoroaster, der große Magier und Weise, soll als einziger Mensch sofort nach der Geburt gelacht haben. Demokrit ist der lachende Philosoph der Griechen, und für Aristoteles ist das Lachen ein Charakteristikum des Menschen, nach Horaz gilt: *ridentem dicere verum*.[92] Bei Valla verlacht der Epikureer den Stoiker und bei Aesop und Montaigne lacht die thrakische Magd über den in den Brunnen stürzenden Philosophen Thales.[93] Lachen ist eine Form von Welt- und Selbsterkenntnis. Anders als rationales, diskursives, reflexives Weltwissen ist in der Erschütterung des Zwerchfells, im Gelächter, der Mensch nicht nur Kopf, sondern auch Körper.

„Der Torheit galt mein Lob, aber ganz töricht ist es nicht."[94] In einem Brief aus dem Jahr 1508 empfiehlt Erasmus von Rotterdam sei ›Lob der Torheit‹, weil er sicher ist, „daß jeder Leser, der nicht auf den Kopf gefallen ist, daraus erheblich mehr Gewinn zieht als aus den langweiligen feierlichen Betrachtungen gewisser Schriftsteller, von denen der eine in mühselig zusammengestoppelter Rede die Rhetorik oder die Philosophie preist, der andere einem Fürsten lobhudelt, der dritte den Türkenkrieg predigt . . ."[95] Erasmus will nichts ins Boshaft-Lächerliche ziehen, denn Selbstironie ist bei ihm immer mit dabei: „Und in wieviel Gestalten bin ich nicht selber mein Opfer?"[96] Gegen *vitiligatores* (Kritikaster) führt er antike Autoren wie Homer, Vergil, Ovid und vor allem Lukian an, die sich auch nicht um die Regeln einer knöchernen Pietät gekümmert hätten.[97]

Kein Wunder also, wenn die „Torheit" sich mit besonderem Vergnügen über die Stoiker lustig macht. „Den Göttern ebenbürtig sind, wie sie meinen, die Stoiker. Aber zeigt mir einen dreifach, vierfach, hundertfach gesiebten Stoiker – auch er muß hier kapitulieren. Seinen Bart, das Zeichen der Weisen – der Bock führt freilich dasselbe –, mag er vielleicht behalten; aber seine hochmütigen Brauen muß er senken, seine gerunzelte Stirn muß er glätten, seine stahlharten Grundsätze muß er fallen lassen und muß eine Weile ein Kindskopf und Narr sein – mit einem Worte: mich, ja mich muß der Weise um Beistand bitten, will er Vater werden."[98] Daß Leben entsteht, ist also der Torheit zu verdanken. Nicht der Kopf nämlich, „vielmehr ein dermaßen törichtes, dermaßen lächerliches Etwas am Menschen ist der Stammhalter des Geschlechts, daß man es, ohne zu lachen, gar nicht nennen kann; aber dieses Etwas ist der wahre heilige Quell, aus dem alle Wesen ihr Leben schöpfen."[99] Aber nicht nur die Entstehung des Lebens verdankt der Mensch der Torheit, sondern auch alles andere, was das Leben lebenswert macht: „. . . wäre das Leben nicht trübselig, langweilig, reizlos, sinnlos, unerträglich ohne die Lust, das heißt, ohne die Würze der Torheit?"[100]

Während die Philosophen und Theologen schon in der Jugend alt und zu runzeligen Greisen werden, bleiben die „lieben Toren dagegen . . . hübsch feist und rund und wohl gepflegt, wie die appetitlichsten Mastschweinchen . . ."[101] Die vergnügten Toren des Erasmus gehören also auch zur Spezies der *de Epicuri grege porci*!

Wird Epikur zwar im ›Lob der Torheit‹ nicht explizit erwähnt, so enthalten aber die ›Colloquia familiaria‹ einen Dialog mit dem Titel ›Epicureus‹.[102] Die ›Colloquia‹ wollen, wie es im Titel einiger Ausgaben heißt, dem Leser *ad vitam instituendam*[103] helfen. Ursprünglich als Vorlage für den Rhetorikunterricht gedacht, versucht Erasmus die Bemühung um korrekten sprachlichen Ausdruck mit einer am christlichen Ethos ausgerichteten Lebensgestaltung zu verbinden. Es ging ihm dabei immer auch darum, die Wurzeln christlicher Sittlichkeitsvorstellungen bereits in der Antike nachzuweisen und ihnen damit über die theologische hinaus eine humanistisch-anthropologische Grundlage zu verschaffen.

So erklärt Hedonius seinem Gesprächspartner, warum er glaube, daß „niemand mehr Epikureer (sei) als die Christen, die fromm leben“[104]. Epikureer aber sicherlich nicht im Sinne des Epikur! Die Christen streben zwar auch nach einer *mens secura*; diese Sicherheit, die Freiheit von Schmerz und Angst, erlangen sie aber nicht durch eine ganz von transzendenten Bezügen abgeschnittene, individuelle Selbstsorge, sondern gerade im Gegenteil dadurch, daß sie gegenüber dem allmächtigen Gott ein gutes und reines Gewissen haben, indem sie nach *seinen* Gesetzen und gerade nicht nach ihren leben.

Ähnlich wie bei Valla[105] sind vom antiken Epikureismus nur noch gewisse Züge des Eudaimonismus übriggeblieben. Die Erfüllung der göttlichen Gebote garantiert dem Menschen das auf Erden größtmögliche Glück. Dies ist Sinn und Zweck der göttlichen Gebote, nicht eine Mißachtung der Welt und des Menschen als Naturwesen, da beides ja göttliche Schöpfungen sind. “The Erasmien philosophy of Christ is a religion of joy, not of sorrow, and makes of pleasure a virtue, not a vice ... This Christ, the enemy of sadness, stands behind all stultitia’s arguments from pleasure, and, taken together, Hedonius and Stultitia personify Erasmus’ christian humanism.”[106] Die Aufwertung von Materie, Welt, Natur und Mensch bleibt hier immer im Rahmen des christlichen Glaubens. Nur aus der Retrospektive sind solche Überlegungen und Umwertungen der Humanisten zu erkennen als der Beginn der allgemeinen Säkularisierung des europäischen Bewußtseins. Die Humanisten selbst blieben Christen und fühlten sich als solche. Die Aufwertung der Natur *als* Schöpfung Gottes wurde erst in den darauffolgenden Jahrhunderten zu einer Emanzipation der Natur *von* Gott.

Die Synthese von Antike und Christentum ist das Strukturproblem der renaissancistischen Auffassung von Wahrheit[107]; einer Wahrheit, die nicht vorgefunden wird, sondern dem Menschen, dem *plastes et fictor sui ipsius*[108], als Aufgabe gegeben ist. Es handelt sich dabei immer um eine menschliche Wahrheit, die nur eine größtmögliche Annäherung an göttliche anstreben, sie aber nie erreichen kann. Eine der Personifikationen dieses Bewußtseins, d. h. der eigenen Begrenztheit, ist der lachende Narr. Da nun gerade die bewußte Beschränkung auf das Menschenmögliche die Voraussetzung dafür ist, das Beste daraus zu machen, ja das Selbstbewußtsein und den Stolz des Menschen ausmacht, ist der „wahrsprechende“[109], der „parrhesiastische“

Narr neben dem melancholisch-genialen Künstler sicherlich eine der wichtigsten und typischsten Figuren der Renaissance-Literatur.

Der vorher erwähnte Brief des Erasmus, in dem er das ›Lob der Torheit‹ verteidigt, ist an seinen Freund Thomas Morus gerichtet, dem er die Schrift widmet: „... denn ein Scherz wie dieser – er ist, will ich hoffen, weder vulgär noch überall witzlos – machte dir stets großen Spaß, und ohnehin schaust du das menschliche Treiben mit den Augen eines Demokrit an, nur daß du bei allem scharfen Verstand, der dich weit von den landläufigen Ansichten wegführt, zugleich der umgänglichste, gemütlichste Mensch bist, der doch wieder mit allen auf alles einzugehen vermag und liebt."[110] In Thomas Morus' ›Utopia‹ findet sich nun zwar kein demokriteisches Gelächter und auch kein „Schweinchen-Epikureismus" wie im ›Lob der Torheit‹, dafür aber einiges, das dem christlichen Epikureismus in Vallas ›De voluptate‹ und Erasmus' ›Epicureus‹ entspricht.[111]

Die Bewohner von Utopia machen sich die gleichen Gedanken über die Fragen der Moral wie die Menschen im Europa der Renaissance: Die „erste und wichtigste aller Streitfragen ist die, worin die menschliche Glückseligkeit bestehe"[112]. Die Utopier gehören zu der Partei, „die für das Vergnügen eintritt, aus dem sie das menschliche Glück überhaupt oder doch dessen wesentliche Bestandteile ableiten"[113]. Sie sind auch darin ganz epikureisch, daß sie Tugend nur als ein Mittel zum höchsten Gut und nicht bereits als die Erfüllung ansehen. Da die Natur für den Menschen ein angenehmes Leben vorgesehen hat, gilt ihnen naturgemäßes Leben, das die Glückseligkeit befördert, als tugendhaft. Jede richtige Handlung wird, zwar nicht immer sofort, aber letztlich dank der von Gott so eingerichteten Welt zum Nutzen, d.h. zur Glückseligkeit des Handelnden beitragen. Moralisches Handeln läßt sich vernünftig, d.h. mit den Argumenten des Utilitarismus begründen, und vernünftig ist auch der Glaube an Gott, der alles so geschaffen hat, daß es bewunderns- und preiswürdig ist. Auch die soziale Gemeinschaft wird aufgrund vertraglicher Abmachung im Hinblick auf größtmöglichen Nutzen bzw. Glückseligkeit aller konstituiert. Epikureisch oder hellenistisch ist auch der Gedanke der Bedürfnisreduktion, um sich von Begierden und falschen materiellen Ansprüchen möglichst frei machen zu können. Ähnlich wie bei Epikur werden körperliche und seelische Genüsse unterschieden, wobei allerdings die – zwar höher eingestuften – Genüsse des Geistes erstaunlich kurz abgehandelt werden, während an den Beispielen von Hunger, Durst, Sexualität etc. die epikureische Unterscheidung von „Lust in Bewegung" und „Lust in Ruhe" aufgezeigt wird. Wie Epikur gegenüber Aristipp die „reine" Lust verteidigt, also die, die nicht mehr durch Mangel getrübt, nicht eine Befriedigung von Bedürfnissen ist, sondern die absolute Freiheit von Bedürfnissen darstellt, so glauben auch die Utopier, daß die höchste Art von Vergnügen „auf einem ruhigen und gleichmäßigen Zustand des Körpers beruht, d. h. also auf der durch keinerlei Übelbefinden unterbrochenen Gesundheit des Menschen"[114].

Ästhetische Erfahrung gehört für die Utopier nicht zu den seelischen Vergnügungen, sondern zu den körperlichen; nicht nur daß Musik „unsere Sinne mit einer gewissen dunklen Gewalt, geheimnisvoll, aber in einer herrlichen Erregung zu kitzeln und zu erschüttern und an sich zu ziehen"[115] vermag und somit zu den sinnlichen Vergnügungen gehört, sondern auch die Erfahrung von Schönheit überhaupt leitet sich von der Wahrnehmung und Wertschätzung des menschlichen Körpers ab. Sie legen „großen Wert auf körperliche Schönheit, Kraft und Behendigkeit, die sie als eigentliche und willkommene Geschenke der Natur betrachten. Aber auch diejenigen Genüsse, die wir durch Auge, Ohr und Nase aufnehmen und die nach dem Willen der Natur dem Menschen in besonderer Weise eigentümlich sind (denn keine andere Gattung von beseelten Geschöpfen erblickt bewundernd den herrlichen Bau und die Schönheit der Welt, empfindet die Anmut wohliger Düfte – es sei denn, um die Nahrung daran zu erkennen – und unterscheidet die Tonabstände harmonierender und dissonierender Klänge), auch diese Freuden also suchen sie als eine Art angenehme Würze des Lebens zu genießen."[116]

Mit der Aufwertung der inneren Natur des Menschen, seiner Sinnlichkeit, und zugleich der äußeren Natur als Gottes Schöpfung – zusammen mit einem eudaimonistischen, hedonistisch gefärbten Moralkonzept – erhält ästhetische Erfahrung einen wichtigen Stellenwert im Rahmen menschlicher Welt- und Selbsterfahrung. Was bereits anhand anderer Beispiele angedeutet wurde, wird hier noch einmal deutlich: Obwohl der antike Epikureismus selbst keine Ästhetik formulierte, wird an vielen Stellen eine Affinität zwischen epikureischem Denken und der Aufwertung ästhetischer Erfahrung und ästhetischen Genusses als eine Form genuin menschlicher Welt- und Selbsterkenntnis sichtbar.

Während in Morus' ›Utopia‹ Glücksstreben und Sinnlichkeit des Menschen im strengen Ton philosophischen Diskurses abgehandelt werden, sind es bei Rabelais wieder die Narren, die Lust, aber auch Erkenntnis, Körperlichkeit, und schließlich auch Wahrheit einklagen und aufdecken. In Rabelais' groteskem Roman ›Gargantua und Pantagruel‹[117] findet man die größten Narren, das lauteste Gelächter, den gröbsten, aber auch sehr feinen Epikureismus. Mit überbordendem Sprachreichtum wird dort die Chronik der beiden Riesen Gargantua und Pantagruel erzählt, die, mit unglaublichen Kräften ausgestattet, ungeheure Mengen an Essen vertilgen, grausame Schlachten schlagen, die unflätigsten Flüche ausstoßen und sich an allen denkbaren Obszönitäten vergnügen: eine Geschichte voll ungebändigter Lebenslust und donnerndem Gelächter: «Mieux est de ris que de larmes escripie / Pour ce que rire est le propre de l'homme.»[118] Mit diesem Ratschlag an den Leser beginnt das Buch und tatsächlich durchzieht den ganzen Roman der basso continuo eines dröhnenden Gelächters.

M. Bachtin[119] hat am Beispiel dieses Romans gezeigt, daß das materiell-leibliche Lebensprinzip eines Rabelais auf die Tradition mittelalterlicher Lachkultur zurückzuführen ist. Körperlichkeit wird dabei nicht individuell, sondern kollektiv erlebt. Es herrscht der Geist des großen, gemeinsamen Essens, die Idee des kollektiven Schlaraffenlands.

Erst in der Renaissance beginnt dann „das Drama der Herauslösung des Körpers aus der Einheit der fruchtbaren Erde und des kollektiven, wachsenden und sich immerfort erneuernden Volkskörpers“[120]. Was nun nicht mehr unmittelbar als Einheit empfunden werden kann, soll auf andere Weise reflektiv, dialogisch, ironisch, spielerisch zusammengebracht und aufgehoben werden. So entsteht in der Renaissance ein Realismus, der in seiner Komplexität immer noch kaum geklärt ist. Seine Konzeption von Welt hat zwei verschiedene Wurzeln: einmal eben die mittelalterliche, vom Kollektiv geprägte Volkskultur und auf der anderen Seite den neuzeitlichen Entwurf einer abgeschlossenen und atomisierten Existenz des Individuums, dessen philosophische Vorlagen aus der Antike stammen.

Geht die Praxis des allgemeinen Gelächters auf das Mittelalter zurück, so stammen die theoretischen Äußerungen zum Phänomen Lachen in der Renaissance aus antiken Quellen. Gleich in seiner Anrede an den Leser zitiert Rabelais Aristoteles.[121] In weiteren Vorreden, vor allem der zum 4. Buch, beruft der Arzt Rabelais sich auf Hippokrates,[122] der das Lachen als Heilmittel verwandte. Die vielzitierte Stelle über das Lachen als anthropologische Grundbestimmung des Menschen findet sich bei Aristoteles in der Schrift ›Über die Teile der Thiere‹[123] am Ende einer Reihe von Kapiteln über Bedeutung und Funktion der Innereien. Das Zwerchfell, das physiologisch für das Lachen verantwortlich ist, befindet sich als Trennwand zwischen den unteren, „schlechten“ Eingeweiden wie Niere, Leber, Darm und den oberen, „guten“, der Lunge und dem Herzen. Es soll unsaubere Dämpfe abdämmen und das Denken reinhalten; so ist es zwar selbst nicht Ort des Denkens, hat aber Einfluß darauf: „... daher nennt man es auch *phrenes*, als wenn es des Denkens teilhaftig wäre. Es hat aber gar keinen Teil daran, weil es aber den Teilen nahe ist, die dessen teilhaftig sind, so bewirkt es offenbar die Veränderung des Denkens.“[124] Lachen ist unmittelbar und zwar ganz leiblich mit Denken, mit Erkenntnis verbunden.

„Lachen ist gesund“: Im Vorwort zum 4. Buch vergleicht Rabelais seine Kunst, d. h. die Dichtkunst, mit der Medizin. Der alte Topos, der eine Analogie zwischen Philosophie und Medizin herstellt, wird hier etwas abgewandelt. Der Arzt muß nicht nur sein medizinisches Wissen, sondern auch sein persönliches Auftreten – ja regelrecht Schauspielerei – einsetzen, um den Kranken in heitere Stimmung zu bringen; dies nämlich ist notwendig, damit die medizinische Pflege überhaupt wirken kann. Der Patient muß wieder lachen können, um gesund zu werden. Ohne Gelächter und Fröhlichkeit – meistens recht weinselige – bleibt Wissen trocken und unfruchtbar. So ist für Rabelais das Vergnügen des Lesers auch nicht nur eine angenehme Beigabe – wie Lukrez' Honig um den Rand des Arzneibechers –, sondern eine notwendige Bedingung dafür, daß die Botschaft des Werkes überhaupt verstanden werden kann. Nur wer mit ihm lacht und trinkt, ißt und vögelt, ist einer, der die nützlichen Ratschläge, die Schule des Pantagruelismus, überhaupt goutieren kann. Über alle anderen Gelehrten und Theologen, Mönche und Stubenhocker schüttet er ungeheuerliche Flüche aus und will sie keinesfalls am gemeinsamen Trink- und Lesefest teilnehmen lassen.

Lachen, Vergnügen, heitere Lebensführung und Genuß sind mit einem spezifischen Weltwissen verbunden, das die Gesamtheit menschlicher Befindlichkeit als Körper und Geist umfaßt und nicht einseitig auf einer Überbetonung gelehrter, diskursiver Rationalität basiert. Und doch ist der Roman nichts weniger als unphilosophisch; er erzählt die Geschichte einer Wahrheitssuche. Panurg, der Freund und Diener Pantagruels sucht nicht eine Frau, sondern eine Antwort. Panurg hat wie alle Narren Vermögen und Ehre verscherzt und fragt sich nun, ob der Rückzug ins Privatleben nicht die beste Lösung wäre, kann sich aber zum Schritt in die Ehe nicht recht entscheiden. Er weiß nicht, was er will.

Am Ende des 1. Buches[125] wird dem Leser die utopische Gesellschaft der Abtei Thélème vorgeführt. «Thélème» heißt „Wille" und die einzige Regel im Kloster lautet «Fay ce que tu vouldras» – „tu', was du willst".[126] Damit ist das Gegenprogramm zum Gehorsamsgelübde christlicher Mönche entworfen. Die Abteil Thélème ist in allen Lebensmaximen als Antikloster konzipiert, in dem eine Elite freier und edler Menschen, nur ihrem eigenen Willen folgend, ein freies und genußreiches Leben führt. Ähnlich wie bei Thomas Morus findet sich auch bei den Utopiern der Abtei Thélème kein Widerspruch zwischen Eigennutz und Gemeinwohl. Nicht so eindeutig utilitaristisch argumentierend wie Thomas Morus, greift Rabelais auf das Ideal des mittelalterlichen „edlen" Adeligen zurück, der gute Herkunft, gute Erziehung und gute Anlagen auf eine solche Weise repräsentiert, daß die Verwirklichung je individuellen Glücks unmöglich anderen Schaden zufügen kann, ja höchstens zu deren Glück beiträgt.

Gargantuas Welt von Freiheit und humanistischem Optimismus wird zu Beginn des 3. Buches abgelöst von einer Welt voll philosophischen Zweifels und Furcht. Die großen politischen und religiösen Auseinandersetzungen in den Jahren 1533–1545, vor allem die endgültige Spaltung zwischen Katholizismus, Lutheranern und Calvinismus, lassen das Kloster des freien Willens als weltfremd erscheinen. Nicht erst die Umsetzung des freien Willens in die Tat, sondern bereits die Frage „Was will ich?" bereitet Probleme. Der Narr

Panurg wird stellvertretend für alle Wahrheitssucher auf die Reise geschickt, um eine Antwort zu finden; und er muß nun „er-fahren", daß er eine Antwort auf diese Frage nur in sich selbst finden kann. Keiner der vielen Gelehrten, Weisen, Ratgeber, Ärzte und Theologen kann ihm wirklich weiterhelfen. Am Ende seiner „Odyssee" gelangt er zum Tempel der Priesterin Bacbuc.[127] Lautete der Spruch in Delphi: *Gnothi seauton!* – „Erkenne dich selbst!", so findet sich hier an der Tempelwand die Weisheit: *En oino aletheia*[128]; und weil im Wein die Wahrheit ist, lautet der Orakelspruch für Panurg auch einfach: „Trinch!"[129] Keine verschlüsselte Botschaft, keine verklausulierten Ratschläge, sondern ganz einfach Wein verhelfen Panurg zur Erkenntnis. So bricht aus *ihm* selbst plötzlich ein wahrer *furor poeticus*, seine Gefühle haben Worte gefunden und das Problem ist gelöst: Er wird sich eine Frau suchen und mit ihr höchst vergnügt leben. Auch seine Freunde sind plötzlich von Dichterwut erfaßt und begeistern sich an ihrer plötzlichen Gabe, bis sie „Reimatismus"[130] in der Kehle haben.

Dichtung hat mit Wahrheit zu tun, Wahrheit mit Wein, Wein mit Körper, Dichtung mit Körper. Wer nicht trinkt, kann nicht dichten, wer nicht trinkt, kann nicht lesen und nicht lachen und nicht lernen. Für den Menschen gibt es nur Wahrheit, wenn er sich seine Körperlichkeit, d.h. seiner *condicio humana* bewußt ist.

Wie immer bei Rabelais, darf darüber natürlich gelacht werden, ja muß sogar gelacht werden über die sämtlich in dichterischen Taumel geratenden Protagonisten des Romans. Aber Gelächter – das sollte der Leser als „Pantagruelismus-Novize" spätestens am Ende des Romans gemerkt haben – tut der Wahrheit keinen Abbruch. «Allez, amyz, en gayetté d'esprit ...» – „Geht, Freunde, in der Heiterkeit des Geistes ..."[131]

«C'est une absolue perfection, et comme divine, des sçavoyr jouyr loiallement de son estre.»[132] Die Erfahrung des Körpers, die Montaigne gerade nicht in Vergnügen und ausgelassener Lust, sondern im Schmerz macht, führt ihn durch eine Phase allgemeiner Skepsis zu einer Haltung nachsichtiger Weisheit. Auch das durch die Krankheit empfundene Bewußtsein des Körpers und nicht nur die Lust stelle den Menschen unter die Kategorie Natur. Die ›Essais‹ kreisen in ständiger Bewegung um diese Erfahrung; tastend und experimentierend versucht Montaigne, sich zu beschreiben, und der Leser erfährt dabei, daß das ‚Ich' Montaignes in diesem Prozeß der Beschreibung enthalten ist und erst mit ihm entsteht.[133] Die ›Essais‹ sind nicht die Chronik eines gelebten Lebens, Autobiographie im Sinne eines Berichts, sondern sie sind bzw. erzählen – wie bei Rabelais – eine Reise, eine Odyssee, aber eine durch das Innere eines Menschen. Dabei muß Montaigne erkennen: «... il n'y a rien juste de soy ...»[134] Erkennen und Werten sind in gleichem Maße perspektivisch; Wahrheit ist abhängig von Raum, d.h. dem Standpunkt des Betrachters, und Zeit, d.h. den historischen und sozialen

Bedingungen. Dies hatte auch Rabelais nie bezweifelt. Wenn die Erkenntnis so sehr wie bei ihm an die sinnliche, individuelle Erfahrung gebunden ist, kann sie nur perspektivisch gedacht werden: «... c'est pourquoy les antiens ont appelé Saturne, le Temps, père de Vérité, et Vérité fille eut Temps.»[135] Für Rabelais bestand jedoch die Hoffnung, daß mit fortschreitender Geschichte der Mensch auch mehr Wissen erlangen könnte. Montaigne kennt eine solche optimistische Teleologie nicht.

«Notre vie n'est que mouvement»[136]: Sicherheit und Orientierung auf dieser Reise werden dem Menschen nicht durch metaphysische Gewißheiten oder unverbrüchliche Wahrheiten zuteil, sondern: «C'est à la coustume de donner forme à nostre vie.»[137] Durch Beispiel, Nachahmung und Selbstbeobachtung verschmilzt der Mensch mit seiner Rolle.[138] Die beispielhaften Lebensläufe großer Vorbilder sollen dazu dienen, sie sich praktisch anzuverwandeln. Eine so bescheiden gewordene „pädagogische" Philosophie der Exempla orientiert sich nicht an normativistischen Argumenten, sondern setzt dagegen das Primat der Anthropologie, den Menschen in seiner differenzierten Wirklichkeit, wo keine Trennung von Körper und Seele möglich ist.[139]

Im eigenen Inneren entdeckt – oder, besser gesagt, macht jeder einzelne seine individuelle Form.[140] Nicht die Zugehörigkeit zu einem Ganzen als Teil macht die Humanitas des Menschen aus, sondern die Erkenntnis, daß jeder Mensch das Ganze, die Menschheit in sich trägt: «Chaque homme porte la forme entiere de l'humaine condition.»[141] Wieder ist hier die für die Renaissance so typische doppelte Erfahrung von Verlust (der kosmischen Position des Menschen) und Gewinn (an individueller, konkreter, sinnlicher Menschlichkeit) zu sehen.

War für Panurg die Antwort auf seine Frage mit Hilfe von Wein, im Rausch aus ihm herausgespült worden, so ist es bei Montaigne die Erfahrung von Schmerz, Krankheit und die Reflexion auf den Tod, ist es ein asketisches Programm, das ihn an seine Sinnlichkeit gemahnt und ihn letztendlich auch zu der von Rabelais empfohlenen gelassenen Heiterkeit gelangen läßt. Die mittelalterlichen, grotesken Züge des Rabelaisschen Romans sind einer eher „antiken" Ironie gewichen. „Die gelassene Vergegenwärtigung ist ein Akt der Befreiung von falschen Hoffnungen, Befürchtungen und Zwängen, die durch ihre reflexive Brechung auf ihr Maß zurückgeführt werden."[142] Montaigne geht dabei nicht mit stoischer Angestrengtheit vor, sondern überläßt sich einem lukrezisch-epikureischen Vertrauen in die «nature bien née»[143].

Epikur selbst wird in den ›Essais‹ an 43 Stellen genannt. Seine Moralphilosophie, Lebensführung, Weisheitslehren und seine Rhetorik hat Montaigne geschätzt; die Naturphilosophie, insbesondere die Atomtheorie dagegen war ihm fremd.[144] Insgesamt nur sechsmal explizit erwähnt wird Lukrez, dafür sind die Zitate aus ›De rerum natura‹ aber außerordentlich zahlreich – fast 150![145] Zwei Lukrezzitate befinden sich außerdem unter den Sprüchen, die sich Montaigne an die Wände seines Arbeitszimmers geschrieben hatte.[146] Wahrscheinlich würden sich bei einer exakten Überprüfung auch noch weit mehr Zitate aus Epikur finden lassen, die ohne Namenserwähnung sind oder aus den Exzerpten der Texte Senecas und Ciceros stammen. Insgesamt ist eine Vorliebe für den Epikureismus deutlich. So stellte auch H. Friedrich fest, daß „die hedonistischen Neigungen Montaignes, vor allem im 3. Buch, so unverkennbar (sind), daß es schon im 17. Jahrhundert selbstverständlich war, Montaigne einen Epikureer zu nennen“[147]. Friedrich geht sogar so weit, bei Montaigne von einem „Höhepunkt des Renaissanceepikureismus“[148] zu sprechen. Er vermutet, daß Montaigne weit mehr, als er vorgibt, den antiken Quellen des Epikureismus verdankt.

«En la vertu mesme, le dernier but de nostre visée, c'est la volupté.»[149] «Volupté» als Ziel eines gelungenen Lebens ist für Montaigne genausowenig Resultat eines spontanen und ungeregelten Genußlebens wie für Epikur. «Suyvant Epicurus» scheint es für Montaigne richtig zu sein, Genüsse zu vermeiden, «si elle tirent à leur suite des douleurs plus grandes, et les douleurs à rechercher, qui tirent à leur suite des voluptéz plus grandes»[150].

Übung, d. h. „Askesis“ im ursprünglichen Sinn kann den Einzelnen dazu bringen, sich die «coustumes» zuzulegen, die seinem Wesen entsprechen und ihm ein möglichst ruhiges und schmerzfreies Leben gewährleisten. Die eigentlich entscheidenden Herausforderungen für den Menschen sind aber nicht Schmerzen, Sorge und Leid, sondern es ist der Tod. Den Tod kann man nicht in dieses Programm aufnehmen, er läßt sich nicht „üben“. Der Tod ist unausweichlich.[151] Für die meisten Menschen gibt es nur eine Möglichkeit, sich der ständigen, das Leben hemmenden und verdüsternden Todesangst (vermeintlich) zu entziehen: «C'est de n'y penser pas.»[152] Genau das Gegenteil aber wäre richtig; man muß den Tod bewußt ins Leben einbauen: «Ostons luy l'estrangeté, pratiquons le, accoustumons le ...»[153] Es geht um eine «preméditation», die dem Menschen die Freiheit wiedergibt. «Il n'y a rien de mal en la vie pour celuy qui a bien comprins que la privation de la vie n'est pas mal.»[154] Dem Tod soll sein Stachel nicht mit der Hoffnung auf Leben nach dem Tode genommen werden. Es gibt weder Belohnung noch Bestrafung. Nach dem Tod gibt es nichts, weil der Tod nur im Leben selbst enthalten sein kann: «Le continuel ouvrage de vostre vie c'est bastir la mort.»[155] So würde es Epikur nicht gesagt haben, behauptete er doch, der Tod gehe den Menschen nichts an, da er nicht empfunden werden könne. Trotzdem ist Montaigne auch hier nicht weit von Epikur entfernt.[156] Feinfühliger und realistischer als jener erkennt er, daß sich mit einem so simplen Argument Todesangst nicht einfach ausreden läßt. Es gilt ja nicht, den *Tod* aus dem Leben zu verbannen, sondern die *Todesangst*, wodurch allein der

Tod ständig präsent ist. Angst läßt sich aber – das hätte gerade Epikur sehen müssen – am allerwenigsten von allen Gefühlen leugnen oder mißachten; nur unterdrücken kann der Mensch sie mit allen den Konsequenzen, wie sie später wohl erst Freud aufzudecken wußte. Montaigne erkennt, daß man mit Todesangst genauso angemessen umgehen muß wie mit den anderen Gefühlen, d.h. nicht den Tod, sondern die einzige Form, in der er den Menschen affiziert, die Todesangst nämlich muß man „üben". Nicht die totale Trennung von Leben und Tod, sondern gerade im Gegenteil die Erkenntnis, daß der Tod «se mesle et confond par tout à nostre vie»[157], macht es dem Menschen möglich, mit dem Tod umzugehen. Leben ist kein Schicksal und der Tod kein Verhängnis: «Or je veus estre maistre de moy, à tout sens»[158] – und das schließt den Tod mit ein. Im Grunde handelt es sich um eine Radikalisierung des epikureischen Programms: Um der «volupté» willen muß *vor* allen anderen Störungen – und als deren Ursache – die Todesangst aufgehoben werden. Diese reflexive Vorwegnahme auf der Basis einer radikalen Innerweltlichkeit, geübt als alltägliche Demaskierung der Todesfurcht in ihren verschiedenen Verkleidungen, ist nichts anderes als die Ausweitung derjenigen Lebensregeln, die Epikur für das Regime von Lust und Schmerz gibt, auf den Schlußstein der Theorie: die Todesangst.

So wie es Montaigne gelingt, die epikureische Lehre in der Frage des Todes mit ihren eigenen Mitteln über sich selbst hinauszutreiben, erweitert er auch den erkenntnistheoretischen Sensualismus Epikurs auf Fragen der Ästhetik bzw. der Poetik. «Les Epicuriens logent aux sens tout jugement et en la notice des choses et en la volupté ... or toute cognoissance s'achemine en nous par les sens: ce sont nos maistres ...»[159] So muß auch die Beschreibung seiner Person, seine Konfessionen, wenn sie zur «cognoissance» der Welt und des Menschen allgemein beitragen sollen – und diesen Anspruch hat Montaigne[160] – die Sinne ansprechen, d.h. weniger eine philosophische als eine poetische Sprache sprechen. Die Poesie, die wie eine «peinture»[161] gehandhabt werden soll, ist die sinnliche Darstellung der Bewegung des Denkens und ihrer leiblichen Verwurzelung. Es ist dies keine Sprache, die diskursive Kontinuität herstellt, sondern sie besteht aus „diskontinuierlicher Verdichtung des Bildes, das zugleich Wortspiel ist und das als dieses nur aus einem glücklichen Zufall der Sprache hervorgeht. Sprachspiel und Sinnspiel, Einsicht und ästheticher Genuß verbinden sich zu einem unauflöslichen Zusammenhang."[162]

Ebenso wie die Konstitution des Ich nur in der ständigen Bewegung (des Schreibens) möglich ist, ist die poetische «peinture» nichts anderes als selbst wieder objektstiftende Bewegung: «Je ne puis asseurer mon objet ... Je en peints pas l'estre. Je peints le passage ...»[163]

In dieser Bewegtheit, Unbegrifflichkeit, Unbegreiflichkeit und Unschärfe liegt das Geheimnis, wie poetische Sprache auf die Sinne, auf Imagination wirkt. Wie die Sinne durch die Dichtung angesprochen werden, erläutert Montaigne am Beispiel der Liebesdichtung von Vergil und Lukrez. Deren Schilderungen der Liebe schätzt er sogar noch höher als die Realität selbst; und zwar weil sie *weniger* sind, mehr verhüllen als zeigen, mehr verschweigen als aussprechen.[164] Nicht der Versuch, etwas auf den Begriff zu bringen, ist erstrebenswert, denn «le nom, ce n'est pas une partie de la chose ny de la substance, c'est une piece estrangere joincte à la chose, et hors d'elle.»[165] Die poetische Sprache ist spielerisch bewegtes Experiment und *Annäherung* an die Dinge. „Die Ellipse *zeigt* besser, was sie verschweigt ..."[166] Und so wie ein „Ich" erst mit seinen Rollen, seinen «coustumes» entsteht, d.h. die Form das Eigentliche schafft bzw. sie untrennbar miteinander verschmelzen, so ist es auch die tastende Eingrenzung poetischer Worte, die in ihrer Ungenauigkeit das Objekt am deutlichsten zeigt, ja erst eigentlich erzeugt; und gleichzeitig bekommen die Worte erst durch den Sinn des Ganzen ihre Bedeutung.[167] Diese Worte, die mehr bedeuten, als sie sagen, muß man „spüren", sich „auf der Zunge zergehen lassen".[168] Nicht nur, daß die Sinne unser Zugang zur Welt und Basis aller Erkenntnis sind, sie eröffnen auch im ästhetischen Genuß von Kunst neue Wege, die über die Wahrnehmung der Realität hinausgehen. Im sinnlichen Genuß ästhetischer Erfahrung übersteigt der Mensch mit Hilfe der Imagination die Realität.

Vom Menschen als Naturwesen, als körperlich determiniertem, empfindendem Wesen sind wir wieder zum Menschen gelangt, der als einziges Wesen *schön* empfinden kann. Moral und Ästhetik sind auch bei Montaigne im Bild einer ständigen „poetischen" Denk- und Lebensbewegung um das Eigentliche, das Ich, den Körper, den Menschen in einen für epikureische Denker charakteristischen engen Zusammenhang gestellt.

Lorenzo Valla, Erasmus von Rotterdam, Thomas Morus, Rabelais und Montaigne sind nur einige Beispiele, die die Wiederbelebung epikureischen Gedankenguts während der Renaissance illustrieren sollen. Viele andere könnten noch angeführt werden.

Für die Wirkungsgeschichte des Epikureismus in den darauffolgenden Jahrhunderten ist die Zeit der Renaissance von zentraler Bedeutung. Weniger eine etablierte philosophische Diskussion über die epikureische Lehre gilt es dabei zu erhellen, sondern vielmehr die zahlreichen Filiationen, mit denen ein „aktualisierter" Epikureismus zum Selbstverständnis der europäischen Neuzeit beigetragen hat. Es sind also eher die häufig undeutlichen Spuren epikureicher Motive, aus denen sich auch später – und vermittelt durch die Renaissance – die ständig neu erprobten Applikationen epikureischen Denkens ergeben. Zudem sorgten erneut die kaum merklichen, dabei jedoch charakteristischen Übergänge zur Literatur bzw. zu philosophisch-literarischen Grenzgebieten für ein weitverzweigtes epikureisches Diskursgeflecht, dessen Freilegung hier nur an einigen paradigmatischen Punkten geleistet werden kann. Zumindest die vielfältige und unterschiedliche Aufarbeitung der epikureischen Tradition enthüllt schon in der Renaissance jenes Modell produktiver Epikurrezeption, dem die „Epikureer" in Form und Inhalt bis ins 20. Jahrhundert hinein verpflichtet blieben.

Insbesondere die genuin philosophische Tradition des Epikureismus in der Renaissance ist in den letzten Jahren zunehmend auf wissenschaftliches Interesse gestoßen.[169] Hier soll darum nur ein kursorischer Überblick gegeben werden, mit welchen Namen, Texten und Thesen sich Epikureisches dabei verbindet. Eine detaillierte Erörterung der philosophischen Position des Epikureismus in der Renaissance soll hier allerdings nicht versucht werden. Im Hinblick auf die weitere Entwicklung im 17. und 18. Jahrhundert sollte der Blick vor allem auf die Spuren des Epikureismus in der Literatur bzw. in philosophisch-literarischen Grenzgebieten gerichtet werden und rein philosophische bzw. philosophisch-theologische Texte nur am Rand berühren.

## 4. Epikureische Spurensuche: Zur Konstitution des neuzeitlichen epikureischen Diskurses

Die prononcierteste Verteidigung des Epikureismus im frühen 15. Jahrhundert – neben Vallas ›De voluptate‹ – stammt von Cosma Raimondi. In einem wohl 1429 verfaßten Brief an seinen Freund Ambrogio Tignosi[170] plädiert er für eine genaue und vorurteilslose Revision des antiken Epikureismus und vergleicht die Argumente Epikurs mit denen der Stoiker, Akademiker und Peripatetiker. Er lobt Epikur insbesondere für die Einsicht, ... *ab ipsaque natura formatos ut nihil tam essert nobis consentaneum quam ut omnia corporis nostri membra sana atque integra haberemus eoque in statu servarentur, nec uklis afficeremur aut animi aut corporis incommodis, summum in voluptate bonum constituit.*[171] Epikur hält er darum für den *spientissimum (sic!) hominem*[172] und hofft auch seinen Freund überzeugt zu haben.[173] Dieser „degno discepolo di Epicuro"[174] wagt es, die epikureische Philosophie konsequent zu betreiben und einen wirklich hedonistischen Standpunkt einzunehmen.[175]

Der Name Poggio Bracciolinis wird im allgemeinen eng mit dem widerauflebenden Epikureismus verbunden. Aber obwohl er durch die Wiederentdeckung von Lukrez' ›De rerum natura‹ viel zur Renaissance des Epikureismus beitrug, waren seine eigenen Schriften meistenteils explizit antiepikureisch. Dies wird am deutlichsten in der Kontroverse, die er mit Lorenzo Valla führt. Nur die Rezeption Senecas durch Petrarca läßt bei ihm gewisse

Sympathien für einen „stoischen", d.h. auf Bedürfnisminimierung und Glücksmaximierung zielenden Epikureismus entstehen.[176]

Wesentlich differenzierter und kenntnisreicher sind die Äußerungen Francesco Filelfos über die epikureische Philosophie.[177] Er kritisiert die allgemeine, ablehnende Haltung gegenüber dem Epikureismus, die nur die Tradition des platten, vulgären Hedonismus kennt, während Epikur selbst in Wahrheit ein frugales und asketisches Leben geführt habe. Man spürt hier bereits deutlich den Einfluß, den die Verbreitung der lateinischen Übersetzung des Diogenes Laertius gehabt hatte. In einem an Andrea Alemanni gerichteten Brief aus dem Jahr 1450 nimmt Filelfo eine klare Position gegenüber den antiken Philosophen ein: Während er die Aristippsche Variante des Hedonismus ablehnt, rückt er den Epikureismus, ähnlich wie Valla und Erasmus, in den Kontext christlicher Glücksvorstellungen. Mehr noch als Valla, der Epikur – wenig bekümmert um historische Authentizität – verwendet, kommt Filelfo das Verdienst zu, „di aver distinto la genuina filosofia di Epicuro dalla confusione che se ne faceva ..."[178]

Cristoforo Landino scheint die unterschiedliche Bewertung von Leben und Werk Epikurs eher zu verwirren. In einem Brief von 1460[179] gesteht er, einfach nicht zu wissen, was von diesem Philosophen zu halten sei. In den ›Disputationes Camaldulenses‹ allerdings setzt sich einer der Gesprächspartner doch sehr für Epikur ein, indem er betont, es sei besser, ein gutes Leben wirklich zu führen, als es nur zu predigen.[180]

Erstaunlicherweise lassen sich auch beim Haupt der Florentiner neoplatonsichen Schule, bei Marsilio Ficino, epikureische Tendenzen finden. In seiner Jugend hatte er einen Kommentar zu Lukrez' ›De rerum natura‹[181] verfaßt, und auch wenn er sich später von den dort vertretenen Positionen distanziert, finden sich z.B. in seinem Kommentar zu Platons ›Symposion‹[182] angemessene Darstellungen des Epikureismus. So stellt P.O. Kristeller fest: "Apart from his Platonist tendencies which appear at an early date, we may note also Stoic and especially Epicurean influences. Ficino's preference for Epicurus and Lucretius, which is ignored by many historians, begins at an early date, and remains alive also in Ficino's later thought. The command to be happy in the present was written on the walls of his study in Careggi and was repeated in his letters."[183]

Bei allen angeführten Beispielen handelt es sich um humanistische Versuche, der antiken Philosophie des Epikureismus im Rahmen christlich-theologischen Denkens so weit wie möglich gerecht zu werden. Die Betonung der beispielhaften Lebensweise Epikurs erlaubt es, ihn im Rahmen pädagogischer Anweisungen als *exemplum* guter Lebensführung zu zitieren. Gleichzeitig ermöglicht die Hervorhebung hedonistischer Momente innerhalb des Christentums eine gewisse Annäherung zwischen Epikureismus und Renaissancephilosophie. Trotz allem sollte man im Auge behalten, daß es sich in der Renaissance um einen „christlichen“ Epikureismus handelt: “Epicurean ethics never managed to break free from the christian interpretations imposed on it by its opponents and proponents alike. It was not until the mid seventeenth century with Pierre Gassendi’s work on the life and philosophy of Epicurus that scholars began to take a more secularised and dispassionate view of Epicureanism, judging it on its own merits rather than with reference to Christianity.“[184]

Eine der sehr wenigen interessanten Ausnahmen davon ist der erstaunlich selten erwähnte Filippo Buonaccorsi gennant Callimaco Esperiente.[185] In San Gimignano 1437 geboren, mußte er in den sechziger Jahren nach Polen fliehen, da er an einer Verschwörung gegen Paul II. maßgeblich beteiligt war. Er starb in Krakau 1496. In seiner Biographie des polnischen Bischofs Gregor di Saniok[186] findet sich eine der radikalsten Apologien des Epikureismus in dieser Zeit. Callimaco war ein überzeugter Anhänger des Utilitarismus, der Vertragstheorie und des Rechtspositivismus. Radikaler als die meisten anderen Denker seiner Epoche, hielt er auch Religion vornehmlich für ein historisch-politisches Phänomen und vertrat demnach einen entsprechend pragmatischen Umgang mit dem Bekenntnis zu einer bestimmten Religion.[187] Am deutlichsten wird sein „effettivo ed esplicito interesse per le dottrine epicuree“[188] aber in der Einschätzung der menschlichen Natur bzw. allgemein in der Frage der Körperlichkeit. In verschiedenen Schriften klagt Callimaco die Rechte des Körpers gegenüber dem Geist und der Seele ein.[189] Die epikureische *cura corporis* scheint ihm vor allen anderen Philosophien am ehesten zu entsprechen.[190] Callimaco beruft sich für seine Aufwertung des Körpers gegenüber der Seele auf Epikur. Anders als bei diesem ist Callimacos Konzept allerdings streng dualistisch. So antitheologisch, materialistisch und modern vieles bei Callimaco klingt, bleibt er doch auch im traditionellen Leib-Seele-Denken verhaftet, das erst der gegen Descartes gerichtete materialistische Monismus des 17. und 18. Jahrhunderts überwinden wird.

Diese knappen Hinweise sollten genügen, um zu zeigen, daß der Renaissance-Epikureismus viele verschiedene Gesichter hat; nicht nur in philosophische, literarische und vulgäre Tendenzen ließe er sich unterscheiden, auch die philosophische Rezeption selbst zeigt, wie bereits E. Garin[191] bemerkte, unterschiedliche Richtungen.

Lukrez- und Epikurrezeption lassen sich in bestimmter Weise unterscheiden. Davon war bereits die Rede. Trotzdem soll die Wiederentdeckung von ›De rerum natura‹ und dessen Wirkung vor allem auf die Dichtung nicht ganz übergangen werden. In einigen zwar älteren, aber doch z. T. sehr ausführlichen Arbeiten werden die verschiedenen Ausgaben und Kommentare, ihre Verbreitung und Wirkung im 15. und 16. Jahrhundert eingehend besprochen.[192] Tenor aller Kommentare, einschließlich der wichtigsten und bis ins

19. Jahrhundert maßgeblichen Arbeit von Denis Lambin (1653), ist die Verurteilung der epikureischen Philosophie, d.h. also des „Inhalts" von ›De rerum natura‹; gerechtfertigt wird die Herausgabe und Lektüre des Gedichts nur mit der beispielhaft gelungenen poetischen Form. Pontano, Poliziano und Marullus z. B. loben den stilistischen Wert von ›De rerum natura‹. Gerade auch die Qualität als Lehrgedicht und das Naturverständnis wurden positiv bewertet. Im 16. Jahrhundert ist diese Einschätzung bereits zu einem Topos der Lukrezrezeption geworden.[193]

Der philosophische Materialismus des Lukrez dagegen wird von seinem italienischen Herausgeber Johannes Baptista Pius (1511) ebenso harsch abgelehnt wie von Nicole Berault im Vorwort der ersten französischen Ausgabe (1514).[194] Es ist daher auch nicht erstaunlich, daß der Einfluß von Lukrez zunächst eher im formalen Bereich anakreontischer und lehrhafter Dichtung zu finden ist. 1546 z. B. erscheint in Paris ein Lehrgedicht des italienischen Dichters Luigi Alemanni, das eine Anrufung der Venus enthält, die eine deutliche Anlehnung an Lukrez' Proömium erkennen läßt.[195] Die Venus als Sinnbild der alljährlich sich erneuernden Natur hat nicht nur Dichter, sondern auch bildende Künstler inspiriert. A. Warburg hat in seiner bekannten Untersuchung ›Geburt der Venus und Frühling›[196] gezeigt, daß auch die Gestalt des Frühlings bei Botticelli ein Venusbild ist; die gesamte Konstellation des Bildes läßt sich auf den ›Rusticus‹ (1483) des Angelo Poliziano zurückführen. Dieses Gedicht wiederum stellt die Erweiterung und Variation einer Lukrez-Stelle dar.

Lambins Ausgabe des ›De rerum natura‹ enthält neben verschiedenen anderen auch eine Widmung für den bedeutendsten der Plejade-Dichter, Pierre de Ronsard. Obwohl auch Du Bellay, de Baif und Jodelle Lukrez kannten, ist der Einfluß auf Ronsard am deutlichsten.[197] Ronsard und die gesamte frühe Plejade verfügten über ein reiches humanistisches Wissen und gehörten zu den Kreisen der humanistisch gebildeten Denker und Philologen in Paris. Neben Lukrez waren Aristoteles, Platon, Cicero und Seneca Ronsards antike Vorbilder, speziell für die Dichtung berief er sich auf Ovid und Vergil. Der Einfluß von Lukrez macht sich besonders in den Hymnen bemerkbar, die Ronsard Mitte der 50er Jahre des 16. Jahrhunderts schrieb. In der Ode ›A la Royne Catherine de Medicis, Mere du Roy‹[198] findet sich eine Anrufung der Venus als der großen Mutter Natur, die deutlich auf Lukrez zurückgreift. Nicht nur das panvitalistische Naturbild und Stilistisches hat Ronsard von Lukrez, auch vereinzelte Annäherungen an dessen philosophische Positionen sind im Werk dieses Renaissance-Dichters erkennbar. Der Schluß der ›Elegie sur la forêt de Gastine‹, wo es heißt: «La Matière demeure, et la forme se perd ...»[199], ist ebenso von Lukrezschem Denken angeregt wie Ronsards Antiplatonismus und seine Ausführungen über Atome und das Leere.[200] Auch von der Richtigkeit der epikureisch-lukrezschen

Lehre vom Tod ist Ronsard überzeugt: «... après la mort le corps ne sent plus rien / En vain tu es peureux, il ne sent mal ny bien ...»[201] Die Konsequenz aus dieser Einsicht ist ein Aufruf zum heiteren Lebensgenuß und zum horazschen *carpe diem*.[202]

Auch für Montaigne hatte Lukrez eine außerordentliche Bedeutung. ›De rerum natura‹ wird in den ›Essais‹ ausführlich zitiert.[203] Es waren die moralistischen und pädagogischen Ansichten des Lukrez, die auf Montaigne gewirkt haben, d. h. also im wesentlichen die in ›De rerum natura‹ enthaltene epikureische Ethik. Wenig angezogen zeigte sich Montaigne dagegen von den naturphilosophischen Reflexionen des Gedichts. Gerade diese fanden wiederum ein starkes Echo in der französischen «poésie scientifique» des 16. Jahrhunderts.[204]

Die Rezeption von Lukrez und Epikur vollständig voneinander zu trennen, ist nicht möglich. Trotzdem lassen sich gewisse Tendenzen erkennen. Wird speziell auf Lukrez und nicht auf Epikur zurückgegriffen, kann dies verschiedene Gründe haben. Einmal sollen dadurch die Assoziationen mit der vulgären und vor allem von kirchlicher Seite attackierten Tradition des Epikureismus vermieden werden. Auch wenn eine nicht zu vernachlässigende Traditionslinie positiver Bewertung des Epikureismus die allgemein ablehnende Haltung fast in allen Zeiten mehr oder weniger prägnant und explizit begleitete, hieß ein Bekenntnis zu Epikur eben immer, sich einer breiten Front der Kritik auszusetzen. Anleihen bei Lukrez im Bereich poetologischer und stilistischer Fragen waren dagegen weitgehend unproblematisch. Weiter ist die Tatsache, daß die epikureischen Originaltexte zur Naturphilosophie verloren sind und sich die gesamte Information darüber nur bei Lukrez finden läßt, dafür verantwortlich, daß man sich in Fragen der Naturphilosophie auf Lukrez berief.[205] Auch die Kulturentstehungslehre und die Ausführungen zur Sprachentwicklung sind bei Lukrez ausführlicher und anschaulicher dargestellt als bei Epikur selbst und haben darum in der Lukrezschen Form weit größere Wirkung gehabt als die entsprechenden Äußerungen, die bei Epikur zu finden sind. Die Anregungen für das naturphilosophische Lehrgedicht, wie sie sich bei den «poètes scientifiques» finden, stammen also aus Lukrez, nicht aus Epikur. Für viele gilt Lukrez nicht nur als Vorbild für die Erklärung von Natur, sondern auch als Beispiel für deren Verehrung und Vergöttlichung;[206] insbesondere natürlich, wenn diese künstlerischen Ausdruck finden sollten. Hier sind die Dichter der Plejade zu nennen, aber auch Angelo Poliziano und Botticelli.

Dort, wo Lukrez als Moralphilosoph, Moralist und anthropologischer Denker gelesen wird, ist am deutlichsten eine enge Verbindung zur Rezeption genuin epikureischer Philosophie zu erkennen. Dies gilt z. B. mit wechselnden Einschätzungen für Marsilio Ficino und positiv für Montaigne. Naturphilosophie spielt hier nur noch eine untergeordnete Rolle als Mittel zum

Zweck. Eigentlich aber geht es um die *condicio humana*. Ob und wie der Mensch glücklich sein kann, welche Rolle dabei der Tod und damit die Religion bzw. die menschliche Gemeinschaft spielen, sind die Fragen, zu deren Beantwortung neben vielen anderen Texten auch Lukrez und Epikur gelesen werden.

Ausschließlich auf Epikur beziehen sich in der Renaissance Lorenzo Valla, Erasmus von Rotterdam, François Rabelais und Thomas Morus. Bekenntnis zu Epikur – und sei es auch auf der Basis eines noch so sehr christlich überformten Hedonismus und philosophisch verfeinerten Eudaimonimus – bedeutet immer, sich damit den Vorwürfen des puren Materialismus, Atheismus und vulgären Luststrebens auszusetzen. Epikurs Philosophie hat immer provoziert, erst die Stoiker, dann die Kirchenväter und Scholastiker, später die Rationalisten. Wer Epikur erwähnt, weiß das und wird es wenn nicht intendieren, so doch zumindest einkalkulieren. Wo dies zu gefährlich oder zu platt wird, setzen die Dichter der Renaissance den Fürsprechern des Epikureismus eine Narrenkappe auf und geben ihnen damit die Lizenz für eine im karnevalesken Denken der Renaissance typische Form des „Wahrsprechens". Was für die Freunde des Gartens kein Problem ist, nämlich zu erkennen, daß sie zur Herde der „Schweinchen" gehören, ist dem Stoiker, dem Christen und strengen Gelehrten peinlich. Das – mehr oder weniger – provokante Eintreten für Lebens- und Selbstgenuß hat so immer zugleich etwas Entlarvendes. Wer sich zu den „niederen Empfindungen" des Menschen nicht bekennen will, wird von den Epikureern verlacht. In der gelassenen Heiterkeit des Gartenfriedens ist immer auch Witz und Satire enthalten.

Was sich hier, in der Renaissancerezeption der Texte von Lukrez und Epikur, langsam herausbildet und sich auch im 17. und 18. Jahrhundert verfolgen läßt, ist eine Ausdifferenzierung der *Funktionen*, die manchmal nur durch die Namen „Lukrez" und „Epikur" signalisiert, manchmal durch einzelne Topoi ergänzt werden oder auch auf breiterer Textkenntnis basieren. Es wäre falsch, anzunehmen, daß im Zeitalter des Humanismus das Interesse des Lesers hinter der Ehrfurcht vor den Alten verschwunden wäre. Die Renaissance ist ein dialogisches Zeitalter – und ein rhetorisches. Reden und Denken bedeutet Handeln; und wenn von Lukrez und Epikur die Rede ist, dann geht es um die *Gegenwart* der „Renovatio" und nicht um die Vergangenheit der Antike.[207] Allen antiken Gestalten wird auf der zeitgenössischen Bühne eine bestimmte Rolle zugedacht: Für Gelassenheit und Menschlichkeit, Genuß und Witz stehen die Epikureer.

# III. Das 17. Jahrhundert: Libertinismus und Moralistik

## 1. Einleitung: Epikureismus als französische Mode

Das 17. Jahrhundert ist das «Age classique», ist das «Siècle des Saints», ist das Jahrhundert des Rationalismus, des Absolutismus, das der Bürgerkriege und das „höfische" Jahrhundert. Es markiert den Beginn der neuzeitlichen Naturwissenschaft, ist aber auch das Jahrhundert der Skepsis, der Moralistik, des aufkommenden Atheismus, der Salonkultur und der Preziosität, des Barock und der Libertinage.

Im 17. Jahrhundert kommt Epikureismus in Mode. Epikureisches begegnet bei den Skeptikern, bei den sogenannten «libertins érudits» der ersten Jahrhunderthälfte wie bei denjenigen der Pariser Salons im letzten Drittel des Jahrhunderts, die Moralisten berufen sich auf Epikur, bei Hobbes läßt sich Epikureisches finden, die Atomistik hat Konjunktur, Vaninis Atheismus ist epikureisch, und Gassendi unterstützt seinen durchaus christlichen Angriff gegen das scholastische Weltbild mit Argumenten Epikurs. Von den Apologeten kirchlicher Positionen wird Epikureismus mit Atheismus und Libertinismus identifiziert und als Wurzel allen Übels, als Ursache für den Verfall der Sitten, die Gottlosigkeit der Zeit und Lasterhaftigkeit der Menschen denunziert.

Den Spuren der Epikureer durch die turbulenten Zeitumstände des Jahrhunderts zu folgen, ist nicht einfach. Selten findet sich einer, der sich so explizit als Epikureer bezeichnet, wie es ein Saint-Evremont tut. Oft taucht Epikureisches im Zusammenhang mit anderen Philosophien, vor allem dem Stoizismus und dem Skeptizismus auf. Die kirchliche Zensur war scharf, und es war bis zur Mitte des Jahrhunderts nicht ratsam – wie es das Beispiel Vaninis beweist –, sich allzu deutlich zum Epikureismus zu bekennen. Nicht nur die Häufigkeit der auftretenden Hinweise auf epikureisches Gedankengut bzw. die zum Teil komplizierte Identifikation von wirklich genuin Epikureischem macht es schwierig, Funktion und Bedeutung des Epikureismus im 17. Jahrhundert zu erfassen; als zusätzlich unübersichtlich stellt sich nämlich auch die Begrifflichkeit heraus, der man im Zusammenhang mit dem Epikureismus begegnet. Schon „Materialismus", „Atheismus" und „Mechanizismus" sind nicht klar definiert, besonders aber Begriffe wie „Skeptizismus", „Moralistik" und „Libertinage" bleiben häufig unklar, weil sie in der wissenschaftlichen Literatur zeitlich oder inhaltlich unterschiedlich eingegrenzt werden, auf unterschiedlicher Textgrundlage basieren und verschiedene Autoren ein- bzw. ausschließen.

Eine umfassende Geschichte des Epikureismus im 17. Jahrhundert kann und soll hier nicht vorgestellt werden. Es scheint vielmehr sinnvoll, die Komplexität des Themas auf einige wichtige Aspekte zu reduzieren. Daraus ergibt es sich auch, daß sich dieses Kapitel mit wenigen Ausnahmen auf die französische Tradition des Epikureismus beschränkt. Dies stellt keine willkürliche Auswahl dar, sondern folgt der Ausbreitungsbewegung epikureischen Denkens, die sich von Italien nach Frankreich und England und zuletzt erst nach Deutschland nachzeichnen läßt. Epikureismus im 18. Jahrhundert in Deutschland ist vermittelt durch die französische Literatur des 17. Jahrhunderts, den englischen Empirismus und den Einfluß der Moralischen Wochenschriften.

Es soll nun im Rückblick auf die verschiedenen Ausprägungen, die der Epikureismus in der Renaissance hatte, d. h. seine Verbindung mit skeptisch-ironischer Rationalitätskritik, mit hedonistischer – durchaus noch christlicher – Diesseitsbejahung, mit einer experimentierenden Form der Selbstkonstitution als ästhetischer Selbststilisierung, gefragt werden, ob sich Ähnliches im 17. Jahrhundert wiederfinden läßt, wo Kontinuitäten plausibel scheinen und wo der Epikureismus ein neues Gesicht, eine neue Funktion innerhalb der veränderten historischen und sozialen Konstellationen bekommt. Dabei läßt sich mit Hilfe der Analyse der „Kristallisationen" um bestimmte Begriffe eher zeigen, welche Rolle Epikureisches im 17. Jahrhundert spielt, als es ein strikt chronologisches Vorgehen ergeben würde. Dies bedeutet, daß Epikureismus hier in seinem Zusammenhang mit den Themen Libertinismus, Moralistik und «amour-propre» verfolgt werden wird. Die Namen Vanini, Hobbes, Gassendi, La Rochefoucauld, La Fontaine und Saint-Evremont, Bayle und Fontenelle spielen dabei eine wichtige Rolle.

## 2. Die skeptischen Libertins und Hobbes' politischer Atomismus: Vanini, Gassendi, Hobbes und andere

«Entre ses autres fruits, elle (la guerre civile D. K.) a apporté cestui-ci, d'avoir engendré un millon d'Epicuriens et de Libertins»[1], stellt François de la Noue fest. Symptomatisch für den Sprachgebrauch im 17. Jahrhundert ist die Gleichsetzung von Epikureismus und Libertinismus; oft wird auch noch Atheismus oder Deismus hinzugefügt. Libertinismus ist ein Oberbegriff für alle Formen der Abweichung vom orthodoxen Glauben. Eine Variante der

Falschgläubigkeit stellt der Epikureismus dar. Wenn die Epikureer auch nicht notwendig die Existenz eines Gottes leugnen, so doch die Vorsehung und die Unsterblichkeit der Seele. Außerdem seien sie den Leidenschaften, dem Luxus und der ungebremsten Sinnlichkeit verfallen. Atheismus und Heterodoxie sind im Denken des 17. Jahrhunderts immer notwendig mit Amoralität und Sittenlosigkeit verbunden. Erst am Ende des Jahrhunderts unternimmt Pierre Bayle einen wirkungsvollen Versuch, zu beweisen, daß Ungläubige nicht notwendig auch unmoralisch sein müssen.[2] Für die apologetische Literatur der Orthodoxie gilt aber vielmehr, was einer ihrer bekanntesten Vertreter, François Garasse, formuliert: «Atheisme de libertinage est celuy qui fait fermer les yeux aux Epicuriens pour s'assouvrir des voluptez brutales, comme les pourceaux dans la boue.»[3] Als Lehrbuch der Libertins nennt Garasse dann auch Rabelais' ›Gargantua et Pantagruel‹[4], was sogar noch mehr geschadet habe als Calvin durch seine Lehren. Dem entspricht, daß Calvin selbst zur Bezeichnung von Gottlosen die Begriffe «épicuriens» und «lucianiques» verwendet.[5] Nach dem Ende der Bürgerkriege waren sich Katholiken und Protestanten weitgehend einig darin, den größten Feind der Rechtgläubigkeit nicht in der jeweils anderen Konfession zu sehen, sondern in den «Libertins» unterschiedlichster Schattierungen. Die Epikureer stehen dabei immer für den Unglauben, der sich weniger durch geistige als durch fleischliche Sünden schuldig macht.[6]

Der Libertinismus des frühen 17. Jahrhunderts muß in engem Zusammenhang mit einem Ende des 16. Jahrhunderts wieder erstarkenden Skeptizismus gesehen werden. Dieser stellt auch eine der Verbindungslinien dar, die es erlauben, Pierre Gassendi zum weiteren Kreis der Libertins zu zählen. Skeptizismus ist darüber hinaus eine der Grundlagen moralistischer Reflexion im 17. Jahrhundert. Erstaunlich ist nun, in welcher Weise hier Epikureismus und Skeptizismus eine Verbindung eingehen.[7] Dabei ist im Auge zu behalten, daß ein erkenntnistheoretischer Skeptizismus nicht notwendigerweise pessimistische oder gar nihilistische Moralvorstellungen und Weltanschauungen zur Folge haben muß, wie bereits das Beispiel Montaignes zeigte. Die Tatsache, daß Epikureismus und Skeptizismus im 17. Jahrhundert ein Bündnis eingehen, was dem antiken Epikureismus unmöglich gewesen wäre, läßt sich am ehesten durch den gemeinsamen Gegner erklären: Aus beiden hellenistichen Philosophien werden Argumente gegen den scholastischen Neoaristotelismus gewonnen. Die Epikureer bestehen gegenüber radikalen Skeptikern pyrrhonistischer Prägung auf der Möglichkeit von eingeschränkter – sinnlich vermittelter – Erkenntnis und kritisieren am Rationalismus den Mangel an Reflexion auf die materiale Bedingtheit und damit Begrenztheit menschlicher Erkenntnisfähigkeit. Die Epikureer des 17. Jahrhunderts vertreten also einen erkenntnistheoretischen Skeptizismus, der sich gegen scholastisches Denken und Rationalismus wendet, verteidigen aber zugleich eine eingeschränkte Erkenntnismöglichkeit gegenüber radikalen Skeptikern und Nihilisten. In erster Linie geht es ihnen dabei immer um die Moral und das Glück des Menschen, nicht um die Frage nach Möglichkeit oder Unmöglichkeit reiner Erkenntnnis.

Da es irreführend ist, Scholastik und Humanismus chronologisch hintereinander zu ordnen, sondern vielmehr weitgehende zeitliche Überschneidungen bestehen, wird es verständlich, warum sich die Libertins des beginnenden 17. Jahrhunderts mit ähnlichen Problemen auseinandersetzen wie die Humanisten und sich teilweise der gleichen Argumente bedienen. Es wird wohl das humanistische Erbe in den Kreisen der libertinen Denker immer noch eher unterschätzt, und es würde manches zur Klärung ihrer Position innerhalb der Diskussionen während des 17. Jahrhunderts beitragen, wenn die Kontinuität zum Humanismus der Renaissance mehr hervorgehoben würde.[8]

Die Beschäftigung mit der Natur hat gegen Ende der Renaissance eine enorme Aufwertung erfahren.[9] Medizin und Biologie machen Fortschritte, Entdeckungsreisen und Geographie verändern das Weltbild der Menschen. Allerdings ist es weder die aristotelische Physik noch die christliche Theologie, die die Methoden für eine solche Erforschung der Natur bereitzustellen in der Lage wäre. Der scholastische Aristotelismus wird in Frage gestellt, entweder indem die notwendige Übereinstimmung von Christentum und Aristotelismus bezweifelt wird, dies gilt z. B. für die Denker der Schule von Padua, oder durch einen direkten Angriff auf den Aristotelismus selbst, wie ihn Vanini, Telesio und Campanella und auch Pierre Gassendi unternehmen. Sie berufen sich dabei auf Anaximander, Empedokles und den Atomismus demokriteischer und epikureischer Prägung. Für sie war Aristotelismus reiner Dogmatismus geworden, müßige Spielerei mit Syllogismen, die keinen Beitrag zu einer wahren Naturerkenntnis liefern konnte. Während den Aristotelikern vorgeworfen wurde, sie richteten sich ausschließlich nach der Autorität ihres Meister, anerkannte der Skeptizismus gerade keinerlei Autorität. Polemisch gegen das sichere Auftreten überkommener und dogmatischer Wahrheitsansprüche gerichtet, setzt die Skepsis die Ansprüche des Menschen auf Erkennbarkeit der Wahrheit radikal herab. Ist der menschliche Geist ohnehin nicht in der Lage, Gott zu erkennen, so wird nun auch bezweifelt, daß er das innerste Prinzip der Natur zu denken vermag. Die Skeptiker betonen, „la distanza immensa che separa l'intelligenza umana dal ‚genio della natura' e l'impossibilità per l'uomo di penetrare le cause delle cose"[10]. Was bleibt, ist eine Erklärung der Phänomene auf der Basis von Beobachtung und Erfahrung. Die aristotelische Physik wird abgelehnt, weil sie die Grenzen menschlicher Erkenntnisfähigkeit überschreite und damit ihre Erkenntnisse wertlos seien; *innerhalb* dieser Grenzen ist Wissenschaft allerdings durchaus möglich, sie ist – wie Gassendi formuliert – *experimentalis et ut sic dicam apparentialis*[11]. Alles Wissen resultiert hier aus den Phänomenen, vermittelt durch unsere Sinne, die die einzige Quelle menschlicher Erkenntnis darstellen.

Ist Erkenntnis sinnlich vermittelt, ist damit auch eine Aufwertung der Sinnlichkeit verbunden; zu dem Zeitpunkt, als die äußere Natur zum Objekt der Beobachtung und Untersuchung wird, findet auch eine Aufwertung der menschlichen, d. h. der subjektiven Natur des Beobachtenden statt.[12] Naturbeobachtung und Naturerkenntnis sind nie zweckfrei, sondern geschehen um der Naturbeherrschung willen, und so hat die Erkenntnis der *inneren* Natur des Menschen den Wunsch nach der Beherrschung der menschlichen Triebe und Sinnichkeit zur Folge.[13] Ist nun aber der Mensch einmal als Teil der Natur und nicht als ihr Telos erkannt, kann weder die totale Beherrschung der äußeren noch die vollständige Herrschaft über die innere Natur ein erreichbares Ziel menschlicher Handlungen sein. Aus der Erkenntnis der Beschränktheit menschlicher Erkenntnisfähigkeit folgt die Beschränkung menschlicher Handlungsentwürfe. Wenn plötzlich der Mensch das Maß aller Dinge ist, ist dies für den Skeptiker gerade *nicht* ein neuer höchster Wert, ein neuer sicherer Bezugs- und Orientierungspunkt, sondern provoziert im Gegenteil die Feststellung, daß es ewige Werte nicht mehr gibt, daß keine absolute Wahrheit mehr gefunden werden kann. Physik und Metaphysik trennt ein immer größer werdender Abstand. Ebenso wie der Fideismus eine Antwort auf den erkenntnistheoretischen Skeptizismus ist, ist es auch der Epikureismus. Die neue *Wissenschaft* soll *„experimentalis"* und *„apparentialis"* sein. Der Epikureismus bzw. die vielen „Epikureismen" des 17. Jahrhunderts stellen den Versuch dar, die entsprechende *Moral „apparentialis"* und *„experimentalis"* zu liefern.

Skeptisch-epikureisch, an Montaigne und Charron orientiert, an den neuen Entwicklungen in den Wissenschaften interessiert und vertraut mit der italienischen Naturphilosophie waren z. B. diejenigen Libertins, die das berühmte «Cabinet» der Brüder Dupuy frequentierten. Gelehrte, Schöngeister, Naturwissenschaftler und Philosophen trafen sich dort in der Bibliothek zum nachmittäglichen Gedankenaustausch. Für Kontakte zum Ausland sorgte ein reger Briefwechsel oder auch das persönliche Gespräch, z. B. wenn Hobbes auf seinen Reisen in Paris Station machte und das Hôtel der Dupuys besuchte.

Die Orthodoxie reagierte heftig auf die neuen Ideen, die in solchen Kreisen diskutiert wurden. Zu dem Zeitpunkt, als Frankreich mit dem Regierungsantritt Ludwigs XIII. und der Machtübernahme Richelieus in eine Phase relativer Stabilität eintritt, wird Vanini in Toulouse wegen Atheismus zum Tode verurteilt. Vanini, obwohl in letzter Zeit häufiger Gegenstand eingehender Untersuchungen[14], wird immer noch wenig beachtet als wichtiger Vermittler zwischen der Naturphilosophie der Spätrenaissance und dem Libertinismus des 17. Jahrhunderts bzw. als dessen erster Vertreter. In seinem radikalen Naturalismus findet weder die Unsterblichkeit der Seele noch die Existenz eines persönlichen Gottes noch die Vorsehung Raum. Seine antistoische Polemik, die Ablehnung der christlichen Moral, die Aufwertung von Sinnlichkeit und seine Verteidigung des Epikureismus machten ihn zu einer Zielscheibe für sämtliche apologetischen Angriffe. Besonders die euhemeristische Reduktion aller Religionen auf ihre Funktion als politisches Machtmittel – eine Argumentation, die sich von Machiavelli bis Hobbes zieht – läßt sich gut mit epikureischen Argumenten stützen.[15]

Im Mittelpunkt der Auseinandersetzungen zwischen Orthodoxie und Libertinismus stehen der Prozeß gegen den jungen Adeligen Théophile de Viau von 1623 bis 1625 und die Verurteilung der 14 antiaristotelischen und atomistischen Thesen, die Jean Bitaud und Etienne de Claves in Paris öffentlich vortrugen.[16] Eine Gedichtsammlung, der ›Parnasse des Poètes satyriques‹[17], wird für François Garasse zum Anlaß einer ausführlichen Polemik, in der «athées», «libertins», «beaux Esprits», «(nouveaux) Epicuriens» und «esprits pyrrhoniens» synonym verwendet werden für die Bezeichnung der Ungläubigen und Unsittlichen.[18]

Die antiepikureische apologetische Polemik, die Epikureismus mit Atheismus gleichsetzt, läßt es erkennen, und die Schriften von Vanini und La Mothe le Vayer[19] zeigen, daß zu Beginn des 17. Jahrhunderts unter den Libertins eine Rehabilitation Epikurs nicht mehr im Rahmen des christlichen Glaubens vorgenommen werden sollte, wie es Valla und Erasmus versucht hatten, sondern der Epikureismus nun vielmehr gegen die christliche Theologie eingesetzt wird. Hatte der christliche Hedonismus das Glück des Menschen auf Erden noch als eine Art Vorbereitung auf die weit größere Seligkeit, die nur Gottes Gnade ermöglicht, angesehen, so trug die Verbindung von Skeptizismus und Epikureismus dazu bei, die Vorstellungen eines innerweltlichen, glücklichen Lebens weitgehend von religiösen Argumenten abzulösen.

Die Libertins sind eine «communauté de malaise»[20], eher verbunden durch gemeinsame Gegner als durch übereinstimmende Positionen. Sie sind ein «contre-courant anticonformiste en matière de religion, de morale et de politique ...»[21]. Gemeinsam ist ihnen „il constante riferimento polemico a nozioni e problemi tradizionalmente inclusi nella sfera del sacro – dall'uso blasfemo di termini e temi religiosi nella poesia libertina alla critica naturalistica dei fenomeni sopranaturali e alla riduzione delle religioni storiche a impostura politica ..."[22] Gerade für diese ikonoklastische Haltung des Libertinismus stellt die epikureische Tradition eine ergiebige Quelle dar. Die streng immanentistische und antimetaphysische Argumentation vor allem epikureischer Ethik hatte in der Antike eine große Rolle für den Erfolg dieser Philosophie gespielt, in der Renaissance war sie hinter einem unaggressiven und mit dem Christentum weitgehend übereinstimmenden Hedonismus verschwunden und bekommt nun wieder neue Bedeutung im 17. Jahrhundert.[23]

Wie eng das Verhältnis von Epikureismus, Libertinismus und Atheismus schon zu Beginn des Jahrhunderts gesehen wird, zeigt das Beispiel der bereits erwähnten ›Discours politiques et militaires‹ von François de la Noue. Er spricht hier von «certains gens qu'on ne peut mieux appeler qu'Epicuriens et Libertins»[24]; sie suchen «leur souverain bien en la volupté».[25] Ihre Verbreitung ist groß, sie sind überall zu finden, am häufigsten allerdings am Hof, bei der Armee und in den großen Städten.[26] Die ersteren, die Höflinge, sind vor allem «délicats».[27] Sie leben nach dem Motto des horazschen *carpe diem*.[28] Was zählt, sind Frauen, Freundschaften, Erfolge und Genuß.[29] Die Soldaten unterscheiden sich von dieser Lebensauffassung nur durch größere Derbheit. Ihr Leben ist schwer, und um die Melancholie zu vertreiben, empfinden sie besonderes Vergnügen daran, die angenehmen Seiten des Lebens zu genießen. Die eigentlichen Epikureer finden sich aber nach La Noues Meinung in den Städten. Sie sind keine luxusliebenden "young urban professionals" (Yuppies), sondern besitzen durchaus «de doctrine, d'éloquence et de civilité».[30] Während die Höflinge Zerstreuung suchen, bevorzugen die wahren Epikureer «la vie oisive, qu'ils appellent tranquille, tachans d'éviter tout ce qui peut apporter douleur, que est un des principaux but de la doctrine épicurienne, et le precept sorti de la mesme eschole, qui dit, cache ta vie, est soyneusement observé par eux.»[31] La Noue beschreibt mit Sympathie ihren ausgeglichenen Lebenswandel. Daß sie ungläubig sind, merkt der Uneingeweihte nicht sofort, aber es ist bekannt, daß sie sich über den Glauben nur lustig machen.[32] Die städtischen Epikureer, die skeptisch sind gegenüber dem Treiben der Welt und der «puissance de l'homme»[33], leben zurückgezogen, mäßig, kritisch und selbstbezogen.

Tatsächlich führen viele der neuen libertinen Vertreter des Epikureismus das Leben einer eher zurückgezogenen Gelehrsamkeit. Erstaunlich viele Mediziner[34] finden sich unter ihnen, aber auch theologisch Gebildete. Sie stammen aus adeligen und bürgerlichen Kreisen, viele sind in der Provence geboren, wo universitäre Kontakte zu Italien besonders gepflegt wurden.[35] Sie bilden eine «société érudite accueillante et libérale»[36]. Der Meinungsaustausch war rege[37] und die Kontroversen zum Teil recht heftig.

Als „Tetrade" des gelehrten Libertinismus gelten: Elie Diodati, ein protestantischer Anwalt aus Lucca, Gabriel Naudé, der nach seinen Studien in Padua als Bibliothekar arbeitete, François de la Mothe le Vayer und Pierre Gassendi. La Mothe le Vayer ist von ihnen derjenige, der den philosophischen Skeptizismus und eine radikal antichristliche Moral in seinen Werken, vor allem in ›La Vertu des Paiens‹[38], am deutlichsten vertritt, während der Kirchenmann Gassendi, den viele wegen seiner wissenschaftlichen Ernsthaftigkeit und vor allem wegen seiner Gläubigkeit schon gar nicht mehr zu den Libertinen rechnen möchten, die andere Seite repräsentiert.[39]

Pierre Gassendi (eigentlich Gassend) wurde 1592 in Digne in der Provence geboren, studierte Theologie in Aix und war dort auch Professor bis 1623. Im Hause von Fabri de Peiresc, der ihn bis zu seinem Tod unterstützte, erweiterte er seine humanistische Bildung, lernte die Schriften von Diodati, Naudé, La Mothe le Vayer, aber auch die von Bacon, Kepler und Galilei kennen. 1624 erscheint der erste von 7 angekündigten Bänden der ›Exercitationes paradoxicae adversus Aristoteleos‹[40]. Das Werk bleibt unvollständig, da Gassendi seine Auseinandersetzung mit dem Aristotelismus anderes akzentuiert, nachdem er 1624 eine Reise nach Paris unternommen hatte. In den ›Exercitationes‹ fordert Gassendi den skeptischen Verzicht auf eine *per causas* beweisende Wissenschaft und hält dagegen an der Möglichkeit und Notwendigkeit eines empirischen und kritischen Wissens nach menschlichem Maß fest. Zu diesem Text lassen sich alle Themen humanistischer Kritik am scholastischen Aristotelismus wiederfinden. Gassendi löst seinen Skeptizismus weder im Fideismus auf noch geht er so weit, Erkenntnis überhaupt oder Metaphysik überhaupt zu leugnen. Die Metaphysik ist für ihn allerdings kein Gebiet wissenschaftlicher Erforschung mehr.[41] Sie verschwindet nicht, aber ihr Stellenwert ändert sich; weder für die Fundierung der Ethik noch für die Grundlegung der Naturwissenschaft spielt sie mehr die Rolle, die sie in der traditionellen Philosophie innehatte. Die herrschende Rangordnung von Metaphysik und Physik beginnt sich zugunsten der Physik zu ändern.

In Paris, in den Kreisen um Pater Mersenne hatte Gassendi sowohl die Gefahr, die ein solches Unterfangen zu dieser Zeit noch mit sich brachte, erkannt[42], als auch die Notwendigkeit eingesehen, über eine rein skeptische Dekonstruktion aristotelischer Argumente hinauszugehen. Schon immer an atomistischen Thesen interessiert, intensiviert Gassendi daher seine Epikur-Studien im Laufe der 20er Jahre – besonders nach 1629, als er in Holland Isaac Beeckman begegnet war. Der epikureische Atomismus soll ihm als Grundlage einer neuen Philosophie dienen, die in der Lage wäre, den Aristotelismus abzulösen, und sowohl den Ansprüchen der modernen Naturwissenschaft gerecht werden als auch den moralischen Wertepluralismus entschärfen könnte. Die gleichen Intentionen bewegten Descartes und Hobbes.

Gassendi wollte nicht nur *die* epikureische Philosophie rehabilitieren, sondern er sprach von «ma philosophie d'Epicure», die er im einzelnen abändern wollte und «y interposer encore quelques nouveaux raisonnemens avec des responses et adoucissemens convenables aux points qui touchent nostre foy»[43], wie er an Peiresc schreibt. Diese «adoucissemens» beziehen sich z. B. auf die Frage nach der Unsterblichkeit der Seele, an der Gassendi

– anders als Epikur – festhalten will. Gott ist als Schöpfergott zwar an den Rand des Geschehens gerückt, er ist nicht notwendig für die Erklärung des Funktionierens der Natur, wohl aber für deren Existenz, denn die Grundlage der Natur, die Bewegung, ist den Atomen zwar wesentlich und sie sind damit Ursprung, Ursache und Prinzip aller Form, genau diese Beweglichkeit der Atome aber ist ihnen ursprünglich von Gott zugekommen.[44] Die Erklärung der Naturvorgänge selbst ist von den traditionellen ontologischen und metaphysischen Bestimmungen entlastet. Besonders der Materiebegriff, der sowohl von der aristotelischen Entelechielehre als auch von der christlich-scholastischen Transsubstantationsdiskussion und der Aufspaltung in Substanz und Akzidentien geprägt war, gewinnt nun eine neue Qualität, wenn die Form dem Materiebegriff bereits inhärent ist. Materie ist nicht mehr *materia prima*, sondern konkret, wie es schon Telesio und Campanella gedacht hatten.[45] Gassendi fragt nach der Genese der Form und findet die Antwort in einem dynamischen Atomismus. Er beharrt dabei immer darauf, daß es sich hierbei um die im weitesten Sinne empirische Interpretation von Phänomenen handele. Die Sinnesdaten sind die einzig verläßlichen Erfahrungen für den Menschen.[46] Die Dinge können zwar nicht erkannt werden, wie sie *sind*, aber doch wie sie *erscheinen*.[47] Während für Descartes das Verhältnis von Denken und Sein tautologisch-„analytisch" ist, bleibt es für Gassendi synthetisch-„aposteriorisch". Darum ist das Wissen über die Natur auch gerade *nicht* auf die Seele übertragbar, und ihre durch die Offenbarung, den Glauben abgesicherte Unsterblichkeit steht für ihn nicht in Widerspruch zu seinen naturwissenschaftlichen Überlegungen.

Die Atome haben für Gassendi Größe, Gewicht und Form, d. h. sie sind nicht als mathematische Punkte zu sehen. Anders als der von ihm geschätzte Kepler und auch Galilei, auch anders als Descartes entwarf Gassendi keine Physik, auf die die Mathematik anwendbar gewesen wäre. Die Umwandlung des Materiebegriffs von einem qualitativen in einen quantitativen – d. h. in Materie als Meßbares – findet bei ihm nicht statt. Zwar ist er bereit, zu akzeptieren, daß die vom Menschen wahrgenommenen Qualitäten der Dinge diesen nicht in Wirklichkeit anhaften, sondern nur der subjektiven Wahrnehmung entsprechen, zieht aber daraus nicht wie Galilei den Schluß, daß dann in Wirklichkeit nur noch Formen und Zahlen und Bewegung übrig bleiben, sondern faßt die Phänomene symbolisch, zeichenhaft und damit nicht meßbar. «Or l'analyse de la vision sensible elle même parait établir que celle-ci n'est pas non plus une représentation des choses, mais un processus dans lequel les effets méchaniques que produisaient sur nous des phénomènes naturels sont la matière d'une interprétation pour laquelle ils servent de signes et de système de signes.»[48]

Man hat vermutet, daß die Ablehnung der Mathematik und der unsystematische Charakter von Gassendis Philosophie – neben dem hochkomplizierten Latein! – die Hauptgründe für die relativ schwache Rezeption der Gassendischen Physik gewesen seien.[49] Die Frage, warum der Freund Galileis und Leser Keplers gegenüber der Anwendung der Mathematik auf die Physik reserviert blieb, ist wohl mit dem Hinweis auf Unkenntnis oder Unverständnis kaum befriedigend beantwortet. Es scheint eher so, als sei seine fundamentale Skepsis gegenüber allem sicheren Wissen ihm hier im Wege gestanden. Seine Wissenschaft ist *experimentalis* weniger im Sinne des naturwissenschaftlichen Experimentes als experimentierend, tastend, versuchend und hypothetisch als Gesamtkonzept. Gegenüber den zeitgenössischen systematischen Entwürfen, insbesondere Descartes, war der prinzipiell provisorische Charakter, der „Probabilismus" von Gassendis Arbeiten zwar eher typisch für das keineswegs überwiegend „klassisch" geordnete Denken der Zeit, wurde aber darum auch weniger rezipiert. Gassendis Skeptizismus war Metareflexion eines Gelehrten und nicht Methodendiskussion eines Forschers. Das genau war allerdings nicht gefragt in einer Zeit, wo die Anstrengungen gerade dahin gingen, mit der Absicherung der Methode die Skepsis – in ihrer eigenen Radikalisierung z. B. bei Descartes – zu überwinden. Näher als die Überlegungen mancher seiner Zeitgenossen sind einige von Gassendis Vorstellungen dem modernen Pragmatismus; allerdings war er hierzu dann nicht mehr gefragt und nötig.

Die Physik hat anders als im antiken Epikureismus bei Gassendi nicht die Funktion, die Ethik zu begründen. Die Naturerkenntnis wird selbst zum primären Erkenntnisinteresse. An Moralfragen ganz offensichtlich weniger interessiert, schließt er sich darin weitgehend und ohne große Modifikationen an Epikur an. *Felicitas* ist das *summum bonum*, das auch die *voluptas*[50] einschließt. Lust ist immer an sich gut, der Schmerz an sich schlecht und zu vermeiden. Durch eine Kalkulation der Handlungsfolgen ist der anstrebenswerte Zustand der *tranquillitas animi* und *indolentia corporis*[51] zu erreichen. Tugend ist nur als ein Mittel zum Erreichen des Glücks anzusehen und nicht selbst als Ziel zu überschätzen. Die «condition humaine», die vom Menschen ein solches Verhalten verlangt, scheint Gassendi eher von natürlichen Grenzen, z. B. Tod, bestimmt zu sein als vom Sündenfall. Gassendi schlägt eine praktikable Ethik im Hier und Jetzt vor.[52] Aber es gelingt ihm, diese Moral „unterhalb" der Religion so einzurichten, daß sie als eine rein weltliche und natürlich begründete mit der Metaphysik nicht in Konflikt kommt. Dies ist neben dem Skeptizismus ein Berührungspunkt, der es erlaubt, ihn in den Umkreis des gelehrten Libertinismus zu rücken: Ethik und Metaphysik koexistieren, stehen aber nicht mehr in einem Begründungszusammenhang. Daß er auf der anderen Seite auch die Physik nicht zur Grundlage der Ethik macht, verleiht ihr systematisch eine für epikureisches Denken eigenartig marginale Position. Die Physik wird nicht Grundlegung der Ethik, und auf diese Weise kann er sich mit seinem christlichen Glauben arrangieren. So kritisiert auch Marx an Gassendi, daß er „den Epikur durchaus nicht verstanden“ und „dessen eiserne Konsequenz“[53] gebrochen habe. Besonders die Verbindung mit dem Christentum scheint ihm abwegig: „Es ist, als wollte man der griechischen Lais einen christlichen Nonnenkittel um den heiter blühenden Leib werfen.“[54] Immerhin weiß er Gassendi dann als Wiederhersteller des epikureischen Materialismus zu würdigen und sieht ihn neben Hobbes als wichtigsten Gegner der cartesianischen Metaphysik: „Gassendi und Hobbes besiegten lange nach ihrem Tode ihren Gegner in demselben Augenblicke, wo dieser als die offizielle Macht schon in allen französischen Schulen herrschte.“[55]

Vielleicht gebührt zwar nicht Gassendi und Hobbes der Sieg über die cartesianische Metaphysik, sondern – gerade in Frankreich – erst Nietzsche, trotzdem ist es richtig, in ihnen die zeitgenössischen Hauptgegner Descartes zu sehen. „Gassendis philosophiehistorische Bedeutung liegt nicht so sehr in dem, was er positiv gelehrt, als vielmehr in seiner kritischen Leistung, namentlich in seiner Polemik gegen den rationalistischen Dogmatismus.“[56] O. R. Bloch betont zudem noch die wichtige Rolle, die die Gassendische Philosophie für die Kontinuität zwischen dem 17. und 18. Jahrhundert spielt, sie sei eine der «passerelles menant aux tendances les plus radicales, hétérodoxes et subversives de la pensée du siècle suivant»[57].

Es war der Kirchenmann Marin Mersenne, der dafür sorgte, daß die rege Diskussion um die cartesianische Philosophie nicht abriß. In Paris war er Mittelpunkt eines Kreises von Philosophen, Wissenschaftlern und Mathematikern, zu dem Gassendi während seiner Parisaufenthalte gestoßen war. Dort lernte ihn auch Hobbes kennen, als der sich während seiner ausgedehnten Europareise in der Hauptstadt Frankreichs aufhielt.[58] Mersenne war auch maßgeblich daran beteiligt, die Ideen Galileis in Frankreich bekannt zu machen. Durch seinen ausgedehnten Briefwechsel sorgte er dafür, daß die Argumente und Gegenargumente aus den verschiedenen Lagern in Umlauf kamen.

Freunde und Bekannte Mersennes waren sich in zwei Punkten einig: in ihrer Ablehnung des aristotelisch-scholastischen Erkenntnisoptimismus und in der Notwendigkeit, den radikalen Skeptizismus überwinden zu müssen. Hobbes, Gassendi und Descartes reklamierten jeweils für sich, in der Nachfolge von Galileis ›Il saggiatore‹ den Gedanken einer auf die Phänomenalität der Dinge beschränkten Erkenntnismöglichkeit mehr oder weniger systematisch ausgearbeitet zu haben.[59] Das Kernproblem war die Frage, ob und inwieweit es dem Menschen möglich sei, zu sicherer Erkenntnis zu kommen. Die der menschlichen Sinneswahrnehmung zugänglichen Phänomene sind auf jeden Fall nicht als repräsentative Abbilder der Wahrheit zu denken, sondern eher als Zeichen. Gassendi sieht zwischen dem wahrnehmbaren Zeichen und dem Wirklichen einen strukturellen, symbolischen Zusammenhang, Hobbes dagegen versteht die Beziehung analog zu der von Signifikant und Signifikat.

Daß in diesem Zusammenhang die epikureische Eidola-Konzeption auf Interesse stieß, ist nicht verwunderlich. Die Wahrnehmung der „Eidola" beruht auf realer, materieller Basis; sie sind mit der Ursache ihrer Entstehung, den Dingen, verbunden, ermöglichen aber nicht deren *wahre* Erkenntnis. Der Mensch bleibt immer und ausschließlich auf die Interpretation seiner Sinneswahrnehmungen angewiesen – die allerdings sind verläßlich. Anders als Descartes bleibt Hobbes dieser „materialistischen" Erkenntnistheorie Epikurs sehr nahe: "At the center of his (Hobbes D. K.) version of Epicureanism was the argument that science depends on an analysis of signs – that is, observation of sense-perceptions or the signs of real natural events ..."[60]

Ob diese Anleihe bei der Wahrnehmungstheorie Epikurs nun ausreicht, Hobbes einen „Epicurus redivivus"[61] zu nennen, ist allerdings fraglich. Es bleibt daher kurz der Frage nachzugehen, ob aus der Überwindung des epistemologischen Skeptizismus bei Hobbes ein Naturbild bzw. eine Anthropologie und Ethik abgeleitet wird, die ebenfalls epikureischem Denken verwandt ist. Hobbes' Philosophie wurde als „Monismus der Bewegung"[62] bezeichnet, da alle Aussagen über Körper – auch soziale – auf Sätze über Bewegungsverhältnisse zurückgeführt werden. Die Bewegung der Atome, die als „Körper" gedacht sind, wird nicht durch inhärente Kräfte oder Gravitation ausgelöst, sondern entsteht durch Druck und Stoß. Veränderung ist immer nur zu denken als Resultat einer materiellen Ursache. Darum gibt es bei Hobbes auch den leeren Raum nicht. Die Natur funktioniert wie ein Uhrwerk nach einem verläßlichen und immer gleichbleibenden Mechanismus. Analog zu dieser Vorstellung soll auch menschliche Gesellschaft aufgebaut werden können. Es soll sich demnach um eine künstliche Nachahmung von Naturprozessen handeln. Natur und Kunst werden hier wie in der Ästhetik in einen Nachahmungszusammenhang gestellt.[63] Aus der Analyse des vorgesellschaftlichen Urzustandes – der bei Hobbes weder historische noch moralische, sondern logische Funktion hat[64] – erkennt er die Notwendigkeit, menschliches Zusammenleben durch eine zentrale staatliche Gewalt zu regulieren. Der Urzustand ist durch das Natur*gesetz* der menschlichen Selbsterhaltung und das *Naturrecht*, dies nach besten Kräften durchzusetzen, charakterisiert. Selbsterhaltung heißt auf *sozialer* Ebene Kampf, *individuell* bedeutet sie Lustgewinn. Alles, was dem Menschen zur Selbsterhaltung dient, bereitet ihm Vergnügen. Dieses Vergnügen an der Selbsterhaltung ist das Kriterium für eine gute Handlung: „Denn die Wörter für gut, böse und verächtlich werden immer in Beziehung zu der Person gebracht, die sie benützt, denn es gibt nichts, das schlechthin und an sich so ist. Es gibt auch keine allgemeine Regel für Gut und Böse, die aus dem Wesen der Objekte selbst entnommen werden kann."[65] Daraus resultiert ein Wertepluralismus, der um so gefährlicher ist, als das individuelle *summum bonum* dem *bonum commune* widerspricht und ein *bonum commune* sich seit Machiavelli auch nicht mehr glaubwürdig definieren läßt. Das Naturrecht, die Selbsterhaltung nach besten Kräften, d.h. auch dem individuellen höchsten Vergnügen entsprechend zu realisieren, hat den Machtkampf aller gegen alle zur Folge. Als Konsequenz daraus ziehen die Menschen (nicht historisch, sondern „logisch-physikalisch" gedacht) den Schluß, ihr Naturrecht auf totale Selbstverwirklichung an eine Zentralmacht zu delegieren, die die Bewegungen des individuellen Machtstrebens zum Wohle der Allgemeinheit nach entsprechenden Regeln koordiniert und in der Lage ist, mit Hilfe von Sanktionen diese Regeln auch durchzusetzen. „Und weil die Verfassung des menschlichen Körpers sich fortwährend ändert, ist es unmöglich, daß alle Dinge in ihm immer die gleichen Neigungen verursachen. Noch viel weniger können alle Menschen in dem Verlangen nach ein und demselben Objekt übereinstimmen."[66] Dies läßt das Modell einer „dynamischen Konkurrenzgesellschaft entstehen"[67], wo alle prinzipiell gleichen Menschen angesichts der Verknappung der Ressourcen[68] um ein möglichst zufriedenes und sicheres Leben kämpfen. Der Naturzwang, aus dem der künstliche Zwang des Staates sich legitimiert, ist für Hobbes der gewaltsame Tod als notwendige Folge allseitigen ungebremsten Selbsterhaltungstriebes und eben das Verlangen nach einem angenehmen Leben.[69] Diese beiden wichtigsten Triebe, in den Dienst der Vernunft gestellt, ermöglichen die Etablierung eines funktionierenden Staatswesens. Ziel einer Ordnung ist die Garantie friedlichen und guten Lebens, das aus dem Genuß von gesichertem Eigentum hervorgeht.

Die Bedeutung des Lustgewinns als handlungsleitendes Moment und das gute Leben als erstrebenswertes Handlungsziel sind eudaimonistische Vorstellungen. Hierin sind die Übereinstimmungen mit der epikureischen Lehre zu sehen.[70] Allerdings gibt es bei Hobbes wichtige Punkte, in denen er sich fundamental von Intention und Lehre des hellenistischen Philosophen unterscheidet. Zunächst widerspricht der systematische Stellenwert der Bewegung nicht nur in der Physik, sondern auch in der Staatstheorie und Ethik epikureischen Vorstellungen.[71] Ebensoweit wie Hobbes von der Vorstellung eines den einzelnen übersteigenden allgemeinen Telos entfernt ist, könnte er auch nicht einen Hedonismus akzeptieren, dessen Tendenz auf ein lustvolles Verweilen im Zuständlichen, auf Ruhe gerichtet ist. Menschliches Leben ist für Hobbes ebenso wie Naturgeschehen Bewegung, es gibt „so etwas wie beständigen Seelenfrieden nicht, da das Leben selbst nichts anderes als Bewegung ist und deshalb nie ohne Verlangen und Furcht sein kann, ebensowenig wie ohne Empfindung"[72]. Dies hat für Hobbes systematische Gründe und liegt nicht nur an der Unzulänglichkeit menschlicher Praxis. Die Dimension der Praxis, auf die das gesamte Denken des antiken Epikureismus und auch der Epikureismus in der Renaissance gerichtet war, kommt bei Hobbes nicht in den Blick. Da Physik und Staat in einem analogen Verhältnis gesehen werden, sind auch das Verhalten zu Natur und das zu Gesellschaft analog zu denken – nämlich technisch.[73] Bei Epikur ist das mechanistisch-atomistische Naturbild Voraussetzung und Grundlage für eine *menschliche* Praxis, die zwar im griechischen Sinne eine *techné* der Selbstsorge und des Lebensglücks bedeutet, aber mit dem modernen Begriff der Technik nichts gemein hat und den kommunikativen, dialogischen, selbststilisierenden Praktiken des Renaissancehumanismus um vieles näher steht. So ist auch der einzelne Mensch, dem das Interesse epikureischer Philosophie in besonderem Maße gilt, bei Hobbes nicht mehr als ein „Atom", ein Rädchen im Getriebe des großen Uhrwerkes.[74] Die Macht bzw. der Selbsterhaltungstrieb erscheint als die einzige Form menschlicher Interaktion und Kommunikation. Auch die staatlich garantierte Ordnung ändert daran nichts. „Der Kalkül hebt die Opazität der Subjekte und die prinzipiell in Antizipation befangene komparative Existenz nicht auf. Er nimmt dem kompetitiven Verhalten kraft des durch den Souverän gesetzten positiven Rechts lediglich die Schärfe des Konflikts."[75]

Hobbes ist nicht an der Besonderheit der Individuen, sondern an ihrer funktionalen Gleichheit (mit Ausnahme des Souveräns) interessiert. Dies entspricht in keiner Weise der elitären Selbstsorgepraxis und dem Wunsch ästhetischer Selbststilisierung im Kreise und mit Hilfe von Freunden, wie es der Entwurf der Epikureer vorsieht.

Aus den konfessionellen Auseinandersetzungen und der langsamen Ablösung feudaler Strukturen durch das höfische Zeitalter und den Absolutismus[76] ergaben sich für Hobbes spezifische Erkenntnisinteressen. Im Grunde Monarchist – auch wenn er sich mit Cromwells Regime aussöhnte –, sah er die Lösung der anstehenden Probleme nicht in einem individualethischen oder moralistischen Ansatz. Zur Überwindung der epistemologischen Skepsis, wie sie das frühe 17. Jahrhundert beschäftigte, bediente er sich zwar u. a. auch der epikureischen Physik, stellte sich aber dann die Lösung gesellschaftlicher Probleme analog zu den Verfügungstechniken über Natur vor und entfernte sich dabei weit von den epikureischen Vorstellungen spezifisch humaner Praxis zur Verwirklichung geglückten Lebens.

Das fundamental aufs Konkrete und aufs Individuum gerichtete Interesse genuin epikureischer Philosophie widersetzt sich allen Ansprüchen philosophischer Systematik. An konkrete Lebenswirklichkeit gebundene Weisheitslehre läßt sich nicht im Rahmen einer normativen, systematischen Ethik mit Verallgemeinerungsanspruch und kaum bzw. nur vergröbert als Utilitarismus im Rahmen gesellschaftstheoretischer Systeme formulieren. Viel weniger an naturwissenschaftlichen Themen des Atomismus als am „praktischen" Epikureismus interessiert, zeigt sich dann auch eine andere Gruppe von Denkern und Autoren, die sich als «contre-courant» zum systematischen Diskurs des Jahrhunderts bezeichnen ließen: die Moralisten.

## 3. Moralistik, «amour-propre» und die «volupté du bon Epicure»: La Rochefoucauld, Saint-Evremont, La Fontaine, Fontenelle, Bayle und andere

Moralisten sind keine Moralprediger. Sie haben „sehr wenig mit Moral, dagegen sehr viel mit den *mores* zu tun ..., das heißt mit den Lebens- und Seinsweisen des Menschen in ihrer reinen, auch ‚unmoralischen' Tatsächlichkeit"[77] – so lautet die wohl bekannteste Definition der Moralistik von H. Friedrich. Die Moralistik genau zu bestimmen, ist seither auf vielfältige Weise versucht worden.[78] Ein primär gattungsorientierter Ansatz betont die typische Breviloquenz, die aphoristischen, essayistischen Formen, die häufige Verwendung von Briefen, Dialogen und anderen kurzen, gesellschaftsbezogenen Formen, die eine Nähe zur Mündlichkeit erkennen lassen. Ein eher inhaltlich ausgerichteter Moralistikbegriff faßt den Gegenstand moralistischen Schreibens ins Auge: „Den Kristallisationspunkt des moralischen Themenkreises bildet der Mensch – seit jeher."[79] Er betont die Absicht der Moralistik, „jenseits aller fixierenden Moral" anthropologische Reflexion zu betreiben mit dem Ziel einer „Entfaltung des Menschlichen".[80] «La province du moraliste se situe à la lisière de trois grandes domaines, la religion, la science et la littérature.»[81] *Zwischen* Kunst, Wissenschaft, Religion und Philosophie nimmt die Moralistik zum Teil antagonistische Positionen vor allem zu wissenschaftlichem und theologischem Denken ein, zeigt andererseits aber durchaus auch hier – nicht nur was die historische Tradition menschenkundlicher Weisheitsliteratur seit der Antike angeht – eklektische Züge.[82] «La thématique des moralistes part du vécu pour répondre à ceux qui ont à vivre.»[83]

Die verschiedenen Ansätze unterscheiden sich weiterhin durch den historischen Rahmen, der für die Moralistik angesetzt wird: sei es die eher enge Eingrenzung auf das späte 16. Jahrhundert, die Blütezeit der Moralistik im französischen 17. Jahrhundert und das 18. Jahrhundert, sei es eine Erweiterung des Begriffs auf antike Quellen, den Humanismus und eine Fortführung bis Nietzsche, Sartre und Camus. Im allgemeinen wird akzeptiert, daß „eine komparatistische Behandlung ... sowohl bei einer themen- als auch bei einer formgeschichtlichen Beschäftigung"[84] mit der Moralistik unumgänglich sei.

Die intensivste Zeit klassisch-moralistischer Reflexion beginnt mit Gracián, Bacon und Montaigne und setzt sich vor allem im Frankreich des 17. Jahrhunderts fort. La Rochefoucauld wird hier meist an erster Stelle genannt, Charron, Pascal, La Bruyère, Saint-Evremont, Fontenelle, Pierre Bayle, Mme de Sablé und andere schließen sich an. Die Moralistik ist im 17. Jahrhundert ein sehr eng auf die gesellschaftliche Wirklichkeit bezogenes Phänomen. Ganz allgemein ist es richtig, auf die Bedeutung der fragmentarischen Kurzformen als Spiegelung gesellschaftlichen Totalitätsverlustes, als Ausdruck sozialer und moralischer Unsicherheit zu verweisen.[85] Weiter zeigt die Beliebtheit einzelner Genres wie Maxime, Brief, Reflexion, Entretien und Dialog, wie nahe moralistisches Schreiben dem mündlichem Austausch kam, wie sehr es verbunden war mit den Orten, wo nicht nur Moralistisches gelesen, sondern auch diskutiert wurde: den Salons. Die Salon-Kultur ist Grundlage der Moralistik in der 2. Hälfte des 17. Jahrhunderts.[86] Ohne den Salon ist weder das Ideal des «honnête homme»[87] zu verstehen noch das zweite große Thema der Moralistik: die Entlarvung der Eigenliebe, des «amour-propre»[88]. Moralistik ist genuin unsystematische Beobachtung und Enthüllung des Menschlichen. Weder Teleologie noch Metaphysik können sie davon abbringen, den Menschen in seiner typischen Individualität und seiner individuellen Typik zu erfassen und zu beschreiben.[89] Moralisten sind keine Wissenschaftler, ihr Bereich ist die Kunst. „Da der moralistische Gegenstand, der Mensch, ein tausendfach aufgesplittertes, widerspruchsvolles Gebilde ist, bedient sich die Moralistik mit Vorliebe offener literarischer Formen, die zu keiner Systematik nötigen, vielmehr Wiederholungen, Variationen, Nuancen, jedes Für und Wider erlauben."[90] Durch die Beobachtung ans Historische, Konkrete und Einzelne gebunden, findet die Moralistik in der *ästhetischen* Form die Möglichkeit, über das Einzelne hinausweisend wieder den Einzelnen, d. h. den Leser in einer anderen – seiner – historischen Situation anzusprechen und ihn für die Allgemeinheit der Besonderheiten empfänglich zu machen.[91] Der Leser moralistischer Texte ist in besonderer Weise zum Weiterdenken aufgefordert: „... auf die Frage, was der Mensch sei" geben die Moralisten eigentlich keine Antwort, sondern stellen sie immer wieder neu, „als die unbeantwortbare Frage schlechthin".[92]

Die Moralisten sind Skeptiker. Die Unzulänglichkeit menschlichen Wollens und Könnens und das Ausgeliefertsein des Menschen an seine Leidenschaften diagnostizieren sie mit scharfem Blick. Sie kommentieren die Ohnmacht der Vernunft, das aussichtslose Bemühen, Triebe ganz beherrschen und steuern zu können. In ihrer Skepsis gegenüber menschlicher Erkenntnismöglichkeit und Handlungsfähigkeit berufen sie sich auf die spätrenaissanceistische Tradition, vor allem auf Montaigne. Den Menschen als beschränktes Naturwesen zu sehen und ihr Anliegen, alles, was diese Erkenntnis verdecken soll, als Lüge zu entlarven, verbindet die Moralisten wiederum mit der frühen libertinen Bewegung des 17. Jahrhunderts und mit frühaufklärerischen Tendenzen.[93] Aufklärerischer Optimismus, wie er im 18. Jahrhundert zu den Enthüllungsstrategien hinzukommt, fehlt allerdings den Moralisten im 17. Jahrhundert. Überschneidungen lassen sich dort finden, wo aufklärerische Töne z. B. der in Mode kommenden Moralischen Wochenschriften sich mit moralistischem Gedankengut mischen. Dies ist besonders gut dort zu sehen, wo sich die englische Idee und Form der Moralischen Wochenschriften in Frankreich mit der moralistischen Denktradition verbindet.[94]

Während ein La Rochefoucauld noch ganz den pessimistischen Ton einer nach dem Fehlschlag der Frondeaufstände[95] enttäuschten und im absolutistischen Staat zunehmend an Bedeutung verlierenden Aristokratie anschlägt, zeigt sich bei La Fontaines politischem Engagement und in Saint-Evremonts explizitem und viel optimistischerem Epikureismus eine Weltoffenheit, die zu Pierre Bayle, Fontenelle und in das nächste Jahrhundert weist. So vermutet auch J. von Stackelberg, es ließen sich von Saint-Réal bis Saint-Evremont Verbindungen erkennen, „eine Linie, die vom Libertinismus zur Frühaufklärung führt. Diese Linie ist als solche nicht unbekannt; weniger Beachtung dürfte aber die Tatsache gefunden haben, daß sie auch mit der Moralistik zusammenhängt."[96]

Es wäre müßig, den Streit, ob der meistzitierte Autor der französischen Moralistik, La Rochefoucauld, ein Anhänger der epikureischen Philosophie gewesen sei oder nicht, noch einmal aufnehmen zu wollen. Es dürfte wohl mittlerweile Übereinstimmung darin bestehen, daß die wenigen Zeugnisse, die aufgeführt wurden, um aus La Rochefoucauld einen Epikureer zu machen, diese These abzustützen kaum in der Lage sind.[97] Auf der anderen Seite läßt sich aber auch nicht behaupten, bei La Rochefoucauld ließe sich gar nichts Epikureisches finden. Dies wäre nämlich um so erstaunlicher, als in den Salons der Mme de Sablé, der Vendôm und der Ninon de Lenclos der Epikureismus ständig präsent war. Natürlich hatte dazu Gassendis Rehabilitation des Epikur erheblich beigetragen; in den weniger gründlich gebildeten Kreisen, denen Gassendis Latein nicht verständlich war, sorgte die französische Übersetzung und Bearbeitung des ›Syntagma‹ durch seinen Schüler François Bernier[98] für die Verbreitung epikureischer Philosophie. Neben immer noch eher zurückhaltenden Äußerungen gab es nun dort auch solche, die den epikureischen Hedonismus durchaus mit sinnlichen Genüssen verbanden.[99] Der Chevalier du Temple weiß die Begeisterung für Epikur in den feinen Kreisen der «honnêtes gens» verbreitet: «C'est ne pas être à la mode que d'être contre Epicure. Tout ce qu'il y a de beaux esprits est rangé de son coté. Le cabinet, la ruelle, tout veut être pour lui: qui dit Epicurien ne dit plus un homme débauché. Cette opinion n'est plus qu'une vision de gens de petit sens; mais il est vray aussi, que les véritables épicuriens sont rares dans le monde, et qu'ils ne se trouvent que parmi les honnêtes gens.»[100]

Einer dieser «honnêtes gens» war sicherlich auch der Chevalier du Méré, der Freund La Rochefoucaulds, durch den dessen angebliche Begeisterung für Epikur überliefert ist. «Que la vertu mal entendue n'est guère moins incommode que le vice bien ménagé»[101], meint La Rochefoucauld. Den ersten Fehler wirft er Seneca vor, den er für einen «Hypocrite» hält. In einem Atemzug mit der Verurteilung Senecas äußert er ein Lob für Epikur: «Epicure était un Saint».[102] Epikur gehört für ihn zunächst einmal auf die Seite derjenigen, die ehrlicher waren, eine dem Menschenmöglichen besser angepaßte Lehre vertraten und nicht durch unerfüllbare Forderungen zu Lüge und Maskierung verführen. Sonst läßt sich auf den ersten Blick in den vielen Texten, die eher eine „negative Ethik", also wenig Anweisungen für eine Lebenspraxis und erst recht keine systematische Moralphilosophie enthalten, nichts Hedonistisches oder Epikureisches finden.

Es wurde allerdings bereits von J. Starobinski[103] darauf hingewiesen, daß sich neben dem Ziel einer Entlarvung der Eitelkeiten bei La Rochefoucauld auch ein anderer Impetus finden läßt. Starobinski spricht von «morales substitutives». Wenn nämlich alle Tugenden, alles angeblich gute und moralische Handeln von La Rochefoucauld letztlich nur als Maskierungen des «amour-propre» entlarvt werden, bleibt zunächst die Frage, wie angesichts dieser Tatsache richtiges Handeln – im Sinne intentionalen Verhaltens – überhaupt noch möglich ist. Der «amour-propre» wird geradezu mythisch beschrieben als ein unauslotbares, dunkles Ungewisses im Menschen, aus dem alle Triebe entspringen. Es ist dem Menschen unmöglich, dieser Grunddisposition zu entkommen, ja auch nur die unendlich vielfältigen Verkleidungen des «amour-propre» zu erkennen: «Il est plus habile que le plus habile homme du monde ... On ne peut sonder le profondeur de ses projets, ni en percer les ténèbres ...[104] Sowohl die sogenannten Tugenden als auch alle Laster haben keine andere Quelle als diesen undurchsichtigen «amour-propre», gegen den die Vernunft machtlos ist.[105] Ja, vorgeblich vernünftiges Handeln zeugt im Gegenteil eher von Dummheit und gibt den Menschen der Lächerlichkeit preis. Was bleiben also angesichts von Erkenntnisungewißheit und Handlungsunfähigkeit für Möglichkeiten, das Leben so einzurichten, daß es erträglich, womöglich sogar angenehm ist? Für La Rochefoucauld gibt es auf der Ebene ethischer Reflexion keinen Ausweg, und nur eine Verlagerung des Problems auf die Ebene der Ästhetik im Sinne einer Stilisierung des Lebens scheint eine Lösung zu bieten. «C'est dans le champ social lui-même, c'est dans le commerce quotidien que les valeurs esthétique vont se substituer aux impératifs moraux et prendre à leur tour valeur d'impératifs.»[106] Die Existenz wird nach Regeln harmonischer Formen entworfen. Harmonie ist dabei sowohl das Konzept für die Konstitution des einzelnen Subjekts als auch für die Organisation der Gemeinschaft. Anlagen und Eigenschaften, d.h. vor allem auch die spezifischen Ausprägungen des «amour-propre», sollen durch Ausbildung und Erziehung so geformt – nicht radikal unterdrückt oder durch Fremdes ersetzt – werden, daß sie einen angenehmen Umgang gestatten.[107] Der «honnête homme» ist also keiner, der mit Hilfe seiner Rationalität den «amour-propre» besiegen will, sondern einer, der sich angesichts der Unmöglichkeit, wirklich „gut" zu sein, mit dem zufrieden gibt, was für ihn selbst angemessen, angenehm und zugleich sozial verträglich ist. Der kalkulierende und modellierende Verstand, dem diese Aufgabe zukommt, orientiert sich dabei an ästhetischen Werten der schönen Form und der Harmonie, als Übungsfeld wählt er die gebildete Konversation. Während bei Hobbes das Machtwort des Souveräns den tödlichen Kampf der triebgeleiteten Individuen regelt, sind es bei La Rochefoucauld die Regeln der höflichen Konversation, die ihn lehren, im Rahmen des Möglichen „Herr im eigenen Haus"[108] zu werden: «politesse» statt «politique».

Hier, so scheint es, läßt sich doch etwas Epikureisches erkennen. Die Techniken einer stilisierenden Selbstsorge können zwar eine normativ fundierte Ethik nicht ersetzen und den Pessimismus nicht auslöschen, aber doch um ihn ein «glacis d'hédonisme» legen: «C'est ici qu'on peut rappeler les éloges que La Rochefoucauld, selon Méré, prodigue à Epicure, dont il fait un Saint.»[109]

Ganz anders als bei Hobbes handelt es sich hier nicht um einen gesellschaftstheoretischen Ausweg aus der Misere fehlender normativer Vorstellungen, sondern um ein Konzept, das «une élite de civilisés» anwendet auf der Suche nach neuen Wegen inmitten der ins Wanken geratenen alten Wertvorstellungen.[110] Der Umgang mit anderen orientiert sich am Muster der Konversation.[111] Die meisten lassen sich zwar vom ersten Impuls des «amour-propre» leiten, aber es gilt weiterzudenken: «Il faut écouter ceux qui parlent, si on en veut être écouté.»[112] Keineswegs aus reinem Altruismus, sondern aus klugem Kalkül entspringt die mögliche Zurückhaltung.[113] Seien es die Regeln der «civilité» oder der Respekt vor dem anderen, die einem ein solches Verhalten zur Norm machen, das Resultat ist dasselbe – solange man sich der moralischen Unzulänglichkeit der Motive bewußt ist! Und schließlich: Was macht La Rochefoucauld anders, als dieses Konzept auch künstlerisch umzusetzen, wenn er seinem Leser statt Abhandlungen und Pamphlete kurze, fragmentarische, brillante Maximen und Reflexionen vorsetzt?[114] Der Leser wird miteinbezogen in das ernste Spiel der Konversation; nur mit dieser spielerischen Ernsthaftigkeit ist das Bewußtsein der Abgründigkeit des menschlichen «amour-propre» zu meistern. Niemals endgültig auf den Begriff zu bringen, proteushaft sich wandelnd, bleibt er eine ständige Herausforderung. Die Sprache der Kunst, die statt dem Begriff die Anspielung, statt Totalität das Fragment und statt der Abhandlung die Maxime wählt, bietet eine Offenheit an – wie sie Montaigne beschrieben hatte –, die Kommunikation herstellt und Verständigung möglich macht, weniger durch das Gesagte und Beschriebene als durch Ungesagtes und Umschriebenes. Leben und Kunst werden nach denselben Prinzipien gestaltet, treten in eine eigenartig enge Verbindung: kein gekünsteltes Leben, sondern echte Lebenskunst.

Auch für La Fontaine gilt, daß er sich mit seiner expliziten Vorliebe für Epikur – er nennt sich auch mehrmals einen Schüler von Lukrez[115] – in eine Tradition einreiht, die in Opposition zu der orthodoxen Theologie und Philosophie steht. Wahrscheinlich kannte er Epikur wie viele seiner Zeitgenossen durch die Vermittlung Gassendis und noch mehr aus Berniers ›L' Abrégé de la philosophie de M. Gassendi‹. Mit François Bernier war er befreundet und traf ihn häufig im Salon der Mme de La Sablière. Außerdem war er ein Verehrer von Horaz' Poesie und ein Leser Montaignes.

Am deutlichsten sind die Spuren dieser Lektüre in der Fabel ›Démocrite et les Abdéritains‹[116] und in der ›Hymne à la Volupté‹[117] zu finden. Demokrit, «le maitre d'Epicure«[118], wird von seinen Landsleuten als Verrückter verlacht. Sie fürchten um seinen Geist, da er eine Vielzahl an Welten postuliert, die feste Materie aus unsichtbaren Atomen bestehend beschreibt. Sie behaupten, er stelle das Universum auf den Kopf und habe dabei sich selbst aus den Augen verloren, während der brave Abderite sich selbst für das Maß aller Dinge hält. La Fontaine mokiert sich über diese dogmatisierenden Dummköpfe, die in ihrem unaufgeklärten Zustand noch nicht einmal in der Lage sind, die Probleme wahrzunehmen, mit deren Lösung Demokrit sich bereits beschäftigt. Hippokrates, der weise Arzt erkennt nach einem Gespräch «sur l'homme et sur l'esprit ..., sur la morale»[119], daß es sich hier nicht um den *einen* Fall handelt, sondern daß er es mit einem ganzen Volk von Narren zu tun hat. Der lachende Philosoph ist ein Topos, und diese Fabel reiht sich mit der Entschleierung von dummer Mittelmäßigkeit und Eitelkeit in die Moralistik ein. «Qui vit sans folie n'est pas si sage qu'il croit»[120]: So formuliert La Rochefoucauld die vorschnelle und eitle Überzeugung, die Menschen in „Normale" und in „Narren" einteilen zu können.

La Fontaine macht sich aber nicht nur über die Verblendungen der *vox populi* lustig. In ›L'astrologue qui se laisse tomber dans un puits‹[121] greift er die andere Seite an. Es ist die alte Geschichte von Thales und der lachenden Thrakerin, die durch die gesamte Geistesgeschichte in vielen Variationen die weltabgewandte Lebensuntauglichkeit spekulativer Philosophie kritisierte.[122] Auch Montaigne hatte sie aufgegriffen. La Fontaine benützt die Fabel nicht, um die Philosophie, sondern um die Pseudo-Wissenschaft, die Astrologie, zu kritisieren.[123] Ganz in epikureisch-lukrezscher Tradition denunziert er die Scharlatane, die behaupten, etwas über die «Providence», über fremdes oder ihr eigenes Schicksal aussagen zu können, wo doch in der Natur nicht der göttliche Wille sich ausdrückt, sondern sie ein nach den Gesetzen der Notwendigkeit immer gleich funktionierender Mechanismus ist.

Auf die Himmelsbewegungen kann der Mensch sich zwar verlassen, aber sie *bedeuten* nichts *für* ihn, sie haben keine numinose Aura mehr. Die Fabel steht „im Dienst der Entzauberung vermeintlicher Himmelszeichen“[124]. Neben dem Interesse an Naturphilosophie, das La Fontaine hatte, war er auch mit Epikurs Morallehre einverstanden. In der ›Hymne à la volupté‹, die sich am Schluß des Romans ›Amours de Psyché et de Cupidon‹ befindet, wird Epikur als «plus bel esprit de la Grèce»[125] apostrophiert. Die «volupté» wird eingeladen, das Leben lebenswert zu machen: Das Spiel, die Liebe, Bücher und Musik, Stadt und Land, ja sogar der Genuß einer melancholischen Stimmung, alles ist willkommen. La Fontaine predigt jedoch keineswegs maßlosen Genuß.[126] Das richtige Maß zu finden ist allerdings keine Frage einer allgemeinen Norm, sondern individueller Lebenserfahrung, die nie erschöpfend sein kann: «Il m'en faut au moins un siècle bien compté.»[127]

Bei La Fontaine ist ein vorsichtiger Optimismus zu spüren, der aus den epikureischen Lebensweisheiten nicht eine resignierte Methode macht, die sich eine „Ersatzmoral“ nach ästhetischem Vorbild zu schaffen bemüht: Die skeptisch-moralistische Attitüde der Entlarvung von Dummheit und Borniertheit der Menschen verbindet sich hier mit dem bereits aufklärerischen Gedanken, daß die guten Seiten im Menschen kultivierbar seien, daß auch die Leidenschaften nicht nur Schlechtes befördern. Dies geht einher mit dem Glauben an die Möglichkeit von Erziehung. Auch wenn er damit nicht etwa zum politischen Reformer wird, ist seine Kritik nicht mitsanthropisch, sondern eine «philosophie du sourire», die es dem Gebildeten ermöglicht, ein angenehmes Dasein zu verwirklichen. «Cette sagesse épicurienne est le fruit d'une culture qui doit bien plus à Horaz, à Epicure, à la sagesse antique qu'à la méditation de l'Evangile ou de Saint Augustin.»[128]

Der Wandel, den die Bewertung des «amour-propre» vom 17. Jahrhundert ins 18. Jahrhundert erfährt, deutet auf eine sich verändernde Einstellung zur menschlichen „Naturhaftigkeit“, zu Leidenschaften und Trieben. Die Naturhaftigkeit des Menschen wurde im 17. Jahrhundert hauptsächlich als Gefährdung empfunden: Seinen Trieben hilflos ausgeliefert, kann der Mensch nur durch äußeren Zwang oder elitäre Raffinesse einigermaßen im Zaum gehalten werden. Die Erkenntnis, daß Leidenschaften menschliches Verhalten prägen, ist für diejenigen, die im Namen des menschlichen Geistes gegen scholastischen Dogmatismus aufbegehrten, nicht leicht zu verkraften. Erst allmählich setzen sich gegen die christliche Verteufelung des Sinnlichen diejenigen Tendenzen durch, die mit der Forderung, den Menschen als Ganzes zu würdigen, ernst machen und auch die Sinnlichkeit des Menschen ungeschönt akzeptieren. Beschäftigung mit dem Ich bedeutet dann nicht mehr ausschließlich Kontrolle und Zensur, sondern kann auch eine auf Wohlbefinden und Glück zielende Selbststilisierung meinen.

Ließen sich bei La Rochefoucauld bereits Hinweise auf eine «amour-propre»-Konzeption finden, die neben der vorherrschenden jansenistisch-augustinisch geprägten Denunzierung und Entlarvung des negativen «amour-propre» mit den Möglichkeiten einer gesellschaftlich-ästhetischen Ausformung spielt, so zeigen sich bei anderen Autoren des ausgehenden 17. Jahrhunderts noch deutlichere Spuren einer allmählich sich ausbildenden Funktionalisierung des «amour-propre» im Sinne einer optimistisch-pragmatischen Ersatzmoral. Eine entscheidende Rolle dabei spielen Pierre Nicoles ›Essais de morale‹, die eine Abhandlung ›De la charité et de l'amour-propre‹[129] enthalten. Nicole empfiehlt hier eine Art „Minimalprogramm" für diejenigen, die sich nicht an christliche Moralvorschriften zu halten vermögen. In pragmatisch-utilitaristischer Sicht sind die Wirkungen eines «amour-propre éclairé» denen der «charité» gleichzusetzen.

Sind in der libertinistischen Konzeption des «amour-propre réglé» z. B. eines La Mothe le Vayer und eines Naudé erste Ansätze zu einer positiven Bewertung des «amour-propre» erkennbar,[130] so nehmen doch „die Aufwertungstendenzen von amour-propre, die im Laufe des 17. Jahrhunderts konstatiert werden konnten, bei Nicole nun so klare und systematische Formen an", daß man von einem „Durchbruch, einem begriffsgeschichtlichen Wendepunkt sprechen darf".[131] Neben Nicole sind hier noch Jacques Abbadie[132], Pascal und der Abbé d'Ailly zu nennen. Dabei ist bemerkenswert, daß gerade so jansenistisch geprägte Denker wie Nicole und Pascal im Bewußtsein, „nur" eine – allerdings notwendige – Ersatzmoral zu propagieren, das Ethos des «amour-propre éclairé» vertraten. „Gegen ihren Willen öffneten sie damit einem pragmatischen Optimismus die Tür."[133] Die krisenhaft erfahrene Auflösung teleologischer Weltbilder und die allmählich sich zeigende gesellschaftliche Umstrukturierung von einer relativ stabilen feudal-ständisch geordneten Welt zu einer funktional organisierten mobilen „Leistungsgesellschaft" hinterlassen zunächst vor allem in adeligen Kreisen das skeptisch-pessimistische Gefühl eines allgemeinen Ordnungsverlustes, der angesichts der historischen Turbulenzen und der moralischen Desorientierung resigniert nur noch mit Hilfe einer dem – eben „an sich" schlechten – Menschen angepaßten Ersatzmoral entweder gesellschaftlich-ästhetischer oder bereits utilitaristischer Prägung ausgeglichen werden kann. Auf diese Weise wird die Moral des «amour-propre» von einem reinen und absoluten christlichen Ethos abgekoppelt oder in libertinistischer Tradition sogar polemisch dagegen abgegrenzt. Die „Ersatzmoral" des adeligen 17. Jahrhunderts wird im 18. Jahrhundert schließlich mit bürgerlichem Selbstbewußtsein als der Grundlage eines neuen Subjektbegriffs neu formuliert werden. „Die Emanzipation des Bürgertums unter dem Schlagwort des amour-propre beginnt im 17. Jahrhundert. Im 18. Jahrhundert wird dann nur noch die Position aggressiv gegen die alten Mächte gewandt."[134] Die Ambivalenz, die einer solchen Konzeption auch und gerade dann anhaftet, wenn sie im Rahmen der Aufwertung von menschlicher Natur und Sinnlichkeit positiv-optimistisch besetzt wird, aber doch ihren skeptisch-resignativen Ursprung nicht verleugnen kann, manifestiert sich im 18. Jahrhundert in einem mehr oder weniger explizit geäußerten, ständig empfundenen normativen Defizit.

«Je veux que la connaissance de ne rien sentir qui m'importune, que la réflexion de me voir libre et maître de moi, me donne la volupté du bon Epicure»[135]: Der Chevalier Saint-Evremont war der Epikureer par excellence des 17. Jahrhunderts. Aus einem alten Adelsgeschlecht der Normandie stammend, brach er seine Universitätsstudien nach kurzer Zeit ab, um in die Armee einzutreten. Während der Winterpausen zwischen den Gefechten und nach dem Ende der Kriege war er ein häufiger und gerngesehener Gast in den Pariser Salons, vor allem in der rue de Tournelle bei seiner langjährigen Freundin Ninon de Lenclos. Dort verkehrten außerdem Bernier, La Fontaine und der Chevalier de Méré. In einem der vielen Briefe, die Saint-Evremont im Laufe der Jahre an seine schöne und kluge Freundin in Paris schreibt, findet sich auch ein Gedicht über sie:

L'indulgente et sage nature
A formé l'âme de Ninon,
De la voupté d'Epicure
Et de la vertu de Caton.[136]

Ist dies auch weniger ein Zeugnis von besonderem philosophischem Tiefgang, so ist es doch ein Hinweis darauf, wie Epikur als Symbolfigur für eine durchaus salonfähige" «volupté» in aller Munde war. Ein wohlschmeckendes Ragout hatte man nach dem antiken Philosophen «Tombeau d'Epicure» getauft.[137]

Sein kritischer Geist hatte den Chevalier beim Hofe unbeliebt gemacht, und 1661 mußte er nach London gehen, wo er die restlichen 40 Jahre seines Lebens im Kreise anderer französischer Exulanten verbrachte. Aus dieser Zeit stammt der Großteil seines Werkes: Komödien, Gedichte, philosophisch-moralistische Prosaabhandlungen. Auch seine Briefe sind vor allem aus den Londoner Jahren erhalten.

In ›Sur les plaisirs‹ rät er dem Comte d'Olonne, den Tod zu ignorieren.[138] Reflexion über den Tod sei unnütz und mache traurig, wo doch die Menschen von Natur aus dazu geschaffen seien, ihr Vergnügen zu suchen.[139] Der «volupteux» führe das richtige Leben.[140] Das gelungene Leben versteht er als «sentiment délicat d'une joie pure, qui vient du repos de la conscience, et de la tranquillité de l'esprit»[141]. Dies alles ist ganz purer Epikureismus, und Saint-Evremont bekennt sich auch explizit in einer Abhandlung ›Sur la morale d'Epicure‹, die er «à la moderne Léontium», das heißt seiner Freundin Ninon de Lenclos widmet, zur epikureischen Philosophie.[142] Seine Kenntnisse epikureischer Philosophie scheint er hauptsächlich der Lektüre von

Lukrez und den Arbeiten von Gassendi und Bernier zu verdanken.[143] Er betont nicht einseitig den nüchternen und asketischen Epikur, sondern weist darauf hin, daß der Genuß eines üppigen Mahls nicht der Möglichkeit widerspräche, auch einmal mit weniger vorlieb nehmen zu können. Ähnlich solle man es mit Frauen und den anderen Freuden des Lebens halten. Saint-Evremont ist kein Atheist und zeigt bis zu seinem Tod eine deutliche Anhänglichkeit an die katholische Kirche. Ganz fremd ist ihm allerdings ein angsteinflößender und furchterregender Gott. Auch dafür schätzt er Lukrez und Epikur, daß sie den Menschen die Angst vor den unberechenbaren Göttern genommen und sie in den Stand gesetzt haben, ihre Lebensführung nach eigenen Maximen zu regeln und «maître de soi» zu sein. Der «amour-propre» war für ihn keine an sich verwerfliche Haltung mehr, sondern ein diffuses Gefühl des Selbstwertes, das allerdings in dem Moment, wo es ausgesprochen und rationalisiert wird, Gefahr läuft, zur unangenehmen Eitelkeit zu verkommen. In der Problematik, Gefühle angemessen auszudrücken, erkennt er die Schwierigkeit des Verhältnisses von Ratio und Emotionen. Eine gewisse Ambivalenz in der Haltung zur Religiosität, zum «amour-propre», aber auch in der Bewertung von Rationalität durchzieht sein gesamtes Werk. Auch hier zeigen sich überall noch die Bruchstellen, die ein als „Ersatzmoral" fungierender Epikureismus nicht ganz verdecken kann. In seiner persönlichen Lebensführung sucht er nach einer Philosophie, die die größtmögliche Ausgeglichenheit zwischen beiden Bereichen anstrebt.

Cervantes und Montaigne waren die Lieblingsautoren Saint-Evremonts. Er schätzte sie wegen ihrer Beobachtungsgabe und ihrer Menschenkenntnis. Seine eigenen Schriften haben ebenfalls den Ton moralistischen Scharfblicks und treffsicherer Charakterisierung menschlicher Schwächen. Darüber hinaus unterscheiden ihn von einem Moralisten wie La Rochefoucauld aber seine weit weniger pessimistische Haltung, seine weltmännische Toleranz und seine selbstsichere Genußfreude.[144] Seine Briefe zeugen von herzlicher Anteilnahme und von der Fähigkeit, Freundschaften über lange Zeit und große räumliche Distanz hinweg aufrechtzuerhalten. Er war kein simpler «bon vivant», sondern bis ins hohe Alter blieb er nonkonformistisch, kritisch und ironisch. Aber sein Wissen um eigene und die Schwächen anderer machte ihn nicht zu einem Misanthropen. Als Epikureer waren ihm die «passions» des Menschen ebenso wertvoll wie die «raison». Weder philosophisch noch künstlerisch von überragender Bedeutung, weist er in seinen Briefen und moralistischen Schriften, in denen sich sein von epikureischer Philosophie geprägter Lebensstil äußert, voraus auf die aufklärerische Konzeption des Menschlichen, wie sie im 18. Jahrhundert entsteht.

«Que ce ne sont pas les opinions générales de l'esprit, que nous déterminent à agir, mais les passions présentes au cœur»[145], bestätigt auch der Verfasser des berühmen ›Dictionnaire historique et critique‹, Pierre Bayle. „Der Mann, der die Metaphysik des 17. Jahrhunderts und alle Metaphysik *theoretisch* um ihren *Kredit brachte*"[146], war ein gläubiger Calvinist. „Er unterwarf ... die Metaphysik in ihrem ganzen geschichtlichen Verlauf der Kritik. Er wurde ihr Geschichtsschreiber, um die Geschichte ihres Todes zu schreiben."[147]

Mit einem «souci presque manique de précision et d'approfondement»[148], kämpft Pierre Bayle in seinem ›Dictionnaire‹ gegen jede Art von Dogmatismus, Intoleranz und Vorurteil. Es werden nicht im üblichen Sinne zu den einzelnen Stichworten nur neutrale Informationen geliefert, sondern im Gegenteil spart Bayle in den zum Teil weitschweifigen Artikeln nicht mit persönlichen Kommentaren. Er inszeniert in diesen Essais eine Art Gelehrtengespräch über die Jahrhunderte hinweg, in dem er jeden zu Wort kommen läßt und zudem selbst Stellung nimmmt. Trotz seiner religiösen Überzeugungen steht Bayle in seinem kritisch-skeptischen Impetus den Skeptikern nahe.[149] Ganz davon überzeugt, daß Hobbes «l'un des plus grands esprits du XVIIe siècle»[150] gewesen sei, möchte er nur an einem Punkt die pessimistische Anthropologie Hobbes' korrigieren und zieht dazu Montaigne und sogar Descartes heran, dessen philosophischem Dualismus er sonst kritisch gegenübersteht.[151] Nicht mehr der radikale, pessimistische Skeptizismus des 17. Jahrhunderts findet sich in Bayles Schriften, sondern vielmehr ein Ton moderater „Montaignescher" Skepsis.

Die skeptisch-moralistische Tradition der «libertinage érudit» hinterläßt in der französischen Frühaufklärung deutliche Spuren einer kritischen, antimetaphysischen Haltung; bedingungsloser Glaube an die Macht menschlicher Rationalität ist diesen Denkern ebenso fremd wie die theologische Unterschätzung autonomer positiver Handlungsmöglichkeiten des Menschen. Was Saint-Evremont, Bayle und auch Fontenelle eher mit Montaigne als mit La Rochefoucauld und auch Hobbes verbindet, ist ihre grundsätzlich weniger negative Anthropologie und der niemals zynische, sondern eher ironische Blick auf das Treiben der Menschen.

Verbesserung als Selbsterziehung im Rahmen sozialer Erfahrung ist für Bayle die Alternative zur ästhetisierenden «morale substitutive» oder dem Unterdrückungsapparat eines tyrannischen Souveräns. Bayle vertritt eine autonome Moral, die, von allen transzendenten und religiösen Bestimmungen frei, sich in der menschlichen Gemeinschaft zu realisieren hat. In seinen ›Pensées diverses sur la Comète‹ verteidigt er darum auch die Atheisten gegen den Vorwurf der apologetisch-christlichen Polemiken des 17. Jahrhunderts, die zwischen Atheismus und Immoralität eine notwendige Verbindung postuliert hatten.[152] Es sind ausschließlich gesellschaftliche Sanktionen, die die Durchsetzung von Normen garantieren können, und auch dies nur solange staatlich-institutionelle und soziale Kontrolle einander ergänzend übereinstimmen.[153] Voraussetzung für eine Regelung menschlichen Zusammenlebens kann weder eine religiöse Abschreckungspraxis mittels angedrohter Strafen bzw. Erlösungsversprechen *nach* dem Tod sein noch eine ausschließlich von der Institution Staat getragene Ordnungsgewalt, die keine Rücksicht auf die individuelle und soziale Verankerung der Normen nehmen will,[154] und auch nicht eine Individualethik nach den Vorstellungen der gebildeten Salonbesucher, die ihrem elitären Charakter entsprechend das Problem der Normendurchsetzung entweder gar nicht thematisieren oder in die Zuständigkeit des je einzelnen Subjekts verlegen.

Epikur und Lukrez werden von Bayle als die besten Beispiele für vorbildliche Lebensführung *ohne* religiösen Hintergrund angeführt: «Que l'exemple de Lucrèce et ses semblables prouve manifestement, que la religion n'estoit pas la cause des idée d'honnêteté qui étoient parmi les Payens.»[155] Nicht nur Epikur und Lukrez, sondern auch der Hetäre Leontium, Leukipp und Demokrit widmet Bayle ausführliche Artikel, in denen er sie gegenüber den Vorwürfen der christlichen Polemik verteidigt. Obwohl er in der ›Querelle des Anciens et des Modernes‹, die das philosophische und literarische Frankreich vom Ende des 17. bis Mitte des 18. Jahrhundert in Atem hielt, auf der Seite der «Modernes» stand und darum keineswegs geneigt war, den antiken Schriftstellern unbesehen zuviel Kredit zu geben, würdigt er sowohl die antike epikureische Ethik als auch deren philosophische Grundlegung durch eine atomistische Physik. Die Radikalität, mit der Epikur die Eudaimonie – statt sie wie alle anderen an äußeren, materiellen Dingen festzumachen – ausschließlich an die subjektive Befindlichkeit knüpft und so nur die formalen Bedingungen eines gelungenen Lebens festlegt, hält Bayle zu recht für einen entscheidenden Fortschritt. Mit diesem Argument kann er auch plausibel die philosophische und reale Unabhängigkeit Epikurs von materiellen bzw. fleischlichen Genüssen erklären, ohne dabei einen „stoischen" Epikur konstruieren zu müssen.[156] Neben der kritischen Würdigung der Philosophie nach aktuellen Maßstäben steht bei Bayle die historische Bewertung ihrer Bedeutung für die geistesgeschichtliche Entwicklung bis zum jeweils aktuellen Stand der Auseinandersetzung. Einen besonderen Beweis für die Integrität Epikurs und die Bedeutung seiner Lehre sieht Bayle darum in der langen Reihe berühmter und gelehrter Männer, die als Apologeten des Epikureismus gelten. Neben zahlreichen Autoren aus Antike und Renaissance nennt er im 17. Jahrhundert Sarazin, lobt die Ausführungen Saint-Evremonts als «curieuses et de bon goût»[157], erwähnt La Mothe le Vayer und Sobrière: «Mais je ne crois point qu'en quelque pays, ou en quelque temps que l'on ait écrit pour ce philosophe on ait égalé notre Gassendi. Ce qu'il a fait là-dessus est un chef-d'œuvre.»[158] Aus den Werken Gassendis hat Bayle wohl auch einen Großteil seiner Informationen bezogen, und gleichzeitig ist ihm darin die Bedeutung des epikureisch-demokriteischen Atomismus für die moderne Naturwissenschaft bzw. ein modernes Materie- und Weltverständnis deutlich geworden. Ähnlich wie dem Kirchenmann Gassendi allerdings macht auch dem gläubigen Bayle die Grundlegung des epikureischen Materialismus im Prinzip des *ex nihilo nihil fit* Schwierigkeiten.

„E indubbio che l'epicureismo si presenta a Bayle come la forma la più limpida del razionalismo antico“[159], und darum scheint er Bayle auch am besten geeignet, den Herausforderungen zu begegnen, die irrationale, religiöse oder auch metaphysische Argumentationen im Bereich der Ethik und der Naturwissenschaft darstellen. Bayles Überlegungen führen zu einer strengen Trennung zwischen einerseits fideistischen und irrationalen Positionen, was den *Glauben* angeht, und andererseits dem Bereich einer autonomen Privatsphäre des einzelnen, die unantastbare Freiheit des Denkens voraussetzt und einer vollständigen Befreiung der Rationalität aus allen theologischen Strukturen bedarf. Erst dadurch nämlich läßt sich die Grundlage einer politischen Öffentlichkeit konstruieren, die frei von religiösen Konflikten ausschließlich auf der Basis rationaler Argumente organisiert ist. Bayles antitheologische Polemik richtet sich gegen alle Arten falsch angewandter Gläubigkeit, gegen Aberglauben ebenso wie gegen die religiöse Begründung von Moral.

Die Trennung führt dazu, daß Bayle den radikalen Materialismus des antiken Atomismus nicht akzeptieren kann, daß ihn aber auch der Dualismus cartesianischer Prägung nicht mehr befriedigt. Sein Vorschlag, die Ordnung des Kosmos durch die Annahme *beseelter* Atome zu erklären und auf diese Weise alle Phänomene der Natur quasi-monistisch zu erklären, stellt ihn in die Kontinuität einer von den Atomisten des 17. Jahrhunderts bis zu den Panvitalisten des 18. Jahrhunderts reichenden Tradition.[160] Was Leibniz in seiner Monadologie als *metaphysisches* Konzept entwarf, war bei Bayle eine nach analogem Modell gedachte physikalisch-materialistische Theorie.[161]

Vieles von dem, was bei Bayle zum Teil disparat und ambivalent geäußert ist, als Möglichkeit nur kritisch-historisch geprüft oder angedeutet wird, hat Bernard le Bovier de Fontenelle politisch-kritisch gefordert und formuliert: Ein Atheistenstaat kann nicht nur möglicherweise genau so gut sein wie ein christlicher, sondern bei Fontenelle wird der wirklich existierende Staat der atheistisch-materialistischen Ajaoier als *bester* aller möglichen beschrieben! «Ce qui n'est point ne peut donner l'existence à quelque chose»[162]: so lautet das 1. Prinzip dieses Staates. Für die Ajaoier steht damit fest, daß die Welt ewig und nicht geschaffen ist. Sie haben keinen Religionsstifter und verehren niemanden als Gründer ihres Staates. Zusammenleben regeln sie ausschließlich aufgrund von «certains principes émanés du sein de la raison la plus saine et de la Nature même»[163]. Diese Prinzipien sind unmittelbar einleuchtend. Da sie mit der Natur und der Vernunft übereinstimmen, brauchen sie keine metaphysische Absicherung und dienen auf diese Weise als Grundlegung eines materialistischen Naturalismus und einer atheistischen Moral. Auf diese Weise radikalisiert Fontenelle gegenüber Bayle die Autonomie der Moral und läßt in seiner ›Histoire des Ajaoiens‹ den zum Atheismus bekehrten Christen Doelvelt feststellen, daß eine funktionierende Atheistengesellschaft nicht nur denkbar ist, sondern sogar entscheidende Vorteile aufzuweisen hat.[164] Die skeptisch-moralistische Selbstkritik menschlicher Erkenntnismöglichkeiten verbindet sich mit antitheologischer Polemik, die Religion wird als selbstverschuldete Unmündigkeit bzw. als Unterdrückungsinstrument der Mächtigen entlarvt.

Durchgängig bedient sich Fontenelle dabei bestimmter Topoi aus der epikureischen Philosophietradition. An die Stelle des Schöpfergottes tritt die Natur, «la bonne mère»[165]. H.-G. Funke konnte zeigen, daß in diesem Naturbegriff Epikureisches, Stoisches und auch Alchemistisches zusammenfließen. Fontenelle scheint sich dabei besonders auf die ›Discours anatomiques‹ des Gassendisten Guillaume Lamy zu stützen.[166] Entscheidend ist, daß die menschliche Natur Teil einer guten und wohlgeordneten Allnatur ist, die Züge der im 18. Jahrhundert so wichtig werdenden *natura naturans*, ja sogar diejenigen einer guten Naturgöttin annimmt. Der Mensch ist nicht die Krone der Schöpfung, sondern – ganz antistoisch und antichristlich gedacht – nur ein Teil in der „Kette der Lebewesen" und nur graduell von den Tieren unterschieden. Für Fontenelle bedeutet dies aber nun nicht mehr wie für die Denker des 17. Jahrhunderts eine Degradierung des Menschen. Im Gegenteil ist der Mensch nun vom christlichen Verdikt der Erbsünde befreit und zugleich entlastet von der skeptisch-pessimistischen Denunziation menschlicher Natur als im Grunde zerstörerischem Ausdruck des „dämonischen" «amour-propre».

An die optimistische Vorstellung einer guten Natur des Menschen knüpft sich bei Fontenelle eine spezifisch aufklärerische Idee von Erziehung. Er ist überzeugt davon, daß der Mensch kraft seiner Vernunft in der Lage ist, seine natürlichen und guten Anlagen zu erkennen und auszubilden. Erziehung ist nicht ein Programm zur Unterdrückung bzw. Korrektur der vornehmlich bösen Neigungen und Anlagen im Menschen – speziell des zerstörerischen «amour-propre» oder egoistischen Selbsterhaltungstriebs, sondern vielmehr die sorgsame Ausbildung der ursprünglich tugendhaften Natur der Menschen. Dazu bedarf es keiner göttlichen Offenbarung, denn sämtliche handlungsleitenden Maximen und gesellschaftskonstituierenden Normen lassen sich aufgrund vernünftiger Einsichten in die Natur gewinnen. Das zweite Prinzip im Staate des Ajaoier lautet demgemäß: «Traitez les autres comme vous voudriez qu'ils vous traitassent.»[167] Auf diese Weise läßt sich auch wohlverstandenes Eigeninteresse als Antrieb für moralisches Verhalten mobilisieren, ohne daß es darum zum Krieg aller gegen alle kommt.[168]

Beinahe zur selben Zeit also wie Bayle in den ›Pensées diverses sur la Comète‹, vielleicht durch diese angeregt, greift Fontenelle das von der Skepsis und dem gelehrten Libertinismus der ersten Hälfte des 17. Jahrhunderts aufgestellte Postulat einer autonomen Moral wieder auf. In kritischer Absicht gegenüber dem absolutistischen Regime in Frankreich beschreibt er eine im Gegensatz zur Verderbtheit christlicher Sitten äußerst tugendhaft und glücklich lebende Gesellschaft der atheistischen Ajaoier. In seinem materialistischen Naturalismus, der antitheologischen Polemik, der Seelenlehre, der eudaimonistischen Moral und der rationalitätskritischen, aber nicht pessimistischen Anthropologie nimmt er alle diejenigen Motive des Epikureismus wieder auf, die bereits in den Kreisen der Skeptiker, Moralisten und gelehrten Libertins aufgetaucht waren, nicht ohne ihnen den optimistischeren Ton des kommenden Jahrhunderts zu verleihen.[169]

Diese Kontinuitäten und Überschneidungen zwischen «libertinage érudit», Epikureismus und Frühaufklärung lassen sich besonders gut an einer weiteren Reiseutopie, der ›Histoire de Calejava, ou l'Isle des hommes raisonables. Avec la parallèle de leur morale et du Christianisme‹ des fast unbekannt gebliebenen Advokaten Claude Gilbert aus Dijon zeigen.[170] Die Kritik richtet sich auch hier gegen Katholizismus, protestantischen Rigorismus, gegen absolutistische Despotie und die Protzsucht der Reichen. Wie Bayle und Fontenelle betreibt auch Gilbert eine Apologie der Vernunft gegenüber dem Aberglauben. Obwohl er zwar selbst kein Atheist war, wird doch die Funktion christlicher Religion von ihm weitgehend als die einer vollkommen säkularisierten Moral dargestellt. Der Mensch ist geboren, um auf dieser Welt glücklich zu werden.[171] Die Bedingungen menschlichen Glücks sind für Gilbert: eine ausgeglichene Seelenstimmung, robuste Gesundheit, Widerstandsfähigkeit und das Vermögen, die Vergnügungen des Lebens sinnvoll im Hinblick auf ihre langfristigen Wirkungen zu kalkulieren. Verwirklicht wird dieses irdische Glück durch die wohlregulierten Aktivitäten des «amour-propre». Gilbert selbst betont, er habe das Werk aus folgendem Grund geschrieben: «Nous voyons beaucoup de chrétiens dont la foi est si faible qu'elle n'est pas capable de les contenir dans leur devoir, j'y ai donc voulu ajouter les lumières de la raison pour les gouverner par l'amour-propre; c'est avec cet amour qu'un habile homme (Nicole D. K.) a dit, qu'on pourrait faire une société de gens qui vivaient comme des Saints.»[172] Gilbert entwickelt hier eine pragmatische „Ersatzmoral", die aufgrund des offensichtlichen Versagens der christlichen Moral an deren Stelle gesetzt werden soll.[173]

Wenn bereits der «amour-propre» positiv besetzt ist, so wundert es nicht mehr, daß Gilbert auch eine Apologie der «passions» ganz allgemein anschließt. Polemisch gegen Kirche und Christentum verteidigt er zwar – natürlich – nicht exzessive Leidenschaften, die nach Epikur bekanntlich ja nur

Leiden schaffen, aber ohne «passions» gäbe es für ihn weder Kunst noch Wissenschaft. «Passions», «amour», «amour-propre» sind das Reservoir menschlicher Kreativität und zusammen mit den «lumières de la raison» die Grundlage einer säkularisierten Moral.

Irdische Glücksuche, Rehabilitation der inneren und äußeren Natur, rationalistischer Deismus, Kritik des Despotismus – allerdings ohne weitergehende politische Reflexion: Damit steht auch der libertine Rechtsanwalt, der sich auf die moralistische «amour-propre»-Konzeption Nicoles, auf Hobbes, Descartes, Gassendi und andere Denker des 17. Jahrhunderts beruft, mit seiner – zensierten – Publikation im Jahre 1700 an der Schwelle zum «siècle des lumières».

Auch Fontenelle glaubt, daß die Menschen für das Gelingen ihres Lebens mindestens teilweise selbst verantwortlich seien, indem sie nämlich den etwas mühsamen Weg einer Selbstvergewisserung wählen und damit der nur auf den ersten Blick leichteren schicksalsgläubigen Unmündigkeit entgehen könnten. Er vergißt aber darüber die Umstände nicht, vor allem die materiellen Bedingungen, die den Menschen vor aller Selbsterziehung prägen.[174] Allerdings zieht er daraus nicht die Konsequenz, daß die Umstände entsprechend verändert werden müßten, sondern empfiehlt nach hellenistischem Vorbild eine Reduktion des Glücksanspruchs auf das jeweils Machbare.[175] Dieser kleine Anteil wiederum läßt sich ausschließlich durch die anstrengende Arbeit des Geistes positiv gestalten. Es gilt, sich von eingebildeten Übeln zu befreien, liebgewonnenes und zur Gewohnheit gewordenes Leiden zu verabschieden, allzu große Erwartungen an das Glück zu vermeiden und sich auf mögliche Unglücksfälle vorzubereiten. Es handelt sich dabei um das epikureische Programm eines „Glückskalküls“: «Il n'est question de calculer, et la sagesse doit toujours avoir les jettons à la main. Combien valent ces plaisir-là, et combien valent les peines dont il faudroit les acheter, ou qui les suivroient?»[176] Auf diese Weise wird man sicherlich keine leidenschaftlichen Vergnügungen erfahren, sondern die einfachen Freuden schätzen lernen: «Les plaisir simples sont toujours des plaisir, et ils ne coûtent rien.»[177] Mit geradezu kaufmännischer Mentalität wird hier eine Glücksökonomie als Moral empfohlen, die allerdings keine Totalitätsansprüche stellt. Ganz in der moralistischen Tradition verwurzelt, erinnert Fontenelle im gleichen Atemzug mit der Betonung der Autonomie menschlichen Geistes und der Möglichkeit weitgehender Selbstaufklärung daran, daß es vollkommenes und dauerhaftes Glück nicht gibt. Der Wunsch, daß der glückliche Augenblick verweilen möge, ist hybride. Diese Einsicht in die *condicio humana* wird dem Menschen weder durch den christlichen Glauben an das Paradies noch durch den faustischen an die Allmächtigkeit des menschlichen Geistes erspart. «Il conservera d'autant mieux sa sagesse et sa vertu, qu'il s'y fiera moins; et son bonheur, qu'il s'en assurera moins.»[178] Die lebenslange

Sorge für sich kennt keine Teleologie, sondern fordert die ständige „Arbeit" einer unabschließbaren Selbstkonstitution im Gegenwärtigen.

## 4. Zum Schluß: Die lachende Selbsterkenntnis der Epikureer

Die ersten drei Kapitel von Descartes ›Discours de la méthode pour bien conduire sa raison et chercher la verité dans les sciences‹ lassen sich lesen als eine Entgegnung auf Montaignes ›Essais‹.[179] Er stellt seine Arbeit vor, als aus dem persönlichen Bedürfnis, aus der eigenen Bildungsgeschichte hervorgegangenes Werk der Selbstversicherung. Von der Vielfalt der Meinungen, Sitten, Gebräuche und Gewohnheiten irritiert, durch die auf Reisen gewonnene Einsicht in die Relativität von Interpretationen, die Austauschbarkeit und Unsicherheit von Philosophien verwirrt, beschließt er, das Gespräch abzubrechen, das «livre du monde»[180] beiseite zu legen und meditiert an langen Wintermonaten in Deutschland – «ne trouvant aucune conversation»[181] – über die Möglichkeit, «de conduire par ordre mes pensées»[182]. Das Ergebnis ist eine Methode von «longues chaînes de raisons, toutes simples et faciles ...»[183] Die Verwirrung löst sich in der Exaktheit der Methode, der Klarheit der geometrischen Linie und der Sicherheit des einen richtigen Weges. Montaigne hätte sich nicht überzeugen lassen: «... il y a ignorance abecedaire, qui va devant la science; une autre doctorale, qui vient après la science: ignorance que la science faict et engendre, tout ainsi comme elle deffaict et destruit la premiere.»[184] Es ist das Bewußtsein ihrer «ignorance doctorale», dieses Nicht-Wissens, des «Je ne sais»[185] der Unsicherheit, das die Skeptiker, die gelehrten Libertins, die Moralisten verbindet. Dem diskursiven, linearen, methodischen und monologischen Denken einsamer Winterabende setzen sie das dialogische, essayistische, aphoristische und unsystematische Denken der Bibliotheken, Salons und Gelehrtenzirkel entgegen.

War in der Renaissance die Möglichkeit eines glücklichen Lebens *in* der Welt gegen die christlichen Bilder des Jammertals und der Verderbtheit der Welt denkbar geworden, war im Rückgriff auf die Antike eine gewisse Rehabilitation der Sinnlichkeit des Menschen eingeleitet und damit auch gleichzeitig eine Abgrenzung zur mittelalterlichen Tradition einer „kollektiven" Körperlichkeit notwendig geworden, so wurde gegen Ende des 16. Jahrhunderts immer deutlicher, daß es sich hier um den Entwurf eines neuen menschlichen Selbstverständnisses handelte, der sich nicht mit den Vorstellungen der christlichen Anthropologie vereinbaren ließ – wie es die selbst noch gläubigen Humanisten wohl in den meisten Fällen gehofft und konzipiert hatten. Die Positionen differenzieren sich polemisch auseinander, und erst im Laufe dieses Prozesses wird deutlich, was der zunehmende, durch die Kritik hervorgerufene Funktionsverlust des scholastischen Weltbildes bedeutet. Es sind die drei großen Kränkungen, die der Mensch nicht im Laufe mehrerer Jahrhunderte erfährt, wie Freud[186] meinte, sondern die wesentlich bereits mit dem Beginn der Neuzeit verbunden sind: die kosmologische Kränkung durch die Erkenntnisse von Kopernikus und Galilei, die biologische – nicht erst durch Darwin, sondern durch den monistisch-materialistischen Naturalismus, wie ihn viele der modernen (libertinen) Mediziner und Biologen vertraten, und die psychologische Kränkung – nicht erst durch Freud, sondern durch die Moralisten und „Entdecker" des «amour-propre». Die gegen die Kirche eingeforderte Weltzuwendung löst sich auf in eine hierarchisch nicht mehr zu bändigende Vielfalt der Erfahrungen, in der das menschliche Subjekt seinen Platz im kosmologischen Gefüge, in der Ordnung der Natur und im Bewußtsein seiner Selbst verloren hat. Diese Ordnung ist keineswegs mit der cartesianischen Methode oder der irenischen Harmoniephilosophie der Aufklärung wiederhergestellt, auch nicht von Hegel aufgehoben oder durch Marx und Nietzsche grundsätzlich entwertet. Vielmehr sind es dieselben Anzeichen eines Gefühls der Gefährdung und des Ungenügens angesichts einer „Unübersichtlichkeit", die auch in der sogenannten Posthistoire des 20. Jahrhunderts wieder die Rede von Wertezerfall, von Relativismus und den Schrecken des "everything goes" provozieren.

„Bei Descartes wird der Zweifel zur Dynamik einer Denkbewegung, deren Zielpunkt die Gewißheit ist."[187] Der cartesianische Diskurs der Identität – eines sich im Denken sicheren Subjekts – ist aber nur *eine* Stimme in dem ein für allemal vielfältig bleibenden neuzeitlichen Angebot an Antworten. Neben einer neuen Sicherheit in der Identität gibt es auch den Entwurf einer spannungsreich-ungesicherten „Entzweiung": Entweigung gedacht als eine gleichzeitig distanzierende Infragestellung und sich annähernde Vergewisserung des Subjekts durch sich selbst. Die Sprache der Entzweiung ist nicht die diskursive Gewißheit der Methode, sondern die dialogisch-metaphorische der Kunst. Eine wichtige – die wichtigste menschliche – Möglichkeit der Distanzierung stellt das Lachen dar; eine Form experimentierender fragmentarischer, genuin unsystematischer, individueller und pragmatischer Selbstvergewisserung ist die Selbstsorge.

Lachen ist gesund: Es hat auf Melancholiker bekanntlicherweise die gleiche Wirkung wie Nieswurz – es löst die Starre, damit die Säfte wieder fließen können.[188] Rabelais wußte das noch. Es sind die Rabelaischen „Agelasten": Karikaturen des humorlosen steifen Stoikers,[189] die Gott nie haben lachen hören; sie sind „der Meinung, die Wahrheit sei klar ... Aber gerade dadurch, daß der Mensch der Wahrheit und der einhelligen Zustimmung der anderen nicht mehr gewiß sein kann, wird er zum Individuum."[190] Der Mensch ist nie, was er zu sein *denkt*;[191] im Lachen stellt er sich in Frage.[192]

Solcher Erfahrungen eingedenk läßt sich das Bewußtsein, die Ratio nicht als Souverän installieren: Es kann sich immer nur um eine vorläufige, tastende, brüchige, asketische Selbstvergewisserung handeln; eine, die eben nicht auf den sicheren «fond qui est tout à moi»[193] bauen kann, sondern damit vorlieb zu nehmen hat, daß das Ich nicht „Herr ... in seinem eigenen Haus"[194] ist. Statt Leugnung des Nichtrationalen empfiehlt sich ein experimentierendes „Management" des «amour-propre» mit dem Ziel eines guten Lebens, wobei die Idee des Guten weniger regulative Funktion hat, sondern sich vielmehr an einer „präsentischen Norm"[195] orientiert.

Epikurs gleichgültige Götter, die die Teleologie verabschieden, sein materialistischer Naturalismus, der die „unsterbliche Seele" liquidiert, und seine Lustlehre, die die unhintergehbare Triebgeleitetheit des Menschen postuliert und den menschlichen Geist als absoluten Herrscher entthront, hat Anteil an einer Bewegung, die – polemisch gegen die christliche Theologie – die Autonomie des Menschen zunächst thematisiert, dann gefordert und zugleich damit die Krise inszeniert hat. Bei Epikur finden sich aber auch „Rezepte", wie diesem Verlust zu begegnen ist: Nicht die Negation der Schwäche, sondern der asketische Umgang damit – Bedürfnisse nicht unterdrücken, sondern dirigieren, den «amour-propre» nicht ausrotten, sondern zähmen, den Schmerz nicht verleugnen, sondern erträglich machen; heiter Schwächen erfahren, sich lachend distanzieren und in vergnügtem Genuß von Essen, Freundschaften und Gesprächen sich seiner selbst vergewissern. Die Rezeption epikureischer Motive läßt Kontinuitäten gewisser Funktionen dieser extrem eklektizistisch verwendeten Philosopheme erkennen: eine Strategie, die für die Einsicht – und deren praktische Umsetzung – sorgt, daß aus der radikal zu Ende gedachten Autonomie des Menschen nicht notwendig radikale Konsequenzen gezogen werden müssen.

# IV. Aufklärung und Epikureismus: Krisenstimmung und Lösungsstrategien

## 1. Einleitung: Wer braucht Epikur?

„Der Bürgerstand begreift alle Einwohner des Staates unter sich, welche, ihrer Geburt nach, weder zum Adel noch zum Bauernstande gerechnet werden können; und auch nachher keinem dieser Stände einverleibt sind.“[1] So definiert das Landrecht für die Preußischen Staaten 1794 zu *Ende* des Jahrhunderts, das den Aufstieg des Bürgertums gebracht haben soll, und *nach* der bürgerlichen Revolution in Frankreich das „Bürgertum“; ja es ist noch nicht einmal von „Bürgertum“ die Rede, sondern nach altem ständisch-feudalem Wortgebrauch wird vom „Bürgerstand“ gesprochen. Dieser Bürgerstand scheint nur negativ durch seine Nichtzugehörigkeit zu Adel und Bauernstand bestimmbar zu sein. Das Landrecht, obwohl von den progressiven Kräften einer bürgerlichen Beamtenschaft konzipiert, faßt Bürgertum somit als „Residualkategorie“[2]. Eine „Epoche der Bourgeoisie“ ist das 18. Jahrhundert in deren Selbstverständnis also nicht. Erst das 19. Jahrhundert zeichnet sich nach den Worten von Marx und Engels „dadurch aus, daß es die Klassengegensätze vereinfacht hat. Die ganze Gesellschaft spaltet sich in zwei große, einander direkt gegenüberstehende Klassen: Bourgeoisie und Proletariat.“[3] Unter Bourgeoisie hat man dabei „die modernen Kapitalisten“ und „Besitzer der gesellschaftlichen Produktionsmittel“[4] zu verstehen. Genau diese aber wird man im Deutschland des 18. Jahrhunderts vergeblich suchen.[5]

Im Hinblick auf die Frage nun, wie die Entwicklungen und Veränderungen von Wirtschaft, Gesellschaft und Kultur im 18. Jahrhundert zu charakterisieren sind, empfiehlt es sich daher nicht, mit einem Begriff von Bürgertum zu operieren, der vorwiegend erst im 19. und 20. Jahrhundert geprägt wurde.

Die bürgerlichen Kräfte, also diejenige Gruppe, die sich aufgrund der allmählichen Ablösung feudal-ständischer Ordnungskategorien in einer nach neuen Kriterien organisierten Gesellschaft durch eine spezifische neue Form der Selbstmitteilung, der Kommunikation konstituiert, eben diejenige soziale Gruppe, die weder adelig noch bäuerlich genannt werden kann, bietet in Deutschland zunächst ein außerordentlich diffuses Bild.[6] Obwohl im Begriff des „Bürgertums“ mitenthalten, ist das altständische Bürgertum vor allem der alten Reichsstädte hierbei nicht mitgemeint.[7] Der anti-adelige

Affekt, der sich hier zwar auch finden läßt, zielt nämlich nicht auf die Profilierung einer neuen „Klasse“, sondern ist vielmehr der Versuch, alte Rechte zu konservieren bzw. wiederzuerlangen. Aufgrund der politischen Entwicklungen nach den Religionskriegen im 17. Jahrhundert verloren die Städte zunehmend an wirtschaftlicher und an politischer Macht. Die kommunale Selbstverwaltung geht unter absolutistischer Herrschaft mehr und mehr verloren.[8] Die alten Reichsstädte werden als muffig, eng und veraltet beschrieben.[9] Dagegen galten die schon im Stadtbild nicht durch mittelalterliche Enge, sondern „moderne“ Alleen und großzügigere Architektur geprägten Residenzstädte der vielen Fürstentümer Deutschlands als Zentren der Modernisierung. „Mithin sind es auch die mittleren und kleinen deutschen Staaten und nicht die Städte, schon gar nicht die ‚freien‘, dieser Modernisierung ferner stehenden Reichsstädte, in denen der landesherrliche Absolutismus seine auch ‚kulturell‘ beachtenswerte Aufbauarbeit leistet.“[10]

Der zunehmende Bedarf an gut ausgebildeten (und entsprechend bezahlten) Verwaltungsbeamten, aber auch die Förderung von Kultur und Wissenschaft an den kleinen Höfen und durch sie sorgte für eine Konzentration gebildeter, loyaler Bürgerlicher in den Residenzstädten. Dieses Bildungsbürgertum war auf Kooperation mit den absolutistischen Machthabern angewiesen, Veränderungen waren nur im Rahmen von Reformen möglich. Francesco Venturi spricht von einem «esprit de reconciliation» und sieht von diesem «partage des tâches entre hommes de culture et hommes de gouvernment» eine entscheidende Wirkung auf die deutsche Aufklärung ausgehen: «C’est precisement en quoi l’Aufklärung parait si souvent limitée, si on la compare aux lumières françaises.»[11] Schärfer noch formuliert es Rudolf Vierhaus: „Es formte sich jene Haltung der Servilität, der Obrigkeitsorientierung, des Mangels an öffentlichem Sinn aus, welche ausländischen Reisenden wie deutschen Kritikern im 18. Jahrhundert auffiel.“[12] Ulrich Wehler prägt den Begriff einer „verstaatlichten Intelligenz“[13].

Eine Angleichung von Adel und Bürgertum, wie sie in Frankreich im Laufe des 18. Jahrhunderts zu beobachten ist, findet in Deutschland nicht statt.[14] Im Gegenteil scheinen die Standesgrenzen während des gesamten Jahrhunderts noch eine wichtige Rolle gespielt zu haben, auch wenn sie allmählich hinter dem Bild des einheitlichen, vom Souverän gelenkten, absolutistischen Untertanenstaats verblassen.[15] Neben dem Stadtbürger und Bildungsbürger taucht damit ein dritter und neuer Begriff des Bürgerlichen auf: der des Staatsbürgers, des «citoyen»[16]. Sowohl der Bildungsbürger als auch der Staatsbürger beschreiben dabei – anders als der Stadtbürger – frei wählbare und frei kombinierbare, nicht geburtsabhängige *Funktionen* innerhalb eines Gemeinwesens.

Im Sprachgebrauch des 18. Jahrhunderts werden alle diese Phänomene einer neuen Form der Vergesellschaftung aufgrund neuer Kriterien – d. h.

denen der Funktion und nicht der Geburt – in den „Un-Stand“, den „Zwischen-Stand“, die Residualkategorie von „Bürgertum“ eingeordnet. Die alte Begrifflichkeit ständisch-feudalen Ursprungs behält also weithin bis zu Beginn des 19. Jahrhunderts eine relative Gültigkeit, gleichzeitig ist ein Wandel zu konstatieren, der nicht nur einen hierarchischen Umbau des alten Systems, sondern die Ordnungskriterien selbst betrifft. Dies läßt sich nur mit der größeren Abstraktionsmöglichkeit späterer historischer Positionen erkennen: Es handelt sich weder um den „Aufstieg“ eines schon vorher existierenden Bürgertums noch allein um die Entstehung eines neuen Standes oder einer neuen Schicht, sondern um eine Umstrukturierung der gesamten gesellschaftlichen Ordnungskriterien. Dabei bleibt „die Frage nach Korrelationen zwischen sozialstrukturellen und begriffs- oder ideengeschichtlichen Veränderungen aktuell“[17]. Weder begriffsgeschichtlich noch methodisch gibt es dafür bislang wirklich befriedigende Antworten. Zum Teil scheint die begriffs- und ideengeschichtliche Entwicklung den sozialstrukturellen Veränderungen vorauszueilen, teilweise schlagen sich aber auch realhistorische Vorgänge nur sehr zögerlich und zeitverschoben in der Begrifflichkeit nieder. „Bürgerliches“ ließe sich am deutlichsten dort ausmachen, wo im Prozeß kommunikativer Selbstverständigung allmählich (bürgerliches) Selbstverständnis entsteht. Anders als Adelige, Handwerker und Bauern sind Bürger im 18. Jahrhundert dazu gezwungen, sich ihre soziale Funktion, ihren persönlichen Lebensstil, Zweck und Ziel ihrer Biographie, Organisation der Familie, ihre Moral und ihre Religiosität, ja sogar ihrer Gefühle bzw. ihre Rhetorik der Empfindsamkeit zu „erfinden“. Der Vergesellschaftung der Bürger beruht auf Funktion, Leistung, Wissen, Bildung[18], später auch auf Kapital und politischer Macht bzw. auf einer neuen, spezifischen Form von Kommunikation, die aufgrund neuer Kommunikationsmöglichkeiten entsteht. In den systemtheoretischen Termini von Niklas Luhmann ausgedrückt, handelt es sich um den Wandel von einer stratifikatorisch differenzierten Gesellschaft zu einer primär funktional differenzierten Gesellschaft.[19]

Die zureichenden Gründe eines solchen Wandels benennen zu wollen, wäre ein müßiges Unterfangen. Nur die Bedingungen der Möglichkeit der Veränderung bzw. die Umstände, die den Wandel notwendig machen, sind aufzählbar. Dazu gehören die wirtschaftlichen und politischen Folgen des 30jährigen Krieges und die Konfessionsstreitigkeiten ebenso wie die Auswirkungen der überseeischen Entdeckungen, die Kolonialisierungen durch die westeuropäischen Mächte und die erweiterte Weltsicht, die kameralistische Wirtschaftspolitik wie die zunehmende – auch wohlfahrtsstaatliche – Aktivität des Staates. Die Bevölkerungsentwicklung und die Veränderung in der Landwirtschaft sind ebenso dazuzurechnen. Von entscheidender Bedeutung sind die Entwicklung der Naturwissenschaften und der damit einhergehenden Plausibilitätsverlust theologischer Erklärungen.

Da es nun hier nicht darum gehen kann, zu untersuchen, wie sich aufgrund dieser Vorgänge „Welt“ faktisch ändert, sondern nur die spezifische Form der Verständigung *über* die Welt, wie sie die Bürgerlichen des 18. Jahrhunderts ausbildeten, betrachtet werden soll, sind die Veränderungen innerhalb der Art und Weise von Kommunikation besonders hervorzuheben.[20] Die Bürger des 18. Jahrhunderts verständigen sich nicht nur über andere *Themen* anders im Hinblick auf ihre gesellschaftliche Funktion, sondern sie bedienen sich auch anderer *Methoden* und Institutionen der Verständigung. Diese Formen der Kommunikation entstehen nicht *aufgrund* eines aufsteigenden Bürgertums, sondern in ihnen generiert sich vielmehr anhand von Verständigung bürgerliches Selbstverständnis.

In erster Linie ist hier – langfristig – die Erfindung des Buchdrucks, der Wandel auf dem Buchmarkt zu Beginn des 18. Jahrhunderts, die zunehmende Alphabetisierung, die Veränderung im Leseverhalten und ist weiterhin die Entstehung einer Vielzahl von unterschiedlichen „Gesellschaften“ gemeint. Es handelt sich also um neue Formen der Interaktion, die dann entstehen, wenn die traditionalen Verständigungsmuster nicht mehr ausreichen, um anstehende Probleme zu klären.

Da es sich im Zusammenhang dieser Arbeit um die Überprüfung eines ideen- bzw. motivgeschichtlichen Entwicklungsstrangs handelt, ist es nicht angebracht, mit Hilfe quantifizierender Verfahren den Wandel von Mentalitäten nachzuvollziehen.[21] Obwohl dieses methodische Vorgehen in den letzten Jahren insbesondere für die Geschichte des 18. Jahrhunderts[22] wertvolle Erkenntnisse erbrachte – besonders auch weil auf diese Weise erstmals gesellschaftliche Randgruppen[23] und langwierige Prozesse[24] in den Blick gerieten –, kann dadurch die Erforschung der ideengeschichtlichen Entwicklung nur ergänzt, nicht aber ersetzt werden. So ist „mittlerweile die Frage nicht mehr zu überhören, ob ... die Erforschung der eigentlichen Ideengeschichte nicht unangemessen vernachlässigt worden ist und wieder der Intensivierung bedarf – nicht im Sinne eines Ersatzes, sondern dem einer Ergänzung.“[25] Es geht also hier nicht darum, dem „Murmeln der Geschichte“ (Foucault) nachzuspüren, sondern es handelt sich um die Untersuchung der „gepflegten Semantik“ (Luhmann) eines Teils der Oberschicht. Selbstverständlich gibt es auch hier mehr oder weniger laute Stimmen und mehr oder weniger clandestine Strömungen. Im einzelnen muß dabei – soweit möglich – unterschieden werden, ob es sich hierbei um Verzerrungen der Rezeptionsgeschichte oder um zeitgenössische Einschätzungen handelt.

Unter der Voraussetzung, das 18. Jahrhundert ließe sich sinnvoll als eine Phase des langwierigen, vieldimensionalen Umbaus der altständisch-hierarichischen Gesellschaft zu einer primär funktional organisierten beschreiben, als ein Prozeß, in dem das dabei sich formierende Bürgertum eine entscheidende Rolle spielt, wird sich diese Arbeit darauf konzentrieren, zu untersuchen, welche Funktionen epikureische Ideen und Motive in einem solchen Prozeß kommunikativer Selbstverständigung haben konnten. Es sollen neben den Werken einiger einflußreicher und bekannter Autoren auch weniger beachtete Schriftsteller und Popularphilosophen sowie Zeit- und Wochenschriften berücksichtigt werden, weil sich gerade hier die veränderte Form der Kommunikation in der notwendig gewordenen Selbstverständigung häufig deutlicher zeigt als in weltanschaulich und ästhetisch ausgereiften Meisterwerken.

Zu Entwicklung und Bedeutung der neuen Kommunikationsformen und Instanzen, d. h. vor allem zur Entwicklung des Buchmarktes, zur Lesergeschichte und zur Geschichte der Aufklärungsgesellschaften im 18. Jahrhundert liegen mittlerweile auf fast allen Gebieten zahlreiche Untersuchungen vor, so daß hier ein Rückgriff auf deren Ergebnisse genügen kann.[26]

Auch wenn behauptet werden kann, daß die „Konsequenzen der Einführung des Buchdrucks ... theoretisch bei weitem noch nicht aufgearbeitet"[27] sind, ist doch praktisch insofern Vorarbeit geleistet, als die enorme Steigerung der Auflagenzahlen ab 1700 konstatiert werden kann, eine steigende Anzahl nicht-theologischer Werke verzeichnet ist[28] und seit Mitte des Jahrhunderts Belletristik zunehmend als „passende" Lektüre akzeptiert wird[29]. Damit einher geht ein verändertes Leseverhalten, das Rudolf Engelsing charakterisiert mit dem Übergang vom „intensiven" Lesen (wenige Bücher werden viele Male gelesen, besonders natürlich die Bibel) zum „extensiven" Lesen (schnelles Lesen vieler Bücher).[30] Die Buchmessen in Frankfurt und Leipzig gewinnen an Bedeutung,[31] und Journale und Zeitschriften, die Bücher ankündigen, rezensieren und empfehlen, werden immer zahlreicher.[32] Für die Geschichte des Lesens und die Bildung im 18. Jahrhundert sind also drei Faktoren zu beachten: die Wandlung des Lesepublikums, die Veränderung des Lektüreangebots und die Entwicklungen im Bereich des Buch- und Zeitschriftenvertriebs.[33]

Eine besonders wichtige Rolle innerhalb der Entwicklung bürgerlicher Selbstverständigung spielen die vielen Gesellschaften, die im Laufe des 18. Jahrhunderts gegründet wurden; hier vollzog sich „weit entschiedener als in anderen Institutionen der Durchbruch bürgerlichen Denkens und bürgerlicher Kultur"[34]. Die Bedeutung der Gesellschaften für die Entstehung einer neuartigen Form von Öffentlichkeit wurde erstmals 1933 von E. Mannheim erkannt.[35] Seit J. Habermas'[36] und R. Kosellecks[37] Studien zur Aufklärung war dieses Thema dann immer wieder Gegenstand der wissenschaftlichen Diskussion.[38] Gesellschaften sind weder Korporationen im alten noch Vereine im modernen Sinne.[39] Es handelt sich um Zusammenschlüsse, die sich über ständische, konfessionelle und staatliche Grenzen hinweg alle dem aufklärerischen Ziel der Verwirklichung von Gemeinwohl und der Thematisierung und Bildung des Selbst verschrieben hatten. Die Gesellschaften dienten nicht dazu, als Interessenvertretungen im öffentlichen Leben eine Funktion zu übernehmen. Politische und theologische Themen waren ausdrücklich von den Diskussionsgegenständen ausgenommen. Obwohl explizit dem aufklärerischen Gedankengut verpflichtet, waren Frauen und Studenten (nicht zu sprechen von Mitgliedern unterbürgerlicher Schichten) in den meisten Fällen nicht zugelassen.[40]

Obwohl R. v. Dülmen darauf hinweist, daß „in irgendeiner Form ... sich die ganze deutsche Intelligenz des 18. Jahrhunderts an Gründungen von Gesellschaften beteiligt“[41] hat, muß betont werden, daß gerade diese Intelligenz nur einen winzigen Bruchteil der männlichen Bevölkerung ausmachte.[42] Die Honoratioren – zunächst vor allem – protestantischer Residenzstände, d. h. die Verwaltungsbeamten, Mediziner, Apotheker, Rechtsanwälte, Wissenschaftler, Theologen und z. T. – aber selten – auch Unternehmer bildeten auf diese Weise durch Vergesellschaftung eine neue Elite, was im engeren Zusammenhang mit der Institutionalisierung der modernen Wissenschaften – hier sind vor allem Akademie- und Universitätsneugründungen zu nennen –, der Entstehung des literarischen Marktes und der allmählichen Ausbildung eines modernen Staatswesens zu sehen ist. Es handelt sich um die Entstehung einer neuen Öffentlichkeit, nicht aber um die einer neuen *politischen* Öffentlichkeit.

Auch die Gestaltung und Bedeutung des privaten Raumes hatte Anteil an den allgemeinen Veränderungen.[43] Wiederum geht es hier weniger um die Frage, ob der vielbesprochene Wandel vom „ganzen Haus“ zur Kleinfamilie tatsächlich so und, wenn ja, wann er wirklich stattgefunden hat. Vieles spricht nämlich dafür, daß protoindustrielle Produktionsweisen, so vor allem das Verlagswesen, die Großfamilie zunächst einmal der Form nach eher stabilisierten; nur dadurch, daß sie damit ihre subsistenzwirtschaftliche Autarkie verlor, ergeben sich auf längere Sicht Veränderungen.[44] Gesamtgesellschaftlich gesehen ist aber die Kernfamilie im 18. Jahrhundert bereits der dominante Haushaltstyp. Sicherlich muß auch für den Wandel der Familienstruktur zwischen bäuerlichem, unterbürgerlichem, bürgerlichem und adeligem Milieu unterschieden werden.

Für die Themenstellung dieser Arbeit wird es auch an dieser Stelle wichtiger sein, die Veränderung in der *Semantik* zu beachten, als zu versuchen, womöglich kausale Korrelationen mit sozialstrukturellen Veränderungen zu suchen. Familie, Ehe[45], Kindererziehung[46], die Gestaltung des Lebensraumes des Hauses und des Gartens und die Beziehungen zum Nachbarn sind Themen, die eingeschrieben sind in die Rede vom allgemeinen Glücksstreben aller Individuen, aber als Orte spezifischer, besonders intimer Geselligkeit doch nun einen besonderen Stellenwert bekommen. Privates Glück wird zum öffentlich diskutierten Thema, weil die Verwirklichung privaten Glücks für den Gesamtentwurf eines geglückten und glücklichen Lebens als fundamental und entscheidend angesehen wird. Familie, Ehe und Freundschaften sind nicht vorfindlich, sondern müssen gestaltet werden. Ebensoviele Möglichkeiten des Gelingens wie des Mißlingens sind zu wählen bzw. zu vermeiden. Informationsaustausch, Ratgeber und Diskussionen werden notwendig für eine immer komplexer und komplizierter werdende Orientierung. Der eudaimonistische Grundzug aller dieser Reflexion bedingt sowohl eine Verallgemeinerung des angestrebten Ziels – und damit die Basis der Verständigung – als auch eine Vereinzelung der Handelnden, da Glückserfahrung notwendig individualistische Züge trägt.

Das Zeitalter der Aufklärung ist zurecht als eine "quest for happiness"[47] bezeichnet worden, als eine Rebellion des egoistischen Hedonismus. Die ständige Rede vom Glück, die Forderung nach der Ermöglichung geglückten Lebens und die Anleitungen, wie gelingendes Leben zu realisieren sei, bedeuten aber gerade nicht, daß man es im 18. Jahrhundert mit einem Zeitalter ungebrochenen Optimismus, mit unproblematischer und unkritischer Selbstzufriedenheit zu tun hat, denn "happy people are not obsessed by the search of happyness"[48]. Gleichzeitig mit dem zunehmenden Möglichkeitsspielraum und dem notwendigen Zwang zur Selektion wächst auch der „Enttäuschungsquotient“[49].

Im Rahmen dieses eudaimonistischen Konzepts werden die affektiven Seiten des Menschen allmählich aufgewertet. Das „Zeitalter der Vernunft“ sah die Emotionalität und Sinnlichkeit des Menschen mit weit positiverer Einstellung an, als dies im Jahrhundert zuvor der Fall gewesen war.[50] Aufklärung wäre selbst als Prozeß von Rationalisierung und zugleich der Auseinandersetzung mit diesem zu begreifen. Weder die empiristische noch die sensualistische Kritik am Rationalismus noch die neue Psychologie und Pädagogik, der Individualismus und die „Empfindsamkeit“ sind gegenaufklärerische Bewegungen. In Deutschland, ähnlich wie in England und Frankreich, setzt die Frühaufklärung mit einer Kritik des „scholastischen“ bzw. postcartesianischen Rationalismus ein.[51] „Vernunft ohne das Korrektiv der Erfahrung gilt zunehmend als inkompetent.“[52] Die Rehabilitierung der Sinnlichkeit beschränkt sich jedoch nicht nur auf ihre Funktion als Erkenntnisquelle, sondern wirkt sich auch auf anthropologische und moralische Vorstellungen aus. An diesem Punkt soll die Frage nach der Bedeutung des Epikureismus im 18. Jahrhundert ansetzen.

Der Versuch einer Beschreibung der vielfältigen Funktionen epikureischer Motive, wie sie sich in der Zeitschriften- und Traktatliteratur, der Lyrik und Prosa des 18. Jahrhunderts finden lassen, soll dazu dienen, das Profil dieses Jahrhunderts durch einen weiteren Aspekt zu bereichern und zu präzisieren. Die wichtigsten Motive des Epikureismus – wie sie im Zuge der Vorgeschichte in Antike, Renaissance und im 17. Jahrhundert herausgearbeitet wurden –, das heißt sensualistische Wahrnehmungstheorie und eudaimonistische Moral, intensiver Selbstbezug als Angstbewältigung und vernünftige Selbstliebe bzw. kontrollierte Selbstsorge, Aufwertung von Sinnlichkeit, Betonung elitärer Geselligkeit und antitheologische bzw. antiteleologische Polemik, sind Themen – unter anderen –, anhand derer sich bürgerliches (Selbst)bewußtsein generiert. Bei der Beschreibung dieses Prozesses soll – soweit dies im Rahmen einer solchen Arbeit möglich ist – der englische und französische Einfluß auf die deutsche Epikur-Rezeption im Auge behalten werden. An manchen Punkten läßt sich dabei auch die spezifische Differenz besonders zwischen französischer und deutscher Aufklärung erkennen: Fundamentaler Materialismus und radikale Orthodoxie, „ausgelassener" Hedonismus und religiöse Sittenstrenge prallen in Frankreich heftiger aufeinander als in Deutschland. Die Meinungsvielfalt scheint dort größer und die Lebendigkeit der Auseinandersetzung ebenso. Der Epikureismus in Deutschland wirkt gedämpfter, moderat hedonistisch und weniger kritisch, eher skeptisch als polemisch.

Der im Vorhergehenden skizzierte Prozeß der Umgestaltung und die Rolle, die den Bürgerlichen dabei zukommt, sind verbunden mit dem Begriff der „Aufklärung"[53]. Aber: Was ist Aufklärung?" Was es bedeutet, daß es auf diese Frage nicht eine, sondern viele und damit keine verbindliche und allgemein akzeptierte Antwort gibt, mag dahingestellt bleiben; sei es, daß die offene Frage das „Projekt Moderne" als ein unvollendetes und zu vollendendes ausweist,[54] sei es daß die begriffliche Konfusion die Untauglichkeit des Konzepts bezeugt.[55]

Spätestens seit der ungeheuren Wirkung von Adorno/Horkheimers ›Dialektik der Aufklärung‹[56] impliziert der jeweilige Gebrauch des Begriffs „Aufklärung" zugleich eine weltanschauliche Position. Es ist nicht ganz unberechtigt, zu behaupten, daß dieses Buch mit seiner „konzeptuellen Gewalt eine so tiefe Furche geschlagen (hat), daß seither jede Beschäftigung mit Aufklärung zwangsläufig festgefahren ist. Die Alternative, wenn es denn eine war, war bloß die, entweder die geschichtsphilosophisch eschatologisch aufgezogene Aufklärungstheorie mehr oder weniger glücklich zu wiederholen, oder, unter ihrer unbekümmerten Ausblendung mit positivistischer Naivität sich an die Einzelerscheinungen zu machen."[57]

So entscheidend – und heute mehr denn je – die Adorno-Horkheimersche Kritik instrumenteller Vernunft und die Warnung vor den Folgen von Ausbeutung und Unterdrückung der Natur sind, können sie doch als Erklärung für historische Gegebenheiten kaum mehr dienen.[58] Wird die historische Aufklärung nämlich nur als „radikal gewordene, mythische Angst"[59] gefaßt, kann nicht mehr in den Blick geraten, daß die Selbstermächtigung des Menschen auch genußvoll erfahren wurde.[60] Nicht umsonst „erfindet" das 18. Jahrhundert den „Genuß".[61] Die Emanzipation von religiösen Vorstellungen und Vorurteilen und die Säkularisation paradiesischen Glücks zu irdischem Vergnügen ermöglicht es zu dieser Zeit, Genuß als einen Teil menschlicher Existenz zu werten und über seine Bedeutung für die Organisation menschlicher Belange nachzudenken. Den Menschen als ein (auch) genießendes Wesen zu beschreiben, bedeutet, den Bereich der Empfindungen gegenüber dem der Vernunft aufzuwerten. Die ästhetischen Vermögen des Menschen werden als *wesentlich* erkannt. Und es scheint, als sei zugleich gerade im 18. Jahrhundert bereits die Problematik und Instabilität eines solchen neuen säkularisierten, autonomen, „ästhetischen" und psychologisierten Subjektbegriffs wahrgenommen und diskutiert worden. Die Forderung nach einem „schönen" und „harmonischen" Lebensentwurf ist Ausdruck eines normativen Defizits, das sehr schnell als grundsätzlich nicht kompensierbar erfahren wird. In der spätaufklärerischen Kritik an diesem Entwurf drückt sich bereits das Scheitern einer solchen Identitätskonzeption aus. Vollendete Harmonie, ideale Schönheit und Stabilität erweisen sich zunehmend als untaugliche Parameter einer gelingenden Subjektkonstitution.

Das eindeutige, religiös geprägte Votum *gegen* Sinnlichkeit hatte (theoretisch) keine Probleme dargestellt, nun aber muß eine Balance zwischen den verschiedenen Anlagen und Fähigkeiten des Menschen gefunden werden: Vernünftig kontrollierte Affektivität soll sich in offensichtlichem Glück und moralischem Verhalten beweisen. Glücklich kann nur sein, wer vernünftig empfindet und moralisch handelt. Da es keine „Superinstanz" mehr gibt, die Gebote absichert, ist Verlaß nur noch auf das labile Gleichgewicht, das jeder für sich selbst im Hinblick auf seine Umwelt herstellen muß. Das neue Wissen vom Menschen, von seinem Körper, dessen Funktionen und ihren Auswirkungen auf menschliche Befindlichkeit und Handlungen ermöglichte eine verfeinerte Reaktion auf die Anforderungen der Umwelt. Das bedeutet sowohl, daß damit eine höhere soziale Kompetenz erworben werden kann und so mehr Möglichkeiten individueller Lebensgestaltung nutzbar geworden sind, birgt aber zugleich auch die Gefahr einer wesentlich subtiler gewordenen Bemächtigung physischer und psychischer Vorgänge. „Der vollends aufgeklärte Körper strahlt im Zeichen triumphaler Leistungsfähigkeit und Sterilität"[62], so formuliert E. König in Anlehnung an Horkheimer/Adorno unter Anwendung Foucaultscher Perspektive die Gefahr, die von einem totalitären Verfügungswissen über menschliche Körperlichkeit ausgeht. Auch C. Begemann hebt den Aspekt der „negativen" Dialektik hervor, wenn er betont, daß die Praktiken, die Furcht nehmen sollten, im Aufbau neuer Furcht enden.[63] Will man sich trotz allem nicht mit der Ausweglosigkeit dieser Dialektik „versöhnen", bliebe zu fragen, ob das „Andere der Vernunft"[64] tatsächlich nur „als der Ungeheuer erzeugende Schlaf der Vernunft"[65] gesehen werden kann und gesehen wurde.[66] Womöglich weisen Begriffe wie „Geschmack", „Genuß", „Glück", „vernünftige Selbstliebe“ in ihrer eigentümlichen Unschärfe auf eine Konzeption von Vernünftigkeit, deren Kompetenz eher im Bereich von Urteilsvermögen zu lokalisieren wäre als im Bereich analytischer Distinktion. Wenn manches in der Sprache des 18. Jahrhunderts für den Leser des 19. und 20. Jahrhunderts unbefriedigend „schwammig“ und letztlich nicht ausreichend begründet wirkt, muß das nicht an einem Mangel an begrifflicher und intellektueller Schärfe liegen: Eine allumfassende Begründung von Welt wird der Vernunft nicht zugemutet, sei es, daß Religion noch einen Teil dieser Aufgabe übernehmen konnte, sei es daß skeptisch-lebenspraktisch orientierte Traditionen aus dem 17. Jahrhundert noch wirkungsvoll waren, sei es, daß die erfahrene Insuffizienz des cartesianischen Modells eklektizistische, pragmatische und moralisch-ästhetische Vorstellungen beförderte.[67]

Mit der Wende zum 18. Jahrhundert, dem, was üblicherweise als „Frühaufklärung“ bezeichnet wird – setzt man historisch die eigentliche Aufklärung erst ab Mitte des Jahrhunderts an –, macht sich eine anthropologische Wende im Denken des modernen Rationalismus bemerkbar. Die im gesamten Jahrhundert in vielfältiger Weise und in allen wissenschaftlichen und künstlerischen Bereichen einsetzende Rehabilitierung der Sinnlichkeit ist nicht nur eine Frage der Ontologie, sondern betrifft in allererster Linie Fragen der Ethik und der Ästhetik. Funktion und Bedeutung von Sinnlichkeit, Sentimentalität und Empfindsamkeit variieren dabei je nach dem, gegenüber welcher Gegenposition sich der Diskurs zu behaupten hat. Bei dem Versuch, eine wirksame Regelung und verläßliche Orientierung, eine neue Ordnung menschlichen Verhaltens zu finden, ging es um verschiedene Modelle einer Balance zwischen Vernunft und Sinnlichkeit.

Die Vernunft ist nichts anderes als die Entscheidung für diejenigen Leidenschaften, denen der Mensch um seines Glückes willen gehorchen sollte[68]: Das Interesse am *eigenen* Glück und dessen vernünftiger Verwirklichung konnte aber den allgemeinen Nutzen und die Verträglichkeit für das Gemeinwohl nicht mitgarantieren. Auch bei Mandevilles berühmter Bienenfabel bleibt das gesamte Bezugssystem, in dem “private vice” in “public benefit” umgewandelt werden kann, im Unklaren. Die Kraft, die „stets das Böse will und stets das Gute schafft“[69], muß erst noch erfunden werden. Wenn die Antwort spekulativer Philosophie nicht befriedigen, liegt der Rekurs auf Erfahrung nahe. Eine Sammlung und kritische Betrachtung und Auswertung von Erfahrung stattet den einzelnen mit praktischem Wissen aus. Erfahrung kann im Bereich der Natur gesammelt werden und auf dem Gebiet der eigenen und allgemeinen Geschichte. Die Bedingungen und Möglichkeiten von Erfahrungen im Bereich der *Natur* zu untersuchen, war das Anliegen des englischen Empirismus, insbesondere von John Locke. Die Bedeutung und Funktion von *historischem* Erfahrungs-Wissen suchten die frühaufklärerischen „Eklektiker“ um Thomasius, die Verfasser von

Lexika und Philosophiegeschichten für das praxisorientierte neue Denken der Aufklärung, fruchtbar zu machen. Die Entwicklungen fanden unabhängig voneinander statt, antworteten aber – eben unterschiedlich – auf dasselbe Problem: „Deshalb konnte Locke in Deutschland schon früh und ohne Schwierigkeiten rezipiert werden."[70]

Für beide Strömungen ist eine Haltung typisch, die menschliche Vernunft bescheiden auf praktisch lösbare Dinge zu verpflichten sucht und andere Fragen spekulativer Art als von vorneherein unbeantwortbar vernachlässigt bzw. dem Glauben überläßt. Dieser Verzicht steht allerdings nicht in einem Widerspruch zu aufklärerischen Versuchen der Selbstermächtigung des Menschen, denn „der angeblich bescheidene Praxisbezug (wegen der Schwäche der menschlichen Erkenntnis) (war) das Vehikel zur Vindikation der Kompetenz ..., seine eigene Welt zu bestimmen; damit war Praxisbezug – empirisch und elektrizistisch – Vehikel der Aufklärung."[71]

## 2. Eklektische Wissenschaft der *exempla*: Locke, Thomasius und seine Schüler, Philosophiegeschichten und Lexika

„Eine durchaus nicht skeptische, aber am skeptischen Denken geschulte Haltung" empfahl bereits der „Empiriker" John Locke: „Wie weit ihre (der Menschen) Erkenntnis auch hinter einer universalen oder vollkommenen Erfassung dessen, was er auch immer sei, zurückbleiben mag, so sind ihre wichtigsten Interessen doch dadurch gewahrt, daß das Licht, das sie haben, ausreicht, um sie zur Erkenntnis ihres Schöpfers und zu einem Einblick in ihre Pflichten zu verhelfen."[72] Es geht aber nicht nur um Gotteserkenntnis, sondern eben auch um Selbsterkenntnis: „Wenn wir unsere eigenen Kräfte kennen, werden wir um so besser wissen, was wir mit Aussicht auf Erfolg unternehmen können ..."[73] Locke schließt sich damit den Kritikern des Cartesianismus an, die Gassendis epistemologischer Skepsis und dem Atomismus Epikurs nahestehen. Er war mit Gassendis Werken vertraut, dessen Schüler François Bernier hatte er sogar auf einer Parisreise persönlich kennengelernt. Seit Mitte des 17. Jahrhunderts hatten außerdem William Temple und vor allem Walter Charleton dafür gesorgt, daß epikureisches Denken in England bekannt war. Stanleys Philosophiegeschichte hatte Epikur ebenfalls einen langen Artikel gewidmet: „Gassendistische Gedanken liegen damals geradezu in der Luft."[74] Locke nimmt von Gassendi die These auf, daß der Mensch Wissen nur von wahrnehmbaren Körperqualitäten habe, daß nur diese und nicht die Dinge selbst erkannt werden und daß der Mensch nicht entscheiden könne, inwiefern die wahrgenommenen Qualitäten dem Wesen entsprechen. “The Essay becomes ... much more intelligible if read alongside Gassendis works.”[75] So hat auch Leibniz in der Jahrhundertdebatte zwischen Cartesianern und ihren Gegnern Locke zu den Kritikern des Dualismus gerechnet. In den ›Nouveaux Essais‹ läßt er den Vertreter der Lockeschen Position mit folgenden Ausführungen einleiten: „Sie waren für Descartes und für die Meinung des berühmten Verfassers der ›Recherche de la vérité‹, während ich für mein Teil die durch Bernier erläuterten Ansichten leichter faßlich und natürlicher fand. Jetzt nun fühle ich mich hierin außerordentlich bestärkt durch das ausgezeichnete Werk, das ein berühmter Engländer ... seitdem veröffentlicht hat, und das mehrmals in England unter dem bescheidenen Titel ›Abhandlung über den menschlichen Verstand‹ wieder gedruckt worden ist ... Im ganzen neigt er sich ziemlich dem System Gassendis zu, welches im Grunde das des Demokrit ist ... Er hat dies System mit zahlreichen vortrefflichen Bemerkungen bereichert und verstärkt, und ich zweifle nicht, daß nunmehr unsere Partei über ihre Gegner, die Peripatetiker und Cartesianer, den entscheidenden Sieg davonträgt.“[76] Im Bereich der Wahrnehmungstheorie und der Atomistik steht Locke den Ideen Gassendis und anderer Epikur-Anhänger nahe; ähnlich wie Gassendi selbst läge es Locke aber fern, atheistische Positionen vertreten zu wollen; er versucht, seine nur skizzierten Überlegungen zur Moralphilosophie in Einklang zu bringen mit dem christlichen Glauben. Gäbe es keinen Gott, gäbe es auch kein moralisches Gesetz. Da dieser aber in Übereinstimmung mit der Natur und der Vernunft zu sehen ist, handelt Gott zwar frei, aber nicht willkürlich, und eine genaue Kenntnis der Natur bzw. der Natur des Menschen kann als Grundlage moralischen Handelns dienen.[77] Immer wieder wurde behauptet, daß sich in Lockes moralphilosophischen Überlegungen ein rationalistischer und ein hedonistischer Ansatz widersprächen.[78] Dies scheint nur dann der Fall, wenn übersehen wird, daß rationalistisches „Glückskalkül“ für den Hedonismus z.B. epikureischer Prägung charakteristisch ist. „Lockes Fundamentalethik ist, wie man heute sagt, ‚hedonistisch‘, denn für sie liegen Glück und Unglück – gut epikureisch – in Lust und Schmerz ... Nicht nur die ‚hedonistischen‘, sondern auch die ‚rationalistischen‘ Aspekte weisen auf Gassendi zurück und stehen nicht weniger als Lockes atomistische Physik in der Epikurtradition.“[79] Schmerz und Freude, Unlust und Lust gehören für Locke zu den „einfachen Ideen“, man kann sie nur aus der Erfahrung kennen. Dinge sind nur in Bezug auf Freude und Schmerz gut oder übel. „Gut nennen wir das, was in uns die Freude zu wecken oder zu steigern oder den Schmerz zu lindern vermag, was uns in den Besitz von etwas Gutem setzt oder uns diesen Besitz erhält bzw. was etwas Übles aus unserem Wege räumt oder von uns fernhält. Im Gegensatz hierzu bezeichnen wir das als Übel, was einen Schmerz zu erzeugen oder zu steigern oder eine Freude in uns zu verringern vermag, was die Ursache dafür sein kann, daß uns etwas Übles beschert oder etwas Gutes genommen wird. Freude und Schmerz verstehe ich sowohl im körperlichen als auch im geistigen Sinne ..."[80] Auf diesen Bestimmungen bauen die weiteren Reflexionen über die Struktur menschlichen Handelns auf. Sorgfältig unterscheidet Locke dabei zwischen dem Begehren und dem Willen, beides Komponenten, die in unterschiedlicher Weise menschliches Handeln beeinflussen. Das Begehren bestimmt den Willen; Begehren ist dabei zu verstehen als ein Unbehagen aufgrund irgendeines empfundenen Mangels: „Was aber von einem Mal zum anderen Mal den Willen *unmittelbar* zu jeder willkürlichen Handlung bestimmt, ist das *Unbehagen* in dem Begehren nach einem abwesenden Gute, sei es ein negatives, zum Beispiel für die Leidenden die Schmerzlosigkeit, oder ein positives, zum Beispiel der Genuß eines Vergnügens."[81] Nur die Empfindung des Mangels ist Triebfeder des Handelns, nicht der Wunsch nach Maximierung oder Potenzierung einer nicht als unangenehm empfundenen Situation. Das Unbehagen steht der Empfindung von Glück entgegen. Nach diesem streben aber naturgemäß alle Menschen, d.h. „das jeweils sich geltend machende Unbehagen (bestimmt) den Willen *naturgemäß* zum Glück ..., das wir bei allen unseren Handlungen anstreben"[82]. Noch einmal betont Locke in diesem Zusammenhang, daß das Streben nach Glück eine anthropologische Bestimmung sei und daß die Empfindungen von Glück und Unglück den Definitionen von Gut und Böse entsprechen: „... so bezeichnen wir als *Gut* alles, was geeignet ist, in uns Freunde zu erzeugen; was aber Schmerz zu erzeugen vermag, nennen wir *Übel*."[83] Problematisch wird diese Ableitung dadurch, daß sie radikal subjektivistisch ist, „da keiner ... das, was den andern erfreut, zum Bestandteil *seines* Glücks macht"[84]. Dies muß zwar nicht, kann aber soziale Probleme hervorrufen, sobald verschiedene Glücksvorstellungen und deren Verwirklichung nicht mehr mit gegenseitiger Toleranz rechnen können. Nur wenn in irgendeiner Weise die verschiedenen „Begehrensstrukturen" sich zu einem ganz allgemeinen Konsens bringen ließen, wäre Friede auf dieser Ebene möglich. Das hieße, daß der Einzelne entweder nach Hobbesscher Manier zum Verzicht auf sein Naturrecht der ungehemmten Selbstverwirklichung gezwungen werden oder aber jeder auf seine Begehrensdisposition im Sinne der Allgemeinheit aktiv einwirken können müßte (dies gilt natürlich nicht für menschliche Grundbedürfnisse wie Essen, Trinken, Schlafen etc.). „Es steht also in unseren Kräften, durch reifliche Erwägung und Prüfung eines vorgestellten Gutes unser Begehren in einem richtigen Verhältnis zu dem Werte dieses Gutes zu erwecken, so daß es zu seiner Zeit und an seinem Platz dazu gelangen mag, auf den Willen einzuwirken und erstrebt zu werden."[85] Durch Übung (Askesis), durch Selbsterziehung und Aufklärung mit Hilfe von Erfahrung soll der Mensch nach Locke seine „Begehrensstruktur" verändern.[86] Dies ist wohlgemerkt kein *rationaler* Vorgang, keine Entscheidung, bestimmten fremden Regeln zu folgen, sondern auf ein Selbsterkenntnis basierender Erfahrungswert, der im Prozeß individueller Subjektkonstitution im Zusammenspiel der sinnlichen und rationalen Fähigkeiten des Menschen zustande kommen kann. Ungeklärt bleibt dabei, ob das „richtige Verhältnis" zu einem Gut nur aus der individuellen Lebenskonzeption entspringt oder ob hier eine soziale Dimension anvisiert wird, die dann allerdings auch nur sehr vage angedeutet wäre. Soziales Verhalten bliebe eben auf das Angemessen-Richtige, den „guten Geschmack", d. h. das „Schickliche", das Decorum verwiesen. *Eine* Lösung dieses Problems versucht Lockes Schüler Shaftesbury mit der Vorstellung des menschlichen "moral sense" zu bieten.[87]

Die Aufwertung von Sinnlichkeit – sowohl in der Wahrnehmungstheorie als auch in der Ethik –, die damit einhergehende Bescheidenheitsgeste und Erkenntnisskepsis verbinden sich mit einer Betonung der praktischen Bedeutung der Erkenntnis. Der Entwurf einer hedonistischen Ethik wird abgestützt durch die Erkenntnisse aus Anthropologie und Psychologie. Die Tradition epikureischer Gedanken, vermittelt durch die französische Diskussion, ist bei Locke deutlich zu erkennen. Anders als bei den Moralisten und auch Gassendi scheint bei Locke die Möglichkeit von Erziehung und Selbsterziehung des Menschen stärker betont. Dies rückt ihn in die Nähe der Diskussion der Aufklärer des 18. Jahrhunderts und auch der Kreise um Thomasius. Die Affinitäten in den Werken von Locke und Thomasius sind nicht zu übersehen, auch wenn eine direkte Abhängigkeit nicht zu bestehen scheint.[88] Thomasius besaß aber immerhin ein Exemplar von Lockes ›Essay‹ und soll angeblich durch die Ausführungen zum „Enthusiasmus" dazu bewogen worden sein, sein Verhältnis zum Pietismus neu zu überdenken.[89] Thomasius' Schüler Nikolaus Hieronymus Gundling war einer der ersten, die sich in Deutschland mit Locke beschäftigten; auch Franz Buddeus und sogar Christian Wolff setzten sich mit Locke auseinander. Die Wirkung der Leibniz-Wolffschen Schule allerdings verhinderte wohl zunächst ein stärkeres Echo. "From 1704–1754 Locke was a quiet subterranean force in German philosophy, overshadowed by the Leibniz-Wolff school."[90] Erst bei den sogenannten Popularphilosophen der zweiten Jahrhunderthälfte setzt wieder eine regere Rezeption des ›Essays‹ ein. Georg Friedrich Meier hält auf Wunsch Friedrich II. Vorlesungen über Locke in Leipzig, Kants Lehrer Martin Knutzen übersetzt den ›Essay‹ 1755 ins Deutsche. Joh. Georg Heinrich Feder regt eine intensive Locke-Rezeption in Göttingen an. Dessen Schüler Christoph Meiners widmet dem englischen Philosophen eine enthusiastische Eloge: „Dir, weiser Locke, habe ich es zu danken, daß ich mich aus dem wüsten Chaos scholastischer Zeichendeutereien in die helle Region der deutlichen Begriffe emporgehoben habe."[91]

Christian Thomasius, „ein deutscher Gelehrter ohne Misere"[92], kämpft gegen die „moralistische Sauertöpferei" und verteidigt als „Retter Epikurs"[93] diesen Philosophen „des entzauberten Weltgartens, der glücklichen Moralität, ohne Furcht, Aberglaube und Mythologie"[94]. Was stimmt an dieser Lobeshymne Ernst Blochs für den Hallenser Universitätslehrer, dessen Verbindungen zum Pietismus eigentlich eher ein distanziertes Verhältnis zur epikureischen Philosophie vermuten lassen würden? Zweifellos war Thomasius kein „Epikureer" wie etwa Saint-Evremont, allerdings läßt sich auch nicht bestreiten, daß epikureische Motive in seine Moralphilosophie und Klugheitslehre eingingen. Seine Präferenzen für bestimmte Autoren, speziell der französischen Literatur, und einige direkte Äußerungen zu Epikurs Philosophie erlauben es immerhin, ihn zu den Verteidigern und wohlwollenden Prüfern dieser Lehre zu rechnen.

Während eine direkte Abhängigkeit der Thomasischen Philosophie vom englischen Empirismus nicht nachzuweisen ist, sind nun die französischen Einflüsse auf ihn wesentlich besser zu bestimmen.[95] Zunächst wird dabei einmal seine berühmte und oft bemühte erste deutsche Vorlesung zu nennen sein, die ihm nicht nur die Entlassung von der Leipziger Universität, sondern auch – unter anderem – den Ruf nach Halle und den des ersten „deutschen Frühaufklärers" einbrachte.[96] Die Vorlesung war nicht nur auf deutsch angekündigt, was der gelehrten lateinsprechenden Welt schon zum Skandal gereicht hätte, sondern behandelte auch noch Balthasar Graciáns ›Handorakel‹ mit dem Untertitel: „Welcher Gestalt man denen Frantzosen im gemeinen Leben und Wandel nachahmen solte" – bei der damals in Deutschland herrschenden franzosenfeindlichen Stimmung ein „erschreckliches und, solange damals die Universität gestanden hatte, noch nie erhörtes Crimen"[97]. Thomasius ließ sich von seinem Vorhaben, philosophische Gedanken in seiner Muttersprache vorzutragen, nicht abbringen: Weitere Vorlesungen folgten noch in Leipzig bis Ende 1689 und dann in Halle. Ab Januar 1688 veröffentlichte er außerdem eine deutschsprachige wissenschaftliche Monatsschrift, die sich allerdings – auch wieder eine Frage der Sprache! – weniger an ein gelehrtes Publikum wandte, wie etwa die Leipziger ›Acta eruditorum‹, sondern eher den französischen Vorbildern des ›Journal des Sçavants‹ und des ›Mercure galant‹ verpflichtet war. ›Freymüthige, Lustige und Ernsthaffte jedoch Vernunfft- und Gesetz-Mässige Gedancken oder Monatsgespräche/ über allerhand/ fürnehmlich aber Neue Bücher‹ sollten dem Leser geboten werden. Dabei ist auffällig, wie viele französische Titel sich darunter befinden. Daß er die doch recht unorthodoxen ›Pensées‹ Pierre Bayles empfiehlt, mag dabei noch weniger erstaunen als die Tatsache, daß er ausgerechnet François la Mothe le Vayer, den berühmtesten Libertin des 17. Jahrhunderts, lobend erwähnt.[98] Bei den Philosophen scheint er sich neben Descartes und Malebranche besonders für Gassendi interessiert zu haben,[99] und er erwähnt auch das Abrégé von dessen

Schüler François Bernier. Gassendi wird von ihm an den Anfang der Aufklärung gestellt. Während Descartes' und Malebranches Denken seinen Vorstellungen praktischer Lebensklugheit eher widerspricht, scheint ihn die Philosophie Gassendis bis ins hohe Alter beschäftigt zu haben. Diese Vermutung unterstützt auch ein Blick auf seine Bibliothek: Während er von Malebranche nur ein Werk besessen zu haben scheint, sind von Gassendi alle wichtigen Werke vorhanden, auch von La Mothe le Vayer findet sich die Gesamtausgabe, einige Schriften von Fontenelle besitzt er ebenfalls. Neben Platon, Aristoteles, Cicero, Seneca etc. waren auch Demokrit und Epikur selbst vertreten.[100] Eindeutige Präferenzen lassen sich an der Auswahl der Bücher nicht erkennen; es ist die Bibliothek eines allseitig interessierten Mannes. Tendenzen einer gewissen Vorliebe für die skeptisch-libertine Tradition der Franzosen sind aber nicht zu übersehen.

Thomasius verkörpert einen neuen Typ des Wissenschaftlers und Universitätslehrers.[101] Die Universität Halle wurde unter seiner Leitung ein intellektuelles Zentrum, wenn auch nicht immer ganz in seinem Sinne: Sowohl mit Christian Wolff als auch mit August Hermann Francke hatte er Schwierigkeiten und zum Teil recht heftige Auseinandersetzungen. F. Mauthner nennt ihn vielleicht etwas übertrieben einen „Draufgänger" – ein „prächtiger Selbstdenker"[102] war er gewiß, Vorurteilskritik und die Durchsetzung der Denkfreiheit waren sein Anliegen.[103] Für den Juristen Thomasius war die Philosophie nicht mehr Propädeutik der Theologie und auch nicht Methodenlehre, sondern die kritische Instanz gesunden Menschenverstandes, die in praktischer Anwendbarkeit dem Menschen den Weg zu seiner irdischen Glückseligkeit weisen sollte.[104] Ethik betrieb er nicht als Reflexionstheorie der Moral, sondern in der Tradition der Klugheitslehre. Sein Vorgehen dabei kann durchaus als eklektizistisch bezeichnet werden;[105] nicht in einem negativen Sinne von „inkonsistent" verstanden, sondern im Sinne des damaligen Wortgebrauchs: auf vielfältiger historischer Erfahrung basierend und – in skeptischer Haltung gegenüber Spekulation und Systemdenken – aufs Konkrete zielend. Von entscheidender Bedeutung für die Entwicklung von Geschichtswissenschaft, Philosophie und besonders auch Ästhetik ist es, daß es sich hier um die Rechtfertigung einer bloß wahrscheinlichen Erkenntnis handelt. Historische Wahrscheinlichkeit, Erfahrungswissen und Erlebnisgewißheit, die man für sich – als Eklektiker – in Anspruch nimmt, sind antischolastische und häufig auch gegen Descartes gerichtete Begriffe.[106] Sowohl Stoiker als auch Epikureer werden dem Denken der Spekulation positiv gegenübergestellt.[107] Die Klugheit, um die es ihm geht, „ist eine Lehre, welche vornehmlich zeiget / wie man sich vor den Irrwegen und Hindernissen des Guten in acht nehmen solle"[108]. Gelernt werden solche Dinge am besten an „Exempeln"[109], denn es geht nicht um Abstraktion: „Denn ein anderes ist es klug zu seyn ein anderes gelehrt zu seyn."[110] Darum sind Klugheit und Weisheit auch keine rein intellektuellen Fähigkeiten. Klugheit und Weisheit sind Eigenschaften des Herzens und des Willens ebenso wie solche des Verstandes.[111]

Nun scheint es für verschiedene Lebensbereiche verschiedene Klugheitsregeln zu geben. In rhetorischen Termini ließen sie sich als die Anleitungen zum „Honestum“ und „Decorum“ umschreiben.[112] Das „Honestum“ zielt auf die Tugendlehre (d. h. den Inhalt), das „Decorum“ auf das gesellschaftliche Schickliche (die Einkleidung bzw. die Wirkung). In welchem Verhältnis die angemessene, „galante“ «conduite» zu einem tugendhaften und gelingenden Leben steht, wird im 18. Jahrhundert zu einem viel diskutierten Problem (vor allem auch in der Geschmacksdebatte). Das „Decorum“ als das „Anständige“ ist sozial vermittelt und historisch variabel. Die Regeln des Decorum basieren nicht auf Deduktion, sondern vielmehr auf gegenseitiger Anerkennung und Verpflichtung.[113] Ähnlich wie für La Rochefoucauld und andere französische Moralisten stellt für Thomasius die gepflegte Konversation unter Freunden das Paradigma einer vernünftigen und zugleich unabstrakt-menschlichen Vergesellschaftung dar.[114] Dazu sind „honette Gelehrsamkeit, beauté d’esprit, un bon gout und galanterie“ vonnöten.

Diese Hinweise wirken nun zunächst so, als solle damit das Gebaren des französischen (oder deutschen) Adels vom braven Bürgersmann kopiert werden und damit genau die gesuchte Emanzipation, der Entwurf eines neuen Selbstverständnisses, verloren gehen. Dabei darf nicht übersehen werden, daß Thomasius, indem er diese Verhaltensweisen, die der Konstitution eines moralischen Subjekts dienen sollen, Bürgerlichen empfiehlt, anders als manche seiner Zeitgenossen davon ausgeht, daß Moralität und Schicklichkeit kein Geburtsprivileg sind, sondern durch Erziehung und Bildung erworben werden können, nicht einem bestimmten Stand vorbehalten sind, sondern von Charakter und Herzensbildung des Einzelnen abhängen. Der gute Geschmack wird über die sozialen Grenzen hinweg *erlernbar*: „Es ist eines von denen grossen praejudiciis, daß die meisten Dinge / die wir der Natur zuschreiben / von der Gewohnheit oder Aufferziehung herkommen. Man ziehe nur Bürgerliche Kinder Adelich / und Adeliche Bürgerlich auff / und sehe alsdenn / ob man einen grossen Unterschied finden werde.“[115] Thomasius schreibt darum eine Anleitung, wie man sich eine solche Erziehung oder Selbsterziehung vorzustellen habe und was eine Sittenlehre bewirken könne: ›Von der Kunst vernünfftig und Tugendhafft zu lieben. Als dem eintzigen Mittel zu einem glückseligen / galanten und vergnügten Leben zu gelangen / oder Einleitung zur Sittenlehre‹. Das zweite Hauptstück dort handelt „von der größten Glückseligkeit des Menschen“. Thomasius betont mehrmals, daß vollkommene Glückseligkeit des Menschen nicht nur im geistigen Bereich zu suchen sei, es gehe vielmehr um die Güter „des Leibes und der Seelen“[116], nicht darf man „den Leib nur für ein Gefängniß und nicht für ein Theil der Seele"[117] halten. Die Gedanken sind keineswegs unabhängig von körperlichen Vorgängen: „So ist auch / was die Vernunfft betrifft / bekant/ das nach unterschiedener Arten der Bewegung in dem Geblüte die Gedancken munter oder verdrossen / und nach denen unterschiedenen Arten der Bewegung in denen nerven die Gedancken begierig oder gleichgültig seyn / und also allezeit die menschliche Vernunfft nach Art dieser beyderley Bewegung geändert wird"[118]; überhaupt besteht das Wesen der Menschen aus ständiger Bewegung seines „Geblüts" und seiner „Senn-Adern".[119] Weiter untersucht Thomasius die Frage, welche Güter notwendig oder zureichend für menschliche Glückseligkeit zu nennen wären. „Was demnach die Leibes-Gesundheit anlanget / so ist kein Zweiffel / das dieselbige zwar der größten Glückseligkeit des Menschen eine ziemliche Vollkommenheit gebe / aber doch in selbiger die wahre Glückseeligkeit selbst nicht bestehen könne/ theils weil diese Gesundheit nicht allemahl in des Menschen seinen Willen stehet / sondern vielen äusserlichen Zufällen unterworffen ist / ... theils / weil dieselbige an und für sich selbst den Menschen nicht glücklich / noch derselben Beraubung ihn elend machen kan."[120] Aber auch das nur theoretische Wissen um richtiges Benehmen und „artige Sitten" kann nicht glücklich machen.[121] Wissenschaft ist nur akzeptabel, solange sie dem Menschen zur Selbsterkenntnis verhilft und ihm dabei und dadurch auch Vergnügen bereitet.[122]

Wo also ist die größte Glückseligkeit zu suchen? „Es bestehet ja die größte Glückseeligkeit in denen Gedancken und in der Einbildung aber nicht in blossen Gedancken und einer eitelen Einbildung. Und so wenig wir in der Vernunfft-Lehre das Wahre in denen blossen Sinnligkeiten / noch in denen bloßen ideis, sondern in beyden zugleich suchen müssen / so wenig müssen wir auch die größte Glückseeligkeit in dem Verstande oder dem Willen alleine / sondern in beyden zusammen ... suchen ... und wenn wir alles beydes zusammen nehmen / pfleget man es das Gemüthe des Menschen zu nennen."[123] Anders als die Gesundheit des Leibes kann der Mensch den Zustand seines Gemüts selbst regulieren. Er sollte dies tun, mit dem Ziel eine „Gemüths-Ruhe" zu erreichen. „Und dieses ists / woraus die Alten Welt-Weisen die das höchste Gut in einer Gemüths-Ruhen oder in einer Belustigung des Gemüths gesuchet haben ... Wir wollen keines weges mit dir der Worte oder des Nahmens halber streiten / wenn wir nur in der Sache übereinkommen."[124] Daß Thomasius nicht eine stoische Ruhe meint, wird aus den folgenden Ausführungen klar: „Sie ist demnach nichts anders als eine ruhige Belustigung / welche darinnen bestehet / daß der Mensch weder Schmertzen noch Freude über etwas empfindet / und in diesem Zustande sich mit andern Menschen die eine dergleichen Gemüths-Ruhe besitzen / zu vereinigen trachtet ... Sie ist eine Belustigung / denn sonst wäre sie kein Gut / weil wir oben erwehnet / daß alles gegenwärtige Gute eine Belustigung machen müsse. Dannenhero muß sie von allen Schmertzen entfernet seyn. Denn wo Schmertzen ist / da kan keine Lust oder Vergnügung seyn ... Sie ist eine ruhige Belustigung / denn sonst wäre sie kein Gut / weil wir oben gedacht / daß alle ... mit einer Unruhe vergesellschafftete Dinge böse seyn."[125] Thomasius gibt zu, daß eine solche Gemütsruhe nicht immer erreichbar ist; da Schmerzfreiheit nicht immer herzustellen ist, trotz allem bleibt sie das höchste Gut, das alle anderen in sich miteinbegreift bzw. als Pseudo-Güter und letztlich wertlos entlarvt: „Daß aber in dieser ruhigen Belustigung die größte Glückseeligkeit des Menschen bestehe / ist daher abzunehmen / weil der Mensch bey allen denen andern Gütern / als Reichthumb / Ehre / Freyheit / Freunden / dem decoro, der Gesundheit / der Weißheit / der Tugend / wiewohl bey denen meisten vergeblich nach diesem Gute trachtet / und in denenselben seine Ruhe suchet; wer aber die Gemüths-Ruhe einmal besitzet / und umb nichts mehr als umb derselben Erhaltung bekümmert ist / auch der anderen Güter die eben zur selben so sonderlich nichts contribuiren / gar leicht entbehren kan."[126] Die „Gemüths-Ruhe" sorgt außerdem für ein richtiges Verhältnis zu anderen Menschen, weil sie keine unruhige Gier nach Liebe und Anerkennung ist, sondern eine angenehme Gesellschaft garantiert. „Gemüths-Ruhe" hat nichts mit Trägheit und Faulheit zu tun, sondern eher mit einer „munteren und proportionirlichen Bewegung"[127]. Hier fühlt man sich an die Vorstellung einer munteren und galanten Unterhaltung erinnert, die nicht in Streit ausartet und – was für La Rochefoucauld das schlimmste war – auch nicht langweilt. Wohl angewandte Gemütsruhe ist also dazu angetan, auch die soziale Bezüge zu regulieren. Thomasius wählt hier den Begriff der „vernünfftigen Liebe"[128]. Dem Sprachgebrauch der Franzosen, vor allem Nicoles, von einem «amourpropre éclairé» mag er sich nicht anschließen. Die ist implizit in der Gemütsruhe vorausgesetzt, und eine explizite Erörterung widerspräche zu sehr seinen christlichen Glaubensvorstellungen.[129] Das Wesen der Menschen, behauptet er, bestehe, „man möge auch in denen Schulen von der rechten und verbothenen Selbst-Liebe reden was man wolle ..., in einer tugendlichen Liebe anderer Menschen"[130]. Ein Mensch wäre kein Mensch ohne andere menschliche Gesellschaft."[131] Die Begründung dafür wird ebenfalls wieder mit der Bestimmung des Menschen zum Vergnügen gegeben: „Ohne menschliche Gesellschaft würde ein erwachsener Mensch kein Vergnügen haben / wenn er gleich die gantze Welt besässe."[132] Gesellschaft heißt zunächst, daß man „seine Gedancken communiciren"[133] kann, aber auch, „daß die allermeisten Belustigungen des Gesichts / Gehörs / Geruchs / Geschmacks / und Gefühls entweder in und bey anderen Menschen gesucht werden"[134]. Auch die Bestimmung des Menschen als eines geselligen Wesens wird also wiederum mit hedonistischen Argumenten unterstützt. Individueller Hedonismus bezieht explizit und an erster Stelle den Bezug zu anderen Menschen mit ein. Trotzdem ist dieser eben *nicht* analog zu einer göttlichen Geboten verpflichteten christlichen Nächstenliebe zu denken. Darum entgeht letztlich Thomasius, trotz aller Abgrenzung seiner „vernünftigen Liebe" gegenüber den Theoretikern der Selbstliebe, nicht dem fundamental individualistischen Ansatz einer hedonistischen Sittlichkeitslehre: Der Mensch habe nicht, so meint er, „zum Grunde seines Thuns und Lassens eine vernünfftige Selbst-Liebe (wie man sonsten in Schulen lehret) man wolte denn etwa dieses also auslegen und benehmen / weil der Mensch durch die Liebe anderer Menschen / in denen er mehr als in sich / selbst lebet / allezeit seine eigene Gemüths-Ruhe zu befördern und zu erhalten bemühet ist"[135].

So sehr die auf „Gemühts-Ruhe" und Selbstsorgepraktiken ausgerichteten Moralkonzeptionen überzeugende individualethische Ansätze zu bieten haben und auch noch das Verhalten zu Freunden – allerdings, wie bei Epikur schon zu sehen war, nicht ganz unproblematisch – darin miteinbeziehen können, müssen letztlich Überlegungen, die zu allgemeingültigen Verbindlichkeiten zwischen mehr oder minder anonymen Partnern führen sollen, ohne Ergebnis bleiben. Hier scheint bei Thomasius die Lehre vom „Decorum", von der «conduite» ihre Funktionsstelle zu haben.[136] Schicklichkeit ist letztlich sozial und historisch vermittelt, und darin hat man sich auch zu schicken, ohne daß diesmal individuelle „Belustigung" ein primäres Beurteilungskriterium sein könnte. Klugheitslehre in den verschiedenen Bereichen der „Privatpolitic", sei es Beruf oder Familie, wird mit dem säkularisierten Topos christlicher *caritas* und mit epikureischen Motiven einer hedonistischen Individualethik verknüpft.

Daß Thomasius einen gemäßigten Hedonismus epikureischer Prägung vertreten konnte, war zwar zu Anfang des 18. Jahrhunderts in Deutschland nicht selbstverständlich, allerdings konnte er sich dabei auf die in Frankreich bereits fortgeschrittene Rehabilitierung Epikurs beziehen. Dem Vorwurf des Epikureismus, der ihm gemacht worden war, entzieht er sich geschickt nicht durch eine Leugnung seiner Beziehung zum Epikureismus, sondern vielmehr durch eine Verteidigung Epikurs. Auch die wohlwollenden Erwähnungen Gassendis gehen in dieselbe Richtung. Sogar Vanini, „wegen der Beschuldigung der Atheisterey zu defendiren", erlaubt er sich „und zu zeigen, daß ihm das größte Unrecht von der Welt geschehen sey".[137]

Die Verteidigung Epikurs in den Monatsgesprächen steht im Zusammenhang einer Debatte mit W. E. Tschirnhaus. Dieser ist mit seinem Werk ›Medicina mentis‹ Hauptziel Thomasischer Polemik. Während Tschirnhaus das höchste Gut des Menschen in der Erkenntnis der Wahrheit sieht, zielt Thomasius' Ablehnung aller abstrakten Spekulation auf die praktische Anwendbarkeit der Philosophie. Thomasius fordert das Primat der Handlung, die Unabhängigkeit der Glückseligkeit von der „wahren" Erkenntnis und die kritische Einschränkung menschlicher Erkenntnis auf praktische Zwecke. In der Einleitung zur Vernunftslehre wirft er die Frage nach den Grenzen der menschlichen Vernunft auf und kommt zu dem Schluß, daß fundierte Erkenntnis ausschließlich auf Erfahrung basiere: „Was mit denen ideis, die der Menschliche Verstand von denen in die Sinne imprimirten Dingen macht, übereinkömmt, das ist wahr, und was zu wieder ist, das ist falsch."[138]

Die Philosophie erfährt in Methode und Thema eine Verweltlichung, sie wird zur „Weltweisheit". Was ursprünglich in der Theologie ein abschätziger Terminus gewesen war, wird seit dem 17. Jahrhundert positiv gegen die Gottesgelehrtheit abgesetzt und dann als deutscher Begriff für Philosophie verwandt.[139] Diese neue Weltweisheit ist weniger eine Weisheit *von* der Welt als eine Weisheit *für* die Welt. Sie knüpft an zwei alte Traditionen praktischen Philosophierens an: die Hofphilosophie und die Damenphilosophie. Thomasius kommt sowohl mit seiner Gracián-Vorlesung als auch mit der ›Philosophia aulica‹, von der er ausdrücklich betont, sie sei für alle Stände geschrieben, auf diese beiden Traditionen zurück. Nicht nur inhaltlich auf Historisches zurückgreifend, fordert Thomasius als methodisches Vorgehen für die Weltweisheit explizit die Beachtung der „Historie". Da die „Weltweisheit" „nicht allein über gegenwärtige / sondern guten theils über entfernte oder vergangene Dinge (sich) erstrecke ...", müsse sie „nicht zum wenigsten einige historische Relation praesuponire(n)".[140] Historie kann aber nur als *magistra vitae* dienen, wenn sie sich nicht in maß- und planlosem Kompilieren verliert, sondern zweckmäßig auswählt.

Es geht nicht um ein *florilegium*, um die Ansammlung von *topoi*, wie es z. B. der Niederländer Johann Gerhard Vossius in seinem Werk ›De philosophia et philosophorum sectis libri II‹ nach polyhistorischer Manier anstrebte.[141] Thomasius setzt für seine elektrische Methode auf die Urteilskraft des Philosophiehistorikers: „Ich nenne aber eine Eclectische Philosophie eine solche, welche da erfordert / daß man von dem Munde eines eintzigen Philosophen allein nicht dependiren / oder denen Werken eines eintzigen Lehr-Meisters sich mit einem Eyde verpflichten soll / sondern aus dem Munde und Schrifft allerley Lehren / alles und jedes was wahr und gut ist / in die Schatzkammer seines Verstandes sammeln müsse / und nicht so wohl auf die Autorität des Lehrers Reflexion mache / sondern ob dieser und jener Lehr-Punct wohl gegründet sey / selbst untersuche / auch von dem Seinigen etwas hinzuthue / und also vielmehr mit seinen eigenen Augen als mit andern sehe."[142] Die Eklektik wird zum Markenzeichen der Thomasiusschule in Absetzung zu den Anhängern des Leibniz-Wolffschen systematischen Denkens.[143]

Die Kritik an Vorurteil und Autoritätsgläubigkeit ermöglicht einen toleranten Blick auf die Gesamtheit der Philosophiegeschichte, neben der antiken Philosophie sollen auch andere nichtchristliche, z. B. arabische Philosophen und sogar Häretiker berücksichtigt werden. Die Trennung der historisch-eklektizistischen Weltweisheit von der Theologie sichert ihr einen eigenen Platz unter den Wissenschaften und die Anerkennung als eine für den Menschen nützliche Wissenschaft. Es muß darum gehen, „sein eigenes als auch andere Menschen in gemeinen Leben und Wandel zeitliche und ewige Wolfarth zu befördern“[144]. Abstrakte Kategorien der Selektion gibt es für den konsequenten Eklektiker nicht: „Die Frage nach dem Kriterium der Auswahl ... bringt den Eklektiker in Verlegenheit; die Berufung aufs Ich des Selbstdenkers drückt nur erst die Verweigerung gegenüber Autoritäten aus. Unverwechselbar wird Eklektik erst mit dem ausdrücklichen Verzicht auf Selbstbegründung in ersten Prinzipien, auf Demonstrierbarkeit, irrelative Wahrheit usw., kurz mit der sich vollziehenden Metaphysikkritik.“[145] Der ausdrückliche und bewußte Verzicht auf eine solche Begründung ist die Konsequenz der in der empirisch-sensualistisch konzipierten Wahrnehmungslehre eingestandenen Begrenztheit menschlicher Erkenntnismöglichkeit. „Der Kompetenzanspruch der Vernunft, auch ihr Anspruch auf Wahrheit insgesamt, wird durch Praxis begrenzt.“[146] Praxis wiederum bedeutet angemessenen Umgang mit dem Vorfindlichen im Hinblick auf Glück, auf zeitliche und ewige Wohlfahrt. Statt spekulativer ethischer Begründung steht immer wieder der Rekurs auf „ein rechtmäßiges Decorum, ohne welches Philosophie eitel und bloße Pedanterei sein würde“[147].

Die programmatische Toleranz der unter dem Zeichen des Eklektizismus antretenden Philosophiehistoriker ganz allgemein und die metaphysikkritische, praxisbezogene Komponente des Epikureismus im speziellen begünstigen nun die genauere Betrachtung und Aufnahme epikureischer Gedanken in die zu Beginn der Aufklärung entstehenden Philosophiegeschichten.[148] Anregungen aus dem Ausland dafür fehlen nicht. Als vorbildlich wurde natürlich immer wieder auf Pierre Bayles ›Dictionnaire historique et critique‹ verwiesen.[149] Wichtig war aber auch Thomas Stanleys 1655 in London veröfentlichte ›History of Philosophy‹. In der Widmung heißt es dort: “The learned Gassendi was my Precedent; whom nevertheless I have not followed in his Partiallity.”[150] Einseitigkeit ist dem Verfasser wirklich nicht vorzuwerfen: Auf den 100 Seiten, die er den Epikureern widmet, wird nicht nur eine positive Darstellung von Epikurs Leben gegeben, sondern auch seine Philosophie wohlwollend beschrieben: “... with sobriety, and a serene Mind searching the causes, why this Object is to be preferr'd, that to be rejected”[151]. “Temperance and a sober continent life”[152] seien die Anweisungen für den Umgang mit dem Körper gewesen und nicht ausschweifende Wollust: “A sober and well ordered Reason procures a pleasent and happy life.”[153]

In deutscher Sprache erscheint 1697 das Hauptwerk des Kirchenmannes Gottfried Arnold: ›Unpartheyische Kirchen- und Ketzer-Historien vom Anfang des Neuen Testaments bis zum Jahre Christi 1688‹. Arnold selbst war nun bestimmt kein Atheist, er vertritt allerdings gegenüber der katholischen Orthodoxie einen höchst kritischen Standpunkt und versucht, die zu Häretikern abgestmpelten Philosophen und Denker zu rehabilitieren, indem er beweist, daß erst die Kirche selbst aus mangelnder Einsicht und Toleranz Ketzer aus ihnen gemacht habe. Er dagegen unternimmt es, vorsichtig und kritisch die Geschichte aufzubereiten. So sagt er zum Beispiel von Vanini: „Wir glauben, daß Julius Caesar Vaninus ein naturaliste gewesen, auch wohl ein atheiste, welches doch aus seinen schrifften nicht so deutlich zu erweisen stehet."[154] Was aber auf die Inquisitoren keinen Eindruck gemacht habe: „Dieses alles aber hat bey seinen anklägern und richtern nichts geholffen, ohne zweiffel weil sein tod einmal beschlossen gewesen ... Und so meynte man sich an ihm genugsam gerochen zu haben, und dem Atheismo einen großen vortheil abzujagen, welcher aber vermöge des obrigen berichts hernach nur weiter überhand nahm, wie es mit solchen gewaltsamen proceduren zu gehen pflegte."[155]

Solche Worte gegen Vorurteile und Intoleranz erregten die uneingeschränkte Bewunderung des Christian Thomasius: „Ich halte obgedachte des Herrn Arnolds historie nach der Heil. Schrifft für das beste und nützlichste buch / das man in hoc scribendi genere gehabt hat, und scheue mich nicht dasselbe allen meinen Auditoribus hiermit auf das nachdrücklichste zu recommendiren, und wenn sie das geld dafür ihrem Munde absparen oder erbetteln solten."[156]

Geschichtsschreibung, speziell auch Philosophiegeschichtsschreibung tritt in ihren Anfängen mit dem Anspruch der Revision alter Vorurteile an, zeichnet sich durch „allegiamenti anticonformistici" aus. „Una spiccata funzione polemica e di rottura nei confronti di un passato filosofico, che proprio l'indagine storica dimostra superato o, per lo meno bisogenso di essere coretto e perfezionato."[157] In diesen Trend paßt sich auch eine Aufwertung Epikurs in der Philosophiegeschichtsschreibung ein.

Der Jenaer Theologe Johann Franz Buddeus bekannte sich zur „Philosophia eclectica" seines Lehrers Christian Thomasius; er wurde von diesem nach Halle berufen, um dort Moralphilosophie zu lesen. In seinem ›Compendium historiae philosphiae, These de atheismo et superstitione‹ versucht er, Epikur gegenüber den gängigen Vorwürfen zu verteidigen, und macht aus ihm einen Modellfall des tugendhaften Atheisten. Seine Naturphilosophie würdigt er als eine der ersten Bemühungen, die Natur vernunftgemäß zu beschreiben und damit dem Aberglauben Einhalt zu gebieten. Allerdings hält er die Vernunftleistung bei Epikur für zu stark betont. Dem Glauben bliebe dann kein Raum mehr. 1701 veröffentlicht er in Halle eine Abhandlung über ›Spinozismo ante Spinozam‹. Darin wird auch über mehrere Seiten auf Epikur Bezug genommen. Er kommt zu dem Schluß, daß es sich hier um zwei ganz verschiedene materialistische Theorien handle. Welcher mehr vom Glauben abweiche, könne er nicht entscheiden. Zunächst geht es ihm nur um objektive Darstellung und philosophiegeschichtliche Einordnung der beiden verschiedenen Systeme.[158] In jedem Fall seien die Anhänger des antiken Materialismus zahlreich gewesen: *Ex eadem Eleatica secta prodierunt Leucippus atque Democritus, nisi potius dixeris, inducta atomorum doctrina, novam eas sectam condidisse. Atheis hos, una cum alumno suo Epicuro, huiusque discipulis ac sectatorius annumerandis esse, nemo nisi historiae philosophiae valde imperitus negaverit.*[159]

„Epicurus war weder ein Sklavischer Schmeichler noch ein unbedachtsamer Spötter ...“[160]: Gottlieb Stolle, Professor für Politik in Jena und treuer Anhänger von Buddeus und Thomasius, wagt in seiner ›Historie der heydnischen Morale‹ sogar schon Aristipp zu verteidigen: „... er war ein verschmitzter und galanter Hof-Philosophus.“[161] So sei es den Epikureern im Vergleich mit den Stoikern auch gelungen, „auf etwas galantere oder der menschlichen Schwachheit anständigere Art zu philosophiren und die Straße der Tugend mit Rosen zu bestreuen“[162]. Sie konnten diesem „mürrischen Eigensinn und Hochmuth den Mantel der Weißheit“[163] umhängen. „Weißheit“ meint hier nicht trockene und theoretische Gelehrtheit im alten Sinne: „Die Philosophie oder Liebe zur Weißheit ist eine Übung der Vernunfft, welche durch Betrachtung und Unterredung ein glückseliges Leben zu wege bringt.“[164] Hinweise dafür ließen sich bei Epikur finden und fest stehe, „daß ihm alle diejenigen Unrecht gethan, welche ihm die Meinung von einer liederlichen Wollust beylegen“[165]. Seine Informationen zur epikureischen Philosophie bezieht Stolle hauptsächlich aus den Werken von Gassendi, aber auch Lukrez und Horaz hat er gelesen, von den neueren erwähnt er dann noch Quevedo, Bernier und Du Rondel. Gassendi hält er für einen methodisch vorbildlich eklektizistisch arbeitenden Philosophiehistoriker, er habe „pro und contra gesammelt bey den Alten“, und dann „... ist er nicht so gleich damit zugefahren, sondern hat erst in der conversation seine Gedanken proponiret“.[166] Zur Absicherung seiner Meinung verweist Stolle immer wieder auf Thomasius, der sowohl Gassendi als auch Bernier geschätzt und wohlwollend rezensiert habe.[167]

›La vie d'Epicure‹ von M. du Rondel ist 1679 in Paris zum erstenmal erschienen und erlebte schnell verschiedene Auflagen; es diente offensichtlich nicht nur Stolle, sondern allgemein häufig als Quelle für die Lebensgeschichte Epikurs. Sie fällt hier sehr positiv aus: Seine «sobriété» wird hoch gelobt, er hatte «plus de disciples qu'aucun autre des philosophes de son temps»[168], er meint sogar, «il est certain qu'Epicure croyoit des Dieux»[169]. Selbstbeobachtung und Selbstsorge in eudaimonistischer Absicht werden besonders betont: «Ce philosophe avoit pour maxime, qu'il falloit s'examiner, s'étudier, et se connoistre soy même, et suivre ses inclinations après qu'on les a découvertes ... que le bien de chacun estoit ce en quoy il prevoit plaisir.»[170] Diese Lehre sei dank Gassendi heute «plus en vogue que jamais»[171]. Die kleine Schrift von du Rondel findet sich auch als Anhang von Baron Des Coutures ›La Morale d'Epicure, avec des reflexions‹. Zuerst 1685 in Paris erschienen mit einer Übersetzung des 10. Buches des Diogenes Laertius, wird die Abhandlung 1686 mit den Ausführungen von Du Rondel verbunden. Des Coutures führt in einem ausführlichen Vorwort die berühmten Zeugen der Geistesgeschichte auf, was die deutschen Philosophiehistoriker sowohl überzeugt als auch beruhigt haben mag. Außerdem müsse man Physik und Moral trennen (die Theologie scheint kein Problem!): «Les Erreures d'Epicure sur la Physique, ne sont point un obstacle à l'integrité de ses mœurs, il a donné des conseils pour la felicité de la vie, qui sont plains d'austerité de ses mœurs, il a donné des conseils pour la felicité de la vie, qui sont plains d'austerité et de sagesse.»[172] «Sagesse» ist hier als Weltweisheit zu verstehen: Wissen von der Welt um des Wissens für die Welt willen: «La sagesse n'est que la connoissance des choses, et cette connoissance n'est que l'effet de la spéculation et de la reflexion, mais notre penetration seroit inutile, si l'on avait pas trouvé l'art heureux de reduire en pratique nos Méditations.»[173] Des Coutures scheint in Deutschland viel gelesen worden zu sein. Stolle empfiehlt ihn, da er „den Epicurum sehr geliebet, er auch seine Philosophie wohl verstanden habe“[174]. Rezensiert wurde er außerdem in dem wichtigen philosophiegeschichtlichen Organ ›Acta philosophorum‹ von Christoph Heumann und in den Leipziger ›Acta eruditorum‹ von 1686.[175]

Während die Franzosen für die Theologie und Seelenlehre des Epikur kein Interesse aufbringen und sich eher noch fragen, ob das „Leben im Verborgenen“ sich wohl mit den Ansprüchen an einen guten Citoyen verbinden ließe,[176] geht dagegen Stolle auf die Frage der Unsterblichkeit der Seele näher ein. Er verweist dabei auf ein anonymes Werk ›Zweyer guten Freunde vertrauter Briefwechsel vom Wesen der Seelen‹, das durch viele Neuauflagen große Verbreitung erreichte und heftige Diskussionen auslöste. Einer der beiden „Freunde“ argumentiert auf der Basis der neuen Naturwissenschaften recht materialistisch. In der Vorrede wird der Leser gleich entsprechend eingestimmt: „Dieser Arrest der unschuldigen und Hiob gleich geplagten Physiq dauerte fast bis zu Anfang des 17. Seculi ... endlich wurde sie durch die Ablösung der übrigen Grillen-Bruten so weit gebracht, daß sie mit Madame Metaphysiq konte um die Wette lauffen, und die aufgesteckte Ehren-Fahne davon tragen.“[177] Trotzdem ist es noch nicht so weit, daß man „die Philosophische Welt (k)einer völligen Reformation wird rühmen können“. Denn es gibt immer noch genug, die „so manchen armen Vaninum auf den Scheiterhauffen verdammen, oder doch zum wenigsten den Ketzer oder Atheisten zum Zunahmen zuwege bringen ...“[178] Im weiteren werden die gängigen Argumente für den Sensualismus vorgetragen und Empfindungen gut epikureisch erklärt: „Es sind aber die Affekten nichts anderes als gewisse motiones, dadurch die Leibesstrukturen entweder verletzet oder vergnüget wird ...“[179] Außerdem wird behauptet, „die Seele besteht nicht ohne den Leib und stirbt mit ihm ...“[180] Gänzlich atheistisch wird es aber auch in dieser Frage nicht, es geht nur darum die *res fidei* von den *res rationis* zu „separiren“.[181] Einen, wenn auch recht fernen Gott gibt es immerhin noch: „Ich halte die Seele vor nichts anderes als die Potestas, die Gott dem Leibe imprimiret hat, oder vor den Trieb, dergleichen operationes zu verwirklichen, die ihn von anderen Geschöpfen distinguiren.“[182] Diese Fähigkeit allerdings ist an den Leib geknüpft.[183]

Die Verbindungen zwischen den Anschauungen des materialistischen Briefschreibers und epikureischen Gedanken scheinen für Stolle so offensichtlich gewesen zu sein, daß er sie nicht einmal mehr weiter kommentiert. Für die Seelenlehre des Epikur zeigt er seiner ›Morale‹ sogar eine gewisse Sympathie, solange sie zu therapeutischen Zwecken eingesetzt werde, d.h. mit dem Ziel, Todesfurcht zu reduzieren; insgesamt sei Epikur aber doch „zu weit gegangen“[184]. Auf die Affektenlehre geht er nicht weiter ein, sondern verweist dafür auf Thomasius. Was den Politikprofessor interessiert, ist die epikureische Klugheitslehre: „Der Grund aller dieser Dinge und eines der größten Güter ist die Klugheit. Diese hat über die Philosophie die Oberhand: aus ihr entspringen alle anderen Tugenden, welche lehren: daß man nicht fröhlich leben könne, wo man nicht so wohl klug als ehrbar und gerecht lebet; wie man dann auch im Gegenteil nicht klug ehrbar und gerecht leben wird, man lebe dann fröhlich. Denn diese Tugenden sind mit einem fröhlichen Leben vereinigt, und dieses läßt sich von jenem nicht absondern.“[185] In diesen Vorstellungen ist wiederum ein Selbstbezug thematisiert, der sowohl die Schicklichkeit und Ehrbarkeit, also das Decorum, miteinschließt als auch die moralischen Werte und die subjektive Befindlichkeit berücksichtigt; so kann es auch heißen: „Es ist nicht alle Eigenliebe, und also auch nicht aller Eigen-nutz böse“[186]; dies gelte im übrigen auch in Bezug auf die Nützlichkeitsfrage von Freundschaften.

Von den berühmten Epikureern aus der Geistesgeschichte nimmt er sich besonders des Lukrez an: „Weil aber diese Historie der Heyden-Morale ohnzweifel auch einigen Wollüsten Musen-Brüdern in die Hände gerathen wird, welche zu faul seyn möchten, den Lucretius selbst nachzuschlagen, so will ich denselben zum besten folgende Verse daraus hieher setzen ...“[187] Darauf zitiert er ausführlich aus Lukrez. Den Horaz hält Stolle für einen „Eclecticus“, der aus den „Gärten des Epicurus, bald in der Schule des Aristoteles und Zeno bald auch anderwerts“[188], etwas übernommen habe.

Ein Schüler von Buddeus und Verehrer von Thomasius, Christoph Heumann[189], gab das erste deutsche philosophiegeschichtliche Periodikum, die ›Acta philosophorum, das ist: Gründliche Nachrichten aus der Historia Philosophia. Nebst beygefügten Urtheilen von denen dahin gehörigen alten und neuen Büchern‹ heraus. Außerdem war er Mitarbeiter der Gelehrtenzeitschrift ›Acta eruditorum‹ von 1710 bis 1747. Er traf mit Bayle zusammen und stand mit Jakob Brucker in Briefkontakt. M. Longo bezeichnet ihn als „fondatore, a livello teorico, della disciplina storico-filosofica in Germania, di cui il Brucker sarà poi il principale esecutore e realizzatore“[190]. Heumann vertrat einen freisinnigen, äußerst kritischen Thomasianismus, trat für Frauenrechte ein, war ein Verteidiger von Giordano Bruno, Gassendi, Hobbes und Locke. Seine ›Acta philosophorum‹ sollten als Diskussionsforum der gelehrten Welt dienen.[191] Gassendi hält er für einen der bedeutendsten *novatores* der Philosophiegeschichte.[192] Im 2. Band seiner ›Acta philosophorum‹ gibt er ausführliche bibliographische Hinweise für die Rezeptionsgeschichte des Epikureismus.[193] Neben Diogenes Laertius, Horaz, Lukrez, Erasmus und Quevedo nennt er eine ganze Reihe moderner Autoren: La Mothe le Vayer, William Temple, Stanley, Des Coutures, Gundlingen, und sogar einen Dichter, Hoffmann von Hoffmannswaldau, zitiert er ausführlich.[194]

Auf Gassendi kommt er im 13. Stück seiner ›Acta‹ noch einmal zu sprechen, lobt seine „Freyheit des Verstandes“[195], so „ziehet er der Scholasticorum sclavische Unterthänigkeit gegen Aristotelem durch die Philosophische Hechel“[196]. Respekt vor der Kirche kennt Heumann auch nicht, wenn er feststellt, „daß der Aristoteles nirgends in höherem Ansehen gewesen, als bey denen München, welche gleichwie sie in ihren Klöstern als in Gefängnissen stecken, also auch ihrem Verstande Fesseln angelegt ...“[197]

Ursprünglich hatte auch Johann Georg Walch vorgehabt, eine Philosophiegeschichte zu schreiben, sich aber dann doch auf ein Lexikon beschränkt, allerdings in den meisten Artikeln, „da es die Umstände mit sich brachten ... eine gedoppelte Betrachtung, eine dogmatische und historische angestellet“[198]. Ganz dem Bescheidenheitsgestus der Eklektiker entsprechend hat er „überall aber die Grenzen, die einem Philosopho gesetzet sind, zu beachten gesuchet“[199]. Er hält es mit dem philosophischen Trend seiner Zeit, wenn er „in diesem Lexicon lieber eine Materie aus ... practischen Disciplinen weitläufftiger; als eine aus der scholastischen Metaphysik ausführen wollen“[200]. Neben die Darstellung der Fakten sollen „die Meinungen und Lehr-Sätze der Philosophen“ treten, die er „erzehlet, auch bisweilen beurtheilet“.[201] Im einzelnen verspricht er im Vorwort, die „Logic“ oder „Vernunfft-Lehre“ besonders zu beachten, als Referenz nennt er hier an erster Stelle John Locke, unter anderen dann Thomasius und Buddeus; Metaphysik wird kurz als ziemlich altmodisch abgetan, in der Physik soll die „altväterisch“ gewordene aristotelische Lehre weniger Beachtung finden als die zwei neuen Schulen: „... die andre ist die Cartesianische, die den größten Ruhm erlangt und sich am längsten dabey erhalten, und die dritte ist die Epicurische, welche Gassendus wieder hervorgesucht und die auch ein ziemliches Ansehen, sonderlich in Franckreich, bekommen."[202] Nach der Pneumatik nennt er zum Schluß ausführlich die Moral, die er noch näher in eine spezielle Ethik oder Sitten-Lehre, eine Rechts-Gelehrsamkeit und in Politic einteilt. Für die Ethik im engeren Sinne sind seine Gewährsmänner Thomasius, Buddeus und Gundling, der Lieblingsschüler von Thomasius, die Rechtsgelehrsamkeit vertreten ausgewählte Anhänger der Naturrechtslehre. Dann ist noch „die Politic, oder die Klugheit zu leben übrig. Sie hat ein zweyfaches Absehen und weiset, wie nicht nur die gemeine, sondern auch eines jeden privat-Menschen eigne Glückseligkeit zu befördern, weswegen sie mit Recht in die gemeine und privat-Klugheit zu leben abgetheilet wird."[203] Um die öffentliche oder Staatsklugheit habe „man sich lange Zeit mehr ... bekümmert"; er will auch die „privat-Klugheit" nicht vernachlässigen und zieht dazu „Balthasar Gracian und dessen Ausleger, Friedrich August Müller, Christian Thomasius, Christian August Heumann, Julius Bernhard von Rohr" zurate „gleichwie die Lehre vom Wohlstand, die wir auch hieher rechnen, sonderlich von den Frantzosen glücklich erläutert"[204].

Walch widmet Epikur zwar keinen eigenen Artikel, seine Lehren werden aber im Zusammenhang mit verschiedenen Stichworten verhandelt, so bei der Seelen-Unsterblichkeit, der sinnlichen Gewißheit, beim Atheismus und im Artikel „Atom".[205] In den Artikel „Klugheit" ist die zeitgenössische Debatte, wie private Glückseligkeit am besten in der sinnvollsten Güterabwägung erreicht werden kann, mit ihren gängigen epikureischen Motiven eingeflossen.

Die bedeutendste Figur der deutschen Philosophiegeschichte im 18. Jahrhundert war sicherlich Jakob Brucker. Neben seinem Hauptwerk, einer fünfbändigen Philosophiegeschichte, die in Leipzig 1742–1744 erschien, schrieb er bereits 1723 eine ›Historia philosophica doctrinae de ideis‹, auch zwei deutschsprachige Kurzfassungen seiner Philosophiegeschichte, entstanden in den 30er Jahren. Jakob Brucker war in Jena bei Buddeus gewesen, war Thomasius-Anhänger und ein Gegner der Leibniz-Wolffschen Schule; als bedeutender und bekannter Gelehrter war er Mitglied in vielen Gesellschaften und Akademien, u. a. der Akademie der Wissenschaften in Berlin, der Deutschen Gesellschaft in Leipzig, der lateinischen Gesellschaft in Jena und anderer Vereinigungen in Bologna, München, Duisburg und Rovereto. Brucker wurde auch in Frankreich gelesen, und Diderot profitierte einiges für die Artikel der ›Encyclopédie‹: Besonders Bruckers ausführliche Artikel zur Epikur und zum Eklektizismus scheint er gründlich rezipiert zu haben.[206] Brucker verfolgt in seiner ›Historia critica‹ die Geschichte der allmählichen Wiederaufwertung epikureischer Philosophie von der Renaissance bis zu Gassendi. Er führt die Quellen auf, berichtet vom Leben Epikurs, von der Schulgründung, ausführlich von dem harmonischen Zusammenleben seiner Anhänger und dem Weiterbestehen der Schule nach Epikurs Tod. Die Konkurrenz der hellenistischen Schulen ist für ihn der Grund der ausfälligen Polemik der Stoiker. Neben Rekursen auf Gassendi verweist er in der neueren Literatur auf Du Rondel, Des Coutures, Heumann und Stolle.[207] Die Wahrnehmungstheorie Epikurs sei besonders von Locke wiederaufgenommen worden: ... *habere Epicurum experientiam animique conscientiam testem, tantum nempe esse tamque arctum inter animam et corpus vinculum ut sensus grati vel ingrati adioque nel tranquillitatem et incunditatem nel dolorem et molestiam creet , id quod nostra aetate magnus saeculi nostri philosophus Ioannes Lockius luculenter demonstravit.*[208] Als erste Maxime epikureischen Philosophierens gilt für ihn, ganz horazisch formuliert: *Philosophia est rationis exercitatio quae ratiocinando et disputando vitam beatam parat, eaque fruitur.*[209]

Auch in seinen Erste(n) Anfangsgründe(n) der philosophischen Geschichte‹ äußert er sich positiv zu Epikur und besonders zu dessen Gartengemeinschaft: sie „lebten in einer philosophischen Gesellschaft in großer Mäßigkeit, Treue und unverbrüchlicher Freundschaft“[210]. Weiter betont er, daß die meisten Beschuldigungen gegen Epikur stoische Erfindungen gewesen seien, „denen er an Beyfall weit überlegen war, denen er auch ihre Heuchellarven tapfer abzoge“[211]. Im Gegensatz zu stoischer „Prahlerey“[212] heißt es von der epikureischen Philosophie, daß „sie auf das Herz gehe“[213]. Erstrebenswert sei die Wollust. „Die Mittel zur Wollust zu gelangen, sind die Tugenden, welche die Klugheit vernünftig zu leben zur Mutter haben.“[214]

Kein philosophisches, sondern ein ›Vollständiges Universallexikon aller Wissenschaften und Künste‹ ist das berühmte Nachschlagewerk, das der Buchhändler und Verleger Johann Heinrich Zedler seit 1732 veröffentlichte. Unter dem Stichwort „Epicurus“ findet sich im 8. Band von 1734 ein zweispaltiger Artikel, der ihn als einen „der großen Philosophorum seiner Zeit“ ausweist, besonders seinen Lebenswandel lobt, auf die enge und harmonische Gartengemeinschaft eingeht und seine Philosophie kurz skizziert: „Das höchste Gut setzte er in die Wollust, das ist, in einer Gemüths-Vergnügung, nicht aber in einer viehischen Begierde, denen Lüsten des Leibes Genüge zu leisten ...“[215] Auf seine Atomtheorie wird auch kurz eingegangen und die Auswirkung auf die Theologie erstaunlich lapidar behandelt: „... so gieng er dadurch der Göttlichen Schöpfung und Vorsehung etwas zu nahe, worinnen ihm aber andere das Wort redeten.“[216] Ja, insgesamt scheint Epikurs „Deismus“ nicht zu mißfallen; „daß man sie (die Götter D. K.) wegen ihrer herrlichen Natur verehren müßte“[217], scheint ausreichend zu sein. Neben ausführlichen Literaturhinweisen auf antike Autoren werden Gassendi, Heumanns ›Acta philosophorum‹, die ›Academischen Nebenstunden‹, Du Rondel und Stanley empfohlen. Von Thomasius heißt es bei Zedler nach einem langen lobenden Artikel, daß doch auch einige Kritikpunkte an diesem gelehrten Mann zu finden seien, insbesondere, „daß seine Schriften dem Naturalismo und der Hintansetzung aller geoffenbarten Religion und Göttlicher Wahrheit Thür und Thor eröffneten" – und daß er „das Christenthum auf ein Moralisches Raisonniren reduciret, und das Werck Gottes zur Raison gemacht".[218] Obwohl Thomasius in den meisten Fällen doch vorsichtig formuliert hatte, mußte er sich den Vorwurf des „Naturalismus" und, wie Zedler berichtet, von seinen Leipziger Kollegen auch den der „Atheisterey" gefallen lassen.[219] Sein Schüler Nikolaus Hieronymus Gundling radikalisierte in vielem noch diese Positionen und trat offen für hedonistische Moral und sensualistische Wahrnehmungstheorie ein.

In seinen ›Gundlingiana, Darinnen allerhand Zur Jurisprudenz, Philosophie, Historie/Critic/Litteratur und übrigen Gelehrsamkeit gehörige Sachen abgehandelt werden‹, kommt er mehrmals auf die epikureische Philosophie zu sprechen. Im Zusammenhang einer Erläuterung seiner Wahrnehmungstheorie führt er aus: „Mit einem Wort: es ist mit meinen definitionibus, welche ich ideas nenne, fast nicht anders, als mit denen anticipationibus Epicuri beschaffen, welche Gassendus und Epicurus selbst *impressas quasdam animo rei definitiones* nennen, dadurch man das undeutliche nicht selten deutlich macht. Sie sind als Handheben anzusehen, durch deren Beyhülffe die Wahrheit, welche noch unsichtbar, kan heraus gehoben und zur Sichtbarkeit gebracht werden. Dahero diejenige, welche mich nicht recht verstehen, wol thun werden, wann sie sich die Canonicam Epicuream befohlen seyen lassen. Dann ich bin versichert, daß unter allen Philosophen niemand vornehmlicher von der Wahrheit, als Epikur geschrieben hat."[220] Er verteidigt Epikur gegenüber denjenigen, die ihm seine Haltung zum Selbstmord vorwerfen, und geht ausführlich auf die Kritik an Epikurs negativem Glücksbegriff ein. In dem ›Antwort-Schreiben betreffend die indolenz des Epicuri, darinnen er die höchste Glückseligkeit gesetzt‹, zitiert er Du Rondel, Seneca, Thomasius und Locke, um die Thesen Epikurs abzustützen. Epikurs Menschenkenntnis ist ihm wichtig: „Er wußte wohl, daß der Mensch kein Stein / oder Holtz sey. Er erkanndte dessen Natur besser als andere Philosophen . . . / aber er wendete die Augen des Verstandes nicht davon hinweg."[221] Pedantische Kritiker entlarvt er mit der Geste des Moralisten; wer mit der epikureischen Wollust und dem Begehren Schwierigkeiten habe, habe sie mit sich selbst und nicht mit der Philosophie: „Ihre Begierden sind theils unvernünfftig / wie des Pöbels / theils aber machen sie sich nur darum einen Scrupel aus der Religion / damit sie ihre heimliche Absichten verbergen können."[222] Solche Heuchelei ist ihm zuwider, und er hält es mit der kritischen Historie nach eklektischer Manier und Bayleschem Vorbild: „Ich will sagen / man müsse den Heyden / dasjenige / was wahr ist nehmen / und aus der Vernunft suppliren / was sie / wegen vieler Vorurtheile / dazumal nicht gesehen."[223] Denn daß z. B. die epikureische Theologie seinen Vorstellungen nicht entspricht, macht er schon recht deutlich: „Dann was hilfft doch Epicuro sein Gott, der mit der Welt nichts zu schaffen hat? der ihn nicht höret/ der sich nicht um ihn bekümmert / sondern nur immer vor sich spekuliret, und indessen atomos unter einander par hazard rennen und lauffen / thun / würcken / und wiederum leiden und ruhen lässet? Ob Epicurus in seine Intermundia Pack Pall, oder Lix Lix, oder einen Elephanten gesetzet / oder das Wort Deus; die Würckung würde nach seinem Sinn einerley gewesen seyn."[224]

Mit der Philosophiegeschichte hat sich Gundling in verschiedenen Schriften immer wieder befaßt. Von Walter Burleigh, der Diogenes Laertius im 14. Jahrhundert recht mangelhaft zu kopieren versuchte, hält er gar nichts: „kaum daß er das Griechische Alphabet müßte gewußt haben"[225]. Genau wie Thomasius schätzt er dagegen la Mothe le Vayers ›De la vertu des Paiens‹, was nichts anderes sei „als eine mit viel nachdencken und überlegung geschriebene historie der berühmtesten Weltweisen und ihrer lehren"[226]. Dem Epikur-Artikel Stanleys stimmt er ganz zu: „Was mir am besten gefället, ist dieses: daß er die ernsthaftige weisheit mit ehrlichen belustigungen gemenget und gemässiget; und also nicht gestatten wollen, daß man die tugend mit einem verdrüslichen gesicht bezeichnen, noch mit einer gerunzelten stirn mahlen und abschildern solle. In der that hat er sein ganzes systema denen stoischen säzen entgegen gesetzet; als welche die menschliche natur umkehren, und dasjenige vor eine lust ausgeben, was alle anderen vor schmerzlich halten; gleichwie im gegentheil ihnen dasjenige schmerzlich fürkommet, was anderen angenehm und liebreich düncket ... Bisweilen erinnern sie sich, daß sie menschen sind, und werden wiederum, wie unser einer. Eine ganz geistliche philosophie ist niehmals dauerhaft."[227]

Anders als sein Schüler und Herausgeber dieser Schriften, Gottlieb Stolle, hat Gundling auch keine Probleme, Epikurs Gebot „Lebe im Verborgenen" zu verteidigen. Die öffentliche Sphäre hat für ihn keinerlei Anziehung und scheint den Menschen nur zu verderben. Bürgerliches Pflichtbewußtsein oder Überlegungen zu einer Staats-Klugheit stehen bei ihm hintenan. Die Sorge des Bürgers um sein eigenes Wohl und die Beschränkung auf das Mögliche sind seine Anliegen: „Epicurus ein berufener philosophe wollte deswegen nicht gestatten, daß ein weiser Mann, den er, wie andere secten, sich nach seiner phantasie und gutdüncken abgemahlet, eine obrigkeitliche person seyn solte; alldieweil er wohl sahe, daß er sich mit seinem idealischen regiment nur prostituiren würde; auch viel geschickter seye, mit unzehligen atomis unter dem schatten gründender bäume zu spielen, oder seine noch unerfahrene zuhörer zu ergözen, als nach annehmung einer ganz ungewöhnlichen mine, und ersonnenen grimacen den freyheitliebenden bürgern geseze fürzuschreiben. Und wollte Gott, es wären noch alle so klug und vernünftig, daß sie ihr unvermögen, wie Epicurus erkenneten, oder dem schlauen Machiavellus folgeten ...“[228]

Gundling scheint eine Vorliebe für in der Philosophiegeschichte diffamierte Gestalten gehabt zu haben. Auch den so oft als Atheisten angegriffenen Hobbes verteidigt er in einem dreiteiligen Vorlesungszyklus, den er mit folgenden Worten einleitet: „Was Hobbesium am meisten verhaßt und verdächtig gemachet hat, ist die lehre Epicuri, den er sich in der morale zu vertheydigen fürgesezet, gleichwie Gassendi in physiciis vornehmlich sich dahin bearbeitet hat. Epicurus aber ware unter den philosophis so angenehm, als eine spinne bey delicaten leuten ...“[229] Die Verzerrung der epikureischen Lehre wirft er hier mit deutlichen Worten der Kirche vor: „... wer solte sich wohl entblödet haben, bey der nachmahls eingerissenen papistischen finsterniß dem Epicuro das Wort zu reden, da die centner-schweren bannflüche gemein wurden, und das münchswesen sich viel besser mit der Stoischen gravität, und strengen worten vereinigen liesse als mit des Epicuri wollust ... Also bliebe seine philosophie im dunckelen, und in dem staub der über ihn einmahl beschlossenen unehre verdecket; biß die wolcken der unwissenheit sich verlieffen, und bey dem durchbruch der so lang verborgenen wahrheit auch dieses mannes verdienste besser bekant wurden.“[230] Die Wiederentdeckung der epikureischen Philosophie durch Gassendi und Hobbes wird hier in anschaulichen Metaphern als eine große Tat der Aufklärung gefeiert. Aufklärung richtet sich aber nicht nur gegen überkommene Dogmen und Bannflüche der Kirche, sondern auch gegen chaotische politische Verhältnisse. Hobbes hatte ja einen guten Grund, den Epikur zu bemühen: Er wollte mit seiner Philosophie zu Ruhe und Ordnung in England beitragen.[231] Epikur sei dafür der richtige Gewährsmann, meint Gundling, da er „unruhe für etwas schädliches angesehen, und durch die so theuer anbefohlene selbst-liebe sie in eine sichere, und von allem tumult und auffruhr weit entfernete bürgerliche gesellschafft habe verbinden und verknüpfen wollen“[232].

Die Verbindung von praxisorientierter eklektizistischer Philosophie, Philosophiegeschichte und Klugheitslehre, wie sie im Kreis um Thomasius propagiert wurde, hat keine spektakulären Kunstwerke und philosophischen Systeme hervorgebracht. Aber allein die Tatsache, daß philosophische Nachschlagewerke, die im ganzen Jahrhundert verwendet wurden, mit diesem weltanschaulichen Hintergrund verfaßt worden waren, hat seine Bedeutung.[233] Gundlings Ethik gilt neben Thomasius und Stolle für den viel gelesenen Walch z.B. als *die* Alternative zur überkommenen aristotelischen Tradition. Weder künstlerisch wertvoll noch philosophisch-systematisch von besonderer Bedeutung, sind diese Autoren marginale Gestalten geblieben in der Geschichtsschreibung des 18. Jahrhunderts.

Die Wirkungen des Epikureismus in dieser frühen Phase der deutschen

Aufklärung aufzuzeigen, bleibt auch hier auf eine Spurensuche beschränkt. Allerdings läßt sich mit diesem Durchgang durch die philosophische Literatur der Zeit deutlich erkennen, wie sich Kenntnis und Wertschätzung Epikurs – vor allem durch die viel benutzten Lexika – stark verbreiteten und sich dem bürgerlichen Denken des 18. Jahrhunderts gleichsam einlagern konnten. Verstreut und doch überaus wirksam, bildet diese eklektizistisch vorgetragene Evolution eines positiven Epikurbildes jenen Fundus, der auch die Literatur und Poesie der Zeit nahezu zwangsläufig mit zahlreichen Motiven eines aufgeklärten Epikureismus versorgen konnte.

Unsystematisches und praxisorientiertes Philosophieren hat in den meisten Fällen eine eher ungünstige Rezeptionsgeschichte. In der zeitgenössischen Einschätzung der Zeitungsleser und Mitglieder von Lesegesellschaften etc. gilt diese Bewertung jedoch nicht.

Was sich in diesen Diskussionen zeigt, ist eine harsche Ablehnung der aristotelisch-scholastischen Tradition, oft auch Distanz zu cartesianischen Positionen und eine kritische Einstellung zur Kirche, die allerdings nie atheistisch wird. Auffällig ist eine dem Menschen wohlgesonnene Skepsis gegenüber seinen Erkenntnismöglichkeiten. Orientierung wird in der Beschränkung aufs „Mögliche" gesucht. Ruhe und Ordnung, weltliche Glückseligkeit und Gemütsruhe sind die bescheidenen Ziele, die häufig formuliert werden. Ordnung scheint auf ein empfindliches Gleichgewicht von Selbstbezug und allgemeiner öffentlicher „Anständigkeit" und „Schicklichkeit" zu bauen. Die Vorstellung, daß eine „Ganz geistliche philosophie ... niemahls dauerhaft"[234] sei, versucht konsequenterweise die Kompetenz der Weltweisheit auch auf das Sinnliche und Körperliche auszudehnen. Wo sie das versucht, muß sie entweder die radikale Subjektivität von Sinnlichkeit anerkennen und gerät so leicht in eine Sackgasse, oder es entsteht ein Diskurs der Sinnlichkeit und Empfindsamkeit, der in seiner Existenz bereits den Anspruch der Individualität untergräbt und negiert. Dies wurde aber erst allmählich wahrgenommen und kritisiert; die Rebellion der Stürmer und Dränger gegen die falsche „Empfindelei" findet erst in der zweiten Jahrhunderthälfte statt.

Zunächst einmal hat die empfindsame Rede in Moralischen Wochenschriften, in Gedichten, Romanen und Traktaten Hochkonjunktur. Bevor dieses Thema etwas näher betrachtet werden wird, sollen hier aber noch ein paar Namen erwähnt werden, die nicht in das Panorama der friedlichen, ordnungsliebenden, vernünftigen „Selbstsorger" passen: So marginal die Bewegung des aufklärerischen Radikalismus in Deutschland – verglichen mit Frankreich z. B. – bleibt, sollte sie doch nicht vergessen werden in dem sonst so irenisch wirkenden Jahrhundert.

Friedrich Wilhelm Stosch, Theodor Ludwig Lau, Johann Christian Edelmann, Matthias Knutzen, Michael Hißmann und Karl von Knoblauch sind nur einige der Namen, die in diesem Zusammenhang zu erwähnen sind; auch zwei anonyme Schriften sind noch zu nennen: der bereits zitierte ›Briefwechsel zweyer guten Freunde‹ und ›De tribus impostoribus. Von den drei Betrügern‹. Alle diese Ärzte, Philosophen und Theologen vertraten einen philosophischen Radikalismus, einmal eher antichristlich und sogar atheistisch, wie z. B. bei Knutzen, dann eher spinozistisch wie bei Stosch oder materialistisch wie ansatzweise bei Lau.

Außer einigen frühen Arbeiten zum Materialismus und Atheismus der deutschen Aufklärung gibt es bis heute nur wenige Darstellungen dieser Zusammenhänge.[235] Sie stammen meist aus der Ex-DDR bzw. der Ex-UdSSR. Obwohl sie wertvolle Hinweise enthalten, wurden sie kaum rezipiert. Den ganzen Problemkomplex auch nur andeuten zu wollen, wäre an dieser Stelle unmöglich: «Ce n'est pas une matière circonscrite qui se livre d'emblée comme l'œuvre d'un auteur établi ou un courant de pensée dominant nettement balisé dans l'histoire.»[236] Die Schwierigkeiten beginnen bereits bei der Suche nach den clandestinen Manuskripten, die sich häufig in Privatbibliotheken befanden und befinden.[237]

In der Forschung ist es mittlerweile üblich, zwei Phasen besonders gehäufter Publikation und Produktion von freidenkerischen und materialistisch-atheistischen Schriften zu unterscheiden: einmal die Zeit der Jahrhundertwende bis 1720 und dann wieder das letzte Drittel des Jahrhunderts. Um die Mitte des Jahrhunderts scheint u. a. die Prädominanz der Leibniz-Wolffschen Schule ein ungünstiges Milieu für philosophisch radikale Positionen geschaffen zu haben. Die «esprits forts» der zweiten Generation waren wesentlich zahlreicher, die Auseinandersetzungen heftiger und persönlicher. Diese Bewegung wurde dann auch außerhalb Deutschlands wahrgenommen.

Für die erste Phase des Radikalismus hat ein heute sehr selten gewordenes Buch besondere Bedeutung: das 1692 in 100 Exemplaren gedruckte ›Concordia rationis et fidei sive harmonia philosophiae moralis et religionis christianae‹ von Friedrich Wilhelm Stosch. Er beruft sich hauptsächlich auf Spinoza, aber auch auf Lukrez, Hobbes, Gassendi, Descartes und Bacon, um seine Thesen zu untermauern. Der Besitz des Buches, in dem eine materialistische Seelenlehre vertreten, angeborene Ideen geleugnet, eine eudaimonistisch-utilitaristische Ethik propagiert und sogar die Unsterblichkeitslehre angegriffen wird, stand unter Strafe.

Ähnliches vertritt Theodor Ludwig Lau in seinem ›meditationes philosophicae de Deo, mundo et homine‹. Die kurze Schrift, die einen Entwurf für ein großes Werk darstellen sollte, war nicht atheistisch im radikalen Sinne, sondern auch wieder stark vom Spinozismus geprägt. Laus Anthropologie und Physiologie allerdings nähern sich einem eindeutigen Materialismus. Er beschreibt den Menschen als Maschine: *Est vero Homo Physico-Medicus mihi Machina* ...[238] Der Körper sei aus Partikeln zusammengesetzt: *Corpus:*

*ex Particulis aereis, aqueis, igneis, et terrestribus constat. Constat iisdem totus Mundus: cujus pars Homo.*[239] Wille und Begiere sind Folgen der Bewegung dieser Partikel. Daraus ergeben sich auch alle Bewegungen: *Desiderio habendi: est Amor. Non habendi: Odium. Prior consistit in Electione. Alterum in Fuga.*[240] Er leugnet angeborene Ideen glaubt nicht an die Unsterblichkeit, im Tode löse sich alles auf, *se dissolvunt particulae.*[241] Darum brauche man den Tod auch nicht zu fürchten: *Nullum propterea exhoresco Mortum: quae alliis, rerum omnium terribilissima. Interitus est metus. Annihilatio nulla.*[242] Auch er vertritt eine eudaimonistisch-utilitaristische Ethik.[243] Zum Schluß stellt er geradezu anarchistische Thesen auf. Der Mensch sei: *liberum tunc Ens: libere agens et libere cogitans. Sine Rege: Lege: Grege: Praemia non sperat: Poenas non timet.*[244] Lau wurde aus Frankfurt verbannt und die eingezogenen Exemplare des Buches verbrannt.

Einen materialistischen Ansatz mit Ablehnung der Unsterblichkeit und Neigung zu einer utilitaristischen Ethik vertrat auch die oben schon erwähnte anonyme Schrift ›Zweyer guten Freunde vertrauter Briefwechsel vom Wesen der Seelen‹.[245] Mit einer weiteren anonymen Schrift löste ein Unbekannter 1714 in Mageburg einen Skandal aus. Er hinterließ in einer Kirche eine Handschrift, wo er angeblich die Ewigkeit der Welt, die Unsterblichkeit der Seele und Gott selbst leugnete.[246] Außerdem kursierte noch ein weiterer anonymer Text ›De tribus impostoribus anno MDIIC‹, dem eine fingierte Entstehungsgeschichte und eine lange geheimnisvolle nicht-schriftliche Tradition einen besonderen Ruf verschafften. Der Verfasser stammt wohl aus Deutschland und hat nicht vor der zweiten Hälfte des 17. Jahrhunderts gelebt. Bis 1753 existierten nur Handschriften. Spinozistischer und Hobbesscher Einfluß sind deutlich auszumachen. Es wird die Beweisbarkeit Gottes bzw. die Offenbarungsqualität der heiligen Schriften *aller* Religionen angezweifelt.[247]

Nach 1720 ebbt die Welle spektakulärer antiorthodoxer und materialistischer Schriften ab. Nur Johann Christian Edelmann sorgt um die Mitte des Jahrhunderts noch einmal für einen größeren Skandal. Edelmann, der im Gegensatz zu seinen Vorgängern deutsch schrieb, war nach enttäuschenden Erfahrungen mit pietistischen Sekten auch zu einem überzeugten Vertreter des Spinozismus geworden. *Creatio ex nihilo* gibt es für ihn nicht mehr, und die christliche Religion soll mit der Vernunft in Übereinstimmung gebracht werden, übrig bleibt eine säkularisierte Moral. In seinem ›Moses mit aufgedecktem Gesichte ...‹ vertritt er atomistische Theorien. Dafür verweist er auch auf Epikur; man habe behauptet, „er hätte gelehrt: Gott sey von der Materie gäntzlich abgesondert / (welches in seiner Masse doch wahr ist) und diese habe ihr Zeyl durch eine blindlinge Bewegung selbst versuchen müssen ..."[248] Auch an anderer Stelle, in Zusasmmenhang mit seinen Zweifeln an der Teleologie, verteidigt er die epikureische Theologie: „... ja, der so unbillich verhaßte Epicurus redet fast auf den gleichen Schlag (wie Zeno D. K.) ... Gott sey ein unsterblich lebendes, und glückseliges Wesen, wie die gemeine Empfindung einem jeden diesen Begriff von Gott an die Hand gäbe."[249]

Die meisten dieser frühen radikalen Schriften sind stark spinozistisch orientiert. Epikur und Lukrez werden erwähnt im Zusammenhang mit atomistischen Theorien, besonders wenn es sich um die Materialität der Seele handelt. Epikur ist als Märtyrer des Atheismus angeführt, wenn es um die Intoleranz der Kirche geht. Sensualistische Wahrnehmungstheorie und auch ethische Fragen spielen eine eher untergeordnete Rolle. Der Name „Epikur" und lukrezsche Sentenzen dienen zur Identifikation einer unorthodoxen Tradition. Eine wirkliche Auseinandersetzung mit ihren Thesen findet bei den Rebellen im Namen Spinozas kaum statt. Erst mit der Rezeption des französischen Materialismus eines La Mettrie, Helvétius und d'Holbach und einem sich verstärkenden Einfluß des englischen Sensualismus in der zweiten Jahrhunderthälfte reflektieren die Radikalen gründlicher auf epikureische Ideen.[250] Die radikale antiorthodoxe Philosophie bleibt in Deutschland eine Randerscheinung. Repräsentatives dagegen für den Diskussionszusammenhang von Philosophie, Religion und Lebensführung läßt sich in den zahlreichen Zeitschriften des 18. Jahrhunderts finden.

## 3. Der epikureische Biedermann im Garten der Musen: Die Moralischen Wochenschriften und das Rokoko

„Ich bin versichert, daß die Journale trotz ihrer ephemerischen Existenz, auch dadurch zu Erweiterung und Aufklärung des öffentlichen Ideenkreises, mehr geleistet haben, als manches vortreffliche Kunstwerk, welches vielleicht noch dann in Bibliotheken prangen wird, wann die Journale schon längst den Weg alles Makulaturs werden gegangen seyn."[251] So begegnet Johann Heinrich Campe der Kritik Christian Garves am Zeitschriftenwesen. Sie würden selbst gute Autoren zu oberflächlichen Arbeiten verführen und ihnen so die Zeit stehlen, hatte Garve moniert. Allerdings muß er „aus dem Succeß vieler solcher periodischer Schriften" schließen, „daß der Geschmack des Publicums hierin von dem (s)einigen abgeht".[252] Tatsächlich hatten Zeitschriften und Periodika aller Art, verschiedensten Inhalts und unterschiedlichster Aufmachung im 18. Jahrhundert ein zahlreiches und interessiertes Publikum.[253]

Das Journal des Sçavans (ab 1664) gilt als die früheste Form einer Zeitschrift, d. h. sie erscheint periodisch, behandelt verschiedene Themen, die

Artikel sind von einer gewissen Anzahl verschiedener Autoren verfaßt, sie erscheint auf unbestimmte Dauer von einem leitenden Herausgeber publiziert. Diese Zeitschriften und ihre Nachfolger in England, Italien und Deutschland richteten sich an ein zumindest gebildetes, ja sogar gelehrtes Publikum. Wurden zunächst noch Themen aus allen wissenschaftlichen Sparten abgehandelt, entstanden schon um 1700 Spezialjournale für Medizin, Geschichte und Jurisprudenz.[254]

Die Einteilung der Periodika nach verschiedenen Gattungen ist nicht unproblematisch. Doch läßt sich festhalten, daß neben den fachwissenschaftlichen Organen, den Rezensionszeitschriften, den eigentlichen Aufklärungszeitschriften – wie z. B. Wielands ›Teutsche(m) Merkur‹, der ›Berlinische(n) Monatsschrift‹, dem ›Journal des Luxus und der Moden‹ – die Moralischen Wochenschriften eine eigene, wenn auch nicht immer ganz eindeutig zu definierende Sparte bilden. Sie haben ihren größten Erfolg zwischen 1720 und 1760. Wöchentlich oder monatlich erscheinend, behandeln sie keine aktuellen Themen, sondern wollen belehrend und aufklärend auf Sitten und Verhalten der Menschen einwirken, ohne dabei die vergnügliche Unterhaltung zu vernachlässigen.[255] Nach dem Vorbild englischer Zeitschriften wendet sich ein fiktiver Verfasser direkt an den Leser.[256] Auf diese Weise soll es gelingen, die moralistischen Themen etwas weniger streng zu gestalten. Die fiktive autobiographische Form erlaubt eine gewisse Spontaneität und Systemlosigkeit. Die berühmten Vorbilder, die das gesamte Genre nachhaltig prägten, sind die drei großen Zeitschriften von Joseph Addison und Richard Steele, ›The Tattler‹ (1709–1711), ›The Spectator‹ (1711–1712 und 1714) und ›The Guardian‹ (1713). Eine zentrale Rolle in der Vermittlung dieser Vorbilder aufs europäische Festland spielte Holland. Von 1711 bis 1712 erscheint dort in französischer Sprache van Effens ›Le Misantrope‹, der sich stark an englischen Vorbildern ausrichtet. Der englische ›Spectator‹ wird dort seit 1714 in einer verkürzten französischen Fassung angeboten. Auf diese Weise kam wohl auch Marivaux an die Vorlage für seinen ›Spectateur français‹, der der Wegbereiter der neuen Gattung in Frankreich werden sollte. Der ›Spectateur français‹ sollte ausdrücklich nicht als Lesestoff für gelehrtes Publikum dienen, sondern dem Durchschnittsleser zum Zweck der Selbsterziehung den Blick auf die Welt öffnen: «C'est la société, c'est toute l'humanité même qui en tient la seule école qui soit convenable, école toujours ouverte, où tout homme étudie les autres, et en est étudié à son tour, où tout homme est tour à tour écolier et maitre.»[257] Bei Marivaux verbindet sich die Tradition der französischen Moralistik mit dem aufklärerischen Erziehungsideal der Engländer. La Rochefoucaulds Pessimismus war nicht mehr à la mode und wurde von einer milderen Skepsis und optimistischeren Menschenfreundlichkeit abgelöst. Deutlich läßt sich dies wiederum an dem gewandelten Begriff des «amour-propre» festmachen, von dem bereits van Effen schreibt:

«Mais cet amour-propre bien loin d'être blamable est le fondement de la Vertu: et si la Vertu n'avoit aucun rapport à notre utilité, si elle étoit capable de nous procurer aucun bien, elle ne seroit pas un bien elle-même; on ne pourroit pas dire qu'elle fut estimable et digne de notre amour, la Vertu n'est qu'un amour-propre qui raisonne juste.»[258] Im »Spectateur français« und bei van Effen findet sich häufig die typisch moralistische Geste der Enthüllung vorgespiegelten Verhaltens. Allerdings ist nun der Affekt nicht mehr das schlechthin Böse, was den Menschen in seinen eitlen Taten motiviert. Die Rehabilitierung des Affekts ist besonders bei Marivaux zu beobachten. Während Addison und Steele noch zu einem stoischen Rigorismus tendieren, zeigt sich bei van Effen und in Marivauxs Rokoko-Manier ein epikureischer Eudaimonismus, der das friedliche Landleben der offiziellen Berufspflicht vorzieht und über den Appellen an Bescheidenheit das Vergnügen nicht vergißt.[259] Die «volupté» wird positiv besetzt: «Qui, voluptés, c'est le nom que je donne aux temoignages flatteurs qu'on se rend à soi même après une action vertueuse; voluptés bien différantes des plaisirs que fournit le vice.»[260] Der Selbstgenuß des tugendhaften Menschen ist das Erziehungsideal einer nicht mehr nur auf die Ratio setzenden Literatur. Balance und gegenseitige Kontrolle von Ratio und Affekt ist das Ziel. Lob der Mäßigkeit, der Gleichmäßigkeit, ja der Mittelmäßigkeit führt bei Marivaux sogar zur Forderung nach Abschaffung von Standesgrenzen. Konkrete Gedanken zur Veränderung der politischen Situation finden sich allerdings nirgends. Das reduktionistische und individuelle, gesellige Glück Marivauxs orientiert sich ganz an dem Entwurf, den sein Gönner Fontenelle in ›Du bonheur‹ gegeben hatte.

Auch in deutschen Moralischen Wochenschriften wird Eigenliebe als ein Trieb verstanden, dem der Tugendhafte durchaus folgen darf. Tugendhaftes Handeln als Selbstgenuß zu verstehen, ermöglicht es nun, Moralität statt mit Selbstverleugnung mit Selbstwertgefühl und Selbstsetzung zu verbinden. Da ein echter Selbst*genuß* immer auch zugleich eine rationale, eine geplante Seite hat, sollen auf diese Weise Vernunft, Gefühl und geglücktes Leben in ein sich gegenseitig korrigierendes und stabilisierendes Verhältnis gebracht werden. Alles, was diese gleichmäßige Ruhe stört, ist nicht nur ein Hindernis auf dem Weg zum Glück, sondern auch zugleich schlecht, d.h. unsittlich und unvernünftig. In der Selbstliebe wird die *natürliche* Basis für eine säkulare Moral gesehen.[261] Das in der Selbstliebe fundierte Streben des Menschen nach einem weltlichen, sinnlich und unmittelbar erfahrbaren Glück wird zu einem legitimen, weil dem Menschen *von Natur* aus zukommenden Handlungsmotiv. Selbstgenuß als Natur des Menschen gilt nicht nur für die Sphäre individuellen Handelns, sondern auch für den gesamten sozialen Bereich und auch für das Erleben von Natur und Kunst. „Die Differenz zu allen intellektualistischen Moraltheorien ist beträchtlich. Statt streng reglementierter Vernunftoperationen, die moralische Urteile letztlich aus der intellektuellen Erkenntnis der Welt gewinnen, liegen moralischen Entscheidungen jetzt erstmals auch und vor allem Instinkte und Emotionen zugrunde ...“[262] Auch auf ästhetischem Gebiet wird das intellektualistische Beurteilen anhand von Produktionsregeln abgelöst von einem Geschmacksurteil, das auf der Empfindung von Lust und Unlust basiert.[263] Im Selbstgenuß kommen Moralisches und Ästhetisches zur Deckung.

Ebenso wie in der Zärtlichkeit und Freundschaft zu anderen Menschen und im Erleben von Kunst wird *Natur* gefühlt und genossen in der subjektiven Wahrnehmung des Selbst. Idyllische Winkel und arkadische Landschaften[264] lösen barocke Gärten ab, die nichts anderes als eine Fortsetzung der Gebäudearchitektur mit anderen Mitteln gewesen waren. „Garten“ heißt nicht mehr Zurechtstutzen und „Unterdrücken“ von Natur, sondern die Perfektion der natürlichen Natur durch den Menschen für den Menschen. Die Gartenphilosophie des 18. Jahrhunderts trägt durchaus epikureische Züge, und ihre Theoretiker berufen sich auch unter anderen auf den antiken „Kepos-Spezialisten“.

Eine intensive Auseinandersetzung um die Gartenkunst durchzieht das gesamte 18. Jahrhundert von Shaftesbury bis Goethe. Der französische, barocke Garten einer nach geometrischen Formen stilisierten Natur verliert dabei zusehends an Beliebtheit und wird abgelöst von dem der „wilden“ Natur nachempfundenen englischen Garten.[265] Wichtige Theoretiker und Betreiber dieser Veränderungen waren Shaftesbury, Addison, Pope, William Temple[266], der Gartenarchitekt William Kent und in Deutschland neben dem Fürsten von Anhalt-Dessau, der in Wörlitz seine Anlagen mit philantropischem und aufklärerischem Anspruch anlegte, besonders auch D. L. Hirschfeld[267]. Shaftesburys berühmtes “The wilderness pleases”[268] war eine direkte Absage an die Künstlichkeit höfischer Gartenkultur. Die ursprüngliche Natur spricht den Menschen viel tiefer an, als das gekünstelte Formen können. Ein solches Naturerleben wird mit dem Rückzug aus der Gesellschaft verbunden. Empfindsame Naturerfahrung ist individuell und subjektiv und höchstens noch guten Freunden kommunizierbar. Der englische Garten war “improved nature”[269]: „Die Schönheit besteht hier hauptsächlich darin, daß man die Annehmlichkeiten der Natur recht ins Auge setzet und durch keine fremde Bilder das einfache und liebliche Wesen verwirret.“[270] Der Park war Paradies und Goldenes Zeitalter, Garten Eden und Elysische Felder, Alkinoos’ Garten auf der Insel der Phäaken, griechisch-hellenistischer Göttergarten und der Philosophengarten der Renaissance. „Die Schönheit dieser Gärten bestund in Lust-Gängen, die mit Palmen, Feigen, Lorbeer, Pomeranzen und anderen dergleichen fruchttragenden Bäume besetzet war; man sah dazwischen kleine rieselnde Bäche durch grüne Auen fließen, welche voll wohlriechenden Blumen waren.“[271] Aus der Antike werden als Gewährsmänner für die Gartenfreunde Varro, Cicero,

Columnella, Plinius, Plutarch, Vergil und natürlich mit besonderer Beliebtheit Horaz zitiert.[272] „Alle Vorwürfe reizten hier die reine Wollüste vernünftiger Geschöpfe, und verkündeten die Güte des Schöpfers, der die Welt zum Vergnügen der Menschen so schön geschaffen hat"[273], behauptet v. Loën von den antiken Gärten. „Dieser Geschmack war natürlich, einfältig und derjenige aller großen Leute. In dergleichen Gärten fanden die Assyrischen Könige, wie auch Salomon, Plato, Epicur, Lucull, Scipio, Horaz, Cicero, August, Plinius, Seneca, Diocletian und andere große Männer des berühmten Alterthums ihr größtes und vorzügliches Vergnügen."[274]

In einer solchen Natur genießt der Mensch eine dauernde Ruhe, einen immerwährenden äußeren und inneren Frieden, der weder den „Ennui" noch die Leidenschaft kennt. Auf diese Weise gewinnt das Landleben oder vielmehr die Stilisierung einer landadeligen Existenz nach bürgerlichen Vorstellungen geradezu moralische Qualität.[275] So führt auch Sophroniscus, der Freund des Protagonisten von Gottschedes Moralischer Wochenschrift ›Der Biedermann‹ ein harmonisches Leben auf dem Lande. Der Biedermann gesteht offen, er pflege diese Freundschaft um eines „Vortheils halber", wegen der „Begierde glücklich zu werden", die dem menschlichen „Wesen so fest eingepräget" sei, „daß man ihr nicht wiederstehen kan".[276] Sophroniscus lebt in einem angenehmen, aber bescheidenen Garten, und auch sein Wohnhaus ist vortrefflich gestaltet. Das Arbeitszimmer wird näher beschrieben: „Man findet ferner die Wände mit den schönsten Gemählden gezieret; die nicht zu Wollust reitzen ..., sondern die berühmtesten Leute des Alterthums vorstellen. Das Zimmer ist fast viereckigt, und zeiget an jeder Wand drey solche Gemählde. Die dreye gegen Abend sind aus dem Alten Testamente, und stellen den Adam, Noah und Moses vor. Die dreye gegen Morgen sind Nathanael, Paulus und Lutherus, folglich aus dem Neuen Testament. Die dreye gegen Mittag sind Griechen: nehmlich Solon, Sokrates und Epicurus. Endlich die dreye gen Mitternacht sind Römer: und zwar Cato, Seneca und Marcus Aurelius, der Philosoph. Von diesen allen pflegt er offt, aus Gefälligkeit gegen mich, zu sagen, daß sie rechte Biederleute gewesen."[277] In diesem ländlichen Idyll, wo sich Adeliger und Bürger freundschaftlich verbinden, sind auch Heiden und Christen friedlich vereint und ist aus dem Ketzer und Wollüstling Epikur ein Biederman geworden! Physik und Theologie des Epikur sind nicht mehr so anstößig, als daß es nicht erlaubt wäre, sich das Beste aus seiner Philosophie herauszusuchen, nämlich seine eudaimonistische Moral. Und Biedermann hat seine epikureische Lektion gut gelernt: „Die Glückseligkeit ist wohl nichts anderes, als ein solcher Zustand eines vernünftigen Wesens, darinnen dasselbe ein beständiges Vergnügen genüsset, welches kein Mißvergnügen nach sich ziehet."[278] Die „irrigen Meynungen von der Gottheit"[279], die Epikur hatte, sind nur noch Anlaß zur Verwunderung, da doch die Konsequenzen daraus, das heißt sein Lebenswandel und seine Ethik, so unbezweifelbaren Wert haben: „Und bei dem allen lebte doch Epicurus mit seinen ersten Schülern so tugendhafft und ordentlich, daß es fast alle übrigen Secten dadurch beschämete. Die Alten gaben ihm das einhellige Zeugnis, daß er besser gelebt als gelehrt habe; und es ist kein einziger, der den Epicur eines gottlosen Wandels beschuldigt hätte. Er machte selbst andächtige Bücher, so die Verehrung Gottes zur Absicht hatten. Er brachte darinnen solche hertzrührenden Redensarten von den göttlichen Vollkommenheiten und seiner Ehrfurcht und Hochachtung vor diesem majestätischen Wesen, daß kein Hohepriester ihn darinn hätte übertreffen sollen. Seine gantze Lebensart war die mäßigste von der Welt. Er aß lauter Milch, Früchte und Wurzeln, die er in seinem Garten selbst bauete. Hierin hielt er sich die meiste Zeit mit seinen Schülern auf. Er lehrte sie mit Wenigem vergnügt seyn; die Ruhe des Gemüths und die Belustigung des Verstandes in dem Erkenntnisse der Wahrheit suchen. Dieses war diejenige Wollust, die nachmahls von andern so übel verstanden, noch ärger ausgelegt, und aufs ärgerlichste ausgeübet wurde. Diese nenneten sich nach ihm mit Unrecht Epicureer; nicht weil sie seinen Lehren folgeten; sondern, weil sie seine Worte zum Vorwande ihrer Gottlosigkeit brauchten.“[280]

Das Lob eines gepflegten epikureischen Landlebens singt auch ›Der Müßige‹: Er zieht sich aus den Geschäften zurück und „schmeckte das Vergnügen, welches aus einem ruhigen und aller beschwerlichen Mühe entferneten Leben entspringet“[281]. Die Allzugeschäftigen haben „keine Zeit sich selbst kennenzulernen“[282], was sie unfähig zum Selbstgenuß und auch ungesellig macht: „Wir lieben unseren Nachbarn, weil wir uns selbst lieben.“[283]

Ein rechtschaffener Mann, „fliehet keine Arbeit und Geschäffte, doch suchet er auch nicht selber, ohne besondere Pflicht, sich damit zu beladen“[284], so meint auch der Hamburger ›Patriot‹. „Er prüfet sich jeden Abend, wie er den Tag über seine Pflicht nachgelebet habe ...“[285] Allzu viel Strenge wird aber nicht verlangt: „Gedencke indessen nicht, daß du deine menschlichen Neigungen gäntzlich ausrotten müsstest; sondern bringe sie nur zum Gehorsam der Vernunfft und des Göttlichen Willens.“[286] Gefühle ganz zu unterdrücken wird dem menschlichen Wesen nicht gerecht: „Daß ein Mensch alle Fühlung ausziehen, und in eine verstockte unempfindliche Gleichgültigkeit verfallen sollte, ist so wenig mein Vorschlag, als ich solches vielmehr unserer Pflicht und der menschlichen Natur selbst, gäntzlich zuwider halte. Ich erstaune, so offt ich diese Lehre bey einigen der alten Welt-Weisen lese ...“[287] Die Stoiker haben eine Lehre wider die menschliche Natur entworfen, und da es die Pflicht der Menschen ist, sich nach dieser zu orientieren, ist sie zu verwerfen. „Diese Weltweisen vergassen, daß der Mensch einen Körper hat.“[288] Darum gilt es auch die Eigenliebe zu pflegen: „Die Eigenliebe ist ein Trieb, welchen der allweise Schöpfer seinen vernünfftigen Wesen zu deren Erhaltung und der Beförderung ihres wahren Wohlseyns eingepflanzet hat."[289] Für das „Wohlseyn" sorgen heißt aber nicht nur, über Selbsterhaltung nachzudenken, sondern auch, sich Gedanken über den Umgang mit dem Tod zu machen. In vielen Moralischen Wochenschriften finden sich Artikel zu dem Thema, wie man mit der Todesfurcht umgehen solle, und man ist sich einig, „daß alle diejenigen Vorstellungen, welche die Furcht vor dem Tode vermindern und mäßigen können, ungemein nützlich sind"[290]. Nach dem Prinzip des *carpe diem* soll man sich des Gegenwärtigen und Vergangenen versichern, und ganz in den Termini epikureischer Trostphilosophie heißt es: „Alle Stunden, die wir schon überlebt haben, sind unser Eigenthum ..." – was ein großes Kapital ist gegenüber dem Tod, „währet er doch nur einen Augenblick".[291] Seine Lebenszeit sich zu eigen zu machen, gelingt demjenigen am besten, der sie mit Vergnügen verbringt. Sogar der sonst eher strenge englische ›Spectator‹ stimmt hierin den anderen Wochenschriften zu: „Wenn wir über irgend einer unschuldigen Belustigung, oder wegen der Bestrebung nach einer löblichen Sache, vergnügt sind: alsdann sind wir erst im Besitze des Lebens, eines menschlichen Lebens."[292] Sich in den Besitz der eigenen Lebenszeit zu bringen, im Bewußtsein ihrer Vergänglichkeit eine flexible Stabilität von Befreiung und Eingrenzung herzustellen, ist das Ziel dieser Aufforderungen zum Bemühen um ein gelingendes Leben. Auch der ›Hypochondrist‹ ist davon überzeugt, daß es darum gehen muß, den Menschen zu lehren, daß man „seine Schätze, seine Ehrenstellen und seine guten Tage so (anwendet), daß sie uns wirklich vergnügter und zufriedener machten ..."[293] Und ganz in epikureischem Ton gibt er auch eine knappe Regel für die Bewertung von Gütern: „Man nennt dasjenige gut, was uns Vergnügen macht, und in so weit irret man nicht. Man hält dagegen dasjenige für böse, was uns unvergnügt macht: auch darin hat man Recht."[294] Dazu sollte man allerdings noch das dem Menschen durch Erfahrung und Vernunft mögliche Kalkül zukünftigen Glücks beachten: „Man streicht sogar diejenigen Dinge aus der Reihe der Güter aus, die uns nach einem kurzen Vergnügen desto mehr Unlust machen."[295] Es geht immer um dauerhaftes Glück. Man soll nichts übertreiben, nicht einmal das Arbeiten; denn es stehe fest – so ›Der Mensch‹, „daß übermäßiges Arbeiten an sich eine Sünde sey"[296]. Es ist zu beachten, daß man „seine Geschäfte und Arbeiten mit frohen Stunden unterbricht, in welchen er sich den Ergötzlichkeiten des Lebens widmet ..."[297]. Jeder hat im Rahmen des Schicklichen dafür zu sorgen, möglichst vergnügt zu leben: „Ein Mensch muß das Uebergewicht des Vergnügens in seiner Seele zu erhalten suchen, und er muß sich demnach vieles sinnliche Vergnügen machen, wann es nur sonst erlaubt ist."[298]

Was hier schon sehr viel kesser klingt als Gottscheds biedermännische Vorstellungen vom vergnüglichen Leben, hört sich aus dem Munde des ›Jüngling‹ dann vollends ganz anakreontisch an. Gleich im Motto wird verkündet,

„unsere Wissenschaft ist Freude / Und unsre Kunst Gefälligkeit". Hagedorn, der hier zitiert ist, gilt ihm mit Horaz und Chaulieu auch als ein würdiger Vertreter „der schwere(n) Kunst zu trinken"[299]. Wein und Freundschaften genießt er mit einer „edeln Absicht", nämlich „zum Vergnügen".[300] Alle systematischen Philosophen sind ihm zuwider, am liebsten lernt er direkt aus der Natur oder aus Homer und Anakreon, die Moralischen Wochenschriften von Steele und van Effen akzeptiert er gerade noch. Wichtig ist: „Wer das Vergnügen der Menschen reinigen und erhöhen will, der muß ihnen zeigen können, daß er selber fähig ist, es zu empfinden."[301] So wäre es ihm schrecklich, sich nicht mehr freuen zu können und „mehr noch, als ein Greis, ein Stoiker zu seyn"[302]. Keine theoretischen Ausführungen sind gefragt, sondern die Illustration an *exempla*, die weniger kognitives Vermögen anspricht als ästhetische Erfahrung ermöglicht. Trotz aller Ausgelassenheit ist Unmäßigkeit nicht seine Sache: „Er weis, wie Aristippus, daß diejenigen, welche viel essen, und arbeiten, nicht gesünder und stärker sind, als die sich nur mit dem Nothdürftigsten versorgen, und daß nicht diejenigen die Klügsten sind, welche das meiste, sondern diejenigen, welche das Nützlichste gelernt haben."[303] „Das Leben im Verborgenen" zieht auch er dem geschäftigen Treiben vor und beruft sich dabei auf die Stelle von Horaz, wo dieser sich als glattes rundes Schweinchen aus der Herde Epikurs mit seinem abgehetzten Freund vergleicht. Auch der ›Jüngling‹ sieht trotz aller Liebe zum Wein und zur Geselligkeit das Ziel des Lebens keineswegs in der Zerstreuung, sondern in einem geruhsamen Vergnügen und Selbstgenuß: „Ich kann itzt einem Manne gleichen, der sich bey dem herannahenden Winter seine Jahre den rauschenden Ergetzlichkeiten des Hofes entzieht, der sich, wie Horaz sagt, ‚in seine Tugend einhüllt, an der kein äusserlicher Zufall haften kann, weil er glatt, und rund, und sich selbst ganz ist', der sich die Dunkelheit, worein er sich begiebt, durch seine eigene Zufriedenheit und durch die Gesellschaft seiner Freunde heiter zu machen weis."[304] Der Rückzug dient der Subjektkonstitution und keineswegs dem resignativen Verzicht darauf. Der Versuch, sich vor Kontingenz zu schützen, ist nicht ein naives Projekt, sondern entwirft sich eingedenk der Unmöglichkeit des vollkommenen Gelingens.

Der scherzhaft muntere und plaudernde Ton, den manche Wochenschriften pflegen, entspricht den stilistischen Merkmalen, mit denen man üblicherweise das Rokoko charakterisiert. In den Wochenschriften findet sich diese Stimmung schon vor den 40er Jahren, die meist als Beginn des Rokoko angegeben werden. Charakteristisch für die Wochenschriften bleibt allerdings der belehrende Ton, der auch in so stark vom Lebensstil der Anakreontik geprägten Zeitschriften wie ›Daphne‹ und ›Der Jüngling‹ nie ganz verlorengeht. W. Martens nennt es ein „eigentümlich moralisches Rokoko"[305]. Womöglich ist allerdings die Rokokoliteratur selbst viel „moralisierender" – wenn auch nicht lehrhaft –, als es auf den ersten Blick scheint. Gedanken, die Moralische Wochenschriften in den 40er und 50er Jahren vertraten, lassen sich dort nämlich auch finden. Es ist jedenfalls richtig festzuhalten, daß „die gehaltlichen Voraussetzungen der deutschen anakreontischen Dichtung um 1750 auf einer breiten Basis weltanschaulicher, gesellschaftlicher und ästhetischer Auseinandersetzungen beruhen, deren Entwicklung sich in beträchtlichem Maße in der Zeitschriftenliteratur vollzog“[306].

Die inhaltliche, stilistische und zeitliche Eingrenzung des Rokoko in der Literatur bereitet immer noch große Schwierigkeiten. Der Terminus stammt aus der Kunstgeschichte, speziell der Architektur; die Übertragung auf die Literatur insbesondere in Deutschland blieb problematisch.[307] Die Zuordnung bzw. Ausgrenzung bestimmter Autoren und das Verhältnis zur Aufklärung und Empfindsamkeit wurden immer wieder neu diskutiert.[308] Problematisch ist der Begriff aber nicht nur, weil seine literaturhistorische Brauchbarkeit häufig in Zweifel gezogen wurde, sondern auch, weil sich mit diesem Begriff von Anfang an negative Urteile und abschätzige Bewertungen verbanden.[309] Daß Goethe, Lessing und Wieland im Stil des Rokoko gedichtet hatten, wurde oft auf das Konto künstlerischer Jugendsünden verbucht und auch nicht weiter beachtet. Angesichts der doch zum Teil erstaunlichen Produktivität einzelner Autoren blieb das Interesse der Literaturwissenschaft gering. Die sozial- und geistesgeschichtlichen interessanten Aspekte dieser „Mode“, d.h. der auch gelebte und nicht nur bedichtete Freundschaftskult[310], die rege Briefkultur, die erstaunliche Reisefreude, die Verbindung mit der Zeitschriften- und Gesellschaftenkultur, die Auseinandersetzung mit dem Pietismus[311] und die Frage nach sozialer Stellung und dem Selbstverständnis der Dichter sind in vielen Fällen erst ansatzweise untersucht. Auch Entwicklung und Funktion des Arkadienbildes und eine komparatistisch – motivgeschichtliche Beleuchtung der inszenierten Schäferwelt wäre noch weiterer Diskussion wert. Die Unschärfe des Begriffs liegt nun natürlich nicht nur am Mangel wissenschaftlicher Bemühung, sondern korreliert mit dem Phänomen selbst. Eine explizite oder gar systematische Stilistik und Ästhetik des Rokoko gibt es nicht. Vielmehr scheinen es einige Merkmale und verschiedene Begriffe zu sein, um die sich die Interessen der Dichter und ihrer Kritiker konzentrieren. Diese Begrifflichkeit scheint sich ganz wesentlich *in Abgrenzung* zu anderen ästhetischen Vorstellungen artikuliert zu haben. Als erster und wichtigster Begriff taucht überall der „Scherz“ auf[312]: Scherzhaft, lustig, tändelnd, munter und leicht soll die Dichtung sein. Das „Scherzhafte“ ist eine fröhliche, sinnliche Bewegtheit, die den erotischen Reiz miteinschließt. So tritt der Scherz in eine Gegenposition zum „Witz“, der als Ergebnis intellektueller Kombinationsgabe wesentlich mehr auf Vernunft und Rationalität beruhen soll. Der Witz ist eng verbunden mit der Vorstellung, Dichtung sei dem *docere* verpflichtet, während der „Scherz“ die Seite des Unterhaltsamen betont. In manchen Fällen stehen so Scherz und Witz nebeneinander: Scherz als der gesellige, angenehme Ausdruck eines witzigen Geistes.[313] Die Diskussion um Witz und Scherz steht in unmittelbarem Zusammenhang mit der Auseinandersetzung um das Nachahmungs- und Ähnlichkeitsparadigma in der Dichtungstheorie. Wenn Witz auf Einsicht in Ähnlichkeiten zielt, dann geht es im Scherz um den sinnlichen Eindruck des Besonderen, Einmaligen, Momentanen. Die – auch wortgeschichtliche – Verbindung von Scherz mit fröhlicher Bewegtheit und erotischer Anziehung prädestiniert den Scherz als Leitvokabel für das Rokoko, dem der flüchtige Moment, ein heimlich-schneller Blick, eine zärtlich-rasche Berührung so ans Herz gewachsen ist.

Zu J. W. L. Gleims Gedichten bemerkt ein Rezensent lobend: „Diese angenehmen und zarten Empfindungen wird er niemals durch Kunst oder Witz, oder Schein der Kunst oder des Witzes schwächen."[314] „Kunst oder Witz", d.h. Künstlichkeit und Steifheit stehen den angenehmen Empfindungen, d.h. der Natürlichkeit, der Natur entgegen. Die Vorstellungen von "Natur" und Natürlichkeit im 18. Jahrhundert sind vielfältig und widersprüchlich; jede Bewegung hat gegen alle anderen die „Natur" mehr oder weniger intensiv bemüht. Den Begriff „Natur" im 18. Jahrhundert positiv bestimmen zu wollen, ist daher nahezu unmöglich.[315] Eher ließe sich sagen, was für einen Rokokodichter *nicht* natürlich ist: Es ist nicht trocken, nicht bombastisch, nicht im Pindarschen Geschmack und auch nicht nach dem des „Pöbels". „Natürlich" ist weder realistisch noch erhaben. „Ein Natürlichkeitsbegriff, der weder unmittelbar auf Gottsched noch unmittelbar auf die Schweizer zurückverweist, bildet sich in den vierziger Jahren im Rückgang auf Boileau und auf die Antike heraus und breitet die Position der Berliner Kritiker Lessing, Nicolai und Mendelssohn vor."[316] Vorbild für die Natürlichkeit nach antikem Muster war der vielgerühmte und allenthalben zitierte Horaz. Die beiden anderen Lieblingsfiguren der Epoche Sokrates und Anakreon leihen sich gegenseitig ihre Attribute aus, und so entstehen die literarischen Persönlichkeiten eines anakreontischen Sokrates und eines sokratischen Anakreons – Horaz entsprach genau dieser idealen Mischung aus welterfahrener Weisheit und epikureischem Lebensgefühl.[317] Epikureisches taucht im Rokoko selten unter dem Namen des Philosophen auf, würde dies doch zu sehr nach Gelehrsamkeit und Belehrung aussehen. Viel eher wird Horaz erwähnt oder zitiert, oder es bleibt bei Anspielungen.

Ihr Wälder, ihr belaubte Gänge!
Und du, Gefilde! stille Flur!
Zu euch entflieh ich vom Gedränge,
O Schauplatz prächtiger Natur!
Wo ich zu lauter Lust erwache;
Und, auf beglückter Weisen Spur,
Im Schoosse sichrer Ruhe lache.[318]

Der Weise auf dem Lande‹, so betitelte Johann Peter Uz dieses Gedicht, das die Ablehnung von städtisch-öffentlicher Sphäre und die moralisch-ästhetische Hochschätzung der Natur und des Landlebens an anderer Stelle noch prononcierter zum Ausdruck bringt:

> Wer will, mag stolz nach Würden trachten.
> Ich sehe, mit zufriednem Sinn,
> Sie unter ehrnem Joche schmachten,
> Verliebt in mühsamen Gewinn.
> Sie drängen sich durch List und Gaben
> An ihre Ruderbänke hin,
> Dieweil sie Sclavenseelen haben.
>
> Den leichten Rauch der falschen Ehre
> Erkauf ich nicht mit wahrem Weh.
> Mein Geist sey, nach der Weisheit Lehre,
> So stille, wie die Sommersee:
> So ruhig im Genuß der Freuden,
> Als dort, im bunt beblümten Klee,
> Die unschuldvollen Lämmer weiden.
>
> ...
>
> Mir genüget ein zufriednes Herze
> Und was ich hab und haben muß,
> Und, kann es seyn, bey freyem Scherze,
> Ein kluger Freund und reiner Kuß:
> Dieß kleine Feld und diese Schafe,
> Wo, frey von Unruh und Verdruß,
> Ich singe, scherze, küsse, schlafe.[319]

Gesellschaftliche Würden und finanzieller Gewinn sind mit Betrug und Korruption verbunden. Diejenigen, die an solchen Scheinwerten hängen, haben sich einer bösen Sache verschrieben, sind abhängig und versklavt. Es kann hier keine Rede davon sein, daß berufliches oder auch politisches Engagement für diese Bürger des 18. Jahrhunderts womöglich auch ein Feld der selbstbestimmten und selbstbewußten Tätigkeit sein könnte. Der wahre Weise dagegen – durchaus nicht der flatterhafte Rosenkavalier – zieht sich in die freie Natur zurück, um dort eine Meeresstille des Gemüts zu erreichen, die ihm der Genuß einfacher und unschuldiger Freuden ermöglicht. Scherzhafter Umgang mit einem Freund und eine zärtliche Gefährtin wären, wenn es möglich ist, die Krönung des Idylls.[320]

Die Bescheidenheitsgeste, die im Zusammenhang mit hellenistisch-epikureischer Philosophietradition immer wieder begegnete, zeigt hier besondere Merkmale. Es ist nicht die erkenntniskritische Bescheidenheit im Verzicht auf philosophische Spekulation angesichts der Schwäche des menschlichen Geistes und auch nicht die Bescheidenheit, die nur ein durchschnittliches und ruhiges Glück entwirft; nicht die frugalen Käsemahlzeiten des Epikur werden evoziert, sondern es wandelt sich vielmehr asketische Bescheidenheit in ein Leben „en miniature": nicht nur ein Rückzug ins Einfache, sondern eine Emigration ins Kleine. Dort, wo dieser Weise singt, scherzt, küßt und schläft, gibt es nur „kleine Felder" und „unschuldsvolle Lämmer". Tatsächlich hätte hier die lichtbringende aufklärende Gestalt eines prometheischen Rebellen keinen Platz – und doch geht es dem Weisen um den „Ausgang aus der selbstverschuldeten Unmündigkeit" moderner Sklaverei in der städtisch-höfischen Welt. Mündigkeit und Selbstbestimmung sind radikal individualistisch gedacht, haben keinerlei – oder nur einen negativen – Gesellschaftsanspruch. Kollektivität ist nur denkbar aufgrund emotionaler persönlicher Bindung an Freunde und Geliebte.[321] Anonyme, zweckrational organisierte Vergesellschaftung, die Emotionalität ausschließt, wird abgelehnt. Dort, wo Gefühl unterdrückt ist, kann keine Freiheit sein. Freiheit des Gefühls ist die Voraussetzung für Glück. Glück ist die Natur des Menschen. Der Mensch ist nur in der Natur frei und glücklich. Die Natur ist aber bereits eine inszenierte, die Künstlichkeit der Natur entspricht der (geforderten) Natürlichkeit der Kunst. Gegenstand der ästhetischen „Repräsentation" ist weder Natur noch Kunst, sondern die Inszenierung des jeweils einen durch das andere. Analoges gilt für die Figuren, deren Masken, Verkleidungen und Rollen gerade als Antworten auf die Frage nach Person und Subjektkonstitution gelesen werden sollen.

Wird „Aufklärung" nicht in erster Linie mit „Vernunft" identifiziert, sondern vielmehr mit „Emanzipation" und „Glück", läßt sich die Literatur des Rokoko unproblematisch in diese Bewegung einschreiben, als ein spezifischer Ausdruck, der sich polemisch gegen Rationalismus und Intellektualismus wendet. Das Rokoko kennt keine Helden, weder solche des Geistes noch solche der Tat. Der Ton ist ironisch bis skeptisch, aber nicht pessimistisch; darin den Stimmen verwandt, die den Menschen bessern und bilden wollen, ohne ihn zu überfordern.[322]

Dies ist auch die Intention, die Uz mit seinem ›Versuch über die Kunst stets fröhlich zu seyn‹ verfolgt. Er möchte dort die „wahre Freude bestimmen"[323], die „reinen Quellen derselben bekannt machen"[324] und dann die „Hindernisse des glückseligen Zustandes eines dauerhaften Vergnügens aus dem Wege räumen"[325]. Er weiß sich in einer Tradition europäischer Weisheitsliteratur stehend; dabei habe er auch „der Wollust des Epikur gedacht"[326], und daher fühlt er sich gezwungen, diesen Philosophen gegen ungerechtfertigte Kritik zu verteidigen und damit auch seine eigene Schrift vor Anfeindungen zu schützen. Der Leser bekommt nämlich hier – in vielen Passagen fast wörtlich – eine Lektion in epikureischem Glückskalkül. Uz betont mehrmals, daß diese von ihm propagierte epikureische Wollust nicht nur (aber auch) sinnliches Vergnügen meine, sondern auf die Erfüllung sämtlicher natürlicher Begierden des Menschen ziele.[327] Zur Unterstützung seiner Ausführungen verweist er noch auf Bayles Epikur-Artikel.[328] Die Notwendigkeit, die Wünsche den Möglichkeiten der Erfüllung anzupassen, um einer – annähernd – vollkommenen Glückseligkeit willen, sieht er bei Epikur am besten ausgeführt: „Recht zu genießen, Freund, wird Epicur uns lehren ... Die Wissenschaft der Lust gesteht ihm jeder ein."[329]

Wenn sich auf diese Weise Rokokoliteratur auch als eine Anleitung – oder besser als ein Entwurf – geglückten Lebens lesen ließe, ist die Polemik gegen die *frühaufklärerische* Rede vom Glück nur zu verstehen, wenn sie sich in weiten Bereichen als eine Kontroverse über die *Mittel* eher als über die Ziele interpretieren läßt. Das Rokoko mißtraut jeglicher offener, aufdringlicher Lehrhaftigkeit. Da wird zu viel von Glück geschrieben, ohne daß einer davon glücklicher würde, viel vom Vergnügen erzählt, ohne daß jemandem damit ein Vergnügen bereitet würde.[330] Das Programm zu radikalisieren und den Leser – statt ihn in einem vernünftigen Diskurs auf seine vernünftig-sinnliche Ganzheit hinzuweisen – gleich als eine solche Ganzheit anzusprechen und zu affizieren, das versprach mehr Wirkung und schien auch den Geschmack und die Wünsche des Publikums eher zu treffen. Mit dieser Kunst ist dann nicht künstlicher Witz gemeint, sondern die natürliche Muse, die wie der Rokokodichter selbst natürlich auch auf dem Lande zu Hause ist und nicht mit den Regeln des Stadtlebens zu tun hat.

Ihr holden Musen! wer, an eurer Brust erzogen,
  Den Weg zum grünen Pindus weis,
Wird nicht von Golddurst aufs erzürnte Meer betrogen,
  Nicht auf des Hofes trüglich Eis.

...
Erkargte Schätze, schlummert nur bey meinen Feinden!
  Ich wünsche nichts, als daß ich frey,
Als daß ich fröhlig unter Musen, Wein und Freunden,
  Nie fremder Thorheit Sklave sey![331]

Die Musen nehmen teil am geselligen Landleben der weintrinkenden Freunde, sie sind ein Teil dieser Freiheit; die Musen haben nichts zu tun mit der trügerischen Welt der Höflinge, nichts mit der Welt der Geschäfte und auch nichts mit Gelehrsamkeit. Genausowenig wie der Weise sich versklaven läßt, lassen sich auch die Musen an die Ketten irgendwelcher Regeln legen. Freiheit des Lebens und Freiheit der Dichtung wird beidesmal als eine Befreiung von der Gegenwelt des trügerischen Scheins, als Ausgrenzung aus der Öffentlichkeit beschrieben. Es ist nicht die große Geste emanzipatorischen Befreiungskampfes, sondern eine Befreiung durch Entzug, durch Rückzug in die kleine Welt des Bescheidenen. Freiheit ist für Uz dort, wo Natur und Kunst zusammenkommen: im Garten und im Gedicht.[332]

Recht, Freunde, recht, ihr irret nicht,
Ihr folget der Natur, ihr folgt der großen Pflicht,
Die sie euch in verschiednen Trieben,
Sobald ihr waret, vorgeschrieben.
Sie hat uns und der ganzen Welt
Nur dieß zum Ziele dargestellt,
Nur dieß: Wir sollen uns vergnügen.[333]

Die Natur kennt nur ein Ziel, nach dem alles eingerichtet ist: Der Mensch ist sein ganzes Leben lang nicht auf bloße Selbsterhaltung, sondern auf Glück aus.

Warum hat die Natur uns selbst hervorgebracht?
Zu unserm Glück, das ist, zu unserm Vergnügen.
Der Säugling in der Wiegen
Saugt an der Mutter Brust
Durch eben diesen Trieb zur Lust,
Wornach ein Jüngling liebt, und Greise trinkend sterben.
Die Lust ist unser Glück; die Lust ist unser Leben.[334]

So singt Johann Arnold Eberts „Freund des Vergnügens" und kann trotz der Versuche, Vergnügen und Lust mit dem unschuldigen Säugling zu verbinden, die Empörung des Hamburger Publikums nicht verhindern. Die Geistlichkeit bereitet der Serenade einen höchst „ungünstigen Erfolg"[335] und verlangt von dem Theologiestudenten, öffentlich Abbitte zu leisten, was dieser nicht tut. So blieb ihm nur „die Achtung und der Beifall derer, die freier und billiger dachten, vornehmlich seines Hagedorns ..."[336] Der Herausgeber seiner ›Episteln und vermischte Gedichte‹ fügt darum der Serenade auch einige erklärende Worte hinzu: Es seien „mildere und gerechtere Begriffe dieser Art in dem damaligen Zeitpunkte überall noch nicht so herrschend (gewesen), als sie es, zur Ehre unseres Zeitalters, jetzt gewiß schon bei den meisten, und, wie bekannt, auch bei den Hamburgischen Geistlichen sind."[337] Der „Freund des Vergnügens" hat sich zwischen dem „Liebhaber des Weins" und der „Zärtlichkeit" zu entscheiden. Der eine verspricht „wildes Verlangen" und „lustiges Leben"[338], die andere „stilleres Scherzen"[339]. Der Liebhaber des Wens wird zurückgewiesen: „Erlaube mir, o Freund, hier stimm' ich dir nicht bei;/ Nein, eine solche Lust heißt bei mir Sclaverei./ Du musst nicht die Vernunft von deiner Freude trennen."[340] Die „Zärtlichkeit" hat am Ende nicht nur den „Freund des Vergnügens" überzeugt, sondern auch noch den Weintrinker aus seiner Sklaverei befreit, und sie sind sich einig:

Nun wollen wir, o Freund, die kurze Lebenszeit
Mit dir, o süße Zärtlichkeit,
Durch mäßig Trinken, kluges Lachen
Uns recht zu Nutze machen.
So wollen wir den finstern Harm,
Der schwarzen Sorgen Schwarm,
Die uns hier stets zur Seite fliegen,
Durch ein beständiges Vergnügen
Zerstreuen und entfernen.[341]

Selbstverständlich war es also auch Ebert nicht um rauschhafte Sinnenlust gegangen. Höchst kontrolliertes Vergnügen, die Zärtlichkeit und nicht die Leidenschaft siegt am Ende. Die Zeit darf gerade nicht im Rausch vergessen, sondern soll vielmehr sinnvoll ausgefüllt, jeder Moment genützt werden angesichts der Vergänglichkeit. Nur ein bewußt mäßig gestaltetes Vergnügen ist so beständig, daß es als Palliativum gegen Sorgen und Harm eingesetzt werden kann.

Wisst, so wie wir, klug und verschwiegen,
Vergnügt zu seyn, und zu vergnügen;
Und liebet und trinket, und folgt der Natur.[342]

Beinahe wie ein Geheimwissen – verschwiegen und klug – scheint die Lehre vom Vergnügen zu sein, auf jeden Fall nicht für die Allgemeinheit. Das Geheimnis wird im Freundeskreis gehütet: Eine kleine Elite von Vertrauten, die der Natur zu folgen wissen und den allenthalben drohenden Sorgen und dem bösen Schein der Welt entwischen – „verschwiegen".[343]

Wie bei Ebert ist in Hagedorns Gedicht ›An die heutigen Encratiten‹ von einer natürlichen *Pflicht* zur Freude die Rede:

Was edle Seelen Wollust nennen,
Vermischt mit schnöden Lüsten nicht!
Der echten Freude Werth zu kennen
Ist gleichfalls unsers Daseyns Pflicht.
Ihr fallt oft tiefer, klimmt oft höher,
Als die beglückende Natur:
Ihr kennt vielleicht Epicuräer;
Doch kennt ihr auch den Epicur?

Sind nicht der wahren Freude Gränzen
Geschmack und Wahl und Artigkeit?
Entehrte Scipio mit Tänzen
Den Heldenmuth und seine Zeit?
Die Liebe, die auch Weise loben,
Macht ihre Liebe nicht zu frey:
Der Wein, den Plato selbst erhoben,
Verführt ihn nicht zur Völlerey.[344]

Als echte epikureische Freude gilt ihm die eines mittleren Zustandes, die keine Schwankungen kennt und sich auf ein natürliches Gleich- und Mittelmaß einrichtet, d.h. *nicht* nach unbegrenzter Maximierung strebt, wie es die falschen „Epicuräer“ versprechen und damit nur größeres Unbehagen provozieren. Geschmack und Wahl und Artigkeit sind die Grenzen der wahren Freude. Erziehung und Bildung der Urteilskraft sollen den einzelnen zu einer selbstmächtigen und zugleich sozialen Erfüllung der Pflicht seines „Daseyns“ befähigen. Nicht anders als in den Moralischen Wochenschriften und in der Klugheitslehre eines Thomasius werden als Kriterien für das Einrichten eines gelingenden Lebens die „Wahl“, d.h. das vernünftige Abwägen und Kalkulieren aufgrund von Selbst- und Welterkenntnis und Erfahrung angegeben. Wer nicht auswählt aus den vielen Möglichkeiten, ist nicht selbstbestimmt, sondern „Sclave“ der Gegebenheiten und Umstände. Die Wahl orientiert sich am Geschmack und an der Artigkeit. Artig ist eine «conduite», die eine Art hat, ist eine Kunst, das Leben im Vorfindlichen geschmackvoll zu gestalten. Geschmack ist auch hier wieder im ethisch-ästhetischen Grenzbereich angesiedelt zwischen den individuellen Empfindungen von angenehm und unangenehm, schön und häßlich, gut und böse auf der einen Seite und dem geltenden „guten Geschmack“ der vielen auf der anderen. Artigkeit und Geschmack beziehen sich auf die Gegenwart des Wählenden; aber auch die Geschichte dient mit Exempeln, an denen Erfahrungen gemacht werden können, um die aktuelle Wahl zu erleichtern: man halte sich dabei nicht an Kriegsheldentaten und philosophische Spekulation, sondern an das Vorbild der alten Weltweisen wie Platon und Epicur. Damit seine Leser diesen Rat gleich befolgen können, gibt Hagedorn als Referenz für eine angemessen Epikurdarstellung „S. Bruckeri Hist. Critic. Philos. Vol I p. 1242–1248“[345] an.

Was die weite Welt bewegt,
Und sich auch im Würmchen regt,
Was vom Himmel selber quillt,
Und die ganze Seele füllt;
Das Vergnügen, folget nur
Sanften Trieben der Natur.
Stille Lauben sind sein Haus,
Seine Pracht ein frischer Strauß;
Einfalt und Gemächlichkeit
Sein gewöhnliches Geleit.
Es erhält durch Mäßigung
Stets sich reizend, stets sich jung.[346]

Auch Johann Nikolaus Götz kann sich Vergnügen ohne Mäßigung nicht vorstellen. Das Vergnügen als Prinzip der Weltgestaltung gilt bei ihm aber nicht nur für menschliches Leben, sondern für den gesamten Kosmos mit allen Lebewesen. Der Mensch ist ein Glied in der „Großen Kette der Lebewesen“, die am Vergnügen hängt. Vergnügen ist Natur; allerdings weder eine stoisch-logosdurchwaltete Natur noch eine pindarisch-erhabene, sondern eine sanfte: „In der Musen Thal und Wald wo es stets nach Rosen läuft“[347] hält sich das Vergnügen auf, und dort findet man es auch, dort wo Natur und die Kunst der Musen sich treffen: im Garten und im Gedicht.[348]

Ein solches Vergnügen, das flüchtig durch „Thal und Wald“ läuft, braucht Musen, die ebenso geschwind und flink sind, um es einzufangen. In der bewegten Welt des Rokoko, wo über Zeit nicht raisonniert wird, sondern die zunehmende Geschwindigkeit in jedem Satz, in jeder Geste, in jedem Blick spürbar wird, sind die Musen dem Vergnügen leichtfüßig auf den Fersen:

> Die großen Verse, welche man
> Auf einem großen Amboß schmiedet,
> Warum ich die nicht leiden kann? –
> Man lies't sie nicht, man wird ermüdet!
> ...
> Die kleinen Dingerchen lieb' ich!
>
> Sie pflegen sich mit Artigkeit
> In das Gedächtniß einzuschleichen,
> Darin zu sitzen, und nicht weit
> Den großen Versen auszuweichen!
> ...
> Die kleinen Verse, die bescheiden
> Gern neben sich die großen leiden;
> Gelesen werden sie mit Freuden,
> gelobt wird ihre Harmonie ...[349]

Die kleinen leichten scherzhaften Verse bereiten Vergnügen und beeinflussen auf diese Weise das Gemüt des Lesers viel nachhaltiger als alle erhabene Kunst, die am Ende doch „jämmerlich zerschmettert auf der Erde“[350] liegt. Die Bescheidenheit, die sich mit dem Kleinen zufrieden gibt, dabei aber durchaus auch polemische Töne gegen künstlerisches und kriegerisches Heldengebaren findet, ist hier zugleich ein ästhetisches Konzept. Die Wirkung von hübschen kleinen Versen ist Vergnügen, und da Vergnügen die Bestimmung des Menschen und der Welt ist, muß über irgendwelche schwergewichtig-philosophischen Inhalte nicht mehr räsonniert werden. Die Kunst hat sich emanzipiert von gelehrten Inhalten und von heterogenen Regeln. Autonomie heißt im Leben und in der Kunst den Gesetzen der Natur, d.h. dem Vergnügen folgen.[351] Wobei selbstverständlich ist, daß es sich dabei um eine stilisierte und interpretierte Natur handelt, deren literarische Signatur keine irgendwie geartete Entsprechung in der Wirklichkeit zu haben postuliert.

Das Reich des Geistes ist ewig, die Natur dagegen vergänglich. Sich die Vergänglichkeit allen Lebens vergegenwärtigen, bedeutet für das Rokoko aber nicht die ständige Konfrontation mit dem Ende des Lebens, mit dem Tod. Nicht das Ende aller Zeiten, das Jüngste Gericht, sondern die Zeit selbst wird zum Thema. Es ist nicht Angst vor Strafe und Hölle, die alles Weltliche eitel erscheinen läßt gegenüber der ewigen Glückseligkeit, sondern der Wunsch, durch intensiven Selbstgenuß das Glück auf Erden zu erfahren und die Vanitas mit Vergnügen zu füllen, den Augenblick zu halten, den Moment zur Gegenwart zu machen und so der condicio humana, der Zeit, ein Schnippchen zu schlagen.

Rosen pflücke, Rosen blühn,
Morgen ist nicht heut!
Keine Stunde laß entfliehn,
Flüchtig ist die Zeit![352]

Nicht nur das Rosenpflücken darf nicht aufgeschoben werden, bis die Blumen verwelkt sind, auch der Wein muß zur rechten Zeit getrunken werden, so die „Ermahnungen eines Weisen de grege Epicuri“:

Trinkt Brüder! trinkt, denn es verfließt die Zeit
Schnell, wie der Blitz ins Meer der Ewigkeit;
Bedient euch mit weiser Hurtigkeit
Der frohen Gegenwärtigkeit,
Die immer eilt, und böse Zukunft scheut,
Und zählet nur zu eurer Lebenszeit
Die Stunden der Vergangenheit,
In denen ihr vergnügt gewesen seyd.[353]

Trotz der Fröhlichkeit und Unbeschwertheit solcher Zeilen heißt die Aufforderung zum *carpe diem*, und sei sie noch so scherzhaft formuliert, daß sie auf dem Hintergrund einer immer flüchtiger werdenden Zeit formuliert ist. Die Zeit zeigt sich im Vergehen und das Leben in der Vergänglichkeit. In die Aufforderung zum Genuß des Moments ist das Wissen um die Negativität des Bildes eingeschrieben. Der Entwurf des Lebens wird kompliziert; der ständige Zwang zur Wahl nach den so komplexen und empfindlichen Kriterien des guten Geschmackes, von dem doch trotz aller Versuche keine „Definition“ zu erhalten ist, den es einfach gibt – oder auch nicht –, macht auch die Legitimation der vergangenen Lebenszeit plötzlich zum Problem.[354] Das Gewählte muß sich rechtfertigen, es muß das Richtige gewesen sein. Darum der Rat: „Und zählet nur zu eurer Lebenszeit / Die Stunden der Vergangenheit, / In denen ihr vergnügt gewesen seyd.“ Nicht wenige der Gedichte lassen mitten im Scherz einen tröstenden Unterton spüren. Ganz deutlich wird dies in einem frühen Gedicht Albrecht von Hallers, wo an manchen Stellen eine geradezu seelsorgerische Stimme zu hören ist:

O Schooskind des Geschicks, erlauchter Epikur!
Du fandest uns zuerst der wahren Tugend Spur.
Nicht jenes Wahngespenst, das Zeno sich erdichtet,
Das nur auf Dornen geht, zum Elend sich verpflichtet;
Die Welt zum Kerker macht, mit Müh sich Qual erkiest
Und unerträglicher als alles Übel ist.
Nein, nein sie scherzt mit dir in deinen stillen Gärten,
Sie gab dir Lust und Ruh zu ewigen Gefährten;
Sie theilte jedem Stand sein eigen Glücke zu:
In der Gesundheit Lust, und in den Schmerzen Ruh.
Wie Bienen süßen Saft aus herbem Wermuth tragen
So brauchtest Du zur Lust, worüber andre klagen.
Du nahmst mit gleichem Aug was die Natur dir gab,
Die Schmerzen mit Geduld, die Wollust freudig ab.
Und ließest ohne Wunsch in stetigem Genießen
Dein Leben ungezählt nach seinem Ende fließen.[355]

Haller wollte dieses Gedicht gar nicht veröffentlichen, und als es durch Zufall doch bekannt wurde, brachte dies den Schweizer, der mittlerweile zum Pietisten geworden war, in erhebliche Schwierigkeiten. Ebenso ärgerlich war für ihn die ironisch (aber eben nicht nur) gemeinte Widmung, die La Mettrie seinem ›L'Homme Machine‹ voranstellte. Hallers Stellung in der zeitgenössischen Diskussion ist nicht einfach zu klären. Als Schüler Boerhaaves hat er zu Anfang seiner Laufbahn auf dem Gebiet der Physiologie einige bedeutende Einsichten gewonnen, die sich sensualistische und materialistische Denker zunutze machten. Die strenge Religiösität, die seine späteren Werke prägt, ist auch in seinem bedeutendsten und bekanntesten Werk ›Die Alpen‹ noch nicht zu finden. Die Einleitung des Gedichts trägt erkenntnisskeptische Züge. G. Tonelli weist auf Verbindungen zu Bayle und Locke hin.[356] W. Martens hat gezeigt, daß im gesamten Gedicht die Sphäre des Christlich-Religiösen ausgespart ist. Es gibt weder Kirchen noch Klöster noch religiöse Feste oder Kirchgang. „Hallers an seinen schweizerischen Bauern und Hirten exemplifiziertes Menschenbild hat keine christliche Komponente. Es ist säkular und heidnisch-philosophisch."[357] Diese Menschen brauchen keinen Gott, weil Gott in der Natur aufgegangen ist. Alles, was den Menschen ihr Leben angenehm und gut gestaltet, entnehmen sie aus der Natur:

Und hier hat die Natur die Lehre, recht zu leben,
Den Menschen in das Herz und nicht ins Hirn gegeben.[358]

Äußere Natur und innere Natur des Menschen korrespondieren hier in der glücklichsten Weise, und so leben Hallers Bauern in einem ganz unmythischen goldenen Zeitalter, wo gutes Handeln kein Problem darstellt. Eine erstaunliche Haltung für einen später so pietistischen Dichter. Nicht den Pietisten, sondern den *Epikureer* Haller zitiert dann auch Johann Michael von Loën in seiner Abhandlung ›Epicurische Sittenlehre die beste‹. „So ist es, mein Freund, ich bin ein Epicureer"[359]: Mit so offenen Worten beginnt die Schrift. Ein solches Bekenntnis zum Epikureismus findet sich sonst in Deutschland selten. Allerdings sieht Loën den Epikureismus auch nicht im Konflikt mit dem Christentum: „... ärgern sie sich nicht darüber. Ich denke bey dieser Secte noch ein recht guter Christ zu werden. Das Christenthum ist aller Heuchelei zuwieder; wo findet man aber ehrlichere und aufrichtigere Leute, als unter den Epicurern? Sie sind wie sie sind ..."[360] Epikur konnte den wahren Glauben noch nicht gehabt haben, hat sich dadurch also auch nichts zuschulden kommen lassen. Dafür war seine Lehre der Natur des Menschen und damit auch dem Willen Gottes so angemessen, wie man nur wünschen kann: „Der Endzweck aller Menschen ist, daß sie gerne gute Tage haben und ein vergnügtes Leben führen mögen. Warum sollte ich heucheln, daß ich auch so gesinnet wäre? ... Wäre ich nicht undanckbar gegen Gott, wann ich mich nicht dabey erfreuen und vergnügt seyn wollte ..."[361]

Tugend, behauptet Loën, „liebet die Freyheit und hasset alles gezwungene Wesen"[362]. Darum zieht er auch die Epikureer, die ihr Vergnügen in den „wirklichen Empfindungen" suchen, den Stoikern vor, die bloß „Künsteleyen und Nahmen"[363] zu bieten haben. Aristoteles hält er für einen „Grillenfänger"[364]. Die Epikureer wollen die Natur des Menschen nicht unterdrücken, sondern sie nur positiv beeinflussend erziehen, „nach gewissen Regeln der Weißheit" die Natur einrichten und die „Begierden im Zaum halten".[365] „Sie empfinden aber auch zugleich, daß der Mensch doch seine ganze Natur nicht verändern, noch weniger die Menschheit gar auszuziehen vermöchte; sie machten sich also solche Regeln, welche die Natur des Menschen anzunehmen fähig war."[366] Die stoische Überschätzung der Vernunft erkenne Epikur „als Betrug"[367]. Wie aus Übung der Tugend Wollust entstehe nach epikureischer Lehre, findet Loën vom „vortreffliche(n) Herrn Haller ... sehr nett ausgedrückt" und zitiert darum das gesamte Gedicht ›O Schooskind des Geschicks, erlauchter Epicur!‹[368]. Immer wieder betont er, wie glänzend die Epikureer ihre Lebensregeln an der Natur des Menschen auszurichten vermocht hätten, ohne dabei auf Bildung, Tugend und andere Werte zu verzichten. Die epikureische Sorge um den Körper, die Sorge für das leibliche Wohlbefinden hat für ihn besondere Bedeutung. Negative Beispiele gäbe es nämlich auch in der Gegenwart genug: „Ueberhaupt scheinen mir die Stoicker eine Art unserer heutigen Pietisten zu seyn, die alles zu stark in die Einbildung treiben, und mittlerweile, daß sie im Geist geschäfftig sind, den Leib der Sünde überlassen."[369]

Loën hat eine solche Haltung nicht nur theoretisch kritisiert, sondern sich auch ausführlich Gedanken gemacht, wie man im Einklang mit Natur und Körper am besten leben könne. Sein vehementes Eintreten für den englischen Lust-Garten nach antikem Vorbild und die Ablehnung der französischen Gartenmode[370] zeigen das ebenso wie eine längere Abhandlung ›Von den Mitteln die Gesundheit zu erhalten‹[371]. Seine guten Ratschläge bezieht er nicht aus Wissenschaft und Heilkunde, sondern – wie Montaigne – aus der „Betrachtung meines eigenen Zustandes“[372]. Jeder Mensch ist sich selbst der beste Arzt, indem er nach eigenen Regeln „ein ordentliches und mässiges Leben führt“[373]. Ein so eingerichtetes Leben hat Folgen auch für die moralische Verfassung des Einzelnen: „Die Menschen würden lange nicht so böse, so unartig, so verdrieslich und so grausam seyn, wann sie mässig lebten und ein gesundes Geblüt hätten.“[374] Wenn Loën dann ganz praktische Anweisungen gibt, daß „starck gewürtzte, gesaltzene und mit Essig zubereitete Speisen ... nicht aufgetischt werden“[375] sollen, dann geht es ihm nicht nur um Diät, sondern um Diätetik in der Tradition antiker Selbstsorgepraktiken. Auch zu Kleidung, Bewegung und Luft hat er etwas zu sagen, wo und wie man am besten wohnt, wie ein Haus einzurichten sei, welche Art der Bewegung wann angemessen sei und daß sogar Nägel gerade hämmern gesund für den Körper und zugleich „ein vortreffliches Mittel zu meditiren“[376] sei. Die Wechselwirkungen von Körper und Geist bestimmen den Menschen als sittliches Subjekt. Nicht zwanghafte Unterdrückung, sondern sorgsamer Umgang aufgrund subtiler Beobachtung sollen den Menschen in einen harmonischen natürlichen Zustand versetzen, der dem der größtmöglichen menschlichen Freiheit entspricht.

Auch bei August v. Thümmel sollen einem Hypochonder „Epicurische Verordnungen“[377] helfen, auf einer „Reise in die mittäglichen Provinzen von Frankreich“ sein seelisches und körperliches Gleichgewicht wieder zu finden. „Suche nirgends Erbauung, als in den Wäldern unter dem Gesange der Vögel, und an dem rieselnden Bache! So lange das Blöken der Lämmer Dir nicht näher ans Herz tritt, als das Blöken der Menschen, sage noch nicht, daß Du gesund bist, und werde noch wachsamer über Dich selbst! Überlaß Dich auf einige Zeit ganz jener glücklichen Art von Müßiggange, die mehr Thätigkeit in sich enthält, als manches Aemtchen im Staate.“[378] Statt dessen wird das Lob der Natur gesungen:

> Wenn alles mit Dir lebt und fühlet,
> Sich sympathievoll Dein Fuß
> Am Tausendschön vorüber stiehlet,
> ...
> Dein Geist in Harmonie gewiegt,
> Kraftvoller durch sein Wohlbehagen
> Die Lobgesänge überfliegt,
> Die Deiner Zunge sich versagen ...[379]

Der gesunde und ausgeglichene Mensch ist glücklich und gut. Aus der inneren Ruhe wächst die Toleranz: „Deine Weisheit lehre Dich, mit den Thorheiten und Schwachheiten der Menschen zu spielen, und ihnen dieselbe Freiheit bei den Deinigen zu lassen, ohne Mißtrauen, ohne Strenge."[380] Auf seiner Reise durch Frankreich entwickelt der kränkelnde Wilhelm ein reichhaltiges Vokabular des sinnlichen Genusses.[381] Seine ironischen und scherzhaften Beschreibungen sind voller Anspielungen auf das sinnliche Vergnügen, das ihm die Wahrnehmung der Natur, schmackhaftes Essen, guter Wein und liebliche Mädchen bereiten. „Für Thümmel und das Denken seiner Zeit leistet die aus der Empfindung der ‚innigsten Zufriedenheit' hervorgegangene ‚Selbstgenügsamkeit des Gefühls' die momentane Vergegenwärtigung einer epikureisch-irdischen Glückseligeit."[382] Der „reisende Epikuräer" in Thümmels Roman – dies dürfte hinlänglich deutlich geworden sein – ist kein Einzelfall. Vielmehr kondensieren sich hier diejenigen Traditionslinien des Epikureismus, die zu einem wesentlichen Teil „Epoche" und Phänomen der Frühaufklärung und des Rokoko konstituieren. Gerade die Epikurrezeption – wie direkt oder vermittelt auch immer – ist ein wichtiger kulturgeschichtlicher Faktor in einem Prozeß moderner und bürgerlicher Individualisierung, der sich kaum unter die Kategorie eines sozialen Altruismus oder des Engagements am bürgerlichen Gemeinwohl verrechnen läßt. Relativiert man also die aus dem 19. Jahrhundert bekannte Mythisierung einer bürgerlich-revolutionären Sozialbewegung, rückt man statt dessen die Folgen einer funktionalen Umstellung der Gesellschaftsordnung – Individualisierung, Privatisierung, Autonomisierung[383] – in den Blick, gewinnt auch jene Tradition wieder Konturen, die dafür in erster Linie einen ganzen Fundus an Reaktionsweisen bereitzustellen wußte.

Das Bewußtsein der unhintergehbaren und unüberwindlichen Zeitgebundenheit irdischer Glückseligkeit, der Charakter der Beschränktheit und des Fragmentarischen, des grundsätzlich Unvollkommenen im menschlichen Streben nach Glück macht die Menschen in der Rokoko-Welt nicht zu Misanthropen. Dazu fehlt diesen maskentragenden Gestalten die Psychologie der Schwärmer, der Idealisten und Melancholiker. Die Suche nach dem Glück, das Bemühen um ein gelingendes Leben, der Versuch, sich vor Bedrohung und Angst zu schützen, die Sorge um körperliches Wohlergehen und der Versuch, auch die „Hyperchonder" wieder zu heilen, bezieht zwar die Sinnlichkeit des Menschen in das Glückskalkül mit ein, thematisiert aber die Schwierigkeiten, die der Mensch mit seiner Sinnlichkeit zu haben pflegt, nicht als prinzipielle, sondern nur als – immer vorläufig – behebbaren Mangel an Verfügungsgewalt. Der skeptisch-ironische Ton, der die Unzulänglichkeit menschlicher Natur- und Weltkenntnis kommentiert, wird nicht auf das Verhältnis des Menschen zu seiner eigenen Natur übertragen. Doris und Phillis, der Schäfer und der Jüngling sind Figuren auf einer Bühne, wo die Rollen beliebig gewechselt, die Diskurse ausgetauscht werden können. Die Dramatik interner, psychischer Konflikte und die psychologisierende

Rede von den *grundsätzlichen* Schwierigkeiten einer Bemeisterung dieser Konflikte werden – mit anderer Intention, als dies die Moralisten schon gemacht hatten – erst in Christoph Martin Wielands Werk zum zentralen Motiv, dort thematisiert nicht nur an der Erfahrung von Welt, sondern auch an der des Selbst. Die „Psychologisierung" des Problems eines gelingenden Lebens erkennt das Ich des Menschen dann als das eigentlich Unvollkommene und nicht Vervollkommenbare.

# V. Epikureismus und der Widerstand gegen die Dialektik der Aufklärung

## 1. Schwärmerei und *ars vivendi*: Wielands Epikureismus

„Wielands philosophische Romane trugen dazu bey, unter einem sokratischen Gewande, besonders unter den höheren Ständen eine Moral zu verbreiten, welche im Grund epikurisch war. Nicht ohne nachteilige Folge für die allgemeine Denkart; wenigstens war diese etwas allzunachgiebige und unmännliche Sittenlehre eben keine passende Vorbereitung für die schweren und erschütternden Kämpfen, welche dem Zeitalter und der Nation bevorstanden."[1] Ähnlich wie Friedrich Schlegel hatte schon H. W. Gerstenberg in seiner ›Agathon‹-Rezension die Wielandsche Philosophie mit Epikureismus assoziiert: „Vielen wird die in ein System gebrachte epikurische Philosophie, der ziemlich herrschende Skeptizismus und die schwelgerische Schlüpfrigkeit einiger der reizendsten Gemälde anstößig sein: alles das ist wirklich anstößig."[2] Sucht man nun in Wielands Werk nach den Spuren epikureischer Philosophie, findet sich zunächst das 1751 erschienene Lehrgedicht ›Die Natur der Dinge oder die vollkommenste Welt‹. Es handelt sich dabei allerdings keineswegs, wie man annehmen könnte, um ein "remake" des Lukrezschen ›De rerum natura‹, sondern vielmehr um den Versuch einer ausführlichen Widerlegung des antiken Dichters. In sechs Büchern sollen alle Argumente des Epikurschülers entkräftet und durch christlich-religiöse und platonisierende Gegenthesen ersetzt werden. Nicht nur in der allgemeinen Thematik[3], sondern auch in der speziell anti-lukrezschen Stoßrichtung kann sich Wieland auf zeitgenössische Produktionen stützen. Vier Jahre zuvor war in Paris der allgemein Aufsehen erregende ›Anti-Lukrez‹ des Kardinals Polignac erschienen. Das niemals ganz vollendete Werk war bereits vor seiner Publikation durch Lesungen bekannt geworden und wurde in breiten Kreisen bis hin zum französischen Hof mit Wohlwollen und Interesse aufgenommen.[4] Dem lateinischen Text fogten 1749 eine französische, 1748 eine deutsche, 1757 eine englische[5] und 1767 eine italienische Ausgabe. Angeblich durch ein Gespräch mit Pierre Bayle angeregt, versucht Polignac „den Meister aller Atheisten" Lukrez durch einen Rückgriff auf cartesianisches Gedankengut zu widerlegen.[6] Die Atomistik führt für ihn direkt zum Atheismus, der mit Unmoral und diese wiederum mit Unglückseligkeit notwendig verbunden ist. In diesen Punkten polemisiert Polignac gegen Bayle ebenso, wie er an anderen Stellen Locke, Hobbes und Gassendi angreift. Er wirft Lukrez vor, die Erde dem Laster ausgeliefert zu haben: «... en depouillant l'Etre suprême de son pouvoir, il a livré la terre à tous les vices.»[7] Eine autonome Moral ist für ihn völlig undenkbar: «... les moeurs ont-elles des règles, s'il n'existe pas un Etre souverain ...?»[8] Im Vorwort betont sein Übersetzer Bougainville, daß auch die bekannte wohlwollende Floskel von Epikurs tugendhaftem Lebenswandel diesen nicht vor den Vorwürfen theoretischer Verirrungen schützen könne.[9] Ihm liegt auch daran, zu erwähnen, daß es hier nicht nur um eine Verteidigung der wahren Moral, sondern um eine „Rache“ der mißbrauchten Poesie gehe: «Mais la Poésie n'avoit pas encore été vengée de l'outrage que lui avoit fait Lucrèce, en la prostituant à l'Athéisme.»[10] Das ist nicht nur erstaunlich angesichts der recht mangelhaften poetischen Begabung des Kardinals, sondern auch, weil es doch gerade der poetische Wert gewesen war, der dem ›De rerum natura‹ trotz des „verwerflichen“ Inhalts eine, wenn auch zu manchen Zeiten dürftige, Rezeption garantiert hatte. Zu neuen Ehren war Lukrez nicht nur unter stilistischen, sondern auch unter poetologischen Gesichtspunkten gekommen, seit die Kritik am Aristotelismus nicht mehr nur dessen physikalische Theorien, sondern in zunehmendem Maße auch die Poetik betraf. Eine besondere Rolle spielt dabei Julius Cäsar Scaliger, der das Lehrgedicht gegen Aristoteles verteidigt und dabei insbesondere auf Lukrez verweist. Im 18. Jahrhundert trägt die intensive Horaz-Rezeption und damit auch die seiner *prodesse-et-delectare*-Maxime dazu bei, dem Lehrgedicht in Opposition zu aristotelischen Vorstellungen einen Platz im Kanon der poetischen Gattungen zu verschaffen.

Häufig wird auf die besondere Beliebtheit des Lehrgedichts im 18. Jahrhundert hingewiesen. Dabei darf aber nicht übersehen werden, daß ähnlich wie bereits Polignacs Werk viele der projektierten Lehrgedichte Fragment blieben oder überhaupt nur als Projekte existieren. Ein Beispiel dafür ist der Plan Herders, ein Gedicht nach lukrezischem Muster zu verfassen, das die gesamten Entdeckungen und Veränderungen der modernen Naturwissenschaften beschreiben sollte. Seit 1766 beschäftigte er sich mit Lukrez und verwandte dessen Thesen für seine Kulturentstehungslehre ebenso wie für seine Theorie zur Entstehung von Religion. Auf sein Anraten hin begann K. L. von Knebel mit einer neuen Lukrezübersetzung.[11] Auch Goethe und Schelling zeigten Interesse an einem großangelegten „modernen“ und aktuellen ›De rerum natura‹. Gescheitert zu sein scheinen diese Projekte weniger an den poetischen Problemen eines solchen Lehrgedichts als vielmehr an der Komplexität der Entwicklungen innerhalb der Naturwissenschaften und den damit verbundenen weltanschaulichen Veränderungen. Der Anspruch, nicht nur irgendein Teilgebiet wissenschaftlicher Neuentdeckungen zu beschreiben, sondern den gesamten Kosmos und die Stellung des Menschen darin zu erfassen, scheint angesichts des Zerfalls von Eindeutigkeit und Endgültigkeit universaler Erklärungsmuster nicht mehr zu leisten gewesen zu sein.

B. Fabian und H. Blumenberg rechnen das Lehrgedicht – wie Scaliger – zu den monologischen Formen der Literatur.[12] Dialogische Formen zu wählen, heißt die Konsequenz ziehen aus der Inkompetenz des Dichters, die moderne Welt nach *einem* Modell harmonisch, vollkommen und vollständig zu erklären; und es bedeutet, daß die Möglichkeit einer nicht gelingenden Übereinstimmung, eines offen bleibenden Widerspruchs nicht ausgeschlossen werden kann. Wielands besondere Vorliebe für die nichtklassische Antike und sein von den damals gängigen Vorstellungen griechischer Kunst und griechischen Lebensstils abweichender Geschmack scheint mit diesem Konzept der Unabschließbarkeit und notwendigen Unvollkommenheit der Kunst zusammenzuhängen.[13] Heimlich waltende Teleologie und harmonisierende Versöhnungskonzepte wirken im philosophischen wie im ästhetischen Bereich unangemessen. Diese Erfahrung macht Wieland mit seinem ›Agathon‹-Roman. Fünfzehn Jahre nach der Publikation von ›Die Natur der Dinge‹ arbeitet Wieland an diesem so vollkommen anders gearteten Projekt, und noch in den 90er Jahren sollte ihn das Problem beschäftigen, wie sich für diesen vielstimmigen Roman ein Schlußakkord finden ließe.

Nicht zufällig kommentiert er sein eigenes enthusiastisch lehrhaftes Jugendwerk später mit Worten, die er auch für den Protagonisten des Agathonromans findet: Von „Visionen eines poetisierenden Platonikers" spricht er und kritisiert den „dogmatischen Ton".[14] Er möchte es nun eher als Dokument einer, d. h. *seiner* Entwicklung gelesen sehen, um zu demonstrieren, von welchem Punkt er ausging „und welch einen Zwischenraum er zurückzulegen hatte, um 15 Jahre später nur zu M u s a r i o n zu gelangen."[15]

So scheint Lessings Vorwurf, „Herr Wieland hätte es längst gern aus unserm Gedächtnis vertilgt, daß er der Verfasser der ›Natur der Dinge‹ ist", wenig plausibel und „daß jenes Lehrgedicht und die ›Moralischen Briefe‹ uns den Herrn Wieland auf einem ganz andern Wege zeigten, als ihm hernach zu betreten beliebt hat"[16], war und blieb wohl niemand mehr bewußt als Wieland selbst.

Die Ablösung von seiner schwärmerischen Phase als Zürcher Bodmerschüler beschreibt Wieland selbst als dringende (soziale) Notwendigkeit: «J'ai été obligé de reformer mon platonisme, ou d'aller vivre dans quelque désert du tyrol.»[17] Daß es aber nicht nur um eine Auswechslung von Büchern und Namen geht, sondern ein anderes Lebensgefühl und -konzept damit ausgedrückt werden soll, wird deutlich, wenn Wieland auf die reale Erfahrung verweist, die ihn nötigte, von seinen Illusionen abzulassen: «L'expérience m'a desabusé d'une illusion après l'autre, enfin je me suis trouvé au niveau.»[18]

„Die vollkommenste Welt", die Wieland in ›Die Natur der Dinge‹ beschreiben wollte, war für ihn damals nur irdische Durchgangs- und Prüfstelle für die Menschen gewesen.[19] Dem widerspricht nun in allem die „Philosophie der Grazien" einer Musarion, die das irdische Jammertal in eine arkadische Landschaft zu verwandeln versteht. Die Verserzählung ›Musarion‹ entstand in den Biberacher Jahren ungefähr zur gleichen Zeit wie der ›Agathon‹ und ›Don Silvio von Rosalva‹. An Geßner schreibt Wieland am 29. 8. 1764 von neuen Projekten, „womit sich meine scherzende Muse künftig für alle die vielen desagrémens meiner Umstände schadlos zu halten gedenkt". Dabei erwähnt er auch ›Musarion‹, „eine Art von comischem Lehrgedicht, ... welches die Bekehrung eines Platonikers und die Widerlegung des ganzen Phantastischen Systems dieses Weisen Mannes enthalten soll"[20].

Der Hetäre Musarion gelingt es in diesem „comischen Lehrgedicht" nicht nur, ihren Geliebten wieder aus einer phantastischen Ideenwelt auf die Erde zurückzuholen, sondern auch einen Pythagoreer von seinen blutleeren Schwärmereien zu kurieren und zugleich einen stoischen Schwätzer so zu desavouieren, daß er schleunigst von der Bildfläche verschwindet.

›Musarion‹ stellt eine Mischung aus Erzählung, Komödie und Gedicht dar.[21] Die Tatsache, daß Wieland das Lehrgedicht mit Elementen aus der Komödie und mit einem aus der Versdichtung stammenden typischen Spiel zwischen Erzähler und fiktivem Leser ausstattet, bedeutet, daß hier auf Gattungsebene ähnliches geschieht wie das, was Musarion mit ihrer Philosophie ausdrücken möchte: Es ist nichts Schwerfällig-Dogmatisches, nichts Regelhaftes daran zu finden, die ironisch-witzige Grazie dieses Eklektizismus ist nicht nur das rokokohafte Attribut einer oberflächlichen Weltanschauung, sondern ernst gemeinte Lebensweisheit, die steif-seriöse und esoterische Dogmatiker als lächerliche Schwätzer entlarvt.[22] Die Lehre der Musarion ist, wie in einem Lehrgedicht zu erwarten, zwar durchaus allgemeingültig und zeitlos, aber sie ist nicht dogmatisch, sondern programmatisch tolerant und sich der Grenzen ihrer Möglichkeiten ständig bewußt; dies macht den skeptisch-ironischen Ton des Gedichts aus, der so untypisch ist für Lehrgedichte. Die monologische Struktur des Lehrgedichts wird so in mehrfacher Weise aufgebrochen: nicht nur durch die Gespräche im Gedicht selbst, sondern auch durch den ironischen Diskurs, der die eigentliche „Lehre" schon wieder in Frage zu stellen bereit ist.[23] Allerdings wird die Vielstimmigkeit des Gedichts – anders als im ›Agathon‹ – hier nicht zum Problem. Es findet sich ein allseits befriedigendes "happy end". Der Anspruch an „Realismus" ist so gering, daß die komödienhafte Inszenierung eines kleinen Bacchanals ausreicht, um sämtliche philosophischen Irrtümer und Fehlschlüsse aufzuklären und zu beseitigen. Die Heilmittel entstammen weniger dem Repertoire des Hippokrates als dem des Anakreon: Mit Wein und Liebe ist der mangelnden Welt- und Selbstkenntnis der Schwärmer am besten und wirksamsten beizukommen.

Musarion öffnet auf diese Weise ihrem geliebten Phanias die Augen dafür, daß platonische Schwärmerei und die übertriebene Strenge des Zeno im Grunde nur Kompensationen für unverarbeitete Kränkungen der Eigenliebe sind. „Was ist so angenehm", fragt sie ihn, „für den gekränkten Stolz, als ein System / Das uns gewöhnt für Puppenwerk zu achten / Was aufgehört für uns ein Gut zu seyn?"[24] Die platonische Schwärmerei ermöglicht es sogar, „die Freuden zu *ersetzen* / Die Zeno nur *entbehren* lehrt"[25]; so wird man dazu verführt, Welten willkürlich zu konstruieren.[26] Wirklichkeitsverlust ist Folge einer solchen Flucht in Wolkenkuckucksheime, und gerade als habe die kluge Hetäre eben Descartes gelesen, setzt sie dem aus dem Zweifel geborenen *cogito* absoluter Selbstbezüglichkeit ihre lockere, sinnliche Welthaftigkeit entgegen: „Und steht einmal das Rad der äußern Sinne still, / Wer sagt uns, daß wir nicht im Traume wirklich sehen?"[27] Mit Musarions Hilfe erkennt auch Phanias dann, daß wirkliches Glück für den Menschen nicht im Ideen- und Götterhimmel, sondern im irdischen Hier und Jetzt zu finden ist: „Wozu, Musarion, aus Eigensinn verträumen / Was wachend uns zu Göttern macht?"[28]

Wach sein heißt Erfahrungen machen statt diese unrealistisch zu leugnen. „Durch überstandne Not geschickter / Zum weiteren Gebrauch, zum reitzendern Genuß / Des Glückes, das sich ihm so unverhofft versöhnte, / Gleich fern von Dürftigkeit und stolzem Überfluß, / Glückselig, weil er's war, nicht weil die Welt es wähnte ..."[29] Wer sich auf die *Empirie* der Welt einläßt, befreit sich gleichzeitig von ihrem *Schein* – z. B. der Meinung anderer – und wird so autonom in der Gestaltung seines individuellen Glücks. Und doch scheint es nicht ganz ohne Fortuna zu gehen! Phanias hat Glück, weil sich die richtige Frau im richtigen Moment seiner annimmt. Was in einem Roman nur noch Anspielung auf barocke Fabulierkunst sein könnte, entschlüpft in der kleinen Verserzählung nach Rokoko-Manier den Ansprüchen an Realismus.

Die Liebe ist zwar im Reich der Musarion keineswegs platonisch, aber die schwärmerischen Seiten, die *sie* nämlich durchaus hat, unterliegen in diesem Punkt nicht der Kritik und dem Verdacht, selbst wieder nur Konstruktionen, Verzerrungen und Selbstbetrug zu sein. In der Welt der Musarion gibt es noch eine wahre Liebe, und Liebe ist der Weg zum *gnothi seauton*[30]; das kann aber eben nur für Wege gelten, die man tändelnd entlanghüpft, nicht für diejenigen, die ein Agathon, Aristipp oder Peregrinus Proteus durch die ganze mittelmeerische Welt zurückzulegen haben.

Die in jugendlichem Überschwang unternommene Widerlegung monistisch-materialistischer Thesen und einer autonomen Moral nach dem Vorbild von Epikur und Lukrez war zwar von Wielands Zeitgenossen mit Zustimmung aufgenommen worden, stellte aber für Wieland selbst bereits einige Jahre nach der Veröffentlichung dieses Lehrgedichts eine überholte Position innerhalb seiner weltanschaulichen Entwicklung dar. Dem „platonisierenden" Lehrgedicht setzt er ein „comisches" gegenüber, das geradezu als Antwort auf seinen vorhergehenden Welterklärungsversuch gelesen werden kann. Entscheidend dabei ist, daß es sich nicht nur um eine andere „Lehre", einen anderen Inhalt handelt, sondern daß mit der Konzeption des Lehrgedichts als „comisch", mit der ironischen Aufspaltung des lehrhaften Monologs in eine „graziöse" Polyphonie der Anspruch und die Funktion des Lehrgedichts sich völlig gewandelt haben. Statt universaler Kosmogonien, Kosmologien und Ethiken, setzt Musarion programmatisch auf die Reduktion von Ansprüchen: „Nicht wissen will was alles das bedeute, / Was Zeus aus Huld in rätselhafte Nacht vor uns verbarg . . ."[31] Nicht die allumfassende überirdische Glückseligkeit in Gott wird anvisiert, sondern das maßvoll-bescheidene Glück der echten Epikureer am Rande der Gesellschaft und ungestört von ihren Umtrieben in ungetrübter Zweisamkeit, die sowohl auf öffentliches Ansehen und Ruhm als auch auf besonderen materiellen Luxus verzichtet, um die Irritationen von Ehrgeiz, Geldgeiz und enttäuschten Hoffnungen von vorneherein zu vermeiden. „Auch lernt er gern, und schnell, und sonder Müh,/ Die reizende Philosophie,/ Die, was Natur und Schicksal uns gewährt,/Vergnügt genießt, und gern den Rest entbehrt."[32]

Der Hetäre[33] Musarion gelingt es, ihren Phanias glücklich zu machen. Sie führt ihm vor, daß falsche, kompensatorische Reaktionen auf die im Leben notwendig erfahrene Kränkung der Eigenliebe nur ständig weitere Frustrationen und die Verfehlung des eigenen Lebensglücks nach sich ziehen. Ebenso lebensuntüchtig wie sozial inkompetent und unglücklich sind diejenigen, die Philosophie nicht als Anleitung zur Selbsterkenntnis und zur Verwirklichung eines gelingenden Lebens verstehen, sondern statt dessen in „platonisierende", idealistiche oder stoisch-unrealistische Konstruktionen flüchten. Wunschlos glücklich kann Phanias in seinem irdischen Paradies aber eben nur sein, weil „der bürgerliche Sturm" mit leichter Hand aus dem Idyll ausgeschlossen werden kann: „Er trifft seine Hütte nicht."[34] Sie folgen dem epikureischen Gebot des „Lebe im Verborgenen!", und die Liebe ist in dieser Welt der unangefochtene „Mentor"[35]. Die Figuren, so verschiedene Positionen sie (anfänglich) vertreten, sind doch, wenn einmal überzeugt, für immer gewonnen, wenn einmal geheilt, für immer gesund. Die Gestalten dieses „comischen" Lehrgedichts verweigern sich noch der Psychologie. Sie wechseln die Lebensphilosophie wie Schauspieler ihre Rollen. Herkunft und sozialer Status bleiben seltsam unklar; Verkleidungen, Masken und Rollen sind nicht als Verstellungen einer irgendwie geratenen Person zu lesen, sondern verweisen gerade damit auf den spezifischen Status dieser

Form literarischer Fiktionalität: weder philosophisches Lehrgedicht noch Entwicklungsroman. Es handelt sich nicht um eine empfindsame Bürgerwelt, die in eine antike Szene versetzt wäre, vielmehr ist die Szenerie, die Inszenierung selbst zum Thema gemacht. Erziehung, Wandlung und Bekehrung kann es in dieser Gegenwelt bürgerlicher Innerlichkeit nicht geben. Introspektion und Stilisierung, Psychologie und Theater kommentieren sich gegenseitig.

Man ist geradezu erinnert an Rabelais, den Wieland sehr schätzte[36], wenn am Ende des dritten Buches die Selbsterkenntnis, das *gnothi seauton* – zwar weniger deftig beschrieben, aber auch mit Augenzwinkern – wie in ›Gargantua und Pantagruel‹ auf ausgiebigen Weingenuß und dann eine einzige Nacht „in Cloens Arm"[37] zurückgeführt wird. Agathon dagegen, der weniger glückliche Bruder des Phanias, muß gleich zu Beginn seiner Laufbahn und lebenslangen Reise erfahren, daß das Delphi des apollinischen *gnothi seauton* für *ihn* kein irdisch-arkadischer Garten Eden der unschuldigen Liebe sein kann; nach seiner Vertreibung aus dem Paradies wird er auch nie mehr dorthin zurückkehren können, denn die Wiederherstellung zweifelsfreier Selbstidentität und unschuldiger Liebe ist nach einer Reise durch die „wirkliche" Welt eines bürgerlichen Romans eben nicht mehr vorstellbar.[38]

Hippias, der Sophist, ist der Herr und Besitzer Agathons, er ist aber auch der Mentor und Verführer von Kallias – wie Agathon in seinem Haus genannt wird –, vielleicht ist er sein Retter, jedenfalls aber Agathons größter Antagonist und wichtigster Gesprächspartner im ganzen Roman. Daß die philosophischen Gespräche zwischen Agathon und Hippias als einer „der Angelpunkte des Romans"[39] oder sogar als „Kernstück"[40] gelten können, ist eine Tendenz, die erst in der jüngeren Forschung erkannt wurde.[41] In drei verschieden komponierten Szenen wird Hippias versuchen, Agathon von seiner eigenen Philosophie und Lebenshaltung zu überzeugen. Dreimal wird er an Agathons Naivität und Schwärmerei scheitern. Aber auch Agathon geht aus diesen Begegnungen mit dem Machtmenschen Hippias nicht ohne Schaden hervor. Sein ursprünglicher Idealismus fällt der instrumentellen Rationalität der Argumente des Hippias anheim, ohne daß allerdings diese Kritik über den Verlust einer Ideologie hinausweisen könnte.

Ausführlich und wiederholte Male wird der Leser vor der Philosophie des Hippias gewarnt: „... so hofft der Verfasser doch bey vernünftigen und ehrlichen Lesern keinen Zweifel übrig gelassen zu haben, daß er den Hippias für einen schlimmen und gefährlichen Mann, und sein System (in so fern als es den ächten Grundsätzen der Religion und der Rechtschaffenheit widerspricht) für ein Gewebe von Trugschlüssen ansehe, welches die menschliche Gesellschaft zu Grunde richten würde ..."[42] Derselbe Verfasser allerdings äußert sich in einem privaten Brief in anderer Weise über seine Romangestalt: „Entre nous", heißt es dort, „der Discurs dieses nämlichen Hippias ist nicht unwürdig, ein wenig studiert zu werden; ... es ist gar viel Wahres darin, das unsere guten Deutschen noch nicht recht verstehen."[43] Es scheinen also interessante und nicht ganz ungefährliche, oder zumindest provokative Thesen zu sein, die Hippias in seinen Reden vertritt. Er wird eingeführt als einer derjenigen „Pseudophilosophen", d. h. Sophisten, die aus der Weisheit eine Profession machen und damit Geld verdienen. Sie sind keine wahren Aufklärer, sondern geschickte Taktiker: „... der neue Herr unseres Agathon, war einer von diesen Glücklichen, dem die Kunst sich die Thorheiten anderer Leute zinsbar zu machen ein Vermögen erworben hatte ..."[44] Dies erlaubt es ihm, ein angenehmes und üppiges Leben zu führen, allerdings nie in geschmackloser Übertreibung. Typisch ist dafür der Ort, den er sich wählte: Smyrna, wo die Verbindung „des Griechischen Geschmacks und der wollüstigen Üppigkeit der Morgenländer"[45] alles zu bieten scheint, was Hippias zu einem glücklichen Leben benötigt. Was ihm noch gefehlt hatte, war die Abrundung seiner philosophischen Biographie durch einen echten – nicht zahlenden – Jünger und Epigonen. Diese Rolle auszufüllen, hat er Agathon ausersehen. Es handelt sich also hier keineswegs um die selbstlose Sorge eines reichen Gutsbesitzers und Mäzens für das geistige Wohl seines Luxussklaven, sondern vielmehr um ein Projekt, das ausschließlich der Bestätigung von Hippias' Selbstliebe und Machtwissen dienen soll. So ist es auch kaum verwunderlich, daß die Gespräche zwischen Hippias und Agathon nicht eigentlich dem Austausch von Meinungen und Argumenten dienen, sondern Weltanschauungen und verschiedene „Naturen" aufeinanderstoßen, ohne daß eigentlich eine produktive Auseinandersetzung stattfände. Es gelingt Hippias weder in Smyrna noch in Syrakus, vermittels seiner intellektuellen, philosophischen, rhetorischen, d. h. sophistischen Fähigkeiten bei Agathon einen echten Sinneswandel zu bewirken. Die Frage, was Agathon gegen Hippias' System einzuwenden habe, beantwortet dieser mit der ganzen Arroganz eines von sich eingenommenen jungen Mannes: „Daß es mich nicht überzeugt."[46] Die anschließende Bemerkung: „weil meine Erfahrungen und Empfindungen deinen Schlüssen widersprechen"[47], macht es nur noch schlimmer, da gerade für den Empiristen und Materialisten Hippias eine solche Entgegnung ein schwerer Schlag sein muß.[48] Und so beschließt dieser, weniger auf die intellektuellen Einsichten als auf die Erfahrungen und Empfindungen des Agathon einzuwirken. Hippias, der Vertreter moderner naturwissenschaftlicher Theorien, des Sensualismus, Empirismus, Atomismus[49], wendet nun also auch moderne „naturwissenschaftliche" Methoden an, um seine Thesen bestätigt zu sehen: Er führt mit Agathon ein psychologisches Experiment durch. Ohne dessen Wissen soll dieser mit Hilfe der Hetäre Danae aus seinem platonisch-schwärmerischen Ideenhimmel herabgeholt werden. Hippias hat Pech: die „Elemente" seines „Wahlverwandtschaften-Experiments" reagieren anders als geplant. Zwar sorgt die Kunst der Danae dafür, daß Agathon sich ganz unplatonisch verliebt und verhält, aber auch Danae empfindet bald, statt kühlen Kopf zu behalten, eine wirkliche Zuneigung zu Agathon. Es bleibt Hippias nichts anderes übrig, als das Experiment abzubrechen. Agathon geht daraus nun aber keineswegs als Anhänger von Hippias' materialistisch-hedonistischen Thesen hervor, sondern ist vielmehr in seinem ursprünglichen philosophischen Glauben zwar erschüttert, dies aber ohne zu einer neuen Philosophie gefunden zu haben. Hippias hat ihm *eine* Illusion genommen – nicht alle! –, aber Agathon kann damit nichts anderes anfangen, als die übriggebliebenen Illusionen an deren Stelle zu stärken. Prinzipiell hat er sich nicht verändert.

Wo die Sympathien des Autors liegen, scheint auf den ersten Blick klar, soll doch der gesamte Roman einer „Widerlegung“[50] des Hippias dienen. Und doch sind dessen Argumente so überzeugend, seine Reden so ausführlich, konsistent und auch sein persönliches Auftreten keineswegs ausschließlich negativ gezeichnet. Die vom Autor provozierte Identifikation des Lesers mit Agathon scheint statt zu einer beruhigenden Eindeutigkeit des Standpunktes vielmehr dazu zu führen, daß auch die plausiblen Gegenargumente des Hippias und die Erfolglosigkeit des Agathon um so ernster genommen werden müssen, so daß Agathon genausowenig wie Hippias ein „Held“ sein kann, das heißt eine gelingende Identifikation erlauben würde. Es ist darum auch müßig, nach dem eigentlichen Standpunkt Wielands zu fragen, oder hier eine Auseinandersetzung zwischen progressiver Aufklärung und überkommenen platonisch-christlichen Positionen erkennen zu wollen.[51] Beide Figuren sind Statthalter der Aufklärung: panvitalistisch-schwärmerisches Naturgefühl und weltverbesserische Volksaufklärung ebenso wie eine von naturwissenschaftlichem Fortschrittsdenken geprägte materialistisch-sensualistische Weltkonzeption und individualethisch-utilitaristische Eudaimoniemoral.

Die Philosophie des Hippias trägt deutliche Züge epikureischen Einflusses. Ganz auf innerweltliche Eudaimonie ausgerichtet, behauptet er, glücklicher zu sein als Agathon, weil er seine Bedürfnisse mit den Möglichkeiten der Befriedigung kompatibel zu machen wisse: „Ich genieße alles was ich wünsche, und wünsche nichts, dessen Genuß nicht in meiner Gewalt ist.“[52] Genuß ist immer im Gegenwärtigen, er ist mäßig und hilft unvermeidliche Schmerzen geduldig zu ertragen.[53] Und so lautet sein epikureisches Glaubensbekenntnis: „Befriedige deine Bedürfnisse; vergnüge alle deine Sinne; erspare dir so viel du kannst alle schmerzhaften Empfindungen.“[54] Vergnügen ist immer sinnlich oder doch zumindest von den Sinnen an die Einbildungskraft vermittelt, die wiederum nichts anderes leistet, als die zeitliche Einschränkung der sinnlichen Eindrücke auf den gegenwärtigen Moment durch Erinnerung und Phantasie auf Vergangenes und Zukünftiges auszudehnen.[55] Da nur sinnlich Wahrnehmbares relevant ist für menschliche Praxis, wäre es einfach „thöricht“[56], den Lebensplan nach Schimären – wie es z. B. Götter sind – auszurichten. Dabei ist nicht gesagt, daß es nicht Götter geben *könne*, nur eben daß der Mensch nichts von ihnen weiß. „Wissen wir aber nichts, weder von ihrem Zustande noch von ihrer Natur, so ist es für uns eben so viel als ob sie gar nicht wären.“[57] Orientierung für Verhalten geben also nicht metaphysische Pseudogewißheiten, sondern die Natur. Das allgemeine Gesetz ist: „was könnt' es anders seyn als die Stimme der Natur, die zu einem jeden spricht: Suche dein eigenes Bestes; oder mit anderen Worten: Befriedige deine natürlichen Begierden, und genieße so viel Vergnügen als du kannst.“[58] Dies gilt allerdings uneingeschränkt nur für den Naturzustand. Hobbes „vorweg“-nehmend, unterscheidet der antike Hippias nämlich zwischen Natur*gesetz* und Natur*recht*. Das Recht, das Naturgesetz der Selbsterhaltung auch durchzusetzen, wird im Stande der Natur nur von der Stärke des je einzelnen bestimmt. Im Stande der Gesellschaft muß dieses Recht eingeschränkt werden. Für Hippias ist die Lösung nicht die Übertragung auf einen Souverän wie bei Hobbes, sondern die unverletzbare Integrität und Freiheit des Anderen: „Allein der Stand der Gesellschaft, welcher eine Anzahl von Menschen zu ihrem gemeinschaftlichen Besten vereinigt, setzt zu jenem einzigen Gesetz der Natur, suche dein eigenes Bestes, die Einschränkung, ohne einem anderen zu schaden.“[59] Solche Äußerungen des Hippias wurden oft übersehen vor dem Hintergrund seiner strategisch kalkulierenden Machtphilosophie, die Beziehungen zu anderen nur auf der Basis von „Profit“ zu sehen scheint, d.h. der „Geschicklichkeit, sich der Menschen so zu bedienen, daß sie geneigt sind, unser Vergnügen zu befördern, oder überhaupt die Werkzeuge unserer Absichten zu seyn“[60]. Hippias hat erkannt, daß Macht im Zustand der Gesellschaft nicht auf Stärke, sondern auf Manipulation beruht. Dies ist für ihn „die Weisheit der Sophisten“[61] und gilt als Standpunkt der Rhetorik, sofern man ihr das Fehlen eines philosophischen Wahrheitsanspruchs vorhält und darin zugleich ein moralisches Defizit diagnostizieren zu können meint. Hippias entfernt sich an diesem Punkt weit vom epikureischen Zufriedenheitsideal. Selbstkenntnis und Weltkenntnis werden von Hippias instrumentalisiert und sowohl für gutes Geld verkauft als auch zum Zweck der Machtausübung über andere eingesetzt. Selbstbemächtigung im Sinne eines epikureisch kalkulierten Glücks steht bei Hippias im Dienste einer unaufgeklärten Eigenliebe und instrumenteller Vernunft und dient damit der Macht über andere. Agathon kann sich dieser Macht, wenn auch mit Mühe und nicht ohne Blessuren, entziehen und damit Hippias' Selbstliebe empfindlich verletzen – und zwar nicht dadurch, daß er dessen Strategien durchschauen würde, sondern gerade durch den so oft vom Autor kritisierten unreflektierten Trotz naiver Schwärmerei und idealistischer Selbstgewißheit! Konsterniert muß der Leser feststellen, daß es die unglückselige Schwärmerei ist, die Agathon vor der instrumentellen Rationalität des Machtmenschen Hippias rettet. Ebenso zwiespältig bleibt das Gefühl des Lesers aber auch gegenüber dem machtgierigen Hippias, der immerhin der einzige ist, der eine konsistente Theorie gelingenden Lebens zu formulieren weiß und diese dann auch erfolgreich in die Praxis umsetzt. Während der eine Wolkenkuckucksheime baut, ist der andere in die schlechte Realität verstrickt. Agathon schadet den Menschen durch mangelnde Kenntnis der Wirklichkeit, Hippias durch eine egoistische Ausnutzung seiner detaillierten Kenntnisse. Der eine fasziniert durch seinen Idealismus und seine Begeisterungsfähigkeit, der andere durch seinen Scharfblick und seine Rhetorik. Sie sprechen verschiedene Sprachen, und obwohl sie zueinander sprechen, ist Kommunikation nicht möglich.

Ebenso wie Agathons pure Existenz, sein Verhalten, seine „Empirie" für Hippias eine Herausforderung darstellen, eine Kränkung seiner Eigenliebe bedeuten und letztendlich sogar ihn zu einer unüblichen Geste der Toleranz bewegen, ist auch das Resultat von Hippias' Bemühungen bei Agathon im wesentlichen Desillusionierung, bedeutet eine mehrfache Kränkung der Eigenliebe und wirkt so schließlich therapeutisch. Denn was ist es anderes als Verletzung des Selbstwertgefühls, wenn ein Mann erfährt, daß er nicht der *einzige* im Leben seiner Geliebten war! „Wie verächtlich kamen ihm itzt diese Gunstbezeigungen vor, die ihm so kostbar gewesen waren, so lang' er sie für Ergiesungen eines für ihn allein empfindlichen Herzens eingesehen hatte!"[62] Ihm, der ja seiner früheren Geliebten „Psyche" keineswegs die Treue gehalten hat, kommt nun im Zustande tiefsten Selbstmitleids nach langer Zeit ihr Bild wieder ins Gedächtnis, und ohne Reue findet er sie allein seiner Liebe und Zuneigung würdig im Gegensatz zu der ach so verwerflichen Danae. Über die ganze Verwirrung und den schmerzlichen Zustand, in dem er sich befindet, hilft ihm nur seine wieder erstarkende Eigenliebe hinweg.[63] Dem Leser, der immer noch gerne an den wieder tugendhaft gewordenen Agathon glauben möchte, raubt der Autor in einem kurzen Kommentar diese Illusion: „Indessen ist doch gewiß, daß Eifersucht und beleidigte Eigenliebe das meiste dabey thaten, und daß also, ohne die wohltätigen Einflüsse zweyer so verschriener Leidenschaften, der ehemahls so weise, so tugendhafte Agathon ein glorreich angefangenes Leben, allem Anschein nach, zu Smyrna unter den Rosen der Venus unrühmlich hinweg getändelt haben würde."[64]

Statt dessen wird er sich auf den Weg machen, um seine gesellschaftliche „Mission" zu erfüllen. Im Privaten gescheitert, wendet sich seine Schwärmerei nun der Öffentlichkeit zu. Hin- und hergerissen zwischen seiner Erziehung und der Philosophie des Hippias, glaubt er, zumindest eine gewisse Naivität verloren zu haben: „Hippias konnte vielleicht eben so viel Recht haben, seinen thierischen Materialismus und seine verderbliche Moral, als die Theosophen ihre geheimnisvolle Geisterlehre, durch die Stimme innerlicher Gefühle und Erfahrungen zu autorisieren."[65] Gefühl und Erfahrung: die neuen Schlagwörter für die Gewißheit der Selbst- und Weltkenntnis! Ohne Erfahrung war „Vernunft" der Aufklärung des 18. Jahrhunderts suspekt geworden. Das Gefühl, das mit der Aufwertung der unteren Erkenntniskräfte in Fragen der Ethik und Ästhetik eine entscheidende Rolle zu spielen begonnen hatte, bleibt subjektiv und in diesen Fragen offenbar eine unzulängliche Entscheidungsinstanz: Weder in der Theorie noch in der Praxis findet Agathon irgendwelche Evidenzen. „Seine Vernunft konnte in diesem Stücke mit seinem Herzen, und sein Herz mit sich selbst nicht recht einig werden."[66] Da er aber die Lösung von Schwierigkeiten eher durch einen Wechsel des „Gegenstandes" zu finden glaubt als durch die Änderung seiner Einstellung dazu, stürzt er sich nun ins öffentliche Leben. Sein Selbstwertgefühl steigt sofort enorm.[67] Den Anstoß, wirklich aktiv zu werden, gibt letztlich wieder die Eitelkeit: „Und hier spielte ihm die Eigenliebe einen kleinen Streich, dessen er sich nicht zu ihr vermuthete. Sie flüsterte ihm ... den Gedanken zu: wie schön es wäre, wenn Agathon das jenige zu stande bringen könnte, was Plato vergebens unternommen hatte!"[68] Der Versuch scheitert, Agathon gelingt es nicht, seine Vorstellungen mit politischer Klugheit so zu verbinden, daß sie am Hofe des Dionysius durchsetzbar gewesen wären. Die Träume von der Glückseligkeit Siziliens sind zerronnen, und Agathon ist wieder tief gekränkt, er „war weder kalt noch unpartheyisch; er war ein Mensch –, dessen Eigenliebe an ihrem empfindlichsten Theile verletzt worden war."[69] Er reagiert darauf so unüberlegt, daß die Befreiung Siziliens für ihn im Gefängnis endet. Dort gerät er, noch tiefer als nach dem Liebeserlebnis mit Danae, in die dunkelste Melancholie und versteigt sich zu misanthropischen Ausfällen gegen die gesamte Menschheit. Die moralistische Entlarvungsgeste, die in der Eigenliebe die Motivation jeglichen Handelns sieht, bekommt bei Agathon zerstörerische und selbstzerstörerische Züge. Er ist beinahe bereit, die Philosophie des Hippias zu übernehmen, aber nicht aus Überzeugung, sondern in misanthropischem Affekt. Ausgerechnet eine neuerliche Begegnung mit Hippias bringt ihn davon ab! Für Hippias, den geschulten Rhetoriker, hätte es nun eigentlich kein Problem mehr sein dürfen, den wankelmütigen Agathon in diesem Moment endgültig auf seine Seite zu bringen, aber Hippias' Sophistik scheitert zum dritten Mal an Agathons Schwärmernatur.

Die Begegnung zwischen Agathon und Hippias im Gefängnis von Syrakus fügte Wieland erst in die dritte Fassung des Romans ein. Frühere Fassungen des Gesprächs waren wohl in einem sehr viel moderateren Ton konzipiert gewesen.[70] Die besondere Aggressivität des Agathon in der vorliegenden Form zeigt nur noch einmal deutlicher, daß es sich hier um eine stark emotional aufgeladene Szene handelt und keineswegs um eine kühle Entscheidung Agathons gegen die Philosophie des Hippias.[71] Agathon war, „als sähe er seinen bösen Genius vor sich, und dieses seltsame Gefühl warf ihn auf einmahl wieder in sich selbst zurück. Die Theorie des Sofisten verlor im unmittelbaren Anblick seiner verhassten Gestalt alles Täuschende, was ihr Agathons eigne verstimmte Fantasie geliehen hatte."[72]

Sobald Agathon den materialistischen Hedonismus wieder mit einer Person identifizieren kann, wird sie ihm fremd, tritt ihm im anderen als anderes entgegen, und damit gelingt es ihm, dem inneren Zwiespalt und der Zerrissenheit einer internen Auseinandersetzung zu entgehen. Selbstsicherheit und eine harmonische „monologische" Identität hat er nur vorzuweisen, wenn er sich in negativer oder gar polemischer Haltung gegenüber Welt und anderen Personen abgrenzt. In diesem Moment „fühlte er auch in sich wieder den ganzen Agathon"[73]; und damit ist Hippias' letzter Versuch, sein „Experiment" noch gut zu Ende zu bringen, im Grunde bereits gescheitert, noch bevor er alle Register seiner sophistischen Menschenkenntnis und seiner raffinierten Machtstrategien ziehen kann. Die „Fronten" bleiben starr, eine Auseinandersetzung ist nicht möglich. Hippias hält – worin er zurecht die Aufgabe eines guten Freundes sieht – Agathon einen Spiegel vor. Mangelnde Selbsteinschätzung, übertriebene Selbstliebe und fehlende Erfahrung hätten dafür gesorgt, daß Agathon sich in unverantwortbarer Weise auf ein undurchführbares Projekt eingelassen und dabei nicht nur alle Regeln politischer Klugheit und psychologischen Geschicks verletzt, sondern auch noch seine eigenen idealistischen Maximen übertreten habe, jedoch ohne sich ganz auf eine Philosophie praktischer Weltklugheit eingelassen zu haben. Die Analyse des Hippias ist klar, überzeugend, schmerzlich für Agathon, aber keineswegs absichtlich verletzend formuliert, sondern durchaus spürbar in der besten Absicht einer freundschaftlich-väterlichen Aufklärung vorgetragen. Was an Hippias fasziniert, ist sein scharfer Blick auf die Fehler der Menschen, der ihn aber trotzdem nicht zum Misanthropen oder gar Melancholiker werden läßt: der ideale Beichtvater – wäre er kein Atheist.

Und doch begeht der kluge Menschenkenner einen Fehler. Sein Eigeninteresse an der ganzen Veranstaltung wird mit einem Schlage klar, wenn er Agathon die Befreiung aus dem Gefängnis anbietet und ihn als Schüler und Erben nach Smyrna einlädt: „Gieb meiner dir entgegen kommenden Freundschaft eine freundliche Antwort, und alles ist auf immer vergessen; ich gebe dir meine ganze Liebe für einen Antheil der deinigen!"[74] Die Sprache des Verführers, der die Gefängnistüre zu öffnen verspricht: Von Sokrates bis Fausts Gretchen haben alle „Helden" einem solchen Angebot widerstanden.

Agathon schlägt das Angebot aus. Inhaltlichen Tadel an seinem Verhalten, an seinen Zielen und Idealen akzeptiert er nicht. Vor allem besteht er vehement auf seinem Tugendbegriff und auf der Teleologie seines Weltentwurfs, der er sich verpflichtet fühlt.[75] Die Kritik der Eigenliebe ist das einzige, was Agathon von Hippias akzeptiert, die „unsichtbaren Schlingen der Eitelkeit“[76] glaubt er nun erkannt zu haben, „übermäßige Selbstschätzung“ sieht er ein und „daß ich so untadelhaft nicht gewesen sey, als die Eigenliebe mir geschmeichelt hatte“.[77] Es bleibt allerdings zweifelhaft, ob dieser selbstkritische Impetus lange vorhalten wird bei einem, der gleich darauf von sich sagen kann, es sei seine Natur, „immer das Gute zu wollen und zu thun“[78].

Wieder also, wie bereits in Smyrna, bekommt der Leser des Agathon ein philosophisches Gespräch geboten, in dem Argumente eine marginale Rolle spielen bzw. keine Wirkung haben. Überzeugung und Konsens sind außerhalb der Reichweite eines solchen Dialogs. Die Konfrontation dieser beiden grundsätzlich verschiedenen Welt- und Lebensentwürfe, Moralvorstellungen und Identitätskonzepte scheint auf Dissens und nicht auf Konsens hinkomponiert zu sein. Beide Parteien gehen scheinbar gestärkt aus dem Duell hervor, und nur der Leser ist, statt sicherer zu sein – wie nach einer philosophischen Erörterung zu wünschen und zu erwarten wäre –, vollkommen verwirrt.

„Ich ehre deine Aufrichtigkeit, und verlasse dich ohne Groll“[79]; mit diesen toleranten, souveränen Worten verabschiedet sich Hippias und nimmt den Leser damit noch einmal für sich und seine Philosophie ein, deren epikureischen Grundsatz, „man kann alles was man will, so bald man nichts will als man kann“[80], er nur einmal – eben in seinem „Agathon-Experiment“ – übertreten hat. Von Agathon dagegen erfährt der Leser, es sei ihm „leicht ums Herz“, und in seiner „edlen Gesinnung und Entschließung“[81] fühle er sich bestärkt. Auch die idealistische Standhaftigkeit und die Einsicht in seine Selbstliebe, mit der Agathon dem klugen und welterfahrenen Hippias begegnete, nötigen dem Leser trotz aller Kritik eine gewisse Bewunderung und Sympathie ab.

Hippias' Versuch mit Agathon ist gescheitert. Seine Fähigkeit, andere Menschen für seine Zwecke einzusetzen, Macht über andere auszuüben ohne Stärke demonstrieren zu müssen, hat in diesem Fall versagt. Er trägt diese Niederlage mit dem seiner Philosophie entsprechenden Gleichmut. Die Rhetorik des Hippias ist überzeugend, seine Argumente treffend, sein Wissen und seine Theorien sind aktuell, und seine Menschenkenntnis ist ebenso beeindruckend, wie sein guter Geschmack und die Liebe zur Kunst ihn sympathisch machen. So erschreckend seine Thesen zur Religion auf manchen bigotten Leser des 18. Jahrhunderts noch gewirkt haben mögen, weren sie doch bereits damals von recht mäßiger Radikalität und es nicht wert, sich darüber besonders zu empören. Wirklich empörend für den Leser muß es allerdings sein, wie Hippias seinen epikureischen Materialismus zu Markte trägt, wie er versucht, aus seiner Philosophie Profit zu ziehen, und nicht nur finanziellen Gewinn macht, sondern auch Machtgewinn damit verbindet. Die Macht, die er gelernt hat über sich selbst auszuüben, setzt er jetzt ein, um auch über andere zu gebieten. Rhetorik, Rationalität und Machtgier aus Eigenliebe gehen eine Verbindung ein, die beunruhigt.

Auch für Agathon scheint die Eigenliebe, trotz aller Reden über Tugend, eine verborgene, aber um so wichtigere Triebfeder vieler seiner Handlungen zu sein. Allerdings fehlt ihm völlig die Rhetorik und die Form von Selbstbemächtigung, die Hippias erreicht hat. Einmal übertrieben selbstsicher in seiner Identität und in naive Harmonie mit sich und der Welt versunken, wird er dann wieder durch eine Kränkung dieses allumfassenden Versöhnungsgefühls in eine Situation tiefster Zerrissenheit gebracht, ist er seiner Zweispältigkeit ausgesetzt, die er nie austragen oder gar auflösen könnte, sondern durch eine neue Wendung seiner Eigenliebe überbauen und verdecken muß. Irgendwelche Fortschritte im Umgang mit sich selbst und anderen Menschen sind bei Agathon kaum zu bemerken. Eine solche Eigenliebe, die mit keinerlei Techniken der Regulation ausgestattet ist, also in keinem Sinn ein «amour-propre éclairé» zu sein beanspruchen könnte, hat weder für die Konstitution einer stabilen Identität noch im Bereich sozialer Beziehungen irgendeine sinnvolle Funktion.

Die Begegnungen der beiden Protagonisten ließen sich ohne weiteres als Szenen zur ›Dialektik der Aufklärung‹ lesen, und es bliebe dann zu prüfen, ob die Wielandschen Romane vor der Aporie dieser Dialektik genauso kapitulieren, wie es Adorno und Horkheimer, von ihren Nachfolgern J. Habermas und A. Wellmer vehement dafür kritisiert, getan haben; das heißt, es bliebe zu fragen, ob sich im Agathon-Roman nicht Figuren finden ließen, die eine aufgeklärte Eigenliebe im Rahmen einer geglückten Subjektkonstitution und eines gelingenden Lebens zu instrumentalisieren gewußt haben, ohne dabei diese Fähigkeiten im sozialen Bereich in negativer Form, als die Macht über andere auszunützen. Weiter wäre dann zu klären, ob diese Figuren zur epikureischen, zur idealistischen oder womöglich zu gar keiner der beiden „Fraktionen" gehören.

„Dieser Filosof hatte sich, bey jener großen Auswanderung der schönen Geister Griechenlands nach Syrakus, auch dahin begeben, mehr um einen beobachtenden Zuschauer zu spielen, als in der Absicht, durch parasitische Künste die Eitelkeit des Dionysius seinen eigenen Bedürfnissen zinsbar zu machen."[82] Dieser Mann ist der vielfach als Wollüstling verleumdete Aristipp. Aristipp ist ein in jeder Hinsicht angenehmer Mensch, und der Autor verteidigt seine Philosophie und Lebensweise gegenüber ungerechtfertigten Vorwürfen. Es werden dem Leser des ›Agathon‹ zunächst die Vorurteile über Aristipp genommen. Wie auch später in den Horazkommentaren gelingt es Wieland, dabei diejenigen, die solche Vorurteile haben, der Lächerlichkeit preiszugeben.[83] Dann wird mehrmals betont, daß Aristipp seine

Philosophie nicht um finanziellen Profits wegen betreibe.[84] Seine „ziemlich gemächliche Filosofie (ist) von Ehrsucht und Geldgierigkeit gleich entfernt“[85]. Auf diese Weise erhält er sich seine „Freyheit“[86] als „Zuschauer“[87], die ihn zu einem „scharfen und sichern Beurtheiler aller Gegenstände des menschlichen Lebens“[88] macht. Als „Meister seiner Leidenschaften ... konnt' er sich in dieser Heiterkeit des Geistes, und in dieser Ruhe des Gemüths erhalten ...“[89].

Aristipp ist zwar kein Wollüstling, aber doch Anhänger einer Genußphilosophie. Mit außerordentlichem Geschmack, dank bester Bildung und angenehmen Umgangsformen, richtet er sich sein Leben im Schönen und im Vergnügen ein. „Er liebte das V e r g n ü g e n, weil er das S c h ö n e liebte; und aus dem nehmlichen Grunde liebte er auch die Tugend.“[90] Das Gute und das Schöne entsprechen sich in Aristipps ästhetischem Lebensentwurf, aber es handelt sich dabei nicht um die *Idee* einer Kalokagathia, denn: „er mußte das Vergnügen in s e i n e m Wege finden.“[91] Die Rückbindung des Schönen und Guten an die subjektive Empfindung des eigenen Vergnügens zeigt den radikalen Individualismus dieser Lebensphilosophie, der nur deshalb nicht unangenehm auffällt, weil die Klugheit, Bildung und Menschenkenntnis und seine guten Anlagen ihn so ausgenommen „sozial verträglich“ machen. Er ist, wie Hippias es ähnlich formuliert, der Meinung, „daß es in unserer Gewalt sey, in allen Umständen glücklich zu seyn“[92].

Zu Aristipp fühlt sich Agathon trotz ihrer Verschiedenheit hingezogen. Es verbindet sie ein Freundschafts-, nicht ein Abhängigkeitsverhältnis, wie es zwischen Hippias und Agathon bestanden hatte. Aber auch Aristipp scheint mit Agathon am Hof von Syrakus ein „Experiment“ machen zu wollen: Er bringt Agathon mit Dionysius in Kontakt, weil „er begierig war zu sehen, was aus einer solchen Verbindung werden, und wie sich Agathon in einer so schlüpfrigen Stellung verhalten würde“[93]. Allerdings verbindet er damit – ganz anders als Hippias mit seinem Vorhaben, Agathon von Danae verführen zu lassen – keine persönlichen Interessen.[94] Darum rät er Agathon auch, als die Sache zu eskalieren droht, sich zurückzuziehen. Agathon besitze nicht die nötigen Eigenschaften, sich am Hof behaupten zu können, vor allem eine gewisse „Art von Klugheit“[95] sei seine Sache nicht, erklärt er ihm. Nicht, daß der welterfahrene Aristipp das nicht hätte voraussehen können: „Alles dies hätte ich dir ungefähr vorher sagen können ..., aber es war besser, durch deine eigene Erfahrung davon überzeugt zu werden.“[96] Damit erweist sich Aristipp als ein weitblickender, uneigennütziger Lehrer und Freund in der Tradition sokratischer Maieutik und Pädagogik. Hier scheint sich also – im Vergleich zur alten Beziehung zwischen Agathon und Hippias – die Alternative eines Freundschaftsverhältnisses anzukündigen: nicht zufällig geformt aus Motiven der epikureischen Tradition.

*Echo ouk echomai*[97] – *habeo non habeor*, das ist die Devise des Aristipp:

eine Philosophie, wie sie in Wielands Horaz-Kommentar und in seinem Aristipp-Roman ausführlich dargestellt wird. Es ist die Freiheit und Autonomie des Philosophen in allen Bereichen, die am meisten fasziniert. Bedingung für diese Freiheit ist zunächst die materielle Unabhängigkeit; Aristipp ist vermögend, muß deshalb niemandem zu Diensten sein und kann doch – anders als die Kyniker – alles genießen, haben und nicht haben, was *er* will und nicht notgedrungen auf alle Habe verzichten. Die Aristippsche Lebensform hat also Voraussetzungen, die nicht verallgemeinerbar sind, und ist darin vergleichbar der des Archytas, dessen Lebensphilosophie zwar nicht auf seinem Vermögen beruht, die aber dafür aufs engste mit seinem Naturell verbunden ist.

Auch die andere Art gesellschaftlicher „Entlohnung", der Ruhm und das Ansehen, interessiert Aristipp nicht. Er benötigt keine Bestätigung seiner Eitelkeit durch öffentliche Anerkennung. Darum wird er auch die Macht, die er über andere ausüben könnte, dank seiner Erfahrung, Menschenkenntnis und seines Urteilsvermögens nicht mißbrauchen. Er ist Meister seiner Leidenschaften und nicht Herrscher über andere;[98] seine Position im gesellschaftlichen Leben ist die eines unbeteiligten Zuschauers, der seine Fähigkeiten nie um der Machtausübung an sich, sondern höchstens zur Erreichung bestimmter Ziele im Rahmen *seiner* Lebensphilosophie einsetzt.[99] Frei ist er auch insofern, als sein Naturrecht der Selbsterhaltung und Selbstentfaltung nicht durch äußere Bedingungen – sei es der souveräne Staatslenker wie bei Hobbes, sei es die Integrität des Anderen wie in Hippias' Philosophie – eingeschränkt wird, sondern er sich die Modellierung seines Lebens nach den Gesetzen der Ästhetik konzipiert, die wiederum eng mit seinen individuellen Empfindungen von Vergnügen und Schönheit verknüpft sind.

Aristipp ist genauso wie Hippias radikaler Antiidealist. Auch er hält offensichtlich wenig sowohl von Platons Philosophie als auch von dessen politischen Ambitionen. Seine Ethik ist hedonistisch und eudaimonistisch. Er handelt nicht im Dienste irgendwelcher Pflichtvorstellungen oder abstrakter ethischer Regeln, sondern nur um seiner eigenen Existenzästhetik willen. Auch er wird dadurch, ähnlich wie Hippias, zum Apologeten des Bestehenden. Aus diesen Gründen ist es problematisch, ihm eine Zwischenposition zwischen Agathon und Hippias zuzuweisen.[100] Trotzdem spielt Aristipp nicht irgendeine marginale Rolle, sondern mit ihm taucht ein „heimlicher zweiter Protagonist"[101] auf. Daß Aristipp nur „heimlich" eine wichtige Rolle spielt im Roman, entspricht ganz seiner Philosophie eines „Lebens im Verborgenen". Auch in dem nach ihm benannten Roman ist er im Kreise seiner „Zeitgenossen"[102] dargestellt und verschwindet zuweilen ganz hinter anderen Personen. Aristipp wird so ausschließlich positiv gezeichnet wie sonst im Agathon-Roman nur noch Archytas.

Ebensowenig wie Hippias gelingt es Aristipp, trotz des freundschaftlichen Verhältnisses, Agathon nachhaltig zu beeinflussen. Der grundsätzlich andere Ton pragmatisch-innerweltlicher Eudaimoniekonzeption stößt bei Agathon auf taube Ohren. Hippias bemerkt ganz richtig, daß die Schwärmerei Agathon zur „anderen Natur"[103] geworden sei. Natur kann man nicht durch Überzeugungsarbeit ändern und soll man nicht durch Erziehung umwandeln wollen. In jeder der dargestellten Biographien, bei Agathon selbst, bei Danae, Aristipp, Hippias und Archytas, stehen zwar die gemachten Erfahrungen und die daraus gewonnenen Lebenseinstellungen im Vordergrund, aber immer wird zugleich auch auf die persönlichen *Anlagen* verwiesen. Das Milieu leistet keineswegs alles. Und so kann aus einem Schwärmer bestenfalls ein „ehrlicher Schwärmer"[104] werden, niemals ein pragmatischer Epikureer. Darum ist für Agathon nicht Aristipp, sondern Archytas der richtige Mentor, ohne daß damit gesagt wäre, daß dies nun die für alle und jeden angemessene Art zu philosophieren sein müsse, ebensowenig wie es eine für alle Zeiten und alle Völker passende Staatsform geben kann. Agathon kann seine Schwärmernatur nicht ablegen, aber er kann lernen damit umzugehen, d.h. sinnvoll umzugehen. Dies setzt eine gewisse Selbsterkenntnis und Selbstkritik voraus. Selbstkritik und Selbsterkenntnis haben notwendig dialogische Struktur. Den richtigen Dialogpartner (für *ihn*) findet Agathon in Archytas. Jetzt gelingt es ihm, sein Leben zu rekapitulieren und seine Fehler zu erkennen. Zu seiner letzten Reise bricht er dann auch nicht auf, um andere zu „retten", sondern um sich selbst zu retten vor neuen Verstrikkungen in einer Beziehung mit Danae. Zwischen rauschhafter Selbstliebe und zerknirschtem Selbsthaß hat er eine Position gefunden, die es ermöglicht, einen *fruchtbaren* inneren Dialog zu führen; aber erst seit er in Archytas *seinen* Beichtvater gefunden hat. Dieses besondere Glück gegenseitigen Verstehens und idealer Kommunikation ist den Protagonisten eines späteren Romans, Peregrinus und Lucian, nur noch im Paradies vergönnt. Daß es damit wohl seine Richtigkeit hat, ahnt auch der Leser der dritten Fassung des Agathon.

Aristipp kann für Agathon nicht der richtige Lehrer sein, weil er so gar nichts von einer schwärmerischen Natur an sich hat. Das heißt aber nicht, daß er nicht ein für andere vorbildliches Leben führt. Aristipp gehört eindeutig zur Fraktion der Pragmatiker, der Epikureer und Lebenskünstler. In den Grundpositionen seiner Philosophie stimmt er mit Hippias überein; allerdings gibt es einige gewichtige Differenzen. Anders als Hippias *verkauft* Aristipp seine Philosophie nicht, anders als Hippias verbindet Aristipp die «maîtrise de soi»[105] nicht mit einer «maîtrise des autres», anders als Hippias benützt Aristipp Agathon nicht als Prüfstein der *eigenen* Philosophie, sondern versucht, statt ihn sophistisch zu überreden, ihn sokratisch durch Selbstbildung zu erziehen; anders als Hippias – der auch nicht ohne Wissen um das Schöne ist – ist seine Ästhetik nicht *nur* mit dem subjektiven Vergnügen, sondern auch mit dem Guten verbunden. Im Grunde ist der ethische Individualismus bei Aristipp viel radikaler als bei Hippias, der doch immerhin eine eindeutige Grenze eigener Entfaltung in der Freiheit der anderen sieht. Allerdings gilt sie bei Hippias eben nur theoretisch, denn seine machtgierige Eigenliebe macht ihm im Praktischen einen Strich durch die Rechnung. Die Philosophie des Aristipp, gar nicht so weit entfernt von der des Hippias, erfährt durch den entscheidenden Unterschied der «maîtrise» seiner Eigenliebe und der daraus resultierenden Freiheit eine deutliche Aufwertung.

Der Agathon-Roman bezieht nicht nur seine Ausgangsposition aus dem epikureischen Potential einer Hippias-Philosophie; auch auf sein immer deutlicher werdendes Dilemma antworten epikureische Strategien. Zwischen dem Materialismus eines Hippias und der „Lebenskunst" eines Aristipp bewegt sich jedoch nicht nur der Romanheld Agathon, sondern auch Wielands Werk, das die im eigentlichen Sinn epikureischen Reaktionsmöglichkeiten auf die in dem – über dreißig Jahre unabgeschlossenen – Roman dokumentierten Krisen ausmißt. Zu Recht wird ständig darauf hingewiesen, daß sich in Wielands Werken die zentralen Problemstellungen der europäischen Aufklärung im 18. Jahrhundert – durchaus ambivalent und widersprüchlich – versammeln. Nicht minder bedeutsam ist jedoch, daß er auch die gesamte antike Tradition des Epikureismus aufbietet, nicht nur um sie in seinem Jahrhundert zur Sprache zu bringen, sondern um ihre gerade im Zeitalter der „Aufklärung" evidenten Funktionen darzustellen und zu propagieren. Die Bedeutung Wielands für das deutsche 18. Jahrhundert besteht nicht zuletzt darin, dieser Tradition literarischen Ausdruck verliehen zu haben – wenn auch ihre Dimension in der bekanntlich negativen Wirkungsgeschichte Wielands verdeckt blieb.

Trotz des philosophischen Tons in weiten Teilen des Romans handelt es sich hier nicht um eine pure Illustration von philosophischen Theorien. Die Personen sind nicht nur die «porte-parole» einer These, sondern als *exempla* fiktive Gestalten mit einem Eigenleben, das auf ihre gute oder schlechte Natur, auf ihre Anlagen, auf ihr Mehr oder Weniger an "morale sense" zurückgeht.[106] Für die Leser ist die Plausibilität von Argumenten bei weitem nicht immer kompatibel mit der Sympathie für die Figur. So fallen Entscheidungen letztendlich nicht aufgrund von diskursiven Erörterungen, sondern auch entsprechend gewisser existentieller Grunddispositionen. Die Spekulationen der Philosophie kommen nicht ohne die *exempla* der Historie aus. Es wird nicht ein idealer Held porträtiert, sondern menschliches Verhalten und seine Motive beschrieben und erklärt. Die Psychologie gewinnt dadurch eine besondere Bedeutung.[107] Es geht nicht um die Wahrheit des Seins, sondern um die Richtigkeit und Angemessenheit des Seienden, nicht um ethische Spekulation, sondern um eine moralische Existenz und ein glückliches Leben.

„Daß durch einen weisen Genuß aller unserer Natur gemässer Vergnügungen, sinnliche und geistige, sich nicht nur im Begriff sondern im Leben selbst sehr schön und harmonisch vereinigen lassen, hat Aristipp noch mehr an seinem Beyspiel als durch seine Lehre dargethan"[108], so schreibt Antipater im Aristipp-Roman an Diogenes. In Wielands letztem großen Philosophenroman ›Aristipp und einige seiner Zeitgenossen‹ wird das gesamte Panorama, „das unnachahmliche Großmosaik"[109] der spätgriechischen Welt, entfaltet. Der Gang einer Handlung läßt sich ebensowenig eindeutig ausmachen, wie sich ein räumliches Zentrum finden läßt, und auch die Hauptfigur Aristipp verschwindet zuweilen hinter ihren Zeitgenossen. Weniger Mittelpunkt als Vermittlungsraum ist das Mittelmeer, um das sich die verschiedenen Orte der Handlung gruppieren: Athen und Kyrene, Ägina und Thessalien, Syrakus und Milet, die Personen reisen von Ort zu Ort, begegnen sich, kreuzen sich und verlassen sich wieder. Der Leser erfährt all dies durch ihre Briefe, die auch, gleichsam ein zweites Netzwerk von Reiserouten bildend, über das Meer hinweg ausgetauscht werden. Die Briefe stehen immer in zeitlicher Verschiebung zu den Ereignissen; nicht ein direkter Austausch von Meinungen wie im Gespräch, sondern eine über lange Zeiträume sich erstreckende Nachträglichkeit zeichnet diese Kommunikationsform aus.[110] Wichtige Ereignisse wie der Tod des Sokrates werden von verschiedenen Personen zu unterschiedlichen Zeitpunkten aus individuellem Blickwinkel und an verschiedenen Orten aufgeschrieben und gelesen. Häufig wird in den Briefen selbst noch von Gesprächen berichtet, so daß das beschriebene Ereignis auch wiederum den Austausch von Meinungen und Stimmungen betrifft. Die „Polyphonie" der früheren Werke Wielands ist im ›Aristipp‹ in einem Maße gesteigert, daß Form und Struktur des Romans außerordentlich schwer zugänglich sind, gleichzeitig aber auch dadurch der Reiz einer vielfältigen, vieldimensionalen und verkreuzten Romanwelt entsteht.[111] Die Form des Briefromans dient hier nicht, wie etwa in Goethes ›Werther‹ dazu, Ereignisse und Gefühle mit einer gesteigerten Präsenz, einer intensiveren Authentizität auszustatten, sondern im Gegenteil werden die Welt und die beschriebenen Ereignisse durch die Polyperspektivität in eine fast nicht mehr einholbare Ferne gerückt. Die Sprache der verschiedenen Briefschreiber ist nicht emotional oder ausgeprägt individuell, sondern sie alle bedienen sich eines ähnlichen Stils, einer gepflegten Semantik, des Tons der gebildeten Stände.

Auch der ›Aristipp‹ hat keinen Schluß, wie es sich für einen gelungenen Roman gehört. Anders aber als für den Agathon-Roman stellt dies hier kein eigentliches Problem dar. Es wird nicht die Entwicklungs- und Bildungsgeschichte bzw. das Scheitern eines solchen Projekts anhand einer „Heldenbiographie" nachgezeichnet. Aristipp begegnet dem Leser vielmehr von Anfang an als sicherer und reifer junger Mann, der im Laufe seines Lebens seine Bildung nach seinen Maximen weitgehend in die eigenen Hände nimmt. Er ist immer schon Schüler des Sokrates und bleibt dessen Erbe sein Leben lang.

Verurteilung und Tod des Sokrates haben im Roman eine wichtige Funktion. Hieran knüpfen sich Diskussionen über Gerechtigkeit und Bürgerpflicht, Schülertreue und Toleranz, über die Beschaffenheit der Seele und das Leben nach dem Tod. Je nach Adressaten des Briefes entwirft Aristipp ein anderes Bild vom Tod des Sokrates. Immer ist es ein Teil seiner eigenen Philosophie, die ganz darauf gerichtet ist, dem Tod seine Bedrohung zu nehmen, dabei aber nicht in Selbstüberschätzung die *condicio humana* aus dem Auge zu verlieren: „Um uns die gezwungene Unterwerfung unter das eiserne Gesetz der Nothwendigkeit erträglicher zu machen, giebt es wohl kein besseres Mittel, liebe Laiska, als uns des großen Vorrechts zu bedienen, womit die Natur den Menschen vor allen andern lebenden Wesen begabt hat, daß es in seiner Macht steht, bloß durch eine willkürliche Anwendung seiner Denkkraft, wo nicht allen, doch gewiß dem größten Theil der Übel, die ihm zustoßen, den Stachel zu benehmen ..."[112] Daran schließt sich eine längere Ausführung an, warum der Tod für Sokrates selbst kein Übel gewesen sei, warum auch seine Schüler ihn verkraften können und daß die Athener nicht einmal des Hasses wert wären. Den Sophisten Hippias, bei dem Aristipp immer eher zu viel als zu wenig Vertrauen in Rationalität vermutet, fragt er dagegen: „Findest du nicht auch, Hippias, daß man der Filosofie zu viel Ehre erweist, wenn man ihr die Macht zuschreibt, dem Gefühle, der Einbildungskraft, und den Leidenschaften immer unumschränkt zu gebieten?"[113] An die Frage, wie mit dem Tod eines geliebten Menschen im alltäglichen Leben ganz praktisch umgegangen werden kann und soll, schließt sich dann eine längere Erörterung des Unsterblichkeitsproblems an. Anhand von Platons ›Phaidon‹ tauschen Aristipp, Lais und Hippias ihre Meinungen darüber aus. Hippias überzeugen die Ausführungen des Platon selbstverständlich überhaupt nicht, er ist der radikale Materialist und Antiidealist geblieben, als den ihn der Leser aus dem ›Agathon‹ kennt, allerdings ohne die charakterlichen Defekte, die ihm damals angehangen hatten. Aristipp selbst äußert sich viel vorsichtiger zu diesem Thema; er meint, daß „so lange die Menschen nicht Mittel finden, den dichten Vorhang, der noch immer vor die Mysterien der Natur gezogen ist, aufzuziehen, nichts völlig gewisses über das Fortdauern der Seele und ihrem Zustande nach diesem Leben festgesetzt werden könne"[114]. Aristipp referiert in diesem Brief die gängigen Meinungen vom Leben nach dem Tod, prüft ihre jeweilige Plausibilität und ihre lebenspraktische Nützlichkeit. Am Ende schließt er sich nicht den radikalen Theorien des Hippias an, er vertritt nicht die Vorstellung einer sterblichen materiellen Seele, sondern hält es für richtiger und sinnvoller, „den Tod, den der Pöbel sich als das Schrecklichste aller schrecklichen Dinge vorstellt, für den Übergang zu einer höheren Art von Daseyn zu halten, und, ohne ihn zu wünschen oder zu beschleunigen, ihm, wenn er von selbst kommt, eben so ruhig ins Gesicht zu sehen, als Sokrates …“[115]

Damit hat Aristipp einen der entscheidenden Gedanken epikureisch-materialistischer Philosophie verabschiedet. Es deutet manches darauf hin, daß Wieland damit einen Punkt „korrigierte“, der ihm in der eudaimonistischen Ethik epikureischer Prägung mißfiel. Der eher negative und radikale Repräsentant des Epikureismus Hippias behauptet ein vollständiges Ende aller Existenz nach dem Tode. Die positive Figur, Aristipp, äußert sich immer vorsichtig, aber nie radikal materialistisch zu diesem Problem. Trotz aller immer wieder deutlich werdenden Sympathie des Autors für die pragmatischen, skeptischen und epikureischen Thesen und trotz der Ablehnung von Wunderglauben und den Spekulationen über das Leben nach dem Tod findet sich in keinem Werk Wielands eine ernstzunehmende Apologie für die Theorie einer materiellen und somit sterblichen Seele.

Neben den philosophisch-theoretischen Erörterungen der Todesproblematik wird die Funktion der *Kunst* im ›Aristipp‹ im Umgang mit Religion, Sterben und Tod diskutiert. Dem Maler und Freund Aristipps, Kleonidas, gelingt es, den Freitod eines verzweifelten Jüngers des Sokrates als glückliche Wiederbegegnung der beiden im Jenseits darzustellen: „… ein freundlicher Genius, mit mächtigen Flügeln über der schäumenden Brandung schwebend, ist bereit, den Fallenden … aufzufassen, um ihn an das gegenüberliegende Ufer der Insel der Seligen zu tragen, wo Sokrates zwischen Pythagoras und Solon von verschiedenen anderen Weisen und Heiden der Vorzeit umgeben aus einem lieblichen Hayn ihm entgegenzukommen scheint.“[116] Was hier beschrieben wird, ist eine Versöhnung der Wirklichkeit in der Kunst. Nicht umsonst erinnern auch die Begleiter des Sokrates an die alte Zeit Griechenlands, an „heile“ Welten. Weder Hades noch Auflösung ins Nichts, sondern das arkadische Paradies des wiedergewonnenen goldenen Zeitalters: Und damit tröstet die Kunst des Kleonidas die an der dissonanten Wirklichkeit verzweifelnden Menschen.

Kunst ist aber nicht nur Versöhnung, sondern auch Satire; es gibt nicht nur geflügelte Genien, sondern auch groteske Karikaturen der Götterwelt: Diese besichtigt Aristipp beim atheistischen Einsiedler Diagoras im Tempetal.[117] Diagoras sieht die Aufgabe *seiner* Kunst im Kampf gegen Aberglauben, Götterfurcht und Priesterbetrug.[118] Er gibt die olympischen Götter der Lächerlichkeit preis und versetzt seinen Besucher dadurch abwechselnd in Verlegenheit und Heiterkeit. Diagoras ist ein Schüler des Demokrit. Dieser hatte ihm die Augen dafür geöffnet, daß „Götter und Priester Synonymen sind, daß alle unsre Götter … Menschen waren“[119].

Ohne der Religion einen gewissen historischen Stellenwert streitig machen zu wollen, sprach Demokrit ihr jegliche moralische und gesellschaftlich regulative Relevanz ab. Die Religion hat jegliche Funktion eingebüßt: „Wer wird fortfahren wollen, in einem morschen, täglich den Einsturz drohenden Hause zu wohnen, wenn es nur auf ihn ankommt, ein bequemeres umgebautes zu beziehen?“[120] Diagoras wird zu einem radikalen und rücksichtslosen Kritiker aller Religiosität. Die Thesen, die er in Sachen einer autonomen Moral vertritt, scheint Aristipp noch akzeptieren zu können, was ihm aber als Schüler des Sokrates nicht genügt, ist die erkenntnistheoretische Absicherung dieser Philosophie. Die sinnliche Gewißheit des selbst[121] und die strikt sensualistische Wahrnehmungstheorie des Diagoras befriedigen ihn ebensowenig wie der begrifflich unklare Rekurs auf „Natur“.[122] letztendlich scheint auch Diagoras ohne einen Rückgriff auf irgendein „Unerklärbares“ nicht auszukommen. Dem naturwissenschaftlich gebildeten Aristipp kann ein zwar redlicher, aber doch anachronistischer und dogmatischer Atheismus nicht genügen. Auch der etwas eifernde und messianische Ton, in den Diagoras manchmal verfällt, entspricht nicht einer Aristippschen Lebensauffassung. Seine radikale Haltung hatte Diagoras zur Flucht gezwungen. Der Volksaufklärer wird zum Einsiedler. Auch er hat – genau wie Agathon und Peregrinus – mangels politischer Klugheit sein Ziel nicht erreicht. Nicht nur Schwärmer also versagen angesichts der sozialen Wirklichkeit, sondern auch Materialisten und Atheisten. Allerdings wird Diagoras darum noch nicht zum Misanthropen. Er ist ein integrer Mensch, aber es fehlen ihm Urbanität, Geschmack und Klugheit. Diagoras' ganzes Denken ist kritisch, seine Kunst nur entlarvend und negativ. Für Kleonidas, den Malerfreund, hat Kunst selbstverständlich eine ganz andere Funktion, und er reagiert geradezu empört auf die ausführliche briefliche Darstellung des Besuchs bei Diagoras: „... was berechtigt diesen Menschen, mit dem Muthwillen eines trunkenen Barbaren in das Heiligste der Kunst einzufallen ...?“[123] Kunst dient für ihn nicht der Kritik falscher Wahrheit, sondern der Erhebung des Menschen zur wirklichen Wahrheit; darin ist Kunst echter Religiosität durchaus vergleichbar.[124]

Weder die Auflehnung gegen die Götter und die Ablehnung aller Religiosität noch die Erhebung des Menschen zu den Göttern und der Verweis auf jenseitige Harmonie scheinen in ihrer künstlerischen Umsetzung eine ästhetische Erfahrung bieten zu können, die es ermöglichen würde, mit dem Leben und dem Tod im Leben besser umgehen zu können. Diagoras' destruktive, unernste und auch philosophisch ungenügende Ästhetik bietet keinen Trost, und Kleonidas' schwärmerische Überhöhung der Wirklichkeit in ein künstlerisches Ideal läuft Gefahr, sich von der Realität so weit zu entfernen, daß ein Bezug zum Leben kaum mehr erkennbar ist. Die für ein gelingendes Leben entscheidende Frage nach dem Umgang mit dem Tod können die beiden bildenden Künstler nicht beantworten. Der Lebenskünstler Aristipp hat sich aus Anlaß von Sokrates' Tod ausführlich zu diesem Problem geäußert, und man könnte zunächst annehmen, daß seine Todesphilosophie einen angemessenen Umgang mit dem Tod darstelle.

Antipater charakterisiert den Unterschied zwischen platonischem Idealismus und Aristippscher Philosophie folgendermaßen: „Die seinige (Aristipps D. K.) begnügt sich menschliche Thiere zu Menschen zu bilden – was Jenen zu wenig ist; die ihrige (Platoniker D. K.) vergnügt sich Menschen zu Göttern umzuschaffen, was Ihm zu viel scheint."[125] Die Philosophie des Hedonikers ist die eigentlich bescheidene; und wenn Aristipp sich zum Ziel setzt, in jedem Moment glücklich zu sein, so hat er dieses Lebensziel beispielhaft erreicht; es scheitert letztendlich nur an einem einzigen Moment: am Tod. Im letzten Brief des 4. Buches berichtet Aristipp von den politischen Folgen des Todes von Dionysius auf Sizilien, erzählt von seinen Befürchtungen angesichts der Lage in Kyrene nach dem Tod seines Bruders: „Unglücklicher Weise ist noch keine Staatsverfassung erfunden worden, die durch sich selbst bestünde."[126] Noch schlimmer als die politischen Umstände trifft Aristipp das persönliche Unglück, das ihn durch den nahenden Tod seiner Frau bedroht. „Möge mein guter Genius den Unfall noch lange von uns entfernt halten, dessen langsame Annäherung ich mir selbst vergebens zu verbergen suche!"[127] Die Kontingenz holt auch einen Aristipp ein, und seine Philosophie, die eine größtmögliche Versicherung gegen den Zufall darstellt, ist dagegen ebenso machtlos wie alles andere Menschenwerk auch. Diogenes hatte richtig bemerkt, daß die Philosophie des Aristipp nicht nur auf Glück zielt, sondern auch Glück braucht: „... nur ein besonders begünstigter Liebling der Natur, der Musen und des Glücks ... (kann) es darin zu einiger Vollkommenheit"[128] bringen. Die Phantastereien der idealistischen Volksaufklärer und schwärmenden Weltverbesserer gleich welcher philosophischen Couleur sind längst verabschiedet. Aber auch der Selbstbemeisterung und Selbstaufklärung sind Grenzen gesetzt. Die Ziele werden bescheidener.[129]

Wielands ›Aristipp‹ entsteht in „der Stille seines häuslichen Lebens"; er schrieb an diesem Roman während seines Versuchs, sich auf dem Gut Oßmannstedt bei Weimar eine ‚Horazsche' Idylle einzurichten: „Dieser reinen Natur und Genußfülle (des Lebens in Oßmannstedt) entkeimte die schönste Blüte meines Alters, mein Aristipp, der ohne diesen stillen Selbstgenuß, ohne dies heitere Land- und Gartenleben nie empfangen und geboren worden wäre. Er ist mein Liebling, ja er ist mir mehr als Agathon."[130] An anderer Stelle bemerkt er, „daß fünfzig Jahre meines vergangenen Lebens dazu nötig waren, mich fähig zu machen, dieses zu schreiben. Ein solches Buch schreibt man nicht ums Geld."[131]

«O maison d'Aristippe! o jardins d'Epicure/... Je ne me vente point d'avoir en cet asile/ rencontré le parfait bonheur: ... Il faut y renoncer; mais on peut quelquesfois/ embrasser au moins l'image ...»[132] Auch für Voltaire sind Aristipp und Epikur als sinnenfrohe Hedoniker die tröstenden Vorbilder eines leise resignativen Verzichts auf tatsächliche Erfüllung menschlicher Glücksvorstellungen. Epikur ist nicht mehr der prometheische Vorkämpfer gegen Aberglaube und Priesterbetrug, der auf der Möglichkeit innerweltlichen Glücks für den Menschen besteht, ist auch nicht der beschwingt-fröhliche Begleiter glücklicher Augenblicke wie in der Rokoko-Literatur, sondern hier, bei Wieland und in dem Gedicht Voltaires, werden Resignation und Zweifel über die Möglichkeiten von Aufklärung und weltlichem Glück zu Themen, auf die mit der epikureischen Philosophie zu antworten möglich ist.

Der zurückhaltende Ton und die Skepsis gegenüber den Möglichkeiten der Selbstaufklärung, wie sie im vierten Buch des ›Aristipp‹ anklingen, sind in den Horazkommentaren so noch nicht zu spüren. Dort ist besonders Wielands Faszination für die Freiheit und Unabhängigkeit des Aristipp zu erkennen. Die aus dem ersten Brief des ersten Buchs der Horazschen Episteln stammende Zeile *Et mihi res, non me rebus submittere conor*, bezieht Wieland – anders als frühere Übersetzungen – auf Aristipp.[133] Mit dem *se rebus submittere* sei die stoische Weltsicht gemeint, die verlange, daß der Einzelne sich den ewigen und notwendigen Gesetzen der Natur unterwerfe. Die Haltung *mihi res submittere* dagegen charakterisiere die freiheitlich selbstbestimmte Haltung des Aristipp. In Wielands Kommentar wird an dieser Stelle deutlich, wie sehr die Entfaltung der Moralproblematik für ihn mit erkenntnistheoretischen Fragen verbunden ist. „Der Mensch weiß nichts gewisser, als daß er ist; denn dies fühlt er"; so referiert Wieland die Grundpositionen des Aristippschen Sensualismus. So erfährt der Mensch zwar, daß es Dinge außer ihm gibt, aber nicht, was diese Dinge „für sich selbst sind".[134] Nur seine subjektiven Wahrnehmungen von angenehmen und unangenehmen Gefühlen sind dem Menschen sicher gegeben. Etwas anderes zu wissen, ist dem Menschen nicht möglich, und „so soll er sich auch nichts darum kümmern"[135]. Die einzige Gewißheit ist dem Menschen also sinnlich vermittelt. „Aber was er gewiß weiß, weil ers fühlt, ist: daß ihm diese Dinge teils geradezu Lust oder Unlust machen ..."[136]

Bemerkenswert ist, daß der hier dem Aristipp selbst zugeschriebene erkenntnistheoretische Sensualismus im Aristipp-Roman dagegen in seiner radikalen Ausprägung nicht vom Protagonisten selbst, sondern von Diagoras vertreten wird. Der im Roman extreme Positionen vermeidende Aristipp dagegen versucht dort sogar die Defizite dieser Welterklärung mit Hilfe sokratischer Methodik und Argumenten zu erhellen.[137]

Direkt aus dem erkenntnistheoretischen Sensualismus und seinem fundamentalen Subjektivismus leitet Wieland in dem Horazkommentar dann die

Konsequenzen für menschliches Handeln ab: „... seine Einbildungen und Leidenschaften sind in ihm selbst, und er kann also, wenn er will und es ihn recht angreift sehr wohl Meister über sie werden."[138] Die «maîtrise de soi» hängt also unmittelbar mit der Einsicht zusammen, wie sich menschliche Erkenntnis zu den Dingen außerhalb und den Reaktionen innerhalb seiner Person verhält. Der Zusammenhang von Erkenntnistheorie, Psychologie und Moral ist hergestellt. „Und da die meisten Dinge uns nicht durch das, was sie sind, sondern durch das, was wir ihnen geben, d.i. durch unsere Vorstellungsart, glücklich oder unglücklich machen: so gewöhnt sich ein weiser Mann, die Dinge außer ihm von der angenehmsten oder doch leidlichten Seite anzusehen. Durch diese Art zu denken erhält er sich frei und unabhängig, während die ganze Welt sein ist."[139] Dies gilt nicht nur für das öffentliche Leben, für Politik und Wirtschaft, sondern auch im Privaten. Aristipps Worte *echo ouk echomai*[140] beziehen sich auf seine Freundin Lais, der er als einziger nicht mit Haut und Haaren verfallen ist. „Kurz, er kann alles genießen, alles entbehren, sich in alles schicken; und die Dinge außer ihm werden nie Herr über ihn, sondern er ist und bleibt Herr über sie. – – Das ist's, denke ich, worin Horaz dem Aristipp ähnlich zu werden suchte, worin er ihm wirklich sehr ähnlich war, und was er durch sein *mihi res, non me rebus*, sagen wollte."[141]

Wieland ist vorsichtig, er will nicht schlechterdings als Anhänger der Aristippschen Philosophie gelten: „Ich untersuche hier nicht, ob diese ziemlich unpoetische Art zu philosophieren die beste sei: ich sage nur, dies war Aristipps Philosophie; und alles, was wir von seinem Leben wissen, ist der Beweis davon."[142] Nun ist dem auch nur ein wenig versierten Wielandleser allerdings klar, daß es für ihn ein großes Lob ist, von einer Theorie – sei es ein Staatsmodell, sei es eine Privatmoral – zu sagen, daß sie sich in der Realität bewährt habe. Das historische positive *exemplum* ist dem „modern", d.h. nicht mehr rationalistisch, sondern „empiristisch" (im weitesten Sinne) argumentierenden Aufklärer die entscheidende Kategorie in Fragen der Welt- und Selbsterkenntnis.[143] Das Besondere an Aristipp und das Schwierige an seiner Philosophie ist nicht ihr System, denn „ein System läßt sich lernen"[144]. Es ist vielmehr „die Geschicklichkeit, der gute Anstand, womit ers ausübte ... und gerade dieses Wohlanstehende im Handeln, welches er (wie Apelles seine Grazie) vor andern seines gleichen voraus hatte, war's was ihn zu einem so seltenen Mann machte."[145] Die *ars vivendi*, das „große Objekt der Aristippschen Philosophie"[146] ist hier nicht nur als gängige Formel für ein angenehmes Leben gedacht, sondern meint ausdrücklich eine Ästhetik des Lebensstils; genauso habe Horaz die Kunst des Lebens „als edelste und nötigste aller liberalen Künste erklärt"[147]. In der Auslegung und Einschätzung der Lebenskunst sieht Wieland bei Horaz ganz deutlich die Spuren der Aristippschen Philosophie.[148]

In der Einleitung zur Übersetzung der Satiren betont Wieland, daß auch der Kernsatz der Philosophie des Kyrenaikers mit dem Grundsatz Horazscher Philosophie übereinstimme: „Kurz, es ist der große Grundsatz der Philosophie des Sokratischen Aristipps: das was wir suchen ist immer in unserer Gewalt, es ist hier oder nirgends. Horaz war so überzeugt von dieser Wahrheit, und von der ganzen praktischen Lebenstheorie, wovon sie das Prinzipium ist, daß er weder philosophieren noch satirisieren konnte, ohne davon auszugehen oder dahin zurückzukommen."[149] Wieland zieht es hier vor, auf Aristipp zu rekurrieren und nicht auf Epikur, für dessen Philosophie ja der gleiche Grundsatz gilt. Von der epikureischen Philosophie meinte Wieland, sie würde sich empfehlen, „durch die größte Freiheit im Denken, durch den offenen Krieg, den sie dem Aberglauben, dem Fanatismus und allen Vorurteilen ankündigte, und durch eine Sittenlehre, die den meisten einleuchten mußte, weil sie, mit dem wenigsten Aufwand von Anstrengung ein heitres und schmerzenfreies Leben versprach"[150]. Epikurs Philosophie ist also polemischer und weniger subjektivistisch als die des Aristipp, sie habe „den Egoismus des Aristipp zu läutern" versucht: Hierher gehört das Argument des Epikureers Hippias, der betont, daß das Naturrecht der Selbsterhaltung und -entfaltung seine Grenze an der Freiheit des anderen finde. Bei Aristipp dagegen wird der radikale ethische Individualismus nicht *systematisch* eingegrenzt, sondern durch dessen singuläre Begabung für maßvolles, schickliches und wohlanständiges Handeln. Diese Ästhetik des Lebens allerdings ist eben nicht lehrbar, sondern allenfalls durch ständiges Einüben annähernd einzuholen.[151] Trotz dieses Mangels an Verallgemeinerungsfähigkeit scheint die Sympathie des Künstlers Wieland dem (Lebens)Künstler Aristipp und nicht dem systematisch besser abgesicherten Epikureer zu gehören.

Die Vertreter der epikureisch-aristippschen Schule sind bei Wieland immer Kunst*liebhaber* mit einem feinen Geschmack – Aristipp ist sogar *der* Ästhet par excellence; das einzige Kunstwerk allerdings, das er jemals *selbst* hervorbringen wird, ist seine eigene Existenz. Kreativ sind die anderen: Kleonidas und Diagoras – und Kleone, die spätere Frau des Aristipp; Kleonidas, der klassische Künstler des versöhnend Erhebenden und Erhabenen, und Diagoras, der nihilistische Zerstörer aller Illusion. Radikalität, eine gewisse enthusiastische Einseitigkeit und Begeisterungsfähigkeit sind es, was die mit Einbildungskraft Begabten auszeichnet. Dafür gibt es in Aristipps ständig kritischer, diskursiver Philosophie keinen Raum. Und doch scheint er sich gerade zu diesen Menschen hingezogen zu fühlen: Kleonidas ist sein ältester Freund, an ihn ist der erste Brief gerichtet, Diagoras bewundert er immerhin und zu seiner Frau Kleone findet er schließlich wie ein Element zum anderen: Als hätten sich die beiden Halbkugeln des platonischen Mythos wiedergefunden, gehen die beiden Wahlverwandten eine Ehe ein, was nach allem, was der Leser bis dahin von Aristipp erfahren hatte, völlig unerwartet ist. Exemplarisch für sein Verhältnis zu Frauen war die ironisch-distanzierte, zwar warmherzig-anteilnehmende und treue, aber immer unkonventionelle und freie Freundschaft mit der Hetäre Lais gewesen.[152] Ebenso wie Aristipp hatte sich Lais zum Ziel gemacht, frei zu bleiben und darum nicht zu heiraten. Dieses Prinzip zu verfolgen, fällt ihr nicht immer leicht – auch aus finanziellen Erwägungen, was für Aristipp nie gilt –, am Ende gibt sie auf – und verschwindet von der Bildfläche. Für sie gibt es keinen Tod im Buch, ihre Stimme verstummt einfach;[153] was sich schon langsam bemerkbar gemacht hatte dadurch, daß andere mehr über sie berichteten, als daß sie selbst zu Wort kam. Sie gibt ihre freiheitliche Selbstbestimmung auf und verliert damit auch die Stimme in der hehren Gemeinschaft der philosophisch-korrespondierenden Schreib- und Lesegesellschaft. Aristipp bindet sich auch und gibt damit einen Teil seiner vielgerühmten Freiheit auf. Die scheint allerdings – ganz anders als bei Lais – dadurch gerechtfertigt, daß er eine Familie gründet, ein bürgerliches Leben führt und nicht wie Lais einem undurchsichtigen Liebhaber verfällt. Aristipp führt ein behagliches Leben im Idyll bürgerlicher Zurückgezogenheit und familiären Glücks. Die Geschäfte der Stadt Kyrene überläßt er bis auf einige kulturellen Aktivitäten seinem Bruder. Und doch ist, was für einen Entwicklungsroman ein typisches und befriedigendes Ende wäre, hier nicht recht plausibel. Der Roman zeigte so wenig interne Teleologie, die Person des Aristipp so wenig Entwicklung. Aristipp heiratet aber eben in Kleone auch nicht nur die brave Hausmutter, die ihm hilft, den Garten zu kultivieren, sondern eine Künsterlin. Ihr Bruder behauptet von ihr, sie „übertreffe ihn noch in der Kunst, einem Bilde gleichsam Seele zu geben“[154]. Ihre Liebeserklärung an Aristipp ist dementsprechend auch eine Art künstlerischer Seelenverschmelzung: In ein Portrait, das ihr Bruder einmal von ihr gezeichnet hatte, malt sie unbemerkt die Züge des Aristipp hinein und entdeckt ihm, der das Portrait seiner Frau so liebt, dieses Palimpsest erst einige Wochen nach ihrer Vermählung. Es ist gleichsam, als habe Aristipp sein weibliches Ich geheiratet, nicht eine „Schwester im Geiste“, sondern eine „Schwester in der Kunst“ gefunden. So ist die Verbindung auch weniger eine Bindung an einen Anderen, Fremden, als vielmehr eine Ergänzung des eigenen Ich. Es ist genau diese Vollkommenheit und idealische Abrundung, dieser klassische Abschluß eines gelungenen Lebens, mit allen inneren und äußeren Zerrissenheiten versöhnt, den ein Wielandscher Roman nicht aushalten zu können scheint.[155] Hinter den Kulissen des kyrenaikischen Idylls wartet der Tod. Und allein für den Tod gilt das horazische Motto *Sibi res non se rebus submittere* nicht. „Der Roman ist, so wenig es dem ermüdeten Leser auffallen mag, unvollendet“[156], bemerkt F. Sengle abschätzig. Tatsächlich war ein fünfter Teil geplant, und tatsächlich fällt es dem Leser – wenn auch nicht aus Ermüdung – kaum auf. Mit den letzten Briefen ist der Leser darauf vorbereitet, daß es einen Abschluß – wie bereits das ganze Werk es vermuten ließ – für diesen Roman nicht geben wird, weil der Tod mit aller Weltweisheit nicht einzuholen ist.

Der Umgang mit dem Tod, mit Angst und Trost ist auch das Thema der Gespräche mit dem Titel ›Euthanasia‹. Er bittet seinen Verleger, es selbständig als Buch zu veröffentlichen. Ganz offensichtlich, um es an Freunde und Bekannte – auch als Trost – zu verschenken.[157] Wieland begann mit der Abfassung der drei Gespräche über das Weiterleben nach dem Tode unter dem Eindruck einer auch nach ihrem Tod fortdauernden „Präsenz" Dorothea Wielands in seinem Leben.

Das erste Gespräch ist ganz der Destruktion von Aberglauben und Geisterseherei gewidmet. Für alle zunächst außergewöhnlich scheinenden Ereignisse läßt sich eine Erklärung finden, sei sie eher technischer und wissenschaftlicher Natur oder eher psychologisch. Daß es Geister *nicht* gibt, kann bewiesen werden. Wie es sich aber tatsächlich verhält mit der Verbindung von Geist und Materie, bleibt der menschlichen Erkenntnis verschlossen.[158] Anderweitige Behauptungen beruhen hauptsächlich auf selbstsüchtiger Täuschung.[159] Es geht also darum, zunächst in aller Bescheidenheit, mangelndes Wissen einzugestehen und sich dann mit der *condicio humana* abzufinden.[160] Da nach dem Tod keine Sanktionen für unmoralischen Handeln den Menschen erwarten, sondern Moral „jederzeit den Grad der inneren Glückseligkeit"[161] in der Welt bestimmt, fällt auch dieser Angstgrund weg. Und nun gelingt es Wilibald, dem Fürsprecher einer epikureischen Todesphilosophie, damit zu beweisen, daß der Mensch durch den Tod nichts verliere: „Nun hoffe ich euch zu überzeugen, ... daß wir in unserem gegenwärtigen Menschenleben an Humanität und ächtem Lebensgenuß sehr viel gewinnen würden, wenn der sadducäische Glaube, daß der Tod allen unseren jetzigen Verhältnissen und Verbindungen ein Ende mache, allgemein werden könne."[162] Er geht sogar so weit, seinen Ausführungen nicht nur „individual"-therapeutischen Wert beizumessen, sondern auch noch ihre positiven Auswirkungen auf einen bewußteren und intensiveren Umgang mit dem Leben ganz allgemein, mit Zeit und auch mit den Mitmenschen auszumachen.[163] Das Argument, eine solche Philosophie ließe sich nicht mit der Religion in Einklang bringen, läßt Wilibald nicht gelten. Für ihn ist es ein Problem der *Reform* der Religion, nicht ihrer Abschaffung. Verdiente Selbstzufriedenheit „setzt das Gemüth ... in eine heitere Stille"[164], und dies sei die schönste Art zu sterben; „und da sie von einer Bedingung abhängt, die immer in unserer Gewalt ist, warum sollten wir uns vergebliche Mühe machen, den undurchdringlichen Vorhang wegzuziehen, der das Leben nach dem Tode vor uns verbirgt?"[165]

Die radikale Position der Atomistik, die eine vollständige Auflösung von

Körper, Seele und Geist fest annimmt, kommt in diesen Gesprächen nicht zu Wort. Es findet sich vielmehr die Ablehnung des Glaubens an ein Leben nach dem Tod, die erkenntnisskeptische Geste des Verzichts auf Spekulationen, die solange unnötig sind, als die pragmatisch-therapeutischen Funktionen epikureischer Trostphilosophie ein ruhiges Glück ermöglichen und die Angst vor dem Tod nehmen.

Viel witziger wird die gleiche Frage – mit ähnlicher Antwort – ganz am Ende des langen Gesprächs zwischen Lucian und Proteus im Elysium behandelt. Auf die Frage, ob er sich über seine Existenz nach dem Tode gewundert habe, antwortet Peregrinus der Schwärmer: „O gewiß! und doch für mich, der sich dessen versah, nicht so überraschend als für dich, den der kaltblütige Epikur überzeugt hatte, daß mit dem letzten Athem alles aufhöre ..."[166] Obwohl sich Peregrinus Proteus und Lucian nach ihrem langen Gespräch durchaus nicht einig sind, herrscht doch ein Ton gegenseitiger Toleranz. Immerhin hören sich die beiden ehemaligen Antagonisten zu! „Wir waren beide zu ganz das war wir waren, ich zu kalt und du zu warm, du zu sehr Enthusiast, ich ein überzeugter Anhänger Epikurs um einander in dem vorteilhaftesten Lichte zu sehen"[167], meint der früher so scharfzüngigkompromißlose Lucian.

Toleranz heißt nicht Aufgabe der eigenen Position. Besonders bei Peregrinus fällt auf, daß er sich zwar nicht selten selbstkritisch der Eigenliebe und mangelnder Weltkenntnis bezichtigt, aber im Eifer seiner Erzählung dann doch immer wieder in Sprache und Haltung seiner idealistischen Begeisterung – sei es für eine Frau, sei es für eine Philosophie oder eine Religion – verfällt.[168] Von seinen pythagoreisch geprägten Eudaimonievorstellungen beflügelt, kann er auch im Elysium unter den spöttischen Blicken des Lucian in höchste Entzückung ausbrechen.[169] Peregrinus' Lebensweg ist gesäumt von Begegnungen mit weltklugen Leuten, die ihn entweder für ihre Zwecke auszubeuten wissen oder ihm warnend die Gefahren seiner Geistesverfassung vorhalten. Peregrinus aber bleibt im Leben der unverbesserliche Schwärmer, der sich nach einer Enttäuschung nur wieder ein neues Betätigungsfeld sucht. Die scharfe Kritik des Lucian trifft genau die schwache Stelle: „... bey genauerer Untersuchung wird sich wohl meistens finden, daß es gekränkte Eigenliebe, nicht Liebe zur Menschheit ist, was diejenigen, die in der Jugend immer mit Übermaß liebten, im Alter zu Misanthropen macht."[170] Peregrinus' verfehlte Aktionen sind seine Form einer – wenn auch unreflektierten und mißratenden – Subjektkonstitution und darin Agathons Versuchen, die Welt zu verbessern, vergleichbar.

Die Gesellschaft, in der sich Peregrinus bewegt, ist bereits völlig „aufgeklärt". Sie ist allerdings keineswegs eine „gute" Welt. Da die Verbindung von aufgeklärt und gut für Peregrinus immer noch unhinterfragt besteht, läßt ihn dies zu einer naiven Gestalt werden, die wie ein Don Quichotte der Aufklärung mit anachronistischem Optimismus gegen die Windmühlenflügel einer nicht durchschaubaren Maschinerie ankämpft. Einen solchen Schwärmer tatsächlich heilen zu wollen, kann – anders als bei Musarion – in den späten Romanen Wielands kein Projekt mehr sein. Die Psychologie der Personen ist viel zu komplex geworden, als daß Lucian gelingen könnte, was Musarion mit ihrer weiblichen Grazie erreichte. So richtig, pragmatisch und im innerweltlichen Bereich „sinnvoll" die Ratschläge der Epikureer und Materialisten sind, die Peregrinus im Laufe seines Lebens trifft, fruchten doch ihre Ermahnungen nichts. Peregrinus kann ihnen nicht zuhören, weil er eben zu sehr „das ist, was er ist", wie Lucian richtig konstatiert.

Voraussetzung für eine Verständigung ist das Paradies, in dem jeder etwas weniger von dem ist, was er war, jeder an Radikalität seiner Überzeugungen und an Selbstliebe eingebüßt hat. Schließlich ist ja durch die reine Tatsache des *nach* dem Tode stattfindenden Gesprächs dem Epikureer sein bestes Argument genommen. Es zerfällt eben ganz offensichtlich nicht alles in Atome! Damit sieht sich Lucian in deutlich geschwächter Position Peregrinus gegenüber. Wieder einmal wurden die Materialisten – wie bei Hippias und Agathon – auf ihrem ureigensten Feld geschlagen: dem der Empirie; und sei es hier ironischerweise auch „nur" eine „meta-physische". Auch Peregrinus hat dazugelernt. Er bleibt zwar im Kern ein Schwärmer, so wie Lucian ein Spötter, aber durch die Erzählung seiner Biographie, durch die Beichte und kritische Distanz geläutert, ist er „ein ehrlicher"[171] geworden.

Eine solche „ideale Kommunikationsgemeinschaft", wie sie die beiden repräsentieren, kann allerdings nur im Elysium stattfinden, wo man davor gefeit ist, sich „selbst als andere mit Parteylichkeit anzusehen".[172] Auf Erden scheitern beide an der Parteilichkeit, d.h. an ihrer Eigenliebe, die nun mal ebenso Voraussetzung für Leben und Überleben in der Welt ist, wie sie gleichzeitig „Ehrlichkeit" und wirkliche Toleranz unmöglich macht. Ebenso wie Lucian seine eigene (vormalige) Parteilichkeit eingesteht und Peregrinus nicht nur Vorwürfe macht, so kann auch Peregrinus mit einem Augenzwinkern und dem Trumpf eines Lebens nach dem Tode der epikureischen Lebensphilosophie des Lucian noch gute Seiten abgewinnen: „In der That, das Vergnügen dieser Überraschung (im Elysium zu landen nach seiner Selbstverbrennung D.K.) war so groß, daß ich seine (Epikurs) Filosofie – auch ohne Rücksicht auf so viele andere große Vortheile, welche sie über das irdische Leben verbreitet – um dieses einzigen Willen für kein geringeres Verdienst halte, das der gute Mann sich um die Menschheit gemacht hat. Doch hiervon ein andermal!"[173]

## 2. «Maîtrise de soi» und Selbstgenuß: Wieland und die französischen Materialisten

„Viele andere große Vortheile", welche die epikureische Philosophie „über das irdische Leben verbreitet", waren Wieland schon 1789 in Johann Heinrich Meisters kleiner Schrift ›De la morale naturelle‹ begegnet. Er hatte die deutsche Übersetzung korrigiert und das Büchlein mit einigen Anmerkungen und einem Vorwort versehen. Für Meister ist „ein sich selbst gleichbleibender Zustand ... des Glücks"[174] das Ziel einer gelungenen moralischen Lebensführung. „Die große Aufgabe also, deren Auflösung die Moral sucht, ist diese: durch Bestimmung derjenigen Gewohnheiten, nach welchen wir uns vorzüglich bestreben müssen, und durch Unterricht, wie wir diejenigen, die wir bereits haben, entweder regieren oder unterdrücken können, die Mittel zu jenem Zustande in unsere Gewalt zu bringen."[175] Seine Leser will er zu „Meistern in der Kunst zu genießen ..."[176] machen. Glückseligkeit definiert Meister als Selbstgenuß: „Was wir Glückseligkeit nennen, was ist es anders als ein reineres, lebhafteres, und ausgedehnteres Gefühl unseres Daseyns?"[177] Ein solches angenehmes Selbstgefühl stellt sich nur her, wenn der Mensch eins ist mit sich, wenn ihm eine „Vereinigung des Mannigfaltigen"[178] gelungen ist. In diesem Zustand handelt der Mensch auch moralisch richtig, denn „ein Mensch ist nur insofern gut, als er *Eins* ist, d.h. als er mit sich übereinstimmt".[179] Die Übereinstimmung und Harmonie ist Vollkommenheit und sowohl in der Natur als auch in der Kunst zu finden. Übereinstimmung ist nicht zuletzt das Kriterium für Wahrheit, und „sie ist die Schönheit, die unsere Wünsche und Neigungen fesselt, sie ist endlich auch die *Quelle* jener *moralischen Güte*, die dermalen der Gegenstand unseres Nachforschens ist."[180] Ästhetik in Kunst- und Selbstgenuß und Ethik als Lehre vom richtigen Handeln im Einklang mit der Natur basieren auf der Wahrheit von Vollkommenheit und Harmonie. Dem Menschen ist sie weder ursprünglich gegeben, noch geht sie ihm notwendigerweise in der Gesellschaft verloren, vielmehr scheint sie eine Art Aufgabe zu sein, die durch lebenslange Übung in Empfindsamkeit und Mut[181], Geschmack und Einbildungskraft[182], Gelassenheit[183], Selbstbemeisterung[184] und Mäßigung zu erfüllen ist: „Sich enthalten um desto reiner zu genießen ... ist der Epikuräismus der Vernunft; es ist das Geheimnis einer Tugend, welche wohl gar die erste aller Tugenden seyn dürfte: oder ist es nicht die *Mäßigkeit*, die uns jene Herrschaft über uns selbst giebt, ohne welche wir aller uneigennützigsten und mit Aufopferung verbundenen Tugenden nie fähig werden?"[185] Dem ästhetischen Selbstgenuß des Individuums wird das vernünftige Kalkül, die Ökonomie des Genusses an die Seite gestellt, die auch den sozialen Aspekt notwendiger Einschränkung plausibel machen soll. Uneigennützigkeit soll dem vernünftig gemäßigten Epikureer einen um so reineren Selbstgenuß bereiten: Eine Vorstellung, die nur nachvollziebar ist, wenn Schönheit, Natur, Güte und Glück als vollkommene Harmonie verstanden werden. Eine ähnliche Verbindung von moralischem und ästhetischem Vollkommenheitsparadigma läßt sich in der deutschen Popularphilosophie – mit der gleichen Intention auf praktische Lebensgestaltung – finden.[186]

Während Meister auf dem gemeinsamen Prinzip der Vollkommenheit von Natur, Kunst und Moral insistiert und damit einen Antagonismus von Natur und Zivilisation nur als – behebbaren – Irrtum qualifizieren kann, betont Wieland in seinem Vorwort gerade die grundsätzliche gegenseitige Bedingtheit von gesellschaftlich-historischen Umständen und dem notwendigen Korrektiv durch eine „natürliche Moral": „Die Moral der Natur, oder die Theorie der Kunst uns selbst so glücklich zu machen, als der Mensch unter gegebenen Umständen durch sich selbst werden kann, ist, ebenso wie die Diätetik und die Heilkunst, eine Tochter der Nothwendigkeit, der unter den Folgen der Polizierung und Unterdrückung, der Cultur und übermäßigen Verfeinerung leidenden Humanität zu Hülfe zu kommen."[187] Die «morale naturelle» ist für Wieland gerade nicht natürlich, der „rohe Sohn der Natur"[188] weiß von ihr nichts, sondern erst derjenige braucht eine natürliche Moral, der „auch die unzähligen Übel aus Erfahrung kennen lernt ..., welche größtentheils unvermeidbare Folgen eben dieser Ausbildung und Verfeinerung sind, die so viel Schönes und Angenehmes, Gutes und Großes in das menschliche Leben brachte"[189]. Der Mensch, der sein Leben bewußt nach den Regeln der Natur gestaltet – aus „Nothwendigkeit" – bemächtigt sich seiner selbst, um sich vor den Folgen einer extrem verfeinerten Kultur zu schützen bzw. diese für sich selbst so angemessen wie möglich zu nützen: „Dieses Buch ist das Gesetzbuch des rechtschaffenen Mannes mitten unter dem Luxus und den Künsten, des Mannes der von allem Gebrauch zu machen weiß, ohne die Quellen von Glückseligkeit zu trüben"[190]. Hier findet sich wieder das aristippsche „echo ouk echomai". Weder in der kynischen Verweigerung aller Annehmlichkeiten noch in ungehemmtem Kulturkonsum, sondern im bewußten Umgang mit dem Vorfindlichen konstituiert sich die Freiheit dieses Philosophen.

Die kritische Stimme der späten Aufklärung setzt die Selbstbemächtigung und das Festhalten am individuellen Glücksanspruch – wenn auch skeptisch relativiert[191] – einer „Dialektik der Aufklärung" entgegen, die weder durch einen naiven Rückgang zur Natur geleugnet noch durch ungebrochenen Fortschrittsglauben aufgehoben werden kann. Wieland vertritt ebenso wie Meister und wie auch die deutschen Popularphilosophen eine „ästhetische Ordnung des Handelns"[192], allerdings mit dem Unterschied, daß es – wie die Untersuchung der Romane gezeigt haben sollte – das Vollkommenheitsideal als eine statische Größe, als allgemeingültiges Prinzip bei Wieland nicht (mehr) zu geben scheint. Vervollkommnung und Harmonisierung heißt für Wieland zugleich auch immer Gefahr der Entfremdung. Darum braucht man die Theorien der distanzierenden Selbstbesinnung und die Selbsttechniken wie Diätetik, Heilkunst und die „Theorie der Kunst, uns selbst glücklich zu machen“[193], um dem Elend der totalen Vervollkommnung zu entgehen: „Beyde Künste (Heilkunst und Kunst, sich glücklich zu machen, D.K.) steigen in eben dem Maße, wie die Menschheit auf der einen Seite vollkommener und auf der anderen elender wird.“[194] In der Heilkunst, der Diätetik und der Kunst, glücklich zu leben, wird der Mensch gerade nicht „eins“ mit sich, wie es der „rohe Sohn der Natur“ gewesen war; „dem verdorbenen, aber für das Schöne empfindlichen“[195] Menschen ist ein naives Wiederfinden der Natur in der Kunst nicht möglich, ästhetische Erfahrung bietet höchstens eine andauernde, sich selbst bewußte und sich selbst distanzierende Konstruktion des eigenen Ich.

„Die grundlegende Forderung einer ‚vollendeten Harmonie und Übereinstimmung der Gefühle, welche Billigung hervorbringt‘ (Adam Smith) (erscheint) als eine nicht unproblematische Grundlage für das Konzept einer ästhetischen Ordnung des Handelns.“[196] In ihrem Postskriptum reflektiert D. Bachmann-Medick auf die von ihr dargelegte Verbindung von Ästhetik und Moral in der Popularphilosophie des 18. Jahrhunderts. Aus moderner Sicht sind die Vorstellungen von Vollkommenheit und Harmonie sowohl im Kontext der Ethik als auch der Ästhetik in vielem unangemessen. Wieland scheint dies bereits gesehen zu haben, wenn er ironisch-skeptisch, spielerisch „Vollendung“ so oft verweigert, nicht statthaben läßt. Die grundsätzliche Unmöglichkeit gelingender Identität – als Einheit – angesichts einer Vollendungsbewegung, die selbst das Elend provoziert, scheint erkannt. Diätetik und Heilkunst und die „Kunst, sich selbst so glücklich zu machen, als der Mensch unter gegebenen Umständen durch sich selbst glücklich werden kann“ sind Angebote, ein selbstreflexives Verhältnis nicht in die Einheit aufzulösen, sondern in der Spannung der Entzweiung aufrecht zu erhalten.

Wieland war ein aufmerksamer Beobachter der politischen und intellektuellen Entwicklungen in Frankreich. So stellt nun die Beschäftigung mit Meisters kleinem Traktat sicherlich keine Ausnahme dar und wesentlich bedeutsamer für seine persönliche Entwicklung war die Lektüre der Werke von Diderot, La Mettrie und besondes von Helvétius. Wieland hat auf die Bedeutung, die das 1758 erschienene Hauptwerk Helvétius’ ›De l’Esprit‹ für ihn hatte, selbst mehrmals hingewiesen, am deutlichsten in einem Brief an Sophie La Roche: «... par plusieurs experiences reiterées je me suis convaincu de la verité du sisteme de Helvétius».[197] Da bereits in verschiedenen Studien auf die allgemeine Bedeutung der französischen Materialisten für Wielands Denken eingegangen wurde, genügt es an dieser Stelle, darauf hinzuweisen, wie sie – besonders Helvétius und La Mettrie – auf epikureisches Denken rekurrieren.[198]

Auch Diderot zeigt in seinen Encyclopédie-Artikeln ›Epicuréisme‹ und ›Jouissance‹ deutliche Sympathie für den antiken Aufklärer. Er verteidigt ihn gegen den Vorwurf des Atheismus und betont die beispielhafte Lebensführung Epikurs. Epikureisches Glück sei nicht mit ausschweifender Lust zu verwechseln, sondern «s'aquiert par l'exercise de la raison, la pratique de la vertu et l'usage modéré des plaisirs»[199]. Der Vorrang von Ethik und Anthropologie vor den Naturwissenschaften entspricht dem Interesse Diderots.[200] Epikurs Prinzipien seien alle konform mit dem «sentiment de la nature»[201], lobt er und konstatiert: «On se fait stoicien, mais on nait épicurien.»[202] Die Stoiker macht Diderot auch allein verantwortlich für die ungerechtfertigten Verleumdungen Epikurs. Darin unterscheidet er sich vom Verfasser der ›Historia critica philosophiae‹ Jakob Brucker, der auch die Kirchenväter beschuldigt, zum Zerrbild der epikureischen Philosophie beigetragen zu haben; sonst macht Diderot gerade in diesem Artikel deutliche Anleihen bei Brucker, seinem Vorgänger und Vorbild.[203] Der Artikel zum Epikureismus war einer derjenigen, die von den Gegnern der ›Encyclopédie‹ am heftigsten angegriffen wurden: «Il ne faut pas craindre que les Encyclopédistes disent un mot pour prévenir contre Epicure et sa doctrine, au contraire ils s'efforcent d'en faire l'eloge ... ils sont plus épicuriens qu'Epicure lui-même.»[204] In seinem Artikel zur «Jouissance» sind Anklänge an das Ende des IV. Buches von Lukrez' ›De rerum natura‹ zu finden.[205] «Jouir» ist für Diderot kein anstößiger Begriff mehr.[206]

Dem «jouir» widmet Julien Offray de la Mettrie ein ganzes Buch. Dort heißt es: «Le plaisir est l'essence de l'homme, et l'ordre de l'univers ... L'homme seul, cet être raisonnable, peut s'élever jusqu'à la volupté ...»[207] Die Wollust ist der Geist und sozusagen die Quintessenz der Freude, ist die Kunst, weise und vernünftig mit der Freude umzugehen, sie mit tiefem Gefühl zu genießen. Für La Mettrie gibt es kein Problem, seinen Eudaimonismus zu verallgemeinern, geht er doch davon aus, daß im Grunde ihres Herzens sich alle Menschen nach einer epikureischen Glückseligkeit sehnen: «... qu'Epicure enfin paraisse ici, tel qu'il est dans tous les coeurs»[208]. La Mettrie vertritt einen konsequenten mechano-vitalistischen Monismus. Als Arzt insistiert er auf einer notwendigen Beobachtung physischer Vorgänge,[209] die dann auch ausreichend sei, psychische und intellektuelle Phänomene vollständig zu erklären, «voilà une machine bien éclairée!»[210] Er lehnt jegliche Teleologie ab und nennt den Zufall als Grund für die Weltentstehung. Die Kenntnis der letzten Ursachen und des Wesens der Dinge ist dem Menschen nicht möglich. «Cette fière raison dont on fait tant de bruit»[211] will er in ihre Grenzen weisen. Abhängig von seiner Physis, ist der Mensch keineswegs allmächtig, aber im Rahmen seiner Endlichkeit doch geboren für – ein bescheidenes epikureisches – Glück. Mit kulinarischen Metaphern weiß der Hedonist dies zu beschreiben: «Le Bonheur est à la verité un oiseau rare, qui n'est point servi entier sur la table des Mortels: mais ... il faut être bien malheureux pour ne point attraper cuisse ou aile ...»[212]

In seinem ›Système d'Epicure‹ findet sich eine ähnliche Formulierung wie bei Diderot, um die nicht-teleologische Natur der Welt zu beschreiben: «Ayant fait, sans voir, des yeux qui voient, elle a fait sans penser, une machine qui pense.»[213] Die Natur ist blind und unschuldig, der Zufall regiert die Welt. Materie ist nicht *ex nihilo* geschaffen und vergeht auch nicht, nur die Formen ändern sich.[214] Darum ist der Tod auch keine metaphysische, furchteinflößende Größe, er gehört zum „System" und weist nicht darüber hinaus.[215] Daraus zieht La Mettrie das Horazsche Fazit: «Jouissons du présent; nous ne sommes que ce qu'il est.»[216] Und da es La Mettrie in seinem ›Abrégé des Systèmes‹ nicht um unverbindliche Philosophiegeschichte geht, sondern er in seinen Schriften ein, den Essais Montaignes vergleichbares, Portrait seiner eigenen Lebensphilosophie sehen möchte,[217] schließt sich eine Bewertung der praktischen Brauchbarkeit der epikureischen Philosophie an.[218]

Am Hof Friedrichs II. fand der wohl meistgeschmähte Philosoph des 18. Jahrhunderts Zuflucht, als ihn 1748 sogar das tolerante Holland verbannt hatte. Friedrich machte La Mettrie zu seinem persönlichen Vorleser. Völlige Rede- und Schreibfreiheit schloß diese Position allerdings keineswegs ein. Der ›Anti-Seneca‹, den La Mettrie im preußischen Exil schrieb, wurde verboten. Am Hofe hatte er eine zwiespältige Rolle als amüsanter Unterhalter und witziger Kopf zu spielen. Die böse Anekdote über seinen Tod – er soll an einer Trüffelpastete erstickt sein – zeigt bereits das Bild, das dann in der Überlieferung von ihm gezeichnet wurde. War er bereits die „klassische Unperson der Philosophie des 18. Jahrhunderts"[219] gewesen, wird er trotz einiger Rehabilitierungsversuche eigentlich angemessen erst bei P. Kondylis als Aufklärer und zusammen mit de Sade als konsequentester Denker des Nihilismus anerkannt.[220]

Auch Claude Adrien Helvétius muß Frankreich verlassen und geht ins Exil an den preußischen Hof. Helvétius hat dieselbe Konzeption eines innerweltlichen materiellen Glücks wie La Mettrie, tritt auch als Apologet von Gefühlen und Leidenschaften auf und propagiert eine hedonistische Ethik. Ebenso wie La Mettrie baut er seine Ethik und Anthropologie auf dem Studium und der Kenntnis des menschlichen Körpers auf. Für beide gilt, daß das Prinzip ihrer hedonistischen Ethik in einer «explication physiologique de la psychologie»[221] zu suchen sei. La Mettrie hatte aus seiner materialistischen Explikation die radikalen Konsequenzen eines philosophischen Nihilismus gezogen. Die Philosophie habe nur die Aufgabe, den Menschen zu beschreiben, nicht ihm Vorschriften zu machen. Der Mensch als Wesen ohne Moral dürfe dafür genausowenig verachtet werden wie ein Hund. Darum sei sein Materialismus trotz seines negativen Menschenbildes letztendlich menschenfreundlicher als alle präskriptive Moral: «Le matérialisme est l'antidot de la misanthropie.»[222] Helvétius weigert sich, die gleichen nihilistischen Konsequenzen aus seiner materialistischen Ontologie zu ziehen. Er glaubt an die „Allmacht der Erziehung"[223] und an die Machbarkeit einer Moral der Konventionen. Eher pessimistisch, was den aktuellen Zustand angeht, ist er optimistisch, was die Möglichkeiten einer Entwicklung menschlicher Moralität betrifft.

Helvétius knüpft mehr als La Mettrie, der sich an den Freidenkern des 18. Jahrhunderts orientiert, an die Moralistik des 17. Jahrhunderts an. Seine Moral basiert auf einer Theorie des «amour-propre», der theoretisch weder gut noch böse, sondern nur form- und bildbar ist.[224] In einem ›Epître sur le plaisir‹ charakterisiert er den Menschen als ein vom «amour-propre» bestimmtes Wesen.[225] Der «amour-propre» ist das Prinzip, das sowohl menschliche Selbsterhaltung garantiert, als auch dasjenige, dem der Mensch seine Sensibilität und die Möglichkeit zu Erfahrung und Urteil verdankt. Er ist damit auch zugleich das Prinzip, das menschliches Handeln leitet und bestimmt. Die Moral ist damit auf *ein* grundlegendes und allgemeingültiges psychologisches Moment zurückgeführt. So wollte Helvétius die Wissenschaft vom Menschen und vom menschlichen Handeln mit den Methoden naturwissenschaftlichen Denkens kompatibel machen: «C'est par les faits que j'ai remonté aux causes.»[226] Auf diese Weise ließen sich dann auch nicht nur über Sein, sondern auch über Sollen Aussagen machen: «J'ai cru qu'on devoit traiter la Morale comme toutes les autres Sciences et faire une Morale comme une physique expérimentale.»[227] Voraussetzung einer solchen «Morale expérimentale» wäre eine gründliche Selbst-, Welt- und Menschenkenntnis, die Erfahrung mit den Erscheinungsformen und Wirkungen des «amour-propre» in seiner Funktion für individuelle und gesellschaftliche Lebenspraxis.

Im Gegensatz zu La Mettrie macht sich Helvétius ausführliche Gedanken zu der Frage von Relevanz, Gefahren und Möglichkeiten des «amour-propre» für gesellschaftliches Zusammenleben.[228] Wohlverstandener und wohlorganisierter «amour-propre» führe keineswegs zum *bellum omnium contra omnes*, sondern garantiere vielmehr allgemeine Wohlfahrt und Glück. Das Subjekt bestimmt sich *aus* der Empirie und *in* der Empirie. „Verbindliche Normen und die Vernunft, die sie hervorbringt, können nur als Produkt empirischer Subjekte, mit primären materiellen Interessen und Trieben entstanden sein ..."[229] Die Reflexion auf das «bien public» oder die «utilité publique» geht hervor aus den Bestimmungen des Subjekts. Da Leben Ausdruck des «amour-propre» ist, heißt richtiges und gelingendes, glückliches Leben aufgeklärte Gestaltung, Formung und Bildung des «amour-propre». Erfahrung darf durch keine Tabus, Lügen und Herrschaft – weder weltliche noch geistliche – eingeschränkt werden.[230] Nur auf diese Weise kann eine «Morale expérimentale» dem Wahrheitsanspruch genügen.

Die Idee, ein psychologisches Experiment durchzuführen und die auf Erfahrung basierende Erkenntnis der Selbstliebe als handlungsbestimmenden Trieb des Menschen für eine «Morale expérimentale» zu nutzen und damit Agathons Schwärmerei zu kurieren, verfolgten – wenn auch mit unterschiedlichen Intentionen – auch Aristipp und Hippias, und im Grunde sind alle Wielandschen Romane diskursive „Versuchsanordnungen“, wo mit der Frage nach dem richtigen und guten Leben dialogisch experimentiert wird. Das Ergebnis stimmt: Motivation und handlungsleitendes Moment war – trotz gegenteiliger Behauptung Agathons – der «amour-propre», die Selbstliebe. Aus Unkenntnis und mangelnder Aufklärung über den wahren Grund seines Handelns handelte Agathon falsch.

Hippias weiß den «amour-propre» der anderen zwar zu erkennen und auszunützen, macht aber einen Fehler, wenn er dies zur Erweiterung persönlicher Macht einsetzt. Eine ausführliche Charakterisierung des hedonistischen Machtmenschen, wie ihn Hippias verkörpert, findet sich wiederum bei Helvétius.[231] Es gäbe den Machtgierigen, der, ausschließlich um andere zu demütigen, Macht erwerbe und dabei Genuß empfinde. Helvétius vergleicht ihn mit dem frommen Heuchler, der auch nur andere quäle und dabei ein indirektes – hier auf das Leben nach dem Tode gerichtetes – Glück genieße, aber nichts vom wirklichen «plaisir» verstehe. Diese Sorte «ambitieux» sei selten, meint Helvétius. Die anderen aber, die nach Macht streben, um deren Vorteile dann zu genießen, seien in der Mehrzahl und sehr verbreitet. Es gilt nun zu zeigen, «comment des pareils hommes, ardens à la poursuite de tous les plaisirs, animés de ce seul motif, en sont souvent privés»[232]. Meistens – in Mitteleuropa wenigstens, denn Werte sind relativ – strebt der Mensch (der Mann) nach Macht um der Liebe willen.[233] Der Machtgierige muß nun, um sein Ziel zu erreichen, «s'arracher à tous les goûts, et sacrifit, presque toujours, le plaisir présent à l'espoir des plaisirs à venir»[234]. Dabei verselbständigt sich allerdings der Machttrieb und man ist nie mehr in der Lage, das nicht sofort genossene Glück einzuholen.[235] Der Machtgierige hat eine Seele, die von Befürchtungen und Hoffnungen umgetrieben ist und nie das ersehnte «vie tranquille»[236] erreicht.[237] Machtstreben ensteht ursprünglich aus hedonistischem Lustkalkül, verfehlt aber das Ziel, da es die Tendenz zur Verselbständigung hat. Hippias ist ein solcher «ambitieux», der durchaus etwas vom «plaisir» versteht, aber sein Bedürfnis, Macht über Menschen auszuüben, hat sich von dem Ziel der Befriedigung gelöst. Aus diesem Grund auch muß er an Agathon scheitern.[238]

Aristipp dagegen verliert das «plaisir» nicht aus den Augen, er hat seinen «amour-propre» radikal und ausschließlich auf die eigene Lust konzentriert im Prinzip seines ästhetischen Lebensentwurfs. Weder vom Geld noch von der Ehre verführt, weiß er um seine individuellen Bedürfnisse. Sein Genuß ist nie fremdbestimmt. Durch radikale Selbstkenntnis hat er sich vom Blick der anderen befreit. Diese Freiheit ermöglicht es ihm, sowohl politisch erfolgreich zu intervenieren – wenn es um *seine* Interessen geht, nicht in weltverbessernder Absicht – und pädagogisch-maieutisch mit Agathon umzugehen.[239] Nicht umsonst ist Aristipp kein spekulierender Philosoph, sondern ein Liebhaber der Kunst und Lebenskünstler. Er ist nicht der Vertreter einer systematischen Ethik, sondern ein *exemplum*, von dem nicht abstrahiert werden kann. Es gibt keinen theoretisch hochprozentigen Extrakt epikureischer Philosophie aus den Romanen Wielands zu destillieren, vielmehr gilt es, an den *exempla*, den Romanfiguren, die *ästhetische* Erfahrung zu machen, wie autonome Moral als Stilisierung des Lebens den unabschließbaren Prozeß eines Dialogs zwischen radikal-individualistischer Selbstbemeisterung und sinnlich erfahrener Lebenswirklichkeit ausmißt.

Es ist die epikureische Philosophie der Selbstsetzung, der Subjektkonstitution, die sich bei Wieland findet. Es geht nicht in erster Linie um Religions- oder Kirchenkritik, weniger auch um eine atomistische Naturphilosophie als vielmehr um Fragen eines angemessenen Umgangs mit sich und anderen mit dem Ziel eines guten Lebens. Dabei ist besonders in den Horaz-Kommentaren auf die wechselseitige Abhängigkeit von sensualistischer Erkenntnislehre und Ethik verwiesen. Die Problematik einer auf hedonistischem Glückskalkül basierenden Individualethik führen die beiden Figuren Hippias und Aristipp im Agathon-Roman vor, wobei hier zum erstenmal der Zusammenhang von Selbstbemächtigung und Macht über andere thematisiert ist. Die radikale Autonomie einer nach ästhetischen Kriterien konzipierten Existenz, wie sie im ›Aristipp‹ exemplifiziert ist, scheint *eine* mögliche Antwort Wielands auf dieses Problems darzustellen. Die völlige Autonomie dieses Entwurfs findet ihre Grenze jedoch im Umgang mit Sterben und Tod. Hier hilft nur zurückhaltend skeptische, epikureisch tröstende Philosophie, die sich auf ihre innerweltliche Kompetenz beschränkt. Ebenso wie die Ästhetik der Existenz also nichts Vollkommenes leistet, zielt auch Wielands Kunst nicht aufs Vollkommene, sondern thematisiert dialogisch die Spannung und die unaufhebbare Endlosigkeit, den Mangel an Teleologie aller Rede.

## 3. Epikureische Polularphilosophie: Von Knebel bis Friedrich II.

Als Abschluß dieses Aufrisses der Diskussion epikureischer Themen im 18. Jahrhundert soll noch einmal eine Anzahl verschiedener Aspekte beleuchtet werden, unter denen gegen Ende des Jahrhunderts die epikureische Philosophie zum Thema gemacht wird. Einmal durch den stärkeren Einfluß des französischen Materialismus angeregt, dann auch durch intensivere Rezeption des englischen Empirismus begünstigt, werden Fragen einer materialistischen Welterklärung, die sensualistische Wahrnehmungstheorie und eine autonome Moral diskutiert. Bei den radikal freigeistigen Aufklärern wie auch in Kreisen der Popularphilosophen, auch bei dem Baumgartenschüler Georg Friedrich Meier und am Hof Friedrichs II. lassen sich Spuren des hellenistischen Weltweisen finden.

Eine starke Strömung materialistischer Philosophie, wie es sie in Frankreich gab, kannte Deutschland im 18. Jahrhundert nicht. Allerdings wäre es auch nicht richtig, zu behaupten, der französische und englische Materialismus und Empirismus hätten in Deutschland keine Wirkung gehabt.[240] Deutliche Spuren einer Auseinandersetzung mit diesen Denkern finden sich z. B. in popularphilosophischen Abhandlungen[241], und auch in medizinischen oder psychologischen Schriften mit philosophischem Anspruch sind Hinweise besonders auf La Mettrie, d'Holbach und Helvétius, aber auch auf Locke, Hume, Hutcheson und Hartley zu erkennen. Insbesondere im Streit um das Wesen der Seele, ihre Unsterblichkeit und die „denkende" Materie werden dann atomistische und speziell epikureische Themen diskutiert. Hinweise auf Gassendi als potenten Gegner Descartes' sind beliebt, und antistoische Polemik wird mit epikureischen und horazschen Argumenten unterstützt.

Nicht selten brachten sensualistische und materialistische Thesen, besonders wenn es um Fragen der Beschaffenheit der Seele und um Unsterblichkeit ging, die Autoren in Bedrängnis; Verbot der Schriften, ihre Verbrennung, Haft oder Verbannung der Verfasser waren die Folgen. Noch 1821 fürchtet Karl Ludwig von Knebel, daß die Publikation seiner Lukrez-Übersetzung von kirchlichen Kreisen verhindert würde: „Meine Furcht ist vor den Pfaffen – vielleicht nur wie man sich vor den Gespenstern fürchtet – daß sie meinem Buche möchten ein Unheil zubereitet haben. An gutem Willen fehlt es ihnen nicht"[242], schreibt er an Goethe und staunt über die liberalen Verhältnisse im Ausland: „Ich war letzthin sehr verwundert, als mir der junge Lord Russel einige Stellen aus dem Lukrez citierte, der, wie er mir sagte, auch in ihren Schulen gelehrt würde. So was wäre ja in dem gelehrten Deutschland unerhört!"[243]

Knebel hat sich über 40 Jahre intensiv mit Lukrez beschäftigt. Von Epikur hatte er vielleicht schon früh seinem Lehrer Uz in Ansbach gehört, und auch sein Aufenthalt am Hof Friedrichs II. hatte ihn in Kontakt mit materialistischer Philosophie gebracht. Knebels eigene Lebensphilosophie ist davon stark geprägt, was auch der Herausgeber seiner Werke kritisch bemerkt: „Die Weisheit des Epikur (ist) etwas Nichtiges, das zu keinem Ding nütze ist, und an Knebel hatte sich die zu vertrauliche Beschäftigung mit Lukrez, den er als Dichter, Denker und Mensch zeitlebens mit sich herumtrug, nachtheilig genug bewährt ..."[244] Während Goethe sich fast ausschließlich für den *Dichter* Lukrez interessiert und die epikureische Philosophie unangenehm trocken findet[245], liegt Knebel selbst viel am philosophischen Gehalt des von ihm übersetzten Lehrgedichts. Darum – und aus apologetischen Gründen – stellt er der Ausgabe von 1831 eine Einführung in die epikureische Philosophie voran. Dort vergleicht er Demokrit und Epikur mit Sonnen, die „das Menschengeschlecht nicht nur mit neuen Strahlen zu reinigen und zu erleuchten, sondern auch mit einer herzlichen Weisheit zu erwärmen und gleichsam zu durchdringen"[246] versucht hätten. Wo Krankheit der Seele und Krankheit des Körpers entfernt sind, „ist die Natur in Übereinstimmung mit sich selbst, sie genießt angenehmer Empfindungen, und erfüllt also ihren wahren Endzweck"[247], so formuliert Knebel dieses Kernstück epikureischer Philosophie. Philosophie ist Arznei, sie muß praktisch wirksam sein, „Bezug auf wirkliche Existenz haben, und als Nahrung oder Heilkraft in die Adern des Lebens einfließen"[248]. Im Umgang mit dem Tod beweise sich die Wirksamkeit der Theorie in der Praxis. Eben darum kann Knebel auch das Ende des ›De rerum natura‹ als eine ästhetische „Einübung" in Leid- und Todeserfahrung erkennen und mißversteht sie nicht als Kulturpessimismus oder Menetekel: „Es ist ein Zeichen einer starken aber zugleich trefflichen Seele, wenn sie sich bei dem Leiden Anderer lange verweilen mag. Lucrez's Schilderung der Pest macht seinem Herzen wie seinem Geiste Ehre."[249] Der angemessene Umgang mit dem Tod gehört zur Selbstbemeisterung, die Knebel fordert: „Vor allen Dingen gebührt sich's, daß der Mensch Herr seiner selbst werde."[250] Dies ist aber nicht als gewalttätige Herrschaft zu verstehen, sondern basiert vielmehr auf einer positiven Selbstwahrnehmung: „Wer sich selbst nicht zu schätzen weiß, kann nie auf wahren Adel Anspruch machen."[251] Da die wahre Natur der Dinge unerkannt bleiben muß, sind sie nur durch eine „würdige Schätzung ... in Rücksicht auf uns selbst"[252] zu beurteilen. Auch die „Götter sind von jeher nur aus des Menschen Brust entstanden"[253]. Und so vertritt Knebel eine radikal autonome Moral und die Selbstbestimmung des Menschen in der Welt: „So lange der Mensch nicht einsehen lernt, daß sich sein wahrer Existenzkreis in ihm selbst beschließt, und daß nur durch Vervollkommung seiner selbst der wahre Zweck eines Lebens erreicht wird, so wird der Mensch in mehr oder weniger wilden Irrungen sich herumtreiben. Dieses zu erlernen ist freilich schwer, und er wird eher tausend Scheinmittel gebrauchen, ehe er sich den klaren Eingebungen seiner Vernunft hinzugeben fähig sein dürfte."[254] Eine Vervollkommnung seiner selbst und die Vermeidung aller anderen Irrungen wird den Menschen zum Besten führen, das er erreichen kann: „Das Höchste, was der Mensch in seinem geistigen Leben erlangen kann, ist doch ohne Zweifel die Ruhe der Seele."[255]

Nach diesen Ausführungen erstaunt es nicht, daß Knebel die epikureische Lebensphilosophie sehr schätzt und den Gründer der Schule verehrt: „Mit Recht setzte man ihm Bilder und Tempel."[256] Er selbst hat mit seiner Lukrez-Übersetzung wesentlich dazu beigetragen, epikureisches Denken zu verbreiten. Die Übersetzung wurde allgemein gelobt, und selbst der hervorragende Lateinkenner und in diesen Dingen sonst so strenge Kritiker Wieland äußerte sich begeistert zu Knebels Leistung und ließ immer wieder ganze Bücher aus dem neuen deutschen Lukrez im ›Teutschen Merkur‹ abdrucken.[257]

Es war allerdings eher die Ausnahme in dieser Zeit, daß die Altphilologie zur Ausbreitung epikureischer Philosophie einen so wichtigen Beitrag leistete; vielmehr waren es die Psychologie und die Medizin, die vor allem in Konfrontation mit der orthodoxen Theologie sowohl in naturwissenschaftlichen als auch in ethischen Fragen auf die epikureische Tradition zurückgriffen. Allerdings wird man dabei selten von einer direkten und ausführlichen Lektüre Epikurs ausgehen können. In den meisten Fällen wird auf Epikur, Demokrit und Leukipp im Zusammenhang mit atomistischen Theorien nur verwiesen. Materialistische und sensualistische Thesen werden häufig mit den Autoritäten der französischen und englischen Philosophen und weniger mit antiken Autoren unterstützt.

Im Kampf gegen Aberglauben und in skeptischen Warnungen vor einer Überschätzung der Möglichkeiten menschlicher Vernunft werden die Alten besonders gerne zitiert. Wenn von Vampiren und der Unsterblichkeit der Seele die Rede ist, seufzt der radikale Demokrat und materialistisch gesonnene Aufklärer Karl v. Knoblauch zu Hatzbach: „O Demokrit! o Sextus! o Pyrrho, meine Freunde! wo seyd ihr? – – –"[258] Als Anhänger der Atomistik und Leser d'Holbachs hält er die christliche Transubstantationslehre selbstverständlich für Augenwischerei – „eine Menge Oblaten, welche nichts als Wasser und Mehl sind"[259]. Tod ist darum für ihn kein philosophisches Problem, denn es sei offensichtlich, „daß jeder Mensch nur e i n e n Körper jedesmal habe, und daß dieser Körper e i n Ganzes sey, eine physische Einheit sey, welche durch den Tod in unzählige Bruchteilchen resolvirt wird, und also ihre Individualität verliert"[260].

Eine wichtige Rolle in der physiologisch-psychologischen Diskussion spielt das Buch eines Würzburger Mediziners, ›Der philosophische Arzt‹[261]. Melchior Adam Weikard vertritt einen sensualistisch-materialistischen

Standpunkt. Denken sei ohne entsprechende materielle, d.h. körperliche Vermittlung nicht möglich. „Empfindungszasern" seien die physischen Voraussetzungen für Wahrnehmung, und grundsätzlich gäbe es keinen Unterschied zwischen Empfinden und Denken. Als akzeptable Seelentheorien läßt er nur die Auffassung des Menschen als selbsttätige Maschine gelten; die Seele bestünde entweder aus im Körper verstreuten Atomen oder sei eine lokalisierbare Substanz; mit der Materialität der Seele vertritt er auch ihre Sterblichkeit. Sein Buch ist keineswegs als medizinisches Lehrbuch konzipiert, sondern hat einen philosophischen Anspruch: „Mein Hauptzweck ist, etwas zur Geschichte der Menschheit, zur Aufklärung des Menschenverstandes, und zur Ruhe und Zufriedenheit der Menschenherzen beizutragen."[262] Ruhe und Zufriedenheit sind für ihn allerdings nicht stoische Unempfindlichkeit. Den „Hochmuth eines Chrysippus" findet er „unausstehlich".[263] Er sieht die Aufgabe des Philosophen vielmehr darin, „daß er sich bestrebt, gegen alles gleich empfindlich, gleich fühlbar zu seyn"[264], und dies soll kein mönchisches Lebensprogramm eines Stubengelehrten sein, denn die „organische Anlage zur philosophischen Denkungsart" kann durchaus mit „Wein und Liebe" stimuliert werden.[265]

Michael Hißmann, ordentlicher Professor in Göttingen (neben Berlin dem zweiten Zentrum der Popularphilosophie), war ein Anhänger der Weikardschen Vorstellungen. In seiner ›Anleitung zur Kenntnis der auserlesenen Literatur in allen Theilen der Philosophie‹ empfiehlt er den ›Philosophischen Arzt‹ zur Lektüre. Außerdem hält er in Fragen der Materialität der Seele die Kenntis der Schriften La Mettries und der frühaufklärerischen Schrift ›Zweyer guten Freunde Briefwechsel‹ für angebracht. Auch Helvétius' ›De l'Esprit‹ erwähnt er dort lobend.[266] Allem Dogmatischen abgeneigt, schätzt er die skeptische Tradition und rät die Schriften von Sextus, La Mothe le Vayer, Hume und d'Argens zu lesen.[267] In Gassendi sieht er den Gegenspieler Descartes' und Überwinder der „politische(n) Herrschaft"[268] der Aristoteliker. Er trennt Religion und Moral und verteidigt nach Bayleschem Muster die Atheisten: „Die meisten ... waren rechtschaffene, gute Menschen. Die Moral fällt auch in der That mit der Lehre von Gott nicht dahin. Der Mensch muß tugendhaft seyn, wenn er glücklich seyn will, er mag an Gott glauben oder nicht."[269] Hißmann bemühte sich, Philosophie auch außerhalb des universitären Milieus bekannt und interessant zu machen. Er schrieb Beiträge für Wielands Merkur und gab selbst das ›Magazin für die Philosophie und ihre Geschichte‹[270] heraus. Dort findet sich im zweiten Band eine Abhandlung ›Über das Verlangen‹ von Johannes Merian, der auf Vorschlag von Maupertuis ab 1770 Direktor der Abteilung für die schönen Wissenschaften der Akademie in Berlin war. Epikurs Genußphilosophie wird in diesem Artikel ausführlich dargestellt und verteidigt. „Das Verlangen ist demnach ein Uebel, und der Genuß ist das Mittel gegen dieses

Uebel. Aus diesem Gesichtspunkt sah Epikur die Wollust an, wenn er sie durch die Befreiung von Schmerz erklärte!"[271] Merian referiert die Unterscheidung von „bewegender Wollust" und „stehender Wollust", welche Epikur mehr geschätzt habe, denn „er würde die bewegende Wollust gern aufgeopfert haben, wenn er ohne sie zur stehenden Wollust hätte gelangen können. Dieses ganze Raisonnement ist sehr vernünftig."[272] Seine Theorie des Verlangens zielt auf praktische Anwendbarkeit in Frage der Moral, und auch hier setzt er auf Epikur.[273] Das Leben sei eine Kette von Leidenschaften und Vergnügungen, und es komme auf die richtige Wahl der Vergnügungen an, damit man dauerhaftes und stabiles Glück erreichen könne: „Man lasse sein Vergnügen auf wichtige Gegenstände, auf Vergnügungen des Geistes gerichtet seyn, die einzigen sind, die dem Zahn der Zeit widerstehen."[274]

Auch von Charles Batteux, meist nur als Autor des ›Traité sur les beaux-arts réduits à un même principe‹ zitiert, finden sich in Hißmanns Magazin einige Beiträge. Einmal geht es um die ›Entwicklung eines Hauptgrundsatzes der alten Physik, aus welchem die Antworten auf die Einwände fließen, die Aristoteles, Lukrez und Bayle gegen das System des Anaxagoras gemacht haben‹[275], in seinem anderen Artikel bespricht er die ›Entwicklung der Moral Aristipps mit Rücksicht auf die Erläuterung einer Stelle im Horaz‹[276]. Trotz grundsätzlicher Ablehnung des Lukrezschen Systems kann Batteux nicht umhin, die Konsistenz der Argumentation zu loben, und verteidigt die Korpuskulartheorie sogar gegen die Einwände Bayles. An der Aristippschen Philosophie betont er zunächst ihren Erkenntnisskeptizismus, was die „außer ihm existierenden Dinge"[277] angehe, und die darauf basierende sensualistische Wahrnehmungstheorie. Anders als die Epikureer hätten die Kyrenaiker einen positiven Lustbegriff. Er untersucht dann die Gemeinsamkeiten und Unterschiede von Epikureismus und Stoizismus. In beiden Schulen, so meint er, stimme man darin überein, daß der Weise sich „einzig und allein an das höchste Gut halten müsse" und daß „dies höchste Gut die Vollkommenheit der Natur sey".[278] Nur in der Frage, was nun die Vollkommenheit der Natur zu bedeuten habe, würden die Interpretationen auseinandergehen. „Da aber das Wort Natur entweder für das ganze menschliche Geschlecht überhaupt, oder für jedes einzelne Individuum insbesondere, genommen werden kann, und die Stoiker die erste Bedeutung annahmen: so schlossen sie, der Weise müsse sich selbst vergessen, um bloß an das gemeinschaftliche Beste zu denken. Dies war die über die Selbstliebe herrschende Tugend. Die Cyrenaiker hatten die zwote Bedeutung des Worts Natur angenommen. Sie glaubten daher, der Weise müsse das gemeinschaftliche Beste ganz vernachlässigen, um sich blos mit seinem eigenen besonderen Besten abzugeben. Hier herrschte demnach die Selbstliebe über die Tugend."[279] Für Batteux ist somit weder der Sensualismus noch der Materialismus und nicht einmal die Theologie Epikurs das primäre Ziel seiner Angriffe, sondern es ist der radikale Individualismus, den er nur als Egoismus verstehen und kritisieren kann. In seiner 1774 deutsch erschienenen Schrift ›Die Moral des Epikur, aus seinen eigenen Schriften ausgezogen‹[280] geht er ausführlicher auf diese Frage ein. Eine Beschäftigung mit Epikur hält er für wichtig, da von ihm so viel und nicht immer angemessen die Rede sei. „Seit ohngefähr hundert Jahren sucht man nicht nur ihn zu rechtfertigen, ihm sogar die prächtigsten und vorzüglichsten Lobeserhebungen beyzulegen, in Betracht seiner tiefen Weisheit, seiner strengen Tugend, seiner Moral, die aus den Quellen der Natur geschöpft sein soll."[281] Gassendi sei zwar ein guter Leitfaden, aber auch er habe Epikur nicht adäquat wiedergegeben.[282] Die Qualitäten der epikureischen Lehre sieht er zunächst in ihrer praktischen Antwort auf drängende Probleme, „die leeren Streitigkeiten der Schulen"[283] habe sie nicht mitgemacht. Vervollkommnung als Lebensziel sei mehreren griechischen Philosophien gemeinsam, betont er auch hier. Die Stoiker betrieben sie im Hinblick auf das Ganze, Aristoteliker und Platoniker im Hinblick auf das menschliche Geschlecht, und in „der dritten Klasse macht jeder Mensch insbesondere sich zum Mittelpunkt des Ganzen und der Gesellschaft: auf sich allein bezieht er alles."[284] Selbstliebe ist der Ausgangspunkt dieser Philosophierichtung. Auch dies kann Batteux nicht grundsätzlich tadeln, im Gegenteil: „Die heydnischen Philosophen hatten diese Hauptwahrheit begriffen: *daß die Eigenliebe der Grund aller menschlichen Handlungen*, und die wahre Richtschnur der Menschheit wäre, wenn sie gehörig geleitet würde."[285] Genau diese „gehörige Leitung" aber scheint ihm eine autonome Moral nicht gewährleisten zu können. Erst die ewige Glückseligkeit nach dem Tod und Gehorsam gegenüber den Gesetzen Gottes könnten eine dem eigenen und dem Gemeinwohl gleichermaßen entsprechende Ausrichtung der Selbstliebe garantieren: „Was hindert euch, mit diesen Beweisgründen der Natur eurer Gesundheit, und der Policey eurer Sicherheit wegen zu gehorchen; den Gehorsam gegen eine Gottheit zu verbinden, um euch der künftigen Glückseligkeit zu versichern, wider welche euch aller geometrischer Beweisgrund fehlt?"[286]

Nicht vom religiösen Standpunkt, sondern eher aus sozialer Perspektive argumentierend, stimmt ihm der Rezensent einer epikureerfreundlichen Schrift zu: „Die vornehmsten Grundsätze Epikurs sind freylich eigennützig, und gehen nur auf die persönliche Glückseligkeit jedes Individui, an Patriotismus, Eifer für das Wohl der Menschen wird dabey gar nicht gedacht; doch brachte sein von Natur aus gutes Herz ihn von den Verwirrungen seines Verstandes manchmal zurück und gab ihm Lehren ein, die jenen Grundsätzen widersprachen."[287] Neben Einwänden gegen die angeblich widersprüchliche Theologie des Epikur ist dies auch der Hauptvorwurf, den Christoph Meiners gegen ihn erhebt. Der „Gargetische Greis", der in Frankreich seit

Gassendis Tagen „als der größte Freund des menschlichen Geschlechts, als der Lehrer der gefälligen Tugend, als der Erfinder des wahren Systems der Glückseligkeit, der allein Rechtschaffenheit und Vergnügen glücklich miteinander vereinigt habe, empfohlen wird“[288], habe nur an den Einzelnen gedacht, nie aber an die Gemeinschaft. Und auch Gassendi, der „verehrungswüridige Mann“, habe nicht zeigen können, daß Epikur „nicht blos die Erhaltung, und das Wohl des Individuums, sondern auch anderer Menschen zur Absicht hat, und mit der Glückseligkeit ganzer Nationen vereinbar sey“[289]. Die autonome Moral Epikurs ohne religiöse Absicherung der Normen provoziert hier weniger Empörung und Atheismusvorwurf, vielmehr wird sie als nicht ausreichend plausibel fundiert und darum im Grunde als sozial gefährdend angesehen. Abgesichert durch eine göttliche Macht und eingebettet in christliche Vorstellungen vom Jenseits, könnten die praktischen Lebensregeln nach epikureischem Muster allerdings akzeptabel sein. Die Einstellung der antiken Philosophen zum Tod z. B. zieht Meiners der christlichen Haltung vor. Dabei wird die Inkonsequenz seines Entwurfs deutlich, der einmal göttliche Sanktionen als notwendiges Druckmittel ansieht, dann aber die daraus resultierende Bedrückung der menschlichen Existenz ablehnt. Tatsächlich mache die Angst vor Bestrafung den Gedanken an Tod für den Christen zu einer noch größeren Qual. „Unerschrockenheit und scherzende Verachtung des Todes bei Epicuräern und Stoikern“[290] dagegen bewundert er. Als ein vom „Leben gestättigter Gast“[291] – so formuliert er mit Horaz – sollte man die Welt wie eine Herberge verlassen. Ein zufrieden und ausgefüllt vollbrachtes Leben sei das beste Palliativum gegen Todesangst, und wer dies vorbildlich verwirklicht habe, sagt er ganz eindeutig: „Denkende Wollüstlinge, die den Becher der menschlichen Freuden bis auf seine Hefen ausgeleert hatten, hielten den noch übrigen Rest ihrer Tage für ein kleines unbeträchtliches Gut, das sie mit der größten Gelassenheit abzutreten, bereit waren, und den Tod für ein so kleines Übel, das eines verdrüßlichen Schauders, so wenig, als das Leben eines ernstlichen Wunsches werth sey.“[292] Diesen denkenden Wollüstlingen gehört seine Sympathie, und er rechnet damit, daß auch seine Leser wissen, daß er hier nicht von Romanhelden oder Idealtypen spricht: „So dachten St. Evremont, Chaulieu, La Fare, und alle Mitglieder der fröhlichen Gesellschaft, wovon diese Männer in Frankreich und Engelland Häupter und Anführer waren. Ich würde Stellen aus ihren Werken anführen, wenn ich nicht befürchtete, und zugleich glaubte, daß diejenigen, die dieß lesen, mit den Schriften dieser jungen Schüler des Epikurs bekannt seyn werden.“[293]

Während Batteux und Meiners an der christlich-augustinischen Auffassung festhalten, daß Selbstliebe fremder – d. h. religiöser – Autorität unterworfen werden müsse, da sie sich selbstregulierenden, bildenden und stilisierenden Zugriffen entziehe, greifen diejenigen, die den Begründungszusammenhang von Religion und Moral aufheben wollen, auf die Idee einer positiv gestaltbaren Selbstliebe zurück. Die Kriterien, nach denen eine richtig ausgebildete Selbstliebe beurteilt wird, sind das Vergnügen, das dabei entsteht, und das Glück, das sich daraus ergibt. Angemessene Selbstliebe ist Genuß einer ästhetischen, harmonischen Vollkommenheit des Selbst.

Michael Ringeltaube z. B. beschreibt diesen Zustand als eine gelungene Einheit aller menschlichen Anlagen. Die Haltung, die der Mensch dann zu sich einnimmt, sei „zärtlich". „Da aber der moralische Mensch ein sinnliches und vernünftiges Wesen in einer Person und Harmonie ist; so vereinigt er auch eine doppelte Selbstliebe und Zärtlichkeit auf sich."[294] Die Zärtlichkeit soll aber nicht nur Selbstgenuß sein, sondern „enthält eine Fertigkeit in einer richtigen Selbsterkenntnis"[295]. Die Idee einer möglichen harmonischen Identität wird hier mehr beschworen, als beschrieben. Das Ideal eines ständig sich selbst wohlwollenden Ich, das doch Selbstkenntnis hat, schließt die Möglichkeiten der kritischen Selbstbeobachtung, der Distanzierung und der Aufdeckung von Lüge und Verdrängung aus. Der Mensch scheint sich selbst ein vollständig durchschaubares Wesen zu sein. Die Selbstliebe, die von den Moralisten ja gerade als immer versteckter und doch allgegenwärtiger, notwendiger und doch schädlicher Trieb „entdeckt" worden war, hat ihre Ambivalenz hier ganz verloren und damit auch einen Großteil ihrer Erklärungskraft. Wenn Selbstliebe bzw. Sorge um sich und Selbsterkenntnis nicht als Aufgabe und Anspruch formuliert sind, sondern nur als beschreibende Termini des idealen moralisch-ästhetischen Menschen fungieren, werden sie wie hier versöhnlerisch seicht.

Anders versucht Georg Friedrich Meier in seiner ›Sittenlehre‹[296] das Problem anzugehen. Neben einem Kapitel über die Eigenliebe findet man dort einen Abschnitt „Von der Sorge für uns selbst". Die Eigenliebe scheint mehr eine anthropologische Bestimmung zu sein, Quelle und Grund aller Handlungen und im Falle ihrer „Wohlgeordnetheit" die Voraussetzung für tugendhaftes Handeln. Sorge für sich selbst ist dagegen keine anthropologische Kategorie, sondern ein Teil der praktischen Philosophie. „Wir tragen für eine Sache Sorge, wenn wir uns die Vollkommenheit derselben als einen Zweck setzen, und die Mittel derselben zu erkennen und wirklich zu machen suchen."[297] Die Vollkommenheit seiner selbst ist der theoretische Zweck, den die Selbstsorge verfolgt, aber nie erreicht: „Folglich mag ein Mensch noch so vollkommen seyn, er findet allemal noch etwas an sich zu verbessern. Und ein Mensch ist demnach ohne alle Einschrenckung verbunden, beständig aufs möglichste für sich zu sorgen, und sich zu verbessern."[298] Selbstsorge zielt darauf, den Menschen von „Unvollkommenheiten zu befreyen"[299], d. h. sie ist „das Bestreben sich selbst zu bessern, oder zu corrigieren"[300]. Wichtig ist, daß man sie nicht mit einem sorgenvollen Leben verwechselt und auch nicht diejenigen bewundert, die (angeblich) sorglos leben. Beides ist eine Folge mangelnder Vernunft und Klugheit. Außerdem darf die Sorge sich nur auf Dinge erstrecken, die in ihrer Macht liegen: „Und wenn unsere Sorgen dahin gerichtet sind, ein Uebel zu vermeiden, so muß es nicht nur ein wahres Uebel seyn; sondern es muß auch in unserem Zustande würklich seyn, oder werden können, und nicht nur überhaupt ein vermeidliches Uebel seyn, sondern auch ein Uebel, welches durch unsere Bemühung vermieden werden kan.“[301] Selbstsorge setzt also vernünftige Welteinschätzung und Erfahrung voraus. Außerdem ist sie eine Frage der Übung und ständigen Anstrengung, von „Treue“ und „Fleiß“.[302] Es ist notwendig, nicht nur die Zwecke zu erkennen und die entsprechenden Mittel klug auszuwählen, sondern die erfolgreiche Anwendung der Mittel erfordert zusätzlich noch eine größtmögliche „Herrschaft über sich“[303]. Herrschaft über sich bedeutet „nach unserm Belieben, die Kräfte unserer Seele und unsers Körpers, brauchen können, wenn und wie wir wollen“[304]. Auf diese Weise erst können die von der Selbstsorge ersonnenen Mittel in die Tat umgesetzt werden und damit dem Zweck eines harmonischen glücklichen Lebens dienen.[305] „Bald müssen wir einen Affect z. E. eine Liebe zu einer Sache haben, bald müssen wir unsere Affecten dämpfen. Bald müssen wir die Bewegung vornehmen, bald eine andere.“[306] Ein solcher Umgang mit sich selbst ist eine Kunst. Diese „Lebens-Kunst“ ist lernbar und lehrbar, wenn es auch nicht jeder zum Virtuosen bringen wird. „Kurz, man gebe nur auf sich selbst Achtung, so wird man finden, daß unser ganzes Leben, in so ferne es ein Mittel zu unserer Glückseligkeit ist, eine Aehnlichkeit mit einem musicalischen Stücke hat, und unsere Kräfte sind die Saiten.“[307]

Die Aufklärung forderte eine nützliche Kunst, fragt nach dem *prodesse* und beurteilt den moralischen Wert eines Werks; dies gilt im allgemeinen als charakteristisch. Weniger häufig wird darauf hingewiesen, daß es auch eine „ästhetische“ Moral gibt, daß Ethik als Lebenskunst verstanden, daß das Ideal einer moralischen Selbstvervollkommnung als Schönheit des Lebens gesehen wurde.[308] Die Aufwertung des Sinnlichen ermöglicht diese enge Verknüpfung.

Selbstsorge, wie sie G. F. Meier empfiehlt, ist eines der zentralen Themen hellenistischer Philosophie.[309] Wie Foucault am Beispiel der stoischen „Epimeleia“ zeigte, handelt es sich um eine moralisch-ästhetische „Stilisierung“ des Lebens. Radikaler als der Stoizismus, der den in der Natur waltenden Logos zur Leitung hat, ist der Epikureismus auf die individuelle Wahrnehmung von Lust und Unlust verwiesen. Theoretisch wird eine dauerhafte Lust – als Freiheit von Unlust – angestrebt, in der Praxis stellt sich dies als dauernde Übung, als „Askesis“, als Selbstsorge in Annäherung an das Ziel dar. Die Beschäftigung mit dieser immer vorläufig bleibenden Selbstsetzung und Selbstbildung, die Thematisierung des Defekten statt des Perfekten, der mißlingende Bildungsroman, der das Telos einer versöhnten Harmonie verfehlt, und die eklektizistisch-individuelle Selbstsorge sind eher von skeptischem Denken geprägt als an spekulativer Systematik interessiert, entsprechen eher einem „postklassischen" als einem klassischen Stil und scheinen mit der Idee mühsamer «bricolage» eher postmodernem als modernem Denken verwandt.

„Epikur ist der Philosoph der Menschheit, Zeno der der Götter, und ich bin ein Mensch."[310] So schreibt Friedrich II. 1759 an seinen Freund Marquis d'Argens. Und was es für ihn bedeutet, ein Mensch und kein Gott zu sein, erfährt man aus einem seiner Briefe an d'Alembert: „Hätte Zeno aus Elea vierzehn Gichtanfälle hintereinander gehabt wie ich, vermutlich hätte er dann nicht mehr bezweifelt, daß die Gicht ein sehr reales Übel ist. Ob nun der Körper der Behälter der Seele ist oder ob er ihren Organismus erst schafft, fest steht doch, daß die Materie gewaltigen Einfluß auf das Denken hat und daß ihre Leiden den Geist auf die Dauer trüben und unterdrücken. Die Natur hat uns zu fühlenden Wesen gebildet und die Stoa kann uns durch Sophismen nicht fühllos machen, oder sie müßte anders geartete Wesen an unsere Stelle setzen."[311] Die Sinnlichkeit des Menschen bereitet diesem aber nicht nur Leiden, sondern sie stellt auch seine – einzige – Erkenntnisquelle dar: „Den Sinnen haben wir alles zudanken; / Sie sinds die unsern schwachen Geist ernähren."[312] Darum auch soll man auf die Beantwortung metaphysischer Fragen verzichten und sich statt dessen der nützlichen Sittenlehre zuwenden.[313] Mit ihr kann man über Schicksale triumphieren und die Freuden genießen, ohne von ihnen beherrscht zu werden: „Daß Epikur der Stoa sich verbinde! / *Ihm* leihe Schwung und mache *sie* gelinde: / Je sanfter man zu dir des Weges ziehet, / je lieber wird die Menschheit Dir sich weihen. / Mein ganzes Forschen gelte Dir allein, / solange das Geschick mir Frist gewährt! / Nicht grübelnd will ich meine Zeit verschwenden, / Die zum Genießen die Natur beschehrt: : Mich soll Descartes und Leibniz nicht verblenden."[314] Dieser Brief „über die Schwäche des menschlichen Verstandes" ist an den Marquis d'Argens gerichtet. Er war zeitweilig Kammerherr bei Friedrich II. und Direktor der preußischen Akademie der Wissenschaften in Berlin. „Sehr ehrenhaft und sehr sinnlich, liebenswürdig und witzig, ein dem Genuß ergebener Mann ..."[315], so beschreibt Giacomo Casanova diesen Epikureer. Kaum verwunderlich, daß der Marquis sich auch theoretisch näher mit der epikureischen Philosophie beschäftigt hat: „Die Wollust dieses Philosophen ist nicht allein der Tugend nicht zuwider, sondern sie giebet ihr auch einen neuen Glantz, und machet sie, so zu reden, viel munterer, geselliger und nützlicher."[316] Darum sind Epikureer auch so angenehm im Umgang, „still und mitleidig", „artig und ehrlich".[317] Ruhe des Gemüts und der Genuß dessen, was man besitzt, sind die erstrebenswerten Ziele seiner Lebensphilosophie. D'Argens war allerdings nicht nur ein friedlicher Genußmensch, sondern er kritisierte in seinen ›Lettres juives‹ und den ›Lettres chinoises‹ hinter der Maske aus anderen Kulturen stammender Briefpartner die Zustände in Frankreich. In den ›Lettres chinoises‹ werden versteckt die Argumente von Deismus und Atheismus ausgetauscht.[318]

Friedrich II. selbst äußert sich freimütiger zu seiner religiösen Einstellung. Anläßlich einer Taufpatenschaft schreibt er an Maupertuis: „Wer hätte gedacht, daß ein eifriger Schüler Epikurs andächtig Wasser auf das Haupt eines Kindes gießen lasse, im Namen von drei Personen, die nur eine einzige sind, und daß ich nun wirklich einen Christen fabriziert habe!“[319] Sein Credo lautet anders: „Die wahre Philosophie besteht nach meiner Meinung darin, sich den rechten Genuß nicht zu versagen, aber den Mißbrauch zu verurteilen. Man muß alles entbehren können und doch auf nichts verzichten ... Ich halte mich an Locke, an meinen Freund Lukrez, an meinen guten Kaiser Marc Aurel. Die haben uns, von der Physik Epikurs abgesehn, alles gesagt, was wir wissen können, alles was geeignet ist, uns maßvoll, gut und weise zu machen.“[320] „Ein Königtum der Widersprüche“[321]: Aus den Briefen spricht das Selbstverständnis Friedrichs II. als Denker der Aufklärung. Sein politisches Handeln dagegen ist von den Prinzipien der Staatsräson und des Machtstaatsdenkens geprägt. An der Geschichte der Friedrich-Historiographie läßt sich erkennen, wie schwierig es ist, diese Dichotomie zu erfassen.[322] „Ich bin ein Philosoph am falschen Fleck ... Wider Willen muß ich mich mit diesen großen Geschäften befassen und gegen die Vorschriften unseres heiligen Epikur verstoßen, der seinen Weisen gebeut, sich nicht in die Regierung zu mischen.“[323] Mit Epikur läßt sich nicht regieren. Die Aufklärer, die Friedrich seinem Freund Voltaire als Wächter über das Glück der Menschheit empfiehlt, können vielleicht die Cherubime vertreten – Epikureismus statt Christentum –, aber zur Politik haben sie nichts zu sagen: „Ich empfehle sie dem heiligen Schutz Epikurs, Aristipps, Lockes, Gassendis, Bayles und aller jener vorurteilslosen Geister, die ihr unsterblicher Genius zu Cherubimen an der Bundeslade der Menschheit gemacht hat.“[324]

Die Philosophie des Selbstbewußtsein, der Selbstsorge, der Subjektkonstitution wie Epikur sie lehrt, setzt die Befreiung von sämtlichen heteronomen Mächten voraus. Schicksalsgläubigkeit, falsche Religiosität, politische Unterdrückung oder Abhängigkeit von der öffentlichen Meinung lassen sich mit dem Konzept einer selbstbestimmten Lebensführung nicht vereinbaren. Die prometheische Geste der Befreiung aus der Unmündigkeit, die Befreiung zu einem (unlust)freien Leben, ist eine der wichtigsten Attraktionen epikureischer Philosophie. Eine positive und nicht nur polemisch sich abgrenzende Bestimmung des Zustandes eines (angst)freien Lebens bleibt dabei problematisch. Ausschließlich auf sein Selbst verwiesen, ist es für den Einzelnen schwierig, die Parameter einer solchen Subjektkonstitution zu finden. Die Orientierung an den Modellen der Konversation, der musikalischen Harmonie, einer mehr oder weniger stabilen Ausgeglichenheit des Wohlbefindens, oder das Beispiel der natürlichen Ökologie scheinen in einer zunehmend von der Exaktheit des naturwissenschaftlichen Diskurses geprägten Diskussion wenig Plausibilität gewinnen zu können. Die vielen gescheiterten Versuche, eine allgemein verbindliche präskriptiv-normative Ethik philosophisch zu begründen, lassen allerdings vermuten, daß Epikureisches auch dort wieder rezipiert werden könnte, wo im Augenblick noch eher eine Ablehnung dieses Denkens als minderbedeutender Rückzugsphilosophie bzw. überkommener Ratgeberliteratur vorherrscht. Problematisch bleibt die Frage, in welchem Verhältnis die Selbstermächtigung des Einzelnen zur Machtausübung über andere steht. Die Freundschaftsidee des Epikureismus, die nicht zu einer common sense-Philosophie zu führen scheint, kann zur Beantwortung dieser Frage ebensowenig beitragen wie die Forderung nach christlicher Nächstenliebe. Widersprüche und Skepsis: Der Epikureismus des 18. Jahrhunderts wird auch dieses Erbe an die folgenden Jahrhunderte weiterreichen. Ob sich epikureische Spuren dort in ähnlich deutlicher Weise finden lassen, wäre zu untersuchen; womöglich verläuft die Tradition – für den Epikureismus nicht untypisch – in gleichsam untergründiger Kontinuität und Intensität. Ein „Ausblick“ auf diese ungeschriebene Geschichte des Epikureismus soll gestatten, auf einige Anhaltspunkte der weiteren Rezeption hinzuweisen.

# VI. Ausblick

## 1. Büchner, Nietzsche, Marx: Epikur – Melancholischer Dekadent oder Prometheischer Aufklärer?

Büchner, Nietzsche, Marx: Was kann ihnen die Gartenphilosophie des Epikur bedeuten? Das 19. Jahrhundert als Jahrhundert der Industrialisierung, des "nation-building" und der sozialen Frage – hedonistisches Lustkalkül scheint hier fehl am Platze. Revolution und „Krieg den Palästen", Klassenkampf und der Sieg des Übermenschen assoziieren nicht selbstverständlich den bescheidenen Weisen und friedlichen Lebenskünstler.

Im 19. Jahrhundert sind es die polemischen und radikalen Momente der epikureischen Lehre von der Autonomie des Menschen, der aufklärerische Kampf der Epikureer gegen die Angst und mehr denn je die materialistischen Grundlagen dieser Philosophie, die nun Epikureismus ausmachen.

Büchner, Nietzsche, Marx: Sie waren keine Epikureer, aber jeder hatte Epikur gelesen und bei jedem findet sich Epikureisches. Mit einer epikureischen Spurensuche soll hier nun weder der Versuch unternommen werden, ein ganzes Jahrhundert in den Blick zu bekommen, noch auch nur eine umfassende Deutung der einzelnen Werke angestrebt sein. Es geht darum, in einem kurzen Überblick zu zeigen, daß Motive aus der epikureischen Tradition im Zusammenhang mit „Glück", „Macht" und der Frage nach dem Subjekt, nach angstfreiem, gelingendem Leben auch im gewandelten Kontext neuer politischer, ökonomischer, sozialer und ästhetischer Probleme- und Fragestellungen des 19. Jahrhunderts thematisiert werden. Dabei soll angedeutet werden, daß im 19. Jahrhundert diese aufklärerischen Motive eine viel bedeutendere Rolle spielen als gemeinhin wohl angenommen. Die Auseinandersetzung mit der Philosophie der Aufklärung ist eines der großen Themen der geistesgeschichtlichen Entwicklung im 19. Jahrhundert. Auch Adaption, Variation und Kritik der cartesianischen Philosophie dürften hier – wie eben im 18. Jahrhundert – von größerer Bedeutung sein, als dies für das Jahrhundert der Hegelschen Philosophie üblicherweise betont wird. Es kann hier die Frage nach einer Art „zweiten Aufklärung" nur angedeutet werden; die Tradition und Innovation *eines* dieser aufklärerischen Philosopheme – eben des epikureischen – im 19. Jahrhundert sollte aber kurz skizziert werden, auch und gerade im Hinblick auf die Stellung aufklärerischen Denkens im 20. Jahrhundert.

Notwendig scheint dieser Exkurs auch darum, weil spätestens im „Ausblick“ mit der Frage nach dem Aufklärer Epikur auch die Frage gestellt werden muß, ob dann, wenn heute von Aufklärung die Rede ist, noch von Epikur gesprochen wird, oder ob vorsichtiger Reduktionismus in Zeiten ständiger Bedürfnismaximierung nicht mehr angesagt ist, oder ob gar der flotte Hedonismus westlicher Provenienz einen Anspruch auf das Erbe des bescheidenen Käseessers erhebt.[1]

### a) Büchner: Danton, der sterbende Epikureer

Büchner war Mediziner, und natürlich kannte er die französischen Materialisten.[2] Die enge Verbindung von Materialismus und Medizin, wie sie schon betont wurde, zeigt sich auch hier wieder.[3] „Wir haben nicht Hände, damit wir greifen können, sondern wir greifen, weil wir Hände haben.“[4] Mit ganz ähnlichen Formulierungen wie Büchner hier in seiner Probevorlesung über Schädelnerven hatten schon La Mettrie und Diderot jegliche Teleologie in der Natur bestritten: „Sie ist in allen ihren Äußerungen sich unmittelbar *selbst genug*.“[5] Darum müssen Wirkungen und nicht Zwecke untersucht werden. Das Nachdenken über Wirkungen nennt Büchner „philosophisch“. Es ist damit eine empirische Philosophie gemeint, die eklektisch in einem „ungeheuren, durch den Fleiß von Jahrhunderten zusammengeschleppten Material“[6] versucht, Zusammenhänge und Ordnungen zu erkennen, und sich mit kleinen Fortschritten begnügt, da sie „nichts Ganzes erreicht“[7]. Da „alles, was ist um seiner selbst willen da“ ist, zieht er in seiner Schrift ›Über den Selbstmord‹ daraus den konsequenten Schluß, daß Suizid nicht dem Gesetz des Seins entspricht, „daß der Selbstmord *unnatürlich* sei, weil er einen *natürlichen* Trieb unterdrücke“[8]. Es sind nicht die üblichen theologischen und moralischen Argumente gegen den Selbstmord, sondern aus dem Gedanken der Selbstbezüglichkeit der Natur entstandene Einwände, die Büchner macht. Daher kommt er auch nicht zu einer moralischen Verurteilung des Selbstmörders. Derjenige, der dem Prinzip der Selbsterhaltung der Natur zuwiderhandelt, ist ein Kranker und kein Verbrecher. Wer durch geistige Krankheit, „die man mit dem Namen *Melancholie* bezeichnet“[9], zum Selbstmord getrieben wird, ist nur „ein an Krankheit Gestorbener“[10]. Dies unterscheidet sich in der Wirkung nicht vom physischen Leiden, nur in der Art und Weise: „Das geistige Leiden selbst vermag den Körper nicht *unmittelbar* zu töten, es tut dies also *mittelbar*.“[11]

Zustände von Melancholie und tiefer Depression hatte Büchner selbst erfahren und an sich studieren können. Seiner Braut beschreibt er in einem Brief vom 7. März 1834 diesen unerträglichen Zustand der Dumpfheit und Dunkelheit, der, mit einer fürchterlichen Überreiztheit gekoppelt, ihn zur Stummheit zwingt: „Hätte ich einen Weg für mein Inneres, aber ich habe keinen Schrei für den Schmerz, kein Jauchzen für die Freude, keine Harmonie für die Seligkeit."[12] Der Weg von Innen nach Außen und umgekehrt ist versperrt, andere kann er ebensowenig wie sich selbst als Ganzheit von Körper und Seele, Empfindung und Ausdruck wahrnehmen. Sie erscheinen ihm wie gruslige Automaten. Ebenso wie ihm die Macht über sich selbst und der Sinn des Lebens abhanden gekommen zu sein scheinen, kann er auch in der Geschichte nur noch einen „gräßlichen Fatalismus" und Sinnlosigkeit erkennen.[13] Zufall und Gewalt als Gesetze der Geschichte, gegen die anzugehen lächerlich wäre, das ist das Fazit seiner Lektüre von Thiers ›Histoire de la Révolution Française‹.[14]

Die Ganzheit aus Körper und Geist und Seele, die er in der Abhandlung über den Selbstmord beschrieben hatte, ist ihm verlorengegangen. „Ich bin ein Automat; die Seele ist mir genommen."[15] Das ist die Beschreibung des Zustandes, der Krankheit, die mittelbar zum Tode führt, der Melancholie. Auch die Helden in Büchners Dramen sind Melancholiker, denen der Zugriff auf ihren Körper versagt, der Zugang zur Welt versperrt ist, die der Zuspruch anderer Menschen nicht mehr erreicht.

Wenn es nun stimmt, wie La Mettrie sagt, daß Materialismus das beste Mittel gegen Misanthropie sei[16] (auch der melancholisch gegen sich selbst gerichteten), wäre der materialistische Epikureismus des melancholischen Revolutionärs Danton als ein Versuch der Selbstheilung zu lesen.

„Dem revolutionären Bewußtsein ist die Melancholie eingeschrieben – die Trauer über das Scheitern eines gleichwohl unaufgebbaren Projekts. Sowohl Scheitern wie Unaufgebbarkeit erklären sich damit, daß das revolutionäre Projekt über die Revolution selbst hinausschießt, sich deren eigenen Begriffen entzieht."[17] Es ist nicht nur die Unzulänglichkeit des *Begriffs* der Revolution, sondern vielmehr die Unzulänglichkeit der Erkenntnis überhaupt und d. h. damit der Unzulänglichkeit allen *Begreifens*, sogar der Sinne und des Gefühls, die Danton mit seinen ersten Sätzen im Drama ausdrückt. Hier geht es nicht um Politik, sondern um Liebe und Einsamkeit. Die Trauer über das Scheitern gilt nicht nur dem Projekt der Revolution, sondern dem „Projekt" Leben: „Wir wissen wenig voneinander ... Geh, wir haben grobe Sinne ... – wir sind sehr einsam."[18] Einsamkeit und Vereinzelung lösen sich nicht einmal in der Liebe, oder doch nur, wenn sie zugleich Tod ist: „Ich liebe dich wie das Grab ... Die Leute sagen im Grab sei Ruhe und Grab und Ruhe seien eins."[19] Die Fremdheit und die Angst vor der Einsamkeit sind in der Ruhe des Grabes aufgehoben; dort verschmilzt er ganz mit der geliebten Person, und die schmerzliche Vereinzelung ist überwunden. Die Harmonie einer Ganzheit ersehnt Danton nicht nur im Tod, sondern er sucht sie auch in der schönen Gestalt, im Ideal vollendeter Schönheit, dem er nachjagt; doch was er bei den vielen Grisetten findet, sind nur einzelne Glieder, „er macht Mosaik“[20] – und es bleibt Stückwerk. Sein in mythischer Sprache formulierter Wunsch, alle Grenzen zu sprengen und mit dem Kosmos eins, ein „Theil des Äthers“ zu sein, um die Geliebte in seiner „Flut zu baden“[21], geht nicht in Erfüllung. Auf der Suche nach Ruhe und einem Genuß, in dem er sich selbst als harmonische Ganzheit genießen könnte, findet er nur Langeweile und Tod. Die Revolution hat er satt; er wünscht sich Frieden und Ruhe, aber die Zeit läßt sich nicht anhalten, die Revolution kommt nicht zum Stillstand, sondern hat ihn nur abgeworfen. Sie ist selbstläufig geworden: „Wir haben nicht die Revolution, sondern die Revolution hat uns gemacht.“[22] Sie funktioniert nicht nach Dantons Vorstellungen, sondern ihr Dogma heißt Robespierre.[23]

Dieser Mann ist ein „Eunuch“[24], ein „impotenter Masoret“[25], er und sein Helfer St. Just machen aus der „Guillotine ein *specificum* gegen die Lustseuche ... Sie kämpfen nicht gegen die Moderierten, sie kämpfen mit dem Laster.“[26] Robespierre ist „empörend rechtschaffen“[27], und das einzige Vergnügen, das er kennt, ist „andre schlechter zu finden“[28]. Dieser völlig unsinnliche Mensch hat allen Grund, Danton zu fürchten, denn Revolution findet um des Genusses willen statt: „Und außerdem“, so kommentiert Lacroix ihre prekäre Lage, „Danton, sind wir lasterhaft, wie Robespierre sagt d.h. wir genießen, und das Volk ist tugendhaft d.h. es genießt nicht, weil ihm die Arbeit die Genußorgane stumpf gemacht hat, es besäuft sich nicht, weil es kein Geld hat und es geht nicht ins Bordell, weil es nach Käs und Hering aus dem Hals stinkt und die Mädel davor einen Ekel haben.“[29] Die Frage nach Gut und Böse, Lust und Unlust wird hier als eine Frage von Arm und Reich entdeckt. Wenn das Volk könnte, wie es wollte, würde es keinem Genuß entsagen. Die Lust und das Glück, nach dem die Menschen streben, ist nicht mehr eine Frage des Geschmacks, sondern eine Frage des Geldes.

Eine Utopie des lustvollen Lebens nach einer gelungenen Revolution entwirft der optimistische Ästhet Camille Desmoulins: „Wir wollen nackte Götter, Bacchantinnen, olympische Spiele, und melodische Lippen: ach, die gliederlösende, böse Liebe! ... Der göttliche Epicur und die Venus mit dem schönen Hintern müssen statt der Heiligen Marat und Chalier die Türsteher der Republik werden!“[30] Und etwas prosaischer stimmt Hérault zu: „Jeder muß auf seine Art genießen können ...“[31] Danton, der seine mediceische Venus[32] mühsam suchen und erarbeiten muß, fragt desillusionierend und pragmatisch: „Wer soll denn alle die schönen Dinge ins Werk setzen?“[33]

Alle Menschen suchen die Lust und das Vergnügen und das Glück, das glaubt auch Danton, darum verachtet er Robespierre, der seine Sinnlichkeit kastriert und seine Natur verleugnet. Gut ist, was Lust macht, erklärt

Danton Robespierre. Tugend und Laster ideal und kategorial bestimmen zu wollen, sei unmöglich. „Es gibt nur Epicuräer und zwar grobe und feine, Christus war der feinste; das ist der einzige Unterschied, den ich zwischen den Menschen herausbringen kann. Jeder handelt seiner Natur gemäß, d. h. er tut, was ihm wohl tut.“[34] Der feinste aller Epikureer fand die Erfüllung seiner Existenz, den höchsten Selbstgenuß, im Tod. Das „Dazwischen“ seines Lebens zwischen Gott und Mensch, Geist und Leib, die Fremdheit auf der Welt und im Transzendenten löste sich für diesen melancholischen Revolutionär im Opfertod. Ein guter Epikurschüler wie Danton weiß natürlich, daß der Tod nicht zu fürchten ist; schlimm wäre vielmehr das Nichtsterbenkönnen, wäre Fäulnis, wäre das Verfehlen des ersehnten Ziels einer meeresstillen Ruhe im Nichts.[35] „Es gibt nur Epicuräer“, aber es gibt kein Glück. „All die schönen Dinge“, von denen die anderen schwärmend träumen, sind nicht machbar, der Mensch ist zwar nicht den Göttern, aber der Welt ausgeliefert. Die Erdkugel ist wie „ein wildes Roß“, das Danton zertrampelt, und im Traum schreit er „in der Angst“.[36] Das ist nicht Götterfurcht, die mit epikureischer Theologie geheilt werden könnte, sondern Angst; nicht Machtlosigkeit gegenüber den Göttern, sondern die Ohnmacht im eigenen Traum, keine Furcht vor dem Tod, sondern Angst im Leben.[37]

Die redlichen Bemühungen des Aufklärers Payne, mit epikureischen Argumenten die Nichtexistenz Gottes zu beweisen, sind darum auch eher akademisch als tröstlich. Der Schmerz „ist der Fels des Atheismus“[38], der einen „Riß in der Schöpfung von oben bis unten“[39] macht. Aber auch wenn Gott das Nichts ist, ist der Mensch mit dem Sein noch lange nicht ausgesöhnt. Für Danton ist nicht Gott, sondern seine eigene Natur der Ursprung der Angst. „Sein Leben und sein Tod sind ein gleich großes Unglück“[40], diagnostiziert Payne hellsichtig. Dantons Hedonismus ist keine autonome Konstitution eines Subjekts im Selbstgenuß, in Erfüllung des Naturgesetzes der Selbsterhaltung, sondern Sehnsucht nach der Aufhebung der Entzweiung in der Selbstauslöschung, ist der Genuß des mittelbaren Todes als Folge von misanthropischem Selbst- und Weltverlust, als Folge von Melancholie: die Lebensphilosophie des Epikur als Todesphilosophie.

Aber es gibt bei Büchner nicht nur melancholische Revolutionäre. Kein Misanthrop, sondern ein Menschenfreund,[41] ein glücklich Liebender, einer, der aus einem Pistolenschuß Kanonendonner macht[42] (mit seiner poetischen Sprache!), ist Camille Desmoulins, und er hängt am Leben: „Ich will dem Leben noch die letzten Blicke aus seinen hübschen Augen stehlen, ich will die Augen offen haben.“[43] Camille ist der Visionär eines epikureischen Liebesstaates. Camille ist ein Poet, ein Künstler und Lebenskünstler. „Von der Schöpfung, die glühend, brausend und leuchtend, um und in ihnen sich jeden Augenblick neu gebiert“[44], spricht er zu seiner Geliebten, die ihn beim Zuhören und Anschauen genießt, ohne zu verstehen, was er sagt. Camille liebt kulinarische Metaphern,[45] und sogar der Ausdruck seiner Verzweiflung gerät ihm zu einem „Farbenspiel“ des Todeskampfes von Goldkarpfen am Tisch der lachenden Götter.[46] „Das ist ein klassisches Gastmahl, wir liegen auf unseren Plätzen und verschütten etwas Blut als Libation“[47], so lauten seine letzten Worte. Camille hat eine gute griechische Bildung, den Epikur bestimmt gelesen, aber auch Sappho.[48] Liebe und Menschenliebe, Freundschaft und Eros – Camille glaubt an die Machbarkeit des Glücks, weil er einer der Glücklichen ist. Der Epikureismus als eine Philosophie des Glücks nur für Glückliche? Diesen Vorbehalt hatte schon Wielands Diogenes gegenüber Aristipp gehabt.

Büchner führt darum kontrastierend noch einen dritten Epikureer ein, einen mit kynischen Zügen: „Ihr habt Euch gequält um einen Genuß zu haben, denn so ein Rock ist ein Genuß, ein Lumpen tut's auch“[49], sagt der Bettler zum Herr. „Eine Handvoll Erde und ein wenig Moos“, singt er fröhlich, „ist auf dieser Erde einst mein letztes Los!“[50] Kein Leben nach dem Tod, sondern das Leben jetzt – und auch der Genuß soll nicht aufgeschoben werden. Den schönen Rock gibt's nur gegen Arbeit, aber Arbeit macht stumpf und unfähig zum Genuß.[51] Es ist also eine Täuschung, ein Betrug, wenn man behauptet, es müsse um des Genusses willen gearbeitet werden. Genießen können nur die, die gar nicht arbeiten müssen, die von der Arbeit der anderen leben. Der Bettler weiß es, und die andern sind die Narren, die Welt ein Tollhaus.

Für den melancholischen Revolutionär ist das geglückte Leben, die Eudaimonia, eine unerreichbare Utopie, das Bild einer anderen Welt, wo die Zeit aufgehoben ist. Für den schwärmenden Künstler und glühenden Idealisten ist das Leben immer schon geglückt, weil es weniger um Weltverbesserung geht als um die Verwandlung der Welt in ein Kunstwerk: eine revolutionäre Tat, die auch noch im Kerker zu vollbringen ist. Der Bettler braucht für seine Eudaimonia weder eine Verbesserung der Welt noch eine Verschönerung, er hat seine Bedürfnisse weise angepaßt. Aber wer will schon ernsthaft mit einem Lumpen vorlieb nehmen?

Es gibt nicht *den* Epikureer in ›Dantons Tod‹, nicht *den* Vertreter einer Philosophie, aber an vielen Stellen treten epikureische Motive auf. Selbsterhaltung als Genuß ist die Bestimmung des Menschen, sie wird gestört oder unmöglich gemacht einmal, wenn die individuellen Voraussetzungen (psychischer oder physischer) Gesundheit fehlen oder durch die Gesellschaft, die zur Arbeit zwingt und damit die Menschen nicht nur um den momentanen Genuß, sondern um die Genußfähigkeit überhaupt bringt. So wie Helvétius den Machtgierigen als denjenigen beschrieben hatte, der den Genuß um des Ruhmes willen hinausschiebt, bis er ganz unfähig zum Genuß und nur noch mächtig ist, so ist es bei Büchner der vermeintliche Tausch von Geld gegen Genuß, der die Menschen um den Genuß betrügt.

### b) Nietzsche: Der dekadente Epikur

„Ohne Lust kein Leben; der Kampf um die Lust ist der Kampf um das Leben."[52] Für Nietzsche ist dies kein politisches Programm, aber auch keine Metaphysik, sondern er spricht mit der Attitude des entlarvenden Psychologen und Kulturkritikers.

Nietzsches frühe Bewunderung und Hochschätzung Epikurs ändert sich im Laufe seines Lebens, und in den späten 80er Jahren spricht er meist abschätzig und selten mehr positiv von epikureischer Philosophie. In ›Menschliches Allzumenschliches‹ ist Epikur noch einer derjenigen acht Denker, zusammen mit Montaigne, Goethe, Spinoza, Platon, Rousseau, Pascal und Schopenhauer, die für Nietzsche ewige Lebendigkeit besitzen.[53] Er sieht ihn als Wegbereiter der modernen Naturwissenschaft[54] und verteidigt ihn gegen den Vorwurf der Üppigkeit[55]. Epikur sei in der Philosophie immer präsent, er „hat zu allen Zeiten gelebt und lebt noch ..."[56] Epikur habe eine Philosophie des Trostes gelehrt, die der bedrängten Menschheit in allen Lagen zu helfen vermag.[57] „Die Weisheit ist um keinen Schritt über Epikur hinausgekommen – und oftmals viele tausend Schritt hinter ihn zurück."[58] Besonders beachtlich findet er den epikureischen Kampf gegen das Christentum schon in seiner „präexistenten Form": „Man lese Lucrez, um zu begreifen, was Epicur bekämpft hat, nicht das Heidenthum, sondern das ‚Christentum', will sagen die Verderbniss der Seelen durch den Schuld-, durch den Straf- und Unsterblichkeits-Begriff."[59] Gerade dieses Verhältnis von Epikureismus und Christentum interpretiert Nietzsche später ganz anders; und dann sieht er im Epikureismus nicht mehr den Gegner, sondern einen Wegbereiter des Christentums. Was er an dieser Stelle jedoch betont, ist das kämpferisch-heroische Moment des Epikureismus, der mit dieser Haltung dem Menschen Trost, Schutz und Ruhe bieten zu können glaubt. Nietzsche vergleicht den Epikureismus mit einer Landschaft, die „gar nichts Sehnendes, Erwartendes, Vor- und Zurückblickendes hatte ... Und so haben einzelne Menschen auch gelebt, so sich dauernd in die Welt und die Welt in sich gefühlt, und unter ihnen einer der grössten Menschen, der Erfinder einer heroisch-idyllischen Art zu philosophieren: Epikur."[60] Stiller Selbstgenuß in Harmonie mit sich und der Natur ist positiv, solange Lust als Ruhe und Glück als Harmonie verstanden werden.

Mit der Veränderung des Lustbegriffs verändert sich bei Nietzsche auch die Bewertung des Epikureismus. Dieser Wandel hängt zusammen mit der wachsenden Bedeutung, die das Prinzip des „Willens zur Macht" und die „Macht" in Nietzsches Philosophie bekommen.[61] Hatte er anfänglich noch angenommen, mit den Begriffen „Furcht" und „Macht" alles erklären zu können, wurde der „Wille zur Macht" später einziges Prinzip.[62] Solange die Furcht noch eine Rolle spielte, war Epikur als Kämpfer gegen die Furcht und

Verteidiger des Vergnügens und der Lust geschätzt. Mit der Einführung des „Willens zur Macht" wird das Erklärungsmodell „dynamisiert". Es geht nicht mehr um stabile Selbsterhaltung, sondern um ständige Expansion und andauernden Zugewinn an Macht. Lust ist nicht mehr die Selbstgenügsamkeit des sich selbst erhaltenden Wesens, sondern entsteht durch *Vermehrung* der Macht. „Das Leben als Einzelfall (Hypothese von da aus auf den Gesamtcharakter des Daseins –) strebt nach einem Maximal-Gefühl von Macht; ist essentiell ein Streben nach mehr Macht ... Wenn das innerste Wesen des Seins Wille zur Macht ist, wenn Lust alles Wachstum der Macht, Unlust alles Gefühl, nicht widerstehen, nicht Herr werden zu können, ist: dürfen wir dann nicht Lust und Unlust als Kardinal-Tatsachen ansetzen?"[63] Nietzsche ist also hier *kein* Hedonist, denn er beschreibt Lust und Unlust nicht als das *Prinzip* des Seins, sondern nur als „Begleiterscheiungen"[64], Lust ist ein „Plus-Gefühl von Macht", ein „Differenz-Gefühl"[65]. Lust ist also ein relationales Gefühl und gerade nicht mehr die Empfindung harmonischer Ganzheit und individueller Autonomie. Dieses Gefühl wiederum ist bei Nietzsche nämlich mit dem höchsten Grad von *Macht* verbunden und wird Glück genannt.[66] Der neue Lustbegriff ist nicht mehr mit dem epikureischen zu vereinbaren, und Nietzsche wirft Epikur vor, einen negativen, ja kranken, da dem Lebensprinzip der ständigen Zunahme (an Macht) widersprechenden Lustbegriff zu haben.[67] Mit der Zunahme an Macht überhaupt ist auch und vor allem ein Zuwachs an Macht über sich selbst gemeint. War der Asket anfänglich als unnatürlicher Lustabtöter kritisiert worden, gilt er dann als derjenige, der in der Macht über sich selbst Macht über die Natur und andere gewinnt.[68] Auch hier wird, was früher Tadel der Stoiker war, dann zum Vorwurf gegenüber den Epikureern, denn sie „finden das Glück nicht im Gefühl der Macht über sich, sondern der Furchtlosigkeit in Hinsicht auf Götter und Natur; ihr Glück ist negativ ... gegen die Gefühle der Macht ist das Nachgeben gegen angenehme Empfindungen fast neutral und schwach. Ihnen fehlte die Herrschaft über die Natur und das daraus strömende Gefühl der Macht."[69]

An die Begriffe von Schwäche und Nachgiebigkeit knüpft sich dann die gesamte Kritik des Epikureismus und der Vergleich mit dem Christentum. Epikur benimmt sich wie ein „gebranntes Kind"[70] sogar was die philosophische Erkenntnis angeht, seine Vorsicht und sein skeptischer Antidogmatismus sind nichts anderes als ein Mangel an Wille zum Wissen, der wiederum Funktion des Willens zur Macht ist. Die Epikureer härten sich nicht ab, sondern pflegen ihre Empfindlichkeit.[71] Epikureer können wegen ihrer Schwäche und Nachgiebigkeit keinen Widerstand mehr aushalten. Ein Widerstand bedeutet zwar für alle Menschen Unlust, da ihr Wille zur Macht an seiner Zunahme gehindert ist, die Starken aber überwinden den Widerstand und empfinden dabei dann um so größere Lust.[72] Das Hemmnis wird als Stimulus empfunden. Der nicht überwundene Widerstand aber bedeutet einen Verlust an Macht: „Die Lust, welche im Zustand der Erschöpfung allein noch empfunden wird, ist das Einschlafen; die Lust im anderen Falle ist der Sieg ...“[73] Epikureer sind schwach, überempfindlich, übermäßig reizbar und darum nicht mehr zum Widerstand, zum Siege in der Lage, ihre einzige Lust finden sie in der Ruhe, im Einschlafen – im Tod?

Nietzsche diagnostiziert beim Christentum ebenfalls „Distanzen im Gefühl ... welche jedes Widerstreben, Widerstreben-Müssen bereits als unerträgliche Unlust ... empfindet und die Seligkeit (die Lust) allein darin kennt, nicht mehr, Niemandem mehr, weder dem Übel, noch dem Bösen, Widerstand zu leisten ...“[74] In dieser Haltung sieht er eine „sublime Weiterentwicklung des Hedonismus auf morbider Grundlage“[75]. Aus demselben Grund ist Epikur nun auch nicht mehr als Kämpfer gegen das Christentum zu loben, sondern seine hypochondrische Unfähigkeit zur Macht läßt ihn zur kranken Gestalt werden: „Nächstverwandt, wenn auch mit einem grossen Zuschuss von griechischer Vitalität und Nervenkraft, bleibt ihr (der christlichen Religion D. K.) der Epicureismus, die Erlösungslehre des Heidenthums. Epicur ein typischer décadent: zuerst von mir als solcher erkannt.“[76] Der epikureischen Philosophie fehlt der agonale Charakter, sie findet ihre Erfüllung nur im Rückzug. Da aber der Wille zur Macht das Prinzip alles Lebendigen sein soll, ist die Verweigerung und Unfähigkeit, Hemmnisse dieses Willens zu überwinden, für Nietzsche ein Zeichen von (psychischer) Krankheit oder (kultureller) Dekadenz.

Ruhe in der *Lust* gibt es nicht, allerdings gibt es einen Zustand höchster Machtfülle, der dann Ruhe, Harmonie und Schönheit zugleich bedeutet. Der Asket – mit Einschränkungen –, der Philosoph und der Künstler sind im Besitz dieser Macht, sind die wahrhaft Mächtigen. Diese Machfülle ist allerdings nicht als Endpunkt und Ziel des Willens zur Macht zu denken: Sie ist zugleich schon in ihm enthalten und doch etwas kategorial anderes;[77] in ihr ist alle Spannung und Dynamik aufgehoben: „Schönheit ist deshalb für den Künstler etwas außer aller Rangordnung, weil in der Schönheit Gegensätze gebändigt sind, das höchste Zeichen von Macht, nämlich über Entgegengesetztes, außerdem ohne Spannung – daß keine Gewalt mehr not tut, daß alles so leicht folgt, gehorcht, und zum Gehorsam die liebenswürdigste Miene macht – das ergötzt den Machtwillen des Künstlers.“[78] Diese Gestalten, vor allem die Philosophen und Künstler, schaffen aus der Überfülle ihrer Macht. Machtbesitz als zeitweilige Einigung aller widerstrebenden Kräfte löst sie aus allen agonalen Bindungen, aus allem Relationalen, sie beachten andere nicht mehr, sie sind ihnen „über“. Dieses „Extraordinäre“, das „außerhalb der Rangordnung“ sich Befindende vergleicht Nietzsche an mehreren Stellen mit dem Wesen der epikureischen Götter: „Es ist durchaus *nicht* das Ziel, die letzteren (die Über-Mächtigen, Übermenschen D. K.) als die Herren der Ersteren aufzufassen: sondern: es sollen zwei Arten neben einander bestehen – möglichst getrennt, die eine wie die epikurischen Götter sich um die andere nicht kümmernd"[79]: epikureische Theologie als Anthropologie des Übermenschen.

Die kritische Charakterisierung des Epikureers als hypersensiblen, kampfmüden Schlaf- und Todessehnsüchtigen erinnert an Büchners Danton. Dem Widerständigen nachgebend, der Revolution ihren Lauf lassend, von der Welt überwältigt, bleibt ihm nur eine „Religion der Liebe", ein epikureisches Christentum, das den (gemeinsamen) Tod bedeutet. Im Bild des melancholischen Epikureers wird die Verzweiflung an der Machbarkeit des Glücks ausgedrückt. Die Einsamkeit des Menschen in seiner inneren Zwiespältigkeit lähmt ihn, und Ruhe findet sich nur in der Aufhebung des Konflikts als Auslöschung des Ich. Nietzsche dagegen predigt statt der Nivellierung die Zuspitzung des Konflikts, statt Schmerzvermeidung die „Lust am Leidenmachen", und aus dieser Form der „heimlichen Selbst-Vergewaltigung" glaubt er eine „Fülle von neuer befremdlicher Schönheit und Bejahung an's Licht gebracht und vielleicht ... die Schönheit"[80] entstehen zu sehen; er verlangt einen zerstörerischen, „dionysischen Pessimismus"[81]. Auch dies ist eine Ästhetik der Existenz, eine Ethik des Stils. „Seinem Charakter ‚Stil' geben – eine große und seltene Kunst! Sie übt Der, welcher Alles übersieht, was eine Natur an Kräften und Schwächen bietet, und es dann einem künstlerischen Plane einfügt, bis ein Jedes als Kunst und Vernunft erscheint ... Es werden die Starken und herrschsüchtigen Naturen sein, welche in solchem Zwange, in einer solchen Gebundenheit und Vollendung unter dem eigenen Gesetz ihre feinste Freude genießen."[82] Die „Künstler-Grausamkeit" ist die Lust, „sich selbst als einem schweren widerstrebenden leidenden Stoffe eine Form zu geben, einen Willen, eine Kritik, einen Widerspruch, eine Verachtung, ein Nein einzubrennen, diese unheimliche und entsetzlich-lustvolle Arbeit einer mit sich selbst willig-zwiespältigen Seele ..."[83]

Widersprüchlich bleiben Nietzsches Aussagen, die einmal die Schönheit der Existenz als Ergebnis von gewalttätiger Arbeit am Ich und einmal als das ganz andere, das Selbstverständlich-Leichte außerhalb aller Rangordnung beschreiben. Kunst und Lebenskunst sind nicht mehr einfach aufeinander abbildbar. Es wird nicht klar, ob Arbeit tatsächlich zum Ziel, zur Schönheit, zum Glück führt. Wenn Büchners Revolutionär Camille Desmoulins in seiner poetischen Existenz die Hinrichtung als Gastmahl, Grausamkeit als Götterwitz erfährt, sind dort die Gegenstände zusammengespannt – ohne Gewalt. Aber Camille ist kein nietzscheanischer dionysischer Pessimist, kein Selbstquäler, allerdings auch kein asketischer Selbstsorger, sondern der Visionär eines epikureisch-venerischen Luststaates. Die Kunst ist exzentrisch geworden, und mit epikureischer Lebenskunst kann man höchstens noch sterben.

### c) Marx: Epikurs Naturwissenschaft des Selbstbewußtseins

Von 1837 bis 1841 legt Karl Marx sieben Hefte mit Notizen, Exzerpten, Übersetzungen und Kommentaren zur epikureischen Philosophie an. 1841 promoviert er mit einer Dissertation über die ›Differenz der demokritischen und epikureischen Naturphilosophie‹. Sie sollte eine Vorarbeit zu einer umfassenden Schrift über die griechische Philosophie sein.

Bei Marx gibt es keine melancholischen Epikureer, und es ist wieder der polemische Epikur, der in seine Rechte eingesetzt wird: „Epikur ... war der eigentlich radikale Aufklärer des Altertums, der die antike Religion offen angriff ... Daher hat ihn auch Lukrez als einen Helden gefeiert, der zuerst die Götter gestürzt und die Religion mit Füßen getreten habe ...“[84] Epikur war aber nicht nur antitheologisch, sondern auch antiteleologisch, und darauf legt Marx, der sich in seiner Abhandlung mit der Hegelschen Philosophie auseinandersetzt, besonderen Wert. Die Hegelsche Terminologie seiner Dissertation kann nicht darüber hinwegtäuschen, daß es sich bereits hier um das ehrgeizige Projekt handelt, Hegel zu kritisieren und zu widerlegen.[85] Entscheidendes Argument gegen die Teleologie ist die epikureische Atomdeklination. Damit ist das Subjekt eines Schöpfergottes geleugnet, und Kosmogonie heißt sich ewig formierende Materie. Mit dieser Absage an die Teleologie, für die Epikur beispielhaft steht, ergibt sich für Marx als Alternative eine Philosophie des „Möglichen“. In diesem Aspekt sieht Nietzsche das tröstende Moment epikureischer Philosophie, das er so formuliert: „Erstens, gesetzt es verhält sich so, dann geht es uns Nichts an; zweitens: es kann so sein, es kann aber auch anders sein.“[86] Marx dagegen betont an dieser Philosophie der Möglichkeit weniger den Trost als die *Freiheit* des Menschen. Beide, Nietzsche und Marx, bestehen allerdings auf der ethisch-anthropologischen *Funktion* dieser Erkenntnislehre. Für Marx ist der rationalitätskritische Aspekt einer Philosophie der Möglichkeit entscheidend. Nicht sichere Erkenntnis und wissenschaftliche Wahrheit, sondern „nur“ die Ataraxie, d.h. das Glück des Menschen zu sichern, ist die Funktion dieser Philosophie: eine Ökonomie der Erkenntnis.

Aufklärung heißt Demythifikation und Emanzipation. Nachdem zunächst die Vorstellung eines Schöpfergottes und einer Teleologie der Natur durch die Theorie der Atomdeklination als Fiktion entlarvt wurde, geht Marx mit Epikur noch weiter, um dem menschlichen Bewußtsein alle Abhängigkeit und Furcht zu nehmen und es in den „göttlichen“ Zustand vollkommener Autonomie und Harmonie zu versetzen. Er analysiert dazu vor allem die epikureische Theorie der Meteore.[87] In der Anschauung der Meteore sei das Modell der Atomtheorie wirklich und anschaulich geworden, es hätten Form und Materie konkret zueinander gefunden, und damit sei die epikureische Philosophie in grandioser Weise bestätigt. Gerade damit aber, mit dieser absoluten *Gewißheit* der Existenz wirklicher Atome sei das Modell Realität geworden, der Spielraum des *Möglichen* verschwunden und daher die Freiheit des Menschen, Wahrheit nur im Hinblick auf seine Bedürfnisse anzuerkennen, verloren. Wenn der Mensch die Wahrheit erkennt, hat er nicht mehr die Macht, sie anzuerkennen oder abzulehnen. Also wäre im Moment der eigentlichen und grandiosen Bestätigung der Physik des Epikur die erkenntniskritische und praktische Absicht dieser Philosophie verfehlt gewesen, wenn es Epikur nicht gelungen wäre, eben auf dieses Scheitern zu reflektieren und damit eine höhere Form von Bewußtsein zu erreichen. In diesem Moment nämlich begegnet sich das menschliche Bewußtsein selbst und muß erkennen, daß „sein ganzes Tun nur das Kämpfen mit der Ferne ist ... es gesteht so sein Tun als tätige Fiktion ein."[88] Das Eingeständnis des fiktionalen Charakters *aller* Spekulation ist die Arbeit, die am Mythos von der wahren Erkenntnis zu leisten ist und die Freiheit ermöglicht. „Epikur hat es ausgesprochen und das ist sein Verdienst, die eiserne Konsequenz seiner Anschauungen und Entwicklungen. Die Meteore trotzen dem sinnlichen Verstand, aber er überwindet ihren Trotz und will nichts, als sich selbst über dieselben klingen zu hören."[89] Es ist die Selbstsetzung des „klingenden" Subjekts *gegen die Natur*, die hier als Befreiungstat gewürdigt wird. „Der Klang seiner selbst überdonnert oder überblitzt der epikureischen Anschauungsweise Donner und Blitz des Himmels."[90] Es gehe Epikur nur „um die Freiheit des Bewußtseins", und dies gelingt ihm, indem er „die Natur frei läßt".[91] In den Meteoren ist die Natur „selbständig" geworden, und nur wenn es dem Bewußtsein in einem prometheischen Akt gelingt, seine eigene Selbständigkeit dagegenzusetzen, wird es Freiheit erreichen. „Bei Epikur ist daher die *Atomistik* mit allen ihren Widersprüchen *als die Naturwissenschaft* des Selbstbewußtseins, das sich unter der Form der abstrakten Einzelheit absolutes Prinzip ist, bis zur höchsten Konsequenz, welches ihre Auflösung und bewußter Gegensatz gegen das Allgemeine ist, durchgeführt und vollendet."[92]

In der Thematisierung absoluter Einsamkeit und radikalen Weltverlusts konvergieren hier Büchner, Nietzsche und Marx. Büchners Danton fühlt sich einsam bis ins Grab, die Welt ist fremd und der Mensch erkennt nichts. Glück wäre die Entlastung von dieser quälenden Empfindung des Nicht-Könnens und Nicht-Wollens. Grausam einsame Selbstformer und distanziert enthobene Götzenfiguren sind bei Nietzsche weit jenseits irgendwelcher Vorstellungen von Harmonie zwischen Ich, Welt, Natur und Gemeinschaft. Auch bei Marx setzt sich das Subjekt seine Wahrheit *für* sich und *gegen* die Natur im Bewußtsein der fundamentalen Differenz von Ich und Welt. Die epikureische Philosophie der Selbstsetzung kompensiert hier resignativ oder polemisch einen gegenüber der Situation im 18. Jahrhundert sehr viel deutlicher artikulierten und radikaler formulierten Weltverlust philosophischer Reflexion und dichterischer Imagination.

«La peur est, chez Epicure, liée à un état de faiblesse et marque la dépendance envers l'autre; le divin et le bonheur sont définis comme l'indépendance.»[93] Das Bewußtsein löst sich aus seiner Abhängigkeit, wenn es die „Natur" und die Götter als Projektionen seiner Angst erkennen kann. Damit erreicht es einen Zustand absoluter Unabhängigkeit, die der göttlichen Ataraxie, d.h. dem Glück entspricht. Dieses „göttliche" Glück ist das Signum des menschlichen Selbstbewußtseins. Kritik des Mythos *und* Kritik der menschlichen Erkenntnisfähigkeit, der Ratio, konstituieren das Bewußtsein als mit sich identisches in einer als Glück empfundenen Freiheit. Auch Marx liest Epikur als eine Theorie der Subjektkonstitution. Im Gegensatz zu Nietzsche sieht er aber nicht die Negativität im Eingeständnis des Scheiterns an der Welt, sondern behauptet, daß gerade im Bewußtsein des Scheiterns, an der Bruchstelle zwischen Mensch und Natur, das Subjekt sich als einzelnes und freies setzt. Das impliziert zugleich den Verzicht auf exakte wissenschaftliche Wahrheit und den auf Transzendenz. „Epikur ist daher der größte griechische Aufklärer"[94] und bleibt womöglich gerade darum interessant, weil sich hier zugleich eine Kritik des „Mythos" der vollkommenen Erkenntnis finden läßt.

## 2. Aktuelles: Widerstand der Gartenpfleger

Wird dieser dem Epikureismus inhärente Aspekt der Erkenntniskritik, auch des wenig Systematischen und des Eklektizismus mißverstanden als *Defizit* an Rationalität, entsteht daraus schnell der Vorwurf mangelnder Verallgemeinerbarkeit oder auch mangelnder „Wahrheit": „Der Weise wäre dann derjenige, dessen Vernunft (wie seine Lust) nie zu weit, bis ans Ende geht (denn dann würde sie auf die Erkenntnisse stoßen, welche den Genuß aufheben). Seine Vernunft wäre im vorhinein so beschränkt, daß sie nur mit dem Berechnen von Risikos beschäftigt ist und mit der Seelentechnik, aus allem das Beste herauszuholen. Solche Vernunft hat sich des Anspruchs auf Wahrheit begeben: sie erscheint nur noch als die subjektive Schlauheit und das besondere Bescheidwissen, das die allgemeine Unvernunft bestehen läßt, aber auch weniger das ihm Zufallende als sich selber genießt."[95] Diesen Vorwurf richtet H. Marcuse speziell an den Hedonismus epikureischer Prägung, der Lust vernünftig gemacht und damit Lust und Vernunft „um ihren Sinn" gebracht habe. Die kyrenaikische Lust dagegen hat für ihn insofern noch Sinn, als sie in ihrer ungezügelten Sinnlichkeit die Kraft des individuellen Aufbegehrens gegen unlusterzeugende Umstände bewahrt hat. Vernunft zielt auf Wahrheit, und die ist nicht individuell; oder doch nur dann, wenn sie in wahren Umständen mit der allgemeinen Wahrheit zusammenfällt. Andernfalls dient sie nur einer Bestätigung falscher Bedingungen.

Das faktische Interesse des Individuums ist nicht bereits schon sein wahres Interesse, da unter unfreien gesellschaftlichen Bedingungen auch die Bedürfnisse verfälscht sind.[96] Das wahre Interesse des Menschen ist das Interesse an Freiheit, das nur im Rahmen allgemeiner Freiheit zu realisieren und dann gleichbedeutend mit Glück ist. „Sofern die Unfreiheit schon in den Bedürfnissen steckt und nicht erst in ihrer Befriedigung, sind sie zunächst zu befreien. Das ist kein Akt der Erziehung, der moralischen Erneuerung des Menschen, sondern ein ökonomischer und politischer Vorgang. Die Verfügung der Allgemeinheit über die Produktionsmittel, die Umstellung des Produktionsprozesses auf die Bedürfnisse der Gesamtheit, die Verkürzung des Arbeitstages, die aktive Teilnahme der Individuen an der Verwaltung des Ganzen gehören zu seinen Inhalten."[97] Dies ziele auf die Selbstbestimmung der freien Menschen in ihrem „gemeinsamen Kampf gegen die Natur"[98].

R. Spaemann würde diesen Vorstellungen der Verwirklichung von Wahrheit und Freiheit kaum zustimmen können, in der Kritik am Hedonismus greift er allerdings auch das Moment mangelnder „Wahrheitsorientierung"[99] an. Hedonismus sei mit universalistischem Anspruch nicht widerspruchsfrei zu formulieren,[100] da die hedonistische Reflexion, auf sich selbst gerichtet, sich fragen müsse, „ob wir uns wirklich am wohlsten fühlen, wenn es um nichts anderes geht als darum, uns wohlzufühlen"[101]. Spaemanns Antwort lautet: Nein. Er will zeigen, daß der Mensch seine unmittelbare individuelle Gegenwart transzendiere, sowohl zeitlich als auch sozial auf den anderen Menschen hin. Epikur habe dieses Ungenügen seiner Theorie in der Wertschätzung der Freundschaft selbst erkannt und zu korrigieren versucht. Hedonismus sei als "selfish system" notwendigerweise der „Selbstaufhebung"[102] preisgegeben.

Sowohl die Forderung nach Befreiung der Menschheit zu allgemein-individuellem Glück wie bei Herbert Marcuse als auch die christlich gefärbte Beschwörung freundschaftlicher Solidarität wie bei Spaemann scheint dem Bedürfnis nach einer Philosophie gelingenden Lebens nur bedingt (oder gar nicht) zu entsprechen. Versuche, das individualethische Programm des Epikureismus auf eine Basis abstrakt-allgemeiner Normen zu verpflichten, müssen mißlingen. Gerade aber der Verzicht auf eine bestimmte Form wissenschaftlicher und philosophischer „Wahrheit", der epikureisches Denken vor aller Ideologisierung schützt, scheint die Möglichkeit zu bieten – ohne dabei dem Irrationalismus zu verfallen –, pragmatisch-konsiliatorische Orientierungen zu formulieren, die zwar nicht den Anspruch auf eine „Ethik" im Sinne einer Reflexionsmoral erheben, aber doch mehr sind als nur therapeutische Lebenshilfe im konkreten Fall.

Dort, wo epikureisches Denken in letzter Zeit wieder eine gewisse Beachtung gefunden hat, steht damit in Zusammenhang aufklärerische Kritik an rationalistischen Positionen, Reflexion auf Begriff und Bedeutung von

Macht, die Erörterung der Funktion von Selbstpraktiken für die Subjektkonstitution, die Diskussion einer „Ästhetik der Existenz" und die Frage nach Umgang mit Furcht und Angst.

In Auseinandersetzung mit Adorno/Horkheimers Konzept einer „Dialektik der Aufklärung" stellt A. Wellmer in ›Ethik und Dialog‹ Überlegungen an zu einem „postrationalistischen Begriff der Vernunft"[103]. Dies ist die Konsequenz aus seiner Kritik am Habermasschen Modell der herrschaftsfreien Kommunikation, die nach Wellmer nur dann eine Lösung für praktische Probleme darstellen könne, wenn man unterstelle, daß alle Probleme auch wirklich eine eindeutige rationale Lösung hätten. Hier sieht Wellmer „das Problem einer ungeschichtlich verstandenen Einheit der Vernunft mit sich selbst"[104]. Er fordert einen von „rationalistischen Identitätsforderungen freien Begriff der Vernunft"[105]. Vernünftige Organisation von Gesellschaft wird dabei verstanden als auf „gutes Leben" zielend. Dies können weder formale Rationalitätsstrukturen von Entscheidungen noch die argumentative Auflösung von Gegensätzen, das heißt die Beseitigung von Dissens und die Herstellung von Konsens garantieren. Dem Konsensbegriff der Wahrheit fehlt das Kriterium praktischer Angemessenheit und Anwendbarkeit, der „Korrespondenzaspekt"[106]. Die ideale Sprechsituation setzt ihr Ziel, nämlich Konsens und damit Wahrheit, im Grunde bereits voraus und kann somit einem diskursiven Wahrheitsbegriff und „dissensuellen" Problemlösungen nicht Rechnung tragen. Mit einer völlig transparenten Sprechsituation wird zugleich auch eine vollkommene Selbsttransparenz der Teilnehmer vorausgesetzt, die von Wellmer als „idealisierende"[107] Unterstellung kritisiert wird. Wenn es aber in konkreter Form um gelingendes Leben gehen soll, kann weder vollkommener Sinn noch vollkommene Identität postuliert oder angestrebt werden. „*Deshalb* können wir nur *negatorisch* verfahren: Wir können nicht Vollendung des Sinns postulieren, sondern nur die Eliminierung des Unsinns, wir können den Gedanken einer vollkommenen zwanglosen Beziehung zwischen den Individuen oder den einer vollkommenen Rationalität nicht denken, aber wir können tatsächlich erfahrene Zwänge und Blockierungen zu beheben und Irrationalitäten zu beseitigen versuchen."[108] Wenn nun nicht mehr vollkommene Wahrheit, Rationalität und Transparenz als Handlungs- und Erkenntnisinteresse vorausgesetzt werden sollen, muß ein praktisches Orientierungskriterium gefunden werden: „Dabei leitet uns die Idee des guten – als eines zugleich vernünftigen und gelungenen – Lebens, aber diese Idee bedeutet nicht einen idealen Grenzwert ..., etwa in dem Sinne, in dem wir uns bei der Verfertigung von Zeichnungen oder materiellen Gegenständen der Idee einer Gerade oder eines Kreises unendlich annähern können. Vielmehr gewinnt die Idee des guten Lebens immer in dem Maße den Sinn eines kritischen Maßstabs, in dem uns vermeidbare Irrationalitäten, vermeidbare Blockierungen und vermeidbare Leiden im Lebenszusammenhang von Individuen und Gesellschaften bewußt werden."[109]

In ähnlicher Weise plädiert auch Hans Krämer für eine „negative" Ethik, die ohne Anspruch auf verbindlich verallgemeinerbare Normativität das konsiliatorische Moment von Problemlösungsstrategien in den Vordergrund rückt. Es sei immer noch die Aufgabe philosophischer Ethik, im wesentlichen auf vorphilosophische alltägliche Ratschlagspraktiken zu reflektieren. Auch im Zeitalter fortgeschrittener Verwissenschaftlichung gehe Ethik – wie immer schon – aus „epochalen Krisen- und Entscheidungssituationen"[110] hervor und sei der „Aufweis von Maßnahmen und Wegen ..., aus Notsituationen herauszufinden"[111], sei es durch Beseitigung der Hindernisse und Mangelzustände selbst oder durch „die Einübung in unveränderliche Verhältnisse durch kompensatorische oder konsolatorische Mittel"[112]. Krämer verweist auf die Bedeutung der in der hellenistischen Philosophie entwikkelten Techniken der Lebensführung und dabei besonders auf das epikureische Modell eines hedonistischen Glückskalküls.[113]

Selbstpraktiken antiker Provenienz haben in den letzten Jahren inbesondere durch ihre Thematisierung in M. Foucaults Werken wieder Beachtung gefunden. ›Der Gebrauch der Lüste‹ und ›Die Sorge um sich‹ stellen die ersten Teile einer großangelegten Geschichte der Sexualität dar, die über Spätantike und Mittelalter bis in die Neuzeit fortgeführt werden sollte. Nach seinen Untersuchungen zu den Wissensformen (›Die Ordnung der Dinge‹) und Machtformen (›Überwachen und Strafen‹) will Foucault damit „die Formen und die Modalitäten des Verhältnisses zu sich ..., durch die sich das Individuum als Subjekt konstituiert und erkennt"[114], untersuchen. In den Reflexionen, die der Begehrensmensch über Sexualität und Lust anstellt, sieht Foucault die „Geburt einer Moral"[115]. Es handelt sich dabei aber in der Antike gerade *nicht* um eine Verbotsethik mit dem Ziel der Unterdrückung oder Reinigung des Begehrens, sondern vielmehr um eine Formierung, Bildung und Stilisierung von Sinnlichkeit im Ganzen des Lebensvollzugs. Dazu wurden eine Reihe von Praktiken und Techniken ausgebildet, die weniger reine Verhaltensregeln sind, sondern einer „Ästhetik der Existenz" dienen. Es geht darum, aus dem Leben „ein Werk zu machen, das gewisse ästhetische Werte trägt und gewissen Stilkriterien entspricht"[116]. Dabei handelt es sich um eine lebenslange Aktivität, die dem medizinischen Modell entsprechend als Sorge um das Selbst charakterisiert wird. Eine solche Selbststilisierung verlangt die Rückwendung auf das Selbst und Selbstbemächtigung: «être souverain sur soi-même, excercer sur soi-même une maîtrise parfaite»[117], ist das Ziel. Diese Inbesitznahme des Ich wird auch als Selbstgenuß beschrieben: «jouir de soi, prendre son plaisir avec soi, trouver en soi toute sa volupté»[118]. Bei dieser Form der Rückwendung auf das Selbst handelt es sich *nicht* um Introspektion auf der Suche nach einer irgendwie verstellten

Wahrheit, sondern um die auf Erfahrung und Tätigkeit basierende Konstitution einer Wahrheit des Subjekts.[119] Die Verwiesenheit auf Erfahrung und Verarbeitung bedeutet Angewiesensein auf Erziehung und Dialog.[120] Es bleibt die Frage, welche Bedeutung diese Selbstpraktiken für die Ausbildung einer Moral haben. Foucault vermutet, es könne sein, „daß Selbstpraktiken den wichtigsten und aktivsten Brennpunkt der Moral bilden und daß sich die Reflexion um sie herum entwickelt“[121].

An diesem Punkt setzen W. R. Wendts „ethische Erwägungen“[122] ein. Er sieht den Ausgangspunkt ethischer Überlegungen auch in den „alltäglichen Verwicklungen des Zeitgenossen“[123] und plädiert für eine „Gartenpflege eigenen Lebens“[124]. Neben dem Paradigma der Ökologie, das dasjenige der Naturbeherrschung abgelöst hat, ist in der Ästhetik ein zweites Modell zu sehen. „Das persönliche Leben erscheint als eine poetische Leistung inmitten der Welt.“[125] Die Vorfindlichkeit des „Ethos“ und der Orientierungszwang in der modernen Vielfalt tragen dem Handelnden eine Klärung durch „ästhetische Ordnung“[126] auf, die sich als Resultat von Wahrnehmung erweist. Diese Ordnung meint nicht mehr (wie in der Popularphilosophie des 18. Jahrhunderts) eine vollständige und stabile Harmonie der Identität, sondern ist eine andauernde Übung, die sich im formalen Gelingen und „im Glück des Augenblicks“[127] auf eine Weise realisiert, die in Horazscher Formulierung eher an Nietzsches zeitweilige spannungslose Vereinigung der widerstrebenden Macht-Willen zu einer (instabilen) Machtfülle erinnert.

„Suchbewegungen der Lebensklugheit“ führen H. J. Ortheil in den „Kepos“ von Eugen Rapp, dem Roman-Ich von Hermann Lenz.[128] Ortheil versteht die Studierstube, wohin sich Rapp nach seiner Rückkehr aus dem Krieg zurückzieht, als eine Art epikureischen Garten. Es ist kein Ort des Vergessens: In der allmählichen literarischen Verarbeitung seiner Erinnerungen findet Rapp einen Zugang zu sich und im Schreiben eine Bescheidenheit und Souveränität, die ihn auch die Zeit mangelnder Anerkennung durch den Literaturbetrieb unbeschadet überstehen läßt. Zurückgezogenheit und mangelnde Ambition, skeptische Beobachtungsgabe und die Anstrengung ständiger Selbstvergewisserung hatten ihn auch in Zeiten der nationalsozialistischen Herrschaft zwar nicht zum Widerstandskämpfer gemacht, aber es ihm ermöglicht, widerständig zu bleiben: ein bescheidenes Ziel.[129] Und doch angesichts des nationalsozialistischen Machtapparats eine besondere Leistung „asketischer“ Selbstbemächtigung. Nicht zufällig rekurrieren hier Lenz und Ortheil gleichermaßen auf die spezifisch literarischen Dimensionen der epikureischen Tradition: Erzählen, autobiographische Erinnerung, narrative Verarbeitung, Lektüre.

Auch Handkes ›Versuch über den geglückten Tag‹[130] – nicht den *glücklichen* Tag! – ist eine Suchbewegung und beginnt nicht umsonst mit einem Blick ins 18. Jahrhundert auf die Palette des Malers William Hogarth. Entlang der "Line of Beauty and Grace", die er dort findet, soll sich der geglückte Tag kristallisieren, sollen die Blicke sich sammeln, die Bewegungen und Töne sich organisieren, die Worte ihren Schwung, ihr „Schwingen" finden. Die Idee der Eudaimonia dient hier nicht als Orientierung für ein ganzes Leben, und auch der einzelne schöne Augenblick, der zum Verweilen gebracht werden soll, ist nicht gemeint: *Carpe diem* ist ein bescheideneres Projekt und doch keinesfalls ein simples Unterfangen. So ist der geglückte Tag auch nicht vorfindliches Glück. Er ist ein Traum, mit „dem Unterschied, daß ich ihn nicht ge*habt* habe, sondern, in diesem Versuch hier, ge*macht*"[131]. Hogarths Linie ist zur Spur eines Schreibens geworden, das beglückt. Das Glücken liegt in der „Anmut" und „Grazie"[132] einer Bewegung, einer Linie, nicht in einem Punkt, es liegt im gelungenen Erzählen, nicht in einem treffenden Wort. Dieses Glück des Schreibens teilt der Autor mit dem Leser: Ihm käme bei manchen Büchern „gegen Ende ... auf einmal alles selbstverständlich vor, unumstößlich, aber ungezwungen, völlig ruhig, aber noch mild von der überstandenen Unruhe – und da läse (er) nicht mehr, sondern empfände einfach nur Glück"[133], so beschreibt Handke seine Erfahrungen mit Werken von Hermann Lenz. Es klingt wie eine Suche nach Ordnung, die aber eine ungezwungene bleiben muß, um ihre Grazie zu bewahren, eine Ordnung, in der die Überwindung von Starrsinn und Verstörung, die „Überwindung von Einsamkeit"[134] ihre Spuren hinterlassen hat. Die dichtenden Epikureer der Moderne sind wie die Figuren Robert Walsers, „die den Wahnsinn hinter sich haben ... *sie sind alle geheilt*"[135] und unternehmen zum Glück des Lesers immer wieder Versuche über den geglückten Tag.

Die Spurensuche des Epikureismus sollte keine Blütenlese sein, keine bloße Aneinanderreihung philosophischer Versatzstücke. Epikureischem Denken nachzuforschen bedeutet, selten einen orthodoxen Epikureer zu finden. Der eklektizistisch-pragmatische und polemische Charakter dieser Lehre bietet sich weniger einer systematischen Auslegung an als vielmehr einer je nach Funktion variablen Adaption epikureischer Motive. Die polemische Funktion als Befreiung von Götterfurcht und Todesangst, von heteronomer Macht, enthält neben dem konsolatorischen Moment den Aspekt einer Freisetzung des Menschen zu eigenverantwortlichem Handeln in Unabhängigkeit von unkalkulierbaren Mächten. Diese „prometheische" Geste des hellenistischen Philosophen birgt die Gefahr einer bodenlos werdenden Selbstüberschätzung menschlicher Autonomie. Dem begegnet der Epikureismus mit der erkenntniskritischen Reduktion menschlicher Belange auf Entwurf und Realisierung eines gelingenden Lebens anhand eines aus Erfahrung gewonnenen praktischen Regelwerks. Orientierung bieten dabei weniger die abstrakt-allgemeine Formulierung von Pflichten und Geboten als vielmehr Kriterien der Stilisierung des eigenen Lebens im Sinne einer ästhetischen Existenz. Der Weg von der hellenistischen Philosophie der Selbstsorge zu einer epikureischen „ästhetischen Theorie“ war nie allzu weit. Die Affinitäten zum Ästhetischen scheinen ihren Ausdruck dabei in verschiedenster Weise gefunden zu haben. Von den Schreibpraktiken der Philosophieschulen bis zu Wielands erzähltem Epikureismus fand die Philosophie Epikurs ihre Fortsetzung, ja ihre Konsequenz stets in literarischen Formen der Selbstsorge und in ästhetischen Modellen des Selbstverhältnisses. Foucaults „Ästhetik der Existenz“ hat an diese Verbindung wieder eindringlich erinnert, und die Geschichte des Epikureismus präsentiert sich gleichsam als lebendiger Beweis. Eine „historisch beobachtbare Verschiebung von der Fiktion als Repräsentation zur Fiktion als Eingriff“[136] wird auch hier bestätigt im Weg vom epikureischen Lehrgedicht über epikureische „Schwärmer-Therapien“ hin zum Schreiben als gelingendem Leben, von der Beschreibung der Eudaimonia zum Schreiben als Eudaimonia. Die aktuell daraus resultierenden Konsequenzen für eine – heute im Zeichen von Poststrukturalismus und „Dekonstruktion“ wieder umstrittene – Theorie literarischer Funktionen dürften freilich noch zu ziehen sein.

# Anmerkungen

## Vorbemerkung

[1] L. Marcuse, Philosophie des Glücks. Von Hiob bis Freud, Zürich 1972 (zuerst 1948), S. 51.

[2] G. Büchner, Probevorlesung über Schädelnerven, in: ders., Werke und Briefe, hrsg. von K. Pörnbacher u. a., München 1988, S. 257–269, S. 261.

[3] Vgl. A. Kaes, New Historicism and the Study of German Literature, in: The German Quarterly 62.2 (1989), S. 210–219, S. 212. Die Bezeichnung "New Historicism" ist besonders für den deutschen Leser irreführend, weil sie eine Nähe zum Historizismus des 19. Jahrhunderts zu suggerieren scheint. Es handelt sich allerdings bei diesen neuen methodologischen Überlegungen um ein Konzept, das sich vielmehr mit den Namen Bachtin, Kristeva, Foucault und Geertz verbindet; vgl. auch A. Veeser (Hrsg.), The New Historicism, New York/London 1988.

[4] Vgl. U. Japp, Beziehungssinn. Ein Konzept der Literaturgeschichte, Frankfurt a. M. 1980, S. 234.

[5] Vgl. N. Luhmann, Sinn als Grundbegriff der Soziologie, in: J. Habermas, N. Luhmann, Theorie der Gesellschaft oder Sozialtechnologie – Was leistet die Systemforschung?, Frankfurt a. M. 1976, S. 25–100, bes. S. 33 ff. und ders., Soziale Systeme. Grundriß einer allgemeinen Theorie, Frankfurt a. M. 1984, S. 92–147.

[6] Vgl. zu dieser Kritik W. Voßkamp, Probleme und Aufgaben einer sozialgeschichtlich orientierten Literaturgeschichte des achtzehnten Jahrhunderts, in: B. Fabian, W. Schmidt-Biggemann (Hrsg.), Studien zum achtzehnten Jahrhundert 1, Nendelen 1978, S. 53–76, S. 53. Dort wird zugleich auch die unzureichende Form einer Verknüpfung von Kunst und Sozialgeschichte, wie sie die Widerspiegelungsästhetik propagiert, kritisiert.

[7] Zum Begriff der Funktion in der Kunsttheorie vgl. z. B. P. Bürger, Die Theorie der Avantgarde, Frankfurt a. M. 1974; ders. (Hrsg.), Zum Funktionswandel der Literatur, Frankfurt a. M. 1983. Dabei bleibt die Qualifikation epikureischer Philosopheme als solche problematisch. Nicht nur, weil in vielen Fällen aus guten Gründen der verfemte Philosoph nicht explizit erwähnt wird, seine Thesen nur paraphrasiert und damit häufig nicht eindeutig zuweisbar sind; auch dann nämlich, wenn gerade ausdrücklich auf Epikur Bezug genommen wird, handelt es sich dabei nicht selten um so gravierende Verzerrungen seiner Philosophie – insbesondere, wenn es um deren Ablehnung geht –, daß von einer echten Rezeption sinnvoll nicht mehr gesprochen werden kann. Häufig müssen daher neben dem Kontext, in dem „verdächtige“ Stellen auftauchen, auch die intertextuellen Bezüge einer Äußerung in Betracht gezogen werden. Wer Lukrez und Horaz zitiert, Gassendi und Hobbes gelesen hat,

Rabelais und Montaigne schätzt, kann – muß aber nicht! – ein Amateur epikureischer Philosophie sein. Um „reinen" Epikureismus handelt es sich in diesem Feld eklektizistischen Denkens in den seltensten Fällen. Die Auswahl bleibt darum trotz aller Bemühungen um Klarheit problematisch und im Einzelfall angreifbar.

[8] Neben dem Vorwurf des zu weiten historischen Horizonts setzt sich die Arbeit damit zugleich auch der Kritik an mangelnder methodischer Stringenz aus. Die Anlage des Themas soll gerechtfertigt sein durch den Versuch, dasjenige Problem der Epikur-Forschung anzugehen, das weniger im Fehlen detailgenauer Untersuchungen einzelner Rezeptionsschritte besteht als vielmehr in der mangelnden Verbindung der einzelnen Komplexe unter funktionsgeschichtlichem Aspekt.

[9] Zum Begriff der „Mentalität" vgl. R. Reichardt, «Histoire des Mentalités». Eine neue Dimension der Sozialgeschichte am Beispiel des französischen Ancien Régime, in: Internationales Archiv für Sozialgeschichte der deutschen Literatur 3 (1978), S. 130–166.

[10] Zur Diskussion der Möglichkeiten der Diskursanalyse in der Literaturwissenschaft vgl. J. Fohrmann, H. Müller (Hrsg.), Diskurstheorien und Literaturwissenschaft, Frankfurt a. M. 1988.

[11] Vgl. P. Kondylis, Die Aufklärung im Rahmen des neuzeitlichen Rationalismus, München 1986, bes. S. 20 ff. Zur Bedeutung kritischen Denkens speziell für die Aufklärung des 18. Jahrhunderts vgl. J. Schmidt, Einleitung: Aufklärung, Gegenaufklärung, Dialektik der Aufklärung, in: ders. (Hrsg.), Aufklärung und Gegenaufklärung in der europäischen Literatur, Philosophie und Politik von der Antike bis zur Gegenwart, Darmstadt 1989, S. 1–31, bes. S. 3.

[12] Vgl. zu dieser Interpretation des Epikureismus im Kontext hellenistischen Philosophierens bes. M. Hossenfelder, Die Philosophie der Antike 3. Stoa, Epikureismus und Skepsis, München 1985.

[13] Prägend für alle weiteren Diskussionen war M. Horkheimer, Th. W. Adorno, Dialektik der Aufklärung. Philosophische Fragmente, Frankfurt a. M. 1969 (zuerst New York 1944). Dagegen wird in neuerer Zeit der Versuch gemacht, den Vernunftbegriff anders zu konzipieren und auch nichtinstrumentelles Denken und die Ästhetik miteinzubeziehen, vgl. z. B. A. Honneth, Kritik der Macht. Reflexionsstufen einer kritischen Gesellschaftstheorie, Frankfurt a. M. 1985; A. Wellmer, Ethik und Dialog. Elemente des moralischen Urteils bei Kant und in der Diskursethik, Frankfurt a. M. 1986.

[14] Dies hat auch die neueste Arbeit von H. Jones nicht geändert, da sie sich im wesentlichen auf die antike Tradition und das 17. Jahrhundert beschränkt und zudem selten mehr als eine rein ideengeschichtliche Sammlung der Philosopheme zu bieten beansprucht (vgl. H. Jones, The Epicurean Tradition, London/New York 1989); wichtige Anregungen dafür: vgl. J. Schmidt, Für und wider die Lust: Epikur und Antiepikureismus von der Antike bis zur Moderne. Mit einem Versuch über Hieronymus Boschs ›Garten der Lüste‹, in: ders. (Hrsg.), Aufklärung und Gegenaufklärung, a. a. O., S. 206–219.

[15] Nicht nur Auswahl der Themen und Selektion des Materials, auch die Einteilung in bestimmte historische Abschnitte, in Perioden, unterliegt in gewisser Hinsicht der Willkür bzw. dem Kriterium des allgemein „Üblichen". In bestimmter Weise sind Abgrenzung und Bezeichnung einer Epoche und die Erforschung derselben zirkulär

und sich gegenseitig bestätigend. Durch Reflexion auf diesen Vorgang, Wahl möglichst offener Bezeichnungen und Einsicht in die vornehmlich praktische Erfordernis solcher Einteilungen lassen sich die Probleme zwar nicht lösen, die negativen Folgen aber eingrenzen.

[16] Vgl. zu diesem aus der antiken Tradition stammenden Begriff und seiner Bedeutung für die Debatte um das Subjekt in der modernen Philosophie bes. M. Foucault, Die Sorge um sich (Sexualität und Wahrheit Bd. 3), Frankfurt a. M. 1986.

[17] C. M. Wieland, Übersetzung des Horaz, hrsg. von M. Fuhrmann, Frankfurt a. M. 1986, S. 155.

## I. Ursprung und Evolution: Der antike Epikureismus

[1] K. Marx, Die Differenz der demokritischen und epikureischen Naturphilosophie, in: K. Marx, F. Engels, Werke, hrsg. vom Institut für Marxismus-Kommunismus beim ZK der SED, 42 Bde., Berlin 1967 ff. (MEW), Ergänzungsband 1, S. 257–373, S. 309.

[2] J. G. Droysen, Geschichte des Hellenismus, 3 Bde., 2. Aufl. Gotha 1877.

[3] Vgl. C. Preaux, Le monde hellénistique, 2 vols., Paris 1978, bes. vol. 2, S. 545–584.

[4] Vgl. W. Schuller, Griechische Geschichte, München/Wien 1982, bes. S. 60 f. und M. Rostovtzeff, Die hellenistische Welt. Gesellschafts- und Wirtschaftsgeschichte, 3 Bde., Darmstadt 1955 f., bes. S. 892 ff.

[5] Vgl. F. W. Walbank, Die hellenistische Welt, München 1983, S. 65: „Angesichts einer großen nicht-griechischen Bevölkerungsgruppe um sich herum bestand die übliche Reaktion der Griechen und Makedonen darin, die Reihen dichter zu schließen und auf die griechischen Institutionen der Regierung, Religion und Erziehung – kurzum, auf ihr Griechentum – Nachdruck zu legen." Dazu verhalf in besonderem Maße die sich auf der Grundlage des attischen Dialekts herausbildende allgemeine griechische Sprache, die *koinē*.

[6] C. Preaux, Le monde hellénistique, a. a. O., vol. 2, S. 680.

[7] W. Schuller, Griechische Geschichte, a. a. O., S. 60.

[8] M. Foucault, Die Sorge um sich (Sexualität und Wahrheit Bd. 3), Frankfurt a. M. 1984, S. 111.

[9] C. Preaux, Le monde hellénistique, a. a. O., vol. 2, S. 681.

[10] F. W. Walbank, Die hellenistische Welt, a. a. O., S. 69.

[11] C. Mossé, Le IVe siècle (403–336), in: E. Will, C. Mossé, P. Goukowsky, Le monde grec et l'Orient, tome 2, Paris 1975, S. 11–244, S. 243.

[12] Vgl. M. Rostovtzeff, Gesellschafts- und Wirtschaftsgeschichte, a. a. O., S. 839; und E. Will, Le monde hellénistique, in: ders., u. a., Le monde grec, a. a. O., S. 337–645, S. 574 ff.

[13] E. Will, Le monde hellénistique, a. a. O., S. 499.

[14] Vgl. F. W. Walbank, Die hellenistische Welt, a. a. O., S. 165.

[15] Vgl. E. Will, Le monde hellénistique, a. a. O., S. 527.

[16] Ebd. S. 555.

[17] Vgl. C. Preaux, Le monde hellénistique, a. a. O., vol. 2, S. 525 ff.

[18] Museion und Bibliothek von Alexandria sind annähernd modernen Universitäten vergleichbare wissenschaftliche Zentren. Ungeheure Summen wurden ausgegeben, um Gelehrte nach Alexandria zu holen; das systematische Studium der Philologie wurde ebenso gefördert wie die Dichtung selbst. Astronomie und Medizin waren Wissenschaften, in denen man zu weiterem Fortschritt kam. Erstaunlich dürftig waren dagegen die Ergebnisse auf dem Gebiet der Technik.

Realismus, Bewegung, Pathos und Preziosität sind die Stichworte, mit denen man die hellenistische Kunst charakterisiert. Das Pathos des Frieses vom Zeusaltar in Pergamon, die Bewegung der Nike von Samothrake, der «intimisme» der Laokoongruppe und das Preziöse der Aphrodite von Melos sind seit dem 18. Jahrhundert mit dem Begriff der typisch griechischen Kunst enger verbunden als klassische Strenge.

[19] Zit. nach F. W. Walbank, Die hellenistische Welt, a. a. O., S. 189.

[20] Vgl. A.-J. Festugière, Epicure et ses dieux, Paris 1946.

[21] Zit. nach F. W. Walbank, Die hellenistische Welt, a. a. O., S. 220.

[22] C. Mossé, Le IVe siècle, a. a. O., S. 226.

[23] Polybios, Geschichte. Gesamtausgabe in 2 Bdn., eingeleitet und übersetzt von H. Drexler, Zürich/Stuttgart 1963; besonders wichtig ist XXXVI, 17, 1–4. Vgl. dazu auch F. W. Walbank, A Historical Commentary on Polybios, 3 Bde., Oxford 1957 ff.

[24] A. Roveri, Tyche bei Polybios, in: K. Striewe, N. Holzberg (Hrsg.), Polybios, Darmstadt 1982, S. 297–326, S. 315.

[25] E. Zeller, Die Philosophie der Griechen in ihrer geschichtlichen Entwicklung, Leipzig 4. Aufl. 1909, Bd. 3.1, S. 12: „Die Philosophie der Griechen ist ebenso wie ihre Kunst eine Tochter ihrer politischen Freiheit ... Durch den Untergang seiner politischen Selbständigkeit wurde die geistige Kraft des griechischen Volkes unheilbar gebrochen." Diese Einschätzung der hellenistischen Philosophie als dekadent blieb lange Zeit vorherrschende Forschungsmeinung.

[26] M. Foucault, Die Sorge um sich, a. a. O., S. 112.

[27] Vgl. J. Ferguson, Moral Values in the Ancient World, London 1958, S. 135 ff.

[28] M. Tulli Ciceronis de natura Deorum Libri III, lat-dt., hrsg., übers. und erläutert von W. Gerlach und K. Bayer, München 1978, Buch 1, 72/73.

[29] C. Bailey, The Greek Atomists and Epicurus, Oxford 1928, S. 220.

[30] Ebd. Auch Cicero fragt: *quid est in physicis Epicuri non a Democrito?* (M. T. Ciceronis de natura Deorum, a. a. O., Buch 1, 73.)

[31] Vgl. Diogenes Laertius X. Buch. Epikur, hrsg. von K. Reich und H. G. Zekl, übers. von O. Apelt, Hamburg 1968, X, 7 und X, 27.

[32] D. J. Furley, The Greek Cosmologists, vol. 1: The Formation of the Atomic Theory and its Early Critics, Cambridge 1987. Furley betont die Kontinuität der Atomkonzeption von Demokrit über Epikur und Lukrez zu Gassendi, Charleton, Bayle, Newton, Dalton und Rutherland. Vgl. dazu auch: Antike Atomphysik. Texte zur antiken Atomlehre und zu ihrer Wiederaufnahme in der Neuzeit, zusammengestellt, übers. und erläutert von A. Stückelberger, München 1979; dort auch weiterführende Literatur zum Fortwirken der antiken Atomlehre in Mittelalter und Neuzeit.

[33] D. J. Furley, The Greek Cosmologists, a. a. O., S. 2.

[34] Ebd. S. 2.

[35] Vgl. A. O. Lovejoy, Die große Kette der Lebewesen. Geschichte eines Gedankens, Frankfurt a. M. 1985.

[36] W. Röd, Die Philosophie der Antike 1. Von Thales bis Demokrit, München 1976, S. 181.

[37] Ebd. S. 183.

[38] D. J. Furley, The Greek Cosmologists, a. a. O., S. 127.

[39] H. Diels, Die Fragmente der Vorsokratiker, 3 Bde., Berlin 1951 f., Bd. 2, S. 174, Demokritos, Fragment 156.

[40] Ebd., Bd. 2, S. 138, Demokritos, Fragment 6.

[41] Ebd., Bd. 2, S. 138 f., Demokritos, Fragment 7.

[42] Ebd., Bd. 2, S. 139, Demokritos, Fragment 8.

[43] Ebd., Bd. 2, S. 168, Demokritos, Fragment 125.

[44] C. Bailey, The Greek Atomists and Epicurus, a. a. O., S. 185.

[45] G. Vlastos, Ethics and Physics in Democritus, in: R. E. Allen, D. J. Furley (Hrsg.), Studies in Presocratic Philosophy, 2 vols., London 1975, vol. 2, S. 381–408, S. 397 f.; vgl. allgemein: G. Striker, M. Schofield, The Norms of Nature. Studies in Hellenistic Ethics, Cambridge 1986.

[46] H. Diels, Fragmente der Vorsokratiker, a. a. O., Bd. 2, S. 133, Demokritos Fragment 4; vgl. auch Bd. 2, S. 183, Fragment 188.

[47] W. Röd, Von Thales bis Demokrit, a. a. O., S. 196.

[48] G. Vlastos, Ethics and Physics in Demokritos, a. a. O., S. 387.

[49] H. Diels, Fragmente der Vorsokratiker, a. a. O., Bd. 2, S. 152, Demokritos, Fragment 31.

[50] Epicurea, hrsg. von H. Usener, Leipzig 1887, Fragment 221; die Übersetzung stammt aus Epikur, Von der Überwindung der Furcht. Katechismus, Lehrbriefe, Spruchsammlung, Fragmente, eingel. und übertr. von O. Gigon, Zürich/Stuttgart 2. Aufl. 1968, S. 168. Philosophie als Medizin für die Seele verstanden impliziert ein Philosophieverständnis, das sich deutlich vom pädagogischen Konzept eines Sokrates absetzt. Gesundheit wiederherzustellen oder zu erhalten, ist eine Aufgabe, die für alle Lebensalter gilt und ständige Aufmerksamkeit verlangt. In welcher Weise dieser therapeutische Selbstbezug für den hellenistischen Individualismus charakteristisch ist, wird im Abschnitt über „Selbstsorge" noch genauer ausgeführt werden.

[51] H. Krämer, Platonismus und hellenistische Philosophie, Berlin/New York 1971, S. 277 f.

[52] Ebd. S. 278 ff.

[53] Vgl. Ph. Merlan, Hedone in Epicurus and Aristotle, in: ders., Studies in Epicurus and Aristotle, Wiesbaden 1960, S. 1–37, S. 1 f.

[54] Epikur, Briefe, Sprüche, Werkfragmente, griechisch und deutsch, übers. und hrsg. von H.-W. Krautz, Stuttgart 1985, S. 91, Sprüche 51.

[55] Aristoteles, Nikomachische Ethik, übers. von E. Rolfes, hrsg. von G. Bien, Hamburg 3. Aufl. 1972, Buch 7, 1152 b, 8 ff.

[56] Diogenis Laertii vitae philosophorum, libri decem, griech.-lat., hrsg. von C. G. Cobet u. a., Paris 1878, Buch 2, 66–104.

[57] O. Gigon, Sokrates. Sein Bild in Dichtung und Geschichte, Bern 1979, S. 301.

[58] Aristippi et Cyrenaicorum fragmenta, hrsg. von E. Mannebach, Leiden/Köln 1961, S. 54, Fragment 228. Weitere Literatur in G. Giannantoni, I Cirenaici, Firenze 1958.

[59] A. Graeser, Die Philosophie der Antike 2. Sophistik und Sokratik, Plato und

Aristoteles, München 1983, S. 121; vgl. dazu auch u. Kap. V, Abschn. I: „Wielands Epikureismus".

60 Aristippi et Cyrenaicorum fragmenta, a. a. O., S. 51 f., Fragment 217.

61 Vgl. Diogenis Laertii vitae philosophorum, a. a. O., Buch 2, 87–89.

62 Aristippi et Cyrenaicorum fragmenta, a. a. O., S. 51 f., Fragment 217 und S. 47, Fragment 202.

63 Vgl. H. Krämer, Platonismus, a. a. O., S. 191 ff.

64 Vgl. R. Philippson, Akademische Verhandlungen über die Lustlehre, in: Hermes 60 (1925), S. 444–481. Zur These, daß es sich hier um einen Streit mit Eudoxos von Knidos handelt, vgl. H. Schmitz, Platon und Aristoteles, 2 Bde., Bonn 1985, Bd. 2, § 71. Daß es sich nicht um Aristipp handelt, gegen den Plato argumentiert, gilt seit A. Mauersperger, Plato und Aristipp, in: Hermes 61 (1926), S. 208–230, als geklärt. Vgl. allgemein F. de Santillana, Eudoxos and Plato, in: Isis 32 (1940), S. 248–262. Diogenes Laertius (Diogenis Laertii vitae philosophorum, a. a. O., Buch 8, 87) erwähnt einen Aufenthalt des Eudoxos in Athen, wo dieser mit Plato einen alten Streit bereinigen wollte. Wahrscheinlich ist der ›Philebos‹ die Darstellung dieses Gesprächs. Eudoxos muß in der Akademie einen starken Eindruck hinterlassen haben und zwar keineswegs als Lüstling, sondern, wie Aristoteles (Nikomachische Ethik, a. a. O., Buch 10, 1172 b, 10 ff.) berichtet, durch sein ausgeglichenes und besonnenes Wesen.

65 „Es gibt vielleicht keinen platonischen Dialog, der an ‚Materialien zu einer systematischen Ethik' so reich ist wie der Philebos, und zwar zu einer Ethik, die der Nikomachischen Ethik des Aristoteles unendlich viel näher steht als etwa Platons eigenem Gorgias ..." O. Gigon, Einleitung zum ›Philebos‹, in: Platon, Spätdialoge Bd. 2, eingeleitet von O. Gigon, übertragen von R. Rufener, Zürich/Stuttgart 1969, S. XXXVI).

66 Die historisch vermittelnde Position des Aristoteles zwischen der Hedonismus-Kritik der Akademie und dem Hedonismus Epikurs sieht Krämer in Argumenten des Aristoteles, die a) die Unbegrenztheit der Lust widerlegen, b) der Abwertung der Lust als Indifferenzzustand entgegentreten und c) ihre Überhobenheit über die Zeit beweisen. Vgl. H. Krämer, Platonismus, a. a. O., S. 196 f.

67 H. Krämer, Platonismus, a. a. O., S. 201 f.

68 E. Bignone, L' Aristotele perduto e la formazione filosofica di Epicuro, 2 Bde., Firenze 1936, Bd. 2, S. 3.

69 Platon, Philebos 31 d, in: ders., Werke in acht Bänden, hrsg. von G. Eigler, Bd. 7, bearbeitet von K. Widdra und übers. von H. Müller und F. Schleiermacher, Darmstadt 1972.

70 H. Krämer, Platonismus, a. a. O., S. 212.

71 Ebd. S. 212 f.

72 V. Brochard, La théorie du plaisir d'après Epicure, in: ders., Etudes de philosophie ancienne et de philosophie moderne, Paris 1968.

73 Vgl. O. Gigon, Einleitung, in: Epikur, Von der Überwindung der Furcht, a. a. O., S. 7–56.

74 E. Bignone, L' Aristotele perduto, a. a. O..

75 Darin befinden sich zwei entscheidend wichtige Abschnitte über die Lust, in den Büchern 7 und 10. Beide Teile sind unabhängig voneinander, wohl zu verschiedenen

Zeiten verfaßt und kommen auch zu unterschiedlichen Ergebnissen. Während das 7. Buch sich weitgehend auf ein Referat der platonisch-akademischen Position, vor allem der des Speusipp, und der Argumentationen des Eudoxos von Knidos beschränkt, kommt das 10. Buch zu einer eigenen Definition von Lust.

76 G. Liebig, Die Lehre von der Lust in den Ethiken des Aristoteles, München 1958, S. 48.

77 Aristoteles, Nikomachische Ethik, a. a. O., Buch 10, 1174a, 16ff.

78 Ebd. Buch 10, 1174b, 5ff.

79 H. Krämer, Platonismus, a. a. O., S. 195.

80 H. Schmitz, Platon und Aristoteles, a. a. O., § 71.

81 Hatte Platon dies noch vehement abgelehnt, lassen sich bei Aristoteles gerade in diesem Punkt die deutlichsten Anleihen bei der Philosophie des Eudoxos nachweisen. In der Nikomachischen Ethik kommt er nämlich gerade dann, wenn die Eudaimonie als etwas Göttliches identifiziert worden ist, auf Eudoxos zu sprechen: „Niemand lobt die Glückseligkeit so wie die Gerechtigkeit, sondern man preist sie wie etwas Göttliches und Besseres. Auch Eudoxos scheint über die Güter sehr richtig zu urteilen, wenn er der Lust den höchsten Preis zuerkennt; denn daß sie, obwohl zu den Gütern gehörig, nicht gelobt werde, das sei, meinte er, ein Beweis, daß sie besser sei als das Lobenswerte, und solcher Art seien der Gott und das Gute."(Aristoteles, Nikomachische Ethik, a. a. O., Buch 1, 1101b, 25ff. Vgl. E. Schwartz, Ethik der Griechen, Stuttgart 1959, S. 99; O. Gigon, Die Eudaimonia im ersten Buch der Nikomachischen Ethik des Aristoteles, in: J. Wiesner (Hrsg.), Aristoteles. Werk und Wirkung, 2 Bde., Berlin/New York 1985, Bd. 1, S. 339–365).

82 Aristoteles, Metaphysik, übers. und hrsg. von F. Schwarz, Stuttgart 1978, Buch 12, 1072b, 16–30. Vgl. auch W. Schadewaldt, Eudoxos von Knidos und die Lehre vom unbewegten Beweger, in: ders., Hellas und Hesperien. Gesammelte Schriften in 2 Bdn., Zürich/Stuttgart 1960, Bd. 1, S. 635–655.

83 Aristoteles, Nikomachische Ethik, a. a. O., Buch 7, 1153b, 25ff.; vgl. Ph. Merlan, Hedone, a. a. O., S. 23.

84 Vgl. G. Liebig, Die Lehre von der Lust, a. a. O., S. 109–115.

85 Ph. Merlan, Aristoteles' und Epikurs müßige Götter, in: ders., Kleine philosophische Schriften, hrsg. von F. Merlan, Hildesheim/New York 1976, S. 289–302; und P. Aubenque, Le problème de l'Etre chez Aristote, Paris 1962.

86 Wenn A. Gehlen einen roten Faden in der Geschichte des 19. Jahrhunderts von Fichte über Marx zu Freud dort erkennt, wo überall die „Fichtesche Formel von der ‚verlorenen Freiheit', von der Entfremdung und anscheinenden, täuschenden Selbständigkeit und Übermacht des von uns Erzeugten" diskutiert werden, sieht er die Formel „weltpopulär" werden erst in ihrer psychologischen Anwendung bei Freud. Es bleibt zu fragen, ob es sich hier nicht vielmehr um eine genuin aufklärerische und auch für den Epikureismus typische Haltung handelt, die den mehr oder weniger differenzierten und erfolgreichen Versuch wagt, sich dessen wieder zu bemächtigen, was sie als ursprünglich Eigenes im Fremden wiederzuerkennen glaubt. (A. Gehlen, Über die Geburt der Freiheit aus der Entfremdung, in: ders., Studien zur Anthropologie und Soziologie, Neuwied 1963, S. 232–246.)

87 Vgl. H. Krämer, Platonismus, a. a. O., S. 219.

88 M. Foucault, Freiheit und Selbstsorge, Frankfurt a. M. 1985, S. 15.

[89] Am ehesten gilt dies noch für die sokratisch-platonische Epimeleia, wie anhand der Ausführungen zum Dialog Alkibiades I zu zeigen sein wird.

[90] „Dieser Dialog wurde in der Antike aufs höchste geschätzt und jahrhundertelang in der Akademie als Einführung in die platonische Philosophie verwendet ..." Platon, Werke in acht Bänden, hrsg. von G. Eigler, Bd. 1, bearbeitet von H. Hoffmann, übers. von F. Schleiermacher, Darmstadt 1977, S. 529, Anm. 1.

[91] Ebd. Platon, Alkibiades 133 e.

[92] Platon, Apologie 29 d–e, in: ders., Werke in acht Bänden, Bd. 2, bearb. von H. Hoffmann, übers. von F. Schleiermacher, Darmstadt 1973.

[93] Tetrapharmakos umfaßt die vier wichtigsten Bedingungen der inneren Unerschütterlichkeit. Vgl. Diogenes Laertius, Epikur, a. a. O., Hauptlehren I–IV.

[94] Platon, Gesetze V, 731 e ff., in: ders., Werke in acht Bänden, Bd. 8.1 bearbeitet und übersetzt von K. Schöpsdau, Darmstadt 1977.

[95] Aristoteles, Nikomachische Ethik, a. a. O., Buch 9, 1168 b, 5–10.

[96] Ebd. Buch 9, 1169 a, 11–13.

[97] Ebd. Buch 9, 1166 b, 1–26.

[98] Vgl. C. de Vogel, Selbstliebe bei Platon und Aristoteles und der Charakter der aristotelischen Ethik, in: J. Wiesner (Hrsg.), Aristoteles, a. a. O., Bd. 1, S. 393–426.

[99] Vgl. W. J. Oates, Aristotle and the Problem of Value, Princeton 1963; und P. Aubenque, Le problème de l'Etre chez Aristote, a. a. O.

[100] Vgl. H. J. Fuchs, Entfremdung und Narzißmus. Semantische Untersuchungen zur Geschichte der „Selbstbezogenheit" als Vorgeschichte zu französisch «amour-propre», Stuttgart 1977.

[101] H. Martin, u. a. (Hrsg.), Technologies of the Self. A Seminar with Michel Foucault, Amherst 1988, S. 26 f.

[102] M. Foucault, Freiheit und Selbstsorge, a. a. O., S. 44.

[103] Doch ist es heute schwer zu erkennen, welchen Stellenwert für das Individuum eine gewisse Unabhängigkeit von politischen Institutionen und sozialen Gruppen im Hellenismus hatte. Die Einbindung der griechischen Elite in Stadtgemeinschaft, Kultgemeinschaften, Familie und Freundeskreis war nämlich wohl nicht weniger stark als in den vorhergehenden Jahrhunderten (vgl. M. Foucault, Die Sorge um sich, a. a. O., S. 58.

[104] Ebd. S. 114.

[105] Ebd. S. 128.

[106] Vgl. z. B. Diogenes Laertius, X. Buch, Epikur, a. a. O., S. 122.

[107] Vgl. H. Diels, Fragmente der Vorsokratiker, a. a. O., Bd. 2, S. 152, Demokritos, Fragment 31.

[108] Vgl. Epicurea, hrsg. von H. Usener, a. a. O., Fragment 221.

[109] Vgl. z. B. C. Galen, De locis affectis, in: ders., opera omnia, hrsg. von C. G. Kühn, 8 Bde., Leipzig 1824, Bd. VIII, S. 1–452; vgl. dazu auch M. Foucault, Der Gebrauch der Lüste, a. a. O., Kap. 2.

[110] Vgl. M. Hossenfelder, Die Philosophie der Antike 3. Stoa, Epikureismus und Skepsis, München 1985, S. 23 ff.

[111] M. Foucault, Die Sorge um sich, a. a. O., S. 129.

[112] Ebd. S. 129.

[113] Vgl. M. Hossenfelder, Stoa, Epikureismus und Skepsis, a. a. O., S. 23–40.

[114] Zur Theologie Epikurs vgl. A. J. Festugière, Epicure et ses dieux, a. a. O.; Ph. Merlan, Zwei Fragen der epikureischen Theologie in: ders., Kleine Schriften, a. a. O., S. 305–326; D. Lemke, Die Theologie Epikurs, München 1973; W. Schmid, Götter und Menschen in der Theologie Epikurs, in: Rheinisches Museum, NF 94, 1951, S. 97–156.

[115] Vgl. zur Darstellung epikureischer Philosophie M. Hossenfelder, Epikur, München 1991; dort auch weitere Literatur.

[116] M. Hossenfelder, a. a. O., S. 207.

[117] N. Luhmann, Moderne Systemtheorie als Form gesellschaftlicher Analyse, in: J. Habermas, N. Luhmann, Theorie der Gesellschaft oder Sozialtechnologie – Was leistet die Systemforschung?, Frankfurt a. M. 1976, S. 7–24, S. 20.

[118] Der erste Brief ›An Herodot‹ referiert Epikurs Naturlehre, derjenige ›An Phytocles‹ – dessen Echtheit bezweifelt wird – behandelt die Astronomie und die Lehre von den Meteoren und der dritte Brief ›An Menoikeus‹ ist eine Darstellung der epikureischen Ethik. Darüber hinaus findet sich im 10. Buch des Diogenes Laertius eine Sammlung von „Hauptlehren", und eine weitere Sammlung von Sprüchen und Sentenzen wurde im vergangenen Jahrhundert in einer vatikanischen Handschrift entdeckt. Zu weiteren Quellen und Quellenkritik vgl. W. Schmid, Artikel „Epikur" in: RAC, Bd. V, 1962, Sp. 681–819.

[119] Vgl. Diogenes Laertius, X. Buch, Epikur, a. a. O., 35 f., 116, 135.

[120] In dieser Formulierung sind die ersten vier Regeln der „Hauptlehren" *(kyriai doxai)* zusammengefaßt; vgl. W. Schmid, „Epikur", a. a. O., Sp. 744 f.

[121] Ebd. Sp. 742.

[122] L. A. Seneca, De ira, Liber III, in: L. Annaei Seneca dialogorum libri duodecim, hrsg. von L. D. Reynolds, Oxford 1977, S. 93 ff.

[123] H. Blumenberg, Der Prozeß der theoretischen Neugierde, Frankfurt a. M. 1966, S. 55.

[124] Vgl. ebd. S. 58.

[125] Diogenes Laertius, X. Buch, Epikur, a. a. O., 122 (Brief an Menoikeus).

[126] Epicurea, hrsg. von H. Usener, a. a. O., Fragment 211.

[127] Diogenes Laertius, X. Buch, Epikur, a. a. O., 18; vgl. auch ebd. S. 132, Anm. 44.

[128] Ebd. 120 und Epicurea, hrsg. von H. Usener, a. a. O., Fragment 551.

[129] Dies gilt auch für die Frage, ob irgendeine Form von Goldenem Zeitalter eine politische Vorbildrolle in Lukrez' ›De rerum natura‹ spielen könnte; vgl. C. Rodis-Lewis, Nature et civilisation dans l'épicurisme, in: Les études philosophiques 4 (1975), S. 415–433.

[130] V. Goldschmidt, La doctrine d'Epicure et le droit, Paris 1977, S. 244 f., vgl. Diogenes Laertius, X. Buch, Epikur, a. a. O., 155.

[131] E. Bloch, Antike Philosophie. Leipziger Vorlesungen zur Geschichte der Philosophie Bd. 1, 1950–1956, Frankfurt a. M. 1985, S. 372.

[132] Ebd. S. 372.

[133] Diogenes Laertius, X. Buch, Epikur, a. a. O., 120 u. 121.

[134] Vgl. J. Ferguson, Moral Values, a. a. O., S. 70; H. Krämer, Epikur und die hedonistische Tradition, in: Gymnasium 87 (1980), S. 294–326, S. 300; P. Mitis, Epicurus on Friendship and Altruism, in: Oxford Studies in Ancient Philosophy, vol. V (1987), S. 127–153.

[135] A. J. Festugière, Epicure et ses dieux, a. a. O., S. 70.

[136] Vgl. H. Krämer, Epikur und die hedonistische Tradition, a. a. O., S. 300; vgl. Diogenes Laertius, Buch X, Epikur, a. a. O., 17–22 (Testament des Epikur).

[137] Diogenes Laertius, X. Buch, Epikur, a. a. O., 136.

[138] Vgl. D. Pesce, Saggio su Epicuro, Bari/Roma 1974, bes. S. 98; J. M. Rist, Epicurus. An Introduction, Cambridge 1972.

[139] Vgl. Diogenes Laertius, X. Buch, Epikur, a. a. O., 129.

[140] H. Krämer, Epikur und die hedonistische Tradition, a. a. O., S. 301.

[141] Vgl. A. J. Festugière, Epicure et ses dieux, a. a. O., S. 99.

[142] Diogenes Laertius, X. Buch, Epikur, a. a. O., 123.

[143] Vgl. J. Moreau, Le méchanisme épicurien et l'ordre de la nature, in: Les études philosophiques 4 (1975), S. 467–486; W. Hochkeppel, War Epikur ein Epikureer?, München 1984, S. 13 f.

[144] Vgl. E. Asmis, Epicurus' Scientific Method, Ithaca 1984; A. A. Long, Hellenistic Philosophy. Stoics, Epicureans, Sceptics, London 1974, S. 21 ff.; G. Striker, kriterion tes aleteias, in: Nachrichten der Akademie der Wissenschaften in Göttingen. Hist.-philolog. Klasse 31 (1974), S. 51–107.

[145] Vgl. G. Striker, Epikur, in: O. Höffe (Hrsg.), Klassiker der Philosophie, 2 Bde., München 1981, Bd. 1, S. 95–115, S. 106.

[146] A. O. Lovejoy, Die große Kette der Lebewesen, a. a. O., S. 29.

[147] W. Dilthey, Die geistige Welt. Einleitung in die Philosophie des Lebens, in: ders., Gesammelte Schriften, Leipzig/Berlin 1924, Bd. 5, S. 226 f.

[148] So ist es auch zu erklären, daß sich bei Epikur selbst ebenso wie bei den meisten seiner Nachfolger viel eher Polemik gegen Platon und Aristoteles finden läßt als gegen die Stoiker. Vgl. F. J. Furley, Lucretius the Epicurean, in: Lucrèce. Entretiens sur l'antiquité classique, publ. par O. Reverdin et B. Grange, tome 24, hrsg. von D. J. Furley u. a., Genève 1977, S. 1–27, bes. Diskussion S. 33.

[149] Logos hat nicht nur Erkenntnis-, sondern eine allumfassende Ordnungsfunktion; er stellt die universal geltende Gesetzmäßigkeit dar, die Vergangenheit und Zukunft bestimmt.

[150] Vgl. M. Forschner, Die stoische Ethik, Stuttgart 1981, S. 22.

[151] Vgl. ebd. S. 110.

[152] Stoicorum veterum fragmenta, hrsg. von H. v. Armin, 4 Bde., Stuttgart 1968 (unveränderter Nachdruck der ersten Ausgabe Leipzig 1905), Bd. II, S. 285, 975.

[153] M. Hossenfelder, Stoa, Epikureismus und Skepsis, a. a. O., S. 53.

[154] I. Kant, Kritik der praktischen Vernunft, in: ders., Werkausgabe in 12 Bdn., hrsg von W. Weischedel, 6. Aufl. Frankfurt a. M. 1982, Bd. VII, S. 103–302, S. 240.

[155] Vgl. H. v. Armin, Stoicorum veterum fragmenta, a. a. O., Bd. I, S. 57, 241.

[156] M. Hossenfelder, Stoa, Epikureismus und Skepsis, a. a. O., S. 52.

[157] M. Forschner, Die stoische Ethik, a. a. O., S. 142.

[158] Zur Selbsterhaltung vgl. H. v. Armin, Stoicorum veterum fragmenta, a. a. O., Bd. III, S. 43, 178.

[159] M. Forschner, Die stoische Ethik, a. a. O., S. 152.

[160] Von entscheidender Bedeutung für den stoischen Wirklichkeitsbegriff ist die Vorstellung, daß der Mensch die Wirklichkeit so wahrzunehmen vermag, wie sie tat-

sächlich ist. Vgl. A. Graeser, Stoa, in: O. Höffe, (Hrsg.), Klassiker der Philosophie, a. a. O., Bd. 1, S. 116–136, S. 120 ff.

[161] Den besten Teil des Menschen macht seine Teilhabe an der in der Natur waltenden Vernunft aus. Vgl. F. H. Sandbach, The Stoics, London 1975.

[162] M. Hossenfelder, Stoa, Epikureismus und Skepsis, a. a. O., S. 85.

[163] Vgl. A. H. Armstrong, The Cambridge History of Later Greek and Early Medieval Philosophy, Cambridge 1970, S. 124: "We see in it either a 'mundanisation' of the divine, or, on the contrary, a divinization and spiritualization of matter."

[164] Vgl. E. Pagels, Adam, Eva und die Schlange. Die Theologie der Sünde, Hamburg 1991, bes. S. 171 ff.

[165] L. Canali, Lucrezio, poeta della ragione, Roma 1986, S. 14.

[166] K. Christ, Die Römer, München 2. Aufl. 1984, S. 49.

[167] P. Hadot, Forms of Life and Forms of Discourse in Ancient Philosophy, in: Critical Inquiry 16 (1990), S. 483–505.

[168] L. Canali, Lucrezio, a. a. O., S. 15.

[169] J. D. Minyard, Lucretius and the Late Republic, Leiden 1985, S. 14.

[170] Eine besonders gute Illustration dieser beiden Positionen bietet die Debatte zwischen Cato und Caesar, wie sie Sallust in seinem ›Bellum Catilinae‹ darstellt; vgl. C. Sallusti Crispi Bellum Catilinae, edited with Introduction and Commentary by J. T. Ramsey, Chico, California 1984, S. 46–50, LI–LIV.

[171] Vgl. L. Canali, Lucrezio, a. a. O., S. 17.

[172] A. Momigliano, Secondo contributo alla storia degli studi classici, Roma 1960, S. 378.

[173] Bei allen Versuchen, irgendwelche klaren Fraktionen und Parteibildungen auszumachen, sollte man sich stets vor Augen halten, wie klein die Gruppe der römischen Intellektuellen war und wie eng sie durch familiäre und freundschaftliche Bindungen zusammenhing. Alle Autoren der späten Republik waren eingebunden in einen Dialog und regen Austausch über die anstehenden Fragen und Probleme der politischen, wirtschaftlichen und kulturellen Entwicklung; vgl. die Beschreibung der engen, oft auch verwandtschaftlichen Beziehungen bei J. D. Minyard, Lucretius, a. a. O., S. 12 f.

[174] A. O. Lovejoy, Die große Kette der Lebewesen, a. a. O., S. 28.

[175] Marcus Tullius Cicero, De finibus bonorum et malorum, hrsg., übers. und kommentiert von O. Gigon und L. Straume-Zimmermann, München/Zürich 1988, Buch II, 119.

[176] M. Foucault, Das Wahrsprechen des Anderen, Frankfurt a. M. 1988.

[177] M. Gigante, Philodème: Sur la liberté de la parole, in: Actes du VIIIe congrès de l'Association Guillaume Budé, Paris 1968, a. a. O., S. 196–217, S. 202.

[178] Vgl. H. Krämer, Zum Problem einer hedonistischen Ethik, in: AZP 9/1 (1984), S. 11–29.

[179] Dies ist bemerkenswert, weil in der griechischen Tradition die Ablehnung eines dichterischen Wahrheitsanspruchs ein wohlbekannter Topos ist. Das bekannteste Beispiel findet sich in Platons ›Staat‹ (Platon, Staat, Buch X 607 a–608 b, in: ders., Werke in acht Bänden, hrsg. von G. Eigler, Bd. 4, bearbeitet von D. Kurz, übers. von F. Schleiermacher, Darmstadt 1971). „Platons politische Ideale dulden einzig eine gereinigte, gesinnungsethische Zweckpoesie." (M. Fuhrmann, Einführung in die antike

Dichtungstheorie, Darmstadt 1973, S. 86.) Auch Epikurs Ablehnung der Kunst basiert auf dem Verdikt der Nutzlosigkeit und ihrer Nähe zum Mythos.

180 Die Frage nach Zweck und Aufgabe der Poesie wurde offenbar in dieser Zeit lebhaft diskutiert. Auch die These einer dichterischen Autonomie wurde bereits vertreten. Unter die Anhänger dieses „hedonistischen Ästhetizismus" zählt M. Fuhrmann auch Philodem. (M. Fuhrmann, Einführung in die antike Dichtungstheorie, a. a. O., S. 135.)

181 M. J. Oroz-Reta, Virgil et l'Epicuréisme, in: Actes du VIIIe congrès de l'Association Guillaume Budé, a. a. O., S. 436–447, S. 436.

182 R. F. Thomas, Introduction, in: Virgil, Georgics, 2 vols., ed. by R. F. Thomas, Cambridge 1988, S. 4. Vgl. dazu auch H. Klepl, Lukrez und Virgil in ihren Lehrgedichten, Dresden 1940.

183 Vgl. P. Grimal, Quelques aspects épicuriens des Géorgiques, in: Journal des Savants, 1980, S. 51–66.

184 Artikel „Lucrezio", in: Enciclopedia Virgiliana, 3 Bde., Roma 1987, Bd. 3, S. 263–271, S. 264.

185 Ebd. S. 265.

186 N. W. de Witt, Epicurean Doctrine in Horace, in: Classical Philology 34 (1939), S. 127–134.

187 Vgl. K. Buechner, Horace et Epicure, in: Actes du VIIIe congrès de l'Association Guillaume Budé, a. a. O., S. 457–469.

188 Vgl. O. Gigon, Horaz und die Philosophie, in: ders., Die antike Philosophie als Maßstab und Realität, a. a. O., S. 437–481.

189 Vgl. Q. Horati Flacci, Carminum, I.11, in: ders., Opera, hrsg. v. D. R. Snakkelton Bailey, Stuttgart 1985, S. 13.

190 Vgl. Q. Horati Flacci, Epistularum I.17, 23 ff., in: ders., Opera, a. a. O., S. 282. Hier lobt Horaz den Aristipp, weil der sich in allen Lebenslagen zurechtzufinden weiß und dies kann, ohne dem Genuß zu entsagen. Er ist freier, als es die Kyniker sind.

191 E. Fraenkel, Horaz, Darmstadt 1976, S. 303.

192 Horaz bedient sich hier eines „parrhesiastischen" Stils, wie er von der epikureischen Seelenführungspraxis bekannt ist. Vgl. N. W. de Witt, Parrhesiastic Poems of Horace, in: Classical Philology 30 (1935), S. 312–319.

193 Q. Horati Flacci, Epistularum I.4, in: ders., Opera, a. a. O., S. 260.

194 Ebd. S. 260, Epistolarum I.5.

195 J. P. Vernant, L'individu dans la cité, in: Sur l'individu, Paris 1987, S. 20–38, S. 31. Vgl. auch L. Genet, Anthropologie de la Grèce antique, Paris 1968; L. Dumont, Essais sur l'individualisme, Paris 1968; A. Momigliano, The Development of Greek Biographie, Cambridge, Mass. 1971.

196 J. P. Vernant, L'individu danls la cité, a. a. O., S. 31.

197 Th. Mommsen, Römische Geschichte, 8 Bde., München 1976 (Nachdruck des Textes der 9. Aufl. 1904), Bd. 5, S. 260 f.

198 Vgl. D. E. W. Wormell, Lucretius: The Personality of the Poet, in: C. J. Classen (Hrsg.), Probleme der Lukrezforschung, Hildesheim/Zürich/New York 1986, S. 17–28, bes. S. 18.

199 E. Bielowski, Lukrez in der französischen Renaissance, Berlin/Danzig 1934; M. Bollack, La raison de Lucrèce, Paris 1978; G. R. Hocke, Lukrez in Frankreich.

Von der Renaissance bis zur Revolution, Köln 1935; M. Lehnert, Lucretius in der Renaissance, Königsberg 1904.

200 Vgl. I. Warburg, Lucy Hutchinson: Das Bild einer Puritanerin, Hamburg 1937, bes. S. 48f.

201 Briefwechsel zwischen Goethe und Knebel 1774–1832, 2 Bde., Leipzig 1851, Bd. 2, S. 395.

202 Vgl. B. Fabian, Das Lehrgedicht als Problem der Poetik, in: H. R. Jauß (Hrsg.), Die nicht mehr schönen Künste, München 1968 (Poetik und Hermeneutik III), S. 67–89, Diskussion S. 549–557. Das spezifisch Lehrhafte im Lehrgedicht wird dort folgendermaßen zusammengefaßt: „Der Dichter lehrt nicht einen Gegenstand, sondern er lehrt vermittels seiner Lehre. Am Beispiel erläutert: Lukrezens Lehre besteht nicht in der Atomtheorie, sondern in der Anleitung zum richtigen menschlichen Verhalten, wofür die Atomtheorie nur Mittel zum Zweck ist ..." (ebd. S. 89). «Lucrèce tient certe la place du poète philosophe que lui avait donnée la théorie poétique de l'Antiquité.» (M. Bollack, La raison du Lucrèce, a. a. O., S. 121.)

203 P. Boyancé, Lucrèce et l'Epicurisme, Paris 1963; P. Grimal, Le poème de Lucrèce en son temps, in: Lucrèce. Entretiens sur l'Antiquité classique, tome 24, Genève 1977, S. 233–262.

204 Vgl. K. Kleve, The philosophical Polemies in Lucretius, in: Lucrèce. Entretiens sur l'antiquité classique, a. a. O., S. 39–72.

205 Vgl. M. Bollack, La raison de Lucrèce, a. a. O., S. 7–9.

206 P. H. de Lacy, Lucretius and the History of Epicureanism, in: TAPA 74 (1948), S. 12–23, S. 14.

207 L. Canali, Lucrezio, a. a. O., S. 26; A. D. Winspear, Lucretius and Scientific Thought, Ottawa 1963, S. 29.

208 L. Canali, Lucrezio, a. a. O., S. 120.

209 Vgl. J. D. Minyard, Lucretius and the Late Republic, a. a. O., S. 42.

210 Vgl. K. Westphalen, Die Kulturentstehungslehre des Lukrez, München 1957.

211 A. Gramsci zit. nach L. Canali, Lucrezio, a. a. O., S. 109.

212 D. J. Furley, Lucretius the Epicurean, in: Lucrèce. Entretiens sur l'antiquité classique, a. a. O., S. 9.

213 O. Raith, Petronius ein Epikureer, Nürnberg 1963, S. 49: „In den Satiricon libri des Petronius finden sich zahlreiche Anklänge an Lukrez. Sie betreffen in der Hauptsache die epikureische Naturlehre, die Petronius – meistens in Gedichteinlagen – unverändert übernimmt. In der Kritik des Mythos geht Petronius viel schärfer, aber auch leidenschaftlicher zu Werk als sein Vorbild Lukrez oder gar Epikur: Götter gibt es nicht."

214 Titi Lucreti Cari, De rerum natura, eingeleitet und übers. von K. Büchner, Zürich 1956, S. 133, I, 936ff.

215 R. Jakobson, Poetik. Ausgewählte Aufsätze 1921–1971, Frankfurt a. M. 1979, S. 69.

216 Vgl. dazu etwa R. Wild, Literatur im Prozeß der Zivilisation. Entwurf einer theoretischen Grundlegung der Literaturwissenschaft, Stuttgart 1982; W. Voßkamp, Literaturgeschichte als Funktionsgeschichte der Literatur (Am Beispiel der frühneuzeitlichen Utopie), in: Th. Cramer (Hrsg.), Literatur und Sprache im historischen Prozeß, Bd. 1, Tübingen 1983, S. 32–54.

[217] Vgl. M. Seel, Die Ästhetik der Entzweiung. Zum Begriff der ästhetischen Rationalität, Frankfurt a. M. 1985.

[218] H. Blumenberg, Diskussion zu B. Fabian, Das Lehrgedicht als Problem der Poetik, a. a. O., S. 554.

[219] M. P. H. Schrijvers, Eléments psychagogiques dans l'œuvre de Lucrèce, in: Actes du VIIIe congrès de l'Association Guillaume Budé, a. a. O., S. 370–376, S. 372.

[220] J. M. Snyder, Puns and Poetry in Lucretius' De Rerum Natura, Amsterdam 1980, S. 145; vgl. auch P. Friedländer, Pattern of Sound and the Atomistic Theory in Lucretius, in: American Journal of Philology 62 (1941), 16–34.

[221] Vgl. D. Clay, Lucretius and Epicurus, Ithaca/London 1986, S. 266.

[222] G. F. W. Hegel, Vorlesungen über die Geschichte der Philosophie II, in: ders., Werke in 20 Bdn., Frankfurt a. M. 1971, Bd. 19, S. 292.

[223] L. Annaei Seneca, Ad Lucilium epistolae morales, hrsg. von L. D. Reynolds, 2 Bde., Oxford 1965, S. 286, ep. 84,5.

[224] Vgl. E. Lefèvre (Hrsg.), Der Einfluß Senecas auf das europäische Drama, Darmstadt 1978; W. Barner, Produktive Rezeption. Lessing und die Tragödien Senecas, München 1973.

[225] A. Schopenhauer, Der handschriftliche Nachlaß in 5 Bdn., hrsg. von A. Hübscher, München 1985, Bd. 5, S. 163.

[226] L. A. Seneca, De vita beata, 12,4–13,1, in: L. Aennaei Senecae Dialogorum libri duodecim, a. a. O., S. 178 f.

[227] Vgl. I. Marten, Seneca und die Tradition griechisch-römischer Seelenleitung, Berlin 1979, S. 55 ff.

[228] Vgl. zu Senecas politischer Tätigkeit: V. Sörensen, Seneca. Ein Humanist an Neros Hof, München 1985.

[229] Vgl. P. Grimal, Seneca. Macht und Ohnmacht des Geistes, Darmstadt 1988, bes. S. 155–165.

[230] Vgl. H. Mutschmann, Seneca und Epikur, in: Hermes 50 (1915), S. 321–356.

[231] Vgl. M. J. M. André, Sénèque et l'épicurisme: ultime position, in: Actes du VIIIe congrès de l'Association Guillaume Budé, a. a. O., S. 469–480, S. 470.

[232] W. Trillitzsch, Seneca im literarischen Urteil der Antike. Darstellung und Sammlung der Zeugnisse. 2 Bde., Amsterdam 1971, Bd. 1, S. 170 ff.

## II. Kontinuität und Diskontinuität: Epikureismus in der Renaissance

[1] P. Burke, The Renaissance, London 1987, S. 4.

[2] J. Burckhardt, Kunst und Kultur der Renaissance, Basel 1860; J. Michelet, Histoire de la France, vol. III, Paris 1855; vgl. dazu L. Fèbvre, Comment Jules Michelet inventa la Renaissance, in: ders., Pour une histoire à part entière, Paris 1962, S. 717–729.

[3] E. Bloch, Zwischenwelten in der Philosophiegeschichte, in: ders., Gesamtausgabe in 16 Bdn., Frankfurt a. M. 1977, Bd. 12, S. 175.

[4] Vgl. R. Herzog, R. Koselleck (Hrsg.), Epochenschwelle und Epochenbewußtsein, München 1987 (Poetik und Hermeneutik XII); E. Panofsky, Die Renais-

sancen der europäischen Kunst, Frankfurt a. M. 2. Aufl. 1984; S. Skalweit, Der Beginn der Neuzeit. Epochengrenze und Epochenbegriff, Darmstadt 1982.

[5] Vgl. z. B. F. Braudel, La Méditerranée et le monde méditerranéen à l'époque de Philippe II, Paris 1949 (deutsch: Das Mittelmeer und die mediterrane Welt in der Epoche Phillipps II., 3 Bde., Frankfurt a. M. 1990); dazu P. Burke, Offene Geschichte. Die Schule der Annales, Berlin 1991; M. Erbe, Zur neueren französischen Sozialgeschichtsforschung. Die Gruppe um die „Annales", Darmstadt 1979.

[6] W. Haug, Die Zwerge auf den Schultern der Riesen – Epochales und typologisches Geschichtsdenken und das Problem der Interferenzen, in: R. Herzog, R. Koselleck (Hrsg.), Epochenschwelle und Epochenbewußtsein, a. a. O., S. 167–195, S. 172.

[7] Ebd. S. 173.

[8] Th. E. Mommsen, Der Begriff „des finsteren Mittelalters" bei Petrarca, in: A. Buck (Hrsg.), Begriff und Problem der Renaissance, Darmstadt 1969, S. 151–179.

[9] Vgl. W. Perpeet, Das Kunstschöne. Sein Ursprung in der italienischen Renaissance, Freiburg/München 1987, S. 30 ff.

[10] Vgl. H. Blumenberg, Die Legitimität der Neuzeit, Frankfurt a. M. 2. Aufl. 1984, S. 543: „Das Selbstverständnis ist eines der konstitutiven Phänomene der beginnenden Geschichtsphase."

[11] Vgl. A. v. Martin, Soziologie der Renaissance, München 3. Aufl. 1974.

[12] N. Elias, Über den Prozeß der Zivilisation. Soziogenetische und psychogenetische Untersuchungen, 2 Bde., Frankfurt a. M. 6. Aufl. 1978, Bd. 1, S. 102.

[13] Vgl. S. Otto, Einleitung und Grundlegung, in: Geschichte der Philosophie Bd. 3. Renaissance und frühe Neuzeit, Stuttgart 1984, S. 1–85. S. Otto spricht von einem „Normativitätsdefizit der humanistischen Bürgerethik" (ebd. S. 78); vgl. auch E. Keßler, Antike Tradition, historische Erfahrung und philosophische Reflexion in Petrarcas ›Brief an die Nachwelt‹, in: A. Buck (Hrsg.), Biographie und Autobiographie in der Renaissance, Wiesbaden 1987, S. 21–34; zum Begriff des Lebens als Experiment bes. S. 28.

[14] N. Elias, Über den Prozeß der Zivilisation, a. a. O., Bd. 2, S. 317.

[15] P. Kondylis, Die Aufklärung, a. a. O., S. 126.

[16] H. P. Balmer, Philosophie der menschlichen Dinge. Die europäische Moralistik, München/Bern 1981, S. 23; vgl. zur Moralistik auch unter Kapitel: Moralistik, «amour-propre» und die «volupté du bon Epicure».

[17] Das humanistische Bildungsprogramm basiert auf dem Glauben an die menschenformende Macht der antiken Literatur. Vgl. P. Burke, The Renaissance, a. a. O., S. 63: "The appeal of the classics was largely the result of their practical relevance. The ancients were admired because they were guides to living."

[18] Den Begriff der Selbstsorge im Sinne der antiken „Epimeleia heautou" hier wieder aufzunehmen, scheint berechtigt angesichts der großen Menge an Weisheitsliteratur, an praktischen Lebensregeln, die durchaus auf antike Praktiken der Selbstkontrolle und Selbststilisierung zurückgreifen. Die humanistischen "praisers of self-control" (P. Burke, Culture and Society in Renaissance Italy 1420–1540, London 1972, S. 195) identifizieren dabei häufig die richtige, vernünftige Selbstüberprüfung mit dem größten Vergnügen, das der Mensch haben, und mit dem schönsten Werk, das der Mensch aus sich machen kann. Es geht auch hier, wie in der Antike, ein ethi-

scher Eudaimonismus mit einer Ästhetik der Selbststilisierung zusammen: "The term 'style' is applied to behavior in the early fifteenth century, and is used more commonly in the later fifteenth century" (ebd. S. 190). Mit der Entdeckung des ästhetischen Menschen geht eine Neubewertung von Kunst und Künstler einher. Der Mensch ist nun der „scultore" seiner selbst, der *plastes et fictor sui ipsius* (Pico della Mirandola). Der Mensch wird sich selbst zu einer von Gott gegebenen Aufgabe: *homines, mihi crede non nascuntur, sed finguntur* (Erasmus von Rotterdam, De pueris statim ac liberariter instituendis [1529], in: Desiderii Erasmi Roterodami Opera omnia, Hildesheim 1961 [Nachdruck der Ausgabe Lugduni Batavorum 1703], 493 B).

[19] M. de Montaigne, Essais, in: ders., Œuvres complètes, ed. par A. Thibaudet et M. Rat, Paris 1962, livre III, 2, S. 782.

[20] K.-P. Schuster, Individuelle Ewigkeit: Hoffnungen und Ansprüche im Bildnis der Lutherzeit, in: A. Buck (Hrsg.), Biographie und Autobiographie, a. a. O., S. 121–174, S. 128.

[21] Vgl. G. Pico della Mirandola, De dignitate hominis, lat.-dtsch., eingel. von E. Garin, übers. von F. R. Hausmann, Bad Homburg 1968.

[22] Vgl. E. Keßler, Antike Tradition, historische Erfahrung, a. a. O..

[23] Petrarca, Posteritate, in: ders., Prose, a cura di G. Martellotti e P. C. Ricci, E. Carrara, E. Bianchi, Milano/Napoli 1955, S. 2–19, S. 2.

[24] Q. Horati Flacci, Epistularum I.4., in: ders., Opera, a. a. O., S. 260.

[25] E. Keßler, Antike Tradition, historische Erfahrung, a. a. O., S. 25 f.

[26] Vgl. M. Landmann, Philosophische Anthropologie, Berlin/New York 1976, S. 97.

[27] D. C. Allen, The Rehabilitation of Epicurus and his Theory of Pleasure in the Early Renaissance, in: Studies in Philology 41 (1944), S. 1–15. W. Kaiser spricht dagegen von einem "revival": "The history of this revival has only been sketched, but when the complete story is written, it should reveal one of the great subversive movements in the history of ideas." (W. Kaiser, The Praisers of Folly. Erasmus, Shakespeare, Rabelais, London 1964, S. 78.)

[28] Ein genaues Wiederlesen der Texte, speziell auch epikureischer Texte, fordert Tansillo in Giordano Brunos ›Heroici Furori‹: „... perchè non leggono gli suoi (Epikurs D. K.) libri, nè quelli che senza invidia apportano le sue sentenze ...", darum sei auch eine falsche Einschätzung von Epikurs Lustbegriff gängig, wobei dieser doch nichts anderes sei als „... non sentir fame, nè sete, nè fatica, nè libidine" (G. Bruno, De gl' heroici furori, ed. T. Flora, Turino 1928, 1. Buch, 5. Dialog, S. 117).

[29] Vgl. M. R. Pagnoni, Prime note sulla tradizione medievale ed umanistica di Epicuro, in: Annali della Scuola Normale Superiore di Pisa, classe di lettere e filosofia, ser. III., vol. IV, 4, 1974, S. 1443–1477, bes. S. 1443–1457.

[30] Vgl. W. Schmid, Artikel „Epikur", a. a. O., bes. Sp. 774 ff.

[31] Bereits auf dem sogenannten Becher von Boscoreale (zwischen 50 v. Chr. und 50 n. Chr.) erscheint als Epikurs Maskottchen ein Schwein (vgl. R. Zahn, KTO CHRO, Berlin 1923, S. 8). Auch Augustinus assoziiert mit Epikur hauptsächlich Schweinereien ... *et ab Epicuro dicit hoc, vel potius amatore vanitatis, non sapientiae; quem ipse Philosophi porcum nominaverunt: qui voluptatem corporis summum bonum dixit, hunc philosophum porcum nominaverunt, voluntantem se in coeno carnali* (S. Augusti Episcopi Enarratio in Psalmum LXXIV, in: Patrologia Latina, ed.

Migne, Bd. 36, Paris 1845, Sp. 944). „Das Schwein ist nicht nur ein metaphorisches, sondern ein hedonistisches Tier und der Hedonismus stets eine metaphorische Sauerei gewesen." (R. Grimminger, Glücksansprüche, in: Das Glück, Kursbuch 95 [März 1989], S. 2–20, S. 15.)

[32] Vgl. H. Hagendahl, Latin Fathers and the Classics, Göteborg 1958, S. 31.

[33] Arnobii Adversus Nationes, in: CSEL Bd. 4, Wien 1875.

[34] Ein heute eher blasphemisch wirkendes Beispiel zitiert H. Hagendahl, Latin Fathers, a. a. O., S. 385, wo in einem Text aus der Mitte des 4. Jahrhunderts sich Gottvater an Christus wendet mit Worten, die einem Dialog zwischen Venus und Cupido aus Vergils ›Aeneis‹ entnommen sind.

[35] Vgl. S. Brandt, Lactantius und Lucretius, in: Neue Jahrbücher für Philologie und Pädagogik 143 (1891), S. 225–259, S. 231.

[36] H. Hagendahl, Latin Fathers, a. a. O., S. 88.

[37] Vgl. I. Opelt, Lukrez bei Hieronymus, in: Hermes 100 (1972), S. 76–81. Von Hieronymus stammt die Behauptung, Lukrez habe sich mit einem Liebestrank vergiftet und sei daran als Wahnsinniger gestorben. Die Stelle, wo Lukrez seine Dichtung mit dem Zucker um den Rand des Arzneibechers bitterer Lebenslehren vergleicht, übernimmt Hieronymus in einem Brief.

[38] Vgl. G. D. Hadzsitis, Lucretius and his Influence, London/Calcutta/Sydney 1935, S. 230.

[39] Augustinus, Confessiones – Bekenntnisse, lat.-deutsch, übers., eingel. und erläutert v. J. Bernhart, München 1955, S. 297, Buch 6,16.

[40] Ebd. S. 297.

[41] Ebd. S. 553.

[42] Ebd. S. 553.

[43] K. Flasch, Augustin. Eine Einführung in sein Denken, Stuttgart 1980, S. 211 f.

[44] In neuerer Zeit hat E. Pagels den Versuch unternommen, genau diese Frage zu beantworten, kann aber trotz sehr überzeugender Analysen der frühchristlichen Sexual- und Ehemoral hier auch nicht mit ganz befriedigenden Ergebnissen aufwarten. Ihr Buch, das viel der Foucaultschen Geschichte der Sexualität verdankt, verhilft allerdings dazu, das Verhältnis von antikem und christlichem Sexualitätsverständnis differenzierter zu betrachten als bisher möglich (E. Pagels, Adam, Eva und die Schlange. Die Theologie der Sünde, Hamburg 1991).

[45] K. Flasch, Augustin, a. a. O., S. 224.

[46] Die Geschichte von Johann Fausten, in: P. Suchsland (Hrsg.), Deutsche Volksbücher, 3 Bde., Berlin/Weimar 1975, 3. Bd., S. 57.

[47] Ebd. S. 29. Der epikureische Lebensstil wird noch an weiteren Stellen der Abenteuergeschichte betont.

[48] Ebd. S. 122.

[49] Ebd. S. 49.

[50] Vgl. J. D. Müller, curiositas und erfarung der Welt im frühen Prosaroman, in: Literatur und Laienbildung im Spätmittelalter und in der Reformationszeit. Symposium Wolfenbüttel 1981, hrsg. v. L. Grenzmann, K. Stackmann, Stuttgart 1984, S. 252–273, S. 257. Dort ist von den „*cupiditates* als Hof der *curiositas*" die Rede.

[51] Vgl. M. Foucault, Der Kampf um die Keuschheit, in: Ph. Ariès, A. Bégin u. a.

(Hrsg.), Die Masken des Begehrens und die Metamorphosen der Sinnlichkeit. Zur Geschichte der Sexualität im Abendland, Frankfurt a. M. 1984, S. 25–40, S. 25 und auch P. Brown, Die Keuschheit der Engel. Sexuelle Entsagung, Askese und Körperlichkeit am Anfang des Christentums, München 1991.

[52] Vgl. W. B. Fleischmann, Christ und Epicurus, in: S. G. Nichols, R. B. Vowles (Hrsg.), Comparatists at Work, Waltham/Toronto/London 1968, S. 235–246.

[53] Vgl. J. P. Vernant, L'individu dans la Cité, a. a. O.

[54] Vgl. auch M. Foucault, Eine Ästhetik der Existenz. Gespräch mit Alessandro Fontana, in: Michel Foucault im Gespräch, Berlin 1985, S. 133–141, S. 136: „Von der Antike zum Christentum geht man von einer Moral, die wesentlich Suche nach einer persönlichen Ethik war, über zu einer Moral als Gehorsam gegenüber einem Regelsystem ... Die Idee einer Moral als Gehorsam ist heute im Verschwinden begriffen und ist schon verschwunden. Und diesem Fehlen von Moral will und muß die Suche nach einer Ästhetik der Existenz antworten." Das Verschwinden der Gehorsamsethik ist kein Phänomen des 20. Jahrhunderts, sondern hat seinen Ursprung in aufklärerischer Emanzipation von Vorstellungen göttlichen Strafgerichts und allwaltender Vorsehung. Die Suche nach einer Ersatzmoral in Form einer Ästhetik der Existenz läßt sich im 18. Jahrhundert deutlich ausmachen. Die epikureischen Motive, die dabei rezipiert werden, sind zahlreich und bedeutsam. Darauf wird im folgenden ausführlich eingegangen werden.

[55] Vgl. W. B. Fleischmann, Christ and Epicurus, a. a. O.

[56] M. R. Pagnoni, La tradizione medievale, a. a. O., S. 1451.

[57] Gualteri Burlaei Liber de Vita et Moribus Philosophorum, hrsg. von H. Kust, Tübingen 1886.

[58] W. B. Fleischmann, Christ and Epicurus, a. a. O., S. 238.

[59] A. Buch, Humanismus. Seine europäische Entwicklung in Dokumentation und Darstellungen, Freiburg/München 1987, S. 163.

[60] Vgl. E. Eisenstein, The Printing Revolution, Cambridge 1983.

[61] Vgl. A. Buck, Humanismus, a. a. O., S. 146.

[62] Zit. nach A. Baumgartner, Die griechische und lateinische Literatur des klassischen Altertums, Freiburg 1902, S. 515.

[63] F. Petrarca, Epistole, ed. U. Dotti, Turino 1978, S. 809.

[64] Ebd. S. 53.

[65] F. Petrarca, Canzoniere, Trionfi, Rime varie, ed. C. Muscetta e D. Ponchiroli, Turino 3. Aufl. 1967, S. 534.

[66] Dante Alighieri, Il Convivio, ridotto a miglior lezione e commentato da G. Busnelli e G. Vandelli, Firenze 1964, Bd. II, S. 65, IV, VI, 12.

[67] Dante Alighieri, Divina Commedia, a cura di G. Petrocchi e A. Ciotti, Padova 1968, canto X, 13–15, S. 111.

[68] Vgl. G. Stabile, Artikel „Epicurei", in: Enciclopedia Dantesca, Roma 1970, Bd. 2, S. 976–701, S. 699.

[69] G. Boccaccio, Il commento alla divina commedia, ed. D. Guerri, Bari 1918, Bd. III, S. 45.

[70] Ebd. S. 45.

[71] Ebd. S. 46.

[72] M. R. Pagnoni, La tradizione medievale, a. a. O., S. 1457.

[73] L. Valla, On Pleasure – De Voluptate, transl. by A. K. Hieatt and M. Lorch, Introduction by M. de Panizza Lorch, New York 1977.

[74] Zu den verschiedenen Versionen vgl. M. de Panizza Lorch, Le tre versioni del ›de vero‹ del Valla, in: Rinascimento VI (1955), S. 349–384.

[75] Vgl. z. B. F. Gabotto, L'epicureismo nella vita del '400, in: Rivista di filosofia scientifica VIII (1889), S. 730–739; G. Voigt, Il risorgimento dell'antiquità classica, ovvero il primo secolo dell'umanesimo, Firenze 1888 (Neuauflage Firenze 1968).

[76] Vgl. z. B. G. Di Napoli, Lorenzo Valla. Filosofia e religione nell'umanesimo italiano, Roma 1971.

[77] Vgl. J. E. Seigel, Rhetoric and Philosophy in Renaissance Humanism, Princeton 1968, S. 145: "Yet Valla was almost certainly a loyal Christian, even though he may have been a somewhat excentric one."

[78] M. R. Pagnoni, La tradizione medievale, a. a. O., S. 1464.

[79] Vgl. de Panizza M. Lorch, A Defensive of Life. Lorenzo Valla's Theory of Pleasure, München 1985.

[80] L. Valla, De Voluptate, a. a. O., I, XXVIII, S. 112 f.

[81] Ebd. I, X, S. 74 f.

[82] J. E. Seigel, Rhetoric and Philosophy in Renaissance Humanism, a. a. O., S. 140.

[83] Vgl. L. M. Batkin, Die historische Gesamtheit der italienischen Renaissance. Versuch einer Charakterisierung eines Kulturtyps, Dresden 1972. Batkin nennt den Dialog das „Kulturspiel" (ebd. S. 276) der Renaissance. Insbesondere die dialogische Aussöhnung von Antike und Christentum sieht er als ein Strukturmerkmal der Renaissance.

[84] Vgl. P. M. Schon, Vorformen des Essays in Antike und Humanismus, Wiesbaden 1954.

[85] Zur Frage einer Verbindung von Zentralperspektive und Geschichtsbewußtsein in der Renaissance vgl. C. Ginzburg, Kunst und soziales Gedächtnis. Die Warburg-Tradition, in: ders., Spurensicherungen. Über verborgene Geschichte, Kunst und soziales Gedächtnis, München 1988, S. 149–233; E. Panofsky, Die Renaissancen der europäischen Kunst, a. a. O..

[86] F. Petrarca, Epistole, a. a. O.

[87] A. Heller, Der Mensch der Renaissance, Köln/Lövenich 1982, S. 122.

[88] Vgl. L. M. Batkin, a. a. O., S. 325 f.

[89] Eine bemerkenswerte Ausnahme macht hier die filmische Auseinandersetzung von Peter Greenaway mit Shakespeares ›Sturm‹.

[90] B. Jonson, The Alchemist, ed. by A. B. Kernan, New Haven/London 1974, act II, scene 3, S. 63.

[91] Zur Figur des Narren in der Renaissance vgl. M. Foucault, Wahnsinn und Gesellschaft, Frankfurt a. M. 1973, S. 33 ff.

[92] Q. Horati Flacci, Opera, a. a. O., S. 16, Sermonum I.I, 24.

[93] H. Blumenberg, Das Lachen der Thrakerin. Eine Urgeschichte der Theorie, Frankfurt a. M. 1987.

[94] Erasmus von Rotterdam, Widmungsschreiben. Erasmus von Rotterdam an seinen lieben Thomas Morus, in: ders., Ausgewählte Schriften, 8 Bde., lat. und dtsch., hrsg. von W. Welzig, Darmstadt 1975, Bd. 2, S. 2–7, S. 7.

[95] Ebd. S. 5.

[96] Ebd. S. 7.

[97] Ebd. S. 7.

[98] Erasmus von Rotterdam, Laus stultitiae. Das Lob der Torheit, in: ders., Ausgewählte Schriften, a. a. O., Bd. 2, S. 8–211, Kap. 11, S. 21.

[99] Ebd. Kap. 11, S. 23.

[100] Ebd. Kap. 12, S. 25.

[101] Ebd. Kap. 14, S. 29.

[102] Erasmus von Rotterdam, Epicureus. Colloquia familiaria. Vertraute Gespräche, in: ders., Ausgewählte Schriften, a. a. O., Bd. 6, S. 554–597.

[103] Vgl. W. Welzig, Einleitung, in: Erasmus von Rotterdam, Ausgewählte Schriften, a. a. O., Bd. 6, S. VII–XXVII, S. XI.

[104] Erasmus von Rotterdam, Epicureus, a. a. O., S. 557.

[105] Zur nahen Verwandtschaft der Argumentation zu der Vallas vgl. B. J. Timmermanns, Valla et Erasme, défenseurs d'Epicure, in: Neophilologus XIII, 1938, S. 414–419.

[106] W. Kaiser, Praisers of Folly, a. a. O., S. 81.

[107] Vgl. L. M. Batkin, Die historische Gesamtheit der italienischen Renaissance, a. a. O., S. 337.

[108] G. Pico della Mirandola, De dignitate, a. a. O., S. 10f. und S. 28f.

[109] Vgl. oben Kapitel: Römischer Epikureismus. Die epikureischen Dichter. Philodem.

[110] Erasmus von Rotterdam, Widmungsschreiben, a. a. O., S. 3.

[111] Vgl. E. L. Surtz, The Defense of Pleasure in More's Utopia, in: Studies in Philology 46 (1949), S. 99–113, S. 112; vgl. auch M. Fleisher, Radical Reform and Political Persuasion in the Life and Writings of Thomas More, Genève 1973. Dort wird auf die Ähnlichkeit der Bejahung innerweltlicher Sinnlichkeit bei Erasmus und Morus hingewiesen: "These works shamelessly celebrate the natural follies of life – the joy of senses in the things of this world and the pull of passions towards their proper pleasures – as an indispensible part of true wisdom" (ebd. S. 172).

[112] Th. Morus, Utopia, übers. von G. Ritter, mit einer Einleitung von H. Oncken, Darmstadt 1979, S. 67.

[113] Ebd. S. 67.

[114] Ebd. S. 73.

[115] Ebd. S. 73.

[116] Ebd. S. 76.

[117] F. de Rabelais, Gargantua et Pantagruel, in: ders., Œuvres complètes, ed. par J. Boulanger, Paris 1955; deutsch: Gargantua und Pantagruel, 2 Bde., hrsg. von H. u. E. Heintze, Frankfurt a. M. 1974.

[118] Ebd. S. 2; deutsch: S. 34: „Zu weinen nicht, zu lachen macht euch Mut / denn Lachen ist des Menschen höchstes Gut."

[119] M. Bachtin, Rabelais und seine Welt. Volkskultur als Gegenkultur, Frankfurt a. M. 1987, vgl. bes. S. 68ff.

[120] Ebd. S. 83.

[121] Vgl. Aristoteles, Über die Teile der Thiere III, 10, in: ders., Werke, Bd. 5, griech.–dtsch., übers. u. hrsg. von A. von Frantzius, Aalen 1978 (Nachdruck der Ausgabe Leipzig 1853), S. 163–167.

[122] F. de Rabelais, Gargantua et Pantagruel, a. a. O., S. 517ff.

[123] Aristoteles, Über die Teile der Thiere, a. a. O., S. 163ff.

[124] Ebd. S. 165.

[125] Das erste Buch ›La vie très horrifique du grand Gargantua, père de Pantagruel‹ entstand *nach* dem zweiten Buch ›Pantagruel, Roy des Dipsodes‹. Zwischen der Niederschrift des ersten und dritten Buches liegt eine Schaffenspause von zwölf Jahren, in denen Rabelais viel reist und, von den politischen und religiösen Entwicklungen enttäuscht, den Optimismus von «Thélème» verliert.

[126] F. de Rabelais, Gargantua et Pantagruel, a. a. O., S. 159.

[127] *Bacbuc* ist das hebräische Wort für Flasche.

[128] F. de Rabelais, Gargantua et Pantagruel, a. a. O., S. 861.

[129] Ebd. S. 882; im Original deutsch.

[130] Ebd. S. 887.

[131] Ebd. S. 890; deutsch: S. 329.

[132] M. de Montaigne, Essais, in: Œuvres complètes, a. a. O., livre III, 13, S. 1096.

[133] Vgl. J. Starobinski, Montaigne. Denken und Existenz, Darmstadt 1986.

[134] M. de Montaigne, Essais, a. a. O., III, 13, S. 1048.

[135] F. de Rabelais, Gargantua et Pantagruel, a. a. O., S. 889; deutsch: S. 329.

[136] M. de Montaigne, Essais, a. a. O., III, 13, S. 1074; vgl. auch III, 3, S. 796 und III, 9, S. 967.

[137] Ebd. III, 13, S. 1058.

[138] Vgl. J. Starobinski, a. a. O., S. 36ff.

[139] Da es die Natur des Menschen ist, keine Natur zu haben, muß er dieses Defizit durch „Selbstschöpfung" ausgleichen. Dazu dient u. a. das „Exemplum": „Das Ähnliche zu sehen und zu behaupten gegenüber aller gleichzeitigen Veränderung ist die notwendige komplementäre Fähigkeit zur menschlichen Freiheit als Unbestimmtheit von außen". (H.-B. Gerl, Einführung in die Philosophie der Renaissance, Darmstadt 1989, S. 169.)

[140] M. de Montaigne, Essais, a. a. O., III, 2, S. 789.

[141] Ebd. III, 2, S. 782.

[142] K. Stierle, Sprache und menschliche Natur in der klassischen Moralistik Frankreichs, Konstanz 1985 (Konstanzer Universitätsreden 151), S. 26.

[143] M. de Montaigne, Essais, a. a. O., III, 2, S. 784.

[144] Vgl. J. P. Boon, Montaigne et Epicure. Aspects de l'hédonisme dans les Essais, in: Comparative Literature 20, 1968, S. 64–68; B. Mächler, Montaignes Essais und das philosophische System von Epikur und Lukrez, Diss. Zürich 1985; B. Winklehner, Die Tugenden der antiken Philosophenschulen bei Michel de Montaigne, Salzburg 1980.

[145] Zu den Quellen der Essais vgl. P. Villey, Les sources et l'évolution des Essais de Montaigne, Paris 1908.

[146] Es handelt sich um Titi Lucreti Cari, De rerum natura, a. a. O., II, 14 und IV, 589. Die meisten der anderen 55 Sprüche stammen von Stobaios und Sextus Empiricus, auch Seneca, Horaz und Ovid sind vertreten. Die Gesamttendenz dieser Maximen «traduit une sorte d'épicurisme chrétien» (A. Thibaudet, Les Sentences, in: M. de Montaigne, Œuvres complètes, a. a. O., S. 1419–1427, S. 1427).

[147] H. Friedrich, Montaigne, Bern/München 2. Aufl. 1967, S. 68. «Le plaisir»

nennt P. Villey «la grande préoccupation» Montaignes und glaubt, daß er davon geträumt habe, «de joûr pleinement de sa sensibilité et de développer, de cultiver la personnalité dans tous les sens à la fois ...» (P. Villey, Les sources, a. a. O., S. 407 und S. 412).

148 Ebd. S. 68.

149 M. de Montaigne, Essais, a. a. O., I, 20, S. 80.

150 Ebd. II, 37, S. 743 f.

151 Ebd. I, 20, S. 81.

152 Ebd. I, 20, S. 82.

153 Ebd. I, 20, S. 85.

154 Ebd. I, 20, S. 85.

155 Ebd. I, 20, S. 91.

156 Vgl. P. Boon, Montaigne et Epicure, a. a. O., S. 66: «C'est probablement au sujet de la mort que l'influence d'Epicure sur Montaigne a été à la fois la plus forte et la plus méconnue.»

157 M. de Montaigne, Essais, a. a. O., III, 13, S. 1082.

158 Ebd. III, 5, S. 818.

159 Ebd. II, 12, S. 571 f.

160 Montaigne war mit dieser Vorstellung in seiner Zeit kein Einzelgänger. „Das zeitliche Zusammentreffen zwischen Cellini, Cardano und Montaigne läßt darauf schließen, daß es sich bei der Erkenntnis der Individualität um ein soziales Phänomen handelte." (P. Burke, Montaigne, Hamburg 1985, S. 67.)

161 M. de Montaigne, Essais, a. a. O., II, 4, S. 359.

162 Vgl. K. Stierle, Sprache und menschliche Natur, a. a. O., S. 37.

163 M. de Montaigne, Essais, a. a. O., III, 2, S. 782.

164 Ebd. III, 5, S. 858.

165 Ebd. II, 16, S. 601.

166 J. Starobinski, Montaigne, a. a. O., S. 292.

167 M. de Montaigne, Essais, a. a. O., III, 5, S. 851.

168 Vgl. ebd. III, 5, S. 858.

169 Vgl. D. J. Allen, The Rehabilitation of Epicurus, a. a. O.; E. Garin, Ricerche sull'epicureismo del Quattrocento, in: ders., La cultura filosofica del Rinascimento italiano, Firenze 1961, S. 74–92; ders., Il ritorno dei filosofi antichi, Napoli 1983, bes. S. 97 ff.; A. Heller, Der Mensch der Renaissance, a. a. O.; J. Kraye, Moral Philosophy, in: C. B. Schmitt u. a. (Hrsg.), The Cambridge History of Renaissance Philosophy, Cambridge 1988, S. 301–386; M. R. Pagnoni, Prime noti sulla tradizione medievale ed umanistica di Epicuro, a. a. O.; G. Radetti, L'epicureismo nella vita del '400, a. a. O.

170 Cosmae Raimondi Cremonensis ad Ambrosium Tignosium quod recte Epicurus summum bonum in voluptate constituerit maleque de ea re academici, Stoici, Peripateticique senserint, in: S. F. di Zenso, Un umanista epicureo del sec. XV e il ritrovamento del suo epistolario, Napoli 1978, S. 57–66; zu den verschiedenen Editionen – u. a. eine anonyme unter dem Titel ›Defensio Epicuri contra Stoicos, Academicos et Peripateticos ...‹ – vgl. ebd. S. 25 f.

171 Ebd. S. 58.

172 Ebd. S. 58.

[173] Ebd. S. 66.

[174] Ebd. S. 19.

[175] Ebd. S. 62.

[176] Vgl. R. Frubini, Il „Teatro del Mondo" in Poggio, in: Poggio Bracciolini 1380–1980. Nel VI centenario della nascita, Firenze 1982, S. 1–92. Von „scietti motivi epicurei" (S. 29) und einer Art „epicureismo cristiano" (S. 33) ist dort die Rede.

[177] Vgl. J. Kraye, Francesco Filelfo on emotions, virtues and vices. A Re-examination of his Sources, in: Bibliothèque d'Humanisme et Renaissance 43 (1981), S. 129–140.

[178] V. R. Giustiniani, Lo scrittore e l'uomo nell'epistolario di Francesco Filelfo, in: Francesco Filelfo nel quinto centenario della morte. Atti del XVII convegno di Studi Macerati, Padova 1986, S. 249–275, S. 265.

[179] Publiziert bei: M. Lentzen, Studien zur Dante-Exegese Cristoforo Landinos, Köln/Wien 1971, S. 228.

[180] C. Landino, Disputationes Camaldulenses, ed. P. Lohe, Firenze 1980, z. B. S. 58f.

[181] M. Ficino, De Voluptate, in: Supplementum Ficinianum Marsilii Ficini Florentini Philosophi Platonici Opuscula inedita et dispersa, 2 Bde., ed. by P. O. Kristeller, Florentiae 1937, Bd. 1, S. 77–86; sowie Bd. 2, S. 81–85.

[182] Marsilii Ficini Florentini adhuc adolescentis, Liber de voluptate, ad Anthonium Canisianum, civem Florentinum, in: M. Ficino, Opera Omnia, con una lettera introduttiva di P. O. Kristeller e una premessa di M. Sancipriano, 2 Bde., Torino 1962 (Reproduktion der Ausgabe Basel 1576), Bd. 1, S. 987–1012; speziell zu Lukrez S. 1009–1012.

[183] P. O. Kristeller, Marsilio Ficino and his Work after Five Hundred Years, Firenze 1987, S. 4.

[184] J. Kraye, Moral Philosophy, a. a. O., S. 385f.

[185] Vgl. G. C. Garfagnini (Hrsg.), Callimaco Esperiente. Poeta e politico del' 400, Firenze 1987.

[186] C. Esperiente, Vita et mores Gregorii Sanocei, ed J. Lichowska, Warschau 1963 (Bibl. Lat. Med. et Recent. Aevi XII).

[187] Vgl. C. Vasoli, Il pensiero religioso di Callimaco Esperiente, in: G. C. Garfagnini (Hrsg.), Callimaco Esperiente, a. a. O., S. 3–23, S. 3.

[188] Ebd. S. 8.

[189] C. Esperiente, Libellus de daemonibus ad Ficinum, in: Epistolae selectae, ed. J. Lichnowska, Warschau 1967 (Bibl. Lat. Med. et Recent. Aevi XVI), S. 90–96; ders., Quaestio de peccato, in: ders., Epistolae selectae, a. a. O., S. 110–122.

[190] C. Esperiente, Vita et mores Gregorii Sanocei, a. a. O., S. 64.

[191] Vgl. E. Garin, Ricerche sull' epicureismo del Quattrocento, a. a. O.

[192] E. Belowski, Lukrez in der französischen Literatur der Renaissance, Nendeln 1967; B. Fabian, Lukrez in England im siebzehnten und achtzehnten Jahrhundert. Einige Notizen, in: R. Troellner (Hrsg.), Humanismus und Aufklärung (Wolfenbütteler Studien zur Aufklärung IV), Heidelberg 1980, S. 107–130; W. B. Fleischmann, Christ and Epicurus, a. a. O.; S. Fraisse, L'influence de Lucrèce en France au seizième siècle, Paris 1962; C. A. Fusil, La Renaissance de Lucrèce au seizième siècle, in:

Revue du XVIe siècle, Paris 1928, S. 134ff.; G. D. Hadzsitis, Lucretius and his Influence, a. a. O.; M. Lehnerdt, Lukrez in der Renaissance, a. a. O.; W. Schmid, Lukrez und der Wandel seines Bildes, in: Antike und Abendland 2 (1946), S. 193–219.

193 Vgl. W. B. Fleischmann, Christ and Epicurus, a. a. O., S. 241.

194 Vgl. G. R. Hocke, Lukrez in Frankreich. Von der Renaissance bis zur Revolution, Köln 1935, S. 1–21.

195 Vgl. ebd. S. 4.

196 A. Warburg, „Geburt der Venus" und „Frühlung", in: ders., Ausgewählte Schriften, Hamburg/Leipzig 1893, bes. S. 50ff.

197 Vgl. F. Joukowski, L'épicurisme poétique au XVIe siècle, in: Actes du VIIIe congrès de l'Association Guillaume Budé, a. a. O., S. 639–675.

198 P. de Ronsard, Les Odes, troisième Livre, in: ders., Œuvres complètes, 2 vols., ed. par G. Cohen, Paris 1950, vol. 1, S. 473–476.

199 Ders., Elégie XXIV, in: ders., Œuvres complètes, a. a. O., vol. 2, S. 118.

200 Vgl. P. Lammonier, Ronsard, poète lyrique, Genève 1972 (Nachdruck der Ausgabe Paris 1932), bes. S. 560.

201 P. de Ronsard, Hynne de la Mort, in: ders., Œuvres complètes, a. a. O., vol. 2, S. 281–289, S. 283.

202 P. de Ronsard, Elégie. A Phillippe Des-Portes, in: ders., Œuvres complètes, a. a. O., vol. 2, S. 647–649, S. 649.

203 Vgl. S. Fraisse, L'influence de Lucrèce, a. a. O., Kap. VIII.

204 Vgl. A.-M. Schmidt, La poésie scientifique en France au XVIe siècle, Lausanne 1970.

105 Vgl. A. Buck, Die Rezeption der Antike in den romanischen Literaturen der Renaissance, Berlin 1976, S. 110.

106 Vgl. G. Deleuze, Lucrèce et le naturalisme, in: Les Etudes philosophiques, N.S. 16 (1961/1), S. 19–29, S. 29: «Lucrèce a fixé pour longtemps les implications du naturalisme: la positivité de la Nature, le naturalisme comme philosophie de l'affirmation, le pluralisme lié à affirmation multiple, le sensualisme lié à la joie du divers, la critique pratique de toutes les mystifications.»

207 Vgl. E. H. Gombrich, Meditationen über ein Steckenpferd. Von den Wurzeln und Grenzen der Kunst, Frankfurt a. M. 1978.

## III. Das 17. Jahrhundert: Libertinismus und Moralistik

1 F. de La Noue, Discours politiques et militaires, publ. avec une introduction et des notes par F. E. Sutcliff, Genève 1967, Discours I, S. 52.

2 Vgl. P. Bayle, Pensées diverses sur la Comète, ed. par A. Prat, 2 vols., Paris 1939, bes. vol. 2, §§ 132–196.

3 P. Garasse, La somme théologique des véritez capitales de la Religion Chrestienne, Paris 1625, S. 555f.

4 Vgl. dazu M. de Grève, François Rabelais et les libertins du XVIIe siècle, in: Etudes Rabelaisiennes I, 1956, S. 120–150.

5 Vgl. G. Schneider, Der Libertin. Zur Geistes- und Sozialgeschichte des Bürgertums im 16. und 17. Jahrhundert, Stuttgart 1970, S. 95; vgl. auch J. Wirth, «Libertins»

et «Epicuriens». Aspects de l'irreligion au XVIe siècle, in: Bibliothèque d'Humanisme et Renaissance 39 (1977), S. 601–627, bes. S. 603 und S. 608.

[6] Vgl. J. Wirth, «Libertins» et «Epicuriens», a. a. O., S. 622.

[7] Vgl. R. H. Popkin, Epicureanism and Scepticism in the Early 17th Century, in: R. Palmer, R. Hamerton-Kelly (Hrsg.), Philomathes. Studies and Essays in the Humanities in Memory of Philip Merlan, The Hague 1971, S. 346–357.

[8] Vgl. T. Gregory, Il libertinismo della prima metà del seicento. Stato attuale degli studi e prospettive di ricerca, in: Ricerche su letteratura libertina e letteratura clandestina nel seicento, Firenze 1981, S. 3–48, bes. S. 46.

[9] P. Kondylis, Aufklärung, a. a. O., bes. S. 74 ff.

[10] G. Gori, La rinascità dello scetticismo e dell'epicureismo. Gassendi, in: Storia della Filosofia, diritta da M. dal Pra, vol. VII, Milano 1976, S. 467–494, S. 472.

[11] Petrus Gassendi Exercitationes paradoxicae adversus Aristoteleos, in: ders., Opera omnia, 6 Bde., mit einer Einleitung von T. Gregory, Stuttgart-Bad Cannstatt 1964 (Neudruck der Ausgabe Lyon 1658), Bd. 3, S. 95–210, Lib II, Ex. VI, S. 207.

[12] Vgl. R. Mercier, La réhabilitation de la nature humaine (1700–1750), Villenoble 1960; zum Epikureismus vgl. bes. Kap. II: La critique morale, S. 47–64.

[13] Vgl. N. Elias, Die höfische Gesellschaft. Untersuchungen zur Soziologie des Königtums und der höfischen Aristokratie, Darmstadt/Neuwied 3. Aufl. 1977, bes. S. 320 ff.

[14] Vgl. z. B. E. Namer, La vie et l'œuvre de Julio Cesare Vanini, Paris 1980.

[15] J.C. Vanini, Amphitheatrum aeternae providentiae divino-magicum, christiano-catholicum. Adversus veteres philosophos, Atheos, Epicureos, Peripatheticos, et Stoicos. Autore Julio Cesare Vanino, philosopho, theologo ac juris utriusque doctore, Luguduni 1615. Wenn es hier noch *scheinbar* um die Verteidigung christlicher Lehrsätze gegen die antiken Philosophen geht, so wird in den Dialogen ›De admirandis Naturae Reginae Deaeque mortalium Arcanis‹ (1616) seine Position explizit. Wiederauferstehung und Unsterblichkeit der Seele bezeichnet er hier als kindische Versuche, die Menschen zu unterdrücken. Die Dialoge enden mit der Horazschen Aufforderung, die Zeit des Lebens zu nutzen, und gemeinsam mit seinem Dialogpartner wendet sich Vanini dem Spiel zu. Bereits im ›Amphitheatrum‹ setzt sich Vanini mit dem Epikureismus auseinander (bes. Kap. 26–29). Die z. T. ironische Argumentation macht eine genaue Bewertung jedoch schwierig.

[16] Aufgrund der Gefahr von Verurteilung und Verfolgung wurde ein Teil der libertinen Literatur anonym veröffentlicht. Einen besonders interessanten Fall stellt der ›Theophrastus redivivus‹ dar. Seneca, Demokrit, Sokrates und Epikur werden als Gewährsmänner einer radikal innerweltlichen hedonistischen Moral angeführt (vgl. Theophrastus redivivus, ed. G. Canziani e G. Paganini, 2 Bde., Firenze 1981, Bd. 1, S. XLVII). Geschrieben wurde der Text wohl um 1660 in Frankreich. Er steht ganz in humanistischer Tradition, nimmt wenig Notiz von den Entwicklungen in den Naturwissenschaften, radikalisiert allerdings die Religionskritik in einer Weise, die auf das 18. Jahrhundert vorausweist (vgl. dazu O. R. Bloch, Quelques aspects de la tradition libertine dans la seconde moitié du XVIIe siècle, in: Romanistische Zeitschrift für Literaturgeschichte 13 (1989), Heft 1/2, S. 61–73, S. 67 und T. Gregory, Theophrastus redivivus. Eruzione e ateismo nel Seicento, Napoli 1979).

[17] Vgl. A. Adam, Théophile de Viau et la libre pensée française en 1620, Genève 1965, bes. S. 333–404.

[18] F. Garasse, La doctrine curieuse des beaux esprits de ce temps, 2 vols, Westmead 1971 (1. Aufl. Paris 1632), bes. vol. 1, Kap. 8.

[19] Vgl. F. de La Mothe le Vayer, De la vertu des Paiens, in: ders., Œuvres, nouvelle édition revue et augmentée, 2 vols., Genève 1970 (Réimpression de l'édition de Dresde 1756–1759), vol. 2, tome V, partie I, S. 1–400, zu Epikur S. 281.

[20] P. Pintard, Les problèmes de l'histoire du libertinage, notes et reflexions, in: XVIIe Siècle 32 (1980), S. 131–161, S. 135. Die Schwierigkeiten bei der Definition von «libertin» und «libertinage» haben dazu geführt, daß die wissenschaftliche Literatur sich weitgehend auf negative Bestimmungen beschränkt. Auch die Frage, ob und, wenn ja, welche Verbindungen sich zum Libertinismus der zweiten Jahrhunderthälfte erkennen lassen, ist umstritten. Mittlerweile scheint sich aber diejenige Meinung durchzusetzen, die deutliche thematische und personale Beziehungen zwischen den Libertins des gesamten Jahrhunderts betont und auch die Kontinuität zum 18. Jahrhundert stärker hervorhebt (vgl. O. R. Bloch, Quelques aspects de la tradition libertine, a. a. O. und D. Bosco, Metamorfosi del «libertinage», Milano 1981; vgl. allgemein A. Adam, Les Libertins au XVIIe siècle. Textes choisis, Paris 1964; J.-P. Dubost, Eros und Vernunft. Literatur der Libertinage, Frankfurt a. M. 1988; F. J. Perrens, Les Libertins en France au XVIIe siècle, Paris 1899; J. S. Spink, French Free Thought from Gassendi to Voltaire, London 1960).

[21] O. R. Bloch, La philosophie de Gassendi. Nominalisme, matérialisme et métaphysique, La Haye 1971, S. XIV.

[22] T. Gregory, Il libertinismo della prima metà del seicento, a. a. O., S. 7.

[23] Vgl. A. Tenenti, La polemica sulla religione di Epicuro nella prima metà del seicento, in: Studi storici 1/2 (1960), S. 227–243, bes. S. 236.

[24] F. de La Noue, Discours politiques et militaires, a. a. O., Discours XXIV, S. 555.

[25] Ebd. S. 555.

[26] Ebd. S. 557.

[27] Ebd. S. 557.

[28] Ebd. S. 559.

[29] Ebd. S. 559.

[30] Ebd. S. 567 f.

[31] Ebd. S. 561.

[32] Ebd. S. 564.

[33] Ebd. S. 563.

[34] Vgl. R. Pintard, Le libertinage érudit dans la première moitié du XVIIe siècle, Genève/Paris 1983 (Neudruck der Auflage Paris 1943), S. 82. Im 17. Jahrhundert war die Meinung von einer allgemeinen Ungläubigkeit der Mediziner weit verbreitet. Die Verbindung von Medizin und Materialismus bzw. Ungläubigkeit betont auch O. R. Bloch, Quelques aspects de la tradition libertine, a. a. O., S. 65.

[35] Vgl. G. Spini, Ricerca dei libertini: La teoria dell'impostura delle religioni nel seicento italiano, Firenze 1983, S. 7 ff.

[36] R. Pintard, Les problèmes de l'histoire du libertinage, a. a. O., S. 135.

[37] Vgl. Lettres de Peiresc, publ. par Ph. Tamizey de Larroque, vol. IV, Paris 1893.

[38] F. de La Mothe le Vayer, De la vertu des Paiens, a. a. O.

[39] Vgl. R. Collier, Gassendi et le spiritualisme ou Gassendi était-il un libertin?, in: Actes du Congrès du Tricentenaire de Pierre Gassendi, Digne 1957, S. 97–134.

[40] P. Gassendi, Exercitationes paradoxicae adversus Aristoteleos, a. a. O.; zu den verschiedenen Ausgaben und Titeln vgl. B. Rochot, Introduction, in: P. Gassendi, Exercitationes paradoxicae adversus Aristoteleos, livres I/II. Dissertation en forme de paradoxes contre les Aristotéliens, texte établi, traduit et annoté par B. Rochot, Paris 1959, S. VII; vgl. allgemein H. Jones, Pierre Gassendi 1592–1655. An Intellectual Biography, Niewkoop 1981.

[41] P. Gassendi, Exercitationes, a. a. O., lib. II, Ex. VI, S. 206 f.

[42] W. Röd, Die Philosophie der Neuzeit 1. Von Francis Bacon bis Spinoza, München 1978, S. 83: „Die Erneuerung der materialistischen Atomistik war ein Unterfangen, das aus weltanschaulichen Gründen bedenklich erschien und das nur ein kompromißbereiter Mann wie Gassendi, den gleichzeitig seine geistliche Würde schützte, in Angriff nehmen konnte."

[43] Lettres de Peiresc, vol. IV, a. a. O., S. 249 (Brief vom 28. 4. 1631); vgl. auch B. Rochot, Les travaux de Gassendi sur Epicure et sur l'atomisme, Paris 1944.

[44] Vgl. O. R. Bloch, La philosophie de Gassendi, a. a. O., S. 479 und R. Tack, Untersuchungen zum Philosophie- und Wissenschaftsbegriff bei Pierre Gassendi (1592–1655), Meisenheim 1974, S. 156.

[45] Vgl. G. Gori, La rinascità dello scetticismo e dell'epicureismo, a. a. O., S. 481 ff. und A. Koyré, Gassendi et son temps, in: Actes du congrès du Tricentenaire de Pierre Gassendi, a. a. O., S. 175–190, bes. S. 186.

[46] Vgl. W. Detel, Scientia rerum natura occultarum. Methodologische Studien zur Physik Pierre Gassendis, Berlin/New York 1978, S. 246.

[47] Vgl. P. Tack, Untersuchungen zum Philosophie- und Wissenschaftsbegriff bei Pierre Gassendi, a. a. O., S. 58.

[48] O. R. Bloch, La philosophie de Gassendi, a. a. O., S. 149; vgl. auch A. Alberti, Sensazioni e realtà. Epicuro e Gassendi, Firenze 1988.

[49] Im 17. und 18. Jahrhundert sorgte – mehr als das Original – vor allem François Berniers ›Abrégé de la philosophie de M. Gassendi‹ (Lyon 1678) für eine Verbreitung der Gassendischen Gedanken über die engeren Gelehrtenkreise hinaus. Bernier wurde vor allem auch in den für das Geistesleben der Zeit so wichtigen Salons gelesen.

[50] P. Gassendi, Syntagamatis philosophici pars tertia, quae est Ethica, in: ders., Opera omnia, a. a. O., Bd. 2, S. 659–860, S. 678; vgl. auch P. Penzig, Die Ethik Gassendis und ihre Quellen, Bonn 1910.

[51] Ebd. S. 662.

[52] Ebd. S. 675 ff.

[53] K. Marx, Epikureische Philosophie, a. a. O., S. 59.

[54] Ders., Über die Differenz der demokritischen und epikureischen Naturphilosophie, a. a. O., S. 261.

[55] Ders., F. Engels, Die heilige Familie, a. a. O., S. 113.

[56] W. Röd, Von Francis Bacon bis Spinoza, a. a. O., S. 92.

[57] O. R. Bloch, Quelques aspects de la tradition libertine, a. a. O., S. 63.

[58] Vgl. R. Tuck, Hobbes, Oxford 1989, S. 14.

[59] Ders., Hobbes und Descartes, in: G. A. J. Rogers, A. Ryan (Hrsg.), Perspectives on Thomas Hobbes, Oxford 1988, S. 11–41, S. 30. P. Redondi vertritt die interessante These, es sei weniger die Kosmologie des Galilei gewesen, sondern vielmehr die im ›Saggiatore‹ vertretene, revolutionäre und ketzerische Materiekonzeption, die ihn in Konflikt mit der Orthodoxie gebracht habe (P. Redondi, Galilei – Der Ketzer, München 1989).

[60] R. Tuck, Hobbes und Descartes, a. a. O., S. 31 f.

[61] Vgl. H. Krämer, Epikur und die hedonistische Tradition, a. a. O., S. 315.

[62] W. Röd, Von Francis Bacon bis Spinoza, a. a. O., S. 156.

[63] Vgl. L. Johnson, Thomas Hobbes: Architektonik – Interpretation – Anthropologie, Wien 1986; vgl. auch H. Arendt, Vita activa oder: Vom tätigen Leben, Stuttgart 1960, S. 291 ff.

[64] G. Buck, Selbsterhaltung und Historizität, in: R. Koselleck, W.-D. Stempel (Hrsg.), Geschichte – Ereignis und Erzählung, München 1973 (Poetik und Hermeneutik V), S. 29–94, S. 62.

[65] Th. Hobbes, Leviathan, hrsg. und eingl. von I. Fetscher, Frankfurt a. M. 1984, Teil, I, Kap. 6, S. 41.

[66] Ebd. Teil I, Kap. 6, S. 40.

[67] I. Fetscher, Einleitung, in: Th. Hobbes, Leviathan, a. a. O., S. IX–LXVI, S. XXII.

[68] Th. Hobbes, Leviathan, a. a. O., Teil I, Kap. 13.

[69] Ebd. Teil I, Kap. 11, S. 76.

[70] Hobbes wird häufig als materialistischer Denker angegriffen und dann mit Epikur verglichen. G. W. Leibniz z. B. spricht in seiner hauptsächlich gegen Bayle gerichteten Polemik von der „schlechte(n) Lehre des Epikur und Hobbes …, nach der die Seele materiell, der Mensch selbst nur Körper oder Automat ist“ (G. W. Leibniz, Philosophische Werke, hrsg. von A. Buchmann und E. Cassirer, 4 Bde., Leipzig 2. Aufl. 1924, Bd. 2, S. 388).

[71] Th. Hobbes, Leviathan, a. a. O., Teil I, Kap. 11, S. 75.

[72] Ebd. Teil I, Kap. 6, S. 48. Das rastlose Verlangen nach immer mehr Macht endet erst mit dem Tod; vgl. auch G. Freudenthal, Atom und Individuum im Zeitalter Newtons. Zur Genese der mechanistischen Natur- und Sozialphilosophie, Frankfurt a. M. 1982, bes. S. 146.

[73] J. Habermas, Theorie und Praxis. Sozialphilosophische Schriften, Frankfurt a. M. 1978, S. 78 f.

[74] Vgl. dazu auch die Marxsche Kritik an Hobbes: Die Menschen seien „in der Wirklichkeit aber gewaltig von den Atomen verschiedene Wesen, nämlich keine göttlichen Egoisten, sondern egoistische Menschen. Nur der politische Aberglaube bildet sich heutzutage ein, daß das bürgerliche Leben vom Staat zusammengehalten werden müsse, während umgekehrt der Staat in der Wirklichkeit von dem bürgerlichen Leben zusammengehalten wird.“ Abstrahiere der Materialismus auf diese Weise von der Dimension des Menschlichen, verliere die „Sinnlichkeit … ihre Blume … Der Materialismus wird menschenfeindlich“ (K. Marx, F. Engels, Die heilige Familie, a. a. O., S. 134 und S. 136).

[75] G. Buck, Selbsterhaltung und Historizität, a. a. O., S 70.

[76] Vgl. R. Tuck, Hobbes, a. a. O., S. 74 und M. Horkheimer, Anfänge der bürger-

lichen Geschichtsphilosophie, in: ders., Gesammelte Schriften, Bd. 2, Frankfurt a. M. 1987, S. 179–270, bes. S. 227.

[77] H. Friedrich, Montaigne, a. a. O., S. 10.

[78] Vgl. den Überblick bei Chr. Strosetzki, Moralistik und gesellschaftliche Norm, in: P. Brockmeier, H. H. Wetzel (Hrsg.), Französische Literatur in Einzeldarstellungen, Bd. 1, Stuttgart 1981, S. 177–223; F. Wanning, Diskursivität und Aphoristik. Untersuchungen zum Formen- und Wertewandel in der höfischen Moralistik, Tübingen 1989; H. Wentzlaff-Eggebert, Gesellschaftsbezogene Reflexion und verweigerte Gattungsbildung. Versuch einer Gattungsbestimmung moralistischer Texte, in: Bildung und Ausbildung in der Romania. Akten des Romanistentages Gießen 1977, Bd. 1, München 1979, S. 151–173.

[79] H. P. Balmer, Philosophie der menschlichen Dinge, a. a. O., S. 11.

[80] Ebd. S. 13; den Zusammenhang zwischen Destruktion der Metaphysik, einer neuen Anthropologie und der Moralistik betont auch J. v. Stackelberg, Französische Moralistik im europäischen Kontext, Darmstadt 1982; vgl. auch O. Marquard, Artikel „Anthropologie", in: J. Ritter, Historisches Wörterbuch der Philosophie, Bd. 1, Darmstadt 1971, Sp. 362–374, Sp. 363 f.: „Affinitäten zur Genese der Ästhetik" werden dort konstatiert.

[81] L. v. Delft, Le moraliste classique. Essais de définition et de typologie, Genève 1982, S. 337.

[82] Vgl. G. Neumann, Einleitung, in: ders. (Hrsg.), Der Aphorismus. Zur Geschichte, zu den Formen und Möglichkeiten einer literarischen Gattung, Darmstadt 1976, S. 1–18, S. 10.

[83] L. v. Delft, Le moraliste classique, a. a. O., S. 234.

[84] M. Kruse, Die französischen Moralisten des 17. Jahrhunderts, in K. v. See (Hrsg.), Neues Handbuch der Literaturwissenschaft, Bd. 10, Frankfurt a. M. 1972, S. 280–300, S. 281.

[85] Vgl. Chr. Strosetzki, Moralistik und gesellschaftliche Norm, a. a. O., S. 221.

[86] Zu Bedeutung und Funktion literarischer Salons vgl. W. Lepenies, Melancholie und Gesellschaft, Frankfurt a. M. 1972, bes. S. 52–75; R. Picard, Les Salons littéraires et la société française 1616–1789, New York 1943; speziell zur Rolle der Frauen in den Salons vgl. R. Baader, Dames de Lettres. Autorinnen des preziösen, hocharistokratischen und „modernen" Salons (1649–1698), Stuttgart 1986; C. C. Lougee, «Le Paradis des femmes»: Women, Salons and Social Stratification in 17th-Century France, Princeton 1976.

[87] Zum Begriff des «honnête homme» liegen zahlreiche Untersuchungen vor; einen Überblick bietet R. Reichardt, Wandlungen des Honnêteté-Ideals vom Absolutismus zur Französischen Revolution: Zwischenbilanz der Forschung aus sozialhistorischer Sicht, in: Romanistische Zeitschrift für Literaturgeschichte 11 (1987), S. 174–192; besonders umfassend ist O. Roth, Die Gesellschaft der Honnêtes Gens. Zur sozialethischen Grundlegung des Honnêteté-Ideals bei La Rochefoucauld, Heidelberg 1981.

[88] Monographien zum Begriff des «amour-propre» sind rar, meistens finden sich Hinweise im Zusammenhang mit der Behandlung einzelner Autoren; vgl. L. J. Crocker, An Age of Crisis. Man and World in Eighteenth Century French Thought,

Baltimore 1959, bes. S. 258ff.; H.-J. Fuchs, Entfremdung und Narzißmus, a. a. O.; O. Roth, Die Gesellschaft der Honnêtes Gens, a. a. O., S. 59–73.

89 Vgl. H. P. Balmer, Philosophie der menschlichen Dinge, a. a. O., S. 14.

90 H. Friedrich, Montaigne, a. a. O., S. 168.

91 Vgl. K. Stierle, Sprache und menschliche Natur, a. a. O., S. 37.

92 H. Friedrich, Montaigne, a. a. O., S. 168; vgl. auch H. Wentzlaff-Eggebert, Gesellschaftsbezogene Reflexion, a. a. O., S. 145f.; ders., Lesen als Dialog. Französische Moralistik in texttypologischer Sicht, Heidelberg 1985.

93 Vgl. J. v. Stackelberg, Moralistik und Aufklärung in Frankreich, in G. Schulz (Hrsg.), Wolfenbüttler Studien zur Aufklärung, Bd. 1, Wolfenbüttel 1974, S. 34–46.

94 Vgl. W. Graeber, Moralistik und Zeitschriftenliteratur im frühen 18. Jahrhundert, Frankfurt a. M. 1986.

95 Vgl. zu gesellschaftlichen Auswirkungen N. Elias, Die höfische Gesellschaft, a. a. O., bes. S. 282.

96 J. v. Stackelberg, Moralistik im europäischen Kontext, a. a. O., S. 147.

97 Vgl. dazu die zusammenfassende und abschließende Diskussion der Problematik bei O. Roth, Die Gesellschaft der Honnêtes Gens, a. a. O., S. 421–465 und zuvor bereits ders., Zur Problematik einer epikureischen La Rochefoucauld-Deutung, in: Romanistisches Jahrbuch 28 (1977), S. 73–95.

98 F. Bernier, Abrégé de la philosophie de M. Gassendi, a. a. O.

99 Vgl. H. Busson, La religion des classiques (1660–1685), Paris 1948, bes. S. 214–228. Busson weist aber auch darauf hin, daß für die Rechtfertigung eines freizügigen Lebenswandels noch häufiger auf Petronius zurückgegriffen wird als auf Epikur.

100 Zit. nach ebd. S. 223. Sir William Temple ist einer der bekanntesten englischen Epikureer dieser Zeit (vgl. T. F. Mayo, Epicurus in England 1650–1725, Cambridge 1934). Seine kleine Schrift ›Upon the Gardens of Epicurus or, of Gardening‹ ist eine Verbindung von philosophischem Traktat und praktischer Anleitung zum Gartenbau. Er lobt Epikurs "admirable wit, felicity of expression, excellence of nature, sweetness of conversation, temperance of life and constancy of death" (Sir William Temple, Upon the Gardens of Epicurus or, of Gardening, in: ders., Works, 4 Bde., London 1757, Bd. 3, S. 195–237, S. 202f.). Die Pflege eines Gartens, so beweist er, ist zu vergleichen mit der Pflege des eigenen Lebens. Gartenkunst ist Sorge um die äußere Natur, Epikureismus die um die innere.

101 F. de La Rochefoucauld, Œuvres complètes, introduction par R. Kauters, edition établie par L. Martin-Chauffier, revue et augmentée par J. Marchand, Paris 1964, S. 728.

102 Ebd. S. 728. Die Gegenüberstellung von Seneca und Epikur entspricht einem Topos, wonach Seneca als Vertreter des Stoizismus menschenfeindliche Sittenstrenge und Verlogenheit vorgeworfen werden. So ist auf dem Frontispiz der vier ersten Auflagen von La Rochefoucaulds ›Maximes‹ ein Amor zu sehen, der einer Senecabüste die lächelnde Maske vom Gesicht zieht und den bitteren, alten Mann enthüllt. Unterschrieben ist das Bild «Amour de la vérité».

103 J. Starobinski, La Rochefoucauld et les morales substitutives, in: La Nouvelle Revue Française 14 (1966), S. 16–34 und S. 211–229.

104 F. de La Rochefoucald, Maxime 105, in: ders., Œuvres complètes, a. a. O., S. 318. Zurecht wurde La Rochefoucauld «un des premiers explorateurs de l'incons-

cient» genannt (L. v. Delft, Pour une lécture mondaine de La Rochefoucauld, in: Images de La Rochefoucauld. Actes du Tricentenaire 1680–1980, Paris 1984, S. 145–157, S. 154).

105 Ebd. S. 319.

106 J. Starobinski, La Rochefoucauld et les morales substitutives, a. a. O., S. 211.

107 F. de La Rochefoucauld, Réflexions diverses III, in: ders., Œuvres complètes, a. a. O., S. 507.

108 „Aber die beiden Aufklärungen, daß das Triebleben der Sexualität in uns nicht voll zu bändigen ist, und daß die seelischen Vorgänge an sich unbewußt sind und nur durch unvollständige und unzuverlässige Wahrnehmung dem Ich zugänglich und ihm unterworfen werden, kommen der Behauptung gleich, daß das Ich nicht Herr sei in seinem eigenen Haus." (S. Freud, Eine Schwierigkeit der Psychoanalyse, in: ders., Gesammelte Werke, Bd. 12, Frankfurt a. M. 1947, S. 3–12, S. 11.)

109 J. Starobinski, La Rochefoucauld et les morales substitutives, a. a. O., S. 212.

110 P. Bénichou, L'intention des ›Maximes‹, in: ders., L'écrivain et ses travaux, Paris 1967, S. 3–37, S. 37.

111 F. de La Rochefoucauld, Reflexions IV. De la conversation, in: ders., Œuvres complètes, a. a. O., S. 509.

112 Ebd. S. 509.

113 Ebd. S. 510.

114 Ebd. S. 510.

115 Vgl. z. B. J. de La Fontaine, Poème du Quinquina, in: ders., Œuvres complètes, 2 vols., texte établi et annoté par R. Croos et J. Schiffrin, Paris 1954, vol. 2, S. 62.

116 J. de La Fontaine, Démocrite et les Abdéritains, in: ders., Œuvres complètes, a. a. O., vol. 1, S. 212 f.

117 Ders., Hymne à la volupté, in: ebd., vol. 2, S. 257 f.

118 Ebd., vol. 1, S. 212.

119 Ebd., vol. 2, S. 213.

120 F. de La Rochefoucauld, Maxime 209, in: ders., Œuvres complètes, a. a. O., S. 430.

121 J. de La Fontaine, L'astrologue qui se laisse tomber dans un puits, in: ders., Œuvres complètes, a. a. O., vol. 1, S. 62.

122 Vgl. H. Blumenberg, Das Lachen der Thrakerin, a. a. O.

123 Zu dieser „Umbesetzung" vgl. ebd. Kap. VI, S. 62–70.

124 Ebd. S. 76.

125 J. de La Fontaine, Hymne à la volupté, a. a. O., S. 258.

126 Ebd. S. 258.

127 Ebd. S. 258.

128 B. Tocanne, L'idée de la Nature en France dans la seconde moitié du XVIIe siècle. Contribution à l'histoire de la pensée classique, Paris 1978, S. 222.

129 P. Nicole, De la charité et de l'amour propre, in: ders., Œuvres philosophiques et morales, ed. C. M. G. Bréchillet Jourdain, Hildesheim 1970 (Nachdruck der Ausgabe Paris 1845), S. 179–206, bes. S. 185, S. 199 f., S. 205.

130 Vgl. O. Roth, Die Gesellschaft der Honnêtes Gens, a. a. O., S. 487.

[131] H.-J. Fuchs, Entfremdung und Narzißmus, a. a. O., S. 249.

[132] Von Jacques Abbadie existiert eine längere Abhandlung ›L'art de se connoitre soy-même, ou la recherche des sources de la Morale‹ (Paris 1715). Dort wird eine Kunst der Selbsterforschung beschrieben, die dann, wenn sie mit der richtigen Einstellung betrieben wird, als Grundlage einer neuen Moral dienen können soll. So rechtfertigt der Kirchenmann den «amour-propre». Dies scheint ihm auch die Quintessenz der epikureischen Philosophie gewesen zu sein, die er darum ohne Bedenken gutheißen kann (vgl. ebd. S. 267).

[133] O. Roth, Die Gesellschaft der Honnêtes Gens, a. a. O., S. 488.

[134] H.-J. Fuchs, Entfremdung und Narzißmus, a. a. O., S. 265 f.

[135] Saint-Evremont, Œuvres choisis, publ. par R. Planhol, 3 vols., Paris 1927, vol. 1, S. 14.

[136] Saint-Evremont, Œuvres choisis, a. a. O., vol. 3, S. 178; vgl. auch: Briefe der Ninon de Lenclos, Frankfurt a. M. 1989, S. 33.

[137] Vgl. G. Hocke, Lukrez in Frankreich, a. a. O., S. 90.

[138] Saint-Evremont, Sur les plaisirs, in: ders., Œuvres choisis, a. a. O., vol. 1, S. 9–15, S. 11.

[139] Ebd. S. 12.

[140] Ebd. S. 12.

[141] Ebd. S. 15.

[142] Ders., Sur la morale d'Epicure. A la moderne Léontium, in: ders., Œuvres choisis, a. a. O., vol. 1, S. 16–22, S. 16.

[143] Ebd. S. 17.

[144] Vgl. Q. H. Hope, Saint-Evremont. The Honnête Homme as Critic, Bloomington 1962, bes. S. 20 u. S. 100; vgl. auch L. A. Rosmarin, Saint-Evremont. Artiste de l'euphorie, Birmingham, Alabama 1987, bes. S. 98 ff.

[145] P. Bayle, Pensées diverses sur la Comète, a. a. O., vol. 2, § 138, S. 17.

[146] K. Marx, F. Engels, Die heilige Familie, a. a. O., S. 134.

[147] Ebd. S. 134.

[148] E. Labrousse, Pierre Bayle, 2 vols., La Haye 1963, S. 237.

[149] G. Paganini, Analisi della fede e critica della ragione nella filosofia di Pierre Bayle, Firenze 1980, S. 427.

[150] P. Bayle, Artikel «Hobbes», in: ders., Dictionnaire historique et critique, Genève 1969 (Réimpression de l'édition Paris 1820–1824), vol. VIII, S. 159 f.

[151] P. Rétat, Libertinage et hétérodoxie: Pierre Bayle, in: XVIIe siècle 32 (1980), no. 2, S. 197–211, bes. S. 207.

[152] P. Bayle, Pensées diverses sur la Comète, a. a. O., vol. 2, § 133.

[153] Ebd. § 172.

[154] Vgl. die Kritik von Marx an Hobbes Anm. 74.

[155] P. Bayle, Pensées diverses sur la Comète, a. a. O., § 180; vgl. auch § 174.

[156] Ders., Artikel «Epicure», in: ders., Dictionnaire critique et historique, a. a. O., vol. VI, S. 166–202, S. 180.

[157] Ebd. S. 186.

[158] Ebd. S. 186.

[159] G. Paganini, Analisi della fede, a. a. O., S. 298.

[160] Vgl. ebd. S. 397 f.

[161] Vgl. J. Roger, Les sciences de la vie dans la pensée française du XVIIIe siècle. La génération des animaux de Descartes à l'Encyclopédie, Paris 1963.

[162] B. le Boyer de Fontenelle, Histoire des Ajaoiens, in: H. G. Funke, Studien zur Reiseutopie der Frühaufklärung: Fontenelles ›Histoire des Ajaoiens‹, 2 Teile, Heidelberg 1982, Teil 2, S. 43.

[163] Ebd. S. 43.

[164] Ebd. S. 45.

[165] Ebd. S. 44.

[166] Vgl. H. G. Funke, Studien zur Reiseutopie, a. a. O., Teil 1, S. 247 und S. 253 ff.

[167] B. de Fontenelle, Histoire des Ajaoiens, a. a. O., S. 44.

[168] Ebd. S. 44.

[169] Vgl. M. Simon, Fontenelle et Saint-Evremont, in: Fontenelle. Actes du colloque tenu à Rouen du 6 au 10 octobre 1987, publiés par A. Niderst, Paris 1989, S. 287–296, S. 289: «Saint-Evremont et Fontenelle établissent un rapport étroit entre l'évolution des connaissances, le progrès des mœurs, et celui des œuvres d'art.» Sie propagieren beide eine «art de vivre teinté d'épicurisme» (ebd. S. 288), gemischt mit einem «pessimisme éclairé» (ebd. S. 228) in Form eines erkenntnistheoretischen Skeptizismus; vgl. auch allgemein W. Krauss, Fontenelle und die Aufklärung, München 1968; A. Niderst, Fontenelle à la recherche de lui-même, Paris 1972.

[170] Das anonym gedruckte Werk wurde vom Autor aufgrund einer Warnung noch vor der Auslieferung zurückgezogen und verbrannt. Nur ein Exemplar wurde gerettet. Zitiert wird hier nach Sekundärquellen, in denen Teile des sich in Paris befindenden Originals abgedruckt sind.

[171] Vgl. B. Tocanne, Aspects de la pensée libertine à la fin du XVIIe siècle: le cas de Claude Gilbert, in: XVIIe siècle 32 (1980), no. 2, S. 213–223, S. 219.

[172] Ebd. S. 220.

[173] Ebd. S. 221.

[174] B. de Fontenelle, Du bonheur, in: ders., Œuvres complètes, Tours 1989, vol. 3, S. 203–218.

[175] Ebd. S. 206.

[176] Ebd. S. 213.

[177] Ebd. S. 214; vgl. J. R. Carré, La philosophie de Fontenelle ou le sourire de la raison, Genève 1970, S. 245 f.; dort ist von einer «art du bonheur», einer «téchnique du plaisir» und einem Umgang mit Gefühlen als «apprivoiser les passions» die Rede.

[178] Ebd. S. 217.

[179] Vgl. K. Stierle, Gespräch und Diskurs. Ein Versuch im Blick auf Montaigne, Descartes und Pascal, in: K. Stierle, R. Warning (Hrsg.), Das Gespräch, München 1984 (Poetik und Hermeneutik XI), S. 297–333, bes. S. 320.

[180] R. Descartes, Discours de la méthode, in: ders., Œuvres et lettres, présentés par A. Bridoux, Paris 1953, S. 121–252, S. 132.

[181] Ebd. S. 132.

[182] Ebd. S. 138.

[183] Ebd. S. 138.

[184] M. de Montaigne, Essais, a. a. O., I, 54, S. 299.

[185] Aus Montaignes berühmten «Que sais-je?» war bei seinem Schüler Charron ein «Je ne sais« geworden.

[186] S. Freud, Eine Schwierigkeit der Psychoanalyse, a. a. O., S. 6ff.

[187] K. Stierle, Gespräch und Diskurs, a. a. O., S. 323.

[188] Vgl. H. Weinrich, Was heißt: „Lachen ist gesund?", in: W. Preisendanz, R. Warning (Hrsg.), Das Komische, München 1976 (Poetik und Hermeneutik VII), S. 402–408, S. 406.

[189] Vgl. H. Bergson, Le Rire, in: ders., Œuvres, 2 vols., Paris 1928, vol. 1, S. 381–485. Bergson vertritt die These, daß das Steife *der* Anlaß für Komik sei (ebd. S. 391). Alle Formen menschlichen Zusammenlebens forderten eine gewisse geistige und körperliche Elastizität.

[190] M. Kundera, Die Kunst des Romans. Essay, München/Wien 1987, S. 167.

[191] Vgl. P. Ricœur, Die Interpretation. Ein Versuch über Freud, Frankfurt a. M. 1974, S. 438: „Daher ist die Freudsche Theorie des Ich zwar befreiend im Hinblick auf die Illusion des Bewußtseins, zugleich aber entäuschend aufgrund ihrer Unfähigkeit, das ‚Ich' des ‚Ich denke' mit irgendeinem Sinn zu erfüllen."

[192] Vgl. M. Kundera, Die Kunst des Romans, a. a. O., S. 140. „Man kann über die Welt nicht lachen wie über eine Realität, der man sich überlegen fühlt, sondern wie über eine Realität, angesichts derer man gerade im Gegenteil seine Kleinheit fühlt ...", es handelt sich um ein „endgültiges Lachen" und – bei Nietzsche dann – um ein „tragisches Lachen". (G. Bataille, Nietzsche und Clausewitz. Der Krieg, in: Lettre International 14 [1991], S. 44.)

[193] R. Descartes, Discours de la méthode, a. a. O., S. 135.

[194] S. Freud, Eine Schwierigkeit der Psychoanalyse, a. a. O., S. 11.

[195] Vgl. M. Seel, Kants Ethik der ästhetischen Natur, in: R. Bubner, B. Gladinow, W. Haug (Hrsg.), Die Trennung von Natur und Geist, München 1990, S. 81–207, S. 207. Seel versucht zu zeigen, daß eine Interpretation der Kantschen Ethik als reine Pflichtethik verkürzend ist, da sich auch hier Vorstellungen vom guten Leben als Ziel einer Ethik finden lassen, insbesondere dort, wo das ästhetische Verhältnis des Menschen zur Natur bzw. die verschiedenen Verhältnisse, die der Mensch zur Natur hat, als Korrektiv der Kultur und damit als Teil einer Ethik der Lebensführung verstanden werden können.

## IV. Aufklärung und Epikureismus: Krisenstimmung und Lösungsstrategien

[1] Allgemeines Landrecht für die Preußischen Staaten, hrsg. von H. Hattenhauer, 2 Bde., Frankfurt a. M. 1970, II. Teil, 8. Titel, § 1.

[2] Vgl. P. U. Hohendahl, Empfindsamkeit und gesellschaftliches Bewußtsein, in: Jahrbuch der deutschen Schillergesellschaft 16 (1972), S. 176–207, bes. S. 179.

[3] K. Marx, F. Engels, Manifest der Kommunistischen Partei, in: dies., Werke (MEW), Bd. 4, Berlin 1972, S. 462–482, S. 463.

[4] Ebd. S. 462.

[5] Vgl. R. Vierhaus, Zur historischen Deutung der Aufklärung: Probleme und Perspektiven, in: P. Raabe, W. Schmidt-Biggemann (Hrsg.), Aufklärung in Deutschland, Bonn 1979, S. 23–36, bes. S. 34.

[6] Vgl. G. v. Graevenitz, Innerlichkeit und Öffentlichkeit. Aspekte deutscher bürgerlicher Literatur im frühen 18. Jahrhundert, in: DVjS, Sonderheft 18. Jahrhundert

(1975), S. 1–82, S. 67: „Nicht nur Deutschland war zersplittert, sein Bürgertum selbst war nach Maßgabe der territorialen Zerteilung in seine konkreten Interessen zersplittert."

[7] H. U. Wehler, Deutsche Gesellschaftsgeschichte, Bd. 1, München 1987, S. 203: „Es ist eine abstruse Vorstellung, daß in jener Zeit ‚der' städtische Bürger schlechthin als der ausgezeichnete Träger einer positiven Entwicklung fungiert habe."

[8] Vgl. R. Vierhaus, Deutschland im Zeitalter des Absolutismus, Göttingen 1984, bes. S. 19ff.

[9] Vgl. O. Borst, Kulturfunktionen der deutschen Stadt im 18. Jahrhundert, in: ders., Babel oder Jerusalem. Sechs Kapitel Stadtgeschichte, Stuttgart 1984, S. 335–392, bes. S. 362ff.

[10] Ebd. S. 362.

[11] F. Venturi, Europe des Lumières. Recherches sur le 18ième siècle, Paris 1971, S. 15.

[12] R. Vierhaus, Deutschland im Zeitalter des Absolutismus, a. a. O., S. 20.

[13] H. U. Wehler, Deutsche Gesellschaftsgeschichte, Bd. 1, a. a. O., S. 210. „Deutschland wurde im 18. Jahrhundert zum klassischen Land der Bürokratie ... eines akademisch gebildeten, stark bürgerlichen, gut geschulten, auf Rationalität und Sachlösungen eingestellten Beamtentums ... Nicht das wirtschaftende Bürgertum, sondern allenfalls das akademisch gebildete Bürgertum kam als Modernisierungsfaktor in Betracht, aber es war mit Bürokratie verbunden." (Th. Nipperdey, Probleme der Modernisierung in Deutschland, in: Saeculum 30 (1979), S. 292–303, S. 295.)

[14] Vgl. H. Günther, Darstellung der sozialen Wirklichkeit im frühen bürgerlichen Trauerspiel, in: R. Vierhaus (Hrsg.), Bürger und Bürgerlichkeit im Zeitalter der Aufklärung (Wolfenbüttler Studien zur Aufklärung Bd. VII), Heidelberg 1981, S. 131–146, bes. S. 142.

[15] Vgl. P. U. Hohendahl, Empfindsamkeit und gesellschaftliches Bewußtsein, a. a. O. und H. U. Wehler, Gesellschaftsgeschichte, Bd. 1, a. a. O., S. 41: „Das typisch feudalistische Netz vertikaler persönlicher Abhängigkeitsbeziehungen löste sich erst stellenweise, dann immer häufiger auf und machte im Prinzip einem neuen horizontalen System sozialer Ungleichheit Platz, die jedoch vielerort mit zahlreichen feudalrechtlichen Verhältnissen weiterexistierte." Es bildet sich ein „Dualismus von monokastischen Herrschaftsträgern und Herrschaftsständen" (ebd. S. 41). Vgl. auch M. Stolleis, Untertan – Bürger – Staatsbürger. Bemerkungen zur juristischen Terminologie im späten 18. Jahrhundert, in: R. Vierhaus (Hrsg.), Bürger und Bürgerlichkeit, a. a. O., S. 65–99, bes. S. 84.

[16] Vgl. M. Riedel, Staatsbürger, Bürgertum, in: O. Brunner, W. Conze, R. Koselleck (Hrsg.), Geschichtliche Grundbegriffe, Bd. I, Stuttgart 1972, S. 672–725.

[17] N. Luhmann, Gesellschaftliche Struktur und semantische Tradition, in: ders., Gesellschaftsstruktur und Semantik, Bd. 1, Frankfurt a. M. 1980, S. 9–71, S. 13.

[18] Zum Begriff der Bildung vgl. R. Vierhaus, Artikel „Bildung", in: Geschichtliche Grundbegriffe, Bd. 1, a. a. O., S. 508–551. Mit Vorzug scheint der Begriff verwendet worden zu sein, wenn „Formung, Pflege, aber auch Entfaltung und Selbstvervollkommnung der menschlichen Seelenkräfte, des ‚Herzens', des ‚Geschmacks' gemeint war" (ebd. S. 515). Vgl. auch ders., Umrisse einer Sozialgeschichte der Gebil-

deten, in: ders., Deutschland im 18. Jahrhundert, a. a. O., S. 167–182. Zur Genese bürgerlicher Intelligenz vgl. H. H. Gerth, Bürgerliche Intelligenz um 1800. Zur Soziologie des deutschen Frühliberalismus, Göttingen 1976. Gerth kann zeigen, daß in Deutschland, anders als in England und Frankreich, ökonomisches Denken und liberalistisches Gedankengut, das den Bourgeois des 19. Jahrhunderts charakterisiert, „auf dem Umweg über die akademische Intelligenz" (ebd. S. 18) zu seiner Bedeutung kommt. Der Bildungsbürger steht vor dem Kapitalisten. Die Überhöhung des Bildungsbegriffs diente dem sozialen Kampf gegen den Vorrang des Geburtsadels; politische Befreiung war damit allerdings nicht verbunden: eher Abgrenzung gegenüber unterbürgerlichen Schichten als wirkungsvolle Kritik am Feudaladel.

19 Vgl. N. Luhmann, Individuum, Individualität, Individualismus, in: ders., Gesellschaftsstruktur und Semantik, Bd. 3, Frankfurt a. M. 1989, S. 149–258, S. 155.

20 Vgl. dazu immer noch E. Mannheim, Aufklärung und öffentliche Meinung, Stuttgart 1979 (1. Auflage unter dem Titel ›Die Träger der Aufklärung‹, Brünn 1933).

21 Vgl. R. Reichardt, «Histoire des Mentalités». Eine neue Dimension der Sozialgeschichte am Beispiel des französischen Ancien Régime, in: Internationales Archiv für Sozialgeschichte der deutschen Literatur 3 (1978), S. 130–166, S. 130: „Mentalitäten haben ihren systematischen Ort zwischen Ideen und Verhalten, Doktrin und Stimmung, an der Verbindungslinie von Individuellem und Kollektivem, Absichtlichem und Unwillkürlichem, Außergewöhnlichem."

22 Vgl. z. B. F. Braudel, Sozialgeschichte des 15.–18. Jahrhunderts, 3 Bde., München 1985 f.; R. Muchembled, Culture populaire et culture des élites dans la France moderne (XVe-XVIIIe siècles). Essais, Paris 1978.

23 Vgl. P. Burke, Schurken und Narren. Europäische Volkskultur in der frühen Neuzeit, hrsg. und mit einem Vorwort versehen von R. Schenda, Stuttgart 1981; C. Ginzburg, Der Käse und die Würmer. Die Welt eines Müllers um 1600, Frankfurt a. M. 1979; A. E. Imhof, Die verlorenen Welten. Alltagsbewältigung durch unsere Vorfahren und warum wir uns heute so schwer damit tun, München 1984.

24 Vgl. z. B. M. Vovelle, Piété baroque et déchristianisation en Provence au XVIIIe siècle. Les attitudes devant la mort d'après les clauses des testaments, Paris 1973.

25 H. Duchardt, Das Zeitalter des Absolutismus, München 1989, S. 10 f.

26 Vgl. allgemein W. Kiesel, P. Münch, Gesellschaft und Literatur im 18. Jahrhundert, Müchen 1977; spezieller G. Berger (Hrsg.), Zur Geschichte von Buch und Leser im Frankreich des Ancien Régimes. Beiträge zu einer empirischen Rezeptionsforschung, Rheinfelden 1986; O. Dann (Hrsg.), Lesegesellschaften und bürgerliche Emanzipation. Ein europäischer Vergleich, München 1981; R. Engelsing, Analphabetentum und Lektüre. Zur Sozialgeschichte des Lesens in Deutschland zwischen feudaler und industrieller Gesellschaft, Stuttgart 1972; ders., Der Bürger als Leser. Lesergeschichte in Deutschland 1500–1800, Stuttgart 1984; R. v. Gruenter (Hrsg.), Leser und Lesen im 18. Jahrhundert. Beiträge zu einer Geschichte der Literatur und Kunst des 18. Jahrhunderts, Bd. 1, Heidelberg 1977; H. G. Göpfert (Hrsg.), Buch und Leser, Heidelberg 1981 (Schriften des Wolfenbüttler Arbeitskreises für Geschichte des Buchwesens Bd. 1); Im U. Hof, Das gesellige Jahrhundert. Gesellschaft und Gesellschaften im Zeitalter der Aufklärung, München 1982; P. Michelsen, Der

unruhige Bürger. Der Bürger und die Literatur im 18. Jahrhundert, in: R. Vierhaus (Hrsg.), Bürger und Bürgerlichkeit, a. a. O., S. 101–130.

[27] N. Luhmann, Soziologische Aufklärung, Bd. 4. Beiträge zu einer funktionalen Differenzierung der Gesellschaft, Opladen 1987, S. 51; vgl. dazu jetzt M. Giesecke, Der Buchdruck in der frühen Neuzeit. Eine historische Fallstudie über die Durchsetzung neuer Informations- und Kommunikationstechnologien, Frankfurt a. M. 1991.

[28] Vgl. R. Engelsing, Analphabetentum und Lektüre, Stuttgart 1973, S. 3 und W. Ruppert, Bürgerlicher Wandel. Die Geburt der modernen Gesellschaft, Frankfurt a. M. 4. Aufl. 1984, S. 126.

[29] Vgl. R. Escarpit, Das Buch und der Leser. Entwurf einer Literatursoziologie, Köln/Opladen 1961; R. Schenda, Volk ohne Buch. Studien zur Sozialgeschichte der populären Lesestoffe 1770–1790, Frankfurt a. M. 1970.

[30] R. Engelsing, Der Bürger als Leser, a. a. O., S. 182 f.

[31] Vgl. J. Goldfriedrich, Geschichte des deutschen Buchhandels vom Westfählischen Frieden bis zum Beginn der Fremdherrschaft, 2 Bde., Leipzig 1970 (Neudruck der Ausgabe Leipzig 1908/1909), Bd. 2, S. 82 ff.

[32] Vgl. P. Grappin (Hrsg.), L'Allemagne des Lumières. Périodiques, correspondances, témoignages, Metz 1982; P. Raabe, Die Zeitschrift als Medium der Aufklärung, in: G. Schulz (Hrsg.), Wolfenbüttler Studien zur Aufklärung, Bd. 1, a. a. O., S. 99–136.

[33] Natürlich fehlen auch nicht die Stimmen, die vor Mißbrauch von Büchern – vor allem durch Frauen – warnen, sei es wenn zu viel, das Falsche gelesen, oder auf die falsche Weise, d. h. zu identifikatorisch und ohne die rechte Vernunft geschmökert wird; gegen krankhafte „Lesewut" wird im gesamten Jahrhundert polemisiert; vgl. dazu G. Erwing, Das Lesen und die Lesewut, Bad Heilbrunn 1974 und W. Martens, Leserezepte für Frauenzimmerbibliotheken der deutschen Moralischen Wochenschriften, Frankfurt a. M. 1975.

[34] R. van Dülmen, Aufklärungsgesellschaften in Deutschland als Forschungsproblem, in: Francia 5 (1977), S. 251–275, S. 251.

[35] E. Mannheim, Aufklärung und öffentliche Meinung, a. a. O.

[36] J. Habermas, Strukturwandel der Öffentlichkeit, Darmstadt/Neuwied 14. Aufl. 1983 (1. Aufl. 1962).

[37] R. Koselleck, Kritik und Krise. Ein Beitrag zur Pathogenese der bürgerlichen Welt, Freiburg/München 1959.

[38] Vgl. z. B. J. Schulte-Sasse, Das Konzept bürgerlicher Öffentlichkeit und die historischen Gründe seines Zerfalls, in: C. Bürger, P. Bürger, J. Schulte-Sasse (Hrsg.), Aufklärung und literarische Öffentlichkeit, Frankfurt a. M. 1980, S. 83–115.

[39] Vgl. Th. Nipperdey, Verein als soziale Struktur in Deutschland im späten 18. Jahrhundert und im frühen 19. Jahrhundert. Eine Fallstudie zur Moderne, in: ders., Gesellschaft, Kultur, Theorie, Göttingen 1976, S. 174–205.

[40] In den meisten Fällen sorgte bereits die Höhe des Beitragssatzes dafür, daß unterbürgerlichen Schichten und Studenten ein Beitritt unmöglich blieb; vgl. R. Engelsing, Der Bürger als Leser, a. a. O., S. 299; M. Prüsener, Lesegesellschaften im 18. Jahrhundert. Ein Beitrag zur Lesergeschichte, München 1972, Sp. 407.

[41] R. van Dülmen, Aufklärungsgesellschaften in Deutschland, a. a. O., S. 251.

[42] F. Kopitzsch, Lesegesellschaften im Rahmen einer Bürgerrepublik, in: O. Dann

(Hrsg.), Lesegesellschaften und bürgerliche Emanzipation, a. a. O. S. 87–102, S. 87. Kopitzsch errechnet am Beispiel Lübecks 22% Bürger im Rechtssinne von 8300 männlichen erwachsenen Einwohnern der Stadt, etwa 120 davon rechnet er zur Gruppe der Akademiker und Bildungsbürger.

43 Vgl. W. Conze, Sozialgeschichte der Familie in der Neuzeit Europas, Stuttgart 1976.

44 Vgl. H. Medick, Zur strukturellen Funktion von Haushalt und Familie im Übergang von der traditionellen Agrargesellschaft zum industriellen Kapitalismus: Die protoindustrielle Familienwirtschaft, in: U. Herrmann, Das pädagogische Jahrhundert. Volksaufklärung und Erziehung zur Armut im 18. Jahrhundert in Deutschland, Weinheim/Basel 1981, S. 75–96.

45 Vgl. N. Wegmann, Diskurse der Empfindsamkeit. Zur Geschichte eines Gefühls in der Literatur des 18. Jahrhunderts, Stuttgart 1989, S. 125: „Nicht zuletzt liegt in der Wendung der Geschlechterpsychologie der Erfolg der Empfindsamkeit als soziales Orientierungsmuster. Sie bietet eine Antwort auf den Strukturwandel der Gesellschaft, speziell für die Definitions- und Stabilisierungsprobleme, die aus der Auflösung des ‚Ganzen Hauses' zu erwarten sind."

46 Vgl. J. Schlumbohm, „Traditionale" Kollektivität und „moderne" Individualität: Einige Fragen und Thesen für eine Sozialisationsforschung, in: R. Vierhaus (Hrsg.), Bürger und Bürgerlichkeit, a. a. O., S. 265–320. Schlumbohm betont die Tendenzen zur Individualisierung der Erziehung in der affektiv aufgeladenen, als Raum privater Intimität von der sozialen Umwelt abgehobenen Familie, die die Erziehung der Kinder als Hauptaufgabe behandelt.

47 L. J. Crocker, Nature and Culture. Ethical Thought in the French Enlightenment, Baltimore 1963, S. 224; vgl. auch R. Mauzi, L'idée du bonheur dans la littérature et la pensée française du XVIIIe siècle, Paris 1960.

48 L. J. Crocker, Nature and Culture, a. a. O., S. 224.

49 N. Luhmann, Ethik als Reflexionstheorie der Moral, in: ders., Gesellschaftsstruktur und Semantik, Bd. 3, a. a. O., S. 358–447, S. 442. Ein hohes Angebot an Wahlmöglichkeiten und zunehmende Realisierungschancen bei gleichzeitigem Mangel an Selektionskriterien sei ein günstiges Klima für Reflexion auf Moral. Luhmann hält allerdings Ethik grundsätzlich für inkompetent, die gefragten Orientierungskriterien liefern zu können. Vielmehr würden solche Überlegungen nur zu einer „Verschleierung" von Strukturproblemen führen (vgl. ebd. S. 443). Es bleibt fraglich, ob eine solche Verabschiedung der Ethik auch für diejenigen Modelle gilt, die sich nicht präskriptiv, sondern vielmehr „konsiliatorisch" verstehen (vgl. dazu Kapitel: Ausblick).

50 Vgl. P. Kondylis, Die Aufklärung, a. a. O.

51 Absolutismus, Aufklärung und Industrialisierung sind gesamteuropäische Phänomene und auch nur als solche adäquat zu verstehen. Allerdings dürfen dabei die deutlichen Unterschiede zwischen den einzelnen Ländern nicht übersehen werden: Während in England die Auswirkungen zunehmender Industrialisierung schon im 18. Jahrhundert deutlich bemerkbar sind, zögert sich dieser Prozeß in Deutschland und Frankreich bis in den Anfang des folgenden Jahrhunderts hinaus, und das «Siècle des Lumières» der französischen «philosophes» ist von einem wesentlich polemischeren Ton antikirchlicher, antireligiöser und materialistischer Tendenzen geprägt als das deutsche 18. Jahrhundert.

[52] N. Wegmann, Diskurse der Empfindsamkeit, a. a. O., S. 37. Alle diejenigen Entwürfe, auch die radikal sensualistischen und materialistischen, die menschlichen Bedürfnisse, Fähigkeiten und Kompetenzen nicht auf ein rationales Weltverhältnis reduzieren, sondern als ein Problem der rationalen *und* emotionalen *und* physischen Natur des Menschen thematisieren, profitieren vom Einfluß des Empirismus in der Erkenntnislehre und von den medizinisch-biologischen Fortschritten in der Wahrnehmungstheorie.

[53] Zur Begriffsgeschichte von „Aufklärung" vgl. H. Struve, Artikel „Aufklärung", in: O. Brunner, W. Conze, R. Koselleck, Geschichtliche Grundbegriffe, a. a. O., Bd. 1, S. 243–342.

[54] J. Habermas, Die Moderne – ein unvollendetes Projekt. Rede aus Anlaß der Verleihung des Adorno-Preises der Stadt Frankfurt (11. 9. 1980), in: ders., Kleine politische Schriften 1–4, Frankfurt a. M. 1981, S. 444–464.

[55] Zu Rezeption und Bewertung der Aufklärung in Deutschland vgl. N. Merker, Die Aufklärung in Deutschland, München 1982, S. 11–30.

[56] M. Horkheimer, Th. W. Adorno, Dialektik der Aufklärung. Philosophische Fragmente, Frankfurt a. M. 1969 (1. Aufl. New York 1944).

[57] W. Goetschel, Review Essay: Neue Literatur zur Aufklärung, in: German Quarterly 62 (1989), S. 235–241, S. 235.

[58] Vgl. A. Honneth, Kritik der Macht. Reflexionsstufen einer kritischen Gesellschaftstheorie, Frankfurt a. M. 1989, S. 115–117: „Die Geschichte der kritischen Theorie ist von ihren Horkheimerschen Ansätzen bis zur Spätphilosophie Adornos von einem auffälligen Mangel gekennzeichnet ...": Sie erweist sich nicht „als fähig, die soziale Organisationsweise von Gesellschaften zu erfassen ..., das gesamte Spektrum kulturellen Alltagshandelns" ist aus dem Blick verloren, weil es nicht gelingt, „eine andere Handlungsdimension als die der gesellschaftlichen Arbeit kategorial zu entfalten". Die gesellschaftlichen Vorgänge werden „im ganzen als Nachbildungen von auf die Natur gerichteten Verfügungsprozessen" verstanden. „Das geschichtsphilosophisch leitende Denkmodell der gesellschaftlichen Naturbeherrschung, das ... durch eine psychoanalytische Sozialisationstheorie nur ergänzt, nicht aber von innen her aufgebrochen wird, verstellt den Blick auf das soziale Binnenfeld der Gesellschaft."

[59] M. Horkheimer, Th. W. Adorno, Dialektik der Aufklärung, a. a. O., S. 22; vgl. dazu S. Toulmin, J. Goodfield, Entdeckung der Zeit, Frankfurt a. M. 1985, S. 93: „Der Alptraum vom Untergang der Welt ... begann langsam zu schwinden" mit der Erkenntnis, daß mathematische Prinzipien „schließlich nicht durch menschliche Sünden außer Kraft gesetzt werden" können. Dieser aufklärerische Impetus einer Befreiung des Menschen von göttlicher Willkür durch eine neue Naturphilosophie, in der Mensch Natur als beherrschbar erkennt und zugleich sich selbst als Naturwesen kennenlernt, ist einer der Grundgedanken epikureischer Philosophie und Angsttherapie.

[60] Die vielfältigen Formen eines „aisthetischen" Selbstverhältnisses, wie sie im 18. Jahrhundert erprobt und propagiert werden, sind nicht global unter die Kategorie der Arbeit bzw. einer auf das Ich gerichteten Naturbeherrschung zu subsumieren.

[61] Vgl. W. Binder, „Genuß" in Dichtung und Philosophie des 17. und 18. Jahrhunderts, in: ders., Aufschlüsse. Studien zur deutschen Literatur, Zürich/München 1976, S. 7–33.

62 E. König, Körper – Wissen – Macht. Studien zur Anthropologie des Körpers, Berlin 1989, S. 116.

63 C. Begemann, Furcht und Angst im Prozeß der Aufklärung, Frankfurt a. M. 1987.

64 G. Böhme, H. Böhme, Das Andere der Vernunft. Rationalitätsstrukturen der Neuzeit am Beispiel Kants, Frankfurt a. M. 1985.

65 F. Goya, ›El sueno de la razon produce monstruos‹. Radierung und Aquatinta aus ›Caprichos‹ 1799.

66 Es bleibt dabei fraglich, ob diese Dichotomie im 18. Jahrhundert bereits den gleichen Stellenwert hatte, wie sie heute für aufklärerisches bzw. aufgeklärtes Denken als typisch gilt, oder ob es sich dabei nicht vielmehr um eine Entwicklung handelt, die erst im Rahmen der Fortschreibung der Aufklärung und ihrer Kritik im 19. Jahrhundert stattfindet.

67 Vgl. W. Schmidt-Biggemann, Theodizee und Tatsachen. Das philosophische Profil der Aufklärung, Frankfurt a. M. 1988.

68 Vgl. P.-H. Th. D'Holbach, Système de la Nature, 2 vols., Hildesheim 1966 (Nachdruck der Ausgabe Paris 1821), S. 243 ff. *Sapere aude*! – Kant zitiert nicht umsonst den im 18. Jahrhundert so beliebten Horaz, der mit dieser Aufforderung zu einer bewußten, autonomen und praktischen Lebensführung dem jungen Lollius weniger zu vernünftigem Räsonnement, sondern zu einer verständigen und glücklichen Existenz verhelfen will. Auch für Kant liegt es nicht am „Mangel des Verstandes", daß die Menschen sich nicht in einem aufgeklärten, ihrer Natur entsprechenden Zustand befinden, sondern am „Mangel der Entschließung und des Mutes" (I. Kant, Was ist Aufklärung?, in: ders., Gesammelte Werke, a. a. O., Bd. XI, S. 53–61).

69 J. W. von Goethe, Faust. Eine Tragödie, in: ders., Werke in 14 Bdn., hrsg. von E. Trunz, Hamburger Ausgabe, 12. Aufl. München 1982, Bd. 3, S. 47; vgl. zum Problem des „Eigennutzes" und seiner sozialen Auswirkungen: W. Schulze, Das Wagnis der Individualisierung, in: Th. Cramer (Hrsg.), Wege der Neuzeit, a. a. O., S. 270–286. Bereits Mitte des 16. Jahrhunderts, so wird hier gezeigt, gilt der „Eygen-Nutz" nicht mehr durchgängig als negativ. Angesichts einer zunehmend auf Innenleitung (David Riesman) umstellenden Moraldebatte muß auch die Frage individueller Bedürfnisartikulation bzw. -befriedigung differenziert behandelt werden. Diese Entwicklung beginnt in der frühen Neuzeit und läßt sich dort bereits auch in der literarischen Produktion, so z. B. bei Wickram und Grimmelshausen, finden.

70 W. Schmidt-Biggemann, Theodizee und Tatsachen, a. a. O., S. 211.

71 Ebd. S. 211.

72 J. Locke, Versuch über den menschlichen Verstand, 2 Bde., 4. durchgesehene Auflage, erweitert um eine Bibliographie von R. Brandt, Hamburg 1981, Bd. 1, S. 25.

73 Ebd. S. 26.

74 R. Specht, John Locke, München 1989, S. 40.

75 R. J. Aaron, John Locke, Oxford 1971, S. 32.

76 G. W. Leibniz, Neue Abhandlungen über den menschlichen Verstand, neu übers., eingel. und erläutert von E. Cassirer, Leipzig 3. Aufl. 1926, S. 31 f.

77 Vgl. J. Colman, John Locke's Moral Philoxophy, Edinburgh 1983.

78 Vgl. z. B. R. J. Aaron, John Locke, a. a. O.

79 R. Specht, John Locke, a. a. O., S. 164; vgl. zum hedonistischen Glückskalkül in

der Neuzeit auch H. Arendt, Vita activa, a. a. O., S. 298–305: „Die Niederlage von *homo faber* und der Glückskalkül".

[80] J. Locke, Versuch über den menschlichen Verstand, a. a. O., Bd. 1, S. 271 f.

[81] Ebd. S. 301 f.

[82] Ebd. S. 304 f. Diese eminent moderne Definition des Menschen als „Begehrensmenschen" (Foucault) wird radikalisiert in Subjekttheorien, die den Mangel selbst als konstitutiv für menschliche Subjektivität erklären, so z. B. bei Lacan. Das Begehren wird gegenüber dem Bedürfnis als „fundamental" und wesentlich bestimmt, prägnant formuliert Bachelard diese These eines „negativen Hedonismus": „Der Mensch ist ein Geschöpf des Begehrens, nicht aber ein Geschöpf des Bedürfnisses." (G. Bachelard, Psychoanalyse des Feuers, München 1985, S. 24.)

[83] Ebd. S. 310.

[84] Ebd. S. 311; vgl. dazu auch R. Specht, John Locke, a. a. O., S. 166.

[85] Ebd. S. 314.

[86] Locke leistet hier mehr als nur eine psychologische Erörterung des affektiven Verhaltens und seiner Kontrolle durch die Vernunft: „Locke entwickelt als erster Philosoph eine Theorie der persönlichen Identität. In einer Zeit erwachenden Selbstbewußtseins liefert er damit ein Instrument zur Artikulation von Problemen der Selbstfindung. Entscheidend ist das Abrücken von der substantiellen Identität." (R. Brandt, John Locke, in: Grundriß der Geschichte der Philosophie, begründet von F. Überweg, völlig neu bearbeitete Ausgabe, hrsg. von J.-P. Schobinger, Bd. 3, Basel 1988, S. 605–713, S. 701.)

[87] Vgl. W. H. Schrader, Ethik und Anthropologie in der englischen Aufklärung, Hamburg 1984.

[88] W. Schmidt-Biggemann, Theodizee und Tatsachen, a. a. O., S. 210.

[89] Vgl. K. P. Fischer, John Locke in the German Enlightenment, in: Journal of the History of Ideas 36 (1975), S. 431–446.

[90] Ebd. S. 334.

[91] Chr. Meiners, Revision der Philosophie, Göttingen/Gotha 1772, S. 161; zit. nach R. Brandt, John Locke, a. a. O., S. 710 f.

[92] E. Bloch, Christian Thomasius – Ein deutscher Gelehrter ohne Misere, Frankfurt a. M. 2. Aufl. 1968.

[93] Ebd. S. 24.

[94] Ebd. S. 55

[95] Vgl. R. Lieberwirth, Die französischen Kultureinflüsse auf den deutschen Frühaufklärer Christian Thomasius, in: Wissenschaftliche Zeitschrift der Martin-Luther-Universität Halle–Wittenberg, Gesellschafts- und Sprachwissenschaftliche Reihe 23 (1984), Heft 1, S. 63–73.

[96] Der vollständige Titel der Vorlesung lautete: ›Christian Thomasius eröffnet der Studierenden Jugend zu Leipzig in einem Discours welcher Gestalt man denen Frantzosen in gemeinem Leben und Wandel nachahmen solte? Ein Collegium über des Gratians Grund- Reguln, Vernünfftig, Klug und artig zu leben‹. In Johann Georg Walchs Philosophischem Lexikon wird nicht die Vorlesung als Grund für seine Vertreibung aus Halle genannt, sondern seine „satyrische" Art, mit der er sich über die Aristoteliker lustig gemacht haben soll (J. G. Walch, Philosophisches Lexikon, Leipzig 1740, S. 163 f.); zu Thomasius' Antiaristotelismus vgl. auch P. Petersen, Geschichte

der Aristotelischen Philosophie im protestantischen Deutschland, Leipzig 1921, S.384ff.

[97] Zit. nach R. Lieberwirth, Die französischen Kultureinflüsse, a. a. O., S. 63.

[98] Th. Thomasius, Freymüthige, Lustige und Ernsthafte jedoch Vernunfft- und Gesetzmäßige Gedancken oder Monatsgespräche ..., 5 Bde., Frankfurt a. M. 1972 (Neudruck der Ausgabe Halle 1690), August 1689, Bd. 4, S. 670ff.

[99] Monatsgespräche August 1689, Bd. V, S. 677.

[100] Vgl. R. Lieberwirth, Die französischen Kultureinflüsse, a. a. O., S. 67.

[101] Vgl. W. Schneiders, Thomasius politicus. Einige Bemerkungen über Staatskunst und Privatpolitik in der aufklärerischen Klugheitslehre, in: N. Hinske (Hrsg.), Zentren der Aufklärung I, Halle. Aufklärung und Pietismus (Wolfenbüttler Studien zur Aufklärung 15), Heidelberg 1989, S. 91–110, S. 92; H. Holzhey, Initiiert Thomasius einen neuen Philosophentypus?, in: W. Schneiders (Hrsg.), Christian Thomasius (1655–1728), Hamburg 1989, S. 37–51.

[102] F. Mauthner, Der Atheismus und seine Geschichte im Abendlande, 4 Bde., Frankfurt a. M. 1989 (1. Aufl. Stuttgart 1920ff.), Bd. 2, S. 140.

[103] Vgl. dazu G. Gawlick, Thomasius und die Denkfreiheit, in: W. Schneiders (Hrsg.), Christian Thomasius, a. a. O., S. 256–273; W. Schneiders, Aufklärung und Vorurteilskritik. Studien zur Geschichte der Vorurteilstheorie, Stuttgart–Bad Cannstatt 1983.

[104] Vgl. auch L. Braun, Geschichte der Philosopiegeschichte, bearbeitet und mit einem Nachwort versehen von U. J. Schneider, Darmstadt 1990, S. 105.

[105] Vgl. W. Schmidt-Biggemann, Theodizee und Tatsachen, a. a. O., bes. S. 203ff.; M. Albrecht, Thomasius – Kein Eklektiker?, in: W. Schneiders (Hrsg.), Christian Thomasius, a. a. O., S. 973–94; weitere Beiträge zum Eklektizismusproblem allgemein vgl. Studia Leibniziana 15 (1983).

[106] Vgl. L. Braun, Geschichte der Philosophiegeschichte, a. a. O., S. 103ff.

[107] Chr. Thomasius, Kurtzer Entwurf der politischen Klugheit, sich selbst und anderen in allen Menschlichen Gesellschaften wohl zu rathen, und zu einer gescheiden Conduite zu gelangen, Frankfurt a. M. 1971 (Nachdruck der Ausgabe Frankfurt a. M./Leipzig 1707), Kap. I, § 4.

[108] Ebd. Kap. I, § 21.

[109] Ebd. Kap. II, § 20.

[110] Ebd. Kap. I, § 56.

[111] Vgl. ebd. Kap. II, § 45.

[112] Vgl. H. J. Gabler, Geschmack und Gesellschaft. Rhetorische und sozialgeschichtliche Aspekte der frühaufklärerischen Geschmackskategorie, Frankfurt a. M./ Bern 1982; W. Schneiders, Thomasius politicus, a. a. O.

[113] Auch politische Klugheit ist hier nur eine erweiterte Lebensklugheit, es handelt sich eigentlich um eine „unpolitische Politik“, die lehrt, auf welche Weise Hindernisse der Glückseligkeit am besten vermieden werden und wie zu regeln ist, was angenehm und nützlich ist.

[114] Chr. Thomasius, Kurtzer Entwurff, a. a. O., Kap. V.

[115] Chr. Thomasius, Monatsgespräche Oktober 1698, Bd. IV, S. 911f.

[116] Chr. Thomasius, Einleitung zur Sittenlehre, Hildesheim 1968 (Nachdruck der Ausgabe Halle 1692), S. 64, Abschnitt 19.

[117] Ebd. S. 65, Abschn. 22.

[118] Ebd. S. 67, Abschn. 29.

[119] Ebd. S. 68, Abschn. 30.

[120] Ebd. S. 72, Abschn. 39.

[121] Ebd. S. 75, Abschn. 44.

[122] Ebd. S. 77, Abschn. 47.

[123] Ebd. S. 83, Abschn. 58.

[124] Ebd. S. 85, Abschn. 63.

[125] Ebd. S. 85 f., Abschn. 65–67.

[126] Ebd. S. 87, Abschn. 69.

[127] Ebd. S. 88, Abschn. 70.

[128] Ebd. S. 88, Abschn. 71 ff.

[129] Vgl. W. Bienert, Die Philosophie des Christian Thomasius, Halle 1934, S. 29 ff.; W. Schneiders, Naturrecht und Liebesethik. Zur Geschichte der praktischen Philosophie im Hinblick auf Christian Thomasius, Hildesheim 1971, bes. S. 152 ff.

[130] Chr. Thomasius, Einleitung zur Sittenlehre, a. a. O., S. 88, Abschn. 72. Tugend, Glück und Menschlichkeit sind ganz eng mit der „vernünftigen Liebe" und der Geselligkeit verbunden.

[131] Ebd. S. 90, Abschn. 75.

[132] Ebd. S. 90, Abschn. 76.

[133] Ebd. S. 89, Abschn. 75.

[134] Ebd. S. 91, Abschn. 78.

[135] Ebd. S. 92 f., Abschn. 82.

[136] Vgl. F. M. Barnard, Rightful Decorum and Rational Accountability. A Forgotten Theory of Civil Life, in: W. Schneiders (Hrsg.), Christian Thomasius, a. a. O., S. 187–198; M. Beetz, Ein neuentdeckter Lehrer der Conduite. Thomasius in der Geschichte der Gesellschaftsethik, in: W. Schneiders (Hrsg.), Christian Thomasius, a. a. O., S. 199–122. Beetz weist besonders auf die Verbindungen von Thomasius' «conduite» zur französischen Tradition hin.

[137] Christian Thomasius vollständige Erläuterung der Kirchenrechts-Gelehrtheit, Frankfurt a. M./Leipzig 1738, S. 59. „Ich präsupponire aber, was Mons. Baile in seinen Pensees sur la Comete schon vor 15 Jahren ausgeführt hat, und wohl zu recommandiren ist, allwo er diskutiret, ob ein Atheiste, oder ein Superstitiosus der Republik schädlich sey?" (ebd.): Mit der Verteidigung von Vanini und der Berufung auf Bayle stellt sich Thomasius in eine Tradition der Vertreter der Denkfreiheit. A. Collins' berühmter ›Discourse of Free-Thinking‹ war in den Kreisen um Thomasius intensiv rezipiert worden. (Vgl. G. Gawlick, Thomasius und die Denkfreiheit, in: W. Schneiders [Hrsg.], Christian Thomasius, a. a. O., S. 256–273, bes. S. 270 ff.)

[138] Chr. Thomasius, Einleitung zur Vernunftlehre, Hildesheim 1968 (Nachdruck der Ausgabe Halle 1691), 6. Hauptstück, § 100.

[139] Vgl. W. Schneiders, Zwischen Welt und Weisheit. Zur Verweltlichung der Philosophie in der frühen Moderne, in: Studia Leibniziana 15 (1983), Heft 2, S. 2–18, bes. S. 8 ff.

[140] Chr. Thomasius, Einleitung zur Vernunftlehre, a. a. O., 1. Hauptstück, § 25, S. 82 f.

[141] Vgl. J. G. Vossius, De philosophia et philosophorum sectis libri II, Den Haag 1657, S. 315.

[142] Chr. Thomasius, Einleitung zur Hoffphilosophie, Leipzig 1688, § 90.

[143] Vgl. dazu W. Schmidt-Biggemann, Theodizee und Tatsachen, a. a. O., bes. S. 203 ff.; ders., Topica universalis. Eine Modellgeschichte humanistischer und barocker Wissenschaft, Hamburg 1983; N. Hinske, (Hrsg.), Eklektik, Selbstdenken, Mündigkeit, Hamburg 1986; H. Holzhey, Philosophie als Eklektik, in: Studia Leibniziana 15 (1983), S. 20–29.

[144] Chr. Thomasius, Einleitung zur Vernunftlehre, a. a. O., S. 76.

[145] H. Holzhey, Philosophie als Eklektik, a. a. O., S. 27 f.

[146] W. Schmidt-Biggemann, Theodizee und Tatsachen, a. a. O., S. 207.

[147] Chr. Thomasius, Vorrede, in: ders., Einleitung zur Vernunftlehre, a. a. O., S. XIV.

[148] Vgl. H. Schröpfer, Die Anfänge der Philosophiegeschichtsschreibung in der deutschen und französischen Aufklärung, in: M. Buhr, W. Förster (Hrsg.), Aufklärung – Gesellschaft – Kritik. Studien zur Philosophie der Aufklärung I, Berlin 1985, S. 417–452.

[149] Vgl. G. Sauder, Bayle-Rezeption in der deutschen Aufklärung, in: DVjS Sonderheft 18. Jahrhundert (1975), S. 83–104, S. 85: „Die Bedeutung des Dictionnaire liegt nicht im Aufdecken bisheriger Irrtümer, sondern in der Einführung einer neuen historisch-kritischen Methode."

[150] Th. Stanley, The History of Philosophy: containing the Lives, Opinions, Actions and Discourses of the Philosophers of every Sect, London 3. Aufl. 1701, Widmung unpaginiert.

[151] Ebd. S. 608.

[152] Ebd. S. 609.

[153] Ebd. S. 611. Hier wird auch von Tugend im allgemeinen und Klugheit gehandelt. Das richtige Selbstverhältnis garantiert nach Stanley zugleich ein angemessenes Verhalten gegenüber anderen: "For by Prudence, a Man is made capable to govern not only himself, but others" (ebd. S. 611).

[154] G. Arnold, Unpartheyische Kirchen- und Ketzer-Historien, 3 Bde., Schaffhausen 2. Aufl. 1740, Bd. 2, S. 1081.

[155] Ebd. Bd. 2, S. 212.

[156] Herrn Rath Thomasii judicium über Herrn Gottfied Arnolds Kirchen-Historie, abgedruckt in: ebd. Bd. 3, S. 523 f.

[157] M. Longo, La storia della filosofia tra eclettismo e pietismo, in: G. Santinello (Hrsg.), Storia delle storie generali della filosofia, Bd. 2, Brescia 1979, S. 329–635, S. 331.

[158] J. F. Buddeus, Spinozismo ante Spinozam, Halle und Magdeburg 1701, S. 12 ff.

[159] Ebd. S. 12.

[160] M. G. Stolle, Historie der heydnischen Morale, Jena 1714, S. 176.

[161] Ebd. S. 55.

[162] Ebd. S. 155.

[163] Ebd. S. 155.

[164] Ebd. S. 180.

[165] Ebd. S. 181.

[166] G. Stolle, Anleitung zur Historie der Gelahrtheit denen zum besten, so den Freyen-Künsten und der Philosophie obliegen, in dreyen Theilen, Jena 2. Aufl. 1724, S. 396 (1. Aufl. 1718).

[167] Vgl. ebd. S. 397.

[168] M. du Rondel, La vie d'Epicure, Paris 1679, S. 21.

[169] Ebd. S. 29.

[170] Ebd. S. 66.

[171] Ebd. S. 81.

[172] Baron Des Coutures, La Morale d'Epicure avec des reflexions, Paris 1685, S. 34.

[173] Ebd. S. 34.

[174] G. Stolle, Anleitung zur Historie der Gelahrtheit, a. a. O., S. 601.

[175] Vgl. C. A. Heumann, Acta philosophorum. Das ist: Gründliche Nachrichten aus der Historia Philosophica, nebst beygefügten Urtheilen von denen dahin gehörigen alten und neuen Büchern, 18 Stücke in 3 Bdn., 1715–1727, Bd. 2, S. 637 ff.

[176] Vgl. M. du Rondel, La vie d'Epicure, a. a. O., S. 64 f.

[177] Zweyer guten Freunde vertrauter Brief-Wechsel vom Wesen der Seelen. Sammt eines Anonymi lustigen Vorrede, Haag 1713, S. 3 f.

[178] Ebd. S. 6.

[179] Ebd. S. 23.

[180] Ebd. S. 39.

[181] Ebd. S. 77.

[182] Ebd. S. 78.

[183] Ebd. S. 79.

[184] M. G. Stolle, Historie der heydnischen Morale, a. a. O., S. 186.

[185] Ebd. S. 185.

[186] Ebd. S. 185.

[187] Ebd. S. 307.

[188] Ebd. S. 379.

[189] Vgl. G. Mühlpfordt, Ein kryptoradikaler Thomasianer: Christoph August Heumann, der Thomasius von Göttingen, in: W. Schneiders (Hrsg.), Christian Thomasius, a. a. O., S. 305–333.

[190] M. Longo, La storia della filosofia, a. a. O., S. 437.

[191] Vgl. dazu L. Braun, Geschichte der Philosophiegeschichte, a. a. O., S. 109 ff. Die Einschätzung J. U. Schneiders, Heumanns Konzept sei „beschränkt", weil die praktische Bildungswirkung der Philosophie bereits Urteilsfähigkeit und damit ihren Zweck voraussetze, scheint genau das Charakteristische dieses frühaufklärerischen Diskurses zu verfehlen. Neben „Urteilsfähigkeit" ist auch der „Geschmack" in einem genuin ästhetischen Bereich zu verorten und nicht mit systematisch-kausalen Kategorien zu erfassen. (J. U. Schneider, Die Vergangenheit des Geistes. Eine Archäologie der Philosophiegeschichte, Frankfurt a. M. 1990, S. 24 ff.)

[192] C. A. Heumann, Acta Philosophorum, a. a. O., Bd. 1, S. 304.

[193] Ebd. Bd. 2, S. 637 ff.

[194] Es handelt sich um das Gedicht ›Wollust‹, in: Chr. Hoffman von Hoffmannswaldau, Deutsche Übersetzungen und Gedichte, hrsg. und mit einem Nachwort versehen von F. Heideck, 2 Teile, Hildesheim/Zürich/New York 1984 (Nachdruck der

Ausgabe 1679), 2. Teil, S. 27–29. „Die Wollust bleibet doch der Zucker dieser Zeit / was kann uns mehr / denn sie / den Lebenlauf versüssen?“ Mit diesen Worten beginnt das Gedicht und die letzte Strophe lautet: „Wer Epicuren nicht für seinen Lehrer hält / Der hat den Weltgeschmack / und allen Witz verloren / Es hat ihr die Natur als Stiefsohn in erkoren (Er mus ein Unmensch seyn / und Scheusal dieser Welt; der meisten Lehrer Wahn erregte Zwang und Schmertzen / was Epicur gelehrt / das kitzelt noch die Hertzen.“

195 Ebd. Bd. 3, S. 35.

196 Ebd. Bd. 3, S. 33.

197 Ebd. Bd. 3, S. 43.

198 J. G. Walch, Philosophisches Lexicon, 2 Bde., Leipzig 2. Aufl. 1740 (1. Aufl. 1726), Vorrede zur ersten Ausgabe unpaginiert.

199 Ebd.

200 Ebd.

201 Ebd.

202 Ebd.

203 Ebd.

204 Ebd.

205 Ebd. Bd. 1, Sp. 147–152.

206 Vgl. W. Schmidt-Biggemann, Diderots ›Encyclopédie‹-Konzept, in: C. Jamme, H. Kurz (Hrsg.), Idealismus und Aufklärung, Stuttgart 1988, S. 117–136, bes. S. 134.

207 J. Brucker, Historia critica philosophiae a mundi incunabilis ad nostram usque aetatem deducta, Leipzig 2. Aufl. 1767, Bd. 1, S. 1228–1317, S. 1238 und S. 1295.

208 Ebd. S. 1300.

209 Ebd. S. 1255.

210 J. Brucker, Erste Anfangsgründe der philosophischen Geschichte, Ulm 2. Aufl. 1751 (1. Aufl. 1736), S. 152.

211 Ebd. S. 154.

212 Ebd. S. 155.

213 Ebd. S. 155. Die Wortwahl und die Begrifflichkeit des deutschen Textes zeigen, daß sich hier der Epikureismus in einem semantischen Feld bewegt, das viel Ähnlichkeit mit empfindsamer Rede zeigt. Diese Überschneidungen lassen sich auch anhand einiger Moralischer Wochenschriften noch weiter verfolgen.

214 Ebd. S. 161.

215 J. H. Zedler, Großes vollständiges Universallexikon aller Wissenschaften und Künste, 64 Bde. und 4 Suppl. Graz 1961 ff. (Photomechanischer Nachdruck der Ausgabe Halle/Leipzig 1732 ff.), Bd. 8, Sp. 1388.

216 Ebd. Sp. 1388.

217 Ebd. Sp. 1389.

218 Ebd. Bd. 43, Sp. 1586.

219 Vgl. ebd.

220 N. H. Gundling, Gundlingiana. Darinnen allerhand zur Jurisprudenz, Philosophie, Historie / Critic / Litteratur und übrigen Gelehrsamkeit gehörige Sachen abgehandelt werden, Halle 1715–1726, 27. Stück, S. 132–154, S. 145.

221 N. H. Gundling, Antwort-Schreiben betreffend die indolenz des Epicuri, dar-

innen er die höchste Glückseligkeit gesetzt, in: ders., Gundlingiana, a. a. O., S. 81–104, S. 90.

[222] Ebd. S. 95.

[223] Ebd. S. 98.

[224] Ebd. 22. Stück, S. 87–186, S. 101.

[225] N. H. Gundling, Nachrichten von denen scriptoribus historiae philosophicae, in: ders., Sammlung kleiner teutscher Schriften, mit einer Vorrede versehen von Herrn Gottlieb Stollen, Halle 1737, S. 163–196, S. 169.

[226] Ebd. S. 172.

[227] Ebd. S. 193 f.

[228] N. H. Gundling, Vorbericht zu denen Winterlektionen, in: ebd., S. 94–142, S. 102.

[229] N. H. Gundling, Eröffnung dreyer Collegien, in: ebd., S. 1–27, S. 5.

[230] Ebd. S. 6.

[231] Ebd. S. 7.

[232] Ebd. S. 9.

[233] Vgl. H. H. Gerth, Bürgerliche Intelligenz, a. a. O., S. 43 ff., wo er auf das weit verbreitete Hauslehrer- und Hofmeisterwesen hinweist. Viele mittellose Absolventen der Universitäten verdienten sich auf diese Weise ihren Lebensunterhalt und sorgten so für eine nicht zu unterschätzende Verbreitung aufklärerischer Gedanken. Außerdem sollte nicht übersehen werden, daß Halle und Leipzig zwei der wichtigsten Orte deutscher protestantischer Aufklärung und zugleich wichtige Verlags-, Messe-, Buchhandels- und Universitätsstädte waren.

[234] Vgl. Anm. 227.

[235] Vgl. O. Finger, Von der Materialität der Seele. Beitrag zur Geschichte des Materialismus und Atheismus im Deutschland der zweiten Hälfte des 18. Jahrhunderts, Berlin 1961; A. W. Gulyga, Der deutsche Materialismus am Ausgang des 18. Jahrhunderts, Berlin 1965; G. Stiehler, Beiträge zur Geschichte des vormarxistischen Materialismus, Berlin 1961; R. Krebs (Hrsg.), Recherches nouvelles sur l' „Aufklärung“. Actes du 18e congrès de l'Association des Germanistes de l'Enseignement Supérieure, Reims 1987; F. A. Lange, Geschichte des Materialismus und Kritik seiner Bedeutung in der Gegenwart, Iserlohn 1866; Le matérialisme du XVIIIe siècle et la littérature clandestine. Actes de la table ronde des 6 et 7 juin 1980, dirigée par O. Bloch, Paris 1982; M. Pott, Radikale Aufklärung und Freidenker. Materialismus und Religionskritik in der deutschen Frühaufklärung, in: Deutsche Zeitschrift für Philosophie 7 (1990), S. 639–650; R. Wild, Freidenken in Deutschland, in: Zeitschrift für historische Forschung 6 (1979), S. 253–285.

[236] D. Minary, Siècle de lumières et radicalisme philosophique en Allemagne, in: R. Krebs (Hrsg.), Recherches nouvelles sur l'Aufklärung, a. a. O., S. 23–42, S. 25.

[237] Die Durchsicht zahlreicher Kataloge ergibt außerdem eine Vielzahl lateinisch- oder französischsprachiger Schriften, so daß es manchmal unklar bleibt, ob überhaupt von einem genuinen deutschen Materialismus ausgegangen werden kann (vgl. M. Fontius, Littérature clandestine et pensée allemande, in: Le matérialisme du XVIIIe siècle, a. a. O., S. 251–262, S. 255).

[238] Th. Lau, Meditationes philosophicae de Deo: Mundo: Homine, Frankfurt a. M. 1717, S. 28.

[239] Ebd. S. 29.

[240] Ebd. S. 32

[241] Ebd. S. 36.

[242] Ebd. S. 37.

[243] Ebd. S. 39.

[244] Ebd. S. 39.

[245] Vgl. Anm. 177.

[246] Vgl. D. Minary, «Siècle des Lumières» et radicalisme philosophique en Allemagne, in: R. Krebs (Hrsg.), Recherches Nouvelles, a. a. O., S. 23–41, S. 30.

[247] De tribus Impostoribus anno MDIIC. Von den drei Betrügern (Moses, Jesus, Mohammed), zweisprachige Ausgabe, hrsg. und eingel. von G. Bartsch, Berlin 1960.

[248] J. G. Edelmann, Moses mit aufgedecktem Gesichte von zwey ungleichen Brüdern, Lichtlieb und Blindling beschaut nach Art der unschuldigen Wahrheiten in einem freymüthigen Gespräche abgehandelt ..., Freiburg 1740, S. 101.

[249] J. C. Edelmann, Unschuldiger Wahrheiten vierzehende Unterredung ..., o. O. 1734, S. 21.

[250] Vgl. unten Kapitel: Epikureische Popularphilosophie: von Knebel bis Friedrich II.

[251] Ein Einwurf wider die Nützlichkeit periodischer Schriften, von Herrn Prof. Garve; aus einem Brief an den R. C. – Johann Heinrich Campe, Beantwortung dieses Einwurfs, abgedruckt in: P. Raabe, Die Zeitschrift als Medium der Aufklärung, a. a. O., S. 123 f.

[252] Ebd. S. 116.

[253] Neben Periodika anderen Typs waren Zeitungen gegen Ende des Jahrhunderts in Deutschland mit 60–70 nebeneinander bestehenden Ausgaben vertreten. Auflagen von 10000 Exemplaren – wobei pro Exemplar mit mindestens 10 Endabnehmern zu rechnen ist – waren keine Seltenheit. An den Zeitungen wurde besonders die Aktualität geschätzt: „Je neuer und unverhoffter die Zeitungen / einlangen / je willkommener sie auch seyen / dahingegen alte und verlegene Wahren verächtlich sind ..." (K. Stieler, Von Zeitungs Nutz und Lust, hrsg. von G. Hagelweide, Bremen 1969 [Neudruck der Originalausgabe 1965], S. XIX.)

[254] Vgl. zur Geschichte des Zeitschriftenwesens J. Jentsch, Zur Geschichte des Zeitungslesens in Deutschland am Ende des 18. Jahrhunderts, mit besonderer Berücksichtigung der gesellschaftlichen Formen des Zeitungslesens, Leipzig 1937; J. Kirchner, Die Grundlagen des deutschen Zeitschriftenwesens, 2 Teile, Leipzig 1928; W. Martens, Die Geburt des Journalisten in der Aufklärung, in: G. Schulz (Hrsg.), Wolfenbüttler Studien zur Aufklärung I, a. a. O., S. 84–98; H. Möller, Vernunft und Kritik. Deutsche Aufklärung im 17. und 18. Jahrhundert, Frankfurt a. M. 1986, bes. S. 268–280.

[255] Vgl. umfassend W. Martens, Die Botschaft der Tugend. Die Aufklärung im Spiegel der deutschen Moralischen Wochenschriften, Stuttgart 1971; und W. Graeber, Moralistik und Zeitschriftenliteratur im frühen 18. Jahrhundert, a. a. O.; H. Lengauer, Zur Sprache Moralischer Wochenschriften. Untersuchungen zur rhetorischen Vermittlung der Moral in der Literatur des 18. Jahrhunderts, Wien 1975.

[256] Vgl. A. Bony, L'élaboration de l'auteur supposé dans l'essai périodique: Swift,

Defoe, Steele and Addison, in: P. Rétat (Hrsg.), Le journalisme de l'Ancien Régime, Lyon 1982, S. 330–350.

[257] Zit. nach W. Graeber, Moralistik und Zeitschriftenliteratur im frühen 18. Jahrhundert, a. a. O., S. 31 f.

[258] J. van Effens, Le Misantrope, 2 tomes, nouvelle édition revue et augmentée de plusieurs discours importans, La Haye 1726, tome II, S. 242 f.

[259] Ebd. tome I, S. 214.

[260] Vgl. W. Graeber, Moralistik und Zeitschriftenwesen im frühen 18. Jahrhundert, . . . , S. 160.

[261] Vgl. P. Kondylis, Die Aufklärung, a. a. O., S. 413.

[262] N. Wegmann, Diskurse der Empfindsamkeit, a. a. O., S. 39.

[263] N. Luhmann betont die Zeitdimension des neuen Entscheidungsmodus: „Das 18. Jahrhundert entdeckt, daß der Geschmack schneller urteilen kann als die Vernunft, weil er seine Kriterien individualisieren und durch Selbstbeobachtung legitimieren kann." (N. Luhmann, Soziale Systeme. Grundlagen einer allgemeinen Theorie, Frankfurt a. M. 1984, S. 76; vgl. auch H.-J. Gabler, Geschmack und Gesellschaft, a. a. O., S. 205 ff.)

[264] Zum Arkadienbild vgl. F. A. Schmidt, Arkadien: Abendland und Antike, in: Antike und Abendland 21 (1975), S. 36–57 und B. Snell, Arkadien. Die Entdeckung des Geistes. Studien zur Entstehung des europäischen Denkens bei den Griechen, Hamburg 2. Aufl. 1948.

[265] Vgl. allgemein C. A. Wimmer, Geschichte der Gartentheorie, Darmstadt 1990; V. Hammerschmidt, J. Wilke, Die Entdeckung der Landschaft. Englische Gärten des 18. Jahrhunderts, Stuttgart 1990; auch M. Adrews, The Search for the Picturesques: Landscape, Aesthetics and Tourism in Britain, 1760–1800, Stanford 1989.

[266] Vgl. oben Kapitel: Moralistik, «amour-propre» und die «Volupté du bon Epicure», Anm. 100.

[267] Chr. C. L. Hirschfeld, Theorie der Gartenkunst, Stuttgart 1990 (1. Aufl. 1779).

[268] Vgl. H. Meyer, The Wilderness pleases: Shaftesbury und die Folgen, in: Park und Garten im 18. Jahrhundert. Colloquium der Arbeitsstelle 18. Jahrhundert Gesamthochschule Wuppertal, Heidelberg 1978, S. 16–21.

[269] R. Sühnel, Der englische Landschaftsgarten auf dem Hintergrund der Geistes- und Gesellschaftsgeschichte des 18. Jahrhunderts, in: Park und Garten, a. a. O., S. 11–15, S. 13.

[270] J. von Loën, Von den Lustgärten, in: ders., Gesammelte kleine Schriften, besorgt und hrsg. von J. B. Müller, Frankfurt a. M./Leipzig 2. Aufl. 1752, S. 152–158, S. 152.

[271] Ebd. S. 153.

[272] Vgl. W. Schepers, Hirschfelds Theorie der Gartenkunst 1779–1785, Worms 1980, S. 181 ff.; vgl. zur Bedeutung des Gartens in der ästhetischen Diskussion S. Gerdt, Idealisierte Natur. Die literarische Kontroverse um den Landschaftsgarten des 18. und frühen 19. Jahrhunderts in Deutschland, Stuttgart 1981. Der Garten als ein „Traum vom Paradies" behält seinen utopischen Charakter auch in den Beschreibungen von Friedrich Wilhelm Zachariae und Wilhelm Heinse. Im letzten Teil des ›Ardinghello‹ richtet eine Gruppe von Freunden einen neuen Staat, eine neue Gesellschaft auf den Kykladen-Inseln ein. Es sind die „Todesleugner", die glauben, „daß

die Natur ein ewiger Quell von Leben und Trieb alles Daseins Freude sei" (S. 367). In diesem irdischen Paradies mit epikureischen Zügen ist nicht einmal mehr die Endlichkeit ein Problem: „Bei aller dieser Seligkeit glaub' ich jedoch, daß auf dem ganzen Erdboden kein anderer Platz war, wo man sich so wenig vor dem Tode scheute." (W. Heinse, Ardinghello und die glückseligen Inseln, Stuttgart 1975 [Kritische Studienausgabe], S. 373.)

273 J. von Loën, Von den Lust-Gärten, a. a. O., S. 154.

274 Ebd. S. 154.

275 Vgl. A. M. Lohmeier, Beatus ille: Studien zum „Lob des Landlebens" in der Literatur des absolutistischen Zeitalters, Tübingen 1981.

276 J. C. Gottsched, Der Biedermann, mit einem Nachwort und Erläuterungen hrsg. von W. Martens, Stuttgart 1975 (Nachdruck der Ausgabe Leipzig 1727–1729), 1. Teil, S. 5.

277 Ebd. S. 7.

278 Ebd. S. 34.

279 Ebd. 2. Teil, S. 91.

280 Ebd. S. 91 f.

281 ›Der Müßige‹, Lübeck 1748, 1. Stück, S. 4.

282 Ebd. S. 5.

283 Ebd. 6. Stück, S. 43..

284 ›Der Patriot‹ 1724, 1725, 1726, Hamburg o. J., 60. Stück.

285 Ebd. 60. Stück.

286 Ebd. 58. Stück.

287 Ebd. 65. Stück.

288 ›Der Mensch‹. Eine Moralische Wochenschrift Teil 1–12, Halle 1751–1756, 1. Teil, 34. Stück.

289 ›Der Patriot‹, a. a. O., 58. Stück.

290 ›Der Mensch‹, a. a. O., 1. Teil, 39. Stück.

291 Ebd. 39. Stück.

292 ›Der Zuschauer‹. Aus dem Engländischen übersetzt, Teil 1–8, Leipzig 2. Aufl. 1751, S. 302.

293 ›Der Hypochondrist‹. Eine holsteinische Wochenschrift von Herrn Zacharias Jenstrup, zweyte verbesserte Auflage Bremen und Schleswig 1771, S. 316.

294 Ebd. S. 315 f.

295 Ebd. S. 316.

296 ›Der Mensch‹, a. a. O., 4. Teil, 157. Stück.

297 Ebd. 157. Stück.

298 Ebd. 157. Stück.

299 ›Der Jüngling‹, Königsberg/Mietau/Leipzig 2. Aufl. 1764, 25. Stück.

300 Ebd. 25. Stück.

301 Ebd. 25. Stück.

302 Ebd. 26. Stück.

303 Ebd. 60. Stück.

304 Ebd. 50. Stück.

305 W. Martens, Die Botschaft der Tugend, a. a. O., S. 70.

306 H. Zemann, Die deutsche anakreontische Dichtung. Ein Versuch zur Erfas-

sung ihrer literaturhistorischen Erscheinungsformen im 18. Jahrhundert, Stuttgart 1972, S. 157.

[307] Vgl. P. Brady, Why the Rococo? The Eighteenth Century before the Enlightenment, in: Studies on Voltaire and the Eighteenth Century 190 (1980), S. 154–160, bes. S. 156.

[308] Rokokoforschung setzt im engeren Sinn erst in den 20er Jahren dieses Jahrhunderts ein. Seither hat sich nicht nur der Begriff des Rokoko, sondern auch die Beurteilung der Aufklärung mehrfach geändert und damit auch die Einschätzung des Verhältnisses der beiden Begriffe zueinander. E. Ermatinger, der Rokoko gegen Barock absetzt, sieht im Rokoko eine prononcierte Vernunftkultur entstehen: „... die überlegene Selbstsicherheit des Rokokomenschen unterwirft alles dem Urteil des Verstandes, der seine herrische Selbständigkeit dem Widrigen gegenüber behauptet." (E. Ermatinger, Barock und Rokoko in der deutschen Dichtung, Leipzig/Berlin 1926, S. 126.) Ganz anders dagegen P. Brady, der Rokokopoesie für den Antagonisten des Rationalismus hält: "... the breaking-away from logic, from rationalism, from Cartesianism, towards a highly sophisticated scepticism that rejects vast rational hypotheses". Da für ihn nun Aufklärung mit Ratio zu identifizieren ist, stellt er fest, Rokoko und Aufklärung seien "essentially different" (P. Brady, Rococo Style versus Enlightment Novel, Genève 1984, S. 25f. und S. 94). Insgesamt zeichnet sich in der Forschung eine Annäherung der beiden Begriffe ab; vgl. H. Hatzfeld, The Rokoko. Erotism, Wit and Elegance in European Literature, New York 1972; R. J. Loy, Rococo and the Novel as Guide to Periodisation in the Eighteenth Century, in: Studies on Voltaire and the Eighteenth Century 190 (1980), S. 166–176; P. Michelsen, Laurence Sterne und der deutsche Roman des 18. Jahrhunderts, Göttingen 1972; Th. Verweyen, Emanzipation der Sinnlichkeit im Rokoko? Zur ästhetik-theoretischen Grundlegung und funktionsgeschichtlichen Rechtfertigung der deutschen Anakreontik, in: Germanisch-romanische Monatsschrift NF 25 (1975), S. 276–306.

[309] Vgl. Th. Verweyen, „Halle, die Hochburg des Pietismus, die Wiege der Anakreontik". Über das Konfliktpotential der anakreontischen Poesie als Kunst der „sinnlichen Erkenntnis"; in: N. Hinske (Hrsg.), Zentren der Aufklärung I, Halle, a. a. O., S. 209–238, S. 211ff. und A. Anger, Deutsche Rokoko-Dichtung. Ein Forschungsbericht, Stuttgart 1963, bes. S. 8ff. Die literaturtheoretisch bedeutsame Interpretation der Renaissancebukolik, wie sie W. Iser in ›Das Fiktive und das Imaginäre‹ vornimmt, wird auch für die weitere Erforschung der deutschen Rokoko-Dichtung neue Perspektiven aufzeigen. Sowohl das Arkadien-Motiv als auch die Schäfer-Szenen werden in ihrer spezifischen Funktion für die Konstituierung von Fiktionalität bereits als Reflexion auf ihre Form interpretiert. Die wechselseitige Lesbarkeit von politischer Wirklichkeit und literarischem Text bestreitet die „Ausschließlichkeit" des einen oder anderen; Bukolik als Fluchtphänomen zu interpretieren, scheint dann nicht mehr sinnvoll. (W. Iser, Das Fiktive und das Imaginäre. Perspektiven literarischer Anthropologie, Frankfurt a. M. 1991.)

[310] Vgl. z. B. G. Frühsorge, Freundschaftliche Bilder. Zur historischen Bedeutung der Bildnissammlung im Gleimhaus zu Halberstadt, in: Theatrum Europaeum, Festschrift für Elida Maria Szarota, München 1982, S. 439–452; H. Scholke, Eine Laudatio für Johann Wilhelm Ludwig Gleim, in: U. Riedel (Hrsg.), Der Aufklärer Gleim heute, Stendal 1987, S. 9–16.

[311] In dieser Frage scheint noch weitgehend Unklarheit zu herrschen. Auf der einen Seite wird die deutliche Absetzung vom moralischen Rigorismus des Pietismus betont (z. B. Th. Verweyen, „Halle, die Hochburg des Pietismus ...", a. a. O.), andererseits schöpft die Sprache der Sinnlichkeit gerade aber aus dem Wortschatz pietistischer Mystik (vgl. allgemein zu einer neuen Bewertung des Verhältnisses von Protestantismus und Sinnlichkeit: E. Leites, Puritanisches Gewissen und moderne Sexualität, Frankfurt a. M. 1989).

[312] Weiter als charakteristisch gelten „Anmut", „Grazie", „Frivolität", „Spiel", „Tändelei", „Gaukelei", eine skeptische Weltweisheit und ein ironischer Ton, Zierlichkeit, Verkleinerung alles Großen, irdisches Glücksstreben usw. (vgl. A. Anger, Literarisches Rokoko, Stuttgart 2. Aufl. 1968).

[313] Vgl. Chr. Perels, Studien zur Aufnahme und Kritik der Rokokolyrik zwischen 1740 und 1760, Göttingen 1974, bes. S. 162–177.

[314] Zit. nach ebd. S. 178.

[315] Vgl. H. Schippers, Artikel „Natur", in: O. Brunner, W. Conze, R. Koselleck, Geschichtliche Grundbegriffe, Bd. 4, a. a. O., Stuttgart 1978, S. 215–244; R. Spaemann, Genetisches zum Naturbegriff des 18. Jahrhunderts, in: Archiv für Begriffsgeschichte, Bd. XI (1967), S. 59–74; J. Starobinski, Die Erfindung der Freiheit 1700–1789, Frankfurt a. M. 1988, S. 145: „Doch das Bild der Natur verwandelt sich im 18. Jahrhundert. Sie ist nicht mehr das große Magazin von Idealtypen, sondern ein materieller Dynamismus, eine sich ständig entwickelnde Kraft, eine Quelle, die nie aufhört zu fließen. Weil sie nicht mehr eine der göttlichen Vorsehung untergeordnete Macht ist, sondern selbst zum höchsten Willen wird, kann sich keine andere Gewalt über sie erheben. Der Gedanke stammt aus der Renaissance. Er durchläuft eine ganze Tradition, in der sich von Aristoteles, von Epikur, von der Stoa herkommende Einflüsse verbinden."

[316] Chr. Perels, Studien zur Aufnahme und Kritik der Rokokolyrik, a. a. O., S. 181.

[317] Vgl. B. Böhm, Sokrates im 18. Jahrhundert. Studien zum Werdegang des modernen Persönlichkeitsbewußtseins, Neumünster 1966, S. 170 ff.

[318] J. P. Uz, Der Weise auf dem Lande, in: ders., Sämtliche poetische Werke, hrsg. von A. Sauer, Darmstadt 1964 (Nachdruck der Ausgabe Stuttgart 1890), S. 47–52, S. 47 f.

[319] Ebd. S. 49 und S. 51 f.

[320] Isolation, individuelle Glückssuche und das Lob der Freundschaft bei gleichzeitiger Ausgrenzung von jeglicher wirtschaftlicher Konkurrenz, ständischer Differenz und persönlicher Rivalität sind Topoi moderner Subjektkonstitution, wie sie bereits der frühneuzeitliche Prosaroman thematisiert (vgl. J. D. Müller, Volksbuch/Prosaroman im 15./16. Jahrhundert – Perspektiven der Forschung, in: JASL, 1. Sonderheft [1985], S. 1–128, bes. 88 ff.). Sogar radikal egoistisches Glücksstreben und Eigennutz werden bereits im 15./16. Jahrhundert nicht mehr nur Randfiguren und Außenseitern zugeschrieben, sondern haben ihren Platz in Entwürfen von Gesellschaftsmodellen, die funktionieren aufgrund von persönlicher Zuneigung und moralischer Integrität der Handelnden.

[321] W. Mauser weist auf ein sich wandelndes Verdienstbewußtsein hin, das nicht auf Ruhm zielt und nicht nur aus (religiöser) Pflicht entsteht, sondern sich auf eine

imaginierte Gemeinschaft von Freunden bezieht oder auf die Selbstverpflichtung des Individuums zielt. (W. Mauser, „Der Flor der Republik". Verdienstbewußtsein und Literatur im Absolutistischen Staat, in: Zwischen Aufklärung und Restauration. Sozialer Wandel in der deutschen Literatur 1700–1848, Festschrift für Wolfgang Martens, Tübingen 1989, S. 65–83, bes. S. 70ff.)

[322] Vgl. A. Maler, Der Held im Salon. Zum antiheroischen Programm deutscher Rokoko-Epik, Tübingen 1973.

[323] J. P. Uz, Versuch über die Kunst stets fröhlich zu seyn, in: ders., Sämtliche poetische Werke, a. a. O., S. 215–278, S. 216.

[324] Ebd. S. 216.

[325] Ebd. S. 216.

[326] Ebd. S. 216.

[327] Vgl. z. B. ebd. S. 218 und S. 226.

[328] Ebd. S. 226.

[329] Ebd. S. 243.

[330] Die Emanzipation von der Lehrhaftigkeit darf nicht mit einem l'Art-pour-l'Art-Konzept verwechselt werden, da die moralische Komponente des im Kunstgenuß empfundenen Vergnügen die Funktion dieser Dichtung bestimmt.

[331] J. P. Uz, An die Musen, in: ders., Sämtliche poetische Werke, a. a. O., S. 115f.

[332] Vgl. N. E. Warde, Johann Peter Uz and German Anacreonticism: The Emancipation of the Aesthetic, Frankfurt a. M./Bern 1978.

[333] J. A. Ebert, Das Vergnügen. Eine Serenade, in: ders., Episteln und vermischte Gedichte, hrsg. von J. J. Eschenburg, Hamburg 1795, 2. Teil, S. 61–124, S. 62. Auch für J. W. G. Gleim gehört das Vergnügen zu den „Lebenspflichten". Trinken, lachen, lieben, tanzen sind die Verwirklichung der menschlichen Natur und nicht Ehrgeiz, Sorge und Tadel an der Welt (vgl. J. W. L. Gleim, Lebenspflichten, in: ders., Sämtliche Werke, hrsg. von W. Lörte, 7 Bde., Halberstadt 1811ff., Bd. 1, S. 31).

[334] J. A. Ebert, Das Vergnügen, a. a. O., S. 62f.

[335] J. J. Eschenburg, Über Arnold Ebert, in: ebd. S. 3–58, S. 11.

[336] Ebd. S. 15.

[337] Ebd. S. 60. Die Hamburger Anakreontik galt als die freizügigste, vor allem auch was die erotischen Dichtungen angeht (vgl. H. Schlaffer, Musa iocosa. Gattungspoetik und Gattungsgeschichte der erotischen Dichtungen in Deutschland, Stuttgart 1971).

[338] Ebd. S. 64.

[339] Ebd. S. 67.

[340] Ebd. S. 70.

[341] Ebd. S. 85f.

[342] Ebd. S. 84.

[343] „Risikominderung" nennt W. Mauser eine solche Philosophie (W. Mauser, „Der Flor der Republik", a. a. O., S. 82). Die ständige Abgrenzung gegenüber einer gesellschaftlichen Scheinwelt ist weniger eine Frage moralischer Bewertung (wie vielleicht bei Werther), sondern vielmehr eine Selbstthematisierung: Schein, Vorstellung und Verkleidung sind die Domäne der Literatur, der Fiktion und nicht die der gesellschaftlichen Realität. „Verschwiegen" heißt nichts anderes als „dichtend".

[344] F. v. Hagedorn, An die heutigen Encratiten, in: ders., Sämmtliche poetische Werke, Karlsruhe 1777, S. 116–120, S. 116ff.

[345] Ebd. S. 117. Hagedorn, der häufig aus philosophischen Lexika, so z. B. aus Walch, Zedler und Buddeus zitiert, verweist auf Epikur auch im Zusammenhang mit dem Thema der Freundschaft (vgl. ebd. S. 95).

[346] J. N. Götz, Vermischte Gedichte, 3 Teile, hrsg. von K. W. Ramler, Mannheim 1785, S. 48f.

[347] Ebd. S. 49.

[348] Gärten sind ausgesparte Räume, sind Asyl für den Menschen, wo Ruhe und Vertrauen herrschen. In der Einheit von Mensch und Natur, Tugend und Vergnügen, Individuum und Gemeinschaft wird der Augenblick im Selbstgenuß ewig, hat die Geschichte Pause. Diese Gärten bleiben allerdings auf die Welt bezogen und sind nicht durch Klostermauern von ihr getrennt. Ebensowenig wie bei Epikurs Kepos handelt es sich um strikte Weltentsagung (vgl. dagegen die andere Einschätzung des Kepos bei W. Iser, Ikonologie Arkadiens, in: Akzente 37 [1990], Heft 3, S. 225–229, S. 227) oder Leugnung des Außen, sondern das Gartenleben bleibt als Kompensation, Urlaub, Rollenspiel und Maskierung auf die Geschichte und die Gesellschaft bezogen. Den Umgang mit dem Gefühl der Gefährdung und Angst hat das Rokoko in besonderer Weise gepflegt. Das Interesse, das gerade in den ersten beiden Jahrzehnten des 20. Jahrhunderts dem Rokoko entgegengebracht wurde, scheint sich auch auf diesen spezifischen Umgang mit Angst und dem Gefühl der Bedrohung zu beziehen, diesem „Schutz vor Harm" und „der schwarzen Sorgen Schwarm". In diesem Zusammenhang werden auch die epikureischen Momente eines Schutzes vor Angst besonders hervorgehoben. A. v. Gleichen-Rußwurm charakterisiert z. B. das Rokoko als „harmlos und stillzufrieden", wo „ernste, opferwillige Freundschaft, an die Tage erinnernd da Epikurs Schüler und Schülerinnen alles teilten", herrschte (A. v. Gleichen-Rußwurm, Das Jahrhundert des Rokoko. Kultur- und Sittengeschichte aller Zeiten und Völker, Bd. 15, Wien u. a. o. J., S. 63 und S. 205), und Epikurs „unsterbliche Größe" sieht er genau darin, „daß er der Furcht den Krieg erklärte" (ders., Wachstum und Wandel im Garten Epikurs, in: Epikurs Lehre, hrsg. von A. v. Gleichen-Rußwurm, Jena 1909, S. 2–35, S. 9). Anstelle von Gesellschaft wird Gemeinschaft gewünscht, und der Furcht wird ausgerechnet der „Krieg" erklärt: Das Substrat aufklärerischen Denkens im Rokoko-Epikureismus wandelt sich in der Rezeptionsgeschichte hier zu Topoi der Weltflucht und des politischen Ästhetizismus. Ausgerechnet Oswald Spengler notiert etwa zur selben Zeit: „Wenn ich mein Leben betrachte, ist es ein Gefühl, das alles, alles beherrscht hat: Angst ..." (O. Spengler, „Eis Heauton" – autobiographische Aufzeichnungen, in: Der Aquädukt 1763–1988. Ein Almanach aus dem Verlag H. C. Beck im 225. Jahr seines Bestehens, München 1988, S. 79–86, S. 86) Weder in der Gegenwart noch in der Geschichte gäbe es geschützte Räume, mit einer Ausnahme: „Meine Zeit ist das Rokoko; da bin ich zuhause ... das Rokoko sei es eine Kommode, ein Spiegel, ein Saal bringt mich zu Tränen ..." (ebd. S. 87). Rokoko-Arkadien ist keine mythische Setzung gegen die Fremdheit der Natur, sondern vielmehr das Versprechen einer – aber eben nur zeitlich begrenzten und zerbrechlichen – Versöhnung mit der Natur (vgl. auch F. Blei, Das Rokoko, München 1911 und früher schon in Frankreich E. und J. Concourt, Die Frau im 18. Jahrhundert, Bern/Stuttgart/Wien 1963).

[349] J. W. L. Gleim, Episteln, in: ders., Sämmtliche Werke, a. a. O., Bd. 5, S. 173 ff.

[350] Ebd. S. 174.

[351] Vgl. Th. Verweyen, „Halle, die Hochburg des Pietismus“, a. a. O. Die Verbindung von Aufwertung der Sinnlichkeit und ästhetischer Theorie wird hier ausgeführt, dabei aber die Befreiung der Dichtung von Moral insofern anders bewertet, als die Empfindung von Vergnügen nicht in Zusammenhang gesehen wird mit einem hedonistischen Moralkonzept. Daß mit der Beeinflussung der Sinne direkt, ohne Umweg über die Lehre, der Mensch menschlicher – da glücklicher – und damit besser gemacht werden soll, ist zwar nicht lehrhaft, aber doch „moralisierend“, das heißt einer hedonistischen Moral verpflichtet.

[352] J. W. L. Gleim, An Leukon, in: ders., Sämmtliche Werke, a. a. O., Bd. 1, S. 258.

[353] J. W. L. Gleim, Sämtliche Schriften, Carlsruhe 1780, S. 23.

[354] "'TASTE' is now the fashionable Word for the fashionable World, everything must be done with 'Taste' – that is settled; but where and what that Taste is, is not quite so certain" (The Gentlemen's Magazine London 1738, February, S. 81, zit. nach J. Gabler, Geschmack und Gesellschaft, a. a. O., S. 151.)

[355] A. Haller, Gedichte, hrsg. und eingel. von L. Hirzel, Frauenfeld 1882, S. 315.

[356] G. Tonelli, Poesia e Pensiero in Albrecht von Haller, Turino 1962, bes. S. 42 ff. und 146 ff.

[357] W. Martens, „Schüler der Natur“. Albrecht von Hallers Alpengedicht als Utopie sündloser Existenz, in: ders., Literatur und Frömmigkeit in der Zeit der Aufklärung, Tübingen 1989, S. 276–286, S. 281.

[358] A. Haller, Die Alpen, in: ders., Gedichte, a. a. O., S. 20–42, S. 24.

[359] J. M. Loën, Epicurische Sittenlehre die beste, in: ders., Gesammelte kleine Schriften, a. a. O., 3. Teil, S. 45–56, S. 45.

[360] Ebd. S. 45.

[361] Ebd. S. 48.

[362] Ebd. S. 49.

[363] Ebd. S. 49 f.

[364] Ebd. S. 50.

[365] Ebd. S. 51.

[366] Ebd. S. 51.

[367] Ebd. S. 51.

[368] Ebd. S. 52.

[369] Ebd. S. 55.

[370] Vgl. o. S. 270.

[371] J. M. Loën, Von den Mitteln die Gesundheit zu erhalten, in: ders., Gesammelte kleine Schriften, a. a. O., 4. Teil, S. 159–182.

[372] Ebd. S. 163.

[373] Ebd. S. 164.

[374] Ebd. S. 166.

[375] Ebd. S. 167.

[376] Ebd. S. 178.

[377] M. A. Thümmel, Reise in die mittäglichen Provinzen von Frankreich im Jahr 1785 bis 1786, in: ders., Werke, 7 Bde., Stuttgart 1880, Bde. 1/2 und 3/4, 1. Teil S. 223.

[378] Ebd. S. 222.

[379] Ebd. S. 222.

[380] Ebd. S. 223.

[381] Vgl. F. Schümmer, Die Entwicklung des Geschmacksbegriffes in der Philosophie des 17. und 18. Jahrhunderts, in: Archiv für Begriffsgeschichte 1 (1955), S. 120–141 und P. Michelsen, Laurence Sterne und der deutsche Roman, a. a. O., S. 242 ff. und zu Thümmels Genußphilosophie S. 248 ff.

[382] G. Sauder, Der reisende Epikureer. Studien zu Moritz August von Thümmels Roman ›Reise in die mittäglichen Provinzen von Frankreich‹, Heidelberg 1968, S. 53.

[383] Vgl. dazu A. Honneth, Soziologie – Eine Kolumne, in: Merkur 470 (1988), S. 315–319.

## V. Epikureismus und der Widerstand gegen die Dialektik der Aufklärung

[1] F. Schlegel, Geschichte der alten und neuen Literatur, in: ders., Kritische Schriften und Fragmente, hrsg. von E. Behler und H. Eichner, 6 Bde., Paderborn 1988, S. 219 f.

[2] H. W. Gerstenberg, Geschichte des Agaton, in: ders., Rezensionen in der Hamburgischen Neuen Zeitung 1767–1771, hrsg. von O. Fischer, Berlin 1904, S. 46–49, S. 48.

[3] Vgl. C. Siegrist, Das Lehrgedicht der Aufklärung, Stuttgart 1974; speziell zu den naturwissenschaftlichen Themen im Lehrgedicht vgl. W. Schatzberg, Scientific Themes in the Popular Literature and the Poetry of the German Enlightenment 1720–1760, Bern 1973.

[4] Vgl. W. B. Fleischmann, Zum Anti-Lukrez des Kardinals de Polignac, in: Romanische Studien 77 (1965), S. 42–65.

[5] Zur Rezeption in England vgl. B. Fabian, Lukrez in England im siebzehnten und achtzehnten Jahrhundert, in: R. Roellner, Humanismus und Aufklärung, Heidelberg 1980, S. 107–129, S. 120.

[6] Vgl. R. Specht, Über Polignacs ›Anti-Lucretius‹, in: Epirrhosis. Festgabe für Carl Schmitt, 2 Bde., Berlin 1968, 2. Bd., S. 697–710.

[7] M. Cardinal de Polignac, L' Anti-Lucrèce. Poème sur la Religion Naturelle, traduit par M. de Bougainville, Bruxelles 1760, S. 7. Eine Verteidigung Epikurs insbesondere gegen die Argumente des Kardinals liefert Alcisto Solajdio in seinem ›Epicuro difeso‹. Das „Poema contro il mio fiosofo" hält er in allen Punkten für verfehlt (A. Solajdio, Epicuro difeso. Osservatione critiche sopra la di lui filosofia, Venezia 1756, S. 224).

[8] Ebd. S. 7.

[9] Ebd. S. III.

[10] Ebd. S. IV.

[11] Vgl. H. B. Nisbet, Herder und Lukrez, in: G. Sauder (Hrsg.), Johann Gottfried Herder 1744–1803. Vorträge, Hamburg 1987, S. 77–87; vgl. H. B. Nisbet, Lucretius in Eighteenth Century Germany, with a Commentary on Goethe's ›Metamorphose der Tiere‹, in: The Modern Language Review 81 (1986), S. 97–115.

[12] Diskussion zu B. Fabian, Das Lehrgedicht als Problem der Poetik, a. a. O., S. 553 ff.

[13] Zur spezifischen Antike-Rezeption Wielands, die in Opposition zu den Vorstellungen eines klassischen Griechenlandbildes, wie es der frühe Winckelmann, Lessing und Goethe hatten, eher an vorklassische, hellenistische und römische Vorbilder anknüpft, vgl. O. Bantel, Christoph Martin Wieland und die griechische Antike, Diss. Tübingen 1953; M. Fuhrmann, Wielands Antikebild, in: C. M. Wieland, Übersetzungen des Horaz, hrsg. von M. Fuhrmann, Frankfurt a. M. 1986, S. 1073–1082; F. Sengle, Wieland, Stuttgart 1949, S. 191. Arno Schmidt sagt von Wielands Griechenbild, es sei weder apollinisch noch dionysisch, sondern „aristippisch" (A. Schmidt, Das essayistische Werk zur deutschen Literatur, 4 Bde., Zürich 1988, Bd. 1, S. 121–149, S. 136).

[14] C. M. Wieland, Die Natur der Dinge oder die vollkommene Welt. Vorbericht zur dritten Ausgabe, in: ders., Sämmtliche Werke, Hamburg 1984, 39 Bde. und 6 Supplementbände (Nachdruck der ›Sämmtlichen Werke‹, Leipzig 1794–1811), Bd. 13, S. 7.

[15] Ebd. S. 10.

[16] G. E. Lessing, Briefe die neueste Literatur betreffend, in: ders., Werke, 8 Bde., hrsg. von H. G. Göpfert, München 1973, Bd. 5, S. 42 f.

[17] Wielands Briefwechsel, 3 Bde., hrsg. von der Dtsch. Akademie der Wiss. Berlin 1965 ff., Bd. 3, S. 289.

[18] Ausgwählte Briefe von Christoph Martin Wieland an verschiedene Freunde, 4 Bde., Zürich 1815 ff., Bd. 2, S. 194 f.

[19] Vgl. M. Hacker, Anthropologische und kosmologische Ordnungsutopien: Christoph Martin Wielands ›Natur der Dinge‹, Würzburg 1989.

[20] Wielands Briefwechsel, a. a. O., S. 289. Der biographische Bruch im Leben Wielands wurde von der Forschung unterschiedlich bewertet. Die verschiedenen Positionen und deren Konsequenzen für die Interpretation von Wielands Werken referiert H. Thomé, Probleme und Tendenzen der Wielandforschung 1974–1978, in: Jahrbuch der Schillergesellschaft 23 (1979), S. 492–513, S. 494 ff.

[21] Vgl. H. Rowland, Musarion and Wieland's Concept of Genre, Göppingen 1975.

[22] „Niemals haben Epikuräer Unglück über die Welt gebracht, unermeßliches aber Heilige und Propheten ...", so kommentiert E. Staiger die Toleranzphilosophie der Musarion (E. Staiger, Wieland: Musarion, in: H. Schelle [Hrsg.], Christoph Martin Wieland, Darmstadt 1981, S. 93–107, S. 95).

[23] Wieland hatte selbst das Gefühl, daß er mit diesem ironischen Gedicht etwas geschaffen habe, was dem zeitgenössischen deutschen Leser nicht ganz angemessen war: „Ich gestehe Ihnen, – aber nur Ihnen! – Daß ich dieses kleine Poem mit einer Art von Prädilektation ansehe – soll ich es heraus sagen? – daß ich es meinen Zeitgenossen nicht völlig gönne. Die Deutschen scheinen noch nicht zu fühlen, was attisches Salz, sokratische Ironie, und ächte Grazie ist." (Wielands Briefwechsel, a. a. O., Bd. 3, S. 519.)

[24] C. M. Wieland, Musarion, in: ders., Sämmtliche Werke, a. a. O., Bd. 3, 3. Buch, S. 95.

[25] Ebd. S. 95 f.

[26] Ebd. S. 96.

[27] Ebd. S. 96.
[28] Ebd. S. 96.
[29] Ebd. S. 97.
[30] Ebd. S. 100.
[31] Ebd. S. 99.
[32] Ebd. S. 100.
[33] Das Problem, wer Musarion denn nun wirklich ist, ist mit dem Begriff „Hetäre" natürlich nicht gelöst. Ihr Auftauchen und ihr Verhalten bleiben eigenartig undurchsichtig und sind gesellschaftlich nicht zu verorten.
[34] C. M. Wieland, Musarion, a. a. O., 3. Buch, S. 98.
[35] Ebd. S. 99.
[36] Vgl. A. Fuchs, Les apports français dans l'œuvre de Wieland 1772–1789, Paris 1934, S. 297.
[37] C. M. Wieland, Musarion, a. a. O., S. 100.
[38] Inwieweit die tarentinische Gemeinschaft in der Schlußversion der 3. Fassung des Agathonromans Züge einer allseitigen Versöhnung und einer Wiederannäherung an Agathons Jugendphilosophie und damit auch ein „Zurück" zum delphischen *gnothi seauton* enthält, soll noch besprochen werden. Daß es sich dabei trotz der harmonistischen Züge, die die Philosophie des Archytas trägt, nicht um eine restlose „Aufhebung" aller Widersprüche handelt, scheint wahrscheinlich zu sein, ein Rokoko-Idyll wie der Garten der Musarion ist Tarent gewiß nicht. (Grundlage der folgenden ›Agathon‹-Interpretation ist die Ausgabe letzter Hand: C. M. Wieland, Geschichte des Agathon, in: ders., Sämmtliche Werke, a. a. O., Bd. 1) Vgl. dazu bes. W. Erhart, Entzweiung und Selbstaufklärung. Christoph Martin Wielands ›Agathon‹-Projekt, Tübingen 1991, S. 158 ff. Hier wird die „Aporie und Demontage der Versöhnung" im Kontext der Gattungsgeschichte des Romans im 18. Jahrhundert und im weiteren literaturgeschichtlichen Umfeld diskutiert, und es gelingt Erhart dabei überzeugend, die grundsätzliche Bedeutung dieses Romans als eines unvollendeten Projekts der Moderne zu würdigen.
[39] H. Thomé, Roman und Naturwissenschaft. Eine Studie zur Vorgeschichte der deutschen Klassik, Bern/Frankfurt a. M., S. 146.
[40] G. Hemmerich, Christoph Martin Wielands ›Geschichte des Agathon‹. Eine kritische Werkinterpretation, Nürnberg 1979, S. 57.
[41] H. Thomé, Roman und Naturwissenschaft, a. a. O., S. 146 f.
[42] C. M. Wieland, Geschichte des Agathon, in: ders., Sämmtliche Werke, a. a. O., Bd. 1, S. XVII (Vorbericht zur ersten Auflage).
[43] C. M. Wieland, Briefwechsel, a. a. O., Bd. 3, S. 551.
[44] C. M. Wieland, Agathon, a. a. O., 1. Teil, S. 65.
[45] Ebd. S. 66.
[46] Ebd. S. 165.
[47] Ebd. S. 165.
[48] Wieland zeigt sich auch an anderer Stelle beeindruckt von der Möglichkeit, philosophische Argumente mit der offensichtlichen Empirie zu widerlegen. Im ›Vorbericht zur ersten Auflage‹ des Agathon vergleicht er dessen Verhalten mit dem des Diogenes, der durch seinen Weggang, das heißt durch Bewegung einen spitzfindigen Sophisten, der Bewegung leugnete, widerlegen konnte (ebd. S. XX).

[49] Grundlage von Hippias' Ausführungen ist die Atomistik, wie er sie noch vor seinem langen Vortrag darlegt. Das Gespräch beginnt mit der Frage nach der menschlichen Natur, geht über zu den Erkenntnismöglichkeiten des Menschen – wobei Hippias streng sensualistisch argumentiert – und kommt dann zu der grundsätzlichen Frage des Verhältnisses von Materie und Geist: eine umfassende Exposition für die anschließende Durchführung, wo Hippias alle Themen noch einmal aufnimmt und innerhalb seines Theoriegebäudes erläutert. Die Anmerkung Wielands zur Atomistik ist erst in der zweiten Auflage eingefügt. Dort heißt es, Hippias' Meinungen führten „geraden Wegs zum Atheismus" (ebd. S. 87). Agathon hat dagegen nur einzuwenden, daß Gott nötig sei, um tugendhaft leben zu können. Dieser „moralische" Gottesbeweis ist, und das weiß Wieland auch, im Grunde nur eine Bestätigung aller „Projektionstheorien" von Lukrez bis Feuerbach und weder ein Gottesbeweis noch eine Widerlegung autonomer Moral. Die apologetische Anmerkung ließe sich also bei genauer Lektüre in zweifacher – und doppelbödiger – Weise verstehen.

[50] Ebd. S. XX (Vorbericht zur ersten Auflage).

[51] Vgl. G. Hemmerich, Christoph Martin Wielands ›Geschichte des Agathon‹, a. a. O., S. 51. Wäre der Antagonismus der beiden Protagonisten so zu charakterisieren, wäre es keine Frage, daß sich Autor und Leser für die Position der Aufklärung zu entscheiden hätten.

[52] C. M. Wieland, Agathon, a. a. O., 1. Teil, S. 93.

[53] Ebd. S. 93.

[54] Ebd. S. 114.

[55] Ebd. S. 116 f.

[56] Ebd. S. 133.

[57] Ebd. S. 132.

[58] Ebd. S. 154.

[59] Ebd. S. 154.

[60] Ebd. S. 142 f.

[61] Ebd. S. 142; vgl. auch die Charakterisierung moderner Macht bei M. Foucault, Für eine Kritik der politischen Macht, in: Lettre International 3 (1988), S. 58–67.

[62] Ebd. 2. Teil, S. 185.

[63] Ebd. S. 193.

[64] Ebd. S. 198 f.

[65] Ebd. S. 224. Agathon bleibt trotz gewisser Einsichten der typische Schwärmer; vgl. dazu allgemein H. J. Schings, Melancholie und Aufklärung. Melancholiker und ihre Kritiker in Erfahrungsseelenkunde und Literatur des 18. Jahrhunderts, Stuttgart 1977, bes. S. 197–203. Wieland selbst charakterisiert Schwärmerei als „Impotenz der Seele", die sich nicht theoretisch, sondern nur von „ihrem geborenen Feind" bekämpfen ließe, „und wer dies ist, wird sich freylich, wenn ihm die Wahl frey steht, lieber zu Demokrit und Epikur ... halten, als zu Pythagoras und Plato ..." (Lucianus von Samosata, Sämmtliche Werke, aus dem Griech. übers. und mit Anm. und Erl. vers. von Christoph Martin Wieland, 1. Teil, Leipzig 1788, S. XXXI und S. XLI.) Vgl. für die Radikalisierung des Programms bei Wezel: I. Knautz, Epische Schwärmerkuren. Johann Karl Wezels Romane gegen die Melancholie, Würzburg 1990.

[66] Ebd. S. 227.

[67] Ebd. S. 228.

[68] Ebd. 3. Teil, S. 9.

[69] Ebd. S. 120.

[79] Vgl. W. Erhart, Entzweiung und Selbstaufklärung, a. a. O., S. 333 ff.

[71] Vgl. z. B. G. Mayer, Die Begründung des Bildungsromans durch Wieland. Die Wandlung der ›Geschichte des Agathon‹, in: Jahrbuch der Raabe-Gesellschaft 1970, S. 7–36, S. 17.

[72] C. M. Wieland, Agaton, a. a. O., 3. Teil, S. 141.

[73] Ebd. S. 142.

[74] Ebd. S. 153.

[75] Ebd. S. 170.

[76] Ebd. S. 168.

[77] Ebd. S. 169.

[78] Ebd. S. 170.

[79] Ebd. S. 172.

[80] Ebd. S. 147.

[81] Ebd. S. 172.

[82] Ebd. S. 4.

[83] Vgl. C. M. Wieland, Übersetzung des Horaz, hrsg. von M. Fuhrmann, Frankfurt a. M. 1986, S. 108 ff.

[84] C. M. Wieland, Agathon, a. a. O., 3. Teil, S. 17.

[85] Ebd. S. 18.

[86] Ebd. S. 4 und S. 17.

[87] Ebd. S. 18.

[88] Ebd. S. 18.

[89] Ebd. S. 18.

[90] Ebd. S. 19.

[91] Ebd. S. 19.

[92] Ebd. S. 19.

[93] Ebd. S. 21.

[94] Ebd. S. 21.

[95] Ebd. S. 114.

[96] Ebd. S. 114.

[97] C. M. Wieland, Übersetzung des Horaz, a. a. O., S. 62.

[98] Ebd. S. 60.

[99] Es ist nicht so, daß Aristipp allem Geschehen gleichgültig gegenüberstünde. So wie er Agathon seinen Rat erteilt, hält er sich auch gegenüber Mächtigeren nicht zurück. „Er besaß das Geheimnis, den Großen selbst die unangenehmsten Wahrheiten mit Hilfe eines Einfalls oder einer Wendung erträglich zu machen ..." (C. M. Wieland, Agathon, 3. Teil, S. 18 f.) Aristipp besitzt also die bei den Epikureern gepflegte Fähigkeit der „Parrhesia", des Foucaultschen „Wahrsprechens". Von Foucault wird die Parrhesia als *die* intellektuelle Tugend und Pflicht am Beispiel Platons entwickelt. Auch und gerade weil dieser sein Leben dafür riskiert, bekommt sie besondere Dignität. Wielands radikaler Antitheroismus zeigt sich auch hier, wo er die strategisch kluge Parrhesia einer dramatischen Geste der offenen – und damit im Spiel der Mächte meist nutzlosen – Konfrontation vorzieht. Die Konsequenzen der Foucaultschen Machtanalyse sind in der Aristippschen Variante der

Parrhesia womöglich sogar besser umgesetzt als in dem von Foucault selbst gewählten platonischen Modell.

[100] Vgl. W. Frick, Providenz und Kontingenz. Untersuchungen zur Schicksalssemantik im deutschen und europäischen Roman des 17. und 18. Jahrhunderts, 2 Bde., Tübingen 1988, Bd. 2, S. 416.

[101] G. Hemmerich, Christoph Martin Wielands ›Geschichte des Agaton‹, a. a. O., S. 80.

[102] C. M. Wieland, Aristipp und seine Zeitgenossen, in: ders., Sämmtliche Werke, a. a. O., Bd. XI.

[103] C. M. Wieland, Agathon, a. a. O., 3. Teil, S. 172.

[104] So bezeichnet sich Peregrinus nach seiner Lebenserzählung gegenüber Lucian (C. M. Wieland, Peregrinus Proteus, in: ders., Sämmtliche Werke, a. a. O., Bd. IX, 2. Teil, S. 219).

[105] Vgl. M. Foucault, L'herméneutique de soi. Resumé des cours et travaux, in: Annuaire du Collège de France 1981–1982, Paris 1982, S. 395–406.

[106] „Im philosophischen Diskurs des 18. Jahrhunderts gibt es kein anonymes Denken": Die pragmatisch-ethische Orientierung der eklektischen Philosophiegeschichte in ihren Anfängen orientiert sich ebenfalls an einem erfahrungsgestützten „*exempla*-Wissen" (vgl. U. J. Schneider, Die Vergangenheit des Geistes, a. a. O., S. 156).

[107] G. Hemmerich, Christoph Martin Wielands Geschichte des Agathon, a. a. O., S. 30.

[108] C. M. Wieland, Aristipp und einige seiner Zeitgenossen, a. a. O., 4. Buch, S. 355.

[109] A. Schmidt, Wieland oder die Prosaformen, a. a. O., S. 148.

[110] Vgl. zum Unterschied von Brief und Gespräch im Roman ebd. S. 148. Goethes ›Werther‹ sei ein Tagebuch und kein Briefroman: „Der Aristipp ist, wie der einzige einfache ‚historische', so auch der einzige ‚Briefroman', den wir Deutschen besitzen, und mit Ehren vorzeigen können." Werther erhält im Unterschied zu Aristipp nie Antwort auf seine Briefe, ein Dialog entsteht auf diese Weise nicht.

[111] H. Emmel, Zur Gestalt von Wielands spätem Roman ›Aristipp‹, in: H. Schelle (Hrsg.), Wieland, a. a. O., S. 109–126.

[112] C. M. Wieland, Aristipp, a. a. O., 2. Buch, S. 22.

[113] Ebd. S. 30.

[114] Ebd. S. 106.

[115] Ebd. S. 116.

[116] Ebd. S. 70 ff.

[117] Ebd. S. 319 ff.

[118] Ebd. S. 327.

[119] Ebd. S. 340.

[120] Ebd. S. 353.

[121] Ebd. S. 360 f.

[122] Ebd. S. 367.

[123] Ebd. S. 371.

[124] Ebd. S. 374.

[125] Ebd. 4. Teil, S. 350.

[126] Ebd. S. 379.

[127] Ebd. S. 379.

[128] Ebd. S. 371.

[129] C. M. Wieland, Über die vorgebliche Abnahme des menschlichen Geschlechts, in: ders., Sämmtliche Werke, a. a. O., Bd. V, S. 329: „Wenn dann aber gleichwol (wie das Niemand wissen kann) hier oder dort Jemand dadurch veranlaßt würde, der Sache weiter nachzudenken, die natürlichen Folgen daraus zu ziehen und auf die *nächsten Mittel* zu denken, wie er's (wenigstens für *seine* Person) zu machen hätte, um das Bißchen *Menschensinn* und *Menschenkraft* und *Freude* an seinen Mitgeschöpfen und *sich selbst*, und *Glauben* und *Liebe, Wahrheit* und *Treue*, womit ihn Gott in die Welt ausgesteuert, so viel er noch davon übrig hätte, aus diesem großen Getümmel, Zusammenlauf und Jahrmarkte der Welt *glücklich davonzubringen* und in der Stille seines häuslichen Lebens zu seinem und der Seinigen Nutzen und Frommen anzulegen: – das wäre dann gleichwohl auch so übel nicht."

[130] C. M. Wieland, Ausgewählte Briefe, a. a. O., Bd. 4, S. 359.

[131] Ebd. S. 392.

[132] Zit. nach Th. Bestermann, Voltaire, Chicago 3. Aufl. 1976, S. 352f.

[133] C. M. Wieland, Übersetzung des Horaz, a. a. O., S. 60.

[134] Ebd. S. 60.

[135] Ebd. S. 60.

[136] Ebd. S. 60. Wenn in der Forschungsliteratur behauptet wird, beim späten Wieland sei eine Wendung zum Irrationalismus zu konstatieren (vgl. z. B. J. McCarthy, Fantasy and Reality. An epistemological Approach to Wieland, Bern/Frankfurt a. M. 1974 und H. Müller-Solger, Der Dichtertraum. Studien zur Entdeckung der dichterischen Phantasie im Werk Christoph Martin Wielands, Göppingen 1977), so scheint dies auf einem Mißverständnis zu beruhen. Die zu kurz greifende Gegenüberstellung von Rationalität und Emotionalität muß notwendigerweise eine solche Rede vom „Gefühl", von „Lust" und „Unlust" irrationalistischen, womöglich romantisch-idealistischen Positionen zurechnen, während es sich dabei doch im Gegenteil um die sensualistisch-materialistischen Termini des stark naturwissenschaftlich geprägten Empirismus des 18. Jahrhunderts handelt.

[137] Die Abgrenzung des Protagonisten gegenüber extremen Positionen ist für P. Pütz ein Grundzug der Wielandschen Philosophie (P. Pütz, Christoph Martin Wieland, in: B. v. Wiese [Hrsg.], Deutsche Dichter des 18. Jahrhunderts. Ihr Leben und Werk, Berlin 1977, S. 340–370).

[138] C. M. Wieland, Übersetzung des Horaz, a. a. O., S. 60.

[139] Ebd. S. 60f.

[140] Ebd. S. 62.

[141] Ebd. S. 61.

[142] Ebd. S. 61.

[143] Vgl. G. Hemmerich, Christoph Martin Wielands Geschichte des Agathon, a. a. O., S. 30.

[144] C. M. Wieland, Übersetzung des Horaz, a. a. O., S. 271.

[145] Ebd. S. 271.

[146] Ebd. S. 486.

[147] Ebd. S. 486.

[148] Vgl. ebd. S. 483 und W. Monecke, Wieland und Horaz, Graz 1964, bes. S. 173 ff.

[149] C. M. Wieland, Übersetzung des Horaz, a. a. O., S. 587 f.

[150] Ebd. S. 53.

[151] Vgl. ebd. S. 588, wo die Kunst philosophischen Dichtens definiert wird als die immer wieder neue künstlerische Aufbereitung von Weisheiten, die als Seelenarznei dienen können. Zum Eklektizismus Wielands speziell in der Ästhetik vgl. W. Erhart, Entzweiung und Selbstaufklärung, a. a. O. Interessant könnten gerade auch hier Parallelen zur Philosophietradition, d. h. speziell zu Thomasius sein. Zwar wurde in der Forschung bereits darauf hingewiesen, daß der Umgang mit den „Leidenschaften" bei beiden gewisse Ähnlichkeiten zeige, sonstige Übereinstimmungen zwischen Wieland und dem streitbaren Frühaufklärer wurden bisher nicht weiter erhellt; vgl. H. Thomé, Probleme und Tendenzen der Wielandforschung, a. a. O., S. 497.

[152] Vgl. T. Phelan, Ironic Lovers: Wieland's Aristipp und einige seiner Zeitgenossen, in: German Life and Letters 29 (1979), S. 97–108, bes. S. 103 ff.

[153] H. Thomé, Utopische Diskurse. Thesen zu Wielands ›Aristipp und einige seiner Zeitgenossen‹, in: MLN 99 (1984), S. 503–521, S. 506.

[154] C. M. Wieland, Aristipp, a. a. O., 3. Buch, S. 242.

[155] Vgl. zum antiklassischen Kunstbegriff Wielands: W. Mauser, Wielands ›Geschichte der Abderiten‹, in: Germanistische Studien 16 (1969), S. 164–177, bes. S. 175 f.

[156] F. Sengle, Christoph Martin Wieland, a. a. O., S. 508.

[157] Vgl. Th. C. Starnes, Christoph Martin Wieland. Leben und Werk, 3 Bde., Sigmaringen 1987, Bd. 3, S. 210–212.

[158] C. M. Wieland, Euthanasia, in: ders., Sämmtliche Werke, a. a. O., Bd. XII, 2. Gespräch, S. 190.

[159] Ebd. S. 193.

[160] Ebd. S. 194.

[161] Ebd. S. 214.

[162] Ebd. S. 218.

[163] Ebd. 3. Gespräch, S. 263.

[164] Ebd. S. 263.

[165] Ebd. S. 263.

[166] C. M. Wieland, Peregrinus Proteus, a. a. O., 2. Teil, S. 220.

[167] Ebd. 1. Teil, S. 48.

[168] Vgl. M. Voges, Aufklärung und Geheimnis. Untersuchungen zur Vermittlung von Literatur- und Sozialgeschichte am Beispiel der Aneignung des Geheimbundmaterials im Roman des späten 18. Jahrhunderts, Tübingen 1987, S. 444.

[169] C. M. Wieland, Peregrinus Proteus, a. a. O., 1. Teil, S. 111.

[170] Ebd. 2. Teil, S. 181.

[171] Ebd. 2. Teil, S. 219.

[172] Ebd. S. 220.

[173] Ebd. S. 221.

[174] J. H. Meister, Von der natürlichen Moral, aus dem Französischen des Herrn M. von Hrn. Sch. übersetzt, Leipzig 1789, S. 14.

[175] Ebd. S. 15.

[176] Ebd. S. 18.

[177] Ebd. S. 31.

[178] Ebd. S. 50.

[179] Ebd. S. 50.

[180] Ebd. S. 50f.

[181] Ebd. S. 59.

[182] Ebd. S. 58.

[183] Ebd. S. 212.

[184] Ebd. S. 75.

[185] Ebd. S. 17.

[186] Vgl. D. Bachmann-Medick, Die ästhetische Ordnung des Handelns. Moralphilosophie und Ästhetik in der Popularphilosophie des 18. Jahrhunderts, Stuttgart 1989; und auch R. Gleissner, Die Entstehung der ästhetischen Humanitätsidee in Deutschland, Stuttgart 1988, bes. S. 26ff.

[187] C. M. Wieland, Vorwort, in: J. H. Meister, Von der natürlichen Moral, a. a. O., S. Xf.

[188] Ebd. S. X.

[189] Ebd.

[190] Ebd. S. XIVf.

[191] Ebd. S. VIII.

[192] Vgl. D. Bachmann-Medick, Die ästhetische Ordnung des Handelns, a. a. O.

[193] C. M. Wieland, Vorwort, in: J. H. Meister, Von der natürlichen Moral, a. a. O., S. X.

[194] Ebd. S. XI.

[195] Ebd. S. XII.

[196] D. Bachmann-Medik, Die ästhetische Ordnung des Handelns, a. a. O., S. 290.

[197] Wielands Briefwechsel, a. a. O., Bd. 3, S. 457.

[198] Vgl. A. Fuchs, Les apports français, a. a. O., S. 689; E. Groß, Christoph Martin Wieland „Geschichte des Agathon". Entstehungsgeschichte, Berlin 1930, S. 76ff.: H. Thomé, Roman und Naturwissenschaften, a. a. O., S. 127ff. Besonders der Einfluß auf die Philosophie des Hippias im Agathon-Roman wird immer wieder betont. Wielands jahrelange Beschäftigung mit Helvétius, dem Theoretiker des «amour-propre», betraf besonders auch den moralistischen Aspekt von dessen Werk (vgl. W. Erhart, Entzweiung und Selbstaufklärung, a. a. O., S. 165).

[199] D. Diderot, Artikel «Epicure», in: ders., Œuvres complètes, 25 vols., édition critique et annotée, présentée par A. W. Wilson u. a., Bd. VII, ed. par J. Lough et J. Proust, S. 267–287, S. 268.

[200] Ebd. S. 277.

[201] Ebd. S. 283.

[202] Ebd. S. 281.

[203] Vgl. W. Schmidt-Biggemann, Diderots ›Encyclopédie‹-Konzept, a. a. O., S. 134f.

[204] Zit. nach J. Proust, Diderot et l'Encyclopédie, Paris 1962, S. 256.

[205] Ebd. S. 307.

[206] D. Diderot, Artikel «Jouissance», in: ders., Œuvres complètes, a. a. O., Bd. VII, S. 575–577, S. 575.

[207] J. O. de La Mettrie, La Volupté, in: ders., Œuvres philosophiques I/II, Hildesheim 1970 (Nachdruck der Ausgabe 1774), vol. II, S. 199–267, S. 241.

[208] J. O. de La Mettrie, L'Homme machine suivi de l'art de jouir, introduction et notes de M. Solvine, Paris 1921, S. 150.

[209] Vgl. A. Thomson, La Mettrie et la littérature clandestine, in: O. Bloch (Hrsg.), Le Matérialisme du XVIIIe siècle et la littérature clandestine, a. a. O., S. 235–245, S. 237.

[210] J. O. de La Mettrie, L'Homme machine, in: ders., Œuvres philosophiques, a. a. O., vol. I, S. 273–356, S. 330.

[211] J. O. de La Mettrie, Système d'Epicure, in: ders., Œuvres philosophiques, a. a. O., vol. I, S. 227–268, S. 240. «Il devient peu à peu certain que l'hégémonie de la raison est ebranlée, non que la raison perte confiance en elle-même, mais son absolutisme n'est plust justifiable» (S. Goyard-Fabre, La philosophie des lumières en France, Paris 1972, S. 219.)

[212] J. O. de La Mettrie, Discours sur le bonheur, critical edition by J. Falvey, Oxfordshire 1975 (Studies on Voltaire and the eighteenth century vol. 134), S. 215. La Mettrie behauptet in diesem Werk, das sofort verboten wurde, daß das Glück des Menschen keineswegs mit Moral verbunden sein müsse. Man könne sehr wohl als Verbrecher glücklich sein. Damit widersprach er der aufklärerischen Idee eines Zusammenhangs von individuellem Glücksstreben und Moral (vgl. P. Kondylis, Aufklärung, a. a. O., S.503 ff.

[213] J. O. de La Mettrie, Système d'Epicure, a. a. O., S. 239 (vgl. D. Diderot, Artikel «Epicure», a. a. O., S. 275).

[214] Ebd. S. 250.

[215] Ebd. S. 257.

[216] Ebd. S. 261.

[217] Ebd. S. 259.

[218] Ebd. S. 266.

[219] B. A. Laska, Einleitung, in: J. O. de La Mettrie, Über das Glück oder Das höchste Gut (›Anti-Seneca‹), Nürnberg 1985, S. XVI. Auch in der neueren Forschungsliteratur finden sich noch eigenartige Bewertungen: „Die Zweitrangigkeit dieser Denker (der Materialisten D. K.) liegt also nicht so sehr darin, daß sie oft schlechte Schriftsteller und fast immer schlechte Denker sind, als vielmehr darin, daß sie den Menschen zu einer neuen Realität aufklären, ihm einen neuen Rang zuweisen wollen." (A. Baruzzi, Die französischen Materialisten des 18. Jahrhunderts. Der geschichtliche Rang sekundärer Denker, in: A. Baruzzi [Hrsg.], Aufklärung und Materialismus im Frankreich des 18. Jahrhunderts, La Mettrie – Diderot – Sade, München 1968, S. 7–20, S. 8.

[220] B. A. Laska, Julien Offray de La Mettrie. Essay, in: J. O. de La Mettrie, Der Mensch als Maschine, Nürnberg 1984, S. I–XXXVI, S. XVI; vgl. P. Kondylis, Aufklärung, a. a. O., S. 503 ff.

[221] S. Goyard-Fabre, La philosophie des lumières en France, a. a. O., S. 222.

[222] J. O. de La Mettrie, Système d'Epicure, a. a. O., S. 248.

[223] P. Kondylis, Aufklärung, a. a. O., S. 519.

[224] Vgl. G. Mensching, Totalität und Autonomie. Untersuchungen zur politischen Gesellschaftstheorie des französischen Materialismus, Frankfurt a. m. 1971, S. 203 ff.

[225] C. A. Helvétius, Epître sur le plaisir, in: ders., Œuvres complètes, Hildesheim 1967 (Nachdruck der Ausgabe 1795), Bd. XIII, S. 111 f.

[226] C. A. Helvétius, De l'Esprit, Paris 1988, S. 9.

[227] Ebd. S. 9. Der Baron d'Holbach unternimmt in seinem ›Système de la Nature‹ den Versuch, eine Moral nach den Prinzipien der Physik zu konstruieren und damit unangreifbar zu machen: »Ramener l'homme à la nature» ist sein Programm. Unklar bleibt dabei, wie ein totaler Determinismus mit menschlicher Freiheit kompatibel gemacht werden kann. Auch d'Holbach ist – anders als La Mettrie – ein Materialist, der vom aufklärerischen Optimismus und der Idee der Erziehung nicht lassen will (P.-H. d'Holbach, Système de la Nature ou les lois du monde physique et du monde morale, 2 vols., Hildesheim 1966 [Nachdruck der Ausgabe Paris 1821], S. XXXIII.)

[228] C. A. Helvétius, De l'Esprit, a. a. O., S. 9.

[229] G. Mensching, Totalität und Autonomie, a. a. O., S. 186.

[230] C. A. Helvétius, De l'Esprit, a. a. O., S. 10.

[231] C. A. Helvétius, De l'Esprit, a. a. O., S. 303 ff.

[232] Ebd. S. 304.

[233] Ebd. S. 305.

[234] Ebd. S. 306.

[235] Ebd. S. 307.

[236] Ebd. S. 307.

[237] Ebd. S. 308.

[238] Das Problem der Macht im materialistisch-hedonistischen Entwurf einer Moral hat nicht nur Wieland interessiert. Nietzsche, der große Denker der Macht, bezieht sich auf Helvétius und kehrt dabei das Verhältnis von Macht und Genuß um (F. Nietzsche, Aus dem Nachlaß der achtziger Jahre, in: ders., Werke, hrsg. von K. Schlechta, 5 Bde., Frankfurt a. M./Berlin/Wien 6. Auflage 1979, Bd. 4, S. 360).

[239] Hier allerdings geht es einmal nicht nur um *sein* «plaisir», um *seine* Interessen: Freundschaft ist zwar nicht *nutzlos*, aber sie ist eben auch nicht *interessiert*. Freundschaft ist macht-los, und ein epikureischer Weiser würde für den Freund sein Leben lassen.

[240] Für die Tradition des Epikureismus ist in der englischen Philosophie des 18. Jahrhunderts hier besonders Hume zu nennen. In seiner ›Untersuchung über den menschlichen Verstand‹ wird im 11. Abschnitt „Über eine besondere Vorsehung und ein zukünftiges Dasein" mit Bezug auf Epikur gesagt, daß sich aus der Wohlgeordnetheit des Universums nicht zureichend die Existenz eines göttlichen Planers herleiten ließe. Daher kann Tugend auch nicht eine göttliche Belohnung erwarten, sondern muß sich im irdischen Leben bewähren. „So wird meine Verteidigung des Epikur nach alledem gesichert und befriedigend erscheinen, und die politischen Interessen der Gesellschaft haben in der Tat mit den Streitfragen über Metaphysik und Religion keinerlei Verknüpfung." (D. Hume, Eine Untersuchung über den menschlichen Verstand, hrsg. von G. Gawlick, Hamburg 1984, S. 172.) Auch in Fragen der Moral vertritt Hume eine hedonistische Position und epikureische Thesen.

[241] Zu Begriff und Bedeutung der Popularphilosophie vgl. D. Bachmann-Medick, Die ästhetische Ordnung des Handelns, a. a. O.; H. Holzhey, Der Philosoph für die Welt – eine Chimäre der deutschen Aufklärung?, in: ders., W. Ch. Zimmerli (Hrsg.), Esoterik und Exoterik in der Philosophie, Basel/Stuttgart 1977, S. 117–138; Th. Pittrof,

Knigges Aufklärung über den Umgang mit Menschen, München 1989; G. Ueding, Popularphilosophie, in: R. Grimminger (Hrsg.), Hansers Sozialgeschichte der deutschen Literatur, Bd. 3, München 1980, S. 605–634. Trotz des neuerdings anwachsenden Interesses an der Erforschung der Popularphilosophie ist sie immer noch erstaunlich wenig im Gespräch: „Über Popularphilosophie reden heißt auch heute noch, über die Behinderung und die Erschwernisse ihrer Rezeption sprechen." (C. Altmayer, Popularphilosophie. Neue Forschungen zu einem immer noch vernachlässigten Thema, in: Das 18. Jahrhundert 15 [1991], S. 86–92.)

242 Briefwechsel zwischen Goethe und Knebel 1774–1832, Leipzig 1851, S. 292.

243 Ebd. S. 293.

244 Th. Mundt, Karl Ludwig von Knebels Leben, in: Karl Ludwig von Knebels Nachlaß und Briefwechsel, hrsg. von K. A. Varnhagen von Ense und Th. Mundt, 3 Bde., Leipzig 1835, Bd. 1, S. III–LXIII, S. XLI.

245 Briefwechsel zwischen Goethe und Knebel, a. a. O., S. 395.

246 K. L. v. Knebel, Über das Leben und die Weisheit der Epikur, in: T. Lucretius Carus, Natur der Dinge, übers. von K. L. von Knebel, 2. Auflage Leipzig 1831, S. X.

247 Ebd. S. XII.

248 Ebd. S. XVII.

249 Karl Ludwig von Knebels literarischer Nachlaß, a. a. O., S. 465.

250 Ebd. S. 424,

251 Ebd. S. 445.

252 Ebd. S. 444.

253 Ebd. S. 185.

254 Ebd. S. 490. Knebels programmatischer Solipsismus basiert nicht auf erkenntnistheoretischem Zweifel oder methodischer Strenge wie derjenige eines Descartes. Die vernünftige Autonomie des Denkens wird hier zur notwendigen Autarkie der Existenz. Es geht nicht um die Möglichkeit einer zweifelsfreien Erkenntnis, sondern um die Erfüllung des wahren Zwecks des *Lebens*. Auf die besondere Bedeutung, die menschliches Leben als Zweck und Ausgangspunkt philosophischer Reflexion im Denken des 18. Jahrhunderts allmählich gewinnt, haben schon Hannah Arendt und Foucault hingewiesen. Es handelt sich um die vitalistische Variante eines Humanismus, dem common sense-Denken fehlt (vgl. dazu auch die kritische Revision der Deformation dieses Denkens im 20. Jahrhundert durch A. Glücksmann, Am Ende des Tunnels. Eine Bilanz des 20. Jahrhundert, Berlin 1991).

255 Ebd. S. 406.

256 Ebd. S. 399.

257 Neuer Teutscher Merkur 1792, 3. Bd., S. 44–49; 1793, 1. Bd., S. 225–23, 2. Bd., S. 60–72; 1794, 3. Bd., S. 370–438.

258 K. von Knoblauch, Taschenbuch für Aufklärer und Nichtaufklärer auf das Jahr 1791, Berlin 1791, S. 21; vgl. zu Knoblauch und seiner Stellung in der deutschen Aufklärung J. Mondot, Carl von Knoblauch zu Hatzbach (1756–1794) ou les audaces religieuses et politiques d'un «esprit fort», in: Recherches nouvelles sur l'Aufklärung, a. a. O., S. 43–60.

259 Ebd. S. 71.

260 Ebd. S. 86.

[261] M. A. Weikard, Der philosophische Arzt, Frankfurt a. M.–Hanau/Leipzig 2. Auflage 1782; vgl. A. W. Gulyga, Der deutsche Materialismus, a. a. O., S. 64 ff.

[262] Ebd. Einleitung unpaginiert.

[263] Ebd. 3. Teil, 3. Stück, S. 50.

[264] Ebd. 1. Teil, 2. Stück, S. 141.

[265] Ebd. 3. Teil, 3. Stück, S. 64.

[266] M. Hißmann, Anleitung zur Kenntnis der auserlesenen Literatur in allen ihren Theilen der Philosophie, Göttingen/Lemgo 1778, S. 118 f. und S. 254.

[267] Ebd. S. 118 f.

[268] Ebd. S. 67.

[269] Ebd. S. 281.

[270] M. Hißmann (Hrsg.), Magazin für die Philosophie und ihre Geschichte in 4 Bdn., Göttingen/Lemgo 1778/1783.

[271] J. Merian, Über das Verlangen, in: Magazin für Philosophie und ihre Geschichte, a. a. O., 2. Bd., 1779, S. 7–29, S. 19 f.

[272] Ebd. S. 20.

[273] Ebd. S. 20.

[274] Ebd. S. 22.

[275] Ch. Batteux, Entwicklung eines Hauptgrundsatzes der alten Physik ..., in: Magazin für die Philosophie und ihre Geschichte, a. a. O., 3. Bd. (1780), S. 191–246.

[276] Ch. Batteux, Entwicklung der Moral Aristipps ..., in: Magazin für die Geschichte der Philosophie, a. a. O., 4. Bd. (1781), S. 223–246.

[277] Ebd. S. 229.

[278] Ebd. S. 234.

[279] Ebd. S. 234.

[280] Ch. Batteux, Die Moral des Epikur, aus seinen eigenen Schriften ausgezogen, Mietau 1774; zur Batteux-Rezeption in Deutschland vgl. I. v. der Lühe, Natur und Nachahmung, Untersuchungen zur Batteux-Rezeption in Deutschland, Bonn 1978.

[281] Ch. Batteux, Die Moral des Epikur, a. a. O., S. 4.

[282] Ebd. S. 5.

[283] Ebd. S. 36.

[284] Ebd. S. 26.

[285] Ebd. S. 44.

[286] Ebd. S. 80 f.

[287] Rezension zu ›Versuch einer Apologie des Epikur, von einem Antibatteusianer‹, Berlin 1776, in: Allgemeine Deutsche Bibliothek 33 (1778), 1. Stück, S. 196–202, S. 198.

[288] Chr. Meiners, Über Epikurs Charakter, und dessen Widersprüche in der Lehre von Gott, in: ders., Vermischte philosophische Schriften, 3 Teile, Leipzig 1775 f., 2. Teil, S. 45–129, S. 47.

[289] Ebd. S. 49 f. Meiners Argumente zu widerlegen versucht eine Dissertation aus dem Jahr 1785. Weder Plutarch noch Cicero werden dort als Kritiker Epikurs akzeptiert; außerdem bemüht sich der Doktorand, sämtliche positiven Urteile der Kirchenväter zusammenzustellen (P. W. Zehner, Vita et doctrina Epicuri. Dissertatione inaugurali, Heidelberg 1785, bes. S. 14 f.); ähnlich argumentiert auch H. E. Warnekros,

Apologie und Leben Epikurs, Greifswald 1795. Er polemisiert gegen die Stoiker (ebd. S. 6) und nennt Epikur einen „hellsehenden Selbstdenker" (ebd. S. 13).

290 Chr. Meiners, Betrachtungen über den Tod und Trostgründe der Alten wider die Schrecken desselben, in: ders., Vermischte philosophische Schriften, a. a. O., 2. Teil, S. 116–264, S. 212.

291 Ebd. S. 250.

292 Ebd. S. 175 f.

293 Ebd. S. 175 f.

294 M. Ringeltaube, Von der Zärtlichkeit, Breslau/Leipzig 1765, S. 121.

295 Ebd. S. 123.

296 G. F. Meier, Philosophische Sittenlehre, 5 Theile, Halle 2. Aufl. 1762; zu Stellung und Rezeption Meiers in der deutschen Aufklärung vgl. G. Gawlick, Georg Friedrich Meiers Stellung in der Religionsphilosophie der deutschen Aufklärung, in: G. Hinske (Hrsg.), Zentren der Aufklärung I, Halle, a. a. O., S. 157–176.

297 G. F. Meier, Philosophische Sittenlehre, a. a. O., 2. Theil, S. 651.

298 Ebd. S. 654.

299 Ebd. S. 652.

300 Ebd. S. 652.

301 Ebd. S. 660.

302 Ebd. S. 664.

303 Ebd. S. 666.

304 Ebd. S. 667.

305 Ebd. S. 667.

306 Ebd. S. 667. Bemerkenswerterweise wird dieser kunstvolle Umgang mit dem Selbst in Termini der Rhetorik beschrieben. Auch in Baumgartens Ästhetik finden sich nicht nur semantische Übernahmen aus der Rhetorik. Bestimmte Bereiche aus der alten Affektenlehre scheinen sowohl in der Ästhetik als Kunstlehre als auch in der hier formulierten „Lebens-Kunst" mit neuen Funktionen einen Platz gefunden zu haben. Es handelt sich dabei nicht um die allenthalben kritisierte Instrumentalisierung rhetorisch-sophistischen Wissens um der Macht über andere willen, sondern vielmehr um ein im Rahmen eines Versuchs der Selbstbemächtigung sinnvoll anwendbares Wissen.

307 Ebd. S. 667.

308 Einige Hinweise dazu bei M. Jäger, Die Ästhetik als Antwort auf das Kopernikanische Weltbild. Die Beziehung zwischen den Naturwissenschaften und der Ästhetik Gottlieb Baumgartens und Georg Friedrich Meiers, Hildesheim/Zürich/New York 1984.

309 Vgl. o. Kapitel „Selbstsorge".

310 Briefe Friedrichs des Großen, hrsg. von M. Hein, dtsch. von F. v. Oppeln-Bronikowski und E. König, 2 Bde., Berlin 1914, Bd. 2, S. 62.

311 Ebd. S. 220.

312 Friedrich II., Über die Schwäche des menschlichen Geistes. An d'Argens, in: Werke Friedrichs des Großen in deutscher Übersetzung, 10 Bde. Mit Illustrationen von G. A. Menzel, hrsg. v. G. B. Volz, Berlin 1912 ff., Bd. IX, 1. Teil, dtsch v. E. König u. a., S. 45–53, S. 50.

313 Ebd. S. 50 ff.

[314] Ebd. S. 52f.

[315] G. Casanova, Geschichte meines Lebens, hrsg. und kommentiert von G. Albrecht, 12 Bde., München 1988, Bd. 2, S. 162.

[316] Marquis d'Argens, Die Philosophie der gesunden Vernunft oder Philosophische Betrachtungen über die Ungewißheit der menschlichen Erkäntniß, Breslau/Leipzig 1756, S. 225.

[317] Ebd. S. 225.

[318] Anders als Montesquieus ›Lettres persanes‹ behalten d'Argens Werke eher journalistischen Charakter und leben mehr von der Diskussion philosophischer Themen als von einer romanesken Intrige; vgl. R. Granderoute, Apropos du Marquis d'Argens, in: P. Rétat (Hrsg.), Le journalisme d'Ancien Régime, Lyon 1982, S. 315–331; vgl. allgemein zu Marquis N. R. d'Argens Bush, The Marquis d'Argens and his philosophical correspondence, Ann Arbor 1953; F. Niewöhner, Veritas sive varietas, Heidelberg 1988, S. 44–48.

[319] Briefe Friedrichs II., a. a. O., Bd. 1, S. 263.

[320] Ebd. Bd. 2, S. 105. Auch für Friedrich II. scheint eine aufgeklärte und weise Selbstliebe eine Alternative zum christlichen Glauben darzustellen. Mit den gängigen Argumenten versucht er, Selbstliebe als Basis einer nicht nur individualistischen Ethik zu propagieren, ohne aber die bekannten Probleme einer Verallgemeinerung zu lösen; vgl. Friedrich II., Die Eigenliebe als Moralprinzip, in: ders., Werke, a. a. O., Bd. VIII, S. 44–53.

[321] Vgl. Th. Schieder, Friedrich der Große, ein Königtum der Widersprüche, Frankfurt a. M./Berlin 2. Aufl. 1982.

[322] Vgl. H. Duchardt, Das Zeitalter des Absolutismus, a. a. O., S. 184–188.

[323] Briefe Friedrichs II., a. a. O., Bd. 2, S. 72.

[324] Ebd. S. 158.

## VI. Ausblick

[1] Unter dem Schlagwort „Neuer Hedonismus" werden nicht nur Markenartikelträger und Yuppies gehandelt, sondern es ist auch von „wahren Epikureern", „den skeptischen Genießern, eigentlichen Lebenskünstlern" die Rede. Offenbar darf man sich darunter die zu Geld, Ansehen und auf den Geschmack gekommenen Ex-68er vorstellen. „Nichts ist der sogenannte ‚Neue Hedonismus' als die Ideologie der Absenz von Lust und in der Praxis Risikoverminderung. Aber gab es nicht auch dafür Vorbilder? Über die Leidenschaft, die weh tun kann, hatte Epikur die Schmerzlosigkeit gestellt ... Auch wenn hinter der herbeigeredeten Lust sich nichts verbirgt als erkaufte Ablenkung und statt erhofften Rauschs sich Kopfweh einstellt, könnte dieser ‚Neue Hedonismus' doch mehr bedeuten als Anpassung, wenn schon nicht Widerstand, so doch Widerwillen gegen Verführung und wachsenden Druck, einen Versuch, Forderungen in Möglichkeiten zu verwandeln, nicht mit den Mitteln der Politik, doch der Ästhetik." (A. Meyhöfer, Die von der Lust reden, in: Das Glück, Kursbuch 95 [März 1989], S. 105–109, S. 107.)

[2] Vgl. T. M. Mayer, Büchner und Weidig. Frühkommunismus und revolutionäre Demokratie. Zur Textverteilung des Hessischen Landboten, in: H. L. Arnold (Hrsg.), Georg Büchner, 3 Bde., München 2. Aufl. 1982 (Sonderband Text und

Kritik), Bd. I/II, S. 16–298, bes. S. 124f. und B. Görlich, A. Lehr, Materialismus und Subjektivität in den Schriften Georg Büchners, in: H. L. Arnold (Hrsg.), Georg Büchner, a. a. O., Bd. III, S. 35–62.

[3] Vgl. dazu auch F. Markovits, Marx dans le jardin d'Epicure, Paris 1974, S. 128.

[4] G. Büchner, Probevorlesung über Schädelnerven, in: ders., Werke und Briefe, hrsg. v. K. Pörnbacher u. a. (Münchner Ausgabe), München 1988, S. 257–269, S. 259.

[5] Ebd. S. 260.

[6] Ebd. S. 261.

[7] Ebd. S. 261.

[8] G. Büchner, Über den Selbstmord. Eine Rezension, in: ders., Werke und Briefe, a. a. O., S. 34–38, S. 35.

[9] Ebd. S. 37.

[10] Ebd. S. 37.

[11] Ebd. S. 38.

[12] G. Büchner, Werke und Briefe, a. a. O., S. 287. Die Interpretation dieses sogenannten „Fatalismusbriefes" ist in der Büchnerforschung umstritten; vgl. dazu T. M. Mayer, Büchner und Weidig, a. a. O., S. 102ff.

[13] G. Büchner, Werke und Briefe, a. a. O., S. 289.

[14] Vgl. ebd. S. 485ff.

[15] Ebd. S. 289.

[16] J. O. La Mettrie, Système d'Epicure, a. a. O., S. 248: «Le matérialisme est l'antidot de la misanthropie.»

[17] J. Habermas, Volkssouveränität als Verfahren. Ein normativer Begriff von Öffentlichkeit, in: Merkur 43 (1989), Heft 6, S. 456–477, S. 456.

[18] G. Büchner, Dantons Tod, in: ders., Werke und Briefe, a. a. O., S. 69.

[19] Ebd. S. 69.

[20] Ebd. S. 80.

[21] Ebd. S. 82.

[22] Ebd. S. 91.

[23] Ebd. S. 85.

[24] Ebd. S. 117.

[25] Ebd. S. 117.

[26] Ebd. S. 86.

[27] Ebd. S. 86.

[28] Ebd. S. 86. W. Hinderer findet in der Gegenüberstellung von Robespierre und Danton die beiden „entgegengesetzten Weltanschauungen des Stoizismus und des Epicureismus" modellhaft illustriert wieder (W. Hinderer, Büchner. Kommentar zum dichterischen Werk, München 1977, S. 32). F. Vollhart dagegen diagnostiziert bei Robespierre einen „heimlichen Epikureismus" (F. Vollhart, Das Problem der „Selbsterhaltung" im literarischen Werk und in den philosophischen Nachlaßschriften Georg Büchners, in: B. Dedner, G. Oesterle [Hrsg.], Zweites Internationales Georg Büchner Symposium 1987, Frankfurt a. M. 1990, S. 17–36, S. 30). Stoisch ist der immer empfindlicher werdende Robespierre sicherlich nicht. Er genießt seine sublimierte Lust als Lust an der Macht über sich (Tugend) und an der über andere (Verachtung). Dies geschieht aber weniger „heimlich" als «malgré soi», unbewußt und ungewollt.

[29] G. Büchner, Dantons Tod, a. a. O., S. 84f. Zum revolutionären Potential von Lust vgl. auch N. Sombart, Die Angst vor dem Chaos. Zum Carl-Schmitt-Syndrom, in: Merkur 43 (1989), Heft 8, S. 638–651.

[30] G. Büchner, Dantons Tod, a. a. O., S. 71.

[31] Ebd. S. 71.

[32] Ebd. S. 80.

[33] Ebd. S. 71.

[34] Ebd. S. 86.

[35] Ebd. S. 118f.

[36] Ebd. S. 99.

[37] Ebd. S. 107.

[38] Ebd. S. 107; vgl. J. Kahl, „Der Fels des Atheismus". Epikurs und Georg Büchners Kritik an der Theodizee, in: Georg-Büchner-Jahrbuch 2 (1982), S. 99–125.

[39] G. Büchner, Dantons Tod, a. a. O., S. 108.

[40] Ebd. S. 108f.

[41] Ebd. S. 108f.

[42] Ebd. S. 91f.

[43] Ebd. S. 123.

[44] Ebd. S. 96.

[45] Ebd. S. 128.

[46] Ebd. S. 129.

[47] Ebd. S. 131.

[48] Vgl. dazu R. Grimm, Cœur und Carreau. Über die Liebe bei Georg Büchner, in: H. L. Arnold (Hrsg.), Georg Büchner, a. a. O., Bd. I/II, S. 299–326.

[49] G. Büchner, Dantons Tod, a. a. O., S. 93.

[50] Ebd. S. 93f.

[51] Ebd. S. 84.

[52] F. Nietzsche, Menschliches Allzumenschliches I, in: ders., Werke, kritische Gesamtausgabe, hrsg. von G. Colli und M. Montinari, 8 Bde., Berlin 1967, Bd. IV, 2, S. 6–375, S. 99f.

[53] F. Nietzsche, Menschliches Allzumenschliches II, in: ebd. Bd. IV, 3, S. 1–342, S. 170.

[54] Ebd. Bd. IV, 2, S. 79.

[55] Ebd. Bd. IV, 2, S. 276.

[56] Ebd. Bd. IV, 3, S. 294.

[57] Ebd. Bd. IV, 3, S. 181f.

[58] F. Nietzsche, Nachgelassene Fragmente Ende 1876 – Sommer 1877, in: ebd. Bd. IV, 2, S. 519.

[59] F. Nietzsche, Der Antichrist, in: ebd. Bd. VI, 3, S. 163–258, S. 244.

[60] F. Nietzsche, Menschliches Allzumenschliches II, a. a. O., S. 324f.

[61] Vgl. F. Bormann, Nietzsches Epikur, in: Nietzsche-Jahrbuch 13 (1984), S. 177–188.

[62] W. Kaufmann, Nietzsche. Philosoph – Psychologe – Antichrist, Darmstadt 1982, bes. S. 207ff.

[63] F. Nietzsche, Nachlaß der 80er Jahre, in: ders., Werke, 5 Bde., hrsg. von

K. Schlechta, München 1979, Bd. 4, S. 778; wegen des immer noch unverzichtbaren Registers wird hier nach der Schlechta-Ausgabe zitiert.

[64] Ebd. S. 729.

[65] Ebd. S. 713.

[66] Vgl. W. Kaufmann, Nietzsche, a. a. O., S. 319 ff. Kaufmann weist hier auch auf die Unschärfe von Nietzsches Terminologie hin. Wichtig ist, daß Glück und Lust unterschieden werden und Lust nicht angestrebt wird, sondern immer nur Macht. Daher rührt auch Nietzsches Kritik an Helvétius, den er zwar als guten Moralisten und guten Menschen lobt, dessen Machtkonzeption er aber ablehnt, da hier Macht um des Glücks willen angestrebt und nicht das Machtstreben selbst als das grundlegende Motiv erkannt werde (F. Nietzsche, Nachlaß der 80er Jahre, in: ders., Werke [Schlechta], Bd. 4, S. 360).

[67] F. Nietzsche, Nachgelassene Fragmente Frühjahr 1884, in: ders., Werke, a. a. O., Bd. VII, 2, S. 12.

[68] F. Nietzsche, Die Fröhliche Wissenschaft, in: ders., Werke, a. a. O., Bd. V, 2, S. 11–335, S. 222 f.

[69] F. Nietzsche, Nachgelassene Fragmente Sommer 1880, in: ders., Werke, a. a. O., Bd. V, 1, S. 481.

[70] F. Nietzsche, Die Fröhliche Wissenschaft, a. a. O., S. 309.

[71] Ebd. S. 224.

[72] Lust ist also nicht das Gegenteil von Unlust, sondern setzt diese voraus und schließt sie ein; allerdings besteht sie auch nicht aus einer „Abfolge bestimmter Schmerzempfindungen in der Zeit“ (W. Kaufmann, Nietzsche, a. a. O., S. 319), sondern in deren Überwindung.

[73] F. Nietzsche, Nachlaß der 80er Jahre, in: ders., Werke (Schlechta), a. a. O., Bd. 3, S. 713.

[74] F. Nietzsche, Der Antichrist, a. a. O., S. 199.

[75] Ebd. S. 199.

[76] Ebd. S. 199.

[77] Vgl. V. Gerhardt, Macht und Metaphysik, in: Nietzsche-Studien 10/11 (1981/1982), S. 193–209 und ebd. Diskussion S. 211.

[78] F. Nietzsche, Nachlaß der 80er Jahre, in: ders., Werke (Schlechta), a. a. O., Bd. 3, S. 882.

[79] F. Nietzsche, Nachgelassene Fragmente, Juli 1882 – Winter 1883/84, in: ders., Werke, a. a. O., Bd. VII, 1, S. 252.

[80] F. Nietzsche, Zur Genealogie der Moral, in: ders., Werke, a. a. O., Bd. VI, 2, S. 257–430, S. 342.

[81] F. Nietzsche, Die Fröhliche Wissenschaft, a. a. O., S. 304.

[82] Ebd. S. 210.

[83] F. Nietzsche, Zur Genealogie der Moral, a. a. O., S. 342.

[84] K. Marx, Die deutsche Ideologie, a. a. O., S. 125.

[85] Vgl. den Brief an seinen Vater vom 10./11. November 1837, in K. Marx, F. Engels, Gesamtausgabe (MEGA), Berlin 1975, Briefwechsel Bd. 1, S. 9–18, bes. S. 16 f. Außerdem bemüht sich Marx auch um eine Abgrenzung gegenüber der junghegelianischen Position; vgl. auch E. G. Schmidt, Zu Karl Marx' Epikurstudien (Doktordissertation und Vorarbeiten), in: Philologus 113 (1969), S. 129–147, bes. 129.

[86] F. Nietzsche, Menschliches Allzumenschliches, a. a. O., S. 182.

[87] K. Marx, Die Differenz der demokritischen und epikureischen Naturphilosophie, a. a. O., S. 297 ff.

[88] K. Marx, Die epikureische Philosophie, a. a. O., S. 53.

[89] Ebd. S. 53.

[90] Ebd. S. 55.

[91] Ebd. S. 55.

[92] K. Marx, Die Differenz der demokritischen und epikureischen Naturphilosophie, a. a. O., S. 305.

[93] F. Markovits, Marx dans le jardin d'Epicure, a. a. O., S. 123.

[94] K. Marx, Die Differenz der demokritischen und der epikureischen Naturphilosophie, a. a. O., S. 305.

[95] H. Marcuse, Zur Kritik des Hedonismus, in: ders., Schriften, 9 Bde., Frankfurt a. M. 1978 ff., Bd. 3: Aufsätze aus der Zeitschrift für Sozialforschung 1934–1941, S. 250–285, S. 261.

[96] Vgl. ebd. S. 277.

[97] Ebd. S. 279.

[98] Ebd. S. 285.

[99] R. Spaemann, Glück und Wohlwollen. Versuch über Ethik, Stuttgart 1989, S. 51.

[100] Ebd. S. 52.

[101] Ebd. S. 50.

[102] Ebd. S. 59.

[103] Vgl. A. Wellmer, Ethik und Dialog. Elemente des moralischen Urteils bei Kant und in der Diskursethik, Frankfurt a. M. 1986, S. 199 ff.

[104] Ebd. S. 198.

[105] Ebd. S. 199.

[106] Ebd. S. 211.

[107] Ebd. S. 220.

[108] Ebd. S. 220.

[109] Ebd. S. 220 f.

[110] H. Krämer, Plädoyer für eine Rehabilitation der Individualethik, Amsterdam 1987, S. 23.

[111] Ebd. S. 24. Erwähnenswert sind hier auch die von psychologischer Seite in letzter Zeit unternommenen Untersuchungen zum „Wohlbefinden". Dabei wird „habituelles Wohlbefinden" als Ausdruck gelungenen Lebens qualifiziert, das aus der Fähigkeit zur ausgewogenen Bewältigung externer und interner Anforderungen gewonnen wird (A. Abele, P. Becker [Hrsg.], Wohlbefinden. Theorie – Praxis – Diagnostik, München 1991). Daß Frequenz bzw. Dauer und nicht Intensität der positiven Erfahrung entscheidend sei, bestätigen diese Arbeiten der alten Philosophie: "... interventions or events which lead to intense but relatively infrequent positive experiences are unlikely to enhance long-term happiness to a substantial degree." (F. Strack, M. Argyle, N. Schwarz [Hrsg.], Subjective Wellbeing. An Interdisciplinary Perspective, Oxford 1991, S. 137.)

[112] H. Krämer, Plädoyer, a. a. O., S. 24.

[113] Vgl. ebd. S. 29, S. 30 und S. 40.

[114] M. Foucault, Der Gebrauch der Lüste, a. a. O., S. 12.

[115] Michel Foucault oder die Sorge um die Wahrheit. Gespräch mit F. Ewald, in: Pariser Gespräche, Berlin 1985, S. 15–30, S. 16; vgl. dazu auch W. Schmid, Auf der Suche nach einer neuen Lebenskunst. Die Frage nach dem Grund und die Neubegründung einer Ethik bei Foucault, Frankfurt a. M. 1991.

[116] M. Foucault, Der Gebrauch der Lüste, a. a. O., S. 18.

[117] M. Foucault, L'herméneutique de soi, a. a. O., S. 398.

[118] Ebd. S. 398.

[119] Ebd. S. 402.

[120] Vgl. A. Wellmer, Ethik und Dialog, a. a. O., S. 220: „Rationale Verständigung findet gerade dort statt, wo jeder den anderen besser versteht, als er sich selbst versteht, wo also über das produktive Verstehen des anderen ich meine eigenen Argumente besser verstehen lerne." J. Manthey diagnostiziert den Mangel, Dialog wirklich denken zu können, als Grundübel der deutschen philosophischen Kultur: „Das Unter-den-Anderen-sein, das Miteinander-Sprechen ist hier (bei Hume, D. K.) schon das englische Allheilmittel für alle individuellen Leiden. Dergleichen wurde von unseren Kopffüßlern immer als Plattheit verachtet ... Das ist die rechte epikureische Überwindung des Platonismus, das Hintersichlassen auch noch der säkularisierten Weltabsagen in der Philosophie in der Folge von Platon und Christentum. Das ist der wahre Freigeist, der den Körper nicht die Spekulationen vergelten läßt, die sein Intellekt anstellt. Die Rettung durch die körperliche Präsenz und durch die Rede, das Gespräch mit den anderen." (J. Manthey, Glossa continua II, in: Merkur 43 [1989], Heft 8, S. 723–728, S. 726f.)

[121] Michel Foucault oder die Sorge um die Wahrheit, a. a. O., S. 20.

[122] W. R. Wendt, Eignung. Ethische Erwägungen, Frankfurt a. M. 1989.

[123] Ebd. S. 6.

[124] Ebd. S. 7.

[125] Ebd. S. 12.

[126] Ebd. S. 122.

[127] Ebd. S. 139, vgl. auch S. 150.

[128] Ortheil, H. J., Suchbewegungen der Lebensklugheit, in: ders., Suchbewegungen. Köder, Beute, Schatten, Frankfurt a. M. 1985.

[129] Zu bescheidenen Formen der Widerständigkeit im Zeichen Epikurs vgl. H. Schnädelbach, Der auferstandene Epikur. Erfahrungen mit akademischer Jugend, in: ders., Vernunft und Geschichte, Frankfurt a. M. 1987, S. 285–289. „Der Zeitgeist ist Epikureer" (ebd. S. 285) bei der akademischen Jugend, die die Menschheit zwar nicht von der Politik erlösen wolle, aber ein „alternatives Modell von Politik", eine „Politik ohne Macht" vertrete. Diesen basisdemokratischen Ansätzen mangle es jedoch an Kontrollmöglichkeiten der zentralisierten politischen Macht, darum würden auch ihre politischen Handlungsmöglichkeiten falsch eingeschätzt. „Was unseren politischen Konsens gefährdet, ist nicht der neue Epikureismus, sondern der Verfall der politischen Kultur in unserem Land; nicht die jungen Intellektuellen haben ihn zu verantworten, sondern die Politiker, die mit agressivem verbalen Moralismus ihre moralfreie Machtpolitik moralisch aufzurüsten versuchen" (ebd. S. 288f.).

[130] P. Handke, Versuch über den geglückten Tag. Ein Wintertagtraum, Frankfurt a. M. 1991.

131 Ebd. S. 90.

132 Ebd. S. 25.

133 Ders., Jemand anderer – Hermann Lenz, in: ders., Als Wünschen noch geholfen hat, Frankfurt a. M. 4. Aufl. 1977, S. 81–100, S. 98 f.

134 H. Lenz, Überwindung der Einsamkeit, in: G. Melzer, J. Tükel (Hrsg.), Die Arbeit am Glück. Peter Handke, Königstein/Ts. 1985, S. 45–74.

135 W. Benjamin, Robert Walser, in: ders., Über Literatur, Frankfurt a. M. 1975, S. 62–65, S. 64.

136 W. Iser, Das Fiktive und das Imaginäre, a. a. O., S. 288.

# Literaturverzeichnis

## 1. Quellen

Allgemeines Landrecht für die Preußischen Staaten von 1794, hrsg. von H. Hattenhauer, 2 Bde., Frankfurt a. M./Berlin 1970 ff.

Argens, J. B. Marquis de, Die Philosophie der gesunden Vernunft oder philosophische Betrachtungen über die Ungewißheit der menschlichen Erkänntniß …, Breslau/Leipzig 1756.

Aristippi et Cyrenaicorum fragmenta, hrsg. von E. Mannebach, Leiden/Köln 1961.

Aristoteles, Metaphysik, übers. und hrsg. von F. Schwartz, Stuttgart 1978.

Aristoteles, Nikomachische Ethik, übers. von E. Rolfes, hrsg. von G. Bien, Hamburg 3. Aufl. 1972.

Aristoteles, Werke, griech.-dtsch., übers. und hrsg. von A. Frantzius, Aalen 1978 (Nachdruck der Ausgabe Leipzig 1853 ff.).

Arnobii Adversus Nationes, in: CSEL Bd. 4, Wien 1875.

Arnold, G., Unpartheyische Kirchen- und Ketzer-Historien …, 3 Bde., Schaffhausen 2. Aufl. 1740 ff.

S. Augusti Episcopi Enarratio in Psalmum LXXIV, in: Patrologia Latina ed. Migne, Bd. 36, Paris 1845, S. 946–956.

Augustinus, Confessiones – Bekenntnisse, lateinisch-deutsch, übers., eingeleitet und erläutert von J. Bernhart, München 1955.

Ausgewählte Briefe von Christoph Martin Wieland an verschiedene Freunde, 4 Bde., Zürich 1815 ff.

Batteux, Ch., Die Moral des Epikur, aus seinen eigenen Schriften ausgezogen, Mietau 1774.

Bayle, P., Dictionnaire historique et critique, Genève 1969 (Nachdruck der Ausgabe Paris 1820–1824).

Bayle, P., Pensées diverses sur la Comète, ed. par A. Prat, 2 vols., Paris 1939.

Bergson, H., Le Rire, in: ders., Œuvres, 2 vols., Paris 1928, vol. 1, S. 381–485.

Boccaccio, G., Il commento alla divina commedia, ed. D. Guerri, Bari 1981.

Briefe Friedrichs des Großen, hrsg. von M. Hein, dtsch. von F. v. Oppeln-Bronikowski und E. König, 2 Bde., Berlin 1914.

Brucker, J., Erste Anfangsgründe der philosophischen Geschichte, Ulm 2. Aufl. 1751.

Brucker, J., Historia critica philosophiae a mundi incunabilis ad nostram usque aetatam deducta, versch. Aufl. Leipzig 1767 f.

Bruno, G., De gl' Heroici Furori, introd. e note di F. Flora, Torino 1928.

Büchner, G., Werke und Briefe, hrsg. von K. Pörnbacher u.a., München 1988 (Münchner Ausgabe).

Buddeus, J.F., Spinozismo ante Spinozam, Halle/Magdeburg 1701.

Gualteri Burlaei Liber de Vita et Moribus Philosophorum, hrsg. von H. Kust, Tübingen 1886.

Casanova, G., Geschichte meines Lebens, hrsg. und kommentiert von G. Albrecht, 12 Bde., München 1984ff.

Marcus Tullius Cicero, De finibus bonorum et malorum, hrsg, übers. und kommentiert von O. Gigon und L. Straume-Zimmermann, München/Zürich 1988.

M. Tulli Ciceronis de natura Deorum Libri III, lat.-dtsch., hrsg., übers. und erläutert von W. Gerlach und K. Bayer, München 1978.

Dante Alighieri, Il Convivio, ridotto a miglior lezione e commentato da G. Busnelli e G. Vandelli, Firenze 1934.

Dante Alighieri, Divina Comedia, a cura di G. Petrocchi e A. Ciotti, Padova 1968.

Descartes, R., Discours de la méthode, in: ders., Œuvres et lettres complètes, présentées par A. Bidoux, Paris 1953.

Des Coutures, La morale d'Epicure avec des reflexions, Paris 1685.

Diderot, D., Œuvres complètes, 25 vols., édition critique et annotée, présentée par A. W. Wilson u. a., Paris 1972ff.

Diels, H., Die Fragmente der Vorsokratiker, 3 Bde., Berlin 1951f.

Diogenes Laertius X. Buch, hrsg. von K. Reich und H. G. Zekl, übers. von O. Apelt, Hamburg 1968.

Ebert, J. A., Episteln und vermischte Gedichte, hrsg. von J. J. Eschenburg, Hamburg 1795.

Edelmann, J. Chr., Moses mit aufgedecktem Gesichte von zwey ungleichen Brüdern, Lichtlieb und Blindling beschaut nach der Art der unschuldigen Wahrheiten in einem freymüthigen Gespräche abgehandelt ..., Freiburg i. Br. 1740.

Edelmann, J. Chr., Unschuldiger Wahrheiten vierzehende Unterredung ..., o.O. 1735ff.

Effens, J. v., Le Misantrope, 2 tomes, nouvelle édition revue et augmentée de plusieurs discours importans, La Haye 1726.

Epicurea, hrsg. von H. Usener, Leipzig 1887.

Epikur, Briefe, Sprüche, Werkfragmente, griech.-dtsch., übers. und hrsg. von H.-W. Krautz, Stuttgart 1985.

Epikur, Von der Überwindung der Furcht. Katechismus, Lehrbriefe, Spruchsammlung, Fragmente, eingel. und übertr. von O. Gigon, Zürich/Stuttgart 2. Aufl. 1968.

Desiderii Erasmi Roterodami Opera omnia, Hildesheim 1961 (Nachdruck der Ausgabe Luguduni Batavorum 1703).

Erasmus von Rotterdam, Ausgewählte Schriften, 8 Bde., lat. und dtsch., hrsg. von W. Welzig, Darmstadt 1967ff.

Esperiente, C., Epistolae selectae, ed. J. Lichowska, Warschau 1967 (Bibl. Lat. Med. et Recent. Aevi XVI).

Esperiente, C., Vita et mores Gregorii Sanocei, ed. J. Lichowska Warschau 1963 (Bibl. Lat. Med. et Recent. Aevi XII).

Ficino, M., Opera Omnia, con una lettera introduttiva di P. O. Kristeller e una premessa di M. Sancipriano, 2 Bde., Torino 1962.

Ficino, M., De Voluptate, in: Supplementum Ficinianum Marsilii Ficini Florentini Philosophi Platonici Opuscula inedita et dispersa, 2 Bde., ed. by P. O. Kristeller, Florentiae 1937.

Fontenelle, B. le Boyer de, Histoire des Ajaoiens, in: Funke, H. G., Studien zur Reiseutopie der Frühaufklärung: Fontenelles ›Histoire des Ajaoiens‹, 2 Teile, Heidelberg 1982.

Fontenelle, B. le Boyer de, Œuvres complètes, Tours 1989 ff.

Freud, S. Eine Schwierigkeit der Psychoanalyse, in: ders., Gesammelte Werke, 18 Bde., Frankfurt a. M. 1947 ff., Bd. XII, S. 3–12.

Friedrich II., Werke in deutscher Übersetzung, 10 Bde., mit Illustrationen von G. A. Menzel, hrsg. von G. B. Volz, Berlin 1912 ff.

Galenus, C., De locis affectis, in: ders., Opera omnia, 20 Bde., hrsg. von C. G. Kühn, Leipzig 1821 ff., Bd. VIII.

Garasse, P., La doctrine curieuse des beaux esprits de ce temps, 2 vols., Westmead 1971 (zuerst Paris 1632).

Garasse, P., La somme théologique des véritez capitales de la Religion Chrestienne, Paris 1625.

Gassendi, P., Exercitationes paradoxicae adversus Aristoteleos, livres I/II. Dissertation en forme de paradoxes contre les Aristotéliens, texte établi, traduit et annoté par B. Rochot, Paris 1959.

Petrus Gassendi Opera omnia, 6 Bde., mit einer Einleitung von T. Gregory, Stuttgart-Bad Cannstatt 1964 (Neudruck der Ausgabe Lyon 1658).

Gerstenberg, H. W., Geschichte des Agathon, in: ders., Rezensionen in der Hamburgischen Neuen Zeitung 1767–1771, hrsg. von O. Fischer, Berlin 1904, S. 46–49.

Die Geschichte von Johann Fausten, in: P. Suchsland (Hrsg.), Deutsche Volksbücher, 3 Bde., Berlin/Weimar 1975, 3. Bd.

Gleim, J. W. L., Sämtliche Schriften, Carlsruhe 1780.

Gleim, J. W. L., Sämtliche Werke, hrsg. von W. Körte, 7 Bde., Halberstadt 1811 ff.

Goethe, J. W. v., Werke in 14 Bdn., hrsg. E. Trunz, München 12. Aufl. 1982 (Hamburger Ausgabe).

Briefwechsel zwischen Goethe und Knebel 1774–1832, Leipzig 1851.

Götz, J. N., Vermischte Gedichte, 3 Teile, hrsg. von K. W. Ramler, Mannheim 1785.

Gottsched, J. C., Der Biedermann, mit einem Nachwort und Erläuterungen hrsg. von W. Martens, Stuttgart 1975 (Nachdruck der Ausgabe Leipzig 1727–1729).

Goya, F., ›El sueno de la Razon produce monstruos‹. Radierung und Aquatinta aus ›Caprichos‹, 1799.

Gundling, N. H., Gundlingiana. Darinnen allerhand zur Jurisprudenz, Philosophie, Historie/Critic/Litteratur und übrigen Gelehrsamkeit gehörige Sachen abgehandelt werden, Halle 1715–1726.

Gundling, N. H., Sammlung kleiner teutscher Schriften, mit einer Vorrede versehen von Herrn Gottlieb Stollen, Halle 1737.

Hagedorn, F. v., Sämmtliche poetische Werke, Karlsruhe 1777.

Haller, A. v., Gedichte, hrsg. und eingel. von L. Hirzel, Frauenfeld 1882.

Handke, P., Versuch über den geglückten Tag. Ein Wintertagtraum, Frankfurt a. M. 1991.
Hegel, G. F. W., Vorlesungen über die Geschichte der Philosophie II, in: ders., Werke in 20 Bdn., Frankfurt a. M. 1971, Bd. 19.
Heinse, W., Ardinghello und die glückseligen Inseln, Stuttgart 1975 (Kritische Studienausgabe).
Helvétius, C. A., Œuvres complètes, Hildesheim 1967 (Nachdruck der Ausgabe 1795).
Heumann, C. A., Acta philosophorum. Das ist: Gründliche Nachrichten aus der Historia Philosophica, nebst beygefügten Urtheilen von denen dahin gehörigen alten und neuen Büchern, 18 Stücke in 3 Bdn., Leipzig 1725–1727.
Hirschfeld, Chr. C. L., Theorie der Gartenkunst, Stuttgart 1990 (zuerst 1779).
Hißmann, M., Anleitung zur Kenntnis der auserlesenen Literatur in allen ihren Theilen der Philosophie, Göttingen/Lemgo 1778.
Hißmann, M. (Hrsg.), Magazin für die Philosophie und ihre Geschichte in 4 Bdn., Göttingen/Lemgo 1778–1783.
Hobbes, Th., Leviathan, hrsg. und eingl. von I. Fetscher, Frankfurt a. M. 1984.
Hoffmann von Hoffmannswaldau, Chr., Deutsche Übersetzungen und Gedichte, hrsg. und mit einem Nachwort versehen von F. Heideck, 2 Teile, Hildesheim/Zürich/New York 1984 (Nachdruck der Ausgabe 1679).
D'Holbach, P.-H. Th., Système de la Nature ou les lois du monde physique et du monde moral, 2 vols., Hildesheim 1966 (Nachdruck der Ausgabe Paris 1812).
Q. Horati Flacci opera, hrsg. von D. R. Snackelton Bailey, Stuttgart 1985.
Hume, D., Eine Untersuchung über den menschlichen Verstand, hrsg. von G. Gawlick, Hamburg 1984.
›Der Hypochondrist‹. Eine holsteinische Wochenschrift von Herrn Zacharias Jenstrup, zweyte verbesserte Auflage Bremen und Schleswig 1771.
Jonson, B., The Alchemist, ed. by A. B. Kernan, New Haven/London 1974.
›Der Jüngling‹, Königsberg/Mietau/Leipzig 2. Aufl. 1764.
Kant, I., Werkausgabe in 12 Bänden, hrsg. von W. Weischedel, 6. Aufl. Frankfurt a. M. 1982.
Karl Ludwig v. Knebels Nachlaß und Briefwechsel, hrsg. von K. A. Varnhagen v. Ense und Th. Mundt, 3 Bde., Leipzig 1835 f.
Knoblauch, K. v., Taschenbuch für Aufklärer und Nichtaufklärer auf das Jahr 1791, Berlin 1791.
Kundera, M., Die Kunst des Romans. Ein Essay, München/Wien 1987.
La Fontaine, J. de., Œuvres complètes, 2 vols., texte établi et annoté par R. Croos et J. Schiffrin, Paris 1958 f.
La Mettrie, J. O. de, Discours sur le bonheur, critical edition by J. Falvey, Banbury 1975 (Studies on Voltaire and the eighteenth century vol. 134).
La Mettrie, J. O. de, L'Homme Machine suivi de l'art de jouir, introd. et notes de M. Solvine, Paris 1921.
La Mettrie, J. O. de. Œuvres philosophiques I/II, Hildesheim 1970 (Nachdruck der Ausgabe 1774).
La Mothe le Vayer, F., Œuvres, nouvelle édition revue et augmentée, 2 vols., Genève 1970 (Neudruck der Ausgabe Dresden 1756–1759).

Landino, C., Disputationes Camaldulenses, ed. P. Lohe, Firenze 1980.
La Noue, F. de, Discours politiques et militaires, publ. avec une introduction et des notes par F. E. Sutcliff, Genève 1967.
La Rochefoucauld, F. de. Œuvres complètes, introduction par E. Kauters, édition établie par L. Martin-Chauffier, revue et augmentée par J. Marchand, Paris 1973.
Lau, Th., Meditationes philosophicae de Deo: Mundo: Homine, Frankfurt a. M. 1717.
Leibniz, G. W., Philosophische Werke, hrsg. von A. Buchenau und E. Cassirer, 4 Bde., Leipzig 2. Aufl. 1924 f.
Lessing, G. E., Briefe die neueste Literatur betreffend, in: ders., Werke, 8 Bde., hrsg. von H. G. Göpfert, München 1970 ff., Bd. 5.
Locke, J., Versuch über den menschlichen Verstand, 2 Bde., 4. durchgesehene Aufl., erweitert durch eine Bibliographie von H.-R. Brandt, Hamburg 1981.
Löen, J. M. v., Gesammelte kleine Schriften, besorgt und hrsg. von J. C. Schneider, Frankfurt a. M./Leipzig 2. Aufl. 1751 f.
Lucianus von Samosata, Sämtliche Werke, aus dem Griechischen übers. und mit Anm. und Erläut. versehen von Christoph Martin Wieland, 1. Teil, Leipzig 1788 f.
T. Lucretius Carus, Natur der Dinge, übers. von K. L. v. Knebel, Leipzig 2. Aufl. 1831.
Titi Lucreti Cari De rerum natura, eingel. und übers. von K. Büchner, Zürich 1956.
Marx, K., Engels, F., Werke (MEW), hrsg. v. Institut für Marxismus-Kommunismus beim ZK der SED, 42 Bde., Berlin 1967 ff.
Meier, G. F., Philosophische Sittenlehre, 5 Bde., Halle 2. Aufl. 1758 ff.
Meiners, Chr., Vermischte philosophische Schriften, 3 Teile, Leipzig 1775 f.
Meister, J. H., Von der natürlichen Moral, aus dem Französischen des Herrn M. von Hrn. Sch. übersetzt, Leipzig 1789.
›Der Mensch‹. Eine Moralische Wochenschrift, Halle 1751–1756.
Montaigne, M. de, Essais, in: ders., Œuvres complètes, ed. par A. Thibaudet et M. Rat, Paris 1962.
Morus, Th., Utopia, übers. von G. Ritter, mit einer Einleitung von H. Oncken, Darmstadt 1979.
›Der Müßige‹, Lübeck 1748.
Nicole, P., De la Charité et de l'amour-propre, in: ders., Œuvres philosophiques et morales, ed. C. M. G. Bréchillet Jourdain, Hildesheim 1970 (Nachdruck der Ausgabe Paris 1845).
Nietzsche, F., Werke, 5 Bde., hrsg. von K. Schlechta, Frankfurt a. M./Berlin/Wien 6. Aufl. 1979.
Nietzsche, F., Kritische Werke, Gesamtausgabe, hrsg. von G. Colli und M. Montinari, 8 Bde., Berlin 1967.
›Der Patriot‹ 1724, 1725, 1726, Hamburg o. J.
La Pensée du plaisir. Epicure: Textes moreaux, commentaires, hrsg. v. J. Bollack, Paris 1975.
Petrarca, F., Canzoniere, Trionfi, Rime varie, ed. C. Muscetta e D. Ponchiroli, Turino 3. Aufl. 1967.
Petrarca, F., Epistole, ed U. Dotti, Turino 1978.
Petrarca, F., Posteritatae, in: ders., Prose, a cura di G. Martellotti e P. C. Ricci, E. Carrara, E. Bianchi, Milano/Napoli 1955.

Pico della Mirandola, G., De dignitate hominis, lat.-dtsch., eingel. von E. Garin, übers. von H. H. Reich, Bad Homburg 1968.

Platon, Spätdialoge, Bd. 2, eingel. von O. Gigon, übertr. von R. Rufener, Zürich/ Stuttgart 1969.

Platon, Werke in acht Bänden, hrsg. von G. Eigler, Darmstadt 1972.

Polignac, M. Cardinal de, L'Anti-Lucrèce. Poème sur la Religion Naturelle, traduit par M. de Bougainville, Bruxelles 1760.

Polybios, Geschichte. Gesamtausgabe in 2 Bdn., eingel. und übers. von H. Drexler, Zürich/Stuttgart 1961 ff.

Rabelais, F. de, Gargantua et Pantagruel, in: ders., Œuvres complètes, ed. par J. Boulanger, Paris 1955.

Rabelais, F. de, Gargantua et Pantagruel, 2 Bde., hrsg. von H. und E. Heintze, Frankfurt a. M. 1974 ff.

Rezension zu ›Versuch einer Apologie des Epikur, von einem Antibatteusianer‹, Berlin 1776, in: Allgemeine Deutsche Bibliothek 33 (1778), 1. Stück, S. 196–202.

Ringeltaube, M., Von der Zärtlichkeit, Breslau/Leipzig 1765.

Rondel, M. du, La vie d'Epicure, Paris 1679.

Ronsard, P. de, Œuvres complètes, 2 vols., ed. par G. Cohen, Paris 1950.

Saint-Evremont, Œuvres choisis, 3 vols., publ. par R. Planhol, Paris 1927.

C. Sallusti Crispi Bellum Catilinae, ed. with Indroduction and Commentary by J. T. Ramsey, Chico, California 1984.

Schopenhauer, A., Der handschriftliche Nachlaß in 5 Bdn., hrsg. von A. Hübscher, München 1985.

Schlegel, F., Geschichte der alten und neuen Literatur, in: ders., Kritische Schriften und Fragmente, hrsg. von E. Behler und H. Eichner, 6 Bde., Paderborn 1988, Bd. 4.

L. Aennaei Senecae dialogorum libri duodecim, hrsg. von L. D. Reynolds, Oxford 1977.

L. Aennaei Senecae Ad Lucilium epistolae morales, hrsg. von L. D. Reynolds, 2 Bde., Oxford 1965.

Solajdio, A., Epicuro difeso. Osservatione critiche sopra la di lui filosofia, Venezia 1756.

Stieler, K., Von Zeitungs Nutz und Lust, hrsg. von G. Hagelweide, Bremen 1969 (Neudruck der Originalausgabe 1695).

Stoicorum veterum fragmenta, 4 Bde., hrsg. von H. v. Armin, Stuttgart 1968 (unveränderter Nachdruck der Ausgabe Leipzig 1905).

Stolle, G., Historie der heydnischen Morale, Jena 1714.

Stolle, G., Anleitung zur Historie der Gelahrtheit denen zum besten, so den Freyen-Künsten und der Philosophie obliegen, in dreyen Theilen, Jena 2. Aufl. 1724.

Temple, Sir W., The Works, 4 Bde., London 1757.

Theophrastus Redivivus, ed. G. Canziani e G. Paganini, 2 Bde., Firenze 1981.

Thomasius, Chr., Freymüthige, Lustige und Ernsthaffte jedoch Vernunfft- und Gesetzmäßige Gedancken oder Monatsgespräche ..., 5 Bde., Frankfurt a. M. 1972 (Nachdruck der Ausgabe Halle 1690).

Thomasius, Chr., Kurtzer Entwurff der politischen Klugheit, sich selbst und anderen in allen Menschlichen Gesellschafften wohl zu rathen, und zu einer gescheiden

Conduite zu gelangen, Frankfurt a. M. 1971 (Nachdruck der Ausgabe Frankfurt a. M./Leipzig 1707).
Thomasius, Chr., Einleitung zur Sittenlehre, Hildesheim 1968 (Nachdruck der Ausgabe Halle 1692).
Thomasius, Chr., Vollständige Erläuterung der Kirchenrechts-Gelahrtheit, Frankfurt a. M./Leipzig 1738.
Thümmel, M. A., Reise in die mittäglichen Provinzen von Frankreich im Jahr 1785 bis 1786, in: ders., Werke, 7 Bde., Stuttgart 1880, Bde. 1/2 und 3/4.
De tribus Impostoribus anno MDIIC. Von den drei Betrügern (Moses, Jesus, Mohammed), zweisprachige Ausgabe, hrsg. und eingel. von G. Bartsch, Berlin 1960.
Uz, J. P., Sämtliche poetische Werke, hrsg. von A. Sauer, Darmstadt 1964 (Nachdruck der Ausgabe Stuttgart 1890).
Valla, L., On Pleasure – De Voluptate, transl. by A. K. Hieatt and M. Lorch, Introduction by M. de Panizza Lorch, New York 1977.
Vanini, G. C., Amphitheatrum aeternae providentiae divino-magicum, christiano-catholicum. Adversos veteres philosophos, Atheos, Epicureos, Peripatheticos, et Stoicos, Luguduni 1615.
Vanini, G. C., De admirandis naturae Reginae Deaeque mortalium Arcanis, Luguduni 1616.
Virgil, Georgics, 2 vols., ed. by R. F. Thomas, Cambridge 1988.
Walch, J. G., Philosophisches Lexikon, Leipzig 1740.
Warnekros, H. E., Apologie und Leben Epikurs, Greifswald 1795.
Wieland, C. M., Sämmtliche Werke, Hamburg 1984, 39 Bde. und 6 Supplementbde. (Nachdruck von ›Sämmtliche Werke‹, Leipzig 1794–1811).
Wielands Briefwechsel, 3 Bde., hrsg. von der Deutschen Akademie der Wissenschaften Berlin, Berlin 1965 ff.
Zedler, J. H., Großes vollständiges Universallexikon aller Wissenschaften und Künste, 64 Bde. und 4 Supplementbde., Graz 1961 ff. (Nachdruck der Ausgabe Halle/Leipzig 1732 ff.).
Zehner, P. W., Vita et doctrina Epicuri. Disseratione inaugurali, Heidelberg 1785.
›Der Zuschauer‹. Aus dem Englischen übersetzt, Teil 1–8, Leipzig 2. Aufl. 1751.
Zweyer guten Freunde vertrauter Brief-Wechsel vom Wesen der Seelen. Sammt eines Anonymi lustigen Vorrede, Haag 1713.

## 2. Wissenschaftliche Literatur

Aaron, R. I., John Locke, Oxford 1971.
Abele, A., Becker, P. (Hrsg.), Wohlbefinden. Theorie – Praxis – Diagnostik, München 1991.
Adam, A., Les Libertins au XVIIe siècle. Textes choisis, Paris 1967.
Adam, A., Théophile de Viau et la libre pensée française en 1620, Genève 1965.
Alberti, A., Sensazioni et realtà. Epicuro e Gassendi, Firenze 1988.
Albrecht, M., Thomasius – Kein Eklektiker?, in: W. Schneiders (Hrsg.), Christian Thomasius (1655–1728), Hamburg 1989, S. 973–994.

Allen, D. C., The Rehabilitation of Epicurus and his Theory of Pleasure in the Early Renaissance, in: Studies in Philology 41 (1944), S. 1–15.

Altmayer, C., Popularphilosophie. Neue Forschungen zu einem immer noch vernachlässigten Thema, in: Das 18. Jahrhundert 15 (1991), S. 86–92.

André, M. J. M., Senèque et l'épicurisme: ultime Position, in: Actes du VIIIe congrès de l'Association Guillaume Budé, Paris 1968, S. 316–321.

Andrews, The Search for the Picturesque: Landscape, Aesthetics and Tourism in Britain, 1760–1800, Stanford 1989.

Anger, A., Deutsche Rokoko-Dichtung. Ein Forschungsbericht, Stuttgart 1963.

Anger, A., Literarisches Rokoko, Stuttgart 2. Aufl. 1968.

Antike Atomphysik. Texte zur antiken Atomlehre und zu ihrer Wiederaufnahme in der Neuzeit, zusammengestellt, übers. und erläutert von A. Stuckelberger, München 1979.

Arendt, H., Vita acitva oder: Vom tätigen Leben, Stuttgart 1960.

Argyle, M., Schwarz, N. (Hrsg.), Subjective Wellbeing. An Interdisciplinary Perspective, Oxford 1991.

Armstrong, A. H., The Cambridge History of Later Greek and Early Medieval Philosophy, Cambridge 1970.

Arnold, H. L. (Hrsg.), Georg Büchner, 3 Bde., München 2. Aufl. 1982 (Sonderband Text und Kritik).

Asmis, E., Epicurus' Scientific Method, Ithaca 1984.

Aubenque, P., Le problème de l'Etre chez Aristote, Paris 1962.

Baader, R., Dames de Lettres. Autorinnen der preziösen, hocharistokratischen und „modernen" Salons (1649–1698), Stuttgart 1986.

Bachelard, G., Psychoanalyse des Feuers, München 1985.

Bachmann-Medick, D., Die ästhetische Ordnung des Handelns. Moralphilosophie und Ästhetik in der Popularphilosophie des 18. Jahrhunderts, Stuttgart 1989.

Bachtin, M., Rabelais und seine Welt. Volkskultur als Gegenkultur, Frankfurt a. M. 1987.

Bailey, C., The Greek Atomists and Epicurus, Oxford 1928.

Balet, L., Gerhard, E., Die Verbürgerlichung der deutschen Kunst, Literatur und Musik im 18. Jahrhundert, hrsg. und eingel. von G. Mattenklott, Frankfurt a. M./Bern/Wien 1972.

Balmer, H. P., Philosophie der menschlichen Dinge. Die europäische Moralistik, München/Bern 1981.

Bantel, O., Christoph Martin Wieland und die griechische Antike, Diss. Tübingen 1953.

Barnard, F. M., Rightful Decorum and Rational Accountability. A Forgotten Theory of Civil Life, in: W. Schneiders (Hrsg.), Christian Thomasius (1655–1728), Hamburg 1989, S. 187–198.

Barner, W., Produktive Rezeption. Lessing und die Tragödien Senecas, München 1973.

Baruzzi, A., Die französischen Materialisten des 18. Jahrhunderts. Der geschichtliche Rang sekundärer Denker, in: A. Baruzzi (Hrsg.), Aufklärung und Materialismus im Frankreich des 18. Jahrhunderts, La Mettrie – Diderot – Sade, München 1968, S. 7–20.

Bataille, G., Nietzsche und Clausewitz. Der Krieg, in: Lettre International 14 (1991), S. 40–49.

Batkin, L. M., Die historische Gesamtheit der italienischen Renaissance. Versuch einer Charakterisierung eines Kulturtyps, Dresden 1979.

Baumgartner, A., Die griechische und lateinische Literatur des klassischen Altertums, Freiburg i. Br. 1902.

Beetz, M., Ein neuentdeckter Lehrer der Conduite. Thomasius in der Geschichte der Gesellschaftsethik, in: W. Schneiders (Hrsg.), Christian Thomasius (1655–1728), Hamburg 1989, S. 199–222.

Begemann, C., Furcht und Angst im Prozeß der Aufklärung, Frankfurt a. M. 1987.

Belowski, E., Lukrez in der französischen Literatur der Renaissance, Nendelen 1967.

Bénichou, P., L'intention des ›Maximes‹, in: ders., L'écrivain et ses travaux, Paris 1967, S. 3–37.

Bejamin, W., Robert Walser, in: ders., Über Literatur, Frankfurt a. M. 1975, S. 62–65.

Berger, G. (Hrsg.), Zur Geschichte von Buch und Leser im Frankreich des Ancien Régimes. Beiträge zu einer empirischen Rezeptionsforschung, Rheinfelden 1986.

Besterman, Th., Voltaire, Chicago 3. Aufl. 1976.

Bielowski, E., Lukrez in der französischen Renaissance, Berlin/Danzig 1934.

Bienert, W., Die Philosophie des Christian Thomasius, Halle 1934.

Bignone, E., L'Aristotele perduto e la formazione filosofica di Epicuro, 2 Bde., Firenze 1936.

Binder, W., „Genuß" in Dichtung und Philosophie des 17. und 18. Jahrhunderts, in: ders., Aufschlüsse. Studien zur deutschen Literatur, Zürich/München 1976, S. 7–33.

Blei, F., Das Rokoko, München 1911.

Bloch, E., Antike Philosophie. Leipziger Vorlesungen zur Geschichte der Philosophie, Bd. 1, 1950–1956, Frankfurt a. M. 1985.

Bloch, E., Christian Thomasius – Ein deutscher Gelehrter ohne Misere, Frankfurt a. M. 2. Aufl. 1968.

Bloch, E., Gesamtausgabe in 16 Bdn., Frankfurt a. M. 1977.

Bloch, O. R., La philosophie de Gassendi. Nominalisme, matérialisme et métaphysique, La Haye 1971.

Bloch, O. R., Quelques aspects de la tradition libertine dans la seconde moitié du XVIIe siècle, in: Romanistische Zeitschrift für Literaturgeschichte 13 (1989), Heft 1/2, S. 61–73.

Blumenberg, H., Das Lachen der Thrakerin. Eine Urgeschichte der Theorie, Frankfurt a. M. 1987.

Blumenberg, H., Die Legitimität der Neuzeit, Frankfurt a. M. 2. Aufl. 1984.

Blumenberg, H., Der Prozeß der theoretischen Neugierde, Frankfurt a. M. 1966.

Böhm, B., Sokrates im 18. Jahrhundert. Studien zum Werdegang des modernen Persönlichkeitsbewußtseins, Neumünster 1966.

Böhme, G., Böhme, H., Das Andere der Vernunft. Rationalitätsstrukturen der Neuzeit am Beispiel Kants, Frankfurt a. M. 1985.

Bollack, M., La raison de Lucrèce. Constitution d'une poétique philosophique avec un essai d'interprétation de la critique lucrétienne, Paris 1978.

Bony, A., L'élaboration de l'auteur supposé dans l'essai périodique: Swift, Defoe,

Steele und Addison, in: P. Rétat (Hrsg.), Le journalisme de l'Ancien Régime, Lyon 1982, S. 330–350.

Boon, J. P., Montaigne et Epicure. Aspects de l'hédonisme dans les Essais, in: Comparative Literature 20 (1968), S. 64–68.

Bormann, F., Nietzsches Epikur, in: Nietzsche-Jahrbuch 12 (1984), S. 177–188.

Borst, O., Kulturfunktionen der deutschen Stadt im 18. Jahrhundert, in: ders., Babel oder Jerusalem. Sechs Kapitel Stadtgeschichte, Stuttgart 1984, S. 335–392.

Bosco, D., Metamorfosi del „libertinage", Milano 1981.

Boyance, P., Lucrèce et l'épicurisme, Paris 1963.

Brady, P., Rococo Style versus Enlightenment Novel, Genève 1984.

Brady, P., Why the Rococo? The Eighteenth Century before the Enlightenment, in: Studies on Voltaire and the Eighteenth Century 190 (1980), S. 154–160.

Brandt, R., John Locke, in: Grundriß der Geschichte der Philosophie, begründet von F. Überweg, völlig neu bearbeitete Ausgabe, hrsg. von J.-P. Schobinger, Bd. 3, Basel 1988, S. 605–713.

Brandt, S., Lactantius und Lucretius, in: Neue Jahrbücher für Philologie und Pädagogik 143 (1891), S. 225–259.

Braudel, F., La Méditerranée et le monde méditerranéen à l'époque de Philippe II, Paris 1949 (deutsch: Das Mittelmeer und die mediterrane Welt in der Epoche Phillips II., 3 Bde., Frankfurt a. M. 1990).

Braudel, F., Sozialgeschichte des 15.–18. Jahrhundert, 5 Bde., München 1985 ff.

Braun, L., Geschichte der Philosophiegeschichte, bearb. und mit einem Nachwort vers. v. U. J. Schneider, Darmstadt 1990.

Brochard, V., La théorie du plaisir d'après Epicure, in: ders., Etudes de Philosophie ancienne et de philosophie moderne, Paris 1968, S. 18–37.

Brown, P., Die Keuschheit der Engel. Sexuelle Entsagung, Askese und Körperlichkeit am Anfang des Christentums, München 1991.

Buck, A., Humanismus. Seine europäische Entwicklung in Dokumentation und Darstellungen, Freiburg i. Br./München 1987.

Buck, A., Die Rezeption der Antike in den romanischen Literaturen der Renaissance, Berlin 1976.

Buck, G., Selbsterhaltung und Historizität, in: R. Koselleck, W.-D. Stempel (Hrsg.), Geschichte – Ereignis und Erzählung, München 1973 (Poetik und Hermeneutik V), S. 29–94.

Buechner, K., Horace and Epicure, in: Actes du VIIIe congrès de l'Association Guillaume Budé, Paris 1968, S. 457–469.

Burckhardt, J., Die Kunst und Kultur der Renaissance in Italien, Basel 1860.

Bürger, P. (Hrsg.), Zum Funktionswandel der Literatur, Frankfurt a. M. 1983.

Bürger, P., Die Theorie der Avantgarde, Frankfurt a. M. 1974.

Burke, P., Culture and Society in Renaissance Italy 1420–1540, London 1972.

Burke, P., Helden, Schurken und Narren. Europäische Volkskultur in der frühen Neuzeit, hrsg. und mit einem Vorwort von R. Schenda, Stuttgart 1981.

Burke, P., Montaigne zur Einführung, Hamburg 1985.

Burke, P., The Renaissance, Houndsmills 1987.

Burke, P., Offene Geschichte. Die Schule der Annales, Berlin 1991.

Bush, N. R., The Marquis d'Argens and His Philosophical Correspondence, Ann Arbor 1953.

Busson, H., La religion des classiques (1660–1685), Paris 1948.

Canali, L., Lucrezio, poeta della ragione, Roma 3. Aufl. 1986.

Carré, J. R., La philosophie de Fontenelle ou le sourire de la raison, Genève 1970 (Réimpr. de l'édition de Paris 1932).

Cassirer, E., Die Philosophie der Aufklärung, Tübingen 3. Aufl. 1973.

Christ, K., Die Römer, München 2. Aufl. 1984.

Clay, D., Lucretius and Epicurus, Ithaca/London 1986.

Collier, R., Gassendi et le spiritualisme ou Gassendi était-il un libertin?, in: Actes du Congrès du Tricentenaire de Pierre Gassendi, Digne 1957, S. 97–134.

Colman, J., Locke's moral Philosophy, Edinburgh 1983.

Conze, W. (Hrsg.), Sozialgeschichte der Familie in der Neuzeit Europas, Stuttgart 1976.

Crocker, L. G., An Age of Crisis. Man and World in Eighteenth Century French Thought, Baltimore 1959.

Crocker, L. G., Nature and Culture. Ethical Thought in the French Enlightenment, Balitmore 1963.

Dann, O. (Hrsg.), Lesegesellschaften und bürgerliche Emanzipation. Ein europäischer Vergleich, München 1981.

Deleuze, G., Lucrèce et le naturalisme, in: Les Etudes philosophiques, N. S. 16 (1961/1), S. 19–29.

Delft, L. v., Le Moraliste classique. Essai de définition et de typologie, Genève 1982.

Delft, L. v., Pour une lécture mondaine de La Rochefoucauld, in: Images de La Rochefoucauld. Actes du Tricentenaire 1680–1980, Paris 1984, S. 145–157.

Detel, W., Scientia rerum natura occultarum. Methodologische Studien zur Physik Pierre Gassendis, Berlin/New York 1978.

Di Napoli, G., Lorenzo Valla. Filosofia e religione nell'umanesimo italiano, Roma 1971.

Dilthey, W., Die geistige Welt. Einleitung in die Philosophie des Lebens, in: ders., Gesammelte Schriften, Bde. 5 u. 6, Leipzig/Berlin 1924.

Droysen, J. G., Geschichte des Hellenismus, 3 Bde. Gotha 2. Aufl. 1877 f.

Dubost, J.-P., Eros und Vernunft. Literatur der Libertinage, Frankfurt a. M. 1988.

Duchardt, H., Das Zeitalter des Absolutismus, München 1989.

Dülmen, R. van, Aufklärungsgesellschaften in Deutschland als Forschungsproblem, in: Francia 5 (1977), S. 251–275.

Dumont, L., Essais sur l'individualisme. Une perspective anthropologique sur l'idéologie moderne, Paris 1968.

Eisentein, E. L., The Printing Revolution in Early Modern Europe, Cambridge 1983.

Elias, N., Die höfische Gesellschaft. Untersuchungen zur Soziologie des Königtums und der höfischen Aristokratie, Darmstadt/Neuwied 3. Aufl. 1977.

Elias, N., Über den Prozeß der Zivilisation. Soziogenetische und psychogenetische Untersuchungen, 2 Bde., Frankfurt a. M. 3. Aufl. 1978.

Emmel, H., Zur Gestalt von Wielands spätem Roman ›Aristipp‹, in: H. Schelle (Hrsg.), Christoph Martin Wieland, Darmstadt 1981, S. 109–116.

Engelsing, R., Analphabetentum und Lektüre. Zur Sozialgeschichte des Lesens in Deutschland zwischen feudaler und industrieller Gesellschaft, Stuttgart 1973.
Engelsing, R., Der Bürger als Leser. Lesergeschichte in Deutschland 1500–1800, Stuttgart 1974.
Erbe, M., Zur neueren französischen Sozialgeschichtsforschung. Die Gruppe um die ›Annales‹, Darmstadt 1979.
Erhart, W., Entzweiung und Selbstaufklärung. Christoph Martin Wielands ›Agathon‹-Projekt, Tübingen 1991.
Ermatinger, E., Barock und Rokoko in der deutschen Dichtung, Leipzig 1926.
Erwing, G., Das Lesen und die Lesewut, Bad Heilbrunn 1974.
Escarpit, R., Das Buch und der Leser. Entwurf einer Literatursoziologie, Köln/Opladen 1961.
Fabian, B., Das Lehrgedicht als Problem der Poetik, in: H. R. Jauß (Hrsg.), Die nicht mehr schönen Künste, München 1968 (Poetik und Hermeneutik III), S. 67–89.
Fabian, B., Lukrez in England im siebzehnten und achtzehnten Jahrhundert. Einige Notizen, in: R. Troellner (Hrsg.), Humanismus und Aufklärung (Wolfenbüttler Studien zur Aufklärung IV), Heidelberg 1980.
Fèbvre, L., Comment Jules Michelet inventa la Renaissance, in: ders., Pour une Histoire à part entière, Paris 1962, S. 717–729.
Ferguson, J., Moral Values in the Ancient World, London 1958.
Festugière, A.-J., Epicure et ses dieux, Paris 1946.
Finger, O., Von der Materialität der Seele. Beitrag zur Geschichte des Materialismus und Atheismus im Deutschland der zweiten Hälfte des 18. Jahrhunderts, Berlin 1961.
Fischer, K. P., John Locke in the German Enlightenment, in: Journal of the History of Ideas 36 (1975), S. 431–446.
Flasch, K., Augustin. Eine Einführung in sein Denken, Stuttgart 1980.
Fleischmann, W. B., Christ and Epicurus, in: S. G. Nichols, R. B. Vowles (Hrsg.), Comparatists at Work, Waltham/Toronto/London 1968, S. 235–246.
Fleischmann, W. B., Zum Anti-Lukrez des Kadinals de Polignac, in: Romanische Studien 77 (1965), S. 42–65.
Fleisher, M., Radical Reform and Political Persuation in the Life and Writings of Thomas More, Genève 1973.
Fohrmann, J., Müller, H. (Hrsg.), Diskurstheorien und Literaturwissenschaft, Frankfurt a. M. 1988.
Forschner, M., Die stoische Ethik, Stuttgart 1981.
Foucault, M., Eine Ästhetik der Existenz. Gespräch mit Alessandro Fontana, in: Michel Foucault im Gespräch, Berlin 1985, S. 133–141.
Foucault, M., Freiheit und Selbstsorge, Frankfurt a. M. 1985.
Foucault, M., Für eine Kritik der politischen Macht, in: Lettre International 3 (1988) S. 58–67.
Foucault, M., Der Kampf um die Keuschheit, in: Ph. Ariès, A. Bégin u. a. (Hrsg.), Die Masken des Begehrens und die Metamorphosen der Sexualität im Abendland, Frankfurt a. M., S. 25–40.
Foucault, M., Die Sorge um sich (Sexualität und Wahrheit, Bd. 3), Frankfurt a. M. 1984.

Foucault, M., Wahnsinn und Gesellschaft, Frankfurt a. M. 1973.
Foucault, M., Das Wahrsprechen des Anderen, Frankfurt a. M. 1988.
Fränkel, E., Horaz, Darmstadt 5. Aufl. 1976.
Fraisse, S., Une conquête du rationalisme. L'influence de Lucrèce en France au seizième siècle, Paris 1962.
Freudenthal, G., Atom und Individuum im Zeitalter Newtons. Zur Genese der mechanistischen Natur- und Sozialphilosophie, Frankfurt a. M. 1982.
Frick, W., Providenz und Kontingenz. Untersuchungen zur Schicksalssemantik im deutschen und europäischen Roman des 17. und 18. Jahrhunderts, 2 Bde., Tübingen 1988.
Friedländer, P., Pattern of Sound and the Atomistic Theory in Lucretius, in: American Journal of Philology 62 (1941), S. 16–34.
Friedrich, H., Montaigne, Bern/München 2. Aufl. 1967.
Frubini, R., Il „Teatro del Mondo" in Poggio, in: Poggio Bracciolini 1380–1980. Nel VI centenario della nascita, Firenze 1982.
Frühsorge, G., Freundschaftliche Bilder. Zur historischen Bedeutung der Bildnissammlung im Gleimhaus zu Halberstadt, in: Theatrum Europaeum, Festschrift für Elida Maria Szarota, München 1982, S. 439–452.
Fuchs, A., Les apports français dans l'œuvre de Wieland 1772 à 1789, Paris 1934.
Fuchs, H. J., Entfremdung und Narzißmus. Semantische Untersuchungen zur Geschichte der „Selbstbezogenheit" als Vorgeschichte von französisch «amour-propre», Stuttgart 1977.
Fuhrmann, M., Einführung in die antike Dichtungstheorie, Darmstadt 1973.
Fuhrmann, M., Wielands Antikebild, in: C. M. Wieland, Übersetzungen des Horaz, hrsg. von M. Fuhrmann, Frankfurt a. M. 1986, S. 1073–1082.
Furley, D., The Geek Cosmologists, 2 vols., Cambridge 1987 f.
Furley, D., Lucretius the Epicurean, in: Lucrèce. Entretiens sur l'Antiquité classique, tome 24, Genève 1977, S. 9–17.
Fusil, C. A., La Renaissance de Lucrèce au seizième siècle, in: Revue du XVIe siècle, Paris 1928, S. 134 ff.
Gabler, H. J., Geschmack und Gesellschaft. Rhetorische und sozialgeschichtliche Aspekte der frühaufklärerischen Geschmackskategorie, Frankfurt a. M./Bern 1982.
Gabotto, F., L'epicureismo nella vita del '400, in: Rivista di filosofia scientifia VIII (1889), S. 730–739.
Garfagnini, G. C. (Hrsg.), Callimaco Esperiente. Poeta e politico del '400, Firenze 1987.
Garin, E., Ricerche sull'epicureismo del Quattrocento, in: ders., La cultura filosofica del Rinascimento italiano, Firenze 1969.
Garin, E., Il ritorno dei filosofi antichi, Napoli 1983.
Gawlick, G., Georg Friedrich Meiers Stellung in der Religionsphilosophie der deutschen Aufklärung, in: G. Hinske (Hrsg.), Zentren der Aufklärung I. Halle, Aufklärung und Pietismus (Wolfenbüttler Studien zur Aufklärung XV), Heidelberg 1989, S. 157–176.
Gawlick, G., Thomasius und die Denkfreiheit, in: W. Schneiders (Hrsg.), Christian Thomasius (1655–1728), Hamburg 1989, S. 256–273.

Gehlen, A., Über die Geburt der Freiheit aus der Entfremdung, in: ders., Studien zur Anthropologie und Soziologie, Neuwied 1963, S. 232–245.
Genet, L., Anthropologie de la Grèce antique, Paris 1968.
Gerdt, S., Idealisierte Natur. Die literarische Kontroverse um den Landschaftsgarten des 18. und frühen 19. Jahrhunderts in Deutschland, Stuttgart 1981.
Gerhardt, V., Macht und Metaphysik, in: Nietzsche-Studien 10/11 (1981/82), S. 193–209.
Gerl, H.-B., Einführung in die Philosophie der Renaissance, Darmstadt 1989.
Gerth, H. H., Bürgerliche Intelligenz um 1800. Zur Soziologie des deutschen Frühliberalismus, Göttingen 1976.
Giesecke, M., Der Buchdruck in der frühen Neuzeit. Eine historische Fallstudie über die Durchsetzung neuer Informations- und Kommunikationstechnologien, Frankfurt a. M. 1991.
Gigante, M., Philodème: Sur la liberté de la parole, in: Actes du VIIIe congrès de l'Association Guillaume Budé, Paris 1968, S. 196–217.
Gigon, O., Sokrates. Sein Bild in Dichtung und Geschichte, Bern 2. erg. Aufl. 1979.
Gigon, O., Horaz und die Philosophie, in: ders., Die antike Philosophie als Maßstab und Realität, München 1977, S. 437–481.
Ginzburg, C., Der Käse und die Würmer. Die Welt eines Müllers um 1600, Frankfurt a. M. 1979.
Ginzburg, C., Kunst und soziales Gedächtnis. Die Warburg-Tradition, in: ders., Spurensicherung. Über verborgene Geschichte, Kunst und soziales Gedächtnis, Berlin 1989, S. 149–233.
Giustiniani, V. R., Lo scrittore e l'uomo nell'epistolario di Francesco Filelfo, in: Francesco Filelfo nel quinto centenario della morte. Atti del XVII convegno di Studi Macerati, Padova 1986, S. 249–275.
Gleichen-Rußwurm, A. v., Das Jahrhundert des Rokoko. Kultur- und Sittengeschichte aller Zeiten und Völker, Bd. 15, Wien u. a. o. J.
Gleichen-Rußwurm, A. v., Wachstum und Wandel im Garten Epikurs, in: Epikurs Lehre, hrsg. von A. v. Gleichen-Rußwurm, Jena 1909, S. 2–35.
Gleissner, R., Die Entstehung der ästhetischen Humanitätsidee in Deutschland, Stuttgart 1988.
Glücksmann, A., Am Ende des Tunnels. Eine Bilanz des 20. Jahrhunderts, Berlin 1991.
Göpfert, H. G., Buch und Leser, Heidelberg 1981 (Schriften des Wolfenbüttler Arbeitskreises für Geschichte des Buchwesens, Bd. 1).
Görlich, B., Lehr, A., Materialismus und Subjektivität in den Schriften Georg Büchners, in: H. L. Arnold (Hrsg.), Georg Büchner, 3 Bde., München 2. Aufl. 1982 (Sonderband Text und Kritik), Bd. III, S. 35–62.
Goetschel, W., Review Essay: Neue Literatur zur Aufklärung, in: German Quarterly 62 (1989), S. 235–241.
Goldfriedrich, J., Geschichte des deutschen Buchhandels vom Westfälischen Frieden bis zum Beginn der Fremdherrschaft, 2 Bde., Leipzig 1970 (Neudruck der Ausgabe Leipzig 1908/1909).
Goldschmidt, V., La doctrine d'Epicure et le droit, Paris 1977.
Gombrich, E. H., Meditationen über ein Steckenpferd. Von den Wurzeln und Grenzen der Kunst, Frankfurt a. M. 1978.

Goncourt, E., Goncourt, J., Die Frau im 18. Jahrhundert, Bern/Stuttgart/Wien 1963.
Gori, G., La rinascità dello scetticismo e dell'epicureismo. Gassendi, in: Storia della Filosofia, diritta da M. dal Pra, vol. VII, Milano 1976, S. 467–494.
Goyard-Fabre, S., La philosophie des lumières en France, Paris 1972.
Graeber, W., Moralistik und Zeitschriftenliteratur im frühen 18. Jahrhundert, Frankfurt a. M. 1986.
Graeser, A., Die Philosophie der Antike 2. Sophistik und Sokratik, Plato und Aristoteles, München 1983.
Graeser, A., Stoa, in: O. Höffe (Hrsg.), Klassiker der Philosophie, 2 Bde., München 1981, Bd. 1, S. 116–136.
Graevenitz, G. v., Innerlichkeit und Öffentlichkeit. Aspekte deutscher bürgerlicher Literatur im frühen 18. Jahrhundert, in: DVjS, Sonderheft 18. Jahrhundert (1975), S. 1–82.
Granderoute, R., Apropos du Marquis d'Argens, in: P. Rétat (Hrsg.), Le journalisme d'Ancien Régime, Lyon 1982, S. 315–331.
Grappin, P. (Hrsg.), L'Allemagne des Lumières. Périodiques, correspondances, témoignages, Metz 1982.
Gregory, T., Il libertinismo della prima metà del seicento. Stato attuale degli studi e prospettive di ricerca, in: Ricerche su letteratura libertina e letteratura clandestina nel seicento, Firenze 1981, S. 3–48.
Grève, M. de, François Rabelais et les libertins due XVIIe siècle, in: Etudes Rabelaisiennes I (1956), S. 120–150.
Grimal, P., Le Poème de Lucrèce en son temps, in: Lucrèce. Entretiens sur l'Antiquité classique, tome 24, Genève 1977, S. 233–262.
Grimal, P., Quelques aspects épicuriens des Géorgiques, in: Journal des Savants, 1980, S. 51–66.
Grimal, P., Seneca. Macht und Ohnmacht des Geistes, Darmstadt 1988.
Grimm, R., Cœur und Carreau. Über die Liebe bei Georg Büchner, in: H. L. Arnold (Hrsg.), Georg Büchner, 3 Bde., 2. Aufl. München 1982 (Sonderband Text und Kritik), Bd. I/II, S. 299–326.
Grimminger, R., Glücksansprüche, in: Das Glück, Kursbuch 95 (März 1989), S. 2–20.
Groß, E., Christoph Martin Wieland „Geschichte des Agathon". Entstehungsgeschichte, Berlin 1930.
Gruenter, R. v. (Hrsg.), Leser und Lesen im 18. Jahrhundert. Beiträge zu einer Geschichte der Literatur und Kunst des 18. Jahrhunderts, Bd. 1, Heidelberg 1977.
Günther, H., Darstellung der sozialen Wirklichkeit im frühen bürgerlichen Trauerspiel, in: R. Vierhaus (Hrsg.), Bürger und Bürgerlichkeit im Zeitalter der Aufklärung (Wolfenbüttler Studien zur Aufklärung VII), Heidelberg 1981, S. 131–146.
Gulyga, A. W., Der deutsche Materialismus am Ausgang des 18. Jahrhunderts, Berlin 1965.
Guyau, J.-M., La morale d'Epicure et ses rapports avec des doctrines contemporaines, Paris 7. Aufl. 1927.
Habermas, J., Die Moderne – ein unvollendetes Projekt. Rede aus Anlaß der Verleihung des Adorno-Preises der Stadt Frankfurt a. M. (11. 9. 1980), in: ders., Kleine politische Schriften 1–4, Frankfurt a. M. 1981, S. 444–464.

Habermas, J., Strukturwandel der Öffentlichkeit, Darmstadt/Neuwied 14. Aufl. 1983 (1. Aufl. 1962).

Habermas, J., Theorie und Praxis. Sozialphilosophische Schriften, Frankfurt a. M. 1978.

Habermas, J., Volkssouveränität als Verfahren. Ein normativer Begriff von Öffentlichkeit, in: Merkur 43 (1989), Heft 6, S. 456–477.

Hacker, M., Anthropologische und kosmologische Ordnungsutopien. Christoph Martin Wielands ›Natur der Dinge‹, Würzburg 1989.

Hadot, P., Exercises spirituels et philosophie antique, Paris 1981.

Hadot, P., Forms of Life and Forms of Discourse in Ancient Philosophy, in: Critical Inquiry 16 (1990), S. 483–505.

Hadot-Marten, I., Seneca und die Tradition griechisch-römischer Seelenleitung, Berlin 1979.

Hadzsitis, G. D., Lucretius and his Influence, London/Calcutta/Sydney 1935.

Hagendahl, H., Latin Fathers and the Classics, Göteborg 1958.

Hammerschmidt, V., Wilke, J., Die Entdeckung der Landschaft. Englische Gärten des 18. Jahrhunderts, Stuttgart 1990.

Handke, P., Jemand anderer – Herrmann Lenz, in: ders., Als Wünschen noch geholfen hat, Frankfurt a. M. 4. Aufl. 1977, S. 81–100.

Hatzfeld, H., The Rokoko. Erotism, Wit and Elegance in European Literatur, New York 1972.

Haug, W., Die Zwerge auf den Schultern der Riesen – Epochales und typologisches Geschichtsdenken und das Problem der Interferenzen, in: R. Herzog, R. Koselleck (Hrsg.), Epochenschwelle und Epochenbewußtsein, München 1987 (Poetik und Hermeneutik XII), S. 167–195.

Hazard, P., Die Krise des europäischen Geistes, mit einer Einführung von C. Schmid, Hamburg 5. Aufl. 1939.

Heller, A., Der Mensch der Renaissance, Köln/Lövenich 1982.

Hemmerich, G., Christoph Martin Wielands ›Geschichte des Agathon‹. Eine kritische Werkinterpretation, Nürnberg 1979.

Herzog, R., Koselleck, R. (Hrsg.), Epochenschwelle und Epochenbewußtsein, München 1987 (Poetik und Hermeneutik XII).

Hettner, H., Literaturgeschichte des achtzehnten Jahrhunderts, 3 Teile, Braunschweig 1856–1883.

Hinderer, W., Büchner. Kommentar zum dichterischen Werk, München 1977.

Hinske, G. (Hrsg.), Zentren der Aufklärung I. Halle, Aufklärung und Pietismus (Wolfenbüttler Studien zur Aufklärung XV), Heidelberg 1989.

Hirschman, A. O., Leidenschaften und Interessen. Politische Begründungen des Kapitalismus vor seinem Sieg, Frankfurt a. M. 1980.

Hocke, G. R., Lukrez in Frankreich. Von der Renaissance bis zur Revolution, Köln 1935.

Hohendahl, P. U., Empfindsamkeit und gesellschaftliches Bewußtsein, in: Jahrbuch der deutschen Schillergesellschaft 16 (1972), S. 176–207.

Holzhey, H., Initiiert Thomasius einen neuen Philosophentypus?, in: W. Schneiders (Hrsg.), Christian Thomasius (1655–1728), Hamburg 1989, S. 37–51.

Holzhey, H., Der Philosoph für die Welt – eine Chimäre der deutschen Aufklärung?, in: ders., W.Ch. Zimmerli (Hrsg.), Esoterik und Exoterik in der Philosophie, Basel/Stuttgart 1977, S. 117–138.

Honneth, A., Kritik der Macht. Reflexionsstufen einer kritischen Gesellschaftstheorie Frankfurt a. M. 1989.

Hope, Q. H., Saint-Evremont. The Honnête Homme as Critic, Bloomington 1962.

Horkheimer, M., Anfänge der bürgerlichen Geschichtsphilosophie, in: ders., Gesammelte Schriften, Bd. 2, Frankfurt a. M. 1987, S. 179–270.

Horkheimer, M., Adorno, Th. W., Dialektik der Aufklärung. Philosophische Fragmente, Frankfurt a. M. 1969 (New York 1. Aufl. 1944).

Hossenfelder, M., Epikur, München 1991.

Hossenfelder, M., Die Philosophie der Antike 3. Stoa, Epikureismus und Skepsis, München 1985.

Imhof, A. E., Die verlorenen Welten. Alltagsbewältigung durch unsere Vorfahren – und warum wir uns heute so schwer damit tun, München 1984.

Im Hof, U., Das gesellige Jahrhundert. Gesellschaft und Gesellschaften im Zeitalter der Aufklärung, München 1982.

Iser, W., Das Fiktive und das Imaginäre. Perspektiven einer literarischen Anthropologie, Frankfurt a. M. 1991.

Iser, W., Ikonologie Arkadiens, in: Akzente 37 (1990), Heft 5, S. 225–229.

Jäger, M., Die Ästhetik als Antwort auf das Kopernikanische Weltbild. Die Beziehung zwischen den Naturwissenschaften und der Ästhetik Alexander Gottlieb Baumgartens und Georg Friedrich Meiers, Hildesheim/Zürich/New York 1984.

Jakobson, R., Poetik. Ausgewählte Aufsätze 1921–1971, Frankfurt a. M. 1979.

Japp, U., Beziehungssinn. Ein Konzept der Literaturgeschichte, Frankfurt a. M. 1980.

Jentsch, J., Zur Geschichte des Zeitungslesens in Deutschland am Ende des 18. Jahrhunderts, mit besonderer Berücksichtigung der gesellschaftlichen Formen des Zeitungslesens, Leipzig 1937.

Johnson, L., Thomas Hobbes: Architektonik – Interpretation – Anthropologie, Wien 1986.

Jones, H., The Epicurean Tradition, London/New York 1989.

Jones, H., Pierre Gassendi 1592–1655. An Intellectual Biography, Neuwkoop 1981.

Joukowski, F., L'épicurisme poétique au XVIe siècle, in: Actes du VIIIe congrès de l'Association Guillaume Budé, Paris 1968, S. 639–675.

Kahl, J., „Der Fels des Atheismus“. Epikurs und Georg Büchners Kritik an der Theodizee, in: Georg-Büchner-Jahrbuch 2 (1982) S. 99–125.

Kaiser, W., Praisers of Folly. Erasmus, Shakespeare, Rabelais, London 1964.

Kaufmann, W., Nietzsche. Philosoph – Psychologe – Antichrist, Darmstadt 1982.

Keßler, E., Antike Tradition, historische Erfahrung und philosophische Reflexion in Petrarcas ›Brief an die Nachwelt‹, in: A. Buck (Hrsg.), Biographie und Autobiographie in der Renaissance, Wiesbaden 1987, S. 21–34.

Kiesel, W., Münch, P., Gesellschaft und Literatur im 18. Jahrhundert, München 1977.

Kirchner, J., Die Grundlagen des deutschen Zeitschriftenwesens, 2 Teile, Leipzig 1928 ff.

Klepl, H., Lukrez und Virgil in ihren Lehrgedichten, Dresden 1940.

Kleve, K., The philosophical Polemies in Lucretius, in: Lucrèce. Entretiens sur l'Antiquité classique, tome 24, Genève 1977, S. 39–72.

Knautz, I., Epische Schwärmerkuren. Johann Karl Wezels Romane gegen die Melancholie, Würzburg 1990.

König, E., Körper – Wissen – Macht. Studien zur Anthropologie des Körpers, Berlin 1989.

Kondylis, P., Die Aufklärung im Rahmen des neuzeitlichen Rationalismus, München 1986.

Kopitzsch, F. (Hrsg.), Aufklärung, Absolutismus und Bürgertum, München 1976.

Kopitzsch, F., Lesegesellschaften im Rahmen einer Bürgerrepublik, in: O. Dann (Hrsg.), Lesegesellschaften und bürgerliche Emanzipation. Ein europäischer Vergleich, München 1981, S. 87–102.

Koselleck, R., Kritik und Krise. Ein Beitrag zur Pathogenese der bürgerlichen Welt, Freiburg/München 1959.

Koyré, A., Gassendi et son temps, in: Actes du Congrès du Tricentenaire de Pierre Gassendi, Digne 1957, S. 175–190.

Krämer, H., Epikur und die hedonistische Tradition, in: Gymnasium 87 (1980), S. 294–326.

Krämer, H., Plädoyer für eine Rehabilitation der Individualethik, Amsterdam 1987.

Krämer, H., Platonismus und hellenistische Philosophie, Berlin/New York 1971.

Krämer, H., Zum Problem einer hedonistischen Ethik, in: AZP 9/1 (1984), S. 11–29.

Krauss, W., Fontenelle und die Aufklärung, München 1969.

Kraye, J., Francesco Filelfo on emotions, virtues and vices. A Re-examination of his Sources, in: Bibliothèque d'Humanisme et Renaissance 43 (1981) S. 129–140.

Kraye, J., Moral Philosophy, in: C. B. Schmitt u. a. (Hrsg.), The Cambridge History of Renaissance Philosophy, Cambridge 1988, S. 301–386.

Krebs, R. (Hrsg.), Recherches nouvelles sur l'«Aufklärung». Actes du 18e congrès de l'Association des Germanistes de l'Enseignement Supérieure, Reims 1987.

Kristeller, P. O., Marsilio Ficino and his Work after Five Hundred Years, Firenze 1987.

Kruse, M., Die französischen Moralisten des 17. Jahrhunderts, in: K. v. See (Hrsg.), Neues Handbuch der Literaturwissenschaft, Bd. 10, Frankfurt a. M. 1972, S. 280–300.

Labrousse, E., Pierre Bayle, 2 vols., La Haye 1963f.

Lacy, P. H. de, Lucretius and the History of Epicureanism, in: TAPA 74 (1948), S. 12–23.

Lammonier, P., Ronsard, poète lyrique, Genève 1972 (Nachdruck der Ausgabe Paris 1932).

Landmann, M., Philosophische Anthropologie, Berlin/New York 4. Aufl. 1976.

Lange, F. A., Geschichte des Materialismus und Kritik seiner Bedeutung in der Gegenwart, Iserlohn 1866.

Laska, B. A., Einleitung, in: La Mettrie, J. O. de, Über das Glück oder Das höchste Gut („Anti-Seneca"), Nürnberg 1985.

Laska, B. A., Julien Offray de La Mettrie. Essay, in: La Mettrie, J. O. de, Der Mensch als Maschine, Nürnberg 1984, S. I–XXXVI.

Le Matérialisme du XVIIIe siècle et la littérature clandestine. Actes de la table ronde des 6 et 7 juin 1980, dirigée par. O. Bloch, Paris 1982.

Lefevre, E. (Hrsg.), Der Einfluß Senecas auf das europäische Drama, Darmstadt 1978.
Lehnert, M., Lukretius in der Renaissance, Königsberg 1904.
Leites, E., Puritanisches Gewissen und moderne Sexualität, Frankfurt a. M. 1989.
Lemke, D., Die Theologie Epikurs, München 1973.
Lengauer, H., Zur Sprache moralischer Wochenschriften. Untersuchungen zur rhetorischen Vermittlung der Moral in der Literatur des 18. Jahrhunderts, Wien 1975.
Lentzen, M., Studien zur Dante-Exegese Cristoforo Landinos, Köln/Wien 1971.
Lenz, H., Überwindung der Einsamkeit, in: G. Melzer, J. Tükel (Hrsg.), Die Arbeit am Glück. Peter Handke, Königstein/Ts. 1985, S. 45–74.
Lepenies, W., Melancholie und Gesellschaft, Frankfurt a. M. 1972.
Lieberwirth, R., Die französischen Kultureinflüsse auf den deutschen Frühaufklärer Christian Thomasius, in: Wissenschaftliche Zeitschrift der Martin-Luther-Universität Halle-Wittenberg, gesellschafts- und sprachwissenschaftliche Reihe 23 (1984), Heft 1, S. 63–73.
Liebig, G., Die Lehre von der Lust in den Ethiken des Aristoteles, München 1985.
Lohmeier, A.-M., Beatus ille: Studien zum „Lob des Landlebens" in der Literatur des absolutistischen Zeitalters, Tübingen 1981.
Long, A. A., Hellenistic Philosophy. Stoics, Epicureans, Sceptics, London 1974.
Lougee, C. C., „Le paradis des femmes". Women, Salons and Social Stratification in 17th-Century France, Princeton 1976.
Longo, M., La storia della filosofia tra eclettismo e pietismo, in: G. Santinello (Hrsg.), Storia delle storie generali della filosofia, Bd. 2, Brecia 1979, S. 329–635.
Lovejoy, A. O., Die große Kette der Lebewesen. Geschichte eines Gedankens, Frankfurt a. M. 1985.
Loy, R. J., Rococo and the Novel as Guide to Periodisation in the Eighteenth Century, in: Studies on Voltaire and the Eighteenth Century 190 (1980), S. 166–176.
Lühe, I. v. der, Natur und Nachahmung, Untersuchungen zur Batteux-Rezeption in Deutschland, Bonn 1978.
Luhmann, N., Ethik als Reflexionstheorie der Moral, in: ders., Gesellschaftsstruktur und Semantik, Bd. 3, Frankfurt 1989, S. 358–447.
Luhmann, N., Gesellschaftliche Struktur und semantische Tradition, in: ders., Gesellschaftsstruktur und Semantik, Bd. 1, Frankfurt a. M. 1980, S. 9–71.
Luhmann, N., Individuum, Individualität, Individualismus, in: ders., Gesellschaftsstruktur und Semantik, Bd. 3, Frankfurt a. M. 1989, S. 149–258.
Luhmann, N., Moderne Systemtheorie als Form gesellschaftlicher Analyse, in: J. Habermas, N. Luhmann, Theorie der Gesellschaft oder Sozialtechnologie – Was leistet die Systemforschung?, Frankfurt a. M. 1976, S. 7–24.
Luhmann, N., Sinn als Grundbegriff der Soziologie, in: J. Habermas, N. Luhmann, Theorie der Gesellschaft oder Sozialtechnologie – Was leistet die Systemforschung?, Frankfurt a. M. 1976, S. 25–100.
Luhmann, N., Soziale Systeme. Grundlagen einer allgemeinen Theorie, Frankfurt a. M. 1984.
Luhmann, N., Soziologische Aufklärung, Bd. 4. Beiträge zu einer funktionalen Differenzierung der Gesellschaft, Opladen 1987.

Mächler, B., Montaignes Essais und das philosophische System von Epikur und Lukrez, Diss. Zürich 1985.
Maler, A., Der Held im Salon. Zum antiheroischen Programm deutscher Rokoko-Epik, Tübingen 1973.
Mannheim, E., Aufklärung und öffentliche Meinung, Stuttgart 1979 (1. Auflage unter dem Titel ›Die Träger der Aufklärung‹, Brünn 1933).
Manthey, J., Glossa continua II, in: Merkur 43 (1989), Heft 8, S. 723–728.
Marcuse, H., Zur Kritik des Hedonismus, in: ders., Schriften, 9 Bde., Frankfurt a. M. 1978 ff., Bd. 3, S. 250–285.
Marcuse, L., Philosophie des Glücks. Von Hiob bis Freud, Zürich 1972.
Markovits, F., Marx dans le jardin d'Epicure, Paris 1974.
Marquard, O., Artikel „Anthropologie", in: J. Ritter, Historisches Wörterbuch der Philosophie, Bd. 1, Darmstadt 1971, Sp. 362–374.
Martens, W., Die Botschaft der Tugend. Die Aufklärung im Spiegel der deutschen Moralischen Wochenschriften, Stuttgart 1971.
Martens, W., Die Geburt des Journalisten in der Aufklärung, in: G. Schulz (Hrsg.), Wolfenbüttler Studien zur Aufklärung I, Wolfenbüttel 1974, S. 99–136.
Martens, W., Leserezepte für Frauenzimmerbibliotheken der deutschen Moralischen Wochenschriften, Frankfurt a. M. 1975.
Martens, W., „Schüler der Natur". Albrecht von Hallers Alpengedicht als Utopie sündloser Existenz, in: ders., Literatur und Frömmigkeit in der Zeit der Aufklärung, Tübingen 1989, S. 276–286.
Martin, A. v., Soziologie der Renaissance, München 3. Aufl. 1974.
Martin, H., u. a. (Hrsg.), Technologies of the self. A Seminar with Michel Foucault, Amherst 1988.
Mauersperger, A., Plato und Aristipp, in: Hermes 61 (1926), S. 208–230.
Mauser, W., „Der Flor der Republik" Verdienstbewußtsein und Literatur im Absolutistischen Staat, in: Zwischen Aufklärung und Restauration. Sozialer Wandel in der deutschen Literatur 1700–1848, Festschrift für Wolfgang Martens, Tübingen 1989, S. 65–83.
Mauser, W., Geselligkeit. Zu Chance und Scheitern einer sozialethischen Utopie 1750, in: K. Eibl, Entwicklungsschwellen im 18. Jahrhundert, Hamburg 1989, S. 5–36.
Mauser, W., Wielands ›Geschichte der Abderiten‹, in: Germanistische Studien 16 (1969) S. 164–177.
Mauthner, F., Der Atheismus und seine Geschichte im Abendlande, 4 Bde., Frankfurt a. M. 1989 (1. Aufl. Stuttgart 1920 ff.).
Mauzi, R., L'idée du bonheur dans la littérature et la pensée française du XVIIIe siècle, Paris 1960.
Mayer, G., Die Begründung des Bildungsromans durch Wieland. Die Wandlung der ›Geschichte des Agathon‹, in: Jahrbuch der Raabe-Gesellschaft (1970), S. 7–36.
Mayer, T. M., Büchner und Weidig. Frühkommunismus und revolutionäre Demokratie, in: H. L. Arnold (Hrsg.), Georg Büchner, 3 Bde., München 2. Aufl. 1982 (Sonderband Text und Kritik), Bd. I/II, S. 16–298.
Mayo, T. F., Epicurus in England 1650–1725, Cambridge 1934.

McCarthy, J., Fantasy and Reality. An epistemical Approach to Wieland, Bern/Frankfurt a. M. 1974.

McIntyre, A., After Virtue. A Study in Moral Theory, Notre Dame 2. Aufl. 1984.

Medick, H., Zur strukturellen Funktion von Haushalt und Familie im Übergang von der traditionellen Agrargesellschaft zum industriellen Kapitalismus: Die protoindustrielle Familienwirtschaft, in: U. Herrmann, Das pädagogische Jahrhundert. Volksaufklärung und Erziehung zur Armut im 18. Jahrhundert in Deutschland, Weinheim/Basel 1981, S. 75–96.

Mensching, G., Totalität und Autonomie. Untersuchungen zur politischen Gesellschaftstheorie des französischen Materialismus, Frankfurt a. M. 1971.

Mercier, R., La réhabilitation de la nature humaine (1700–1750), Villemonble 1960.

Merker, N., Die Aufklärung in Deutschland, München 1982.

Merlan, Ph., Aristoteles' und Epikurs müßige Götter, in: ders., Kleine philosophische Schriften, hrsg. von F. Merlan, Hildesheim/New York 1976.

Merlan, Ph., Hedone in Epicurus and Aristotle, in: ders., Studies in Epicurus and Aristotle, Wiesbaden 1960, S. 1–37.

Merlan, Ph., Zwei Fragen der epikureischen Theologie, in: ders., Kleine Philosophische Schriften, hrsg. von F. Merlan, Hildesheim/New York 1976, S. 305–326.

Meyer, H., The Wilderness pleases: Shaftesbury und die Folgen, in: Park und Garten im 18. Jahrhundert. Colloquium der Arbeitsstelle 18. Jahrhundert Gesamthochschule Wuppertal, Heidelberg 1978, S. 16–21.

Meyhöfer, A., Die von der Lust reden, in: Das Glück, Kursbuch 95 (März 1989), S. 105–109.

Michel Foucault oder die Sorge um die Wahrheit. Gespräch mit F. Ewald, in: Pariser Gespräche, Berlin 1985, S. 15–30.

Michelet, J., Histoire de France au seizième siècle, vol. VIII, Paris 1855.

Michelsen, P., Laurence Sterne und der deutsche Roman des 18. Jahrhunderts, Göttingen 1972.

Michelsen, P., Der unruhige Bürger. Der Bürger und die Literatur im 18. Jahrhundert, in: R. Vierhaus, Bürger und Bürgerlichkeit im Zeitalter der Aufklärung (Wolfenbüttler Studien zur Aufklärung VII), Heidelberg 1981, S. 101–130.

Minary, D., Siècle des lumières et radicalisme philosophique en Allemagne, in: R. Krebs (Hrsg.), Recherches nouvelles sur l'«Aufklärung». Actes du 18e congrès de l'Association de Germanistes de l'Enseignement Supérieure, Reim 1987, S. 25–42.

Minyard, J. D., Lucretius and the Late Republic. An essay in Roman intellectual history, Leiden 1985.

Mitis, P., Epicurus on Friendship and Altruism, in: Oxford Studies in Ancient Philosophy, vol. V (1987).

Mittelstraß, J., Neuzeit und Aufklärung, Studien zur Entstehung der neuzeitlichen Wissenschaft und Philosophie, Berlin 1970.

Möller, H., Vernunft und Kritik. Deutsche Aufklärung im 17. und 18. Jahrhundert, Frankfurt a. M. 1986.

Mog, P., Ratio und Gefühlskultur. Studien zu Psychogenese und Literatur im 18. Jahrhundert, Tübingen 1976.

Momigliano, A., The Development of Greek Biography, Cambridge, Mass. 1971.

Momigliano, A., Secondo contributo alla storia degli studi classici, Roma 1960, S. 378.
Mommsen, Th., Römische Geschichte, 8 Bde., München 1976 (Nachdruck der 9. Aufl. 1904).
Mommsen, Th. E., Der Begriff „des finsteren Mittelalters“ bei Petrarca, in: A. Buck (Hrsg.), Begriff und Problem der Renaissance, Darmstadt 1969, S. 151–179.
Monecke, W., Wieland und Horaz, Graz 1964.
Moreau, J., Le méchanisme épicurien et l'ordre de la nature, in: Les études philosophiques 4 (1975) S. 467–486.
Mossé, C., Le IVe siècle (403–336), in: E. Will, C. Mossé, P. Goukowsky, Le monde grec et l'Orient, tome 2, Paris 1975, S. 11–244.
Muchembled, R., Culture populaire et culture des élites dans la France moderne (XVe–XVIIIe siècles). Essais, Paris 1978.
Müller, J. D., curiositas und erfarung der welt im frühen Prosaroman, in: L. Grenzmann, K. Stackmann (Hrsg.), Literatur und Laienbildung im Spätmittelalter und in der Reformationszeit, Stuttgart 1984, S. 252–273.
Müller, J. D., Frühbürgerliche Privatheit und altständische Gemeinschaft. Zu Jörg Wickrams Historie ›Von Guten und Bösen Nachbaurn‹, in: JASL 5 (1980), S. 1–31.
Mühlpfordt, G., Ein kryptoradikaler Thomasianer: Christoph August Heumann, der Thomasius von Göttingen, in: W. Schneiders (Hrsg.), Christian Thomasius (1655–1728), Hamburg 1989, S. 305–333.
Mutschmann, H., Seneca und Epikur, in: Hermes 50 (1915), S. 321–356.
Namer, E., La vie et l'œuvre de Julio Cesare Vanini. Prince des libertins, Paris 1980.
Neumann, G., Einleitung, in: ders. (Hrsg.), Der Aphorismus. Zur Geschichte zu den Formen und Möglichkeiten einer literarischen Gattung, Darmstadt 1976, S. 1–18.
Niderst, A., Fontenelle à la recherche de lui-même, Paris 1972.
Niewöhner, F., Veritas sive varietas. Lessings Toleranzparabel und das Buch Von den drei Betrügern, Heidelberg 1988.
Nipperdey, T., Probleme der Modernisierung in Deutschland, in: Saeculum 30 (1979), S. 292–303.
Nipperdey, T., Verein als soziale Struktur in Deutschland im späten 18. Jahrhundert und im frühen 19. Jahrhundert. Eine Fallstudie zur Moderne, in: ders., Gesellschaft Kultur, Theorie. Gesammelte Aufsätze zur Neueren Geschichte, Göttingen 1976, S. 174–205.
Nisbet, H. B., Herder und Lukrez, in: G. Sauder (Hrsg.), Johann Gottfried Herder 1744–1803. Vorträge, Hamburg 1987, S. 77–89.
Nisbet, H. B., Lucretius in Eighteenth-Century Germany, with a Commentary on Goethe's ›Metamorphose der Tiere‹, in: The Modern Language Review 81 (1986), S. 97–115.
Oates, W. J., Aristotle and the Problem of Value, Princeton 1964.
Opelt, I., Lukrez bei Hieronymus, in: Hermes 100 (1972), S. 76–81.
Oroz-Reta, M. J., Virgil et l'Epicurisme, in: Actes du VIIIe congrès de l'Association Guillaume Budé, Paris 1968, S. 436–447.
Ortheil, H. J., Suchbewegungen der Lebensklugheit, in: ders., Suchbewegungen. Köder, Beute, Schatten, Frankfurt a. M. 1985, S. 144–226.

Otto, S., Einleitung und Grundlegung, in: Geschichte der Philosophie, hrsg. v. R. Bubner, Bd. 3. Renaissance und frühe Neuzeit, Stuttgart 1984, S. 1–85.
Paganini, G., Analisi della fede e critica della ragione nella filosofia di Pierre Bayle, Firenze 1980.
Pagels,E., Adam, Eva und die Schlange. Die Theologie der Sünde, Hamburg 1991.
Pagnoni, M. R., Prime note sulla tradizione medievale ed umanistica di Epicuro, in: Annali della Scuola Normale Superiore di Pisa, classe di lettere e filosofia, ser. III., vol. IV (1974), S. 1443–1457.
Panizza Lorch, M. de, A Defense of Life. Valla's Theory of Pleasure, München 1985.
Panizza Lorch, M. de, Le tre versioni del „de vero" del Valla, in: Rinascimento VI (1955), S. 349–384.
Panofsky, E., Die Renaissancen der europäischen Kunst, Frankfurt a. M. 2. Aufl. 1984.
Penzig, P., Die Ethik Gassendis und ihre Quellen, Bonn 1910.
Perels, Chr. Studien zur Aufnahme und Kritik der Rokokolyrik zwischen 1740 und 1760, Göttingen 1974.
Perpeet, W., Das Kunstschöne. Sein Ursprung in der italienischen Renaissance, Freiburg/München 1987.
Perrens, F. J., Les Libertins en France au XVIIe siècle, Paris 1899.
Pesce, D., Saggio su Epicuro, Bari/Roma 1974.
Petersen, P., Geschichte der Aristotelischen Philosophie im protestantischen Deutschland, Leipzig 1921.
Phelan, T., Ironic Lovers: Wielands Aristipp und einige seiner Zeitgenossen, in: German Life and Letters 29 (1979), S. 97–108.
Philippson, R., Akademische Verhandlungen über die Lustlehre, in: Hermes 60 (1925), S. 444–481.
Picard, R., Les Salons littéraires et la société française 1616–1789, New York 1943.
Pintard, P., Le libertinage érudit dans la première moitié du XVIIe siècle, Genève/Paris 1983 (Neudruck der Ausgabe Paris 1943).
Pintard, P., Les problèmes de l'histoire du libertinage, notes et reflexions, in: XVIIe Siècle 32 (1980), S. 131–161.
Pittrof, Th., Knigges Aufklärung über den Umgang mit Menschen, München 1989.
Popkin, R. H., Epicureanism and Scepticism in the Early 17th Century, in: R. Palmer, R. Hamerton-Kelly (Hrsg.), Philomathes. Studies and Essays in the Humanities in Memory of Philip Merlan, The Hague 1971, S. 346–357.
Pott, M., Radikale Aufklärung und Freidenker. Materialismus und Religionskritik in der deutschen Frühaufklärung, in: Deutsche Zeitschrift für Philosophie 7 (1990), S. 639–650.
Preaux, C., Le monde hellénistique, 2 vols., Paris 1978.
Proust, J., Diderot et l'Encyclopédie, Paris 1962.
Prüsener, M., Lesegesellschaften im 18. Jahrhundert. Ein Beitrag zur Lesergeschichte, München 1972.
Pütz, P., Christoph Martin Wieland, in: B. v. Wiese (Hrsg.), Deutsche Dichter des 18. Jahrhunderts. Ihr Leben und Werk, Berlin 1977, S. 340–370.
Raabe, P., Die Zeitschrift als Medium der Aufklärung, in: G. Schulz (Hrsg.), Wolfenbüttler Studien zur Aufklärung I, Wolfenbüttel 1974, S. 84–98.

Rabbow, P., Seelenführung. Methodik der Exerzitien in der Antike, München 1954.

Raith, O., Petronius ein Epikureer, Nürnberg 1963.

Redondi, P., Galilei – Der Ketzer, München 1989.

Reichardt, R., Wandlungen des Honnêteté-Ideals vom Absolutismus zur Französischen Revolution: Zwischenbilanz der Forschung aus sozialhistorischer Sicht, in: Romanistische Zeitschrift für Literaturgeschichte 11 (1987), S. 174–192.

Reichardt, R., «Histoire des Mentalités». Eine neue Dimension der Sozialgeschichte am Beispiel des französischen Ancien Régime, in: Internationales Archiv für Sozialgeschichte der deutschen Literatur 3 (1978) S. 130–166.

Rétat, P., Libertinage et hétérodoxie: Pierre Bayle, in: XVIIe siècle 32 (1980), no. 2, S. 197–211.

Ricœur, P., Die Interpretation. Ein Versuch über Freud, Frankfurt a. M. 1974.

Riedel, M., Bürger, Staatsbürger, Bürgertum, in: O. Brunner, W. Conze, R. Koselleck (Hrsg.), Geschichtliche Grundbegriffe, Bd. 1, Stuttgart 1972, S. 672–725.

Rochot, B., Les travaux de Gassendi sur Epicure et sur l'atomisme 1619–1658, Paris 1944.

Rodis-Lewis, F., Nature et civilisation dans l'épicurisme, in: Les études philosophiques 4 (1975), S. 415–433.

Röd, W., Die Philosophie der Antike 1. Von Thales bis Demokrit, München 1976.

Röd, W., Die Philosophie der Neuzeit 1. Von Francis Bacon bis Spinoza, München 1978.

Roger, J., Les sciences de la vie dans la pensée française du XVIIIe siècle. La génération des animaux de Descartes à l'encyclopédie, Paris 1963.

Rosmarin, L. A., Saint-Evremont. Artiste de l'euphorie, Birmingham, Alabama 1987.

Rostovtzeff, M., Die hellenistische Welt. Gesellschafts- und Wirtschaftsgeschichte, 3 Bde., Darmstadt 1955.

Roth, O., Die Gesellschaft der Honnêtes Gens. Zur sozialethischen Grundlegung des Honnêteté-Ideals bei La Rochefoucauld, Heidelberg 1981.

Roth, O., Zur Problematik einer epikureischen La Rochefoucauld-Deutung, in: Romanistisches Jahrbuch 28 (1977), S. 73–95.

Roveri, A., Tyche bei Polybios, in: K. Striewe, N. Holzberg (Hrsg.), Polybios, Darmstadt 1982, S. 297–326.

Rowland, H., Musarion und Wieland's Concept of Genre, Göppingen 1975.

Ruppert, W., Bürgerlicher Wandel. Die Geburt der modernen Gesellschaft, Frankfurt a. M. 4. Aufl. 1984.

Saine, T. P., Von der Kopernikanischen bis zur Französischen Revolution. Die Auseinandersetzung der deutschen Frühaufklärung mit der neuen Zeit, Berlin 1987.

Sandbach, F. H., The Stoics, London 1975.

Santillana, F. de, Eudoxos and Plato, in: Isis 32 (1940), S. 248–262.

Sauder, G., Der reisende Epikureer. Studien zu Moritz August von Thümmels Roman ›Reise in die mittäglichen Provinzen von Frankreich‹, Heidelberg 1968.

Schadewaldt, W., Eudoxos von Knidos und die Lehre vom unbewegten Beweger, in: ders., Hellas und Hesperien. Gesammelte Schriften in 2 Bdn., Zürich/Stuttgart 1960.

Schatzberg, W., Scientific Themes in the Popular Literature and the Poetry of the German Enlightenment 1720–1760, Bern 1973.

Schenda, R., Volk ohne Buch. Studien zur Sozialgeschichte der populären Lesestoffe 1770–1790, Frankfurt a. M. 1970.

Schepers, W., Hirschfelds Theorie der Gartenkunst 1779–1785, Worms 1980.

Schieder, Th., Friedrich der Große, ein Königtum der Widersprüche, Frankfurt a. M./Berlin 2. Aufl. 1982.

Schings, H. J., Melancholie und Aufklärung. Melancholiker und ihre Kritiker in Erfahrungsseelenkunde und Literatur des 18. Jahrhunderts, Stuttgart 1977.

Schippers, H., Artikel „Natur", in: O. Brunner, W. Conze, R. Koselleck (Hrsg.), Geschichtliche Grundbegriffe, Bd. 4, Stuttgart 1978, S. 215–244.

Schlaffer, H., Musa iocosa. Gattungspoetik und Gattungsgeschichte der erotischen Dichtung in Deutschland, Stuttgart 1971.

Schlumbohm J., „Traditonale" Kollektivität und „moderne" Individualität: Einige Fragen und Thesen für eine Sozialisationsforschung, in: R. Vierhaus (Hrsg.), Bürger und Bürgerlichkeit im Zeitalter der Aufklärung (Wolfenbüttler Studien zur Aufklärung VII), Heidelberg 1981, S. 265–320.

Schmid, W., Artikel „Epikur", in: RAC, Bd. V, Sp. 681–819.

Schmid, W., Auf der Suche nach einer neuen Lebenskunst. Die Frage nach dem Grund und die Neubegründung einer Ethik bei Foucault, Frankfurt a. M. 1991.

Schmid, W., Götter und Menschen in der Theologie Epikurs, in: Rheinisches Museum NF 94 (1951), S. 97–156.

Schmid, W., Lukrez und der Wandel seines Bildes, in: Antike und Abendland 2 (1946), S. 193–219.

Schmidt, A., Das essayistische Werk zur deutschen Literatur, 4 Bde., Zürich 1988.

Schmidt, A.-M., La poésie scientifique en France au XVIe siècle, Lausanne 1970.

Schmidt, E. G., Zu Karl Marx' Epikurstudien (Doktordissertation und Vorarbeiten), in: Philologus 113 (1969), S. 129–147.

Schmidt, F. A., Arkadien: Abendland und Antike, in: Antike und Abendland 21 (1975), S. 36–57.

Schmidt, J., Einleitung: Aufklärung, Gegenaufklärung, Dialektik der Aufklärung, in: ders. (Hrsg.), Aufklärung und Gegenaufklärung in der europäischen Literatur, Philosophie und Politik von der Antike bis zur Gegenwart, Darmstadt 1989, S. 1–32.

Schmidt, J., Für und wider die Lust: Epikur und Antiepikureismus von der Antike bis zur Moderne. Mit einem Versuch über Hieronymus Boschs ›Garten der Lüste‹, in: ders. (Hrsg.), Aufklärung und Gegenaufklärung in der europäischen Literatur und Politik von der Antike bis zur Gegenwart, Darmstadt 1989, S. 206–219.

Schmidt, J., Die Geschichte des Geniegedankens in der deutschen Literatur, Philosophie und Politik 1750–1945, 2 Bde., Darmstadt 1985.

Schmidt-Biggemann, W., Diderots ›Encyclopédie‹-Konzept, in: C. Jamme, H. Kurz (Hrsg.), Idealismus und Aufklärung, Stuttgart 1988, S. 117–136.

Schmidt-Biggemann, W., Theodizee und Tatsachen. Das philosophische Profil der Aufklärung, Frankfurt a. M. 1988.

Schmitz, H., Plato und Aristoteles, 2 Bde., Bonn 1985.

Schnädelbach, H., Der auferstandene Epikur. Erfahrungen mit akademischer Jugend, in: ders., Vernunft und Geschichte, Frankfurt a. M. 1987, S. 285–289.

Schneider, G., Der Libertin. Zur Geistes- und Sozialgeschichte des Bürgertums im 16. und 17. Jahrhundert, Stuttgart 1970.

Schneider, U. J., Die Vergangenheit des Geistes. Eine Archäologie der Philosophiegeschichte, Frankfurt a. M. 1990.

Schneiders, W., Aufklärung und Vorurteilskritik. Studien zur Geschichte der Vorurteilstheorie, Stuttgart-Bad Cannstatt 1983.

Schneiders, W., Naturrecht und Liebesethik. Zur Geschichte der praktischen Philosophie im Hinblick auf Christian Thomasius, Hildesheim 1971.

Schneiders, W., Thomasius politicus. Einige Bemerkungen über Staatskunst und Privatpolitik in der aufklärerischen Klugheitslehre, in: N. Hinske (Hrsg.), Zentren der Aufklärung I, Halle. Aufklärung und Pietismus (Wolfenbüttler Studien zur Aufklärung XV), Heidelberg 1989, S. 91–110.

Schneiders, W., Die wahre Aufklärung. Zum Selbstverständnis der deutschen Aufklärung, Freiburg i. Br./München 1974.

Scholke, H., Eine Laudatio für Johann Wilhelm Ludwig Gleim, in: U. Riedel (Hrsg.), Der Aufklärer Gleim heute, Stendal 1987, S. 9–16.

Schon, P. M., Vorformen des Essays in Antike und Humanismus, Wiesbaden 1954.

Schrader, W. H., Ethik und Anthropologie in der englischen Aufklärung. Der Wandel der moral-sense-theory von Shaftesbury bis Hume, Hamburg 1984.

Schrijvers, M. P. H., Elements psychagogiques dans l'œuvre de Lucrèce, in: Actes du VIIIe congrès de l'Association Guillaume Budé, Paris 1968, S. 370–376.

Schümmer, F., Die Entwicklung des Geschmacksbegriffes in der Philosophie des 17. und 18. Jahrhunderts, in: Archiv für Begriffsgeschichte 1 (1955), S. 120–141.

Schüssler, M., Unbeschwert aufgeklärt. Scherzhafte Literatur im 18. Jahrhundert, Tübingen 1990.

Schuller, W., Griechische Geschichte, München/Wien 2. Aufl. 1982.

Schulte-Sasse, J., Das Konzept bürgerlicher Öffentlichkeit und die Gründe seines Zerfalls, in: C. Bürger, P. Bürger, J. Schulte-Sasse (Hrsg.), Aufklärung und literarische Öffentlichkeit, Frankfurt a. M. 1980, S. 83–115.

Schulze, W., Das Wagnis der Individualisierung, in: Th. Cramer (Hrsg.), Wege in die Neuzeit, München 1988, S. 270–286.

Schuster, K.-P., Individuelle Ewigkeit: Hoffnungen und Ansprüche im Bildnis der Lutherzeit, in: A. Buck (Hrsg.), Biographie und Autobiographie in der Renaissance, Wiesbaden 1987, S. 121–174.

Schwartz, E., Die Ethik der Griechen, hrsg. v. W. Richter, Stuttgart 1951.

Seel, M., Die Ästhetik der Entzweiung. Zum Begriff der ästhetischen Rationalität, Frankfurt a. M. 1985.

Seel, M., Kants Ethik der ästhetischen Natur, in: R. Bubner, B. Gladinow, W. Haug (Hrsg.), Die Trennung von Natur und Geist, München 1990, S. 81–207.

Seigel, J. E., Rhetoric and Philosophy in Renaissance Humanism, Princeton 1968.

Sengle, F., Wieland, Stuttgart 1949.

Siegrist, C., Das Lehrgedicht der Aufklärung, Stuttgart 1974.

Simon, M., Fontenelle et Saint-Evremont, in: Fontenelle. Actes du colloque tenu à Rouen du 6 au 10 octobre 1987, publiés par A. Niderst, Paris 1989, S. 287–296.

Skalweit, S., Der Beginn der Neuzeit. Epochengrenze und Epochenbegriff, Darmstadt 1982.

Snell, B., Arkadien. Die Entdeckung einer geistigen Landschaft, in: ders., Die Entdeckung des Geistes. Studien zur Entstehung des europäischen Denkens bei den Griechen, Hamburg 2. Aufl. 1948.

Snyder, J. M., Puns and Poetry in Lucretius' De Rerum Natura, Amsterdam 1980.

Sörensen, V., Seneca. Ein Humanist an Neros Hof, München 1985.

Sombart, N., Die Angst vor dem Chaos. Zum Carl-Schmitt-Syndrom, in: Merkur 43 (1989), Heft 8, S. 638–651.

Spaemann, R., Genetisches zum Naturbegriff des 18. Jahrhunderts, in: Archiv für Begriffsgeschichte, Bd. XI, S. 59–74.

Spaemann, R., Glück und Wohlwollen. Versuch über Ethik, Stuttgart 1989.

Specht, R., John Locke, München 1989.

Specht, R., Über Polignacs „Anti-Lucretius", in: Epirrhosis. Festgabe für Carl Schmitt, 2 Bde., Berlin 1968.

Spengler, O., „Eis Heauton" – autobiographische Aufzeichnungen, in: Der Aquädukt 1763–1988. Ein Almanach aus dem Verlag H. C. Beck im 225. Jahr seines Bestehens, München 1988, S. 79–86.

Spini, G., Ricerca dei libertini. La teoria dell'impostura delle religioni nel Seicento italiano, Roma 1983.

Spink, J. S., French Free-Thought from Gassendi to Voltaire, London 1960.

Stabile, G., Artikel „Epicurei", in: Enciclopedia Dantesca, Roma 1970, Bd. 2, S. 976–701.

Stackelberg, J. v., Französische Moralistik im europäischen Kontext, Darmstadt 1982.

Stackelberg, J. v., Moralistik und Aufklärung in Frankreich, in: G. Schulz (Hrsg.), Wolfenbüttler Studien zur Aufklärung 1, Wolfenbüttel 1974, S. 34–46.

Staiger, E., Wieland: Musarion, H. Schelle (Hrsg.), Christoph Martin Wieland, Darmstadt 1981, S. 93–107.

Starobinski, J., Die Erfindung der Freiheit 1700–1789, Frankfurt a. M. 1988.

Starobinski, J., La Rochefoucauld et les morales substitutives, in: La Nouvelle Revue Française 14 (1966), S. 16–34 und S. 211–229.

Starobinski, J., Montaigne. Denken und Existenz, Darmstadt 1986.

Starobinski, J., Le Remède dans le Mal. Critique et légitimation de l'artifice à l'age des Lumières, Paris 1989.

Stiehler, G., Beiträge zur Geschichte des vormarxistischen Materialismus, Berlin 1961.

Stierle, K., Gespräch und Diskurs. Ein Versuch im Blick auf Montaigne, Descartes und Pascal, in: K. Stierle, R. Warning (Hrsg.), Das Gespräch, München 1984 (Poetik und Hermeneutik XI), S. 297–333.

Stierle, K., Sprache und menschliche Natur in der klassischen Moralistik Frankreichs, Konstanz 1985 (Konstanzer Universitätsreden 151).

Stolleis, M., Untertan – Bürger – Staatsbürger. Bemerkungen zur juristischen Terminologie im späten 18. Jahrhundert, in R. Vierhaus (Hrsg.), Bürger und Bürgerlichkeit im Zeitalter der Aufklärung (Wolfenbüttler Studien zur Aufklärung VII), Heidelberg 1981, S. 65–99.

Striker, G., Schofield, M. (Hrsg.), The Norms of Nature. Studies in Hellenistic Ethics, Cambridge 1986.

Striker, G., Epikur, in: O. Höffe (Hrsg.), Klassiker der Philosophie, 2 Bde., München 1981, Bd. 1, S. 95–115.

Striker, G., Kriterion tes aleteias, in: Nachrichten der Akademie der Wissenschaften in Göttingen, hist.-philolog. Klasse 31 (1974), S. 51–107.

Strosetzki, Chr., Moralistik und gesellschaftliche Norm, in: P. Brockmeier, H. H. Wetzel (Hrsg.), Französische Literatur in Einzeldarstellungen, Bd. 1, Stuttgart 1981, S. 177–223.

Struve, H., Artikel „Aufklärung", in: O. Brunner, W. Conze, R. Koselleck (Hrsg.), Geschichtliche Grundbegriffe, Bd. 1, Stuttgart 1972, S. 243–342.

Sühnel, R., Der englische Landschaftsgarten auf dem Hintergrund der Geistes- und Gesellschaftsgeschichte des 18. Jahrhunderts, in: Park und Garten im 18. Jahrhundert. Colloquium der Arbeitsstelle 18. Jahrhundert Gesamthochschule Wuppertal, Heidelberg 1978, S. 11–15.

Surtz, E. L., The Defense of Pleasure in More's Utopia, in: Studies in Philology 46 (1949), S. 99–113.

Tack, R., Untersuchungen zum Philosophie- und Wissenschaftsbegriff bei Pierre Gassendi (1592–1655), Meisenheim 1974.

Tenenti, A., La polemica sulla religione di Epicuro nella prima metà del seicento, in: Studi storici 1/2 (1960), S. 227–243.

Thomé, H., Probleme und Tendenzen der Wielandforschung 1974–1978, in: Jahrbuch der deutschen Schillergesellschaft 23 (1979), S. 492–513.

Thomé, H., Roman und Naturwissenschaft. Eine Studie zur Vorgeschichte der deutschen Klassik, Bern/Frankfurt a. M. 1978.

Thomé, H., Utopische Diskurse. Thesen zu Wielands ›Aristipp und einige seiner Zeitgenossen‹, in: MLN 99 (1984) S. 503–521.

Thumfart, A., Giovanni Pico della Mirandola. Perspektivische Welterzeugung und Selbsterschaffung durch Textinterpretation, Diss. Augsburg 1990.

Timmermanns, B. J., Valla et Erasme, défenseurs d'Epicure, in: Neophilologus XIII (1938), S. 414–419.

Tocanne, B., Aspects da la pensée libertine à la fin du XVIIe siècle: le cas de Claude Gilbert, in: XVIIe siècle 32 (1980), no. 2, S. 213–223.

Tocanne, B., L'idée de la Nature en France dans la seconde moitié du XVIIe siècle. Contribution à l'histoire de la pensée classique, Paris 1978.

Tonelli, G., The "Weakness of Reason" in the Age of Enlightenment, in: Diderot Studies XIV (1971), S. 217–244.

Tonelli, G., Poesia e Pensiero in Albrecht von Haller, Torino 1961.

Toulmin, S., Goodfield, J., Endeckung der Zeit, Franfurt a. M. 1985.

Trillitzsch, W., Seneca im literarischen Urteil der Antike. Darstellung und Sammlung der Zeugnisse, 2 Bde., Amsterdam 1971.

Tuck, R., Hobbes, Oxford 1989.

Tuck, R., Hobbes und Descartes, in: G. A. J. Rogers, A. Rayn (Hrsg.), Perspectives on Thomas Hobbes, Oxford 1988.

Ueding, G., Popularphilosophie, in: R. Grimminger (Hrsg.), Hansers Sozialgeschichte der deutschen Literatur, Bd. 3, München 1980, S. 605–634.

Valjavec, F., Geschichte der abendländischen Aufklärung, Wien/München 1961.

Vasoli, C., Il pensiero religioso di Callimaco Esperiente, in: G.C. Garfagnini (Hrsg.), Callimaco Esperiente. Poeta e politico dell '400, Firenze 1987, S. 3–23.

Venturi, F., Europe des Lumières. Recherches sur le 18e siècle, Paris 1971.

Vernant, J. P., L'individu dans la Cité, in: Sur l'individu. Contributions de Paul Veyne, Jean Pierre Vernant, Louis Dumont u. a. au colloque du Royaumont, Paris 1987, S. 20–37.

Verweyen, Th., Emanzipation der Sinnlichkeit im Rokoko? Zur ästhetik-theoretischen Grundlegung und funktionsgeschichtlichen Rechtfertigung der deutschen Anakreontik, in: Germanisch-romanische Monatsschrift NF 25 (1975), S. 276–306.

Verweyen, Th., „Halle, die Hochburg des Pietismus, die Weige der Anakreontik". Über das Konfliktpotential der anakreontischen Poesie als Kunst der „sinnlichen Erkenntnis", in: N. Hinske (Hrsg.), Zentren der Aufklärung I, Halle. Aufklärung und Pietismus (Wolfenbüttler Studien zur Aufklärung XV), Heidelberg 1989, S. 209–306.

Vierhaus, R., Artikel „Bildung", in: O. Brunner, W. Conze, R. Koselleck (Hrsg.), Geschichtliche Grundbegriffe, Bd. 1, Stuttgart 1972, S. 508–551.

Vierhaus, R., Deutschland im Zeitalter des Absolutismus, Göttingen 1984.

Vierhaus, R., Zur historischen Deutung der Aufklärung: Probleme und Perspektiven, in: P. Raabe, W. Schmidt-Biggemann (Hrsg.) Aufklärung in Deutschland, Bonn 1979, S. 23–36.

Vierhaus, R., Umrisse einer Sozialgeschichte der Gebildeten, in: ders., Deutschland im Zeitalter des Absolutismus, Göttingen 1984, S. 167–182.

Villey, P., Les sources et l'évolution des Essais de Montaigne, Paris 1908.

Vlastos, G., Ethics and Physics in Democritus, in: R. E. Allen, D. J. Furley (Hrsg.), Studies in Presocratic Philosophy, 2 vols., S. 381–408.

Vogel, C. de, Selbstliebe bei Plato und Aristoteles und der Charakter der Aristotelischen Ethik, in: J. Wiesener (Hrsg.), Aristoteles. Werk und Wirkung, 2 Bde., Berlin/New York 1985, S. 393–426.

Voges, M., Aufklärung und Geheimnis. Untersuchungen zur Vermittlung von Literatur- und Sozialgeschichte am Beispiel der Aneignung des Geheimbundmaterials im Roman des späten 18. Jahrhunderts, Tübingen 1987.

Voigt, G., Il risorgimento dell'antiquità classica ovvero il primo secolo dell'umanesimo, Firenze 1888 (Neuauflage Firenze 1968).

Vollhart, F., Das Problem der „Selbsterhaltung" im literarischen Werk und in den philosophischen Nachlaßschriften Georg Büchners, in: B. Dedner, G. Oesterle (Hrsg.), Zweites Internationales Georg Büchner Symposium 1987, Frankfurt a. M. 1990, S. 17–36.

Voßkamp, W., Literaturgeschichte als Funktionsgeschichte der Literatur (Am Beispiel der frühneuzeitlichen Utopie), in: Th. Cramer (Hrsg.), Literatur und Sprache im historischen Prozeß, Bd. 1, Tübingen 1983, S. 32–54.

Voßkamp, W., Probleme und Aufgaben einer sozialgeschichtlich orientierten Literaturgeschichte des 18. Jahrhunderts, in: B. Fabian, W. Schmidt-Biggemann (Hrsg.), Studien zum 18. Jahrhundert 1, Nendelen 1978, S. 53–76.

Vovelle, M., Piété baroque et déchristianisation en Provence au XVIIIe siècle. Les attitudues devant la mort d'après les clauses des testaments, Paris 1973.

Walbank, F. W., Die hellenistische Welt, München 1983.

Walbank, F. W., A Historical Commentary on Polybios, 3 Bde., Oxford 1957 ff.

Wanning, F., Diskursivität und Aphoristik. Untersuchungen zum Formen- und Wertewandel in der höfischen Moralistik, Tübingen 1989.

Warburg, A., ›Geburt der Venus‹ und ›Frühling‹, in: ders., Ausgewählte Schriften, Hamburg/Leipzig 1893.

Warburg, I., Lucy Hutchinson: Das Bild einer Puritanerin, Hamburg 1937.

Warde, N. E., Johann Peter Uz and German Anacreonticism: The Emancipation of the Aesthetic, Frankfurt a. M./Bern 1978.

Wegmann, N., Diskurse der Empfindsamkeit. Zur Geschichte eines Gefühls in der Literatur des 18. Jahrhunderts, Stuttgart 1989.

Wehler, H. U., Deutsche Gesellschaftsgeschichte, Bd. 1, München 1987.

Weinrich, H., Was heißt: „Lachen ist gesund?“, in: W. Preisendanz, R. Warning (Hrsg.), Das Komische, München 1976 (Poetik und Hermeneutik VII), S. 402–408.

Wellmer, A., Ethik und Dialog. Elemente des moralischen Urteils bei Kant und in der Diskursethik, Frankfurt a. M. 1986.

Wendt, W. R., Eignung. Historische Erwägungen, Frankfurt a. M. 1989.

Wentzlaff-Eggebert, H., Gesellschaftsbezogene Reflexion und verweigerte Gattungsbildung. Versuch einer Gattungsbestimmung moralischer Texte, in: Bildung und Ausbildung in der Romania. Akten des Romanistentages Gießen 1977, Bd. 1, München 1979, S. 151–173.

Wentzlaff-Eggebert, H., Lesen als Dialog. Französische Moralistik in texttypologischer Sicht, Heidelberg 1986.

Westphalen, K., Die Kulturentstehungslehre des Lukrez, München 1957.

Wiesener, J. (Hrsg.), Aristoteles. Werk und Wirkung, 2 Bde., Berlin/New York 1985.

Wild, R., Freidenken in Deutschland, in: Zeitschrift für historische Forschung 6 (1979), S. 253–285.

Wild, R., Literatur im Prozeß der Zivilisation. Entwurf einer theoretischen Grundlegung der Literaturwissenschaft, Stuttgart 1982.

Will, E., Le monde hellénistique, in: ders., C. Mossé, P. Goukovsky, Le monde grec et l'Orient, tome 2, Paris 1975, S. 337–645.

Wimmer, C. A., Geschichte der Gartentheorie, Darmstadt 1990.

Winklehner, B., Die Tugenden der antiken Philosophenschulen bei Michel de Montaigne, Salzburg 1980.

Winspear, A. D., Lucretius and Scientific Thought, Montreal 1963.

Wirth, J., „Libertins“ et „Epicuriens“: Aspects de l'irreligion au XVIe siècle, in: Bibliothèque d'Humanisme et Renaissance 39 (1977), S. 601–627.

Witt, N. W. de, Epicurean Doctrine in Horace, in: Classical Philology 34 (1939), S. 127–134.

Witt, N. W. de, Parrhesiastic Poems of Horaz, in: Classical Philology 30 (1935), S. 312–319.

Wormell, D. E. W., Lucretius: The Personality of the Poet, in: C. J. Classen (Hrsg.), Probleme der Lukrezforschung, Hildesheim/Zürich/New York 1986, S. 17–28.

Zahn, R., KTO CHRO. Glasierter Tonbecher im Berliner Antiquarium, Berlin 1923.

Zeller, E., Die Philosophie der Griechen in ihrer geschichtlichen Entwicklung, Leipzig 4. Aufl. 1909.

Zemann, H., Die deutsche anakreontische Dichtung. Ein Versuch zur Erfassung ihrer ästhetischen und literarhistorischen Erscheinungsformen im 18. Jahrhundert, Stuttgart 1972.

Zenso, S. F. di, Un umanista epicureo del sec. XV e il ritrovamento del suo epistolario, Napoli 1978.